CATALOGUE

MÉTHODIQUE

DE LA

BIBLIOTHÈQUE COMMUNALE

DE LA

VILLE D'AMIENS.

SCIENCES ET ARTS.

AMIENS.

Ve HERMENT, IMPRIMEUR-ÉDITEUR, PLACE PÉRIGORD, 3.

1859.

CATALOGUE

MÉTHODIQUE

DE LA

BIBLIOTHÈQUE COMMUNALE

DE LA

VILLE D'AMIENS.

—◦❀◦—

SCIENCES ET ARTS.

CATALOGUE

MÉTHODIQUE

DE LA

BIBLIOTHÈQUE COMMUNALE

DE LA

VILLE D'AMIENS.

SCIENCES ET ARTS.

AMIENS.

V.ᵉ Herment, Imprimeur-Éditeur, place Périgord, 3.
1859.

A Monsieur le Maire de la ville d'Amiens,

Monsieur,

J'ai l'honneur de vous présenter un nouveau volume du *Catalogue de la Bibliothèque communale,* qui comprend les ouvrages relatifs aux Sciences et aux Arts. Si l'ordre que j'ai suivi dans la publication de ces volumes paraît arbitraire, c'est que je me suis surtout occupé de satisfaire aux besoins les plus pressants. On trouvera peut-être aussi quelques modifications au classement généralement adopté, mais je donnerai plus tard, dans la notice qui terminera mon travail, la raison de la marche que j'ai suivie. Je crois d'ailleurs que les classifications n'ont rien d'absolu, qu'elles dépendent un peu des études auxquelles s'est livré le bibliothécaire et surtout de la nature du fonds qu'il doit classer. J'ai pensé enfin que le catalogue d'une bibliothèque publique ne devait point ressembler à celui d'une bibliothèque à vendre, qu'il devait être à la fois un inventaire exact pour l'Administration qui a besoin de connaître ce qu'elle possède, et un guide pour ceux qui la fréquentent et veulent savoir toutes les ressources qu'ils y pourront trouver. C'est pourquoi j'ai continué d'indiquer par des renvois les ouvrages dont nous n'avons pas d'éditions spéciales, mais que nous possédons dans les œuvres complètes des auteurs ou dans des recueils et de grandes collections.

Le lecteur me saura gré, je l'espère, de ce surcroit de travail que je me suis imposé, comme je compte sur son indulgence pour les fautes qui, malgré mes soins, ont pu m'échapper.

Je vais entreprendre maintenant la publication de la Théologie, l'une des parties les plus importantes de la Bibliothèque ; le reste ensuite sera bientôt terminé, car j'ai hâte, autant que les plus pressés, d'avoir achevé un travail qui m'occupe presqu'exclusivement depuis plusieurs années. On ne connaît pas assez, malheureusement, les difficultés que présentent les travaux de bibliographie. « Les travaux » de ce genre, dit un de nos bibliographes les plus distingués, » M. Beuchot, sont pénibles, minutieux, sans éclat, sans » gloire, sans profit. Ils ne sont cependant pas inutiles et » l'on doit tenir compte à leurs auteurs des veilles nom- » breuses et des recherches minutieuses que leur coûtent » souvent leurs ouvrages. » J'ajouterai, avec M. Du Mersan, l'un des plus savants conservateurs de la Bibliothéque impériale, « que toute bibliothèque, toute collection sans un bon

» catalogue, n'est qu'un magasin inutile, un amas de ri-
» chesses dont on ne peut faire aucun usage et qui, dès-lors,
» est sans valeur ; c'est véritablement un livre sans table de
» matières. »

Vous l'avez ainsi pensé, Monsieur, et les hommes d'études vous en savent bon gré.

Je n'ai pas la prétention, assurément, de vous présenter un travail parfait, mais j'ai la confiance d'avoir fait tous mes efforts pour accomplir le plus dignement possible la tâche dont vous m'avez chargé. Je m'estimerai donc heureux si ce volume est accueilli favorablement par vous.

Veuillez agréer, Monsieur, l'assurance de mes sentiments les plus respectueux.

J. GARNIER,
Conservateur de la Bibliothèque.

Amiens, 31 Juillet 1859.

CATALOGUE

DE LA

BIBLIOTHÈQUE COMMUNALE

D'AMIENS.

SCIENCES ET ARTS.

PREMIÈRE CLASSE.
PHILOSOPHIE.

PREMIÈRE PARTIE.

INTRODUCTION. — DICTIONNAIRES. — HISTOIRE.

1. — *Joh. Gerardi* Vossii de philosophia et philosophorum sectis libri II.
   Hagæ-Comitis. 1658. Ad. Vlaeq. 1 vol. in-4°.
2. — La méthode d'étudier et d'enseigner chrétiennement et solidement la philosophie par rapport à la Religion chrestienne et aux Écritures. Par le *P. L.* Thomassin.
   Paris. 1685. Muguet. 1 vol. in-8°.
3. — Traité des systèmes, où l'on en démêle les inconvéniens et les avantages. Par l'auteur de *l'Essai sur l'origine des connoissances humaines. (E. B de* Condillac).
   La Haye. 1749. Neaulme. 2 en 1 vol. in-12.
** — Encyclopédie méthodique. Logique, métaphysique et morale, publiée par M. Lacretelle.
   Paris. 1786-91. Panckoucke. 4 vol. in-4°.

Voyez : *Encyclopédie.*

1.

4.—Seminarium totius philosophiæ Aristotelicæ et Platonicæ. Tomi duo. *Joannis-Baptistæ* BERNARDI studio et labore collecti. Altera editio.

Lugduni. 1599. J. Stoer. 2 en 1 vol. in-fol.

5.—Dictionnaire des sciences philosophiques, par une Société de professeurs et de savants.

Paris. 1844-51. Hachette. 6 vol. in-8°.

** — DIOGENIS LAERTII de clarorum philosophorum vitis, dogmatibus et apophthegmatibus libri decem. Ex italicis codicibus nunc primum excussis recensuit *C. Gabr. Cobet.*

Accedunt OLYMPIODORI, AMMONII, IAMBLICHI, PORPHYRII et aliorum vitæ Platonis, Aristotelis, Pythagoræ, Plotini et Isidori, *Ant. Westermanno* et MARINI vita Procli J. F. *Boissonadio* edentibus. Græce et latine, cum indicibus.

Parisiis. 1850. A. F. Didot. 1 vol. in-8°.

Vide : *Scriptorum Græcorum bibliotheca.*

** — Voyez aussi : Histoire. N° 4410-4411-4412-4413-4414-4415.

** — PLUTARCHI *Chæronei* de placitis philosophorum.

Vide : PLUTARCHI opera.

** — EUNAPIUS *Sardianus* de vitis philosophorum et sophistarum, *Hadriano* JUNIO *Hornano* interprete.

Voyez : *Histoire.* N° 4416.

6.—*Georgii* HORNII historiæ philosophicæ libri septem. Quibus de origine, successione, sectis et vita philosophorum ab orbe condito ad nostram ætatem agitur.

Lugduni-Batav. 1655. Joh. Elsevirius. 1 vol. in-4°.

7.—L'Académie des philosophes, contenant leur vie, mœurs, gestes, etc. Nouvellement mise en lumière, et colligée des meilleurs et plus approuvez autheurs, tant grecs, que latins, pour la récréation et utilité d'un chacun. Par *Pierre* DUBOYS.

Lyon. 1587. Rigaud. 1 vol. in-8°.

8.—Uranie, ou les tableaux des philosophes. Par M. LE NOBLE, baron de S. GEORGE.

Paris. 1694. G. de Luynes. 2 vol. in-12.

** — Histoire des sept sages, par M. de LARREY.
>Voyez : *Histoire.* N° 4449.

9. — Histoire de la philosophie payenne, ou sentimens des philosophes et des peuples payens les plus célèbres sur Dieu, sur l'âme et sur les devoirs de l'homme. (Par LEVESQUE DE BURIGNY).

La Haye. 1724. Pierre Gosse. 2 vol. in 12.

** — Abrégé des vies des anciens philosophes, par FÉNÉLON.
>Voyez *Œuvres de Fénélon*, et *Histoire.* N° 4448.

10. — Histoire critique de la philosophie, où l'on traite de son origine, de ses progrès, et des diverses révolutions qui lui sont arrivées jusqu'à notre temps, par M. D** (A. F. B. DESLANDES).

Amsterdam. 1737-1756. F. Changuion. 4 vol. in-12.

** — Opinions des anciens philosophes, par D. DIDEROT.
>Voyez : *Œuvres de Diderot*, V, VI, VII.

** — Encyclopédie méthodique. Philosophie ancienne et moderne. Par M. NAIGEON.

Paris. 1791, an II. Panckoucke et Agasse. 3 vol. in-4°.

>Voyez : *Encyclopédie.*

11. — Résumé de l'histoire de la philosophie, par P. M. LAURENT.

Paris. 1826. Lecointe et Durey. 1 vol. in-18.

12. — Histoire comparée des systèmes de philosophie, considérés relativement aux principes des connaissances humaines ; par M. DE GERANDO. (2ᵉ édition.)

Paris. 1822-23. Eymery. 4 vol in-8°.

13. — Histoire comparée des systèmes de philosophie, considérés relativement aux principes des connaissances humaines. — Deuxième partie. — Histoire de la philosophie moderne à partir de la renaissance des lettres jusqu'à la fin du dix-huitième siècle ; par J. M. DE GERANDO.

Paris. 1847. Ladrange. 4 vol. in-8°.

14. — Manuel de l'histoire de la philosophie, traduit de l'allemand de TENNEMANN, par *V.* COUSIN.
   Paris. 1829. Sautelet. 2 vol. in-8°.

15. — L'École d'Athènes, ou tableau des variations et contradictions de la philosophie ancienne. (Par *J.-B.-C.* RIAMBOURG).
   Paris. 1829. Ed. Brion. 1 vol. in-8°.

16. — Essai historique sur l'école d'Alexandrie, et coup d'œil comparatif sur la littérature grecque, depuis le temps d'Alexandre-le-Grand jusqu'à celui d'Alexandre-Sévère. Par *Jacques* MATTER.
   Paris. 1820. Levrault. 2 vol. in-8°.

17. — Histoire critique de l'école d'Alexandrie, par *E.* VACHEROT.
   Paris. 1846-1851. Ladrange. 3 vol. in 8°.

18. — De la philosophie scolastique, par *B.* HAURÉAU.
   Paris. 1850. Pagnerre. 2 vol. in-8°.

19. — Abélard, par *Charles* DE RÉMUSAT.
   Paris. 1845. Ladrange. 2 vol. in-8°.

** — Dante, ou la philosophie catholique au XIIIe siècle, par OZANAM.
   Voyez : *Œuvres d'Ozanam*, VI.

20. — Histoire des révolutions de la philosophie en France pendant le moyen-âge jusqu'au seizième siècle, précédée d'une introduction sur la philosophie de l'antiquité et de celle des premiers temps du christianisme ; par le Duc de CARAMAN.
   Paris. 1845-1848. Ladrange. 3 vol. in-8°.

21. — Philosophie du dix-huitième siècle, ouvrage posthume de *J. F.* LA HARPE. (Nouvelle édition.)
   Paris. 1825. Depelafol. 2 vol. in-8°.

22. — Cours de l'Histoire de la philosophie, par *V.* COUSIN. — Introduction à l'Histoire de la philosophie.
   Paris. 1828. Pichon et Didier. 1 vol. in-8°.

23. — Même ouvrage. Nouv. édit.
   Paris. 1841. Didier. 1 vol. in-8°.

24.— Cours de l'Histoire de la philosophie, par M. V. Cousin. — Histoire de la philosophie du XVIII° siècle.
Paris. 1829. Pichon et Didier. 2 vol. in-8°.

25.— Même ouvrage. Nouv. édit.
Paris. 1841. Didier. 2 vol. in-8'.

DEUXIÈME PARTIE.

TRAITÉS GÉNÉRAUX ET MÉLANGES.

a. — *Philosophes anciens, Grecs.*

26.— Divinus Pymander HERMETIS MERCURII TRISMEGISTI, cum commentariis R. P. F. *Hannibalis* ROSSELI. Accessit ejusdem textus græcolatinus, industria D. *Francisci* FLUSSATIS CANDALLÆ.
Coloniæ Agripp. 1630. P. Cholinus. 6 en 2 vol. in-fol.

27.— Le Pimandre de MERCURE TRISMEGISTE de la philosophie chrestienne, cognoissance du verbe divin, et de l'excellence des œuvres de Dieu, traduit de l'exemplaire grec, avec collation de très amples commentaires, par *François* DE FOIX, de la famille de CANDALLE.
Bourdeaux. 1579. Millanges. 1 vol. in-fol.

" — PYTHAGORÆ aurea carmina.
Vide : *Belles-lettres.* N° 152-1031.

28.— ΙΕΡΟΚΛΕΟΥΣ φιλοσόφου ὑπόμνημα εἰς τὰ τῶν Πυθαγορείων ἔπη τὰ χρυσᾶ. — HIEROCLIS philosophi commentarius in aurea Pythagoreorum carmina. *Ioan.* CURTERIO interprete.
Parisiis. 1583. N. Nivellius. 1 vol. in-16.

29. — Ἅπαντα ΠΛΑΤΩΝΟΣ πρὸς τὰ παλαιότατα ἀρχέτυπα μετὰ πάσης ἀκριβείας ἐπανορθάμενα. PLATONIS omnia opera, ex vetustissimorum exemplarium collatione multo nunc quam antea emendatiora.
Basileæ. 1556. Henrichus Petri. 1 vol. in-fol.

30. — ΠΛΑΤΩΝΟΣ ἅπαντα τὰ σωζόμενα. — PLATONIS opera quæ extant omnia. Ex nova *Joannis* SERRANI interpretatione, perpetuis ejusdem notis illustrata : quibus et methodus et doctrinæ summa breviter et perspicuè indicatur. Ejusdem annotationes in quosdam suæ illius interpretationis locos. *Henr.* STEPHANI de quorundam locorum interpretatione judicium, et multorum contextus græci emendatio.

Parisiis. 1578. H. Stephanus. 2 vol. in-fol.

31. — Τοῦ θείου ΠΛΑΤΩΝΟΣ ἅπαντα τὰ σωζόμενα. — Divini PLATONIS opera omnia quæ exstant. *Marsilio* FICINO interprete.

Francofurti. 1602. Marnius. 1 vol. in-fol.

32. — PLATONIS quæ exstant opera. — Accedunt PLATONIS quæ feruntur scripta. — Ad optimorum librorum fidem recensuit, in linguam latinam convertit, annotationibus explanavit, indicesque rerum ac verborum accuratissimos adjecit *Fridericus* ASTIUS.

Lipsiæ. 1819-1832. Weidmann. II vol in-8°.

** — ΠΛΑΤΩΝ. PLATONIS opera, ex recensione *R. B. Hirschigii* et *C. E. Ch. Schneideri*. Græce et latine, cum scholiis et indicibus.

Parisiis. 1846-185... A. F. Didot.... vol. in-8°.

Vide : *Script. Græc. bibl.*

33. — PLATONIS opera a *Marsilio* FICINO traducta : adjectis ad ejus vitæ et operum enarrationem Axiocho ab *Rodulpho* AGRICOLA : et Alcyone ab *Augustino* DATHO tralatis.

Lutetiæ. 1522. Bad. Ascensius. 1 vol. in-fol.

34. — Les œuvres de PLATON traduites en françois, avec des remarques. Et la vie de ce philosophe, avec l'exposition des principaux dogmes de sa philosophie. (Par *André* DACIER). 2° édition.

Paris. 1701. Anisson. 2 vol. in-12.

35. — Œuvres de PLATON, traduites par *Victor* COUSIN.

Paris. 1822-40. Bossange, Rey et Gravier. 13 vol. in-8°.

36. — Le Timée de PLATON, traittant de la nature du monde

et de l'homme, et de ce qui concerne universellement tant l'âme, que le corps des deux : translaté de grec en françois, avec l'exposition des lieux plus obscurs et difficiles. Par *Loys* LE ROY dit REGIUS. — PLUTARQUE de la création de l'âme, que Platon descrit en son Timée.

Paris. 1581. Abel l'Angelier. 1 vol. in-4º.

37.—Le Sympose de PLATON, ou de l'amour et de beauté, traduit de grec en françois, avec trois livres de commentaires, extraictz de toute philosophie, et recueillis des meilleurs autheurs tant grecz que latins, et autres, par *Loys* LE ROY, dit REGIUS. Plusieurs passages des meilleurs poëtes grecs et latins, citez aux commentaires, mis en vers françois, par *I.* DU BELLAY.

Paris. 1559. Sertenas. 1 vol. in-4º.

38. — Ἐκ ΠΛΑΤΩΝΟΣ Τιμαίου τμῆμα τό τῷ ΚΙΚΕΡΩΝΟΣ περὶ παντὸς βιβλίῳ συμφωνοῦν. Ex PLATONIS Timaeo particula, CICERONIS de Universitate libro respondens. — Qui duo libri inter se conjuncti et respondentes, nunc primùm opera *Joachimi* PERIONII proferuntur in lucem.

Parisiis. 1540. Simon Colinæus. 1 vol. in-4º.

39.— ΑΡΙΣΤΟΤΕΛΟΥΣ ἅπαντα. ARISTOTELIS summi semper viri, et in quem unum vim suam universam contulisse natura rerum videtur, opera, quæcunque impressa hactenus extiterunt omnia.

Basilæ. 1531. Jo. Beb. 1 vol. in-fol.

40.— ΑΡΙΣΤΟΤΕΛΟΥΣ τοῦ Σταγειρίτου τὰ σωζόμενα. Operum ARISTOTELIS *Stagiritæ* philosophorum omnium longe Principis, nova editio, græcè et latinè. In quibus plurima nunc primum in lucem prodeunt, ex bibliotheca *Is Casauboni*. Accesserunt huic editioni *Kyriaci* STROZÆ libri duo politicorum græcolatini, in quibus ea quæ ab Aristotele in 8 libris explicata non fuerunt, persequitur : insuper addita sunt ex libris ARISTOTELIS qui hodie non supersunt fragmenta quædam.

Aureliæ. Allobrog. 1605. De la Roviere. 2 vol. in-fol.

41.—Idem opus.
> **Aureliæ. Allobrog. 1607. De la Roviere. 2 vol. in-8º.**

42.—Aristotelis opera omnia, græce et latine, in quatuor tomos nova et expeditiori partitione distributa, et selectiorum interpretum studio, censurâ et notis longè emendatissima. Adjecta est synopsis analytica, sive breviarium doctrinæ peripateticæ, quasi succinctior, sed perpetuus in omnes Aristqtelis libros commentarius. Authore *Guillelmo* Du Vallio. (Editio postrema.)
> **Parisiis. 1639. Æg. Morellus. 4 vol. in-fol.**

** — ΑΡΙΣΤΟΤΕΛΗΣ. — Aristotelis opera omnia. Græce et latine.
> **Parisiis. 1848-185... A. F. Didot..... vol. in-8º.**
>> Vide: *Script. Græc. bibl.*

43.—Nova translatio et vetus ab Averoi *Cordubensi* commentate summi Aristotelis Philosophi ex Stragyra.
> **Venetiis. 1483. Andreas de Asula. 2 vol. in-fol.**

44.—Aristotelis Stagiritæ opera, post omnes quæ in hunc usque diem prodierunt editiones, summo studio emaculata, et ad græcum exemplar diligenter recognita.
> **Lugduni. 1561. Frellon. 1 vol. fol.**

45.—Sancti Thomæ Aquinatis præclarissima commentaria in libros Aristotelis peri hermenias posteriorum analyticorum, de sensu et sensato, de memoria et reminiscentia, somno et vigilia, de somnii divinatione per somnum, motu animalium, longitudine et brevitate vitæ, juventute et senectute, vita et morte, inspiratione et respiratione. Cum antiqua textus translatione, atque etiam nova *Joannis* Argyropyli : itemque *Thomæ* Cajetani supplementum commentariorum in reliquum secundi libri peri hermenias.
> **Parisiis. 1647. D. Moreau. 1 vol. in-fol.**

Dans le même volume :

Sancti Thomæ Aquinatis commentaria quæ extant, in eos qui parva naturalia Aristotelis dicuntur libros, diligentissime castigata : duplici nuper textûs tralatione, antiqua videlicet, recognita, et nova *Nicolai* Leonici apposita. Petri item de Alvernia in quosdam hujus operis â S. Thomâ inexpositos libros refertissima expositio, etc. Libelli etiam duo Sancti Thomæ ex volumine Opusculorum ejusdem excerpti; alter *de motu cordis*; alter verò *de lumine*, ad hanc Philosophiæ partem spectantes, his nuper additi sunt.

Parisiis. 1646. D. Moreau. in-fol.

46.— Sancti Thomæ Aquinatis in octo physicorum Aristotelis libros commentaria. Cum duplici textus translatione, antiqua, et Argyropoli recognitis. Ad hæc accessit Roberti Linconiensis in eosdem summa. Quibus etiam nuper sunt additi S. Thomæ libelli ad negocium physicum spectantes, ac *Thomæ* de Vio Cajetani.

Parisiis. 1649. D. Moreau. I vol. in-fol.

A la suite :

Sancti Thomæ Aquinatis in libros meteorologicorum Aristotelis præclarissima commentaria, cum duplici textus interpretatione, una *Francisci* Vatabli, antiqua altera.

Parisiis. 1649. D. Moreau. in-fol.

47.— Sancti Thomæ Aquinatis expositio in duodecim libros metaphysices Aristotelis, et in librum de causis, nec-non tractatum de ente, et essentia ejusdem S. Thomæ. Cum commentariis Eminentissimi D. D. F. *Thomæ* de Vio Cajetani. Editio nova, correcta, cum exemplari romano, ac aliis vetustissimis manuscriptis codicibus collata, per R. P. F. *Cosmam* Morelles.

Parisiis 1647. Moreau. 1 vol. in-fol.

48.— Sancti Thomæ Aquinatis in quatuor libros Aristotelis de cœlo, et mundo commentaria, quæ, cum morte præventus perficere non potuerit, absolvit Petrus de Alvernia : cum duplici textus translatione, antiqua videlicet, et *Joannis* Argyropoli nova, diligenter recognitis.

Parisiis. 1649. D. Moreau. 1 vol. in-fol.

On trouve à la suite :

Sancti Thomæ Aquinatis in tres libros Aristotelis de anima præclarissima expositio : cum duplici textus translatione : antiqua scilicet, et nova Argyropoli : nuper recognita, et doctissimorum virorum cura et ingenio ab innumeris expurgata erroribus. Accedunt ad hæc acutissimæ quæstiones magistri Dominici de Flandria, etc.

Parisiis. 1649. D. Moreau. 1 vol. in-8°.

49.— Sancti Thomæ Aquinatis commentarii in decem libros Ethicorum Aristotelis exquisitissimi. Editio nova, cum exemplari romano, ac aliis vetustissimis manuscriptis codicibus collata, per R. P. F. *Cosmam* Morelles.

Parisiis. 1644. D. Moreau. 1 vol. in-fol.

50.— Sancti Thomæ Aquinatis commentarii in octo libros Politicorum Aristotelis exquisitissimi, cum antiqua interpretatione eorundem Politicorum adjecta. Editio nova, collata per R. P. F. *Cosmam* Morelles. Accessit singulorum librorum, et lectionum Epitome cum famosioribus cujusque libri propositionibus, et copiosissimo indice, per R. P. *Carolum* Rapine.

Parisiis. 1645. D. Moreau. 1 vol. in-fol.

51.— D. *Francisci* Toleti omnia quæ hucusque extant opera philosophica. (Commentaria in Aristotelis opera).

Lugduni. 1597-1602. S. Veyrat. 3 vol. in 8°.

52.— Collegii Complutensis Sancti Cyrilli disputationes in Aristotelis dialecticam et philosophiam naturalem, et libros de anima juxta miram Angelici doctoris D. Thomæ doctrinam et ejus scholam, eidem communi magistro, et florentissimæ scholæ dicatæ.

Lugduni. 1651. Candy. 4 en 1 vol. in-fol.

53.— Commentarii tres in universam Aristotelis philosophiam, auctore R. P. F. *Francisco* Bonæ Spei.
Bruxellæ. 1652. Fran. Vivienus. 1 vol. fol.

54.— Commentarius in Aristotelis logicam, moralem, metaphysicam et physicam. Autore magistro *Petro* Barbay. Editio quinta emendatior multò, schematibus philosophicis adornata, et figuris ad sphæram spectantibus aucta.
Parisiis. 1690. Josse. 5 vol. in-12.

55.— Themistii *Euphrade* in octo libros Aristotelis de auscultatione naturali commentaria, *Hermolao* Barbaro interprete.
Parisiis. 1535. P. Calvarin. 1 vol. in-8°.

Themistii paraphraseos de anima libri tres, interprete *Hermolao* Barbaro, nunc recens mendis non oscitanter repurgati, et accurata diligentia typis excusi.
Parisiis. 1535. P. Calvarin. in-8°.

Themistii paraphraseos in parva naturalia Aristotelis, interprete *Hermolao* Barbaro, nunc accuratius emendati- de memoria et reminiscencia libri II. De somno et vigilia I. De insomniis I. De divinatione per somnum I.
Parisiis. 1535. P. Calvarin. in-8°.

56.— Questiones et decisiones physicales insignium virorum. Alberti de Saxonia in octo libros physicorum; tres libros de cœlo et mundo; duos lib. de generatione et corruptione. Thimonis in quatuor libros meteororum. Buridani in Aristotelis tres lib. de anima, lib. de sensu et sensato, lib. de memoria et reminiscentia, lib. de somno et vigilia, lib. de longitudine et brevitate vitæ, lib. de juventute et senectute. Recognitæ summa accuratione et judicio Magistri *Georgii* Lokert *Scoti*.
Parisiis. 1516. Badius Ascensius. 1 vol. in-fol.

57.— Ex physiologia Aristotelis libri duo de trigenta. 1. De auscultatione naturali octo, 2. De cœlo quatuor, 3. De

anima tres, *Joanne* ARGYROPYLO interprete. 3. De gene
ratione et corruptione, duo, 4. Meteorologicorum
quatuor, 6. De sensu et sensili unus, 7. De memoria et reminiscentia unus, 8. De somno et vigilia
unus, 9. De insomniis unus, 10. De divinatione in
somno unus, 11. De longitudine et brevitate vitæ
unus, 12. De juventute et senectute et vita et morte
et respiratione unus, *Francisco* VATABLO interprete.
Quibus omnibus, antiqua tralatio tricenos libros continens, ad græcum per eundem VATABLUM recognita :
columnatim respondet.

Parisiis. 1518. H. Stephanus. 1 vol. in-fol.

58.—ALEXANDRI *Aphrodisiei* commentaria in duodecim ARISTOTELIS libros de prima philosophia, interprete *Joanne* GENESIO SEPULVEDA *Cordubensi*.

Parisiis. 1536. Simon Colinæus. 1 vol. in fol.

59.—Contenta hoc volumine. Problematum ARISTOTELIS sectiones duæ de quadraginta : *Theodoro* GAZA interprete. Problematum ALEXANDRI *Aphrodisiei* libri duo :
eodem *Theodoro* interprete.

Parisiis. 1524. Simon Colinæus. 1 vol. in-fol.

60.—Commentariorum in universam ARISTOTELIS philosophiam unà cum quæstionibus quæ a gravissimis philosophis agitantur, tomi duo : auctore R. F. *Didaco* MASIO.

Ursellis. 1618. Butgenius. 2 en 1 vol. in-4º.

61.—ARISTOTELIS Peripateticorum principis problemata :
cum duplici translatione : antiqua videlicet et nova
Theodori GAZES. Una cum PETRI DE APONO doctissimis
commentariis. Necnon magistri PETRI DE TUSSIGNANO
in eisdem copioso repertorio. Adjunctis insuper
ALEXANDRI *Aphrodisei* ac PLUTARCHI *Cheronei* utilissimis problematibus.

Venetiis. 1518. Luce Antonii. 1 vol. in-fol.

62.—Exercitationes paradoxicæ adversus Aristoteleos. In
quibus præcipua totius Peripateticæ doctrinæ funda-

menta excutiuntur. Opiniones verò aut novæ, aut ex vetustioribus obsoletæ stabiliuntur. Auctore *Petro* Gassendo.
Hagæ-Comitum. 1656. Ad. Vlacq. 1 vol. in-4º.

63.—*Joannis* Launoii de varia Aristotelis in Academia Pariensi fortuna, extraneis hinc inde adornata præsidiis, liber. (3ª édit.)
Lutetiæ-Parisiorum. 1662. Edm. Martinus. 1 vol. in-8º.

64.—Recherches critiques sur l'age et l'origine des traductions latines d'Aristote, et sur les commentaires grecs ou arabes employés par les docteurs scholastiques; par M. Jourdain.
Paris. 1819. Fantin et C.ᵉ. 1 vol. in-8º.

65.—*Sebastiani Foxii* Morzilli de naturæ philosophia, seu de Platonis, et Aristotelis consensione, libri V.
Parisiis. 1560. J. Puteanus. 1 vol. in-8º.

66.—Idem opus. Editio nova. Additus est ejusdem libellus ad finem de studii philosophici ratione.
Lugduni. Batav. 1622. Jacob. Marcus. 1 vol. in-8º.

67.—Platonis cum Aristotele in universa philosophia, comparatio. Quæ hoc commentario, in Alcinoi institutionem ad ejusdem Platonis doctrinam, explicatur. Authore *Jac.* Carpentario.
Parisiis. 1573. Jac. Du Puys. I vol. in-4º

68.—*Petri* Gassendi animadversiones in decimum librum Diogenis Laertii, qui est de vita, moribus, placitisque Epicuri.
Lugduni. 1649. Guill. Barbier. 3 en 2 vol. in-fol.

" — P. Gassendi de vita et moribus Epicuri.
Voyez: *Histoire*. N.º 4453.

69.—Anatomia ridiculi muris, hoc est dissertatiunculæ J. B. Morini adversus expositam à P. Gassendo Epicuri philosophiam. Itemque obiter, Prophetiæ falsæ à Morino ter evulgatæ, de morte ejusdem Gassendi.

Per *Franciscum* BERNERIUM. — Accessit ode, et palinodia de eodem Morino per Bellilocum iteratò edita.

Parisiis. 1651. Mich. Soly. 1 vol. in-4°.

70.—MAXIMI TYRII, philosophi platonici, sermones e græca in latinam linguam versi, *Cosmo* PACCIO interprete.

Basileæ. 1519. Froben. 1 vol. in-fol.

71.—MAXIMI TYRII dissertationes philosophicæ, cum interpretatione et notis *Danielis* HEINSII. Accessit ALCINOI in Platonem introductio.

Lugduni. Batav. 1614. Joan. Patius. 1 vol in-8°.

72.—MAXIMI TYRII, philosophi platonici, scriptoris amœnissimi, dissertationes. Ex nova interpretatione (D. HEINSII) recens ad græcum contextum aptata, etc.

Lugduni. 1631. Larjot. 1 vol. in-8°.

73.—Traitez de MAXIME DE TYR, philosophe platonicien, autheur grec. Qui sont quarante et un discours profondement doctes et grandement eloquens: de nouveaux mis en françois. (Par GUILLEBERT).

Rouen. 1617. Jean Osmont. 1 vol. in-4°.

74.—PLOTINI opera e græco in latinum translata et commentata à *Marsilio* FICINO.

Florentiæ. 1492. Antonius Miscominus. 1 vol. in-fol.

75.—PLOTINI divini illius è Platonica familia philosophi, de rebus philosophicis libri LIIII in enneades sex distributi, a *Marsilio* FICINO e græca lingua in latinam versi, et ab eodem doctissimis commentariis illustrati.

Apud Salingiacum. 1540. Joa Soter. 1 vol. fol.

76.—ΠΟΡΦΥΡΙΟΥ φιλοσόφου πυθαγορίκου περὶ ἀποχῆς ἐμψύχων βιβλία τέσσαρα. Τοῦ αὐτοῦ τῶν πρὸς τὰ νοητὰ ἀφορμῶν. PORPHYRII philosophi pythagorici de non necandis ad epulandum animantibus libri IV. E græco exemplari facta versione latina, scholiis et præfationibus illustrata per F. DE FOGEROLLES.

Lugduni. 1620. Claude Morillon. 1 vol. in 8°.

77. — Traité de Porphyre, touchant l'abstinence de la chair des animaux ; avec la vie de Plotin par ce philosophe, et une dissertation sur les génies; par M. de Burigny.

Paris. 1747. De Bure aîné. 1 vol. in-12.

78. — ΠΡΟΚΛΟΥ διαδόχου πλατωνικου εἰς τὴν Πλάτωνος θεολογίαν βιϐλία ἑξ. Procli successoris platonici in Platonis theologiam libri sex. Per *Æmilium* Portum ex græcis facti latini. — Accessit Marini *Neopolitani* libellus de vita Procli. Item conclusiones LV secundum Proclum, quas olim Romæ illustris Picus Mirandula disputandas exhibuit.

Hamburgi. 1618. Mich. Heringius. 1 vol. in-fol.

79. — Procli philosophi platonici opera e codd. mss. bibl. reg Paris. tum primum edidit, lectionis varietate, et commentariis illustravit *Victor* Cousin.

Parisiis. 1820-27. Eberhart et Didot. 6 vol. in-8°.

80. — ΙΑΜΒΛΙΧΟΥ Χαλκιδέως τῆς Κοίλης Συρίας περὶ μυστηρίων λόγος. Iamblichi Chalcidensis ex Cœle-syria, de mysteriis liber. — Præmittitur epistola Porphyrii ad Anebonem Ægyptium. — *Thomas* Gale *Anglus* græce nunc primum edidit, latine vertit, et notas adjecit.

Oxonii. 1678. E. Theatro Sheldoniano. 1 vol. fol.

" — Iamblici de vita Pythagoræ.

Voyez : *Histoire.* N.º 4450.

81. — Index eorum quæ in hoc libro habentur. Iamblicus de mysteriis Ægyptiorum, Chaldæorum, Assyriorum. Proclus in Platonicum Alcibiadem de anima, atque dæmone. Proclus de sacrificio, et magia. Porphyrius de divinis, atque dæmonibus. Synesius Platonicus de somniis. Psellus de dæmonibus. Expositio Prisciani et Marsilii in Theophrastum de sensu, phantasia et intellectu. Alcinoi Platonici philosophi, liber de doctrina Platonis. Speusippi Platonis discipuli, liber de Platonis definitionibus. Pythagoræ philosophi aurea verba. Symbola Pithagoræ philosophi. Xenocratis

philosophi platonici, liber de morte. MERCURII TRIS-
MEGISTI Pimander. Ejusdem Asclepius. *Marsilii* FICINI
de triplici vita lib. II. Ejusdem liber de voluptate.
Ejusdem de sole et lumine libri II. Apologia ejusdem
in librum suum de lumine. Ejusdem libellus de magis.
Quod necessaria sit securitas, et tranquillitas animi.
Præclarissimarum sententiarum hujus operis brevis
annotatio.

Venetiis. 1516. Aldi. 1 vol. in-fol.

82. — IAMBLICHUS de mysteriis Ægyptiorum, Chaldæorum, Assyriorum. — PROCLUS in Platonicum Alcibiadem de anima, atque dæmone. — Item de sacrificio et magia. — PORPHYRIUS de divinis atque dæmonibus. — PSELLUS de dæmonibus. — MERCURII TRISMEGISTI Pimander. Ejusdem Asclepius.

Lugduni. 1549. Joa. Tornæsius. I vol. in-16.

" — ΠΛΩΤΙΝΟΣ. — PLOTINI enneades cum *Marsilii* FICINI interpretatione castigata iterum ediderunt *Frid. Creuzer* et *Georg. Henricus Moser.* Primum accedunt PORPHYRII et PROCLI institutiones et PRISCIANI philosophi solutiones. Ex codice Sangermanensi edidit et annotatione critica instruxit *Fr. Dubner.*

Parisiis. 1855. A. F. Didot. 1 vol. in-8°.

Vide : *Script. Græc. Bibl.*

" — PHILOSTRATORUM ET CALLISTRATI opera recognovit *Ant. Westermann.* — EUNAPII vitæ sophistarum iterum ededit *J. F. Boissonade.* HIMERII sophistæ declamationes accurate excusso codice optimo et unico XXII declamationum emendavit *F. Dubner.*

Parisiis. 1849. A. F. Didot. 1 vol. in-8°.

Vide : *Script. Græc. Bibl.*

83. — Bibliothèque des anciens Philosophes.

Paris. 1771. Saillant et Nyon. 11 vol. in-12.

Cet ouvrage contient : Vie de PYTHAGORE, ses symboles, ses vers dorés, et les commentaires D'HIEROCLES; la vie de PLATON et ses dialogues, traduits par DACIER; le grand Hippias et l'Enthydimus, traduits par DE MAUCROIX; le banquet, par RACINE; les lois et les dialogues, par GROU.

b. — *Philosophes anciens, latins.*

** — *M. T.* CICERONIS pars tertia, sive opera philosophica, ad optimos codices et editionem *J. V. Leclerc* recensita, cum selectis veterum ac recentiorum notis, curante et emendante *M. N. Bouillet.*
Parisiis. 1828-31. Lemaire. 6 vol. in-8°.

Vide : *Bibl. class. lat.*

** — Œuvres philosophiques de CICÉRON, de la traduction de M. DU RYER.

Voyez : *Œuvres de* CICÉRON.

** — Œuvres philosophiques de CICÉRON. — Du destin, traduction de l'abbé GIRAUD. — Traité des lois, trad. de MORABIN, revue par ACHAINTRE. — Des devoirs. — Dialogue de la vieillesse. — Sur l'amitié. — Les paradoxes, trad. de GALLON-LA-BASTIDE. — Traité de la consolation, trad. de MORABIN, revue par *V.* VERGER. — Questions académiques, trad. de J.-B. LEVÉE. — Sur les vrais biens et sur les vrais maux, trad. de REGNIER DESMARAIS, revue par *J.-B.* LEVÉE. — Tusculanes, trad. de D'OLIVET, revue par *J.-B.* LEVÉE. — De la nature des Dieux, trad. de *V.* VERGER. — De la divination, trad. de REGNIER DESMARAIS, revue par V. VERGER.

Voyez : *Œuvres de* CICÉRON. XXI à XXX.

** — Œuvres philosophiques de CICÉRON. — Académiques, trad. nouvelle par M. DELCASSO. — Des biens et des maux, par M. STIÉVENARD. — Questions tusculanes. — De la nature des Dieux, par M. MATTER. — De la divination, par M. DE GOLBERY. — Du destin, par M. J. MANGEART. — Des devoirs, par M. STIÉVENART. — De la vieillesse, par J. PIERROT et A. POMMIER. — De l'amitié, par J. PIERROT. — Consolation, par J. MANGEART. — Du gouvernement, par A.-A.-J. LIEZ. — Des lois, par J.-B. CHARPENTIER.
Paris. 1833-35. Panckoucke. 9 vol. in-8°.

Voyez : *Bibl. lat. fr.*

84. — Selecta *M. T.* CICERONIS opera, numeris et capitibus ad usum scholarum distincta. In quibus continentur, I. De officiis libri tres. II. De senectute et de Amicitiâ dialogi. III. Paradoxa. IV. Somnium Scipionis. V. Epis-

tola ad Quintum fratrem. VI. De naturà Deorum liber secundus.

Parisiis. 1711. Nyon.   1 vol. in-12.

85. — Les Tusculanes de Cicéron. De la traduction de P. Du Ryer.

Paris. 1643. A. de Sommaville. 1 vol. in-12.

86. — Senece omnia opera.

Venetiis. 1552. Berthol. de Zanis. 1 vol. fol.

87. — L. Annæi Senecæ philosophi scripta quæ extant: ex editione romana virorum doctorum notis castigata.

Parisiis. 1587. Ægyd. Beys. 1 vol. in-folio.

A la suite :

M. Annæi Senecæ rhetoris controversiarum lib x. Suasoriarum liber I. Multis locis emendati et annotationibus illustrati.

Lutetiæ. 1587. Beys. in-fol.

88. — L. Annæi Senecæ philosophi et M. Annæi Senecæ rhetoris quæ extant opera, ad veterum exemplarium fidem nunc recens castigata; græcis lacunis, quibus superiores editiones scatebant, expletis: ac illustrata commentariis selectioribus.

Parisiis. 1607. Had. Perier. 1 vol. in-fol.

89. — Idem opus. Tertia editio, recensita et aucta scoliis *Fed.* Morelli.

Parisiis. 1619. Tiffaine. 1 vol. in-fol.

90. — L. Annæi Senecæ opera quæ exstant omnia à *Justo Lipsio* emendata et scholiis illustrata. Editio tertia atque ab ultima *LipsI* manu : aucta *Liberti* Fromondi scholiis ad quæstiones naturales, et ludum de morte Claudii Cæsaris.

Antuerpiæ. 1632. Balt. Moretus. 1 vol. fol. Port.

91. — L. Annæi Senecæ philosophi tomi III.

Parisiis. 1637. Ant. Vitray. 3 vol. in-12.

A la suite on trouve :

M. ANNÆI SENECÆ rhetoris suasoriæ, controversiæ, declamationumque excerpta. Ex ultima *Andreæ Schotti* recensione.

Parisiis. 1637. Ant. Vitray.   in-12.

92.— L. ANNÆI SENECÆ philosophi opera omnia, ex ult. *I. Lipsii* et *I. F. Gronovii* emendat. et M. ANNÆI SENECÆ rhetoris quæ exstant ; ex *And. Schotti* recens.

Amstelodami. 1659. Elzeverii. 4 vol. in-12.

** — *L.* ANNÆI SENECÆ opera philosophica quæ recognovit et selectis tum *J. Lipsii, Gronovii, Gruteri, B. Rhenani, Ruhkopfii,* aliorumque commentariis, tum suis illustravit notis M. *N. Bouillet.*

Parisiis. 1827-32. Lemaire. 5 vol. in-8°.

Vide : *Bibl. class. lat.*

93.— Les œuvres morales et meslées de SENECQUE. Traduites de latin en françois, par *Simon* GOULART. 2ᵉ édit.

Paris. 1598. Jean Houzé. 1 vol. in-fol.

On trouve à la suite :

Fragmens de plusieurs anciens philosophes stoïques, nouvellement recueillis en un corps, avec un ample discours sur leur doctrine, par S. G. S. (*Simon* GOULART, *Senlisien*).

94.— Les œuvres de *Luc. Ann.* SENEQUE, mises en françois par *Matthieu* DE CHALVET. Augmentées en ceste édition de plusieurs traictez non encore veus : et fidèlement traduits sur le manuscrit, par *I.* BAUDOIN.

Paris. 1619. P. Le Mur. 1 vol. in-fol.

On trouve à la suite :

Les controverses et suasoires de M. ANNÆUS SENECA rheteur, de la traduction de M. *Mathieu* DE CHALVET.

Paris. 1617. in-fol.

95.— Mêmes ouvrages.

Paris, 1637-1647. M. Blageart. 1 vol. in-fol.

96. — Les œuvres de Séneque, de la traduction de Messire *François* de Malherbe, continuées par *P.* Du Ryer.

Paris. 1658-59.A. de Sommaville. 2 vol. in-fol. Port.

97. — Œuvres de Séneque le philosophe. Traduction de Lagrange, avec des notes de critique, d'histoire et de littérature (par Naigeon).

Tours. An. III. Letourmi. 8 v. in-8°. Port. Manque t. 8.

On trouve dans le 7⁰ volume :

Essai sur la vie de Sénèque le philosophe, sur ses écrits, et sur les règnes de Claude et de Néron, par Diderot.

** — Œuvres complètes de Sénèque le philosophe, traduction nouvelle par MM. Ajasson de Grandsagne, Baillard, Charpentier, Cabaret-Dupaty, Du Rozoir, Héron de Villefosse, Naudet, *C. L. F.* Panckoucke, *E.* Panckoucke, de Vatimesnil, *A.* de Wailly, *G.* de Wailly, *A.* Trognon; publiées par M. *Ch.* Du Rozoir.

Paris. 1833-34. Panckoucke. 8 vol. in-8°.

Voyez: *Bibl. lat. franç.*

98. — Selecta Senecæ philosophi opera, in gallicum versa, operâ et studio P. F. X. D. (*Pierre-François-Xavier* Denis.)

Parisiis. 1761. Barbou. 1 vol. in-12.

99. — Seneque. De la providence divine. De la clemence. De la consolation de la mort. (Par le sʳ de Pressac).

Lyon. 1596. M. Beublin. 1 vol. in 12.

100. — L. Annæi Senecæ philosophi flores, sive sententiæ insigniores excerptæ per *D. Erasmum Rot.* Item. L. Annæi Senecæ tragici sententiæ.

Amsterodami. 1642. L. Elzevirius. 1 vol. in-18.

101. — L'esprit de Sénèque, ou les plus belles pensées de ce grand philosophe. Enseignant l'art de bien vivre, pour servir de guide à conduire nos passions, pratiquer la vertu, et fuir le vice. (Par Puget de la Serre).

Paris. 1680. Soubron. 2 en 1 vol. in-12.

102.— Pensées de SENÉQUE, recueillies par M. ANGLIVIEL DE LA BEAUMELLE, et traduites en françois : pour servir à l'éducation de la jeunesse.

Paris. 1752. Le Mercier. 2 vol. in-12.

103.—*Anitii Manlii Severini* BOETHI in omnibus philosophiæ partibus inter latinos et græcos autores principis opera, quæ extant, omnia, etc. *Henricus* LORITUS GLAREANUS Arithmeticam et Musicam demonstrationibus et figuris auctiorem redditam suo pristino nitori restituit. Et *Martianus* ROTA opus de tota disserendi ratione, hoc est, organum, Dialecticæ et Rhetoricæ studiosis necessarium, illustravit.

Basileæ. 1546. Henrichus Petrus. 1 vol. in-fol.

104.— *Anitii Manlii Severini* BOETHI philosophorum et theologorum principis opera omnia. Præterea jam accesserunt, *Ioannis* MURMELII in V. lib. de consolatione Philosophiæ commentaria. Et in eosdem *Rodolphi* AGRICOLÆ enarrationes. Item *Gilberti* PORRETÆ, in IIII lib. de trinitate commentarii, ante nunquam editi. *Henricus* LORITUS GLAREANUS Arithmeticam et Musicam demonstrationibus et figuris auctiorem redditam, suo pristino nitori restituit. Et *Martianus* ROTA, opus de tota disserendi ratione, hoc est, organum, Dialecticæ et Rhetoricæ studiosis necessariam, illustravit.

Basileæ. 1570. Off. Henricpetrina. 2 vol. in-fol.

c. — *Philosophes modernes.*

105.—Axiomata philosophica venerabilis BEDÆ, ex Aristotele et aliis præstantibus philosophis diligenter collecta. Quibus accessere theses aliquot philosophicæ, in diversis academiis disputatæ. Editio nova.

Mussiponti. 1622. Seb. Cramoisy. 1 vol. in-12.

** — Ouvrages inédits d'ABÉLARD, pour servir à l'histoire de la philosophie scolastique en France, publiés par M. *Victor* COUSIN.
>Paris. 1836. Impr. roy. 1 vol. in-4°.
>>Voyez : *Hist.* N° 2,352.

** — ALBERTI MAGNI opera philosophica.
>Vide : ALBERTI MAGNI opera.

106. — Policratici contenta. Festivum opus, et omni statui delectabile lectu, quod intitulatur Policraticum, de nugis curialium et vestigiis philosophorum JOANNIS SALESBERIENSIS : exemplar unde excusum est emendatissimum et annotationibus marginalibus adjutum, præstante et emissionem procurante gravissimo doctissimoque patre confessore regio.
>Parisiis. 1513. Berthold Rembolt et Joan. Petit. 1 v. in-4°.

107. — Sophismata magistri ALBERTI *de Saxonia.*
>Parisius. 1489. P. Le Rouge. 1 vol. in-4°.

Opusculum perutile quod destructio naturarum communium contra eos qui res universales aut naturas communes ponunt, inscribitur.
>Ibidem ?

Doctissimi BURIDANI Sophismata ad omnem veram et falsam propositionem valentia, cum *M. N.* MICHAELIS argumentis et correctionibus
>Parisiis. 15... Durand Gerlier. in-4°.

** — Nongentæ conclusiones quas olim Romæ disputandas exhibuit J. PICUS MIRANDULA.
>Vide : PICI MIRANDULÆ *opera.*

** — *Ang.* POLITIANI prælectio cui titulus : Panepistemon.
>Vide : *A.* POLITIANI *opera.*

108. — *Marsilii* FICINI, insignis philosophi platonici, medici, atque theologi clarissimi, opera.
>Parisiis. 1641. D. Beschet. 2 vol. in-fol.

109. — *Marci Antonii* ZIMARÆ tabula dilucidationum in dictis Aristotelis et Averrois.
>Venetiis. 1556. Petrus de Fine. 1 vol. in-fol.

Dans le même volume :

Theoremata *Marci Antonii* Zimaræ, seu memorabilium propositionum limitationes.

Venetiis. 1556. Petrus de Fine. in-fol.

Ambrosii Leonis *Nolani* divini philosophi novum opus questionum, seu problematum, ut pulcherrimorum, ita utilissimorum tum aliis plerisque in rebus cognoscendis, tum maxime in philosophia et medicina scientia.

Venetiis. 1523. Bern. et Matth. de Vitali. in-fol.

110.—Margarita philosophica cum additionibus novis : ab auctore suo (*Gregorio* Reisch) studiosissima revisione tertio super additis.

Basileæ. 1508. Furterius et Scotus. 1 vol. in-4º.

111.—Margarita philosophica nova (autore *Gregorio* Reisch).

Argentorati. 1512. Joan. Gruninger. 1 vol. in-4º.

112.—*Caroli* Bovilli *Samarobrini* (1) liber de intellectu. Liber de sensu. Liber de nichilo. Ars oppositorum. Liber de generatione. Liber de sapiente. Liber de duodecim numeris. Epistole complures. Insuper mathematicum opus quadripartitum. De numeris perfectis. De mathematicis rosis. De geometricis corporibus. De geometricis supplementis.

Parisiis. 1510. H. Stephanus. 1 vol. in-4º.

On lit à la fin de ce volume :

" — Editum est universum hoc volumen Ambianis in edibus reverendi in Christo Patris Francisci de Hallewin ejusdem loci pontificis. Et emissum ex officina Henrici Stephani. Impensis ejusdem et Joannis Parvi in chalcotypa arte sociorum. Anno Christi Salvatoris omnium 1510. Primo Cal. Februarii.

113.—Tractationum philosophicarum tomus unus, in quo continentur.— I. *Philippi* Mocenici universalium institutio-

---

(1) Bovelles (*Charles* de), né à Saulcourt, canton de Ham, vers 1470, mourut à Noyon vers 1523.

num ad hominum perfectionem, quatenus industria parari potest, contemplationes V.— II. *Andreæ* Cæsalpini questionum peripateticarum libri V.— III. *Bernardini* Telesii de rerum natura juxta propria principia libri IX. Opus multiplici eruditione refertum, etc.

Atrebati. 1588. Eust. Vignon. 1 vol. in-fol.

** — H. Cardani opera philosophica.

Vide : *Hier.* Cardani *opera.*

114.—*Chrysostomi* Javelli omnia, quotquot inveniri potuerunt, opera, quibus quicquid ad rationalem, naturalem, moralem ac divinam philosophiam pertinet, breviter simul ac dilucide summa cum eruditione complectitur.

Lugduni. 1580. Beraud. 2 vol. in-fol.

115.— Les discours philosophiques de *Pontus* de Tyard, Seigneur de Bissy, et depuis Evesque de Chalon.

Paris. 1587. Abel L'Angelier. 1 vol. in-4º.

116.—*Justi* Lipsi manuductionis ad stoicam philosophiam libri tres : L. Annæo Senecæ, aliisque scriptoribus illustrandis.

Parisiis. 1604. Had. Perier. 1 vol. in-8º.

A la suite :

Justi Lipsi. physiologiæ stoicorum libri tres : L. Annæo Senecæ, aliisque scriptoribus illustrandis.

Parisiis. 1604. H. Perier.   in-8º.

** — *Fr.* Baconis opera philosophica.

Vide : Baconis *opera.*

117.—Œuvres philosophiques de Bacon, publiées d'après les textes originaux, avec notice, sommaires et éclaircissemens, par M. *N.* Bouillet.

Paris. 1834. Hachette. 3 vol. in-8º.

** — Œuvres philosophiques, morales et politiques de *François* Bacon, baron de Verulam, vicomte de Saint-Alban, lord-chancelier d'Angleterre ; avec une notice biographique, par *J. A. C.* Buchon.

Paris. 1836. Desrez, 1 vol. in-8º.

Voyez : *Panthéon litt.*

118.—*Franç.* Baconis de Verulamio novum organum scientiarum.
Lugd.-Batav. 1645. Wijngaerde. 1 vol. in-12.

119.—Essais du chevalier Bacon, sur divers sujets de politique, et de morale, (avec une préface par Goujet).
Paris 1734 Emery. 1 vol. in-12.

120.—Traictez philosophiques. Par le s^r du Vair.
Paris. 1610. L'Angelier. 1 vol. in 8°.

On trouve à la suite :

De l'Eloquence françoise, et des raisons pourquoy elle est demeurée si basse. — Version des oraisons d'Eschines et Demostene. — Celle d'Appius contre Milon. — Version de celle de Ciceron pour Milon.

121.—*Gulielmi* Camerarii disputationes selectæ philosophicæ, in tres partes distributæ.
Parisiis. 1630. Chappellain. 1 vol. in-fol.

122.—Digestum sapientiæ in quo habetur scientiarum omnium rerum divinarum atque humanarum nexus, et ad prima principia reductio. Autore P. Yvone.
Lutetiæ. 1648. Thierry. 1 vol. in-fol.

123.—*Jani Cæcilii* Frey opuscula varia nusquam edita, philosophis, medicis, et curiosis omnibus utilissima, quorum hæc est series. — 1° Philosophia Druidarum. — 2° Cribrum philosophorum. — 3° Propositiones de universo curiosiores. — 4° Cosmographiæ selectiora. — Dialectica veterum. — 6° Compendium medicinæ.
Parisiis. 1646. Pet. David. 1 vol. in-8°.

124.—*Fortunii* Liceti opera varia.
Utini. 1634-1645. Schiratti. 4 vol. in-4°.

La collection que nous réunissons sous ce titre, comprend :

Fortunii Liceti Lilium maius, sive de natura assistente dialogus : in quo late probatur nomen et rationem naturæ proprie dictæ convenire formis assistentibus, præsertimque summo Deo.
Utini. 1637. Nic. Schiratti. 1 vol. in-4°.

Fortunii Liceti Ulysses apud Circen, sive de quadruplici transformatione, deque varie transformatis hominibus dialogus ethico-physicus.

Utini. 1636. Schiratti. in-4°.

Fortunii Liceti Lilium minus, sive de anima ad corpus physice non propensa dialogus.

Utini. 1637. Schiratti. in-4°.

De natura primo-movente libri duo : in quibus ex Aristotelis doctrina diligenter ostenditur Primi-Moventis nomen et rationem proprie convenire Finali caussæ generatim, cœlo seu mundo, intelligentiæ cuique cœlo assistenti, ac summo Deo. *Fortunius* Licetus inclytæ nationi germanicæ dicavit.

Patavii. 1634. Crivellarii. in-4°.

De pietate Aristotelis erga Deum et homines libri duo *Fortunii* Liceti.

Utini. 1645. Schiratti. in-4°.

Fortunii Liceti de mundi et hominis analogia liber unus.

Utini. 1635. Schiratti. in-4°.

De cometæ an. MDCLII-MDCLIII observationibus astronomicis responsum *Fortunii* Liceti.

Utini. 1653. Schiratti. in-4°.

Ad alas amoris divini a Simmia Rhodio compactas; in quibus Deus introducitur ut optimus de sua mirabili generatione, deque Mundi totius primæva creatione, perenni conservatione, optimaque gubernatione loquens, encyclopædia *Fortunii* Liceti.

Patavii. 1640. Crivellarii. in-4°.

Fortunii Liceti de lucidis in sublimi ingenuarum exercitationum liber.

Patavii. 1641. Cribelliani. in-4°.

125. — Œuvres de Descartes, publiées par *Victor* Cousin.

Paris. 1824-1826. Levrault. 11 vol. in-8°.

126. — Œuvres philosophiques de Descartes, publiées d'après les textes originaux avec notices, sommaires et éclaircissemens; par *Adolphe* Garnier.
Paris. 1835. Hachette. 4 vol. in-8°.

" — Œuvres philosophiques de Descartes, publiées d'après les textes originaux, par *L. Aimé* Martin.
Paris. 1838. Desrez. 1 vol. in-8°.

Voyez : *Panthéon littéraire.*

127. — Les principes de la philosophie. Escrits en latin, par *René* Descartes. Et traduits en françois par un de ses amis (*Claude* Picot). 2ᵉ édit.
Paris. 1660. H. et N. Le Gras. 1 vol. in-4°.

128. — Même ouvrage.
Paris. 1668. Theod. Girard. 1 vol. in-4°.

129. — Même ouvrage.
Rouen. 1706. J.-B. Besongne. 1 vol. in-12.

130. — Les principes de la philosophie de *René* Descartes. 4ᵉ édit., reveuë et corrigée fort exactement par Monsieur C L R. (*Claude* Clerselier).
Paris. 1681. Vᵉ Robin. 1 vol. in-4°.

131. — L'homme de *René* Descartes, et un traitté de la formation du fœtus du mesme autheur. Avec les remarques de *Louis* De la Forge.
Paris. 1664. Angot. 1 vol. in-4°. Fig.

132. — *Renatus* Des Cartes de homine figuris et latinitate donatus a *Florentio* Schuyl.
Lugduni-Batav. 1664. Hackius. 1 vol. in-4°.

Voyez aussi : *Médecine.* N° 618-619-620.

133. — *Renati* Des Cartes meditationes de prima philosophia, in quibus Dei existentia, et animæ humanæ a corpore distinctio, demonstrantur. — His adjunctæ sunt variæ objectiones doctorum virorum in istas de Deo et anima demonstrationes; cum responsionibus auctoris.
Amstelodami. 1670. Dan. Elzevirius. 1 vol. in-4°.

134.— Les méditations métaphysiques de *René* Des-Cartes, touchant la première philosophie. Nouvellement divisées par articles, etc. Par R. F. (*René* Fedé). 3ᵉ édit.
  Paris. 1673. Theod. Girard. 1 vol. in-4º.

135.—Lettres sur la philosophie de Monsieur Des Cartes. Par le sʳ de Sainte-Garde.
  Paris. 1663. Barbin. 1 vol. in-12.

136.—Lettre d'un philosophe à un cartesien de ses amis. (Par le P. Rochon, publiée par le P. Pardies).
  Paris. 1672. Jolly. 1 vol. in-12.

137.—P. Godartii dissertatio in qua egregie ludicra Cartesii revelantur.
  Parisiis. 1677. J. et R. De la Caille. 1 vol. in-12

138.—*Petri Danielis* Huetii censura philosophiæ cartesianæ.
  Lutetiæ Par. 1689. Hortemels. 1 vol. in-12.

139.—Idem opus. Editio quarta.
  Parisiis. 1694. Anisson. 1 vol. in-12.

140.—Réponse à un livre qui a pour titre : *Danielis Huetii censura philosophiæ cartesianæ*. Servant d'éclaircissement à toutes les parties de la philosophie, surtout à la métaphysique. Par *Pierre-Silvain* Regis.
  Paris. 1691. Jean Cusson. 1 vol. in-12.

141.—Voyage du monde de Descartes. Nouv. édit. revue et augm. d'une cinquième partie. Par le P. *G.* Daniel.
  Paris. 1702. Nicol. Pepie. 1 vol. in-12. Fig.

142.— Nouvelles difficultez proposées par un péripatéticien à l'auteur du Voyage du Monde de Descartes. Touchant la connaissance des bestes. Avec la réfutation de deux défenses du Système général du monde de Descartes. (Par le P. Daniel).
  Paris. 1693. S. Benard. 1 vol. in-12.

143.—Exercitationes ad principiorum philosophiæ Renati Des Cartes primam partem. Authore *Johanne* Schulero.
  Ultrajecti. 1667. Joh. ab Hulshuysen. 1 vol. in-4º.

** — La vie de M. Des Cartes. Par *Ad.* Baillet.

> Voyez : *Histoire.* N° 4536-4537.

144. — Entretiens sur la philosophie. Par M. Rohault (1).
    Paris. 1671. Mich. Le Petit. 1 vol. in 12.

145. — Euclides metaphysicus, sive de principiis sapientiæ Stoecheidea E. Authore *Thoma* Anglo(Whit) ex Albiis.
    Londini. 1658. J. Martin. 1 vol in-12.

146. — Philosophia vulgaris refutata. (Autore *J.* Guilleminot.)
    Parisiis. 1670. Guil. Desprez. 1 vol. in-12.

** — *Petri* Gassendi opera philosophica.

> Vide : P. Gassendi *opera,*

147. — Abrégé de la philosophie de Gassendi en vii tomes. Par *F.* Bernier. 2ᵉ édit.
    Lyon. 1684. Anisson. 7 vol. in-12.

148. — La science universelle de Sorel, ou la vraye philosophie plus estendue que la vulgaire, et reduite en un ordre naturel, selon la plus certaine liaison des sciences particulières et des arts. 3ᵉ édit.
    Paris. 1644-1647. Toussainct Quinet. 4 vol. in-4º.

149. — La science universelle de Sorel, divisée en iv tomes.
    Paris. 1668. Theod. Girard. 4 vol. in-12.

150. — De la perfection de l'homme, où les vrays biens sont considerez et spécialement ceux de l'âme ; avec les methodes des sciences. Par M. *Ch.* Sorel.
    Paris. 1655. Robert de Nain. 1 vol. in-4º.

151. — Œuvres philosophiques de Locke. Nouvelle édition, revue par M. Thurot.
    Paris. 1821-1825. Bossange. 7 vol. in-8º.

152. — Œuvres diverses de M. Locke. Nouv. édit.
    Amsterdam. 1732. Jean-Fréd. Bernard. 2 vol. in-12.

---

(1) Rohault (*Jacques*), né à Amiens en 1620, mourut à Paris en 1675.

153. — *Joan.-Bapt.* Du Hamel de consensu veteris et novæ philosophiæ libri duo.
   Parisiis. 1663. Savreux. 1 vol. in-4°.

** — *G. G.* Leibnitii opera philosophia.
   Vide : Leibnitii *opera*, ii-iv.

** — Œuvres choisies de Vico.
   Voyez : *Histoire*. N° 16.

154. — Œuvres complètes de Vauvenargues, précédées d'une notice sur sa vie et sur ses ouvrages, et accompagnées de notes de Voltaire, Morellet et Suard. Nouv. édit.
   Paris. 1821. J. Brière. 2 vol. in-8°.

155. — Œuvres posthumes de Vauvenargues, précédées de son éloge, par M. *Ch. de* Saint-Maurice, et accompagnées de notes et de lettres inédites de Voltaire.
   Paris. 1821. J. Brière. 1 vol. in-8°.

156. — Les principes de la nature, suivant les opinions des anciens philosophes, avec un abrégé de leurs sentimens sur la composition des corps : où l'on fait voir que toutes leurs opinions sur ces principes peuvent se réduire aux deux sectes des Atomistes et des Académiciens. (Par M. Colonne).
   Paris. 1725-1731. A. Cailleau. 3 vol. in-12.

** — Œuvres philosophiques de Fréret.
   Voyez : Œuvres de Fréret, xix, xx.

** — Mélanges philosophiques de Dumarsais.
   Voyez : Œuvres de Dumarsais, v, vi.

157. — Œuvres du philosophe bienfaisant (*Stanislas* Leczinski, roi de Pologne, publiées par *L. F. C.* Marin).
   Paris. 1763.   4 vol. in-8°.

158. — La philosophie du bon-sens, ou réflexions philosophiques sur l'incertitude des connaissances humaines, à l'usage des cavaliers et du beau-sexe. Nouv. édit., rev., corr. et aug. d'un Examen critique des Remarques de M. l'abbé d'Olivet, sur la théologie des philosophes grecs, par M. le Marquis d'Argens.
   La Haye 1747. P. Paupie. 3 vol. in-12.

159. — Œuvres complètes d'Helvetius. Nouv. édit., corrigée et augmentée sur les manuscrits de l'auteur, avec sa vie et son portrait.
Paris. 1795. Servière. 5 vol. in-8°.

** — Mélanges de philosophie, par Voltaire.
Voyez : *Œuvres* de Voltaire.

** — Œuvres philosophiques de Diderot.
Voyez : *Œuvres* de Diderot.

160. — Œuvres complètes de *Thomas* Reid, chef de l'école écossaise, publiées par M. *Th.* Jouffroy, avec des fragments de M. Royer-Collard et une introduction de l'éditeur.
Paris. 1826-1829. Sautelet et C°. 6 vol. in-8°.

161. — Mélanges philosophiques, par M. Formey.
Leyde. 1754. Luzac fils. 2 vol. in-12.

** — Rapport du physique et du moral de l'homme. Par *P. J. G.* Cabanis.
Voyez : *Médecine.* N° 709-710.

162. — De la philosophie de la nature, ou traité de morale pour le genre humain, tiré de la philosophie et fondé sur la nature. (Par De Lisle de Sales.) 7° édit. et la seule conforme au manuscrit original.
Paris. 1804. Gide. 10 vol. in-8°.

163. — Les Helviennes, ou lettres provinciales philosophiques, par l'*Abbé* Barruel.
Paris. 1823. Mequignon fils. 4 vol. in-12.

164. — Cours de philosophie générale, ou explication simple et graduelle de tous les faits de l'ordre physique, de l'ordre physiologique, de l'ordre intellectuel, moral et politique. Par H. Azaïs.
Paris. 1824. Boulland. 8 vol. in-8°. Port.

165. — Fragmens philosophiques, par *Victor* Cousin.
Paris. 1826. Sautelet. 1 vol. in-8°.

166. — Nouveaux fragmens philosophiques, par *V.* Cousin.
   Paris. 1828. Pichon et Didier. 1 vol. in-8°.
167. — Fragmens philosophiques, par *Vict.* Cousin. 3ᵉ édit.
   Paris. 1838. Ladrange. 2 vol. in-8°.
168. — De la création. Essai sur l'origine et la progression des êtres, par M. Boucher de Perthes.
   Paris. 1841. Treuttel et Wurtz. 5 vol. in-8°.
169. — De l'immortalité, de la sagesse et du bonheur, ou la vie présente et la vie future ; traité de philosophie pratique. Par D. L. C. D. — B. (De la Cour).
   Paris. 1853. J. Renouard. 2 vol. in-8°.

d. — Cours de Philosophie.

170. — *Augustini* Steuchi *Eugubini* de perenni philosophia. Libri X. — Item de Eugubii, urbis suæ, nomine.
   Lugduni. 1540. Seb. Gryphius. 1 vol. in-fol.
171. — Compendium philosophiæ naturalis, seu de consideratione rerum naturalium, earumque ad suum creatorem reductione libri XII. Authore *Francisco* Titelmanno.
   Lugduni. 1551. Rouillius. 1 vol. in-8°.
172. — *Georgii* Acanthii philosophiæ platonicæ libri tres.
   Basileæ. 1554. Joan. Oporinus. 1 vol. in-8°.
173. — Philosophia naturalis Jo. Duns Scoti, ex quatuor libris sententiarum, et quodlibetis collecta. Auctore fratre *Philippo* Fabro.
   Venetiis. 1602. Bertonus. 1 vol. in-4°.
174. — Totius philosophiæ peripateticæ corpus absolutissimum. Auctore *Joanne* Crassotio.
   Parisiis. 1619. Fran. Huby. 2 vol in-4°.
175. — Universa axiomata et axamenta totius philosophiæ ac theologiæ sacræ, eo libro et ordine quo habentur apud peripateticorum principem, Lambino interprete,

summa cum curâ ac fide collecta, dilucidèque explicata. Auctore *Carolo* BONDIE.

Parisiis. 1620. Franc. Huby. 1 vol. in-12.

176.— Universa philosophia a R. P. *Petro Hurtado* DE MENDOZA in unum corpus redacta. Nova editio.

Lugduni. 1624. Lud. Prost. 1 vol. in-fol.

177.— Totius philosophiæ, hoc est, logicæ, moralis, physicæ, et metaphysicæ brevis et accurata, facilique et clara methodo disposita tractatio. Auctore *C. F.* D'ABRA DE RACONIS. 5ª edit.

Parisiis. 1630-1631. N. de la Vigne. 2 vol. in-8º

178.— Totius philosophiæ, hoc est, logicæ, moralis, physicæ, et metaphysicæ capita, claraque compendia. Auctore *C. F.* D'ABRA DE RACONIS.

Parisiis. 1617. De la Noue. 1 vol. in-8º.

179.— Cursus philosophicus, auctore R. P. *Roderico* DE ARRIAGA.

Antuerpiæ. 1632. Moretus. 1 vol. in-fol.

180.— Idem opus. 4ª edit.

Lugduni. 1653. Prost. 1 vol. in-fol.

181.— P. M. F. JOANNIS *de S. Thoma* cursus philosophicus. 3ª edit.

Romæ. 1637. Manelphi. 4 vol. in-12.

182.— R. P. JOANNIS *a S.ᵗᵒ Thoma* cursus philosophicus thomisticus, secundum exactam, veram et genuinam Aristotelis et Doctoris angelici mentem, etc.

Lugduni. 1663. Phil. Borde. 1 vol. in-fol.

183.— *Thomæ* CAMPANELLÆ disputationum in quatuor partes suæ philosophiæ realis libri quatuor. Suorum operum tomus II.

Parisiis. 1637. Dion. Houssaye. 1 vol. in-fol.

184.— Hortulus philosophicus, ad excolendos sapientiæ regulis et præceptis adolescentium animos. Auctore R. P. F. A. D. (*Antonio* DUPRO).

Parisiis. 1633. Seb. Cramoisy. 1 vol in-8º.

185. — Summa philosophiæ D. Thomæ Aquinatis ex variis ejus libris in ordinem cursus philosophici accommodata. Auctore R. P. *Cosmo* ALAMANNIO. Hactenus in Galliis desiderata, nunc demum Canon. Regul. Ord. S. Augustini Cong. Gall. opera et studio data, etc.
   Parisiis. 1639. Pet. Billaine. 1 vol. in-fol.

186. — Compendium philosophiæ *Jani Cæcilii* FREY.
   Parisiis. 1648. Pet. David. 1 vol. in-8°.
   A la suite :
   Jani Cæcilii FREY opuscula. N° 123, *supra*.

187. — Integer cursus philosophicus ad unum corpus redactus, in summulas, logicam, physicam, de cælo, de generatione, de anima, et metaphysicam distributus. Auctore R. P. *Franscisco* DE OVIEDO.
   Lugduni. 1640. Prost. 2 en 1 vol. in-fol.

188. — Cursus philosophicus, authore *Francisco* LE RÉES. — Nunc primùm in lucem editus operà *Malachiæ* KELLY. Opus posthumum.
   Parisiis. 1642. Mat. Guillemot. 4 vol. in-8°.

189. — Philosophiæ tomi tres. Auctore *Petro* MOSNERIO. Cuncta excerpta ex prælectionibus R. P. *Hon. Fabry.*
   Lugduni. 1646-1648. J. Champion. 3 vol. in-4°.

190. — Summa philosophica, ex mira principis philosophorum Aristotelis et Doctoris angelici D. Thomæ doctrina, juxta legitimam scholæ thomisticæ intelligentiam composita. Per R P. F. PHILIPPUM *à Sanctissima Trinitate.*
   Lugduni. 1648. Ant. Jullieron. 1 vol. in-fol.

191. — Philosophia universa, serenissimo principi Maximiliano dicata. Auctore R. P. *Thoma* COMPTONO CARLETON.
   Antuerpiæ. 1649. Ja. Meursius. 1 vol. in-fol.

192. — Philosophia metaphysicam physicamque complectens quæstionibus contexta. Authore P. *Raphaele* AVERSA *a Sanseverino.*
   Bononiæ 1650. H. H. Duccia. 2 vol. in-4°.

193.—P. M. *Francisci* Soares cursus philosophicus in quatuor tomos distributus.

Conimbricæ. 1651. P. Cracsbeeck. 4 en 2 vol. in-fol.

194.—Cursus philosophicus concinnatus ex notissimis cuique principiis; ac præsertim quoad res physicas instauratus ex lege naturæ sensatis experimentis passim comprobata. Authore R. P. F. *Emanuele* Maignan.

Tolosæ. 1653. Raym. Bosc. 4 en 3 vol. in-8º.

195.—Philosophia Maignani scholastica sive in formam concinniorem et auctiorem scholasticam digesta et coordinata. Authore R. P. *Joanne* Saguens.

Tolosæ. 1703. Ant. Pech. 2 vol. in-4º. Port.

196.—Integra philosophia omnes complectens tractatus in schola legi solitos. Authore P. Irenæo *à Sancto Jacobo*.

Parisiis. 1655. D. Thierry. 1 vol. in-fol.

197.—Enchiridion philosophicum ad mentem divi Thomæ breviter concinnatum studio et operà *Joannis* Girard.

Pictavii. 1656. Joan. Fleuriau. 1 vol. in-12.

198.—R. P. *Joannis* Lalemandet cursus philosophicus complectens, latèque discutiens controversias omnes à logicis, physicis, metaphysicisque agitari solitas, præsertim quæ Thomisticæ, Scoticæ, et Nominalium scholis sudorem cient.

Lugduni. 1656. Laur. Anisson. 1 vol. in-fol.

199.—Cursus philosophicus in quo totius scholæ quæstiones, ferè omnes, æquà perspicuitate, ac doctrinà, in utramque partem propugnantur. Authore R. P. I. Vincentio.

Tolosæ. 1658. Joan. Boude. 6 en 7 vol. in-4º.

200.—Summa philosophiæ, authore P. *Raymundo* Mailhat. 2ª edit.

Tolosæ. 1658. Ray. Bosc. 4 vol. in-12.

201.—Idem opus. Editio nova.

Lugduni. 1667. Bibliopolæ soc. 4 vol. in-12.

202.— R. P. *Fr. Joannis* Poncii philosophiæ ad mentem Scoti cursus integer.
Lugduni. 1659. Huguetan. 1 vol. in fol.

203.— Idea philosophiæ rationalis, naturalis, universalis et moralis. Auctore D. Petro *a Sancto Joseph.* 2ª edit.
Parisiis. 1659. Josse. 4 vol. in-12.

204.— Summa philosophiæ angelicæ. Auctore R. P. *Arnaldo* Milhet.
Tolosæ. 1663. Joa. Boude. 4 vol. in-12.

205.— Placita philosophica R P. D. *Guarini* Guarini, Clerici regularis, vulgò Theatini.
Parisiis. 1665. D. Thierry. 1 vol. in-fol.

206.— *Petri* Godartii totius philosophiæ summa in brevitate fœcundissima, ordine luculentissima, et suavitate latinitatis ornatissima.
Parisiis. 1666. Gerv. Alliot. 1 vol. in-8º.

207.— *P.* Godartii lexicon philosophicum. Item accuratissima totius philosophiæ summa.
Parisiis. 1675. Joan. de la Caille. 4 vol. in-8º.

208.— Philosophia christiana. *Ambrosio* Victore collectore.
Parisiis. 1667. Pet. Promé. 5 vol. in-12.

209.— Accurata totius philosophiæ institutio juxta principia Aristotelis. Authore P. *Jac.* Channevelle.
Parisiis. 1667-71. Edm. Martinus. 9 vol. in-12.

210.— Philosophia academica quam ex selectissimis Aristotelis et Doctoris subtilis Scoti rationibus ac sententiis brevi quidem, sed perspicuâ methodo ordinavit *F.* ac *P. Claudius* Frassen (1). 2ª edit.
Parisiis. 1668. Edm. Couterot 2 vol. in-4º.

211.— Totius doctrinæ philosophicæ compendiosa tractatio. Juxta mentem Doctoris angelici D. Thomæ Aquinatis.

---

(1) Frassen (Claude), né à Doingt, canton de Péronne, en 1620, mourut à Paris le 26 février 1711.

In gratiam studiosæ juventutis, in Collegio Gratianopolitano F. F. Prædicatorum, candidatæ.

Parisiis. 1669. J. de Launay. 1 vol. in-12.

212.—*Steph.* DE MELLES novum totius philosophiæ syntagma in iv partes distributum ad usum scholæ.

Parisiis. 1669. D. Thierry. 3 vol. in-8º.

213.—*Stephani* DE MELLES selecta opuscula philosophica isagogica, ad novum ejusdem philosophiæ syntagma.

Parisiis. 1669. Fran. Le Cointe. 1 vol. in-12.

214.— Selectæ ex universaliore philosophia quæstiones, in quibus recentiorum philosophorum doctrina, quatenus Aristotelicæ contraria est, refellitur : et ipsa Aristotelica, etc., illustratur. Auctore P. *Joanne* GUILLEMINOT.

Parisiis. 1671. Joa. Henault. 2 vol. in-12.

215. — Philosophia juxta inconcussa tutissimaque Divi Thomæ dogmata, quatuor tomis comprehensa. Authore P. F. *Antonio* GOUDIN. Editio altera.

Parisiis. 1674. Ed. Couterot. 4 en 2 vol. in-12.

216.— Idem opus. Editio decima.

Parisiis. 1692. J. Couterot. 4 vol. in-12.

217.— Atomi peripateticæ, sive tum veterum tum recentiorum atomistarum placita, ad neotericæ peripateticæ scholæ methodum redacta. A R. P. CASIMIRO.

Biterris. 1674. Henr. Martel. 3 vol in-12.

218.— P. *Petri* GALTRUCHII philosophiæ ac mathematicæ totius clara, brevis, et accurata institutio. Cum introductione ad alias facultates. Editio altera.

Cadomi. 1665. Cavelier. 5 vol. in-12.

219.—*Antonii* LE GRAND institutio philosophiæ, secundum principia D. Renati Descartes : nova methodo adornata, et explicata. 4ª edit.

Londini. 1680. M. Clark. 1 vol. in-4º.

220.— Philosophia vetus et nova ad usum scholæ accommodata, in regia Burgundia olim pertractata. (Authore J. B. DUHAMEL). 4ª edit.

Parisiis. 1687. Steph. Miohallet. 6 vol. in-12.

221.—Philosophia universalis, sive commentarius in universam Aristotelis philosophiam, ad usum scholarum comparatam. Authore M. *Joanne* DU HAMEL.

Lutetiæ Paris. 1705. Cl. Thiboust. 5 vol. in-12.

222.—Universæ philosophiæ institutio ; autore *Petro* CALLY.

Cadomi. 1695. Cavelier. 4 en 2 vol. in-4°.

223.—Philosophia ad usum scholæ accommodata. Authore M. *Guillelmo* DAGOUMER.

Parisiis. 1702. Pct. Aubouin. 4 vol. in-12.

224.—Idem opus, ab ipso authore reformatum, variisque tractatibus auctum.

Lugduni. 1757. Duplain. 6 vol. in 12.

225.—*Joannis* CLERICI opera philosophica, in quatuor volumina digesta. Editio quarta, auctior et emendatior.

Amstelodami. 1710. Delorme. 4 vol. in-12. Port.

226.—Institutiones philosophicæ ad faciliorem veterum ac recentiorum philosophorum lectionem comparatæ opera et studio V. cl. *Edmundi* PURCHOTII, 4ª edit.

Lugduni. 1716-1717. Ant. Bourdet. 5 vol. in-12.

227.—Candidatus artium, ubi de rhetorica, philosophia, ejusque singulis partibus, necnon de sphæra et mathesi tractatur, etc. Autore *G.* GUILLIER.

Parisiis. 1732. Pet. Prault. 1 vol. in-12.

228.—Idem opus. 2ª edit.

Parisiis. 1749. Prault. 1 vol. in-12.

229.—Philosophus in utramque partem, sive selectæ et limatæ difficultates in utramque partem, cum responsionibus, ad usum scholæ, circa celebres universæ Philosophiæ controversias. Authore *Laurentio* DUHAN. Editio nova.

Parisiis. 1733. Jac. Clousier. 1 vol. in-12.

230.— Cursus philosophicus ad scholarum usum accommodatus. Authore *Petro* LEMONNIER.

Parisiis. 1750. Lud. Genneau. 6 vol. in-12.

231.— Institutiones philosophicæ in novam methodum digestæ. Autore, M. P. L. R. I. S. P. S. P. N. N. E. A. M. L. V. S. (*Petro* LE RIDANT).

Parisiis. 1761. Villette. 3 vol. in 12.

On trouve à la suite du premier volume :

Principes de certitude, ou essai sur la logique. (Par l'*Abbé* LECREN).

Paris. 1763. Dessain. in-12.

232.— Institutiones philosophicæ, ad usum seminariorum. (Auctoribus GIGOT et CAMIER, edente D. PARISIS).

Tulli Leucorum. 1777. Jos. Carez. 4 vol. in-8°.

233.— Clavis philosophiæ, seu axiomata totius philosophiæ. Elucidata à magistro *Petro* PION.

Parisiis. 1700. Pet. Aubouyn. 1 vol. in-8°.

234.— Abrégé latin de philosophie, avec une introduction et des notes françoises. Par M. l'*Abbé* HAUCHECORNE.

Paris. 1784. Chez l'auteur. 2 vol. in-12.

235.— La philosophie expliquée en tables, par *Louis* DE LESCLACHE.

Paris. 1656. Richer. Tableaux gravés. 1 vol. in-4°.

236.— Corps de toute la philosophie divisé en deux parties. Le tout par démonstration et auctorité d'Aristote, avec esclaircissement de sa doctrine par luy-mesme. Par Maistre *Theophraste* BOUJU, sieur de BEAULIEU.

Paris. 1614. Veuve Marc Orry. 1 vol. in-f°.

237.— Abbrégé curieux et familier de toute la philosophie, logique, morale, physique et métaphysique, et des matières plus importantes du théologien francois. Par le sieur DE MARANDÉ. 6ᵉ édit.

Paris. 1648. Mich. Soly. 1 vol. in-8°.

238.— Le Prince instruit en la philosophie en françois, contenant ses quatre parties : avec une metaphysique historique, rapportant les choses extraordinaires de l'ancien et nouveau monde , du ciel, des terres, des mers, etc. Par messire *Besian* ARROY. — 1.re édit.

Lyon. 1671. Pierre Guillimin. 1 vol. in-fol.

239.— La philosophie des gens de cour, où l'on enseigne d'une manière aisée et naturelle ce qu'il y a de plus curieux dans la physique, et de plus solide dans la morale, pour l'usage des personnes de qualité. Par M. l'*Abbé* DE GERARD. 2.e édit.

Paris. 1689. Est. Loyson. 1 vol. in-12.

** — Système abrégé de philosophie en quatre parties, la logique, la morale, la physique et la métaphysique, à l'usage des étudians, en latin et en francois, par P. BAYLE.

Voyez : *Œuvres de* P. BAYLE, IV.

240.— Système de philosophie, contenant la logique, la métaphysique, la physique, et la morale. Par *Pierre Sylvain* REGIS.

Paris. 1690. Den. Thierry. 3 vol. in-4º. fig.

241.— La philosophie moderne, par demandes et réponses ; avec un traité de l'art de persuader. Par M. DE LELEVEL.

Toulouse. 1698. Louis Colomyez. 3 vol. in-12.

242.— Cours complet de philosophie, par SAURI.

Paris. 1794. Froullé. 4 vol. in-12.

243.— Essai sur les vrais principes, relativement à nos connaissances les plus importantes ; par *l'Abbé* GÉRARD.

Paris. 1826. Blaise. 3 vol. in-8º. Port.

244.— Élémens de philosophie, contenant la logique, l'art du langage, la métaphysique et la morale, par *F. J. H.* GENTY (1). 2.e édit.

Paris. 1823. Egron. 2 vol. in-8º.

---

(1) GENTY (*François-Joseph-Henri*), né à Amiens le 13 juillet 1764, mourut à Paris le 10 janvier 1831.

245. — Cours de philosophie, par M. *Ph.* Damiron.
   Paris. 1834-37. Hachette. 4 vol. in-8".

TROISIÈME PARTIE.

LOGIQUE.

246. — De la logique d'Aristote, par J. *Barthélemy* Saint-Hilaire.
   Paris. 1838. Ladrange. 2 vol. in-8°.

247. — Τάδε ἔνεστιν ἐν τῇδε βίβλῳ. ΠΟΡΦΥΡΙΟΥ Εἰσαγωγή. ΑΡΙΣΤΟΤΕΛΟΥΣ, Κατηγοριῶν βιβλίον ἕν. Περὶ ἑρμηνείας βιβλίον ἕν. Ἀναλυτικῶν προτέρων βιβλία δύο. Ἀναλυτικῶν ὑστέρων βιβλία δύο. Τοπικῶν βιβλία ὀκτώ. Περὶ σοφιστικῶν ἐλέγχων βιβλία δύο. — Hæc insunt in hoc libro. — Porphyrii institutio. — Aristotelis prædicamentorum liber unus. — Peri hermenias id est de interpretatione liber unus. — Priorum resolutoriorum libri duo. — Posteriorum resolutoriorum libri duo. — Topicorum libri octo. — De sophisticis elenchis libri duo.
   Lovanii. 1523. Th. Martinus. 1 vol. in-4°.

248. — *Julii* Pacii in Porphyrii Isagogen, et Aristotelis Organum, commentarius analyticus.
   Aureliæ Allobrogum. 1605. Vignon. 1 vol. in-4°.

   La seconde partie a pour titre :

   ΑΡΙΣΤΟΤΕΛΟΥΣ ὄργανον. Aristotelis *Stagiritæ* Organum, hoc est, libri omnes ad logicam pertinentes, græcè et latinè. *Julius* Pacius recensuit, è græca in latinam linguam vertit, etc. 3ª edit. Accessit ejusdem Pacii in universum Organum commentarius analyticus nunc primum in lucem editus.
   Aureliæ Allobrogum. 1605. Vignon. 1 vol. in-4°.

249. — Commentarii collegii Conimbricensis, e societate Jesu, in universam dialecticam Aristotelis pars prima et secunda. Græco Aristotelis contextui adjuncta est latina versio, et duas in partes, ob studiosorum commoditatem, divisum opus. 2ª edit.

Lugduni. 1610. Horat. Cardon. 1 vol. in-4º.

On trouve à la suite :

— Commentarii Collegii Conimbricensis Societatis Jesu, in libros meteororum Aristotelis Stagiritæ. Extrema hac editione ad hibita manu, typorum varietate distinctiores excusi.

Lugduni. 1608. Pillehotte. in-4º.

— Commentarii Collegii Conimbricensis Societatis Jesu, in libros Aristotelis, qui parva naturalia appellantur : postrema hac editione tum assertionibus typorum varietate à reliquis destinctis splendidiores, cum à compluribus mendis puriores editi.

Lugduni. 1608. Pillehotte. in-4º.

— In libros Ethicorum Aristotelis ad Nicomachum aliquot Conimbricensis cursus disputationes: hac omnium postrema editione a mendis quam plurimis vendicatæ.

Lugduni. 1608. Pillehotte. in 4º.

250. — Georgii *Bruxellensis* dyalecticorum interpretis candidissimi facillima in Aristotelis logicam interpretatio, textu nonnullisque à Magistro *Thoma* Bricot editis questionibus accumulata, etc.

Remis. 1496. Balligault. 1 vol. in-4º.

251. — Quæstiones Georgii in logicam Aristotelis, una cum textu ejusdem paucis perstricto atque extracto opera doctissimi viri magistri *Thome* Bricot.

Cadomi. 1512. Hostingue. 1 vol. in 4º.

252. — Logica Aristotelis ex tertia recognitione. (Logicorum libri recogniti, Boetio *Severino* interprete, et paraphrases in eosdem cum adjectis annotationibus : ordinatore *Jacobo* Fabro *Stapulensi*).

Parisiis. 1531. Simon Colinæus. 1 vol. in-fol.

253. — Reverendi magistri *Egidii* Romani (*Gilles* Colonne) in

libros priorum analeticorum ARISTOTELIS expositio et interpretatio. — Quæstiones item MARSILII in eosdem. — Quæstio *Joannis Antonii* SCOTII de potissima demonstratione. — LAURENTIANUS *Florentinus* in librum Aristotelis de elocutione.

Venetiis. 1516. Octavianus Scotus. 1 vol. in-fol.

Dans le même volume :

—Expositio *Egidii* ROMANI super libros posteriorum ARISTOTELIS cum textu ejusdem.

Venetiis. 1500. And. Torresani de Asula. in-fol.

254.— ARISTOTELIS logica ab *Joachimo* PERIONIO magna ex parte conversa, et per *Nic.* GRUCHIUM correcta et emendata. *Firminus* verò DURIUS suæ interpretationi manum extremam addidit.

Parisiis. 1586. Jacob. Du Puys. 1 vol. in-4°.

255.—*Jacobi* ZABARELLÆ *Patavini* opera logica : tum affixa præfatio *Joa. Lud.* HAWENREUTERI.

Francofurti. 1608. Laz. Zetzner. 1 vol. in-4°.

Dans ce volume on trouve :

—*Jacobi* ZABARELLÆ *Patavini* in duos Aristotelis libros posteriores analyticos commentarii. Cum antiqua ARISTOTELIS in latinum conversione ab eodem cum græcis exemplaribus diligentissime collata, etc.

Francofurti. 1608. Laz. Zetzner. in-4°.

—*Jacobi* ZABARELLÆ de doctrinæ ordine apologia. Nunc multo correctior quam antèa edita.

S. n. n. l. 1608.   in-4°.

—*Jacobi* ZABARELLÆ tabulæ logicæ : in quibus summa cum facilitate ac brevitate ea omnia explicantur, quæ ab aliis prolixè declarari solent.

S. n. n. l. 1608.   in 4°.

256.— Logique d'ARISTOTE, traduite en francais pour la première fois, et accompagnée de notes perpétuelles, par *Barthélemy* SAINT-HILAIRE.

Paris. 1839-44. Ladrange. 4 vol. in 8°.

257.— Logices adminicula hic contenta: AMMONIUS in prædicabilia.—BOETII in eadem prædicabilia editiones duæ. In prædicamenta Aristotelis editio una. In peri hermenias editiones duæ. Ad cathegoricos syllogismos introductio. De syllogismo cathegorico libri duo. De syllogismo hypothetico itidem duo.—THEMISTII in posteriora Arist. libri duo. — BOETII de divisionibus liber unus. — De diffinitionibus itidem unus. — De differentiis topicis tres.

Parisiis. 1511. Henr. Stephanus. 1 vol. in-fol.

258.—Elucidatio doctrinalis in quattuor libros logice nove Aristotelis, cum libro de ente et essentia, ex variis doctissimorum virorum officinis utpote domini *Joannis* VERSORIS et TINCTORIS ceterorumque divi Thome Aquinatis positionibus conformium, studiosissime conquisitis, in presens hoc volumen, ad studentum commodum et utilitatem Cornelianum gymnasium Agrippinensis colonie incolentium, scholastico sub processu quam aptissimè congesta, etc.

Colonie. 1503. Quentel. 1 vol. in-fol.

259.—Elucubratio commentaria in veterem Aristotelis artem nec non in libros Porphyrii et sex principiorum Gilberti Porritani, ex non paucis perspicacium virorum VERSORIS et TINCTORIS aliorumque divi Aquinatis Thomæ dictis conformium commentariolis, in unum volumen, ad perfectum studentum in bursa Corneliana, aliarum bursarum Coloniensium veterrima, redacta.

Colonie. 1503. Quentel. 1 vol. in-fol.

260.—*Johannis* TARDIVEL subtiles et utilissime questiones super libro predicamentorum Aristotelis.

Parrhisius. 1518. J Olivier. 1 vol. in-4°.

A la suite :

Questiones super posteriorum lectura per sedulum dialectices rimatorem Magistrum *Davidem* CRANSTON dictate felix obeunt exordium. — Tractatus noticiarum parvulis et provectis utilissimus.

Parisiis. 1517. B. Aubri. in-4°.

261. — Commentaria in Isagogen Porphyrii, et in omnes libros Aristotelis de dialectica, olim maturo consilio, et gravissimis sumptibus venerandæ Facultatis artium in inclita academia Lovaniensi per dialecticæ ac totius philosophiæ peritissimos viros composita, etc., et ad Arygropoli ac Boetii versiones accommodata.

Lovanii. 1568. Sassenus. 1 vol. in-fol.

262. — *Dominici* SOTO in Porphyrii isagogen, Aristotelis categorias, librosque de demonstratione, absolutissima commentaria.

Venetiis. 1583. Bern. Junta. 1 vol. in-4°

263. — Commentariorum. in Porphyrium et in universam Aristotelis logicam, unà cum quæstionibus, quæ a gravissimis viris agitari solent; tomi duo. — Auctore R. P. F. *Didaco* MASIO.

Moguntiæ. 1607. Conr. Butgenius. 1 vol. in-4°.

264. — Selecta circa universam logicam Aristotelis, subtilioris doctrinæ, quæ in Complutensi Academia versatur, miro quodam ordine disposita, et in dilucidam methodum redacta. Per *Fr.* MURCIA DE LA LLANA.

Matriti. 1615. Typog. reg. 1 vol. in-4°.

265. — R. P. *Joannis* LORINI in universam Aristotelis logicam commentarii cum annexis disputationibus Romæ ab eodem olim prælecti.

Coloniæ. 1620. Pet. Cholinus. 1 vol. in-4°.

266. — Textus summularum magistri *Johannis* BURIDANI tractatus enunciationum. Cum commento *Johannis* DORP.

Parisiis. 1487. Jo. Carchagni. 1 vol. in-fol.

Les initiales sont manuscrites, bleues et rouges.

267. — Commentum magistri *Johannis* DORP super textu summularum magistri *Johannis* BURIDANI.

Parisiis. 1495. Joh. Carchagni. 1 vol. in fol.

A la suite :

Tractatus logicc fratris *Guillermi* OCKAN divisus in tres partes et unaqueque pars per capitula distincta est.

Parisiis. 1488. In vico Brunelli. in-fol.

268.—Commentum *Johannis* DORP super textu summularum *Johannis* BURIDANI, nuperrime castigatum à *Johanne* MAJORIS, cum aliquibus additionibus ejusdem.

Parisius. 1504. Johan. Granion. 1 vol. in-fol.

269.—Medulla dyaletices edita a perspicacissimo artium preceptore *Hieronymo* PARDO, omnes ferme graviores difficultates logicas acutissime dissolvens, omnibus dyaletice studiosis plurimum accommoda de novo per honorandum magistrum *Johannem* MAJORIS, etc.

Parisiis. 1505. Durand Gerlier. 1 vol. in-fol.

270.—*Rodolphi* AGRICOLÆ *Phrisii*, de inventione dialectica libri III, cum scholiis *Joannis* MATTHÆI *Phrissemii*. Loca item aliquot restituta.

Parisiis. 1542. Tiletanus. 1 vol. in-4°.

271.—Compendiosa librorum *Rodolphi* AGRICOLÆ de inventione dialectica epitome. Per *Johannem* VISORIUM.

Parisiis. 1534. Sim. Colinæus. 1 vol. in-8°.

Dans le même volume :

—*Johannis* VISORII ingeniosa, nec minus elegans ad dialectices candidatos methodus.

Parisiis. 1534. Sim. Colinæus. in-8°.

—Dialectica *Joannis* CÆSARII, novissime jam ab ipso autore diligenter recognita, etc.

Parisiis. 1540. Sim. Colinæus. in-8°.

272.—ΒΑΡΛΑΑΜΟΥ τοῦ μοναχοῦ λογιστική σιολιοῖς ἐξ ὡς εὐφυέστατα περιίλημμένη. — BARLAAMI monachi logistica nunc primum latine reddita, et scholiis illustrata à *Joanne* CHAMBERO.

Parisiis. 1600. Guillel. Auvray. 1 vol. in-4°.

273. — *Gulielmi* Occhami doctoris invincibilis et nominalium principis, summa totius logicæ.
   Oxoniæ. 1675. J. Crosley. 1 vol. in 8°.

274. — Dialectica *Joannis* Cæsarii. Quid sit philosophia, et quid philosophus ex Alcinoo; quotque sint genera disserendi ex Marsilio Ficino.
   Parisiis. 1532. Chris. Wechelus. 1 vol. in-8°.

275. — Dialectica *Joannis* Cæsarii.
   Parisiis. 1532. Bonnemere. 1 vol. in-8°.

   A la suite :

   Georgii Trapezontii dialectica, hec continens : De enunciatione. De prædicabilibus. De prædicamentis. De syllogismo categorico, et hypothetico. De enthymemate. De diffinitione ac divisione. De thesi.
   Parisiis. 1532. Sim. Colinæus. in-8°.

   Isagoge de recto decem prædicamentorum usu, inter profitendum dialectica Trapezontii, a *Christophoro* Hegendorphino, in rem studiosiorum dictata.
   Haganoæ. 1529 Joh. Secerius. in-8°.

276. — *Gulielmi* Manderston compendiosa dialectices epitome. Item et ejusdem questio de futuro contingenti.
   Parisiis. 1528. Sim. Colinæus. 1 vol. in-8°.

277. — *Laurentii* Vallæ *Romani* dialecticarum disputationum libri tres eruditissimi.
   Boloniæ. 1538. Joa. Gymnicus. 1 vol. in-8°.

278. — Libri dialecticæ legalis quinque. Authore *Christophoro* Hegendorphino.
   Lipsie. 1531. Nic. Faber. 1 vol. in 8°.

279. — *Georgii* Trapezuntii de re dialectica libellus, ab innumeris quibus hactenus scatuit, mendis repurgatus : unà scholiis *Bart.* Latomi et *Joan.* Neomagi illustratus. 2ª edit.
   Parisiis. 1544. Fr. Gryphius. 1 vol. in-8°.

280. — In hoc opusculo contentæ introductiones. In terminos — In artium divisionem. — In suppositiones. — In prædicabilia. — In divisiones. — In prædicamenta. — In librum de enuntiatione. — In primum priorum. — In secundum priorum. — In libros posteriorum. — In locos dialecticos. — In fallacias. — In obligationes. — In insolubilia (Autore *Judoc.* CLICHTOVEO).
    Parisiis. 1535. Sim. Colinæus. 1 vol. in-8°.

281. — De consideratione dialectica per fratrem *Franciscum* TITELMANNUM, libri sex.
    Parisiis. 1544. Tiletanus. 1 vol. in-8°.

282. — *Petri* RAMI *Veromandui* institutionum dialecticarum libri tres.
    Basileæ. 1554. N. Episcopius. 1 vol. in-8°

283. — Aureæ lucubrationes formalitatum scoticarum editæ in Academia Patavina ab excellentissimo Sac. Th. doct. M. *Antonio* TROMBETA.
    Parisiis. 1588. Joan. le Bouc. 1 vol. in-8°.

    A la suite :

— Compendiosa contractio distinctionum et idenctitatum traditarum ab eximio theol. prof. mag. *Stephano* BRULIFER. Item Epithome formalitatum ejusdem magistri *Steph.* BRULIFER.
    Parisiis. 1586. J. le Bouc. in-8°.

— Physicæ *Franç.* TITELMANNI compendium, ad libros Aristotelis de naturali philosophia utilissimum. Accessit libellus de mineralibus, plantis, et animalibus, ad absolutiorem rerum naturalium scientiam.
    Parisiis. 1588. J. le Bouc. in-8°.

284. — *Augustini* HUNNÆI Dialectica, seu generalia logices præcepta omnia.
    Antuerpiæ. 1592. Moretus. 1 vol. in 8°.

    A la suite :

— *Augustini* HUNNÆI prodidagmata de dialecticis vocum affectionibus et proprietatibus.
    Antuerpiæ. 1584. Plantinus. in-8°.

285.—Logica *Martini* SMIGLECII selectis disputationibus et quæstionibus illustrata, et in duos tomos distributa. In qua quicquid in aristotelico Organo vel cognitu necessarium, vel obscuritate perplexum, tam clarè et perspicuè, quam solidè et nervosè pertractatur.

Ingolstadii. 1618. Elisab. Angermaria. 2 vol. in-4°.

286.—Logica *Pauli* VALLII duobus tomis distincta : quorum primus artem veterem, secundus novam comprehendit.

Lugduni. 1622. Lud. Prost. 2 en 1 vol. in-fol.

287.—Analysis logicæ, in qua logicarum præceptionum usus ac doctrina discutitur, servatâ omnium, quæ in aliquâ disciplinâ traduntur, connexione. Auctore M. *Francisco* HALLIER.

Parisiis. 1630. Seb. Cramoisy. 1 vol. in-8°.

288.—Organi philosophiæ rudimenta, seu compendium lologicæ Aristotelicæ traditum à *J. G. P. S. J.*

Lutetiæ Parisiorum. 1677. Ed. Martinus. 1 vol. in-12.

289.—Controversa logica, qualis nunc tradi solet in scholis.

Ambiani. S. d. Jo. Musnier. 1 vol. in-8°.

A la suite :

—Physica. (Philosophiæ pars tertia).

Ambiani. S. d. J. Musnier. in-8°.

Volume d'un cours de philosophie à l'usage du collége d'Amiens.

290.—Manuductio ad logicam sive ad dialectica studiosæ juventuti ad logicam præparandæ conscripta a R. P. *Philippo* DUTRIEU. Edit. 12^a.

Duaci. 1704. Mairesse. 1 vol. in-8°.

291.—Institutiones philosophicæ ad usum seminariorum et collegiorum, auctore *J.* BOUVIER. — Logica.

Cenomani. 1826. Monnoyer 1 vol. in-12.

292.—L'Organe, c'est-à-dire l'instrument du discours, divisé en deux parties, sçavoir est, l'analytique, pour discourir véritablement, et la dialectique, pour discourir probablement. Le tout puisé de l'Organe d'Aristote, par M. *Philippes* CANAYE.

Genève. 1628. J. de Tournes. 1 vol. in-fol.

293.—Les adresses du parfait raisonnement, où l'on découvre les thresors de la logique francoise, et les ruses de plusieurs sophismes, par *J.* SALABERT.

Paris. 1638. Collet. 1 vol. in-8º.

294.—La logique sans épines, et ses matières rendues les plus claires du monde par des exemples sensibles. Composée par *M. C. D.*, aumônier du roy (*C.* DE LANIOLLE).

Paris. 1664. Guil. Sassier. 1 vol. in-12.

295.—La logique ou l'art de penser, contenant, outre les règles communes, plusieurs observations nouvelles, propres à former le jugement. (Par *A.* ARNAULD et *P.* NICOLE.) 6.ᵉ édition.

Paris. 1730. Guill. Desprez. 1 vol. in-12.

296.—Système de réflexions qui peuvent contribuer à la netteté et l'étendue de nos connoissances: ou nouvel essai de logique. Par *J. P.* DE CROUSAZ.

Amsterdam. 1712. Franç. L'Honoré. 2 vol. in-8º.

297.—Même ouvrage. 3.ᵉ édit.

Amsterdam. 1725. L'Honoré. 4 vol. in-12.

298.—Logique en forme d'entretiens, ou l'art de trouver la vérité. Par le P. REGNAULT.

Paris. 1742. Clousier. 1 vol. in-12.

299.—Élémens de l'art de penser, ou la logique, réduite à ce qu'elle a d'utile : par M. BORRELLY.

Berlin. 1777. G. J. Decker. 1 vol. in-8º.

** —Logique, ou réflexions sur les principales opérations de l'esprit, par DU MARSAIS.

Voyez: Œuvres *de* DUMARSAIS, v.

** —La logique, ou les premiers développements de l'art de penser, par L. B. DE CONDILLAC.

Voyez: Œuvres *de* CONDILLAC, XV.

** — Leçons d'un père à ses enfants sur la logique, ou l'art de raisonner, par MARMONTEL.

Voyez : Œuvres de MARMONTEL, XVI.

QUATRIÈME PARTIE.

MÉTAPHYSIQUE.

a. — *Traités généraux et Mélanges.*

300.—Essai sur la métaphysique d'Aristote, ouvrage couronné par l'Institut, par *Félix* RAVAISSON.
Paris. 1837-1846. 1mp. royale. 2 vol. in-8°.

301.—La métaphysique d'ARISTOTE traduite en français pour la première fois ; accompagnée d'une introduction, d'éclaircissements historiques et critiques, et de notes philologiques ; par *Alexis* PIERRON et *Charles* ZÉVORT.
Paris. 1840. Ebrard. 2 vol. in-8°.

302.—Dilucidarium *Augustini* NIPHI metaphysicarum disputationum, in ARISTOTELIS decem et quatuor libros metaphysicorum, ex ARIST. et AVERROIS, græcorumque ac latinorum archanis, ac interpretatione perquam doctè, diligentissimèque, ab auctore absolutum, et nunc maxima diligentia recognitum.
Venetiis. 1559. Apud. H. Scotum. 1 vol. in-fol.

303.—Commentariorum *Petri* FONSECÆ in libros metaphysicorum ARISTOTELIS *Stagiritæ* tomi quatuor.
Lugduni. 1601-1605. Cardon. 4 vol. in-4°.

304.—Commentaria cum quæstionibus in duodecim libros metaphysicæ Aristotelis, per *F. Michaelem* ZANARDUM.
Coloniæ Agrippinæ. 1622. Ant. Boetzerus. 1 vol. in-4°.

** — Aureus liber metaphysicæ ALBERTI-MAGNI, divisus in libros tredecim.

Vide : ALBERTI MAGNI *opera.*

** — *Joannis* RIOLANI opuscula metaphysica.

Vide : RIOLANI *opera*. Médecine. N.° 2679.

305.— *Pauli* SONCINATIS quæstiones metaphysicales acutissimæ.

Moguntiæ. 1622. Ant. Hieratus. 1 vol. in-4°.

306.— R. Patris *Francisci* SUAREZ metaphysicarum disputationum, in quibus et universa naturalis theologia ordinatè traditur, et quæstiones ad omnes duodecim Aristotelis libros pertinentes, accuratè disputantur, tomi duo.

Moguntiæ. 1505. Lippius. 2 en 1 vol. in-fol.

307.— *Thomæ* CAMPANELLÆ universalis philosophiæ, seu metaphysicarum rerum, juxta propria dogmata, partes tres, libri 18. Suorum operum tomus quartus.

Parisiis. 1638. 1 vol. in-fol.

308.— Metaphysica in tres libros divisa, in quibus metaphysicales, quæ ad integritatem philosophici Carmelit. Excalceatorum Complutens. cursus desiderantur quæstiones disputantur. Juxta eximiam Angelici doctoris D. Thomæ, et scholæ ejus doctrinam. Authore *R. P. F.* BLASIO *à Conceptione*.

Lutetiæ. 1642. D. Thierry. 1 vol. in-4°.

309.— Idem opus 2.ª edit.

Lugduni. 1651. Candy. in-fol.

Vide supra. N.° 52.

310. — Dialogues de la philosophie phantastique, des trois en un corps, et mesmement : des lettres, des armes, et de l'honneur, où sont contenues diverses agréables matières. Mis d'espagnol en françois (par *G*. CHAPUYS).

Paris. 1587. Sébast. Molin. 1 vol. in-12.

311.— Traité des fondemens de la science générale et universelle. (Par *P*. BAUDOUIN).

Paris 1651. Le Cointe. 1 vol. in-8°.

312. — Traitez de métaphysique, démontrée selon la méthode des géomètres. (Par H. LELEVEL).
Paris. 1693. And. Pralard. 1 vol. in-12.

313. — Elémens de métaphisique à la portée de tout le monde. Par le Père BUFFIER.
Paris. 1725. François Giffart. 1 vol. in-12.

314. — Le métaphysique, qui contient l'ontologie, la théologie naturelle et la pneumatologie ; par l'Auteur de la Clef des sciences et des beaux arts. (Par *Jean* COCHET).
Paris. 1753. Desaint et Saillant. 1 vol. in-12.

315. — L'antropologie, traité métaphysique par M. le marquis de GORINI CORIO. Trad. de l'italien.
Cologne. 1761. Mich. Bousquet. 2 vol. in-12.

** — — Leçons d'un père à ses enfants sur la métaphysique, par MARMONTEL.
Voyez : *Œuvres de* MARMONTEL, XVII.

316. — Les premiers élémens des sciences, ou entrée aux connaissances solides en divers entretiens, proportionnés à la portée des commençans, et suivis d'un essay de logique. (Par le P. *Bernard* LAMY).
Paris. 1706. F. Léonard. 1 vol. in-12.

---

b. — *Des causes premières ; de la nature, de l'être.*

Nous renvoyons à la Théologie, pour les ouvrages qui traitent de l'existence et des attributs de Dieu.

317. — De principiis rerum, libri tres. Authore *Guilelmo* LAMY.
Parisiis. 1669. Pet. Le Monnier. 1 vol. in-12.

318. — Histoire des causes premières, ou exposition sommaire des pensées des philosophes sur les principes des êtres. Par M. l'*Abbé* BATTEUX.
Paris. 1769. Saillant. 1 vol. in-8°.

319.— De la nature. (Par *J. B. R.* ROBINET.)
   Amsterdam. 1762. E. Van Harrevelt. 1 vol. in-12.

320.— Système de la nature, ou des lois du monde physique et du monde moral. Par M. MIRABAUD (le baron D'HOLBACH. Avec un avis de NAIGEON.)
   Londres. (Amsterdam). 1770. (M. Rey). 2 vol. in-8°.

321.— Système de la nature, ou des lois du monde physique et du monde moral ; par le baron d'HOLBACH. Nouv. édit.; avec des notes et des corrections par DIDEROT.
   Paris. 1821. Et. Ledoux. 2 vol. in-8°.

322.— Réflexions philosophiques sur le système de la nature. Par M. HOLLAND.
   Londres. 1773. 2 vol. in-12.

323.— De ascensu mentis in deum, ex platonica et peripatetica doctrina libri sex. *Stephano* CONVENTIO authore.
   Venetiis. 1563. J.-B. Somaschi. 1 vol. in-8°.

** — MERCURII TRISMEGISTI pymander.
   Voyez : N°. 26, 27.

** — L. A. SENECÆ de providentia Dei.
   Vide : SENECÆ opera.

** — M. I. CICERONIS de fato liber.
   Vide : CICERONIS opera.

324.— De fato libri novem, in quibus inter alia, de contingentia, necessitate, providentia divina, præscientia, prophetia, et divinatione, tam secundum philosophorum opinionem, quàm secundum catholicorum theologorum sententiam, doctè, et copiosè disseritur. *Julio* SIRENIO *Brixiano* autore. Accesserunt *Hieronymi* MAGII in eosdem libros periochæ.
   Venetiis. 1563. Jord. Zileti. 1 vol. in-fol.

325.— *Jacobi Marii* AMBOSII de rebus creatis et earum creatore liber tripertitus.
   Lutetiæ. 1586. Fed. Morellus. 1 vol. in-4°.

326.— Metaphysica disputatio de ente, et ejus proprietatibus, quæ communi nomine inscribitur, de transcendentibus. Auctore R. P. F. *Didaco* Masio.

Coloniæ. 1616. Conr. Butgenius. 1 vol. in-8º.

327.— *Petri* Gassendi disquisitio metaphysica, seu dubitationes et instantiæ : adversus Renati Cartesii metaphysicam. et responsa.

Amsterodami. 1644. Joh. Blaeu. 1 vol. in-4º.

328.— *Petri* Poiret, cogitationum rationalium de Deo, anima, et malo libri quatuor. In quibus quid de hisce Cartesius, ejusque sequaces, boni aut secus senserint, omnisque philosophiæ certiora fundamenta, atque in primis tota metaphysica verior, continentur.

Amstelodami. 1677. Dan. Elsevirius. 1 vol. in-4º.

329.—Les deux véritez de Silhon : l'une de Dieu, et de la Providence, l'autre de l'immortalité de l'âme.

Paris. 1626. Laurent Sonnius. 1 vol. in-8º.

330.—De ente super naturali disputationes in universam philosophiam. Authore P. *Joanne Martines* de Ripalda.

Burdigalæ. 1634. Guill. Millangius. 1 vol. in-fol.

331.—*Johannis* Claubergii de cognitione dei et nostri, quatenus naturali rationis lumine, secundum veram philosophiam, potest comparari, exercitationes centum.

Duisburgi. 1656. Adr. Wingaerden. 1 vol. in-8º.

332.—Méditations métaphysiques touchant l'opération de Dieu dans l'ordre de la nature ; où l'on explique d'une manière claire et méthodique les plus importantes vérités de la métaphysique ; etc.

Rotterdam. 1690. Renier Leers. 1 vol. in-12.

333.—De existentia Dei et humanæ mentis immortalitate secundum Cartesii et Aristotelis doctrinam disputatio in duos libros divisa. (Auctore *Mich.* Moro).

Parisiis. 1692. Car. Robustel. 1 vol. in-12.

334.— Essais de Théodicée sur la bonté de Dieu, la liberté

de l'homme, et l'origine du mal. Par M. Leibnitz. 2ᵉ édit.

Amsterdam. 1714. Isa. Troyel. 2 vol. in 12.

335.— Même ouvrage. Nouv. édit., augmentée de l'histoire de la vie et des ouvrages de l'auteur, par M. le Chevalier de Jaucourt.

Amsterdam. 1747. Fr. Changuion. 2 vol. in-12.

336.— L'existence et la sagesse de Dieu, manifestées dans les œuvres de la création, par le sieur Ray. Traduit de l'anglois. (Par G. Broedelet ?)

Utrecht. 1714. Guil. Broedelet. 1 vol. in-8°.

337.— Introduction à la philosophie, ou de la connaissance de Dieu, et de soi-mesme. (Par *J. B.* Bossuet.)

Paris. 1722. Den. Horthemels. 1 vol. in-12.

338.— Tableau naturel des rapports qui existent entre Dieu, l'homme et l'univers. (Par *L. Cl.* de Saint-Martin.)

Edimbourg. 1782. 2 en 1 vol. in-8°.

339.— Nouvelles libertés de penser.

Amsterdam. 1743. 1 vol. in-16.

Cet ouvrage contient :

1° Réflexions sur l'argument de M. Pascal et de M. Locke, concernant la possibilité d'une autre vie à venir. (Par Fontenelle.)

2° Sentiments des philosophes sur la nature de l'âme. (Par Mirabaud.)

3° Traité de la liberté. (Par M. Fontenelle.)

4° Réflexions sur l'existence de l'âme et sur l'existence de Dieu. (Par Dumarsais.)

5° Le philosophe. (Par Dumarsais.)

c. — *De l'âme, de sa nature, de son immortalité.*

340.— Le Phedon de Platon traittant de l'immortalité de l'âme.— Le dixiesme livre de la Republique, en ce qu'il parle de l'immortalité, et des loiers et supplices éternelz. — Deux passages du mesme autheur à ce propos, l'un du Phedre, l'autre du Gorgias.— La remonstrance que feit Cyrus, roy de Perses, à ses enfans et amys, un peu auparavant que rendre l'esprit, prise de l'huitiesme livre de son institution escritte par XENOPHON. Le tout traduit de grec en françois, avec l'exposition des lieux plus obscurs et difficiles, par *Loys* LE ROY, dit REGIUS.

Paris. 1553. Nyvelle. 1 vol. in-4°.

** — ARISTOTELIS de anima libri III.

Vide : ARISTOTELIS opera.

** — PLUTARCHI de procreatione animi, in Timæo Platonis.

Vide : PLUTARCHI opera.

341.—*Augustini* NIPHI expositio subtilissima necnon et collectanea commentariaque in tres libros ARISTOTELIS de anima nuperrime accuratissima diligentia recognita.

Venetiis. 1559. Hier. Scotus. 1 vol. in-fol.

342.—Commentarii *Jac.* ZABARELLÆ *Patavini* in III libros Aristotelis de anima.

Francofurti. 1606. Laz. Zetzner. 1 vol. in-4°.

343.—Selecta in libros Aristotelis de anima, generatione, et cælo, tum et in fine super ejusdem metheora subtilioris doctrinæ, quæ in complutensi Academia versatur, miro quodam ordine disposita, et in dilucidam methodum redacta. Per *Franciscum* MURCIA DE LA LLANA.

Matriti. 1615. Typogr. reg. 1 vol. in-4°.

344.—*Hieronymi* DANDINI *Cæsenatis* de corpore animato lib. VII. Luculentus in Aristotelis tres de anima libros, commentarius peripateticus.

Parisiis. 1611. Claud. Chappeletus. 1 vol. in-fol.

345.—Commentarii Collegii Conimbricensis, societatis Jesu, in tres libros de anima, ARISTOTELIS *Stagiritæ*. Hac quarta editione, græci contextus latino è regione respondentis accessione auctiores, et emendatiores.

Lugduni. 1612. Hon. Cardon. 1 vol. in.4°.

A la suite on trouve :

Commentarii Collegii Conimbricensis Societatis Jesu, in duos libros de generatione et corruptione Aristotelis. Nunc denuo græci contextus latino e regione respondentis accessione auctiores, et emendatiores.

Lugduni. 1613. Hor. Cardon. in 4°.

346.— Doctoris subtilis *Jo*. Duns *Scoti* quæstiones super libris Aristotelis de anima : ab oblivione postliminio restitutæ, notisque marginalibus ornatæ, etc. per R. P. F. *Hugonem* Cavellum. Cum. Panegyrico Joannis Duns Scoti (ab ornatiss. viro D. *Nicolao* Vernulæo.)

Lugduni. 1625. Claud. Landry. 1 vol. in-4°.

347.— ΑΘΑΝΑΣΙΟΥ Ρητορος τοῦ Βυζαντιου Αριστοτέλης ἑαυτὸν περὶ τῆς ἀθανασίας τῆς ψυχῆς διατραιῶν. P. Athanasii rhetoris Byzantini Aristoteles propriam de animæ immortalitate mentem explicans. Interprete *Joan*. Curtino.

Parisiis. 1641. J. du Bray. 1 vol. in-4°.

Dans ce même volume on trouve :

— Μέθοδος ᾗ διαπληκτίζεται τά λογικά. Methodus, quâ, ratione prædita certant.

— Ejusdem brevis methodus obtinendæ victoriæ, aut saltem parendorum ad pugnam et victoriam mediorum inventrix. Quæmadmodum ex philosophis Adrasto et Moderato secundum Aristotelem mirificentissimus et magnus refert Iamblichus. Interprete A. G. D. F. A.

— Α. τοῦ ρος τρυφή ψυχῆς ἤ κῆπος ἐκ τῶν τῷ μεγάλῳ Ιαμβλίχῳ πονηθέντων φυτευθείς. P. A. O. R. I S. Delitiæ animæ sive hortus ex eis quæ Iamblicho magno elaborata sunt consitus.

Lutetiæ. 1639. N. Buon. in-4°.

348.— Avicennæ compendium de anima. De mahad. i. de dispositione, seu loco, ad quem revertitur homo, vel

anima ejus post mortem. Aphorismi de anima. De diffinitionibus, et quæsitis. De divisione scientiarum. ab *Andrea* ALPAGO ex arabico in latinum versa. Cum expositionibus ejusdem *Andreæ* collectis ab auctoribus arabicis. Omnia nunc primum in lucem ædita.
Venetiis. 1546. Apud Juntas. 1 vol. in-4°.

549. — Theologia platonica de immortalitate animorum duo de vigenti libris, *Marsilio* FICINO authore, comprehensa.
Parisiis. 1559. Ægid. Gorbinus. 1 vol. in-8°.

550. — *Petri* POMPONATII *Mantuani* tractatus de immortalitate animæ.
Parisiis. 1534. 1 vol. in-12.

551. — De animi natura ejusque immortalitate in doctrina Aristotelis apertissimè constituta. *Joan.* DENISETO *Senonensi* auctore.
Parisiis. 1577. Fed. Morellus. 1 vol. in-8°.

Dans le même volume :

— *Nic.* NANCELII de immortalitate animæ, velitatio adversus Galenum.
Parisiis. 1587. Jo. Richerius. in-8°.

— *Nic.* NANCELII problema, an sedes animæ in corde ? an in cerebro ? aut ubi denique est ?

— *Nic.* NANCELII de risu libellus, ex eodem suo de Analogia microscomi ad microscomon opere depromptus.

— *Nic.* NANCELII de legitimo partus tempore, 7, 8, 9, 10, 11, mensium, problema, seu liber unus. Ubi et de anni Gregoriani, per *Aloisium* et *Antonium* LILIOS, fratres, correctione ac restitutione, per longam digressionem, multa disceptantur.
Parisiis. 1586. J. Richerius.   in 8°.

** — *J. L.* VIVIS de anima et vita libri III.
Vide : J. L. VIVIS opera.

552. — Entelechia, seu de animæ immortalitate disputatio, auctore D. *Antonio* BRUNO.
Venetiis. 1597. Thom. Baleonus. 1 vol. in-4°.

353. — *Antonii* Sirmondi de immortalitate animæ demonstratio physica et Aristotelica, adversus Pomponatium et asseclas. — (Appendix sive peculiaris Pomponatii confutatio.)

Parisiis. 1635. Mich. Soly. 1 vol. in 8º.

354. — Demonstratio immortalitatis animæ rationalis, sive tractatus duo philosophici, in quorum priori natura et operationes corporum, in posteriori vero, natura animæ rationalis, ad evincendam illius immortalitatem, explicantur. Authore Kenelmo Equite Digbæo. — Ex anglico in latinum versa opera et studio I. L. — Præmittitur huic latinæ editioni præfatio metaphysica, authore *Thoma* Anglo *ex Albiis Exastsaxonum* (*Th.* Whit.) Eidemque subnectuntur institutionum peripateticorum libri quinque, cum Appendice theologica de origine mundi, ejusdem Authoris. 2ª edit.

Parisiis. 1655. Féd. Leonard. 1 vol. in-fol.

355. — De l'immortalité de l'âme, représentée par preuves certaines et par les fruicts excellens de son vray usage. Par *Jean* de Serres.

Lyon. Paris. 1596. Guill. Auvray. 1 vol. in-8º.

356. — Discours académiques de l'origine de l'âme. Par Messire *Raoul* Fornier.

Paris. 1619. Den. Langlois. 1 vol. in-18.

357. — Petit discours chrestien de l'immortalité de l'âme. (Par de La Mothe le Vayer).

Paris. 1637. Jean Camusat. 1 vol. in-8º.

358. — De l'immortalité de l'âme. Par Silhon.

Paris. 1634. Pierre Billaine. 1 vol. in-4º.

359. — De l'immortalité de l'âme; par le sieur de Silhon.

Paris. 1662. Christ. Journel. 1 vol. in-12.

360. — Le système de l'âme. Par le sieur de la Chambre.

Paris. 1664. D'Allin. 1 vol. in-4º.

561. — Même ouvrage.
   Paris. 1665. Jac. D'Allin. 1 vol. in-12.

562. — Lettre de M. Petit à M. De la Chambre sur le livre du sieur Petit, médecin, contre le système de l'âme.
   Paris. 1666.   Pièce in-4º.

563. — Explication mécanique et physique des fonctions de l'âme sensitive, ou des sens, des passions, et du mouvement volontaire. — Discours sur la génération du laict. —Dissertation contre la nouvelle opinion, qui prétend que tous les animaux sont engendrez d'un œuf. — Réponse aux raisons par lesquelles le sieur Galatheau prétend établir l'empire de l'homme sur tout l'univers. Par G. Lamy.
   Paris. 1678. Roulland. 1 vol. in-12.

564. — Dissertations physiques sur le discernement du corps et de l'âme ; sur la parole, et sur le système de M. Descartes. Par M. de Cordemoy. 3ᵉ édit.
   Paris. 1690. Vᵉ Nion. 2 en 1 vol. in-12.

565. — Les œuvres de feu Monsieur de Cordemoy, contenant six discours sur la distinction du corps et de l'âme.
   Paris. 1704. Christ. Remy. 1 vol. in-4º.

566. — L'âme ou le sistême des matérialistes, soumis aux seules lumières de la raison. Par M. l'*Abbé* ** (Dufour.)
   Avignon. 1759. Jean. Jouve. 1 vol. 12.

567. — La spiritualité et l'immortalité de l'âme, avec le sentiment de l'antiquité tant sacrée que profane, par rapport à l'une et à l'autre. Par le R. P. *Hubert* Hayer.
   Paris. 1757. Chaubert. 3 vol. in-12.

568. — Bigarrures philosophiques. (Par *Ch. Fr.* Tiphaigne de la Roche).
   Amsterdam. 1759, Arkstée et Merkus. 2 vol. in 8.

569. — Les préjugés des anciens et nouveaux philosophes, sur la nature de l'âme humaine, ou examen du matérialisme. Par M. Denesle.
   Paris. 1765. Vincent. 2 vol. in-12.

370. — L'immortalité de l'âme, ou essai sur l'excellence de l'homme. Par M. *B*. (*L*. BAILLY).
Dijon. 1781. Bidault. 1 vol. in-12.

d. — *De l'âme des bêtes.*

371. — *Hieronymi* RORARII quòd animalia bruta ratione utantur meliùs homine, libri duo.
Parisiis. 1648. Seb. Cramoisy. 1 vol. in-8°.

372. — De anima brutorum quæ hominis vitalis ac sensitiva est, exercitationes duæ. Prior physiologica ejusdem naturam, partes, potentias et affectiones tradit. Altera pathologica morbos qui ipsam, et sedem ejus primariam, nempè cerebrum et nervosum genus afficiunt, explicat, eorumque therapeias instituit. Studio *Thomæ* WILLIS.
Londini. 1672. Guil. Wells. 1 vol. in-4.° fig.

373. — *Antonii* LE GRAND, dissertatio de carentia sensus et cognitionis in brutis.
Norimbergæ. 1679. Joa. Zieger. 1 vol. in-8°.

374. — Traité de la connoissance des animaux, ou tout ce qui a été dit pour, et contre le raisonnement des bestes, est examiné. Par le sieur DE LA CHAMBRE.
Paris. 1664. Jac. d'Allin. 1 vol. in-12.

375. — Discours de la connoissance des bestes. Par le P. *Ignace Gaston* PARDIES.
Paris. 1672. Cramoisy. 1 vol. in-12.

376. — De l'âme des bêtes, où après avoir démontré la spiritualité de l'âme de l'homme, l'on explique par la seule machine, les actions les plus surprenantes des animaux. Par *A. D.* (*A.* DILLY).
Lyon. 1680. Anisson et Posuel. 1 vol. in-12.

377. — Traité de l'âme des bêtes, avec des réflexions physiques et morales. Par M. l'*Abbé* M..... (MACY).
Paris. 1737. Le Mercier. 1 vol. in-12.

A la suite :

— Amusement philosophique sur le langage des bestes. (Par le Père *G. H.* Bougeant).

Paris. 1739, Gissey.   in-12.

— Lettre à madame la comtesse D*** pour servir de Supplément à l'amusement philosophique sur le langage des bêtes. (Par A. DE LA CHENAYE DES BOIS.)

s. n. n. l. 1739.   in-12.

— Lettre du P. BOUGEANT jésuite, à M. l'Abbé Savalette, Conseiller au Grand Conseil, (sur l'amusement philosophique).

Paris. 1739. Mérigot.   in-12.

— Le philosophe extravagant, dans le traité de l'action de Dieu sur les créatures. (Par le P. DU TERTRE).

Bruxelles. 1716. Fricx.   in-12.

378. — Amusement philosophique sur l'âme des bestes (par le P. BOUGEANT). Nouvelle édition, augmentée d'un avertissement, d'un discours préliminaire, d'une critique, avec des notes, et de la rétractation de l'auteur.

Amsterdam. 1750 La Compagnie. 1 vol. in-12.

A la suite :

— Lettre à madame la comtesse D.*** etc.

— Réflexions sur l'âme des bestes, en forme d'amusemens philosophiques.

S. n. n. l. 1740.   in-12.

— Lettre du P. BOUJEANT (sic) à M. l'Abbé Savalette.

379. — Histoire critique de l'âme des bêtes, contenant les sentimens des philosophes anciens, et ceux des modernes sur cette matière. Par M. GUER.

Amsterdam. 1749. Fr. Changuyon. 2 en 1 vol. in-8º.

380. — Parallelle de la condition et des facultés de l'homme avec la condition et les facultés des autres animaux. Ouvrage traduit de l'anglois. Par M. *J. B.* ROBINET.

Bouillon. 1769. La Société typog. 1 vol. in-12.

381. — Les bêtes mieux connues. Entretiens par M. l'*Abbé* JOANNET.
   Paris. 1770. Costard. 2 vol. in-12.

382. — Observations physiques et morales sur l'instinct des animaux, leur industrie et leurs mœurs. Par *Hermann Samuel* REIMAR. Ouvrage traduit de l'allemand par M. *R*... DE *L*... (RENEAUME DE LATACHE.)
   Amsterdam. 1770. Changuion. 2 vol. in-12.

383. — Analyse sur l'âme des bêtes. Lettres philosophiques. (Par AUMEUR).
   Amsterdam. 1781. 1 vol. in-8°.

** — Traité des animaux, par CONDILLAC.
   Voyez : Œuvres de CONDILLAC, III.

384. — Quelques réflexions sur la psychologie, par *J. B. G.* BARBIER (1).
   Amiens. 1849. Duval et Herment. 1 vol. in-12.

---

e. — *De l'intelligence et de ses opérations.*

---

385. — *Augustini* NIPHI in via Aristotelis de intellectu libri sex. Ejusdem de Demonibus libri tres. Denuo post primam impressionem proprio typographo autoris recogniti ac noviter summa diligentia excussi.
   Venetiis. 1553. Hier. Scotus. 1 vol. in-fol.

386. — *Claudii* CAMPENSIS in librum ARISTOTELIS de memoria et recordatione commentarii : quibus opinio Aristotelis refutatur.
   Parisiis. 1556. Nivellius. 1 vol. in-8°.

387. — *Nicolai* CHAPPUSII de mente et memoria libellus utilissimus.
   Parisiis. 1511. Ascensianus. 1 vol. in-4°.

---

(1) BARBIER (*Jean-Baptiste-Grégoire*), né à Poix (Somme) le 9 mai 1776, mourut à Amiens le 22 novembre 1855.

388.—L'usage de la raison, où tous les mouvemens de la raison sont déduits, et les actions de l'entendement, de la volonté, et du libéral arbitre sont expliquées fort exactement.

Paris. 1623. Adr. Taupinart. 1 vol. in-12.

389.—Le bon esprit. Par *François* DE GRENAILLE, escuyer, sieur de *Chatounieres*.

Paris. 1641. André Soubron. 1 vol. in-4º.

390.—De intellectu humano, in quatuor libris. Authore *Johanne* LOCKIO. 4ª edit.

Londini. 1701. Churchil. 1 vol. in-fol. Port.

391.—Essai philosophique concernant l'entendement humain, où l'on montre quelle est l'étendue de nos connoissances certaines, et la manière dont nous y parvenons. Par M. LOCKE. Traduit de l'anglois par M. COSTE. 3e édit.

Amsterdam. 1735. Pierre Mortier. 1 vol. in-4º.

392.—Abrégé de l'essay de M. LOCKE, sur l'entendement humain (par le docteur WINNE), traduit de l'anglois par M. BOSSET. Nouv. édit.

Londres. 1741. Jean Nourse. 1 vol. in-12.

393.—Traité de l'esprit de l'homme, où l'on verra la preuve de son existance, l'origine de ses idées pendant son union avec le corps, etc. Par M. DE RASSIELS DU VIGIER.

Paris. 1714. Jean Jombert. 1 vol. in-12.

394.—Traité philosophique de la foiblesse de l'esprit humain, par feu M. HUET, ancien évêque d'Avranches.

Amsterdam. 1723. Hen. Du Sauzet. 1 vol. in-12. Port.

395.—Introduction à la connoissance de l'esprit humain, suivie de réflexions et de maximes. (Par le marquis de VAUVENARGUES).

Paris. 1746. Ant. Cl. Briasson. 1 vol. in-12.

396.—Essai sur l'origine des connoissances humaines. Ouvrage où l'on trouve réduit à un seul principe tout ce qui concerne l'entendement humain. (Par E. B. DE CONDILLAC.)

Amsterdam. 1746. Pierre Mortier. 2 vol. in-12.

397.— De l'esprit. (Par *J. C.* HELVETIUS).

Paris. 1758. Durand. 1 vol. in 4°.

398.— Même ouvrage.

Paris. 1759. Durand. 1 vol. in-8°.

399.— Même ouvrage.

La Haye. 1759. Pierre Moetjens. 3 en 1 vol. in-12.

On trouve à la suite :

— Lettre au R. P. Berthier, sur le matérialisme.

400.— Lettre à M.***, traduite de l'anglois, au sujet d'un livre qui a pour titre : *De l'Esprit.*

Amsterdam. 1759. La Compagnie. 1 vol. in 8°.

401.— Réfutation du Livre de l'Esprit, prononcée au Lycée républicain, dans les séances des 26 et 29 mars et des 3 et 5 avril. Par *Jean-François* LAHARPE.

Paris. 1797. Migneret. 1 vol. in-8°.

402.— De l'homme, de ses facultés intellectuelles et de son éducation. Ouvrage posthume de M. HELVETIUS.

Londres. 1773. La Société typog. 2 vol. in-8°.

403.— La palingénésie philosophique, ou idées sur l'état passé et sur l'état futur des êtres vivans. Ouvrage destiné à servir de supplément aux derniers écrits de l'auteur, et qui contient principalement le précis de ses recherches sur le Christianisme. Par *C.* BONNET.

Genève. Lyon 1770. Bruyset. 2 vol. in-8°.

404.— Élémens d'idéologie. Par M. le comte DESTUTT DE TRACY.

Paris. 1825-1826. M⸱ Lévi. 5 vol. in-16.

Cet ouvrage se divise ainsi : I. Idéologie proprement dite. — II. Grammaire. — III. IV. La Logique, suivie de plusieurs ouvrages relatifs à l'instruction publique. — V. Traité de la volonté et de ses effets.

405. — Leçons de philosophie sur les principes de l'intelligence, ou sur les causes et sur les origines des idées, par M. Laromiguiere. 4ᵉ edit., revue par l'auteur.

Paris. 1826. Brunot-Labbe. 3 vol. in-12.

406. — Essai philosophique sur les droits de la raison, en réponse au P. Chastel, à ses partisans et à ses adversaires. Par l'*Abbé Charles* Berton, vicaire à la cathédrale d'Amiens (1).

Paris. 1854. A. Vaton. 1 vol. in-18.

407. — *Joannis* Barclaii icon animorum.

Londini. 1614. Norton. 1 vol. in-16.

408. — Le tableau des Esprits, de M. *Jean* Barclay, par lequel on cognoist les humeurs des nations, leurs advantages et defaux, les inclinations des hommes, tant à cause de leurs propres naturels que des conditions de leurs charges. Nouvellement traduict de latin en françois.

Paris. 1625. Jean Petitpas. 1 vol. in-8º.

" — *J. Fr.* Pici Mirandulæ de imaginatione liber.

Vide : *Joann. et J. Fr.* Pici *opera.*

" — De viribus imaginationis tractatus, authore *Thoma* Fieno.

Voyez : *Médecine*, nº 712-713.

" — Médecine de l'esprit, par M. le Camus.

Ibid., nº 715.

Voyez aussi : nº 709 à 718 et nº 641-642-643-644, *ibid.*

409. — *Joannis* Eusebii *Nierembergii* de arte voluntatis libri vi in quibus Platonicæ, Stoicæ, et Christianæ disciplinæ medulla digeritur, succo omni politioris philosophiæ expresso ex Platone, Seneca, Epicteto, Dione Chrysostomo, Plotino, Iamblico, et aliis : etc. — Accedit ad calcem Historia panegyrica de tribus martyribus Societatis Jesu, in Vrugaï pro fide occisis.

Lugduni. 1631. Jac. Cardon. 1 vol. in-8º.

---

(1) Berton (*Charles-Étienne*), né à Abbeville, le 1ᵉʳ octobre 1825.

410.—Sciri, sive sceptices et scepticorum à jure disputationis exclusio. Authore *Thoma* ANGLO (WHIT) *ex* ALBIIS.
Londini. 1663.   1 vol. in-12.

411.— Examen du pyrrhonisme ancien et moderne. Par M. DE CROUSAZ.
La Haye. 1733. Pierre de Hondt. 1 vol. in-fol.

412.—De la recherche de la vérité, où l'on traite de la nature de l'esprit de l'homme, et de l'usage qu'il en doit faire pour éviter l'erreur dans les sciences. (Par le R. P. MALEBRANCHE). 3e édit.
Paris. 1678. And. Pralard. 3 vol. in-12.

413.—Critique de la Recherche de la vérité, où l'on examine en même-tems une partie des principes de M. Descartes.— Lettre par un Académicien. (*Simon* FOUCHER.)
Paris. 1675. Mart. Coustelier. 1 vol. in-12.

414.—Critique de la critique de la Recherche de la vérité, où l'on découvre le chemin qui conduit aux connoissances solides. Pour servir de réponse à la lettre d'un Académicien. (Par D. ROBERT DES GABETS.).
Paris. 1675. Jean Du Puis. 1 vol. in-12.

415.—Réponse pour la critique, à la préface du second volume de la Recherche de la vérité, où l'on examine le sentiment de M. Descartes, touchant les idées. Avec plusieurs remarques utiles pour les sciences. (Par *Simon* FOUCHER).
Paris. 1676. Ch. Angot. 1 vol. in-12.

416.—Des vrayes et des fausses idées, contre ce qu'enseigne l'auteur de la Recherche de la vérité. Par M. *Antoine* ARNAULD.
Cologne. 1683. Nic. Schouten. 1 vol. in-12.

417.—Même ouvrage.
Rouen. 1724. Abr. Viret. 1 vol. in 8º.

418.—Deffense de M. ARNAULD, contre la réponse au livre des vrayes et des fausses idées.
Cologne. 1684. Nic. Schouten. 1 vol. in-12.

419.— Lettres de M. Arnauld, docteur de Sorbonne, au R. P. Mallebranche, prêtre de l'Oratoire.

S. n. n. l. 1685. 1 vol. in-12.

420.—Entretiens sur la métaphysique et sur la religion, par le P. Malebranche.

Rotterdam. 1688. Renier Leers. 1 vol. in-12.

421.—Réponse du Père Malebranche à la troisième lettre de M. Arnauld, touchant les idées et les plaisirs.

Amsterdam. 1704. Henry Westein. 1 vol. in-12.

422.—Réfutation d'un nouveau système de métaphysique proposé par le P. M. (Malebranche), auteur de la Recherche de la vérité. (Par le P. Duport Du Tertre.)

Paris. 1713. Raym. Mazieres. 3 vol. in-12.

423.—Dissertation sur l'origine des idées, où l'on fait voir, contre M. Descartes, le R. P. Malebranche, et MM. de Port-Royal, qu'elles nous viennent toutes des sens, et comment. (Par Basselin).

Paris. 1709. Fr. Delaulne et J. Musier. 1 vol. in-8°.

424.—Des erreurs et de la vérité, ou les hommes rappellés au principe universel de la science. Par un ph...... inc.....(philosophe inconnu, *L. Cl.* de Saint-Martin).

Edimbourg. 1782. 1 vol. in-8°.

425.—Examen du traité de la liberté de penser, écrit à M. D. Lig... (Lignac), par M. D. Cr... (*J. P.* de Crousaz).

Amsterdam. 1718. L'Honoré. 1 vol. in-12.

On trouve à la suite :

—Le parti le plus sûr, ou la vérité reconnue en deux propositions : I. Le droit que nous avons à la connoissance des veritez tant divines qu'humaines, est sujet à certaines modifications, qui règlent l'usage que nous devons faire de nos pensées. — II. L'obligation où nous sommes d'avoir de la religion, consiste à régler nos pensées de la manière la plus sûre, pour en connoître les veritez. Au sujet du discours de la

liberté de penser. Par le Chevalier à qui l'auteur de ce discours l'avoit adressé (*Henri* SCHEURLÉER.)
Bruxelles. 1715. Serstevens. in-12.

— Nouvelles maximes sur l'éducation des enfans.
Amsterdam. 1718. L'Honoré. in-12.

426. — Examen de ingenios para las sciencias, enel qual el lector hallara la manera de su ingenio, para escoger la sciencia en que mas à de aprovechar : y la differencia de habilidades que ay en los hombres : y el genero de letras y artes que à cada uno responde en particular. Compuesto por el doctor *Iuan* HUARTE *de Sant Iuan.*
Baeça. 1594. J.-B. de Montoya. 1 vol. in-8º.

427. — Même ouvrage.
Antuerpiæ. 1603. Off. Plantiniana. 1 vol. in-16.

428. — Essamina de gl'ingegni de gli huomini accomodati ad apprendere qual si voglia scienza. Di *Giovanni* HUARTE. Della lingua castigliana tradotta in pura italiana da *Sal.* GRAT. Con annotationi non piu stampate di *Domenico* GAGLIARDELLI.
Venetia. 1604. Barezzo Barezzi. 1 vol. in-8º.

429. — Examen des esprits propres et naiz aux sciences. Traduit d'espagnol (de *Jean* HUARTE) en françois, par *Gab.* CHAPPUIS.
Paris. 1631. F. Julliot. 1 vol. in-16.

430. — L'examen des esprits pour les sciences. Composé par *Jean* HUARTE, et augmenté de plusieurs additions nouvelles par l'Auteur. Le tout traduit de l'espagnol par *François-Savinien* D'ALQUIE.
Amsterdam. 1672. Jean de Ravestein. 1 vol. in-16.

431. — Examen de l'Examen des esprits. Par *Jourdain* GUIBELET.
Paris. 1631. Vᵉ de Heuqueville. 1 vol. in-8º.

432. — Dell'ingegno humano, de'suoi segni, della sua diffe-

renza ne gli huomini, e nelle donne, e del suo buono indrizzo, libri due di *Pompeo* CAIMO.

Venetia. 1629. Brogiollo. 1 vol. in-4°.

f. — *Esthétique.*

433.—Academica sive de judicio erga verum, ex ipsis primis fontibus : opera *Petri* VALENTIÆ *Zafrensis.*
Antuerpiæ. 1596. Off. Plantiniana. 1 vol. in-8°.

434.—*Augustini* NIPHI libri duo, de pulchro, primus, de amore, secundus.
Lugduni. 1549. Beringi frat. 1 vol. in-8°.

435.—Traité du beau, où l'on montre en quoi consiste ce que l'on nomme ainsi, par des exemples tirez de la plupart des arts et des sciences. Par J. P. DE CROUSAZ. Nouv. édit.
Amsterdam. 1724. L'Honoré et Chatelain. 2 vol. in-12.

On trouve à la fin la traduction du Grand Hippias, ou du beau, de PLATON.

436.—Essai sur le beau, par le P. ANDRÉ J... (Jésuite), avec un discours préliminaire, et des réflexions sur le goût. Par M. FORMEY.
Amsterdam. 1767. S. H. Schneider. 1 vol. in 8°.

** — Recherches philosophiques sur l'origine et la nature du beau, par D. DIDEROT.

Voyez : *Œuvres* de DIDEROT, II.

** — Du beau, par l'abbé DE MABLY.

Voyez : *Œuvres* de MABLY, XIV.

437.— Examen philosophique des considérations sur le sentiment du sublime et du beau, dans le rapport des caractères, des tempéraments, des sexes, des climats et des religions, d'Emmanuel Kant ; par M. KERATRY.
Paris. 1823. Bossange. 1 vol. in-8°.

438.—Traité du vrai mérite de l'homme, considéré dans tous les âges et dans toutes les conditions ; avec des principes d'éducation, propres à former les jeunes gens à la vertu. (Par LE MAITRE DE CLAVILLE.)

    Paris. 1734. Saugrain. 1 vol. in-12.

439.— Même ouvrage. 8ᵉ édit.

    Amsterdam. 1742. La Compagnie. 2 en 1 vol. in-12.

440.—Même ouvrage. 8ᵉ édit.

    Amsterdam. 1750. La Compagnie. 2 en 1 vol. in-12.

CINQUIÈME PARTIE.

MORALE.

a. — *Moralistes orientaux.*

441.— La morale de Confucius, philosophe de la Chine. (Par J. DE LA BRUNE.)

    Amsterdam. 1688. Savouret. 1 vol. in-8°.

442.— Même ouvrage.

    Amsterdam. S. d. Savouret. 1 vol. in-8°.

    A la suite :

—Lettre sur la morale de Confucius, philosophe de la Chine. (Par l'*Abbé Simon* FOUCHER.)

    Amsterdam. S. d. Savouret. in-8°.

443. — ΔΗΜΗΤΡΙΟΥ ΓΑΛΑΝΟΥ, Ἀθηναίου, Ἰνδικῶν μεταφράσεων πρόδρομος, περιέχων Βατριχαξῆ Βασιλέως ἠθολογίας, γνωμολογίας, καὶ ἀλληγορίας, τοῦ αὐτοῦ ὑποθήκας, ἢ περὶ ματαιότητος τῶν τοῦ κόσμου· συλλογὴ πολιτικῶν, οἰκονομικῶν, καὶ ἠθικῶν ἐκ διαφόρων ποιητῶν· Σαρακέα, σύνοψιν γνωμικῶν καὶ ἠθικῶν· καὶ Ζαγαννάθα Πανδιταράζα, ἀλληγορικὰ, παραδειγματικὰ καὶ ὁμοιωματικά. Ἐκδοθέντα μὲν φιλομούσῳ δαπάνῃ Ἰωάννου Δούμα, σπουδῇ δὲ καὶ ἐπιμελείᾳ Γ. Κ. ΤΥΠΑΛΛΟΥ ἐφόρου τῆς δημοσ.

καὶ πανεπιστήμ. βιβλιοθήκης, καὶ Γ. Αποστολίδου ΚΟΣΜΗΤΟΥ, βιβλιοφύλακος.

Εν Αθηναισ 1845. Νικολαοσ Αγγελιδοσ. 1 vol. in-8°.

(Essai de traductions indiennes de *Demetrius* GALANOS *Athénien*, comprenant la morale, les sentences et les allégories du roi Batrichari ; son conseil sur la vanité des choses du monde ; extraits de différents poètes politiques, économiques et moralistes : Sanachea, esquisses de sentences et de moralités ; Zagannatha Panditaraza, allégories, exemples, similitudes ; publiés aux frais d'un ami des lettres., *Jean Doumas*, avec les soins et la direction de *G. K. Typallos*, conservateur de la Bibliothèque publique et de l'Université, et de *G. Apostolides Cosmetos*, bibliothécaire.)

b. — *Moralistes grecs.*

** — XENOPHONTIS memorabilia.

Vide : XENOPHONTIS *scripta. Script. Græc. Bibl.*

444. — Le festin de XENOPHON, de la version de M. LE FEVRE.
Saumur. 1666. J. Lesnier. 1 vol. in-18.

** — CEBETIS tabula.

Vide : *Belles-lettres.* N° 153.

** — Tableau de CEBES.

Voyez : *Hist.* N° 4458.

** — Le tableau de CEBES de Thèbes, ancien philosophe et disciple de Socrates : auquel est paincte de ses couleurs, la vraye ymaige de la vie humaine et quelle voye l'homme doibt élire pour parvenir à la vertu et parfaicte science. Premierement escript en grec et maintenant exposé en rythme françoyse (par *Gilles* CORROZET.)
Paris. 1543. Gilles Corrozet. 1 vol. in-12.

Voyez : *Belles-lettres.* N° 1640.

445. — *Divini* PLATONIS gemmæ, sive illustriores sententiæ,

ad excolendos mortalium mores, et vitas rectè instituendas, a *Nicolao* Liburnio collectæ.

Parisiis. 1551. Perier. 1 vol. in-16.

446.—Opus Aristotelis de moribus ad Nicomachum, *Johanne* Argyropilo *Byzantino* traductore, adjecto familiari Jacobi *Stapulensis* commentario. — Aristotelis Magnorum moralium libri duo, *Georgio* Valla *Placentino* interprete. — *Leonardi* Aretini dialogus de moribus ad Galeotum amicum, dialogo Parvorum moralium Aristotelis ad Eudemium amicum suum respondens.

Parhisiis. 1505. H. Stephanus. 1 vol. in-fol.

C'est un fragment du livre ayant pour titre : *Decem librorum moralium Aristotelis.* Voyez : Ann. *de l'imp. des Estienne*, I., p. 3, n.° 4.

447.— Decem librorum Moralium Aristotelis tres conversiones : prima Argyropyli *Byzantii*, secunda *Leonardi* Aretini, tertia vero antiqua, per capita et numeros conciliate : communi familiarique commentario ad Argyropylum adjecto.

Parisiis. 1516. H. Stephanus. 1 vol. in-fol.

Dans le même volume :

— Artificialis introductio per modum epitomatis, in decem libros Ethicorum Aristotelis : adjectis elucidata commentariis qui post primam æditionem nonnullis additis : accessionem crementumque hac in tertia recognitione ceperunt. (*Judoco* Clichtoveo autore.)

Parisiis. 1617. Henr. Stephanus. in-fol.

448.— Moralis *Jacobi* Fabri *Stapulensis* in Ethicen introductio, *Judoci* Clichtovei *Neoportuensis* familiari commentario elucidata.

Parisiis. 1528. Sim. Colinœus. 1 vol. in-fol.

A la suite :

—Contenta. Decem librorum Moralium Aristotelis, tres conversiones : prima Argyropyli *Byzantii*, secunda *Leonardi* Aretini, tertia vero antiqua, per capita et numeros conciliatæ, communi, familiarique commentario ad Argyropylum adjecto. — I. Fabri introductio in Ethicen. — Magna moralia Aristo. *Georgio* Valla interprete. — *Leonardi* Aretini dialogus de moribus.— Index in Ethicen. — Alius item in Magna moralia.

Parisiis. 1526. Simon Colinæus. in fol.

— In hoc libro contenta. Opus Magnorum moralium Aristotelis, duos libros complectens : *Girardo* Ruffo *Vaccariensi* interprete. — Eidem novæ traductioni e græco in latinum, adjectus ad literam commentarius : cum annotationibus obscuros locos explanantibus. — Altera ejusdem operis magnorum moralium interpretatio, per *Georgium* Vallam *Placentinum* jam pridem elaborata, et breviusculis annotationibus explicata.

Parisiis. 1522. Simon Colinæus. in-fol.

449.—Contenta. Decem librorum moralium, etc.

Parisiis. 1542. S. Colinæus. 1 vol. in-fol.

A la suite :

—Moralis J. Fabri, etc.

Parisiis. 1545. S. Colinæus. 1 vol. in-fol.

450.—Aristotelis ad Nicomachum filium de moribus, quæ Ethica nominantur, libri decem. *Joachimo* Perionio interprete. Commentarii ejusdem in eosdem libros, in quibus de convertendis conjungendisque græcis cum latinis præcepta traduntur. Accessit liber Ciceronis de Universitate, conjunctus cum ea parte Timæi Platonis cui respondet. Itemque Arati phænomena quæcunque extant à Cicerone conversa.

Parisiis. 1540. Simon. Colinæus. 1 vol. in-4°.

451.—Aristotelis ad Nicomachum filium de moribus, quæ Ethica nominantur, libri decem. *Joachimo* Perionio interprete, per *Nicolaum Gruchium* correcti et emendati.

Parisiis. 1584. Dionysius a Prato. 1 vol. in-4°.

452.— *Tarquinii* Gallutii in Aristotelis libros decem moralium ad Nicomachum nova interpretatio, commentarii, quæstiones.

Parisiis. 1632. Sebast. Cramoisy. 2 vol. in-fol.

453.— Paraphrase sur les dix livres de l'éthique ou morale d'Aristote, à Nicomaque. (Par H. DE BENEVENT.)

Paris. 1615. Jean de Heuqueville. 1 vol. in-4°.

454.— La morale d'ARISTOTE. Traduction nouvelle (par CATEL.)

Tolose. 1644. Pierre Bosc. 1 vol. in-4°.

455.— D. N. *Chrysostomi* JAVELLI in universam moralem Aristotelis, Platonis et Chistianam philosophiam, epitomes in certas partes distinctæ.

Lugduni. 1646. Hier. De la Garde. 1 vol. in-fol.

456.— *Joannis* MAGIRI corona virtutum moralium, universam Aristotelis ethicen exacte enucleans, ac per syllogismos distribuens omnes ejus sententias, rationes et probationes, etc.

Parisiis. 1563. Fr. Le Cointe. 1 vol. in-8°.

** — THEOPHRASTI caractères, MARCI ANTONINI commentarii, EPICTETI dissertationes ab ARRIANO literis mandatæ, fragmenta et enchiridion cum commentario SIMPLICII, CEBETIS tabula, MAXIMI TYRII dissertationes. Græce e latine cum indicibus. THEOPHRASTI caracteres XV et MAXIMUM TYRIUM ex antiquis codicibus accurate excussis emendavit *Fr. Dubner.*

Parisiis. 1840. A. F. Didot. 1 vol. in-8°.

Vide: *Script. Græc. Bibl.*

457.— THEOPHRASTI characteres ethici, sive descriptiones morum græcè. — *Isaacus* CASAUBONUS recensuit, in latinum sermonem vertit, et libro commentario illustravit.

Lugduni. 1592. Le Preux. 1 vol. in-8°.

458.— ΘΕΟΦΡΑΣΤΟΥ ἠθικοὶ χαρακτῆρες.— THEOPHRASTI notationes morum.— *Isaacus* CASAUBONUS recensuit, in latinum sermonem vertit, et libro commentario illustravit. 3ª edit.

Lugduni. 1612. A. de Harsy. 1 vol. in-8°.

459. — Les caractères de Théophraste d'après un manuscrit du Vatican contenant des additions qui n'ont pas encore paru en France, traduction nouvelle, avec le texte grec, des notes critiques, et un discours préliminaire sur la vie et les écrits de Théophraste. Par Coray.
Paris. An vii (1799) JJ. Fuchs. 1 vol. in-8º.

460. — Les caractères de Théophraste traduits du grec, avec les caractères ou les mœurs de ce siècle. Par M. de la Bruyère. Et la clef, en marge et par ordre alphabétique. Nouv. édit.
Amsterdam. 1701. P. Marteau. 2 vol. in-12.

461. — La morale d'Épicure, avec des réflexions. (Par *Jacques* Parrain, baron des Coustures.)
Paris. 1685. Thom. Guillain. 1 vol. in-12 Port.

462. — Epicteti enchiridion, hoc est pugio, sive ars humanæ vitæ correctrix : unà cum Cebetis *Thebani* tabulà, quà vitæ humanæ prudenter instituendæ ratio continetur : græcè et latinè. — Quibus nunc demum accesserunt, è græco translata, — Simplicii in eundem Epicteti libellum doctissima scholia. — Arriani commentariorum de Epicteti disputationibus libri IIII. — Item alia ejusdem argumenti, in studiosorum gratiam, et scholarum usum. *Hieronymo* Wolfio interprete : unà cum annotationibus ejusdem.
Basileæ. 1560. Joa. Oporinus. 1 vol. in-8º.

463. — Simplicii commentarius in Enchiridion Epicteti, ex libris veteribus emendatus. Cum versione *Hyer.* Wolfii, et *Cl.* Salmasii animadversionibus, et notis quibus Philosophia Stoica passim explicatur, et illustratur.
Lugduni-Batav. 1640. Joh. Maire. 1 vol. in-4º.

Dans ce volume :

— Tabula Cebetis græce, arabice, latine. — Item Aurea carmina Pythagoræ, cum paraphrasi arabica, auctore *Johanne* Elichmanno. Cum præfatione *Cl.* Salmasii.
Lugd. Batav. 1640. Maire. in-4º.

464. — Les propos d'Épictete, recueillis par Arrian auteur grec son disciple. Translatez du grec en françois par F. Jean *de St.-François,* dit le P. Goulu.

Paris. 1630. Jean de Heuqueville. 1 vol. in-8°.

465. — Le manuel d'Épictète, avec des réflexions tirées de la morale de l'évangile. Par M. Cocquelin.

Paris. 1688. Cl. Barbin. 1 vol. in-8°.

" — La vie d'Épictète et de sa philosophie par l'*Abbé* G. Boileau.

Voy: *Hist.* n.° 4458

466. — Altercacion, en forme de dialogue, de l'Empereur Adrian, et du philosophe Épictète, contenant soixante et tréze questions, et autant de réponses, rendu de latin en françois, par M. maître *Jean* de Coras. Avecq la paraphrase du même Autheur.

Tolose. 1558. A. André. 1 vol. in-4°.

" — Phocylidis ad benè ac beatè vivendum poema.

Vide: *Belles-Lettres.* N.° 153-1031.

467. — Plutarchi opuscula lxxxii.

Venetiis. 1509. Aldi. 1 en 2 vol in-fol.

468. — Plutarchi *Chæronensis* moralia, quæ usurpantur. Sunt autem omnis elegantis doctrinæ Penus: Id est, varii libri: morales, historici, physici, mathematici, denique ad politiorem litteraturam pertinentes et humanitatem: omnes de græca in latinam linguam transscripti: *Guilielmo* Xylandro interprete.

Basiliæ. 1570. Th. Guarinus. 1 vol. in-fol.

469. — Idem opus. *Gulielmo* Xilandro et *Adriano* Turnebo interpretibus.

Parisiis. 1572. M. Julianus. 2 vol. in-8°.

470. — Les œuvres morales et meslees de Plutarque, translatées de grec en françois, reveues et corrigées en ceste troisième édition en plusieurs passages par le translateur (*J.* Amyot.)

Paris. 1575. Vascosan. 1 vol. in-fol.

471.— Les œuvres morales et meslées de Plutarque, traduites de grec en françois (par J. Amyot), reveues, corrigées et enrichies en cette dernière édition, de préfaces générales, de sommaires, etc., qui monstrent l'artifice et la suite des discours de l'autheur.
Paris. 1645. Robinot. 2 vol. in-fol.

** — Consultez les œuvres de Lucien.

472.— *Joannis* Stobæi eclogarum libri duo : quorum prior Physicas, posterior Ethicas complectitur; nunc primùm græcè editi : interprete *Gulielmo* Cantero. Unà et *G. Gemisti* Plethonis de rebus Peloponnes. orationes duæ, eodem *Gulielmo* Cantero interprete. Accessit et alter ejusdem Plethonis libellus græcus de virtutibus.
Antuerpiæ. 1575. Ch. Plantinus. 1 vol. in-fol.

473.— Græce et latine moralia quædam instituta, ex variis authoribus. — Cato noster, *Maximo* Planude græco interprete. — Aurea carmina Pythagoræ. — Phocylidis poema exhortatorium. — Senarii morales, diversorum poetarum. — Cebetis tabula. — Sententiæ morales, multorum virorum illustrium.
Augustæ Vindelicorum 1523. Ruff. 1 vol. in-8º.

474.— Divers traités de Lucien, Xenophon, Platon et Plutarque, accompagnés de sommaires francois et de notes sur le texte ; publiés par M. *l'Abbé* Gail.
Paris. 1788. Didot. 1 vol in-12.

475.— Les ditz moraulx des philosophes (traduits par *Guillaume* de Tignonville).
Paris. 1486. Anth. Verard. 1 vol. in-4º.

476.— Les morales de Plutarque, Seneque, Socrate, et Epictete (extraites et traduites par *Jean* Desmarets de St.-Sorlin).
Paris. 1667. Gilles Tompere. 1 vol. in-12.

477.— ΜΑΡΚΟΥ ΑΝΤΩΝΙΝΟΥ αυτοκράτορος τῶν εἰς ἑαυτόν βι'ϛ. ιϐ Marci Antonini imperatoris de seipso et ad seipsum libri xii. *Guil.* Xylander græcè et latinè primus edidit :

nunc vero Xylandri versionem locis plurimis emendavit et novam fecit : in Antonini libros notas et emendationes adjecit *Mericus* Casaubonus.

Londini. 1643. Flesher. 1 vol. in-8°.

478. — Les pensées morales de Marc Antonin, Empereur, de soy, et à soy-mesme. En douze livres, traduits de grec en francois. (Par Balbisky).

Paris. 1669. Jac. Cottin. 1 vol. in-12. Port.

479. — Réflexions morales de l'Empereur Marc Antonin, avec des remarques. (Par M. et M.ᵉ *André* Dacier).

Paris. 1691. Cl. Barbin. 2 vol. in-12.

480. — Réflexions de l'Empereur Marc-Aurele Antonin, surnommé le Philosophe (traduites par M. et M.ᵉ Dacier), distribuées par ordre de matières, avec des remarques pour l'éclaircissement du texte (par J. P. de Joly).

Paris. 1742. Denully. 1 vol. in-12.

" — Vita, gesti, costumi, discorsi, et lettere di Marco Aurelio imperatore. (Tradotto d'*Ant.* de Guevara).

Voyez : *Histoire*, N.° 4465-4466.

" — Histoire philosophique de Marc-Aurèle, par M. Ripault.

Voyez : *Hist. N.°* 1012.

" — Voyez aussi les œuvres de l'empereur Julien.

c. — *Moralistes latins anciens.*

481. — Le philosophe payen, ou pensées de Pline ; avec un commentaire littéral et moral. Par M. Formey.

Leide. 1759. Elie Luzac. 3 vol. in-12. Fig.

482. — Libri tres de Officiis M. T. Ciceronis : Item de Senectute. De Amicicia. Et Paradoxa.

Venetiis. 1481. N. Janson. 1 vol. in-fol.

483. — Tullius de officiis, cum commentariis *Petri* Marsi ejusque recognitione et additionibus. — Insunt

præterea Paradoxa : de Amicicia, de Senectute cum interprelibus suis. Quæ omnia novissime per *Paulum Malleolum* exacte sunt revisa , castigataque.

Parisiis. 1498. Jehan Petit. 1 vol. in-fol.

484.— M. *Tul.* Ciceronis de Officiis libri III. Commentariis Erasmi *Roterodami*, *Philippi* Melanchthonis, *Viti* Amerbachii, et *Francisci* Maturantii, tum disquisitionibus *Cœlii* Calcagnini illustrati. Ejusdem de Senectute, de Amicitia, Paradoxa, Somnium Scipionis, cum adnotationibus longè doctissimis *D.* Erasmi , *Barptolomœi* Latomi , *Petri* Marsi et Omniboni.

Lugduni. 1556. Th. Paganus. 1 vol. in-4''.

On trouve aussi dans ce volume :

—In Mar. Tullii Ciceronis de Officiis, Amicitia, Senectute libros, chronologia, *Xysto* Betuleio autore.

Lugduni. 1556. Th Paganus. in-4°.

485.— De officiis M. T. Ciceronis libri tres. Item, de Amicitia : de Senectute : Paradoxa; et de Somnio Scipionis. Doctissimorum virorum annotationes, quibus, in his loci obscuriores explicantur. Ad hæc liber de Senectute, et de Somnio Scipionis à *Theodoro* Gaza in græcam linguam conversus.

Lugduni. 1574. Ant. Gryphius. L vol. in-8°.

486.— Libros de *Marco Tulio* Ciceron, en que tracta delos Officios, dela Amicicia, y dela Senectud. Con la Economica de Xenophon, traduzidos de latin en romance castellano.— Anadieronse agora nueuamente los Paradoxos, y el Sueno de Scipion, traduzidos por *Juan* Iarava.

Anvers. 1549. Steelsius. 1 vol. in-16.

487.— Les offices de Ciceron, ou les devoirs de la vie civile. De la traduction de P. du Ryer.

Paris. 1618. Ant. de Sommaville. 1 vol. in-12.

488.— Les offices de Ciceron, traduits en françois, sur l'édition latine de Grævius, avec des notes et des sommaires des chapitres, par M. Du Bois. Nouv. édit.

Paris. 1704. J.-B. Coignard. 1 vol. in-12.

489.—Commentaria *Viti* AMERBACHII in Ciceronis tres libros de officiis.

Antuerpiæ. 1539. Ant. Goinus. 1 vol. in-8°.

490.—*Petri* MARSI in tres libros *Marci Tullii* CICERONIS de Officiis commentarii, in lucem restituti, et ad faciliorem scolasticorum usum accommodati.

Parisiis. 1693. Sim. Benard. 1 vol. in-8°.

491.—M. T. CICERONIS Tusculanarum quæstionum libri V. ad vetustis. exemplaria manuscripta, correcti et emendati, ac commentariis clariss. virorum *Phil.* BEROALDI, et *Joach.* CAMERARII, deinde ERASMI *Rot.*, *Pauli* MANUTII, et *Pet.* VICTORII variis lectionibus et annotationibus illustrati. Quibus nunc primùm accessit doctissimi cujusdam viri commentarius, cum annotationibus *Leodegarii* A QUERCU.

Parisiis. 1562. Th. Richard. 1 vol. in-4°.

492.—*Mar. Tul.* CICERONIS de finibus bonorum et malorum libri quinque, cum brevibus annotationibus *Pet. Joan.* OLIVARII.

Parisiis. 1536. Chr. Wechelus. 1 vol. in-8°.

493.—Entretiens de CICÉRON sur les vrais biens et sur les vrais maux. Traduits par feu M. l'*Abbé* REGNIER DES MARAIS.

Paris. 1721. Jean Musier. 1 vol. in-12.

494.—*Petri* MARSI in libros *Marci Tullii* CICERONIS de Senectute, de Amicitia, de Paradoxis et Somnio Scipionis commentarii in lucem restituti, et ad faciliorem scolasticorum usum accommodati.

Parisiis. 1693. Sim. Benard. 1 vol. in-12.

495.—Les livres de CICERON de la Vieillesse, de l'Amitié, les Paradoxes, le Songe de Scipion, traduits en françois, sur l'édition latine de Grævius, par M. DEBARRETT. Avec le latin à côté.

Paris. 1760. Barbou. 1 vol. in-12.

496.— Cato Major M. *Tullii* CICERONIS, ad T. Atticum : de quo idem ad eundem lib. Epistolarum XIIII. Legendus est mihi sæpius Cato Major ad te missus : Amariorem enim me senectus facit. Commentariique F. SYLVII *Ambianatis* (1) in eundem quam disertissimi.

Parisiis. 1523. Jod. Badius Ascensius. 1 vol. in-4º.

497.— Historiæ ex libris CICERONIS depromptæ. Ad usum collegii P P. Societatis Jesu.

Parisiis. 1689. S. Benard. 1 vol. in-18.

A la suite :

—Historiæ ex libris SENECÆ philosophi depromptæ. Ad usum collegii P P. Societatis Jesu.

Parisiis. 1689. S. Benard. in-18.

498.—Selecta è CICERONE præcepta, moribus informandis idonea, in gratiam et ad captum studiosæ juventutis conquisita. Ad usum scholarum inferiorum.

Parisiis. 1751. Pet. Guillyn. 1 vol. in-16.

** — SENECÆ opera.

Vide : Nº 86 et seq.

** — CATONIS disticha moralia.

Voyez: *Belles-lettres*, nº 1307-1308-1309-1310-1328.

** — Distiques de CATON.

Voyez: *Belles-lettres*, nº 287.

499.— CATHO moralizatus. (Cum commento et tabula *Philippi* DE PERGAMO.)

S. n. n. l. n. d. 1 vol. in-fol.

Initiales manuscrites, ainsi que la date : *Anno octuagesimo tertio.*

---

(1) DUBOIS (*François*), en latin SYLVIUS, naquit à Lœuilly, canton de Conty (Somme); il mourut à Paris, en 1530.

** — *Denys* CATON. Traduction de M. J. CHENU.
> **Paris. 1845. Panckoucke. in-8°.**

> Voyez : *Bibl. lat. franç.*

500.—BOETIUS de consolatione philosophie duplici cum commentario videlicet sancti THOME et *Jodoci* BADII ASCENSII, cum utriusque tabula. Item ejusdem de disciplina scholarium cum explanatione in QUINTILIANUM de officio discipulorum diligenter annotata, recentissime impressus Rothomagi.
> **Rennes. S. d. Jehan Mace. 1 vol. in-4°.**

501.—*Sancti* THOME DE AQUINO super libris BOECII de consolatione philosophie commentum cum expositione.
> **S. l. n. n. n. d. 1 vol. in-fol.**

502.—Idem opus.
> **Majuscules peintes ; incomplet. 1 vol. in-fol.**

503.—Idem opus.
> **S. n. n. l. 1485. 1 vol. in-fol.**
>
> On trouve à la suite :

—BOETIUS de disciplina scolarium cum commento.
> **S. n. n. l. 1485 in-fol.**

504.—BOETII viri celeberrimi de consolatione philosophiæ, liber cum optimo commento Beati THOME.
> **Daventrie. 1497. Jac. de Breda. 1 vol. in-4°.**
>
> Dans le même volume :

—BOETIUS de disciplina scholarium cum commento.
> **Daventrie. 1496. Jac. de Breda. in-4°.**

505.—Commentum duplex in BOETIUM de consolatione philosophie cum utriusque tabula.—Item commentum in eundem de disciplina scholarium : cum commento in QUINTILIANUM de officio discipulorum diligenter annotata.
> **Lugduni. 1498. Joh. Vingle. 1 vol. in-4°.**

506.—Duplex commentatio ex integro reposita atque recognita in BOETIUM, seu BOETHUM mavis : de consolatione philosophica et de disciplina scholastica. Ea videlicet que divo THOME AQUINATO ascribitur, et que ab ASCENSIO recentius est emissa : una cum libello de moribus in mensa informandis omnibus in teneris annis constitutis pernecessario, a *Sulpitio* VERULANO edito.

Lugduni. 1506. Cl. Davost alias de Troys. 1 vol. in-4°.

507.—*Anicii Manlii Torquati Severini* BOETHII dë consolatione philosophiæ libri V. cum præfatione P. BERTII.

Amsterodami. 1640. J. et C. Blaeu. 1 vol. in-32.

508.—*An. Manl. Sever.* BOETII consolationis philosophiæ libri V. Ejusdem opuscula sacra auctiora. *Renatus* VALLINUS recensuit, et notis illustravit.

Lugduni-Batav. 1656. Fr. Hackius. 1 vol. in-8°.

** — BOECE de consolacion. (En vers français.)

Voyez : *Belles-lettres*, N° 1620.

509.—Consolation de la philosophie, traduite du latin de BOECE en françois par le P. R. DE CERIZIERS.

Paris. 1639. Hénault. 1 vol. in-32.

510.—La consolation de la philosophie, traduite du latin de BOECE en françois, par le P. DE CERIZIERS. 6ᵉ édit.

Paris. 1640. Soly, 1 vol. in-12.

Dans ce volume :

—Les consolations de la philosophie et de la theologie, par le P. DE CERIZIERS. 4ᵉ édit.

Paris. 1640. Soly. in-12.

511.—BOÈCE consolé par la philosophie. Traduction nouvelle. (Par *F. N.* REGNIER ch. rég.)

Paris. 1676. Est. Loyson. 1 vol. in-12.

** — Histoire de Boëce. Par Dom. GERVAISE.

Voyez : *Hist.* N° 4467.

d. — *Moralistes latins modernes.*

512.— Vincentii *Belvacensis* speculum morale.
 S. n. n. l. n. d. 1 vol. in-fol. incomp. Init. manuscrites.

513.— *Francisci* Petrarchæ poetæ oratorisque clarissimi, de remediis utriusque fortunæ ad Azonem libri duo.
 Lutetiæ. 1547. Nic. Boucher. 1 vol. in-12.

514.— Messire *François* Petracque (*sic*) des remèdes de l'une et l'autre fortune, prospere et adverse, nouvellement imprimé à Paris. (Traduction de *Nicole* Oresme.)
 Paris. 1534. Pierre Cousin. 1 vol. in-fol.

515.— Même ouvrage.
 Paris. 1534. Pierre Gaoudoul. 1 vol. in-fol.

 C'est le même livre, dont le tirage a été fait pour deux libraires différents.

516.— Entretiens du sage Petrarque sur les plus beaux sujets de la morale, où il est enseigné l'art de vivre heureux. (Par le sieur de Grenaille.)
 Paris. 1678. Trabouillet. 2 vol. in-12.

517.— De vita solitaria. (Opus *Fr.* Petrarchæ.)
 Mediolani. 1498. Scinzenzeler. 1 vol. in-4º.

518.— Liber dictus speculum vite humane (quia in eo cuncti mortales in quovis fuerint statu, vel officio spirituali aut temporali speculabuntur ejus artis et vite prospera et adversa, ac recte vivendi documenta) editus a Rodorico *Zamorensi* et postea *Calagaritano Hispano.*
 S. n. n. l. n. d. 1 vol. in-4º.

 Initiales manuscrites, peintes et dorées.

519.— Speculum omnium statuum totius orbis terrarum, Imperatoris, Papæ, Regum, Cardinalium, Patriarcharum, Archiepiscoporum, Ducum, Episcoporum, Principum, Abbatum, Comitum, Prælatorum, Baronum, Presbyterorum, Nobilium, Clericorum, Civium, Mercatorum, Opificum, et Agricolarum; sortem generis humani, ejusque commoda et incommoda repræsentans; auctore RODERICO *Episco Zamorensi*.— Cui ob similem materiam est adjunctum MACABRI speculum morticinum. Utrumque recensitum et editum ex bibliotheca V. N. Melch. Goldasti Haiminsfeldii.

Hanoviæ. 1613. Heredes Joa. Aubrii. I vol. in-4°.

520.— Catalogus gloriæ mundi, laudes, honores, excellentias, ac præeminentias omnium fere statuum, plurimarumque rerum illius continens, a spectabili viro *Bartholomæo* A CHASSENEO editus.

Lugduni. 1529. Dion. de Harsy. 1 vol. in-fol.

521.— *Chistophori* LANDINI *Florentini* libri quattuor.— Primus de vita activa et contemplativa.— Secundus de summo bono.— Tertius et quartus in Publii Virgilii Maronis allegorias.

Argentoraci. 1508. M. Schurerius. 1 vol. in-fol.

522.— Bipartitum in morali philosophia opusculum ex variis autoribus per magistrum *Guillelmum* MANDERSTON *Scotum* nuperrime collectum.— Bipartitum. De virtutibus in generali. De quattuor virtutibus cardinalibus in speciali.

Parisiis. 1518. Gormont. 1 vol. in-4°.

523.— *Petri* ALCYONII Medices legatus, de exsilio.

Venetiis. 1522. Aldi. 1 vol. in-4°.

524.— *Petri* ALCYONII Medices legatus, sive de exilio libri duo : accessere *Jo*. PIERIUS VALERIANUS, et *Cornelius* TOLLIUS de infelicitate litteratorum, ut et *Josephus* BARBERIUS de miseria poetarum græcorum, cum præfatione *Jo. Burchardi* MENCKENII.

Lipsiæ. 1707. Gleditsch. 1 vol. in-12.

525.— ERASMI *Roterodami* epistola consolatoria in adversis.

Lugduni. 1528. Gryphius. Piéc. in-8°.

** — Dulce bellum inexpertis, autore *Des*. ERASMO.

Vide : *Des*. ERASMI opera.

526.— L'Introduction à la sagesse, ou la petite morale de

Jean-Louis Vives de Valence. Nouvelle traduction
(par *Louis* Bulteau.)

Paris. 1670. J.-B. Coignard. 1 vol. in-12.

** — *Jac.* Sadoleti philosophicæ consolationes et meditationes in adversis.

Vide : Sadoleti *opera.*

527. — Philosophiæ moralis epitome , *Philippo* Melanchthone autore.

Lugduni. 1538. Seb. Gryphius. 1 vol. in-8°.

528. — *Hier.* Cardani de utilitate ex adversis capienda libri IV.

Franikeræ. 1648. Idzardus Balck. 1 vol. in-8°.

529. — La science du monde, ou la sagesse civile de Cardan. (Traduit par Choppin.) 4ᵉ édit.

Paris. 1661. Ant. de Sommaville. 1 vol. in-12.

530. — *Hieronymi* Cardani arcana politica, sive de prudentia civili liber singularis.

Lugd.-Batav. 1635. Off. Elzeviriana. 1 vol. in-24.

531. — Virtus vindicata : sive Polieni Rhodiensis satyra. In depravatos orbis incolas. (Auctore *Joanne* Barclaio.)

Anno salutis, 1617. 1 vol. in-12.

532. — Universa philosophia de moribus, à *Francisco* Piccolomineo *Senense*, in decem gradus redacta.

Venetiis. 1594. Fr. de Franciscis. 1 vol. in-fol.

533. — L'institution morale du seigneur *Alexandre* Piccolomini, mise en françois, par *Pierre* de Larivey *Champenois.*

Paris. 1681. Abel L'Angelier. 1 vol. in-4°.

534. — *Augustini* Mascardi ethicæ prolusiones.

Parisiis. 1639. S. Cramoisy. 1 vol. in-4°.

Dans le même volume :

— *Augustini* Mascardi Romanæ dissertationes de affectibus, sive perturbationibus animi, earumque characteribus.

Parisiis. 1639. S. Cramoisy. 1 vol. in-4°.

535. — Le théâtre du monde, représentant par un ample discours les misères humaines. Composé en latin par P. Boisteau, surnommé Launay, natif de Bretaigne : et traduit par luy mesme en françois, puis en allemand par *Laurentius* Rotmundus de Sangal, et nouvellement en italien par *Jean* de Tournes. Avec un brief discours de l'excellence de l'homme.

Genève. 1619. Jean de Tournes. 1 vol. in-16.

536. — De animi tranquillitate dialogus. *Florentio* Volusæno authore. Editio altera.

Lugd.-Batav. 1637. Wilh. Christianus. 1 vol. in-8°.

537. — De animi tranquillitate dialogus. *Florentio* Volesuno, auctore.

Edinburgi. 1751. Hamilton. 1 vol. in-8°.

538. — Proteus ethicopoliticus, seu de multiformi hominis statu ad normam virtutis concinnato. Leges variæ doctrinæ ad omnium ferè artium, disciplinarum, ac scientiarum notitiam institutæ. A *Josepho Maria* Maraviglia.

Venetiis. 1660. Valvasensis. 1 vol. in-fol.

539. — L'art de se tranquilliser dans tous les événemens de la vie, tiré du latin du célèbre *Antoine-Alphonse* de Sarasa. 4° édit.

Paris. 1768. Nyon. 1 vol. in-12.

540. — *Lud.* Molinei morum exemplar seu characteres.

Lugd.-Batav. 1654. J. et D. Elsvirii. 1 vol. in-18.

c. — *Moralistes allemands.*

541. — Principes métaphysiques de la morale, traduit de l'allemand de *E.* Kant, par *C. J.* Tissot. 2ᵉ édition, augmentée, 1° de la traduction de l'analyse de l'ouvrage par Mellin ; 2° de la traduction de l'analyse des fondemens de la métaphysique des mœurs et de celle

de la critique de la raison pratique par le même ; 3° de
de la traduction de la morale élémentaire de *Fr. W.*
Snell.

Paris. 1837. Ladrange. 1 vol. in-8°.

f. — *Moralistes anglais.*

542.—Esquisses de philosophie morale, par Dugald Stewart, traduit de l'anglais par *Théodore* Jouffroy. 2ᵉ édit.

Paris. 1833. Johanneau. 1 vol. in-8°.

543.—The essayes or counsels, civill and morall, of *Francis* (Bacon) *Lo. Verulam, Viscount S¹-Alban.*

London. 1632. John Haviland. 1 vol. in-4°.

544.—Principes de la philosophie morale; ou essai de M. S. (Shaftesbury) sur le mérite et la vertu. Avec réflexions. (Traduit de l'anglois par Diderot.)

Amsterdam. 1745. Zach. Chatelain. 1 vol. in-8°. Fig.

545.—The pleasing instructor or entertaining moralist consisting of select essays, relations, visions, and allegories collected from the most eminent english authors to which are prefixed new thoughts on education (by A. Fisher.). A new edition.

London. 1785. J. Robinson. 1 vol. in-8°.

546.—Le Babillard ou le nouvelliste philosophe. Traduit de l'anglois (de Steele) par A. D. L. C. (*Armand* de la Chapelle).

Amsterdam. 1725. Fr. Changuion. 1 vol. in-12.

547.—The Guardian (by *Richard* Steele.) 6ᵗʰ edit.

London. 1734. Tonson. 2 vol. in-12.

548.—Le Mentor moderne, ou discours sur les mœurs du siècle, traduits de l'auteur du *Guardian*, de MM. Addisson, Steele, et autres auteurs du Spectateur. (Par Van Effen.)

Amsterdam 1725. Fr. Changuion. 3 vol. in-12.

549.—Le Spectateur, ou le Socrate moderne, où l'on voit un portrait naïf des mœurs de ce siècle. Traduit de l'anglois (de Steele, Addisson, Hughes, Budgel, Pope, Pearce, Byron, Grove, Tictell, etc., etc.) 5ᵉ édit.
Amsterdam. 1741. Wetsteins et Smith. 6 vol. in-12.

550.—Même ouvrage. Nouv. édit.
Paris. 1755. Mérigot père et fils. 3 vol. in-4°.

551.—The beauties of the Spectator, selected into one volume.
London. S. d. Thompson. 1 vol. in-8°.

552.—La fable des abcilles, ou les fripons devenus honnestes gens. Avec le commentaire, où l'on prouve que les vices des particuliers tendent à l'avantage du public. Traduit de l'anglois (de *Bernard* de Mandeville, par J. Bertrand) sur la 6ᵉ édit.
Londres. 1750. Jean Nourse. 4 vol. in-12.

553.—Le Monde, par *Adam* Fitz-Adam (*Thomas* Moore) ou feuilles périodiques sur les mœurs du tems, traduites de l'anglois (par *G. J.* Monod.)
Leide. 1757 Elie Luzac fils. 2 vol. in-12.

554.—The Rambler, in four volumes. (By *Samuel* Johnson.)
London. 1785. Harrison. 1 vol. in-8°. Tom. 1-2.

555.—Variétés morales et amusantes, tirées des journaux anglois. Traduction nouvelle (par l'*Abbé* Blanchet, publiée par Dusaulx).
Paris. 1784. De Bure. 2 vol. in-12.

″ — Nouveau voyage en France, par L. Sterne.
Voyez : Œuvres de Sterne. *Belles-lettres.* N° 2,424.

g. — *Moralistes italiens.*

556.—Perfection de la vie politique, escrite en italien par le seigneur *Paul* Paruta : traduit en françois et rédigée par articles, sommaires, et advertissemens, par M. *François-Gilbert* de la Brosse.
Paris. 1582. Nicolas Chesneau. 1 vol. in-4°.

557. — Le Galatée, premièrement composé en italien par J. DE LA CASE, et depuis mis en françois (par DU HAMEL), latin (par *Nat.* CHYTRÉE), allemand (par *Nat.* CHYTRÉE), et espagnol (par *Domingo* DE BEZERTA.)
Montbeliart. 1615. Foillet. 1 vol. in-18.

558. — La civil conversatione del sig. *Stefano* GUAZZO, divisa in quattro libri.
Venetia. 1607. D. Imberti. 1 vol. in-8°.

559. — La vie civile de *Fabrice* CAMPANI, divisée en x livres. Ausquels est generalement traicté du bon sens et du jugement, duquel on doit user aux conversations civiles : et particulièrement est discouru de plusieurs matières théologiques, naturelles, politiques et œconomiques ; et finalement, de ce qu'il faut suivre, et fuir, pour estre bien receu ès compagnées des gens d'honneur. (De la traduction de *Ch.* PLATET.)
Paris. 1608. Franç. Huby. 1 vol in-8°.

560. — Les veilles de *Barthelemy* ARNIGIO. De la correction des coustumes, la manière de vivre, et mœurs de la vie humaine. Traduites de l'italien en françois, par *Pierre* DE LARIVEY.
Troyes. 1608. P. Chevillot. 1 vol. in-12.

561. — Della vera sapienza libri sei, ne'quali s'insegna, che cosa sia la vera Sapienza, presso a chi si ritrova, la via, che a lei conduce, et i mezi di farne acquisto. Del R. P. D. *Gio. Battista* GUARINI.
Venetia. 1609. Deuchino. 1 vol. in-4°.

562. — Prencipe morale, autore *Tomaso* ROCCABELLA.
Venetia. 1645. Pinelli. 1 vol. in-4°.

Dans le même volume :

— Prencipe prattico, autore *Tomaso* ROCCABELLA.
Venetia. 1645. P. Pinelli. in-4°.

— Iddio operante, autore *Tomaso* ROCCABELLA.
Venetia. 1645. P. Pinelli. in-4°.

—Prencipe deliberante, autore *Tomaso* Roccabella.
Venetia. 1646. P. Pinelli. in-4°.

563.—Paradossi morali di Monsignor *Alessandro* Sperelli Vescovo di Gubbio.
Venetia. 1659. Bertani. 1 vol. in 4°.

564.—Devoirs de l'homme. Discours à un jeune homme, par *Silvio* Pellico, traduit de l'italien par M. *Luigi* Odorici.
Saint-Brieuc. 1834. Prud'homme. 1 vol. in-12.

565.—La provertà contenta descritta, e dedicata a' Ricchi non mai contenti dal Padre *Daniel* Bartoli.
Venetia. 1651. F. Baba. 1 vol. in-12.

h. — *Moralistes espagnols.*

566.— L'homme universel, traduit de l'espagnol de *Baltasar* Gracien. (Par le P. J. de Courbeville.)
Paris. 1723. Nic. Pissot. 1 vol. in-12.

567.— L'homme détrompé, ou le Criticon de *Baltazar* Gracian, traduit de l'espagnol en françois (par *G.* de Maunory).
Paris. 1696. Jac. Collombat. 1 vol. in-12.

568.—Le Héros, traduit de l'espagnol de *Baltazar* Gracien, avec des remarques (par le P. J. de Courbeville.)
Paris. 1725. Nic. Pissot. 1 vol. in-12.

569.—L'homme de cour de *Baltasar* Gracian, traduit par le sieur Amelot de la Houssaie. Nouv. édit.
Paris. 1702. Beugnié. 1 vol. in-12.

570.—L'homme de cour de *Baltasar* Gracian, traduit et commenté par le sieur Amelot de la Houssaie. 8e édit.
Rotterdam. 1728. Hofhout. 1 vol. in-12.

i. — *Moralistes français.*

** — Choix de moralistes français avec notices biographiques par *J. A C.* Buchon. — *Pierre* Charron. De la Sagesse. — *Blaise* Pascal. Pensées. — La Rochefoucauld. Sentences et Maximes. — La Bruyère. Des caractères de ce siècle. — Vauvenargues. Œuvres.
Paris. 1836. Desrez. 1 vol. in-8°.
Voyez : *Panthéon litt.*

571. — Essai sur les bases et les développemens de la moralité, par M. *A.* Charma.
Paris. 1834. Hachette. 1 vol. in-8°.

572. — Les essais de *Michel* seigneur de Montaigne. Édition nouvelle, corrigée suivant les premières impressions de L'Angelier, et augmentée d'annotations. Avec la vie de l'autheur extraicte de ses propres escrits.
Paris. 1640. Mich. Blageart. 1 vol. in-fol.

573. — Même ouvrage. Nouv. édit.
Paris. 1652. Aug. Courbé. 1 vol. in-fol. Port.

574. — Essais de *Michel* seigneur de Montagne, donnez sur les éditions les plus anciennes et les plus correctes : augmentez de plusieurs lettres de l'auteur; et où les passages grecs, latins et italiens sont traduits plus fidellement, et citez plus exactement que dans aucune des précédentes. Avec des notes, etc. Par *Pierre* Coste. Nouv. édit.
La Haye. 1727. P. Gosse. 5 vol. in-12. Port.

575. — Essais de *Michel* de Montaigne. Nouv. édit.
Paris. 1818. Lefèvre. 5 vol. in-8°. Port.

576. — Essais de *Michel* de Montaigne. Nouv. édit.
Paris. 1818. Lefèvre. 6 vol. in-18.

On trouve dans ces trois éditions : Les lettres de Montaigne, — De la servitude volontaire, ou le contr'un ; discours d'*Estienne* de la Boetie. — Celle de 1727 contient de plus les jugemens et critiques sur les Essais.

577.—De la Sagesse, trois livres. Par *Pierre* Charron. Suivant la vraye copie de Bourdeaux.

Leyde. 1656. J. Elzevier. 1 vol. in-12.

578.—De la Sagesse, trois livres, par *Pierre* Charron. Nouvelle édition, publiée, avec des sommaires et des notes explicatives, historiques et philosophiques; par M. *Amaury* Duval.

Paris. 1820-1824. Chassériau. 3 vol. in-8º.

579.—Académie françoise, en laquelle il est traitté de l'institution des mœurs, et de ce qui concerne le bien et heureusement vivre en tous estats et conditions : par les préceptes de la doctrine, et les exemples de la vie des anciens sages, et hommes illustres. Par *Pierre* de la Primaudaye.

Paris. 1577. Guill. Chaudière. 1 vol. in-fol.

580.—L'Académie françoise, distinguée en quatre volumes, traitans : I. De la Philosophie morale. — II. De la Philosophie humaine. — III. De la Philosophie naturelle. — IV. De la Philosophie chrestienne. Par *Pierre* de la Primaudaye.

Cologne. 1608. P. et J. Chouet. 3 vol. in-8º.

581.—Le petit monde, où sont représentées au vray les plus belles parties de l'homme. Par M. *David* Chabodie. 2ᵉ édit, rev. et augm.

Paris. 1607. Gilles Robinot. 1 vol. in-8º.

582.—La Philosophie morale, comprise en sept discours. Par *Élie* Pitard.

Paris. 1619. Touss. Du Bray. 1 vol. in-8º.

583.—Le temple de la Félicité, où se veoient divers tableaux qui représentent tout ce qui a pouvoir de rendre l'homme content et heureux en cette vie. Par le R. P. D. Charles *de St.-Paul*.

Paris. 1630. Claude Cramoisy. 1 vol. in-4º. Fig.

584. — Les entretiens du sage, dediez au roy, par le R. P. Sébastien *de Senlis*.
   Paris. 1637. Veuve Buon. 1 vol. in-4º.

585. — Le lycée du sieur Bardin, où en plusieurs promenades il est traité des connoissances, des actions, et des plaisirs d'un honneste homme.
   Rouen. 1641. Vefve Du Bosc. 1 vol. in-8".

586. — Les fondemens de la vie heureuse. Par M. de Pelisseri.
   Paris. 1657. Louis Chamhoudry 1 vol. in-12.

587. — La morale, où après l'examen des plus belles questions de l'Écolle, l'on rapporte sur les passions, sur les vertus, et sur les vices, les plus belles remarques de l'Histoire. Par *René* Bary.
   Paris. 1663. Gervais Alliot. 1 vol. in-4". Port.

588. — L'art de vivre heureux, formé sur les idées les plus claires de la raison et du sens commun; et sur de très-belles maximes de M. D'Ecartes (*sic*). Divisé en trois parties. La I. traite du bon-heur naturel de l'homme en cette vie. La II. des moyens de l'acquerir. Et la III. de l'application et du droit usage de ces moyens. (Par le P. Ameline.)
   Paris. 1667. J.-B. Coignard. 1 vol. in 12.

589. — Même ouvrage.
   Paris. 1690. J.-B. Coignard. 1 vol. in-12.

590. — Traitté de morale. (Par le P. Malebranche.)
   Cologne. 1683. Balt. D'Egmond. 1 vol. in-12.

591. — La science des mœurs, tirée du fond de la nature, où est compris le projet d'un nouveau corps de morale tirée de l'Écriture sainte. Par le R. P. *François* Courtot.
   Paris. 1694. Edme Couterot. 1 vol. in-12.

592. — Le discernement de la vraye et de la fausse morale : où l'on fait voir le faux des Offices de Cicéron, et des livres de l'Amitié, de la Vieillesse, et des Paradoxes.
   Paris. 1695. P. Delaulne. 1 vol in-12.

593. — De la connoissance de soi-même. Par le R. P. Dom *François* LAMY. 2ᵉ édit.
Paris. 1701. Nic. Le Clerc. 6 vol. in-12.

594. — Les Mœurs. (Par *Fr.-Vinc.* TOUSSAINT.) Nouv. édit.
Londres. 1751. Thom. Wilcox. 1 vol. in-8º.

595. — Même ouvrage.
1755. S. n. n. l. 3 vol. in-12.

596. — Eclaircissement sur les mœurs, par l'auteur des mœurs (*Fr.-Vinc.* TOUSSAINT.)
Amsterdam. 1762. Mich. Rey. 1 vol. in-12.

597. — Les leçons de la sagesse sur les défauts des hommes. Par M. DEBONNAIRE. Nouv. édit.
Paris. 1751. Briasson. 3 vol. in-12.

598. — Même ouvrage. Nouv. édit.
Paris. 1767. Briasson. 3 vol. in-12.

599. — La règle des devoirs que la nature inspire à tous les hommes. (Par l'*Abbé* DEBONNAIRE.)
Paris. 1758. Briasson. 4 vol. in-12.

600. — Philosophie sociale; ou essai sur les devoirs de l'homme et du citoyen. Par M. l'*Abbé* DUROSOY.
Paris. 1783. P. Berton. 1 vol. in-12.

601. — Essai de Philosophie morale. Par M. DE MAUPERTUIS.
S. n. n. l. 1751. 1 vol. in-8º.

On trouve à la suite :

— Essai sur la liberté de produire ses sentimens. (Par *Élie* LUZAC.)
Au pays libre. 1749. Pour le bien public. in-8º.

602. — Traité de morale, ou devoirs de l'homme envers Dieu, envers la société, et envers lui-même. Par M. LACROIX.
Paris. 1767. Desaint. 1 vol. in-12.

603. — L'art de se connoître soi-même, ou la recherche des sources de la morale. Par *Jacques* ABBADIE.
La Haye. 1771. Jean Neaulme. 1 vol in-12.

604. — Mon élève, ou Émile instituteur, nouvelle éducation morale.

Aux Verrières suisses. 1786. J. Witel. 1 vol. in-8°.

" — Morale.

Paris. 1785. Hotel et rue Serpente. 17 vol. in-18.

Voy. : *Bibl. univ. des Dames.*

" — Principes de morale. Par l'*Abbé* DE MABLY.

Voy. : *Œuvres de* MABLY, X.

" — Leçons d'un père à ses enfants sur la morale, par MARMONTEL.

Voyez : *Œuvres de* MARMONTEL, XVII.

" — De la nature de la morale, par *Bernardin* DE ST-PIERRE.

Voyez : *Œuvres de B.* DE ST-PIERRE.

605. — Traité élémentaire de morale, à l'usage des instituteurs des écoles primaires, et des pensionnats; par le citoyen GERUZEZ.

Paris. An VIII. Delance. 1 vol. in-12.

606. — L'école des mœurs, ou réflexions morales et historiques sur les maximes de la sagesse. Par M. BLANCHARD. Nouv. édit.

Lyon. 1810. Blache et Boget. 3 vol. in-12.

607. — Éléments de Morale, par *A. Ch.* RENOUARD.

Paris. 1818. Ant. Aug. Renouard. 1 vol. in-12.

608. — Conseils de morale, ou essais sur l'homme, les mœurs, les caractères, le monde, les femmes, l'éducation, etc. Par M*me* GUIZOT (*Pauline* DE MEULAN).

Paris. 1828. Pichon et Didier. 2 vol. in-8°.

609. — Manuel de morale pratique, par *Benjamin* VÉRET (1).

Amiens. 1850. Alf. Caron. 1 vol. in-12.

---

(1) VÉRET (*Benjamin*) est né à Doullens le 13 juin 1818.

k. — *Traités spéciaux*. — *Des vertus et des vices*

** — PLUTARCHUS, de vitio et virtute.

          Vide : PLUTARCHI opera.

610. — Virtutes et vitia, hoc est virtutum et vitiorum definitiones, descriptiones, characteres. Opus *Caroli* PASCHALII.

  Parisiis. 1615. Eust. Foucault. 1 vol. in-8°.

** — *Th.* RAYNAUDI de virtutibus et vitiis.

          Vide : *Th.* RAYNAUDI opera.

611. — L'Escole du sage, ou le caractère des vertus et des vices. Par M. CHEVREAU.

  Paris. 1660. Nic. Le Gras. 1 vol. in-12.

l. — *Des vertus*.

612. — ΑΡΙΣΤΟΤΕΛΟΥΣ περὶ ἀρετῶν, Βιϐ. ά. — Τοῦ αὐτοῦ ἠθικῶν μεγάλων, Βιϐ. ϐ΄. — ARISTOTELIS de virtutibus, liber unus. Ejusdem moralium magnorum, libri duo.

  Parisiis. 1638. Wechelus. Pièce in-8°.

613. — SENECA de quattuor virtutibus cardinalibus.

  Parisiis. (1490 ?) Denis Rosse. 1 vol. in-4°.

614. — De la vertu des payens. (Par *Fr.* DE LA MOTHE LE VAYER.) 2ᵉ édit.

  Paris. 1647. A. de Sommaville. 1 vol. in-4°.

** — Du grand et du sublime dans les mœurs. Par R. RAPIN.

      Voyez : Œuvres de RAPIN, *Belles-lettres*, 3,235-3,236.

** — Essai sur le mérite et la vertu. Par D. DIDEROT.

      Voyez : *Œuvres de* DIDEROT, I.

615. — *Justi* LIPSI de constantia libri duo, qui alloquium præcipuè continent in publicis malis.

  Lugduni-Batav. 1585. Off. Plantini. 1 vol. in-4°

616. — Idem opus.

Lugduni-Batav. 1589. Off. Plantiniana. 1 vol. in-4°.

On trouve à la suite :

— *Justi* LipsI politicorum sive civilis doctrinæ libri sex. Qui ad principatum maximè spectant.

Lugd.-Batav. 1589. Off. Plantiniana. in-4°.

— *Justi* LipsI ad libros politicorum breves notæ.

Lugd.-Batav. 1589. Off. Plantiniana. in-4°.

617. — De la constance, ouvrage philosophique, en forme d'entretien sur les maux publics, et sur l'usage qu'on doit faire de sa raison dans les temps critiques. Traduit des œuvres latines de *Juste* LIPSE. Par M. DE L... (LAGRANGE), avocat au Parlement.

Paris. 1741. Prault fils. 1 vol. in-12.

618. — De la constance et consolation és calamitez publiques. (Par *Guillaume* DU VAIR.)

Paris. 1594. Abel L'Angelier. 1 vol. in-12.

619. — De glorioso heroicæ virtutis regno, deque illius eximiis cultoribus, qui merito a sacra philosophia reges habentur, insuper de illustri stemmatum genere, quo utraque pars coronatur. Authore P. *Jacobo* DESBANS.

Flexiæ. 1635. Geor. Griveau. 1 vol. in-12.

620. — Discours de la vaillance, par le sieur CHEVALIER. Au Roy tres chrestien Henry IIII, Roy de France et de Navarre.

Paris. 1618. Mat. Guillemot. 1 vol. in-8°.

" — Essai de la vertu heroïque. Par le chev. TEMPLE.

Voyez : *Œuvres* de TEMPLE, II.

621. — La véritable grandeur d'âme, ou réflexions importantes aux personnes distinguées par leur naissance, ou par leurs dignitez, pour se rendre grandes devant Dieu et devant les hommes. Avec un traité du vrai

et du faux point d'honneur, etc. (Par M. le marquis DE MAGNANNE.) 3e édit.

Paris. 1740. Bordelet. 1 vol. in-16.

622.— La beauté de la valeur et la lascheté du duel. Divisé en quatre parties. Par M. le comte DE DRUY.

Paris. 1658. Jean Bessin. 1 vol. in-4°.

623.— Du courage, de la bravoure, du courage civil. Discours prononcé par le Président de la Société royale d'émulation d'Abbeville (M. BOUCHER DE PERTHES) dans la séance du 4 novembre 1836.

Abbeville. 1837. A. Boulanger. Pièce in-8°.

624.— De la Probité. (Par M. BOUCHER DE PERTHES.)

Abbeville. 1835. A. Boulanger. Pièce in-8°.

625.— Réflexions sur la nécessité, les effets et les avantages de la discrétion. Par l'auteur de la Journée sainte. (L'*Abbé* CHAUCHON, seigneur de Waast.)

Au Mans. 1762. Ch. Monnoyer. 1 vol. in-12.

626.— LUCIANI Toxaris, sive de amicitia.

Parisiis. 1669. Thiboust. 1 vol. in-12.

627.— Traité de l'amitié. (Par LE MAISTRE DE SACY). 2e édit.

Paris. 1704. V.e Cl. Barbin. 1 vol. in-12.

628.— Réflexions sur l'amitié. Par M. DU PUY.

Paris. 1728. Jac. Estienne. 1 vol. in-12.

" — Traité de l'amitié, par la marquise DE LAMBERT.

Voyez : Œuvres de M.e DE LAMBERT.

629.— De amore et concordia fraterna. Opusculum sane aureum, ac singulis familiis pernecessarium : in quo causæ discordiæ fraternæ numerantur, et ad eas removendas, concordiamque inter fratres conservandam oportuna remedia traduntur, et pacis utilitates laudesque demonstrantur. Auctore *Ludovico* CARBONE *a Costaciario*. Editio altera.

Venetiis. 1586. Hæredes Troj. Navi. 1 vol. in-8°.

m. — *Des Passions..*

** — Du cours et de la marche des passions dans la société. Par l'*Abbé* DE MABLY.

                          Voyez : *Œuvres* de MABLY, XV.

630.—Les passions de l'âme. Par *René* DES CARTES.
    Amsterdam. 1649. Louys Elzevier. 1 vol. in-8°.

631.—Même ouvrage.
    Rouen. 1651. J. Besongne. 1 vol. in-8°.

632.—Les passions de l'âme. Par *René* DES CARTES.
    Paris. 1679. Nic. Le Gras. 1 vol. in-12.

633.— *Renati* DES CARTES observationes de passionibus animæ tribus absolutæ partibus, quarum agit I de passionibus in genere, II de numero et ordine passionum cum explicatione sex primitivarum, III de passionibus particularibus. Editio nova.
    Hannoveræ. 1707. Nic. Foesrterus. 1 vol. in-8°.

634.—Les charactères des passions. Par le S.ʳ DE LA CHAMBRE.
    Amsterdam. 1658-62-63. Ant. Michel. 3 vol. in-12.

635.—Tableau des passions humaines, de leurs causes, et de leurs effets. Par R. P. en Dieu *F. N.* COEFFETEAU.
    Paris. 1620. Sebast. Cramoisy. 1 vol. in-8°.

636.—Tableau des passions humaines, de leurs causes, et de leurs effets. Par *N.* COEFFETEAU.
    Paris. 1664. Nic. Trabouillet. 1 vol. in-12.

637.—De l'usage des passions. Par le R. P. *J. François* SENAULT. 6ᵉ édit.
    Paris. 1645. Vᵉ Jean Camusat. 1 vol. in-4°.

638.—Même ouvrage.
    Paris. 1653. Jerem. Bouillerot. 1 vol. in-8°.

639.—Même ouvrage.
    Paris. 1660. Ch. Journel. 1 vol. in-12.

640.—Les peintures morales. De la doctrine des passions. Où

il est traitté de leur nature, et de leur modération ; et les plus belles matières de la morale chrestienne sont expliquées. Par le P. *Pierre* LE MOYNE. 2ᵉ édit.

Paris. 1645-1643. Seb. Cramoisy. 2 vol. in-4⁰.

641.—Les peintures morales, où les passions sont représentées par tableaux, par caractères, et par questions nouvelles et curieuses. Par le P. LE MOINE.

Paris. 1668-1669. Jacq. Cottin. 4 vol. in-12.

642.—Le portrait des passions, et le remede à leurs mouvemens dereglez. Tiré de l'Ecriture sainte, et des Pères de l'Eglise. Par le Sʳ***, avocat en Parlement.

Paris. 1698. Rob. Pepie. 1 vol. in-12.

643.—Essai sur le méchanisme des passions en général, par M. LALLEMANT.

Paris. 1751. Le Prieur. 1 vol. in-12.

644.—Les caractères de l'homme sans passions, selon les sentimens de Senèque. (Par *Antoine* LE GRAND.)

Paris. 1663. La Comp. des Libraires. 1 vol. in-12.

645.—Des penchans, par M. COCHIUS. Dissertation qui a remporté le prix de l'Académie des sciences et belles-lettres de Prusse. Traduite de l'allemand, par M. RECLAM.

Amsterdam. 1769. J. H. Schneider. 1 vol. in-12.

646.—Physiologie des passions, ou nouvelle doctrine des sentimens moraux, par M. J. L. Alibert; analysée par M. BOMPARD.

Paris. 1825. David. Pièce in-8⁰.

647.—L'entretien des bons esprits sur les vanitez du monde. Par le sieur DE LA SERRE.

Paris. 1631. Mat. Henault. 1 vol. in-8⁰. Fig.

648.—Traité de la gloire. Par M. DE SACY.

Paris. 1715. Pierre Huet. 1 vol. in-12.

649.—Traité de la paresse, ou l'art de bien employer le

temps en toutes sortes de conditions. (Par *Antoine* DE COURTIN.) 4ᵉ édit.

Paris. 1743. J. Fr. Josse. 2 en 1 vol. in-12.

650. — L'eau de mort, ou les funestes effets de l'ivrognerie. Par L. A. LABOURT.

Paris. 1853. Renault. 1 vol. in-18.

651. — *Pascasii* JUSTI de Alea libri duo.

Amsterodami. 1642. L. Elzevirius. 1 vol. in-24.

652. — Les désordres du jeu. Par M.***

Paris. 1691. Michallet. 1 vol. in-12.

653. — Traité du jeu, où l'on examine les principales questions de droit naturel et de morale qui ont du rapport à cette matière. Par *Jean* BARBEYRAC.

Amsterdam. 1709. Pierre Humbert. 2 vol. in-8.º

654. — Conversations morales sur les jeux et les divertissemens. (Par *J. Fr.* DU TREMBLAY.)

Paris. 1685. And. Pralard. 1 vol. in-12.

n. — *Des vices et des ridicules.*

655. — Réflexions sur le ridicule, et sur les moyens de l'éviter; où sont représentez les différens caractères et les mœurs des personnes de ce siècle. Par M. l'*Abbé* DE BELLEGARDE. 6ᵉ édit.

Paris. 1708. Guignard. 2 vol. in-12.

Le second volume a pour titre :

— Réflexions sur la politesse des mœurs, avec des maximes pour la société civile. Suite des réflexions sur le ridicule. Par M. l'*Abbé* DE BELLEGARDE.

Paris. 1708. Guignard. 1 vol. in-12.

656. — Essai historique et philosophique sur les principaux ridicules des différentes nations ; suivi de quelques

poésies nouvelles. Par M. G. Dourx...... (S. M. M. Gazon-Dourxigné.)

Amsterdam. 1766. Rey. 1 vol. in-12.

657.— Les préjugés du public sur l'honneur, avec des observations critiques, morales et historiques. Par M. Denesle.

Paris. 1766. De Hansy. 3 vol. in-12. Manque tom. 1.

658.— Les préjugés du public, avec des observations. Par M. Denesle.

Paris. 1747. P. F. Giffart. 2 vol. in-12.

659.— *Antonii* Bernardi *Mirandulani* disputationes in quibus primùm ex professo monomachia (quam singulare certamen Latini, recentiones duellum vocant) philosophicis rationibus astruitur, et mox divina authoritate labefacta penitùs evertitur ; omnes quoque injuriarum species declarantur, easque conciliandi et è medio tollendi certissimæ rationes traduntur. Deinde verò omnes utriusque Philosophiæ, tam contemplativæ quam activæ, loci obscuriores, et ambiguæ quæstiones, (presertim de animæ immortalitate, et Astrologiæ judiciariæ divinationibus) Aristotelica methodo luculentissimè examinantur et explicantur.

Basileæ. 1562. Per Henricum Petri. 1 vol. in-fol.

** — Discours sur les duels. Par Brantome.

Voyez : *OEuvres* de Brantome, IIII.

660.— Suite de la civilité françoise, ou traité du Point-d'honneur et des regles pour converser et se conduire sagement avec les incivils et les fâcheux. (Par *Ant.* de Courtin). 2ᵉ édit.

Paris. 1680. Helie Josset. 1 vol. in-12.

661.— La censure des vices et des manières du monde. 3ᵉ édit., augmentée des Entretiens de Polemon et d'Aristarque, sur la critique du mauvais langage, et sur la rhétorique de saint Augustin. (Par *Michel* Duperray.)

Paris. 1715. Damien Beugnié. 1 vol. in-12.

662. — Même ouvrage. Nouv. édit.
   Paris. 1737. Du Mesnil. 1 vol. in-12.

663. — Réflexions sur les défauts d'autruy. Par M. l'*Abbé* DE VILLIERS. 4ᵉ édit.
   Paris. 1734. Jac. Collombat. 2 vol. in-12.

664. — Anecdotes morales sur la fatuité, suivies de recherches et de réflexions critiques sur les petits-maîtres anciens et modernes. (Par C. C. F. THOREL DE CAMPIGNEULLES.)
   Anvers et Paris. 1760. Urbain Coutelier 1 vol. in-12.

o. — *Mélanges de philosophie morale. — Dictionnaires.*

665. — Anthologie françoise, ou rencontres sur divers sujetz, esquelz sont comprises plusieurs belles, rares, et doctes instructions pour la conduitte et fin de l'humaine vie. Le tout extrait des meilleurs livres grecs, latins et françois, par J. POULAIN.
   Paris. 1614. Fr. Huby. 1 vol. in-8°.

666. — Les marguerites françoises ou fleurs de bien dire ; contenant plusieurs belles et rares sentences morales. Recueillie des plus excellents et graves autheurs, et mises en ordre alphabetic. Par *Fr*. DES RUES.
   Rouen. 1619. Loudet. 1 vol. in-12.

   — La suitte des marguerites françoises, ou segond thresor du bien dire. Par *Fr*. DES RUES.
   Rouen. 1619. Loudet.   in-12.

667. — Réflexions, sentences et maximes morales, mises en nouvel ordre, avec des notes politiques et historiques. Par M. *Amelot* DE LA HOUSSAYE. Nouv. édit., corr. et augmentée de maximes chrétiennes.
   Paris. 1754. Ganeau. 1 vol. in-12.

668. — Dictionnaire philosophique portatif, ou introduction à la connoissance de l'homme. (Par CHICANEAU DE NEUVILLÉ.) 2ᵉ édit.
   Lyon. 1756. Bruyset. 1 vol. in-12.

669.—Le portefeuille du R. F. Gillet, ci-devant soi-disant jésuite ; ou petit dictionnaire, dans lequel on n'a mis que des choses essentielles, pour servir de supplément aux gros dictionnaires, qui renferment tant d'inutitilités. (Par *Edme* Mentelle.)
Madrid. 1767. 1 vol. in-12.

670.—Le directoire du sage, ou recueil de maximes, de pensées et de réflexions morales.
Paris. 1767. Berton. 1 vol. in-12.

671.—Dictionnaire critique, pittoresque et sentencieux, propre à faire connoître les usages du siècle, ainsi que ses bisarreries. Par l'auteur de la Conversation avec soi même (*L. Ant.* de Caraccioli.)
Lyon. 1768. Duplain. 3 vol. in-12.

672.—Dictionnaire historique d'éducation, où, sans donner de préceptes, on se propose d'exercer et d'enrichir toutes les facultés de l'âme et de l'esprit, en substituant les exemples aux leçons, les faits aux raisonnemens, la pratique à la théorie. (Par J. J. Filassier.)
Paris. 1771. Vincent. 2 vol. in-8°.

673.—Dictionnaire historique d'éducation. Nouv. édit., rev., corr. et augm. Par M. Fillassier (*sic*).
Paris. 1784. Méquignon l'aîné. 2 vol. in-8°.

674.—Code moral, pour servir à l'instruction de la jeunesse et des différentes classes de la société, depuis le simple citoyen jusqu'à l'homme d'état. Ouvrage élémentaire ; publié par *J. H.* Valant.
Paris. An viii. Rousseau. 1 vol. in-12.

675.—Petit glossaire, traduction de quelques mots financiers. Esquisses de mœurs administratives, par M. Boucher de Perthes.
Paris. 1835. Treuttell et Wurtz. 2 vol. in-18.

676.—Petites solutions de grands mots, faisant suite au

petit glossaire administratif, par M. BOUCHER DE PERTHES.

Abbeville. 1848. Paillart. 1 vol. in-18.

677. — Hommes et choses; alphabet des passions et des sensations. Esquisses de mœurs faisant suite au petit glossaire. Par M. BOUCHER DE PERTHES.

Paris. 1851. Treuttel et Wurtz. 4 vol, in-18.

678. — Esprit moral du dix-neuvième siècle par *Louis-Auguste* MARTIN (de Paris.) Nouv. édit.

Bruxelles. 1855. Muquardt. 1 vol. in-12.

679. — Les souhaits d'un bonhomme à ses concitoyens, par DVITIYA DURMANAS, Vasiya de Benarès. (*Antoine-Gaspar* BELLIN.) Nouv. édit.

Lyon. 1857. Ballay et Conchon. 1 vol. in-18.

---

p. — *Sentences, maximes, proverbes et pensées diverses.*

---

680. — Ιωαννου του ΣΤΟΒΑΙΟΥ εκλογαι αποφθεγμάτων. — *Joannis* STOBAEI collectiones sententiarum.

Venetiis. 1535. B. Zanetti. 1 vol. in-4º.

681. — Κέρας Αμαλθαίας. Ιωαννου του ΣΤΟΒΑΙΟΥ εκλογαι αποφθεγμάτων. — *Joannis* STOBÆI sententiæ ex thesauris græcorum delectæ, quarum autores circiter ducentos et quinquaginta citat, et in sermones sive locos communes digestæ, nunc primum à *Conrado* GESNERO in latinum sermonem traductæ, sic ut latina græcis è regione respondeant. (Adjecta sunt : *Cyri* THEODORI dialogus de exilio amicitiæ, senariis iambicis conscriptus, græcè et latinè. Opusculum PLATONI ascriptum de justo. Aliud eidem ascriptum, an virtus doceri possit. Omnia per *Conr.* GESNERUM recens latinitati donata.)

Tiguri. 1543. Ch. Froschoverus. L vol. in-fol.

682. — Κέρας Αμαλθειας. Ιωαννου του ΣΤΟΒΑΙΟΥ εκλογαι αποφθεγμάτων και υποθηκῶ·. *Joannis* STOBÆI sententiæ ex the-

sauris græcorum delectæ.—*Cyri* THEODORI dialogus, de amicitiæ exilio. — Opusculum PLATONI adscriptum, de justo.— Aliud ejusdem, an virtus doceri possit.— Huic editioni accesserunt ejusdem *Joannis* STOBÆI eclogarum physicarum et ethicarum libri duo. (Interprete *Gulielmo* CANTERO.) Item loci communes sententiarum, collecti per ANTONIUM et MAXIMUM *Monachos*, atque ad Stobæi locos relati.

Aureliæ Allobrog. 1609. Fr. Faber. 1 vol in-fol.

683.— Γνωμολογίαι, καὶ ὁμοιώσεις ἐκ τῶν τοῦ ΔΗΜΟΣΘΕΝΟΥΣ λόγων τε καὶ ἐπιστολῶν εἰσ τὰ κεφάλαια τῶν ἀρετῶν καὶ κακιῶν κεφαλαιούμεναι παρ' Ἰωάννου τοῦ ΛΟΙΝΟΥ Ἰλλεσιαίου. — Gnomologiæ id est sententiæ collectaneæ, et similia ex DEMOSTHENIS orationibus et epistolis in certa virtutum ac vitiorum capita collectæ. Authore *Joanne* LOINO *Illesiensi*.

Parisiis. 1551. S. Nivellius. 1 vol. in-8°.

684.— Apophthegmata græca regum et ducum, philosophorum item, aliorumque quorundam: ex PLUTARCHO et DIOGENE LAERTIO. Cum latina interpretatione (*Henrici* STEPHANI.)

Parisiis. 1668. Henr. Stephanus. 1 vol. in-12.

685.— Apophthegmata lepideque dicta, principum, philosophorum, ac diversi generis hominum, ex græcis pariter ac latinis authoribus selecta, cum interpretatione commoda, dicti argutiam aperiente, per *Desid.* ERASMUM *Roterodamum*.

Sans frontispice. 1 vol. in-8°.

686.— Apophtegmatum opus cum primis frugiferum, vigilanter ab ipso recognitum autore, è græco codice correctis aliquot locis in quibus interpres Diogenis Laertii fefellerat, locupletatum insuper quum variis per totum accessionibus, tum duobus libris in fine adjectis, per *Des.* ERASMUM.

Basileæ. 1532. Froben. 1 vol. in-fol.

687. — *Polydori* VERGILII *Urbinatis* adagiorum liber. Ejusdem de inventoribus rerum libri octo, ex accurata autoris castigatione, etc.
Basileæ. 1524. Froben. 1 vol. in-fol.

688. — Adagiorum chiliades tres, quæ *Joannes* SARTORIUS in batavicum sermonem propriè ac eleganter convertit, et brevi ac perspicua interpretatione illustravit.
Antuerpiæ. 1561. Joa. Loèus. 1 vol. in-8°.

689. — Apophthegmatum ex optimis utriusque linguæ scriptoribus, per *Conradum* LYCOSTHENEM collectorum, loci communes, denuò aucti et recogniti.
Lugduni. 1563. Joan. Frellonius. 1 vol. in-8°.

690. — Sententiæ et exempla ex probatissimis quibusque scriptoribus collecta, et per locos communes digesta per *Andream* EBORENSEM *Lusitanum*.
Parisiis. 1569. Guil. Julianus. 1 vol. in-8°.

691. — Adagia optimorum utriusque linguæ scriptorum omnia, quæcunque ad hanc usque diem exierunt, *Pauli* MANUTII studio atque industria, doctissimorum theologorum consilio atque ope, ab omnibus mendis vindicata, etc.
Ursellis. 1603. Arn. Sutorius. 1 vol. in-8°.

692. — Παροιμίαι ἑλληνικαί. — Adagia sive proverbia græcorum ex ZENOBIO seu ZENODOTO, DIOGENIANO et SUIDÆ collectaneis. Partim edita nunc primùm, partim latinè reddita, scholiisque parallelis illustrata, ab *Andræa* SCHOTTO. — (Accessit Stromateus proverbialium versuum, græcè et latinè.)
Antuerpiæ. 1612. Off. Plantiniana. 1 vol. in 4°.

693. — Adagia, id est proverbiorum, paroemiarum et parabolarum omnium, quæ apud græcos, latinos, hebræos, arabas, etc. in usu fuerunt, collectio absolutissima in locos communes digesta. In qua continentur suis quæque locis accurato ordine posita : *Des.* ERASMI *Roterodami* Chiliades. — *Hadriani* JUNII *Medici* Ada-

gia. — *Joan.* ALEXANDRI *Brassicani* Symmicta. — *Joannis* ULPII Epitome. — *Petri* GODOFREDI *Carcassonensis* proverbia. — *Gulielmi* CANTERI Adagia juridica. — *Victoris* GISELINI Medici Specimen adagiorum. — *Henrici* STEPHANI Animadversiones in Erasmum. — *Gilberti* COGNATI *Nozareni* Sylloge. — M. *Grunnii* COROCOTTÆ Porcelli testamentum. — *Polydori* VERGILII Adagia. — *Caroli* BOVILLI Proverbia. — *Hadriani* TURNEBI et *M. Antonii* MURETI excerpta adagia. *Gulielmi* GENTII Adagia juridica. — *Melchioris* NEIPEI *Bredenani* Adagia.
Basileæ. 1629. Typis Wechelianis. 1 vol. in-fol.

694. — Les apophtegmes des anciens, tirez de PLUTARQUE, de DIOGENE LAERCE, d'ELIEN, d'ATHENÉE, de STOBÉE, de MACROBE, et de quelques autres. Et les Stratagesmes de FRONTIN, de la traduction de *Nicolas* PERROT, sieur d'ABLANCOURT.
Paris. 1664. Billaine. 1 vol. in-4°.

695. — Même ouvrage.
Paris. 1664. Jolly. 1 vol. in-8°.

696. — Morale des sages de tous les pays et de tous les siècles, ou collection épurée des moralistes anciens et modernes, par *J. B.* CHEMIN.
Paris. An VI. 1 vol. in-12.

697. — Le fruit de mes lectures, ou pensées extraites des anciens profanes, relatives aux différents ordres de la société, accompagnées de quelques réflexions de l'auteur. (Dom *Nic.* JAMIN.)
Paris. 1775. Bastien. 1 vol. in-12.

" — Sentences de *Publius* SYRUS. Traduction nouvelle, par M. *Jules* CHENU.
Paris. 1835. Panckoucke. 1 vol. in-8°.
Voyez : *Bibl. lat. franç.*
Voyez aussi : *Bell. lett.*, n° 1220.

698. — Adagiorum opus *Des.* ERASMI *Roterodami*.
Lugduni. 1541. Seb. Gryphius. 1 vol. in-fol.

699. — Adagiorum *Des*. Erasmi chiliades quatuor cum sesqui-centuria, magna cum diligentia, maturoque judicio emendatæ, et secundum Concilii Tridentini decretum expurgatæ, etc. Quibus adjectæ sunt *Henrici* Stephani animadversiones suis quæque locis sparsim digestæ. His jam primum accesserunt : Appendix ad Chiliades Erasmi. — *Hadriani* Junii Centuriæ octo cum dimidia. — *Joan*. Alexandri *Brassicani* Proverbiorum σύμμικτα, cum appendice Symbolorum Pythagoræ ex Iamblico. — *Jo*. Ulpii Adagiorum epitome. — *Gilberti* Cognati Adagiorum συλλογή. — Specimen adagiorum per Junium, Cantherum, et Giselinum. — *Melchioris* Neipii Adagia. — Item Adagia quædam collecta ex *Cælio* Rhodigino. *Polydoro* Virgilio. *Petro* Godofredo. *Carolo* Bovillo. *M. Anto*. Mureto. *Jo*. Hartungo. *Adria*. Turnebo. *Gulielmo* Gentio.

Parisiis. 1571. Nic. Chesneau. 1 vol. in-fol.

700. — Idem opus. (Prioribus accesserunt: *Joannis* Ferrerii *Pedemontani* proverbiorum collectanea. — Adagia aliquot ab *Joanne* Fratre *Lavalensi* obiter observata. Ex *Claudio* Minoe, et aliis, adagia collecta.)

Coloniæ Allobrogum. 1612. P. Aubertus. 1 vol. in-fol.

701. — Epitome chiliadum adagiorum Erasmi, ad commodiorem studiosorum usum per *Hadrianum* Barlandum conscripta.

Basileæ. 1528. Wolf. 1 vol. in-8°.

A la suite :

Magni Turci epistolæ syrica, græca et scythica linguis conscriptæ, perque Landinium Equitem Hierosolymitanum latinitati donatæ.

Haganoæ. 1528. G. Seltz. in-8°.

702. — Adagiorum D. Erasmi *Roterodami* epitome. Editio novissima.

Amstelodami. 1650. L. Elzevirius. 1 vol. in-12.

703. — Parabolæ sive similia D. Erasmi *Roter*. postremum ab

autore recognita, cum accessione nonnulla, adjectis aliquot vocularum obscurarum interpretationibus.

Parisiis. 1523. Simon Colinæus. 1 vol. in-8°.

704.— Parabolæ, sive similia *Desiderii* Erasmi.

Lugduni. 1537. Seb. Gryphius. 1 vol. in-8°.

705.— Bibliotheca scholastica instructissima. Or, a treasury of ancient adagies and sententious proverbs, selected out of the English, Greeke, Latine, French, Italian, and Spanish. Ranked in alphabeticall order, and suited to one and the same sense. Published by *Thomas* Draxe.

Londini. 1654. Kirton. 1 vol. in-8°.

706.— Recueil d'apophtegmes ou bons mots anciens et modernes mis en vers françois. (Par *Michel* Mourgues.)

Toulouse. 1695. J. Boude. 1 vol. in-12.

707.— Les illustres proverbes nouveaux et historiques ; expliquez par diverses questions curieuses et morales en forme de dialogues, etc. (Par le comte de Cramail ?)

Paris. 1665. Pepingué. 2 en 1 vol. in-12.

708.— Proverbes en rimes, ou rimes en proverbes, tirés en substance tant de la lecture des bons livres, que de la façon ordinaire de parler, et accomodez en distiques ou manières de sentences qui peuvent passer pour maximes dans la vie ; etc. Par M. Le Duc.

Paris. 1664-1665. Gab. Quinet. 2 vol. in-12.

709.— Proverbios y sentencias de *Lucio Annæo* Seneca, y de Don *Ynigo* Lopez de Mendoça, *Marques de Santillana.* Glosados por el doctor *Pedro* Diaz de Toledo.

Anvers. 1552. J. Steelsius. 1 vol. in-8.

710.— Proverbios de Don *Inigo* Lopez de Mendoça, *Marques de Santillana.* — La obra que hizo don *Iorge* Manrrique a la muerte del maestro de Santiago don Rodrigo Manrrique su padre. — Coplas de *Mingo* Revulgo (glosadas por *Hernando* de Pulgar.)

Anvers. 1594. Martin Nucio. 1 vol. in-12.

711. — Refranes o proverbios españoles traduzidos en lengua francesa. — Proverbes espagnols traduits en françois. Par *César* Oudin. — Con cartas en refranes de Blasco de Garay.
Bruxelles. 1608. Velpius. 1 vol. in-12.

712. — Même ouvrage. 2ᵉ édit.
Paris. 1609. Marc Orry. 1 vol. in-8°.

On n'y trouve point les lettres de Blasco de Garay, mais des quatrains et des distiques moraux ajoutés sous ce titre :

Siguense aqui algunos proverbios morales sacados de los de *Alonso Guajardo* Fajardo : con algunos pocos disticos, del juego de la Fortuna.

713. — Observations morales et politiques en forme de maximes, sur les vies des hommes illustres. Par le sieur de Chavaille. Livre second.
Paris. 1648. Den. Langlois. 1 vol. in-8°.

714. — L'éducation, maximes et réflexions de M. de Moncade. Avec un discours du sel dans les ouvrages d'esprit.
Rouen. 1691. Vᵉ Ant. Maurry. 1 vol. in-12.

715. — Pensées de Montaigne, propres à former l'esprit et les mœurs, (recueillies par Artaud.)
Paris. 1700. Anisson. 1 vol. in-12.

716. — Réflexions ou sentences et maximes morales. (Par le duc de la Rochefoucauld.) 4ᵉ édit.
Paris. 1675. Barbin. 1 vol. in-12.

717. — Les pensées, maximes, et réflexions morales de M. le duc*** (de la Rochefoucauld). Onzième édit., augmentée de remarques critiques, morales et historiques, sur chacune des réflexions. Par M. l'*Abbé* de la Roche.
Paris. 1737. Ganeau. 1 vol. in-12.

718. — Même ouvrage. Nouv. édit.
Paris. 1765. Bauche. 1 vol. in-18.

719. — Maximes et réflexions morales de La Rochefoucauld.
Paris. 1815. P. Didot. 1 vol. in-8°.

** — Maximes et pensées. Par Chamfort,

Voyez : *Œuvres de* Chamfort. 1.

720. — Esprit, maximes, et principes de M. *Jean-Jacques* Rousseau, de Genève. (Recueillis par Prault, avec une préface de l'*Abbé J.* de la Porte.)
Neufchatel. 1764. Lib. assoc. 1 vol. in-12. Port.

721. — Manuel de morale, dédié à Monseigneur le comte d'Artois. (Par l'*Abbé J. M. L.* Coupé.)
Paris. 1772. Edme. 1 vol. in-12.

722. — Dictionnaire-Napoléon ou recueil alphabétique des opinions et jugements de l'empereur Napoléon Ier, avec une introduction et des notes par M. Damas Hinard. 2e édit.
Paris. 1854. Plon fr. 1 vol. in-8°.

** — Consultez aussi : — Pensées détachées, mélanges, extraits.
Bell. lett., N° 3,116 à 3,156.

---

q. — *Mélanges de morale.*

723. — Les secretz moraux, concernants les passions du cœur humain, divisez en cinq livres. Par *Fr.* Loryot.
Paris. 1614. Claude Chappelet. 1 vol. in-4°.

724. — Les fleurs des secretz moraux, sur les passions du cœur humain, divisez en six livres. Par le P. *François* Loryot.
Paris. 1614. Guillaume Guyot. 1 vol. in-4°.

725. — Opuscules ou petits traittez. Le I. de la hardiesse, et de la crainte. Le II. de l'ingratitude. Le III. de la marchandise. Le IV. de la grandeur et petitesse des corps. Le V. des couleurs. Le VI. du mensonge. Le VII. des monstres. (Par *Fr.* de la Mothe le Vayer.)
Paris. 1647. Aug. Courbé. 1 vol. in-8°.

726. — Opuscules ou petits traictez. Le I. De la vie et de la mort. Le II. de la prospérité. Le III. des adversitez.

Le IV. de la noblesse. Le V. des offences et injures. Le VI. de la bonne chere. Le VII. de la lecture des livres et de leur composition. (Par *Fr*. DE LA MOTHE LE VAYER.)

Paris. 1644. Jacq. Villery. 1 vol. in-8.

727.—Tableaux des sciences et des vertus morales, contenant tout ce qu'il y a de plus beau et de plus curieux, à sçavoir de la peinture, de l'histoire, de l'emblème, de la fable, de la morale, et de la politique. Par M. B. (*Jean* BAUDOIN,) de l'Académie françoise.

Paris. 1779. Loyson. 1 vol. in-12. Fig.

728.—Considérations sur les avantages de la vieillesse, dans la vie chrestienne, politique, civile, économique et solitaire. Ouvrage du *Baron* DE PRELLE.

Paris. 1677. Seb. Cramoisy. 1 vol. in-12.

729.— La morale universelle, contenant, les éloges de la morale, de l'homme, de la femme, et du mariage. Avec un traité des passions, de l'invention de la musique, contre l'orgueil, l'envie, et l'ingratitude. Divisée en deux parties. (Par *Jacques* PARRAIN, *Baron* DES COUTURES.)

Paris. 1687. Arnaud Seneuse. 1 vol. in-12.

730.—Les caractères de LA BRUYÈRE suivis des caractères de THÉOPHRASTE, traduits du grec par le même.

Paris. 1829. Werdet et Lequien. 2 vol. in-8°. Port.

" — Voyez aussi N.° 460.

731.—Sentimens critiques sur les caractères de Monsieur de La Bruyère. (Par VIGNEUL-MARVILLE, pseudonyme de *N. Bonav.* D'ARGONNE.)

Paris. 1701. Mich. Brunet. 1 vol. in-12.

732.— Apologie de Monsieur de La Bruyère, ou réponse à la critique des caractères de Théophraste. (Par P. J. BRILLON.)

Paris. 1701. J. B. Delespine. 1 vol. in-12.

733.—Ouvrage nouveau dans le goût des caractères de Théophraste, et des pensées de Pascal. (Par P. J. BRILLON.)

Paris. 1697. Guil. De Luyne. 1 vol. in-12.

734.—Suite des caractères de Théophraste, et des pensées de M.ʳ Pascal. (Par ALLÉAUME.)

Paris. 1699. Michallet. 1 vol. in-12.

735.—Le Théophraste moderne, ou nouveaux caractères des mœurs. (Par *P. J.* BRILLON.) Nouv. édit.

Paris. 1700. Mich. Brunet. 1 vol. in-12.

736.—Les pensées du solitaire. (Par le *Comte* DE CRAMAIL, publiées par le s.ʳ DE VAULX.) 2ᵉ édit.

Paris. 1632. Aug. Courbé. 2 vol. in-8º.

737.—Nouveaux essais de morale sur le luxe et les modes, l'usage de l'esprit et de la science, la chasteté du style et du langage, l'antipathie et la bizarrerie, les duels, la crainte du tonnerre, et sur ces paroles proverbiales : il ne faut pas disputer des goûts. (Par WALLON DE BEAUPUITS.)

Paris. 1691. Hortemels. 1 vol. in-12.

738.—Réflexions sur la politesse des mœurs, avec des maximes pour la société civile. Suite des réflexions sur le ridicule. Par M. l'*Abbé* DE BELLEGARDE. 2ᵉ édit.

Paris. 1700. Jean Guignard. 1 vol. in-12.

739.—Réflexions sur divers sujets de morale et de politique. Par M. DE VERNAGE.

Paris. 1703. Denys Du Puis. 1 vol. in-12. Port.

740.—Réflexions morales, satiriques et comiques, sur les mœurs de notre siècle. (Par *J. Fréd.* BERNARD.) Nouv. édit. corr. et augmentée d'un tiers.

Amsterdam. 1713. J. Fréd. Bernard. 1 vol. in-12.

741.—Les hommes. (Par *J. Ph.* DE VARENNES.) 3ᵉ édit.

Paris. 1734. Henry. 2 vol. in-12.

742.—Pensées diverses sur l'homme. (Par *Ant.* Pecquet.)
Paris. 1738. Nyon fils. 1 vol. in-8º.

743.—Amusement de la raison. (Par l'*Abbé* Seran de la Tour.)
Paris. 1747. Durand. 1 vol. in-12.

744.—Essai sur l'intérêt des nations en général, et de l'homme en particulier, où l'on traite de l'homme, de son esprit, de sa folie, de sa pensée, de ses sentimens, de ses bonnes ou mauvaises qualités, de ses devoirs, depuis ceux du souverain, jusqu'à ceux du particulier, des loix, des finances, du commerce, de la religion, de la paix et de la guerre. (Par M. le marquis *M. R.* de Montalembert.)
S. n. n. l. 1749.   1 vol. in-12.

745.—Les loisirs de Madame de Maintenon.
Londres. Paris. 1757. Duchesne. 1 vol. in-12.

746.—Réflexions hazardées d'une femme ignorante, qui ne connoît les défauts des autres que par les siens, et le monde que par relation et par oui-dire. (Par Mme de Verzure.)
Amsterdam. Paris. 1766. Vincent. 2 vol. in-12.

747.—Choix de philosophie morale propre à former l'esprit et les mœurs. Par l'auteur du choix varié de poésies. (Par *Georges-Adam* Junker.)
Avignon. 1771. Ve Girard. 1 vol. in-12.

748.—Dialogue moral entre l'opulent, l'avare et l'indigent.
Bruxelles. 1781. Le Francq. 1 vol. in-8º.

749.—Traité des causes physiques et morales du rire, relativement à l'art de l'exciter. (Par Poinsinet de Sivry.)
Amsterdam. 1768. M. Michel Rey. 1 vol in-8º.

750.—Théorie des sentimens agréables, où, après avoir indiqué les règles que la Nature suit dans la distribution du plaisir, on établit les principes de la théologie na-

turelle et ceux de la philosophie morale. (Par Levesque de Pouilly.)
>**Paris. 1748. David le jeune. 1 vol. in-8".**

751.—Du plaisir, ou du moyen de se rendre heureux. Par M. l'*Abbé* H. C. A. H. (*J. B. Fr.*Hennebert.)
>**Lille. 1764. J. B. Henry. 1 vol. in-12.**

752.—Réflexions philosophiques sur le plaisir; par un célibataire. (Par M. Grimod de la Reyniere.) 2ᵉ édit.
>**Neufchatel. Paris. 1783. Vᵉ Duchesne. 1 vol. in-8".**

" — La théorie du bonheur, ou l'art de se rendre heureux. (Par l'*Abbé* L. P. Gérard.
>**Paris. 1821. Masson et fils, 1 vol. in-12.**

>>Voyez : *Bell. lett*. N° 2,707.

753.—Œuvres diverses du *Marquis L. Ant.* de Caraccioli.

>Cette collection comprend :

— L'almanach véridique, sur les mœurs du temps. Pour l'année MDCCLXXX.
>**Genéve. Paris. 1780. Pièce in-12.**

— Les caractères de l'amitié. Nouv. édit.
>**Francfort. 1761. Bassompierre. 1 vol. in-12.**

— Le chrétien du tems, confondu par les premiers chrétiens. Rédigé par l'Auteur de la Jouissance de soi-même.
>**Paris. 1766. Nyon. 1 vol. in-12.**

— La conversation avec soi-même. Nouv. édit.
>**Paris. 1765. Nyon. 1 vol. in-12.**

— Le cri de la vérité contre la séduction du siècle. Par l'Auteur de la Conversation avec soi-même.
>**Paris. 1765. Nyon. 1 vol. in-12.**

— Éloge historique de Benoist XIV.
>**Liége. 1766. Bassompierre. 1 vol. in-12.**

— L'écu de six francs.
>**Genéve. Paris. 1778. Esprit. Pièce in-12.**

— De la gaieté.

Paris. 1767. Nyon. 1 vol. in-12.

— La grandeur d'âme.

Paris. 1764. Nyon. 1 vol. in-12.

— L'horloge parlante, ouvrage critique et moral.

A la Dominique. Paris. 1778. Onfroy. Pièce in-12.

— La jouissance de soi-même. Nouv. édit.

Paris. 1765. Nyon. 1 vol. in-12.

— Le langage de la raison. Par l'Auteur de la Jouissance de soi-même.

Paris. 1763. Nyon. 1 vol. in-12.

— Le langage de la religion. Par l'Auteur du Langage de la raison.

Paris. 1763. Nyon. 1 vol. in-12.

— Lettres à une illustre morte, décédée en Pologne depuis peu de temps, ouvrage du sentiment, où l'on trouve des anecdotes aussi curieuses qu'intéressantes. Par l'Auteur des Caractères de l'amitié.

Paris. 1770. Bailly. 1 vol. in-12.

— Lettres récréatives et morales, sur les mœurs du temps, à M. le comte de ***. Par l'Auteur de la Conversation avec soi-même.

Liége. Paris. 1767-68. Nyon. 4 vol. in-12. Manque Ier.

— La religion de l'honnête homme.

Paris. 1766. Nyon. 1 vol. in-12.

— Le tableau de la mort, par l'Auteur de la Jouissance de soi-même Nouv. édit.

Paris. 1767. Nyon. 1 vol. in-12.

— L'univers énigmatique. Nouv. édit.

Francfort. 1762. Bassompierre. 1 vol. in-12.

— Le véritable Mentor, ou l'éducation de la noblesse.

Liége. 1759. Bassompierre. 1 vol. in-12.

— Voyages de la Raison en Europe.
Compiègne. 1771. L. Bertrand. 1 vol. in-12.

— L'esprit de M. le marquis de Caraccioli.
Liége. Dunkerque. 1763. De Boubers. 1 vol. in-12.

754. — Des compensations dans les destinées humaines. Par *H.* Azaïs.
Paris. 1809. Garnery. 1 vol. in-8°.

Dans le même volume :

— Système universel, par *H.* Azaïs.
Paris. 1809. Garnery. in-8°.

755. — Méditations et études morales. Par M. Guizot.
Paris. 1852. Didier. 1 vol. in-8°.

r. — *Critique des mœurs.*

756. — Tableau de l'inconstance et instabilité de toutes choses. Où il est montré, qu'en Dieu seul gist la vraye constance, à laquelle l'homme sage doit viser. Par *Pierre* de Lancre. 2ᵉ édit.
Paris. 1610. Abel l'Angelier. 1 vol. in-4°.

757. — Le grand empire de l'un et l'autre monde divisé en trois royaumes, le royaume des aveugles, des borgnes, et des clair-voyants. Le tout enrichi de curieuses inventions et traicts d'éloquence françoises. Composé par *J.* de la Pierre.
Paris. 1625. D. Moreau. 1 vol. in-8°. Fig.

758. — Le tableau de la fortune, divisé en trois livres, où il est traitté de la décadence des empires, et des royaumes, de la ruine des villes, et des malheurs qui sont arrivez au monde par les élémens ; de ceux qui sont arrivez aux rois, aux princes, aux courtisans, aux avanturiers dans les tournois, et dans les duels ; aux sçavans, aux dames, et à toutes sortes de personnes, par diverses advantures. Par M. Chevreau.
Paris. 1659. J. B. Loyson. 1 vol. in-12.

759.— L'esprit du siècle. (Par l'*Abbé* DE LUBERT.)
Paris. 1707. P. F. Emery. 1 vol. in-12.

760.— Le critique et l'apologiste sans fard, ou caractères opposez, dans differens états et conditions.
Paris. 1711. F. Fournier. 1 vol. in-12.

761.— Considérations sur le génie et les mœurs de ce siècle. (Par SOUBEYRAN DE SCOPON.)
Paris. 1749. Durand. 1 vol. in-8°.

762.— Les caractères. Par Madame de P*** (*Magdelène* D'ARSANT, Dame DE PUISIEUX.)
Londres. 1751. 2 vol. in-8°.

763.— Considérations sur les mœurs de ce siècle. (Par DUCLOS.)
S. n. n. l. 1751. 1 vol. in-12.

** — Mémoires sur les mœurs de ce siècle, par DUCLOS.
                              Voyez : *Œuvres de* DUCLOS.

764.— Essai sur les mœurs. (Par *Jean* SORET.)
Bruxelles. 1756. 1 vol. in-12.

765.— L'Aristippe moderne, ou réflexions sur les mœurs du siècle. (Par *Ch.* DENESLE.)
Francfort. 1757. Bassompierre. 1 vol. in-12.

766.— Tableau du siècle. Par un auteur connu. (NOLIVOS DE SAINT-CYR.)
Genève. 1760. 1 vol. in-12.

767.— Le cosmopolite ou le citoyen du monde. Par M. DE MONBRON (1).
Londres. 1761. 1 vol. in-12.

768.— Le fanatisme des philosophes. (Par *S. N. H.* LINGUET.)
Londres. Abbeville. 1764. De Vérité. 1 vol. in-8°.

769.— Considérations sur l'esprit et les mœurs. (Par SENAC DE MEILHAN.)
Londres. 1787. 1 vol. in-8°.

---

(1) FOUGERET DE MONBRON, né à Péronne en 1698, mourut à Paris au mois de septembre 1761.

‘‘ — Réflexions sur les différents caractères des hommes. Par FLÉCHIER.

          Voyez : *Œuvres de* FLÉCHIER.

‘‘ — Discours sur l'origine et les fondements de l'inégalité parmi les hommes. Par *J. J.* ROUSSEAU.

          Voyez : *Œuvres de J. J.* ROUSSEAU.

770.—Discours sur l'origine de l'inégalité parmi les hommes. Pour servir de réponse au Discours que M. Rousseau a publié sur le même sujet. Par M. *Jean* DE CASTILLON.

    Amsterdam. 1756. J. F. Jolly. 1 vol. in-8°.

771.—L'homme du Midi et l'homme du Nord, ou l'influence du climat; par *Ch.-Victor* DE BONSTETTEN.

    Genève. 1824. S. J. Paschoud. 1 vol. in-8°.

‘‘ — Essai sur les mœurs. Par *Étienne* JOUY.

          Voyez : *Œuvres de* JOUY.

772.—Galerie morale et politique, par M. le Comte (*L. Ph.*) DE SÉGUR. 4ᵉ édit.

    Paris. 1825-1827. Eymery. 3 vol. in-8°.

773.—Des mœurs, des lois et des abus. Tableaux du jour. Précédés de la vie de M. DE Montyon. Avec un fac-simile de son écriture. Par M. ALISSAN DE CHAZET.

    Paris. 1829. Ch. Gosselin. 1 vol. in-8°.

774.—Le censeur, ou caractères des mœurs de La Haye, par M. de G..... (*Nic.* GUEUDEVILLE.)

    La Haye. 1715. Hen. Scheurleer. 1 vol. in-12.

775.—Le Misantrope. Par M. V. E... (VAN EFFEN.) Nouv. édit.

    La Haye. 1726. Jean Neaulme. 2 vol. in-12.

776.—La bagatelle, ou discours ironiques, où l'on prête des sophismes ingénieux au vice et à l'extravagance, pour en faire mieux sentir le ridicule. Par M. VAN EFFEN. Nouv. édit.

    Lausanne. 1743. Bousquet. 2 vol. in-12. Port.

777.—Les loisirs d'un ministre, ou essais dans le goût de ceux de Montagne, composés, en 1736, par l'Auteur des Considérations sur le gouvernement de France

(*L. R.* DE VOYER D'ARGENSON, publiés par M. le Marquis PAULMY.)

Liége. 1787. C. Plomteux. 2 vol. in-8º.

778.— Fruits de la solitude et du malheur. Par *Félix* FAULCON.

Paris. An IV. Du Pont. 1 vol. in-8º.

779.— Le rôdeur français, ou les mœurs du jour, par B. DE ROUGEMONT. 6e édit.

Paris. 1826. Béchet. 4 vol. in-12. Fig.

---

s. — *Application de la morale. — Règles de conduite.*

780.— Nouveau traité de la civilité qui se pratique en France, parmi les honnestes gens. — Ein neu Tractatlein von der Hofflichkeit, so in Franckreich under Verstandigen Leuchen im Gebrauch ist. — Tractatus novus de civilitate usitata in Gallia, inter homines politos.

Basle. 1671. Herman Widerholds. 1 vol. in 8º.

781.— Nouveau traité de la civilité qui se pratique en France, parmi les honnêtes gens. (Par *Ant.* DE COURTIN.) N. éd.

Paris. 1719. Louis Josse. 1 vol. in-12.

782.— Elémens de politesse et de bienséance, ou la civilité, qui se pratique parmi les honnêtes gens. Avec un nouveau Traité sur l'art de plaire dans la conversation. Par M. PREVOST.

Paris. 1767. Ve Duchesne. 1 vol. in 12.

783.— Eléments de politesse et de bienséance, ou de la civilité qui se pratique parmi les honnêtes gens ; suivis d'un Manuel moral, ou de Maximes pour se conduire sagement dans le monde.

Liége. 1773. Desoer. 1 vol. in-8º.

" — Code civil, manuel complet de politesse.

Voyez : *Belles-lettres.* Nº 2807.

784.— ΒΑΣΙΛΕΙΟΥ τοῦ Ῥωμαιῶν βασιλέως κεφάλαια παραινετικὰ ξς', πρὸς τὸν ἑαυτοῦ υἱὸν Λέοντα, τὸν φιλόσοφον. — BASILII Romanorum Imperatoris exhortationum capita LXVI, ad Leonem filium, cognomento philosophum

Lutetiæ, 1584. Fed. Morellus. 1 vol. in-4º.

785.—Maximes pour l'éducation d'un jeune seigneur, avec les instructions de l'Empereur BASILE pour Léon son fils, et l'abrégé de leur vie. (Par le P. *Pl.* PORCHERON.)

Paris. 1690. Simon Langronne. 1 vol. in-12.

786.—L'honneste-homme, ou l'art de plaire à la court. Par le sieur FARET.

Paris. 1630. T. Du Bray. 1 vol. in 4º.

787.—Même ouvrage.

Paris. 1665. Comp. des lib. 1 vol. in-12.

788.—L'arte di piacere alla corte del signor di FARET, tradotta dalla francese nella lingua Italiana dal conte *Alberto* CAPRARA.

Bologna. 1662. Gio. Bat. Ferroni. 1 vol. in-8º.

789.—Testament, ou conseils fidèles d'un bon père à ses enfans. Où sont contenus plusieurs raisonnemens chrestiens, moraux, et politiques. Composé par P. FORTIN, Sieur DE LA HOGUETTE. 7e édit. (Avec le Catechisme royal du mesme auteur.)

Paris. 1655. Ant. Vitré. 1 vol. in-12.

790.—Même ouvrage. Dernière édition.

Paris. 1690. Bobin. 1 vol. in-12.

791.—De l'éducation d'un Prince. Divisée en trois parties, dont la dernière contient divers Traittez utiles à tout le monde. (Par le sieur DE CHANTERESNE, pseudonyme de *P.* NICOLE.)

Paris. 1670. Ve Savreux. 1 vol. in-12.

792.—La conduite du sage dans les differens estats de la vie. 2e édit.

Paris. 1675. René Guignard. 1 vol. in-12.

793.—Les devoirs de la vie civile. (Par *Jean* PIC.)

Paris. 1681. Jean Cochart. 1 vol. in-12.

794.— Instruction morale d'un père à son fils, qui part pour un long voyage : ou manière aisée de former un jeune homme à toutes sortes de vertus. Par *Sylvestre* du Four. Nouv. édit.
Paris. 1686. G. Quinet. 1 vol. in-12.

795.— L'art de plaire dans la conversation. (Par *P.* Dortigue, Sieur de Vaumorière.)
Paris. 1688. Jean Guignard. 1 vol. in-12.

796.— Le caractère de l'honneste-homme. Morale. Par M. l'*Abbé* de Gerard.
Paris. 1688. Am. Auroy. 1 vol. in-12.

797.— Le portrait d'un honneste homme. Par M. l'*Abbé* Goussault.
Paris. 1693. Mich. Brunet. 1 vol. in-12.

798.— L'art de bien employer le temps en toute sorte de conditions. (Par *Antoine* de Courtin.)
Paris. 1693. Helie Josset. 1 vol. in-12.

799.— La belle éducation. Par M. l'*Abbé* Bordelon. 2ᵉ édit.
Lyon. 1694. Urb. Coustelier. 1 vol. in-12.

800.— Instructions pour un jeune seigneur, ou l'idée d'un galant-homme. Par M. de la Chetardye.
Paris. 1700. Nic. Le Gras. 1 vol. in-12.

A la suite :

— Instruction pour une jeune princesse, ou l'idée d'une honneste femme. Par M. la Chetardye.
Paris. 1700. Nic. Le Gras.   in-12.

801.— Réflexions sur ce qui peut plaire ou déplaire dans le commerce du monde. Par M.*** (de Bellegarde.)
Paris. 1688. Arn. Seneuse. 1 vol. in-12.

802.— Œuvres diverses de M. l'*Abbé* de Bellegarde.
Paris. 1723. Cl. Robustel. 4 vol. in-12. Manque tome I.

803.— L'éducation parfaite, contenant les manières bienséantes aux jeunes gens de qualité, et des maximes, et des réflexions propres à avancer leur fortune. Par M. *l'Abbé* DE BELLEGARDE.

Amsterdam. 1713. Henri Schelte. 1 vol. in-8.º

804.—Avis d'une mère à son fils et à sa fille (Par *An. Thér.* DE COURCELLES, Marquise DE LAMBERT).

Paris. 1728. A. Ganeau. 1 vol. in-12.

805.—De l'éducation d'un jeune seigneur. (Par l'*Abbé* BAUDOUIN.)

Paris. 1728. J. Estienne. 1 vol. in-12.

806.—Essais sur la nécessité et sur les moyens de plaire. 2ᵉ édition. (Par *Fr. Aug.* PARADIS DE MONCRIF).

Paris. 1738. Prault fils. 1 vol. in-12.

807.—Instruction d'un père à son fils, sur la manière de se conduire dans le monde. Par M. DU PUY.

Paris. 1750. V.ᵉ Estienne. 1 vol. in-12.

808.—L'école du monde, ou instruction d'un père à un fils, touchant la manière dont il faut vivre dans le monde; divisée en entretiens. Par M. LE NOBLE. Nouv. édit.

- Liège. 1762. Bassompierre. 6 vol. in-12. Fig.

809.—Ariste, ou les charmes de l'honnêteté. Par SEGUIER DE SAINT-BRISSON.

Paris. 1765. Panckoucke. 1 vol. in-8.º

" — Œuvres de BERQUIN.

Voyez : *Bell. lett.* Nº 2248.

810.—Les moyens de plaire, ou examen des qualités propres à faire aimer et estimer un jeune homme dans le monde; d'après les lettres du comte de CHESTERFIELD à son fils; refondues par M. CAMPE. Traduction libre de l'allemand (par l'*Abbé J. D.* GRANDMOLLET).

Paris. 1804. Cordier et Le Gras. 3 vol. in-18.

811.—Cléon, ou entretiens d'un père avec son fils prêt à entrer dans le monde; contenant : 1.º l'Exposé des qualités que doit avoir un jeune homme bien élevé ; 2.º Des préceptes sur le choix d'un état, sur la manière de s'y préparer, et d'en remplir les devoirs ; 3.° Des observations pour apprendre à connaître les hommes en général et en particulier, et des règles de conduite tirées de ces observations. Traduction du *Théophron* allemand de M. CAMPE (par l'*Abbé J. D.* GRANDMOLLET).

Paris. 1824. Cordier. 3 vol. in-18.

812. — Les quatre âges de la vie : étrennes à tous les âges, par le Comte (*L. Ph.*) DE SÉGUR.

Paris. 1820. Eymery. 1 vol in-12.

I. — *Condition, caractère et influence des femmes.*

813. — L'honneste femme, divisée en trois parties. Par le R. P. DU BOSC.

Paris 1665. La Compagnie des libr. 1 vol. in-12.

814. — Les avantages que les femmes peuvent recevoir de la philosophie, et principalement de la morale, ou l'abrégé de cette science. Par *Louis* DE LESCLACHE.

Paris .1667. Laur. Rondet. 1 vol. in-12.

815. — Réflexions nouvelles sur les femmes, par une dame de la Cour de France (*Ann. Thér.* DE COURCELLES, *Marquise* DE LAMBERT.) Nouv. édit.

Londres. 1730. J. P. Coderc. 1 vol. in-12.

816. — Défenses du beau sexe ou mémoires historiques, philosophiques et critiques, pour servir d'apologie aux femmes. (Par Dom CAFFIAUX.)

Amsterdam. 1753. La Compagnie. 4 vol. in-12.

817. — Essai sur le caractère, les mœurs et l'esprit des femmes dans les différens siècles. Par M. THOMAS.

Paris. 1772. Moutard. 1 vol. in-8.°

818. — Même ouvrage.

Paris. 1773. Moutard. 1 vol. in-8°.

819. — Les gynographes, ou idées de deux honnêtes-femmes sur un projet de règlement proposé à toute l'Europe,

pour mettre les Femmes à leur place, et opérer le bonheur des deux sexes ; avec des notes historiques et justificatives, suivies des noms des femmes célèbres ; recueillis par *N. E.* RETIF DE LA BRETONE.

La Haye. Paris. 1777. Humblot. 1 vol. in-8.°

820.— L'art de connaître les femmes. Seconde édition, augmentée d'une dissertation sur l'adultère. Par M. G***. (*Fr.* BRUYS).

Paris. 1821. Chanson. 1 vol. in-12.

821.— Les femmes, leur condition et leur influence dans l'ordre social, chez les différens peuples anciens et modernes ; par le vicomte *J. A.* DE SÉGUR. Nouv. édit. augmentée d'un volume qui comprend l'Empire et la Restauration, par M. *S. R.* (RATIER) avocat.

Paris 1825. Thiriot et Belin. 4 vol. in-18. Fig.

** — De l'égalité des deux sexes, par POULLAIN DE LA BARRE et FRELIN.

Voyez: *Belles-lettres.* N.° 2816-2817.

** — Le triomphe du sexe, par l'*Abbé* DINOUART.

Voyez: *Belles-lettres.* N.° 2818.

** — Dialogue sur les plaisirs, sur les passions, sur le mérite des femmes et sur leur sensibilité pour l'honneur. Par M. DU PUY.

Voyez: *Belles-lettres.* N.° 2865.

822.— *Joannis Lodovici* VIVIS *Valentini*, de officio mariti, liber doctissimus.

Basileæ. 1538. Rob. Winter. 1 vol. in-8°.

823.— Les deux livres de l'estat du mariage, composés en latin par *François* BARBARO. Traduction nouvelle. Avec quelques traités chrestiens et moraux touchant les offices domestiques. (Par *Claude* JOLY).

Paris. 1667. Guill. De Luyne. 1 vol. in-12.

824.— Essai sur le mariage, considéré sous des rapports naturels, moraux et politiques ; ou moyens de faciliter et d'encourager les mariages en France. (Par *Jér.* PETHION DE VILLENEUVE).

Genève. 1785. S. n. 1 vol. in-8.°

9.

" — Code conjugal, par *Horace* RAISSON.

Voyez: *Belles-lettres.* N.º 2809.

825.— Traité de la jalousie, ou moyens d'entretenir la paix dans le mariage. (Par *Antoine* DE COURTIN).

Paris. 1685. Hel. Josset. 1 vol. in-12.

826.— Polygamia triumphatrix, id est discursus politicus de polygamia, auctore *Theophilo* ALETHEO (*Joanne* LYSERO), cum notis *Athanasii* VINCENTII (*Joannis* LYSERI), omnibus anti-polygamis ubique locorum, terrarum, insularum, pagorum, urbium, modestè et piè opposita.

Londini. 1682. 1 vol. in-4.º

827.— L'état conjugal considéré sous tous ses rapports avec le bonheur de l'homme et de la femme; avec des observations importantes sur le prétendu bonheur des célibataires, sur la tyrannie conjugale, etc. Par M. C.*** (*J. P.* COSTARD).

Paris. 1809. Maugeret. 1 vol. in-12.

828.— Législation du divorce. (Par DE CERFVOL). 2.ᵉ édit.

Londres. 1770.   1 vol. in-12.

829.— Du divorce. (Par le Chev. *A. J. U.* HENNET). 2.ᵉ édit.

Paris. 1789. imp. de Monsieur. 1 vol. in-8.º

830.— Observations sur l'accord de la raison et de la religion pour le rétablissement du divorce, l'anéantissement des séparations entre époux, et la reformation des lois relatives à l'adultère. Par M. BOUCHOTTE.

Paris. 1790-1791. Imp. nat. 1 vol. in-8.º

831.— Jurisprudence du mariage sous le rapport moral. Traité tendant à concilier les loix du code Napoléon de l'organisation des cultes et de l'enseignement public. Par *Jean-Baptiste* FERRERO.

Turin. 1808. J. Giossi.   1 vol. in-8.º

t. — *Morale en actions*.

832.—Exempla virtutum et vitiorum, atque etiam aliarum rerum maxime memorabilium, futura lectori supra modum magnus Thesaurus, historicæs conscripta, per authores qui in hac scriptorum classe, judicio, doctrina et fide apud Græcos et Latinos præstantissimi habentur, etc. (Edente *Joanne* Herold.)

Basileæ. 1555. Henricus Petri. 1 vol. in-fol.

Cette collection comprend les auteurs suivants :

Nicolaus Hanapus Patriarcha Hierosolymitanus. — Valerius Maximus. — Aelianus de varia historia græcè et latinè. — *Marcus Antonius Coccius* Sabellicus. — Aristoteles œconomicarum dispensationum liber. — *Baptista* Campofulgosus. — Parthenius *Nicensis* græcè et latinè. — Guido *Bituricensis*. — M. Marulus *Spalatensis*. — Heraclides græcè et latinè. — *Sextus Julius* Frontinus.

833.—*Marci Antonii Coccii* Sabellici exemplorum libri decem, ordine, elegantiâ, et utilitate præstantissimi.

Parrhisiis. 1509. Ponset Le Preux. 1 vol. in fol.

834.—Idem opus.

Parrhisiis. 1514. Nic. Crespin. 1 vol. in-4°.

835.—Idem opus.

Argentorati. 1517. M. Schurer. 1 vol. in-fol

836.—*Bap.* Fulgosii factorum dictorumque memorabilium libri ix, a P. *Justo* Gaillardo aucti et restituti. Præfixa est ejusdem Gaillardi, de utilitate et ordine historiarum præfatio, deprompta ex suis institutionibus historicis. (Ex italico sermone vertit et latinitate donavit *Camillus* Gilinus.)

Parisiis. 1588. P. Cavellat. 1 vol. in-8°.

837.—Speculum tragicum, regum, principum, et magnatum superioris sæculi celebriorum ruinas exitusque calamitosos breviter complectens: in quo et judicia divina et imbecillitas humana insignibus exemplis declarantur. Edit. 4.ᵃ, cum alias, tum et baronis Montinii historiolâ suo loco insertâ, auctior. Accessit etiam, memorabilium humilioris fortunæ, intra Speculi tempus, calamitatum decas; et parallela tragica. Auctore I. D. (*Joanne* DICKENSONO.)

    Lugd. Batav. 1605. L. Elzevirius. 1 vol. in-8°.

858. — *F. Michaelis* HOYERI historiæ tragicæ sacræ et profanæ. Decas I.

    Duaci. 1546. M. Wion. 1 vol. in-8°.

859. — Histoires choisies des auteurs profanes, où l'on a mêlé divers préceptes de morale, tirés des mêmes auteurs, traduites en francois (du latin de *Jean* HEUZET); avec des notes morales et historiques, par *Charles* SIMON.

    Paris. 1752. D'Houry. 3 vol. in-12.

840. — *Joannis.* RHO, *Mediolanensis*, variæ virtutum historiæ libri septem.

    Lugduni. 1644 Prost, Borde et Arnaud. 1 vol. in-4.°

841. — Les plus curieux endroits de l'histoire, ou les sages et généreuses reparties. Par M. LE FEBVRE.

    Paris. 1689. Langlois. 1 vol. in-12.

842. — Discours du comte de BUSSY RABUTIN à ses enfans, sur le bon usage des adversitez, et les divers événemens de sa vie.

    Paris. 1694. Anisson. 1 vol. in-12.

843. — Recueil choisi des plus beaux traits d'histoire, pris des anciens et des modernes, et rédigé par ordre alphabétique.

    Paris. 1705. Méd. Brunet. 1 vol. in-12.

844. — Histoires de piété et de morale, tirées de l'écriture sainte, et des auteurs profanes. Par M. l'*Abbé* DE CHOISY.

    Paris. 1711. J. Etienne. 1 vol. in-12.

845. — Recueil de diverses histoires mêlées, politiques et

— 133 —

morales, tirées tant de l'histoire sacrée que prophane. Avec de courtes réflexions. Ouvrage très-curieux pour la diversité des histoires anciennes et modernes. Par M. DE LAVAU.
Paris. 1723. V.ᵉ De Hansy. 2 vol. in-12.

846.— Histoires et paraboles du P. (GIRAUDEAU) BONAVENTURE.
Paris. 1768. Ganeau. 1 vol. in-18.

847.— Le peuple instruit par ses propres vertus, ou cours complet d'instructions et d'anecdotes recueillies dans nos meilleurs auteurs, et rassemblées pour consacrer les belles actions du peuple, et l'encourager à en renouveller les exemples. Rédigé par *P. L.* BÉRENGER.
Paris. 1787. Nyon. 2 vol. in-12.

848.— Théâtre du monde, où, par des exemples tirés des auteurs anciens et modernes, les vertus et les vices sont mis en opposition. Par M. RICHER.
Paris. 1788. Defer de Maisonneuve. 4 vol. in-8.º fig.

849.— Le magasin des pauvres, artisans, domestiques, et gens de la campagne, par M.ᵉ LE PRINCE DE BEAUMONT.
Lyon. 1768. Bruyset-Ponthus. 2 vol. in-12.

850.— Beautés de l'histoire du jeune âge, contenant des exemples de piété filiale, d'émulation, d'humanité; des traits d'héroïsme, des anecdotes curieuses et peu connues sur le grand Frédéric; tous faits historiques. Ouvrage rédigé par M.ᵉ DE RENNEVILLE, 2.ᵉ édit.
Paris. 1823. Thiériot et Belin. 1 vol. in-12. fig.

851.— Bibliothèque de l'adolescence, traduction libre de l'allemand de M. CAMPE, contenant des dialogues, traits d'histoire, jeux instructifs, etc. (Par l'*Abbé J. D.* GRANDMOLLET).
Paris. 1825. Cordier. 2 vol. in-18.

852.— Anecdotes chrétiennes, ou recueil de traits d'histoire choisis, avec de grands exemples de vertus pour l'éducation de la jeunesse. Par M. l'*Abbé* REYRE.
Paris. 1830. Méquignon Havard. 2 vol. in-12. fig.

853. — Beaux exemples d'humanité, de clémence, de générosité, de grandeur d'âme, d'amour pour le peuple, la patrie et la liberté, donnés par des souverains de tous les siècles et de tous les pays. Par *César* GARDETON. 3.ᵉ édit. augmentée du discours de Louis XVI à sa fille, le jour de sa première communion, etc.
Paris. 1835. Belin. 1 vol. in-12. fig.

854. — La morale en action illustrée, ou recueil d'anecdotes propres à former le cœur et l'esprit des jeunes gens.
Paris. 1837. A. Henriot. 1 vol. in-8.º Fig.

855. — Institut royal de France. — Académie française. — Prix de vertu fondé par M. de Montyon. — Discours prononcé par M. PARSEVAL-GRANDMAISON, dans la séance publique du 25 août 1830, sur les prix de vertu décernés dans cette séance; suivi d'un livret contenant les récits des actions vertueuses qui ont obtenu des médailles dans cette même séance.
Paris. 1830. F. Didot. 1 vol. in-18.

856. — ..... Discours prononcé par M. DE JOUY, dans la séance publique du 9 août 1833, etc.
Paris. 1833. F. Didot. 1 vol. in-18.

857. — ..... Discours prononcé par M. DE NOAILLES, dans la séance publique du 28 août 1851, etc.
Paris. 1851. F. Didot. 1 vol. in-18.

SIXIÈME PARTIE.

PÉDAGOGIE.

Pour ce qui concerne l'éducation physique, voir: Hygiène et éducation physique des enfants. *Médecine.* Nº 775 et suivants.

a. — *Traités généraux.*

** — XENOPHONTIS Cyri disciplina.
Vide : XENOPHONTIS opera. Voyez aussi : *Histoire.* Nº 768-769-770.

" — Plutarchi de liberorum institutione.
>> Vide : Plutarchi *opera*.

858. — De l'éducation des anciens.
1 vol. in-8°.

859. — Ad Paulinæ doctrinæ studium adhortatio. Author est *Philipp*. Melanchthon.
Parisiis. 1529. Rob. Stephanus. Pièce in-8°.

860. — De disciplina et institutione puerorum, *Othonis* Brunfelsii parænesis.
Parisiis. 1527. Rob. Stephanus. Pièce in 8°.

861. — Christiana studiosæ juventutis institutio (*Christophoro* Hegendorphino authore.)
Parisiis. 1527. Rob. Stephanus. Pièce in-8°.

862. — Quo pacto ingenui adolescentes formandi sint, præceptiones pauculæ *Christiano* Theodidacto autore.
Parisiis. 1526. Rob Stephanus. Pièce in-8°.

863. — Paraclesis, id est, adhortatio ad sanctissimum ac saluberrimum Christianæ philosophiæ studium, ut videlicet Evangelicis ac Apostolicis literis legendis, si non sola, saltem prima cura tribuatur, authore *Des*. Erasmo *Rot*.
Parisiis. 1529. Rob. Stephanus. Pièce in-8°.

864. — *Philippi* Melanchthonis de corrigendis studiis sermo. *Rodolphi* Agricolæ de formandis studiis epistola doctiss. — De miseriis pædagogorum oratio.
Parisiis. 1537. Rob. Stephanus. Pièce in-8°.

865. — De instituenda vita, et moribus corrigendis juventutis, parænesses, *Christophoro* Hegendorphino authore. — Quo pacto ingenui adolescentes formandi sint, præceptiones *Christiani* Theodidacti.
Lutetiæ. 1545. Rob. Stephanus. Pièce in-8°.

866. — *Jac*. Sadoleti de liberis recte instituendis, liber.
Parisiis. 1534. Sim. Colinæus. Pièce in-8°.

867. — De civilitate morum puerilium, per *Des.* ERASMUM *Rot.* libellus, nunc primum conditus et æditus.

Parisiis. 1541. S. Colinæus. Pièce in-8°.

868. — *Rob.* BRITANNI de instituenda juventute ad honestatem dialogus.

Parisiis. 1543. Lud. Grandinus. Pièce in-4°.

" — Obstetrix animorum. (Authore *Edmondo* RICHER.)

Vide : *Bell. lett.* N° 3.

" — Magistris scholarum inferiorum societatis Jesu de ratione discendi et docendi, etc. Auctore *J* JOUVENCIO.

Ibid. N° 4.

" — De la manière d'enseigner et d'étudier les belles-lettres. Par ROLLIN.

Ibid. N° 8.

869. — Les règles de l'éducation des enfans, où il est parlé en détail de la manière dont il se faut conduire, pour leur inspirer les sentimens d'une solide piété ; et pour leur apprendre parfaitement les belles-lettres. (Par P. COUSTEL.)

Paris. 1687. Estienne Michalet. 2 vol. in-12.

870. — Traité d'éducation chrétienne et littéraire, propre à inspirer aux jeunes gens les sentimens d'une solide piété, et à leur donner le goût des belles-lettres. (Par P. COUSTEL.)

Paris. 1749. Hérissant. 2 vol. in-12.

Cet ouvrage est le même que le précédent.

871. — Instruction sur la manière de bien étudier. Par M. *Charles* GOBINET.

Paris. 1746. Hérissant. 1 vol. in-12.

872. — De l'éducation des enfans ; traduit de l'anglois de M. LOCKE, par *Pierre* COSTE.

Paris. 1711. Jean Musier. 1 vol. in-12.

873. — Même ouvrage. 7e édit.

Amsterdam. 1776. Vᶜ Merkus. 1 vol. in-12.

** — Instructions concernant un plan général d'études, et en particulier celle de la religion et celle du droit, envoyées par M. d'Aguesseau à son fils aîné.

Voyez : Œuvres de d'Aguesseau.

874.—Emile, ou de l'éducation. Par J. J. Rousseau.

Amsterdam. 1762. Néaulme. 4 vol. in-12. Fig.

875.—J.-Jacques Rousseau, citoyen de Genève, à Christophe de Beaumont, archevêque de Paris, etc. Avec sa lettre au Conseil de Genéve.

Amsterdam. 1763. M. Mich. Rey. 1 vol. in-12.

Cette lettre est précédée de l'arrêt du Parlement et du mandement de l'archevêque de Paris portant condamnation de l'*Émile*.

876.—Réfutation du nouvel ouvrage de Jean-Jacques Rousseau intitulé : Emile ou de l'éducation. (Par l'*Abbé* André.)

Paris. 1762. Desaint et Saillant. 1 vol. in-8°.

877.—Réflexions sur la théorie, et la pratique de l'éducation, contre les principes de Mr Rousseau. Par le P. G. B. (*Hy. Sig.* Gerdil, Barnabite.)

Genéve. 1764. Em. du Villard. 1 vol. in-8°.

878.—Le miroir fidéle, ou entretiens d'Ariste et de Philindor. Cet ouvrage renferme des Réflexions politiques et morales ; avec un Plan abrégé d'éducation opposé aux principes du Citoyen de Genève. Par M. le Chevalier de C.*** de la B.*** (Chiniac de la Bastide.)

Londres. Paris. 1766. Les Libraires. 1 vol. in-12.

879.—Seconde lettre d'un anonime à M. J. J. Rousseau. Contenant un examen suivi du plan d'éducation, que cet auteur a proposé dans son ouvrage intitulé, Émile ou de l'éducation. (Par *Élie* Luzac.)

Paris. 1767. Desain et Saillant. 1 vol. in-12.

880.—Émile chrétien, ou de l'éducation. Par M. C....... de Leveson.

Paris. 1764. Les Libraires associés. 2 vol. in-12.

881.—Principes généraux pour servir à l'éducation des enfans, particulièrement de la noblesse françoise. (Par le P. *Polyc*. PONCELET.)

Paris. 1763. Le Mercier. 3 vol. in-12. Fig.

882.—De l'éducation philosophique de la jeunesse, ou l'art de l'élever dans les sciences humaines ; précédé de réflexions, sur les études et la discipline des colléges. (Par l'*Abbé* DE LA MOTHE.)

Amsterdam. Paris. 1767. Cailleau. 2 en 1 vol. in-12.

883.—Education morale, ou réponse à cette question proposée en 1763 par la Société des arts et des sciences de Harlem : Comment doit-on gouverner l'esprit et le cœur d'un enfant, pour le faire parvenir un jour à l'état d'homme heureux et utile ? Par *J. A.* COMPARET.

Genève 1770. Pellet et fils. 1 vol. in-8°.

884.—L'élève de la raison et de la religion, ou traité d'éducation physique, morale, et didactique. Par un citoyen.

Paris. 1773. Barbou. 4 vol. in-12.

885.—Principes d'éducation, tirés des ouvrages de Fénélon, Rollin, Fleury, Locke, etc., à l'usage des pères de famille, etc. Nouv. édit.

Liége. Paris. 1787. Bassompierre. 1 vol. in-12.

886.—Conseils aux mères sur l'éducation de la première enfance. Traduit de l'anglais, sur la 6e édit. (Par C. THITCHIN.)

Paris. 1822. Colas. 1 vol. in-12.

887.—Éducation domestique, ou lettres de famille sur l'éducation ; par Mme GUIZOT (*Pauline* DE MEULAN.)

Paris. 1826. Leroux. 2 vol. in-8°.

888.—De l'éducation, par Mme CAMPAN (*J. L. Henriette* GENET.) Ouvrage mis en ordre et publié, avec une introduction, par M. F. BARRIÉRE. Nouv. édit.

Paris. 1835. Baudouin fr. 1 vol. in-12. Port.

b. — *De l'éducation publique.*

889.—De l'éducation publique. (Ouvrage attribué à DIDEROT et à CREVIER.)

Amsterdam. 1763.   **1 vol. in-12.**

Dans le même volume :

— Projet d'éducation tardive.

Sans titre. in-12.

— Plan raisonné d'éducation publique, pour ce qui regarde la partie des études. Par M. COLOMB.

Avignon. Paris. 1762. Rozet. in-12.

— Le trésor des grandes familles, ou l'art d'embellir la jeunesse. Etrennes utiles et agréables. (Par FRAPPIER.)

Amsterdam. Paris. 1771. Valade. in-12.

— Réflexions sur l'éducation en général, et sur celle des jeunes demoiselles en particulier. Par M. F. (FORMEY. Avec la traduction en allemand.)

Francfort. 1761. Knock. in-12.

890.—Essai d'éducation nationale, ou plan d'études pour la jeunesse. Par Messire *Louis-René* DE CARADEUC DE LA CHALOTAIS.

S. n. n. l. 1763. 1 vol. in-12.

Dans ce volume :

— Difficultés proposées à M. de Caradeuc de la Chalotais sur le mémoire intitulé : Essai d'éducation nationale, ou plan d'études pour la jeunesse. Présenté au Parlement le 24 mars 1763. (Par *J. B. L.* CRÉVIER.)

Paris. 1763. S. n.   **in-12.**

— Mémoire sur l'éducation publique, avec le prospectus d'un collége, suivant les principes de cet ouvrage. Par M. GUYTON DE MORVEAU.

S. n. n. l. 1764.   **in-12.**

891.—Lettre d'un professeur émérite de l'Université de

Paris, en réponse au R. P. D. V., Prieur de...., Religieux Bénédictin de St.-Maur : sur l'éducation publique, au sujet des Exercices de l'Abbaye royale de Sorèze. (Par l'*Abbé Chr.* Le Roy.)

Bruxelles. Paris. 1777. Brocas. 1 vol. in-8°.

892. — Nouveau plan d'éducation publique, par M. Thiébault.

Amsterdam. Rouen. 1778. L. Dumesnil. 1 v. in-12.

** — De l'éducation publique, et des moyens d'en réaliser la réforme projetée dans la dernière assemblée générale du Clergé de France. Par l'*Abbé* Proyart.

Voyez : *Œuvres de l'Abbé* Proyart, tom. VI.

893. — Exposition raisonnée des principes de l'Université, relativement à l'éducation. Par M. l'*Abbé* Gosse.

Paris. 1788. Buisson. 1 vol. in-8°.

894. — Travail sur l'éducation publique, trouvé dans les papiers de Mirabeau l'aîné ; publié par *P. J. G.* Cabanis.

Paris. 1791. Imp. nation. 1 vol. in-8°.

895. — De l'enseignement dans les écoles centrales ; par *Dieudonné* Thiebault.

Strasbourg. An V. Levrault. 1 vol. in-8°.

896. — De l'éducation publique et privée des Français, par *J. J.* Virey.

Paris. 1802. Deterville. 1 vol. in-8°.

Dans ce volume :

— Aperçu sur l'éducation physique des jeunes demoiselles ; par Mlle Masson de la Malmaison.

Paris. 1832. Leclaire. in-8°.

897. — Essai sur les principes élémentaires de l'éducation ; par *G.* Spurzheim.

Paris. 1822. Treuttel et Wurtz. 1 vol. in-8°

On trouve à la suite :

— Applications de la physiologie du cerveau à l'étude des enfans qui nécessitent une éducation spéciale.

— Examen de cette question : Quel mode d'éducation faut-il adopter pour les enfans qui sortent de la ligne ordinaire, et qui, par leurs particularités natives ou acquises, forment communément la pépinière des aliénés, des grands hommes, des grands scélérats et des infracteurs vulgaires de nos lois? Par M. *Félix* VOISIN.

Paris. 1830. Everat. 1 vol. in-8°.

898.—Exposé de la méthode d'éducation de Pestalozzi telle qu'elle a été suivie et pratiquée sous sa direction pendant dix années (de 1806 à 1816) dans l'institut d'Yverdun, en Suisse. Par *Marc-Antoine* JULLIEN, de Paris. 2° édit.

Paris. 1842. Hachette. 1 vol. in-8°. Port.

899.—Education populaire. Par *Benjamin* VÉRET.

Paris. 1856. Hachette. (Arras. Courtin.) 1 vol. in-12.

900.—Système de l'Université de France, ou plan d'éducation nationale, essentiellement monarchique et religieuse ; formant le second supplément aux observations sur le discours de M. de Saint-Romain, concernant l'instruction publique et l'éducation ; par M. *Ambroise* RENDU.

Paris. 1816. Nicolle. 1 vol. in-8°.

901.—De l'état des gens de lettres et des hautes écoles sous le régime actuel de la Commission de l'instruction publique ; par M. PRUNELLE.

Paris. 1819. Méquignon-Marvis. 1 vol. in-8°.

902.—Statistique de l'instruction primaire en France, comparée avec la mortalité par département et par ressort d'Académie, par *A.* DEHEN (1).

Amiens. 1842. Duval et Herment. 1 vol. in 8°. Carte.

903.—L'Enseignement primaire de l'Académie d'Amiens,

---

(1) DEHEN (*Jean-Baptiste-Amant*) naquit à Amiens le 18 février 1795.

ou l'instituteur tel qu'il fut, tel qu'il est, tel qu'il sera ou tel qu'il devrait être, par H. HAMET (1).

Roye. L'auteur. (Compiègne, Escuyer.) 1847. 1 vol. in-12.

904. — Rapports faits à la Société établie à Paris pour l'instruction élémentaire, dans la séance générale du 28 février 1818. (Par MM. *Math.* DE MONTMORENCY, DE GÉRANDO, COUTELLE, DE DOUDEAUVILLE, BECQUEY, JOMARD et BASSET.)

Paris. 1818. L. Colas. 1 vol. in-8°.

905. — Homélie sur l'instruction du peuple, par un président de Comité cantonnal, à Messieurs les ecclésiastiques, ses confrères et collègues.

Paris. 1818. L. Colas. Pièce in-8°.

906. — Sur l'éducation nationale dans les États-unis d'Amérique. (Par *P. S.* DUPONT, de Nemours.) 2ᵉ édit.

Paris. 1812. Le Normant. 1 vol. in-8°.

907. — Annuaire de l'instruction publique, pour l'an XII.

Paris. 1804. Courcier. 1 vol. in-18.

908. — Discours sur le progrès en matière d'enseignement, prononcé à la distribution solennelle des prix au Collége de la Providence (d'Amiens), le 16 août 1852, par le P. DUFOUR D'ASTAFORT.

Amiens. 1852. Eug. Yvert. Pièce in-8°.

c. — *Méthodes d'enseignement.*

909. — Les principes du déchifrement de la langue françoise, ou l'art de déchifrer toutes sortes de lettres en cette langue, en quelques figures et caractères qu'on les puissent composer. Par *Jacques* DE GEVRY, seigneur DE LAUNAY.

Paris. 1667. Denis Pellé. 1 vol. in-8°.

---

(2) HAMET (*Louis-Henri*) est né à Fay, canton de Chaulnes.

910. — La bibliotèque des enfans, ou les premiers élémens des lettres, contenant le sistème du bureau tipografique. Le nouvel A B C latin. Le nouvel A B C françois. L'essai d'un rudiment pratique de la langue latine. L'introduction générale à la langue françoise. Diférentes pièces de lecture sur les premières notions des arts et des sciences, etc. (Par *Louis* DUMAS.)
  Paris. 1733. Pierre Simon. 4 en 1 vol. in-4°

911. — Méthode pour apprendre à lire le françois et le latin, par un sistème si naturel et si aisé qu'on y fait plus de progrès en trois mois qu'en trois ans ; par la méthode ancienne et ordinaire. (Par DELAUNAY.)
  Paris. 1741. Ch. Moette. 1 vol. in-12.

912. — Méthodes nouvelles pour apprendre à lire aisément et en peu de tems, même par manière de jeu et d'amusement, aussi instructives pour les maîtres, que commodes aux pères et mères, et faciles aux enfants. Avec les moiiens de rémédier à plusieurs équivoques et bizarreries de l'ortographe françoise. Par *S.* CH. ch. R. C. d. N. et d. P. (*Sébastien* CHERRIER.)
  Paris. 1755. Lottin. 1 vol. in-12.

913. — La bonne méthode pour apprendre en peu de temps à lire et à écrire correctement le françois et le latin, présentée dans trois tableaux orthographiques. Le premier, pour les articulations, tant en françois qu'en latin. Le second, pour les sons françois. Le troisième, pour les sons latins. (Par l'*Abbé* VALART.)
  Amiens. 1769. V°. Godard. 1 vol. in-12.

914. — Nouveau système de lecture applicable à toutes les langues, par *J. B.* MAUDRU.
  Paris. An 8. Mérigot. 2 vol. in-8° et 1 atlas in-fol.

915. — Cours élémentaire de lecture française ou méthode phonique pour apprendre, en peu de jours, à lire couramment le français ; par *Édouard* PARIS (1).
  Amiens. 1857. Alf. Caron. 2 tableaux in-fol.

---

(1) PARIS (*Édouard-Henri*) né à Amiens le 4 décembre 1814.

—Même ouvrage.
Les deux tableaux imprimés sur la même feuille.

916.—Abrégé de la méthode des écoles élémentaires, ou Recueil pratique de ce qu'il y a de plus essentiel à connaître pour établir et diriger des écoles élémentaires selon la nouvelle méthode d'enseignement mutuel et simultanée, avec des modèles et des planches.
Paris; 1816. L. Colas. 1 vol. in-12. Planch.

917.—Type d'une école élémentaire, conduite d'après la méthode d'enseignement mutuel, ou manuel de l'inspecteur de ces écoles, etc. Par M. l'*Abbé* GAULTIER.
Paris. 1818. Colas. Pièce in-12.

918.—Enseignement universel. Langue maternelle. Par *J.* JACOTOT. 4ᵉ édit.
Paris. 1829. Pochard. 1 vol. in-8°.

919.—Journal d'éducation publié par la Société formée à Paris pour l'amélioration de l'enseignement élémentaire.
Paris. 1815 à 1822. Colas. 14 vol. in-8°.

d. — *Cours d'études.* — *Ouvrages élémentaires.*

920.—Le livre des enfans, ou idées générales et définitions des choses, dont les enfans doivent être instruits.
Paris. 1706. Ch. Osmont. 1 vol. in-12.

921.—L'enseignement des belles-lettres, et la manière de former les mœurs de la jeunesse; par le Père DE FRAISSINET.
Paris. 1768. Desaint. 2 vol. in-12.

922.—Manuel de lecture, d'écriture et de morale, divisé en deux parties, la première composée d'instructions par demandes et réponses; la seconde de discours relatifs à différentes parties de l'éducation. Par le citoyen *Jean-Jérome* CLÉMENT-DUMEZ.
Amiens. 1803. Caron Berquier. 1 vol. in-12.

923. — La principauté de l'homme, où la grammaire, la logique, et la physique, sont méthodiquement descrites en françois, pour apprendre aisément en peu de temps les langues principales, l'usage de raison, et l'histoire du Monde. Par le sieur DE LA FRAMBOISIÈRE.
Paris. 1608. Mich. Sonnius. 1 vol. in-8°.

924. — Nouveaux systèmes ou nouveaux plans de méthodes, qui marquent une route nouvelle pour parvenir en peu de tems et facilement à la connoissance des langues et des sciences, des arts et des exercices du corps. Par M. DE VALLANGE.
Paris. 1719. Jombert. 1 vol. in-12.

925. — La science des personnes de cour, d'épée et de robe, du Sieur DE CHEVIGNI, augmentée précédemment par le Sieur DE LIMIERS. Nouv. édit.
Paris. 1752. Vᵉ Lottin. 8 vol. in-12. Fig.

926. — Eraste, ou l'ami de la jeunesse; entretiens familiers dans lesquels on donne aux jeunes gens de l'un et de l'autre sexe, des notions suffisantes sur la plupart des connoissances humaines, etc. Par M. l'*Abbé* FILLASSIER.
Paris. 1774. Vincent. 1 vol. in-8°. Fig.

927. — Même ouvrage. Nouv. édit.
Avignon. 1807. Les Libraires associés. 2 v. in-8°. Fig.

928. — Le Spectacle de la nature, ou entretiens sur les particularitez de l'histoire naturelle, qui ont paru les plus propres à rendre les jeunes gens curieux, et à leur former l'esprit. (Par l'*Abbé N. Ant.* PLUCHE.)
Amsterdam. Paris. 1741-50. Vᶜ Etienne. 8 v. in-12. F.

e. — *De l'éducation des filles.*

** — *Lud.* VIVIS de institutione feminæ christianæ.

Vide : *Lud.* VIVIS opera, II.

929. — Manuel des jeunes femmes, ou conseils maternels, par J. L. Ewald, traduit de l'allemand par Mme Gauteron.
Paris. 1834. Cherbuliez. 1 vol. in-12.

930. — Education des filles. Par M. l'*Abbé* de Fénelon.
Paris. 1687. P. Aubouin. 1 vol. in-12.

931. — De l'éducation des filles, par Mre de Salignac de la Mothe Fénelon. Nouv. édit., augmentée d'une Lettre du même auteur à une Dame de qualité sur l'éducation de M.***, sa fille unique.
Paris. 1719. Emery. 1 vol. in-12.

932. — Conseils à une amie, par Mme de P.*** (*Magdelène* d'Arsant, dame de Puisieux.)
S. n. n. l. 1749.   1 vol. in-8°.

933. — L'ami des filles. (Par Graillard de Graville.) Nouv. éd.
Paris. 1763. Dufour. 1 vol. in-12.

** — Avis d'une mère à sa fille. Par Mme de Lambert.

Voyez : *Œuvres* de Mme de Lambert, II.

** — Discours sur cette question : Comment l'éducation des femmes pourrait contribuer à rendre les hommes meilleurs ? Par *Bernardin* de Saint-Pierre.

Voyez : *Œuvres* de Bern. de Saint-Pierre.

934. — Les études convenables aux demoiselles, contenant la grammaire, la poésie, la rhétorique, le commerce des lettres, la chronologie, la géographie, l'histoire, la fable héroïque, la fable morale, les règles de bienséance, et un *court traité* d'arithmétique. (Par A*nd.* Jos. Panckoucke.)
Lille. 1749. Panckoucke. 2 vol. in-12.

935. — Discours sur cette question : Quels sont les moyens de perfectionner l'éducation des jeunes demoiselles ? Proposé et couronné en 1783 par l'Académie des sciences, arts et belles-lettres de Châlons sur Marne. Par M. (*J. Fr.*) Dumas.
Neuchatel. 1783. Fauche fils. 1 vol. in-8°.

936. — Les conversations d'Émilie. (Par Mme DE LA LIVE D'EPINAY.) 4ᵉ édit.
Paris. 1783. Belin. 2 vol. in-12. Fig.

937. — L'école des jeunes demoiselles, ou lettres d'une mère vertueuse à sa fille, avec les réponses de la fille à sa mère, recueillies et publiées par M. l'*Abbé* REYRE ; ouvrage propre à former l'esprit et le cœur des jeunes personnes du sexe. 2ᵉ édit.
Paris. 1786. Varin. 2 vol. in-12.

938. — De l'éducation des dames pour la conduite de l'esprit dans les sciences et dans les mœurs. Entretiens. (Par POULAIN DE LA BARRE.)
Paris. 1674. Jean Du Puis. 1 vol. in-12.

939. — La bibliothèque des dames, contenant des règles générales pour leur conduite, dans toutes les circonstances de la vie. Avec des remarques historiques et critiques sur les modes, et habillemens des anciens et modernes. Ecrite par une dame, et publiée par M. le Chevalier *R*. STEELE, auteur du Spectateur ou Socrate moderne. Traduite de l'anglois par M. JANIÇON.
Amsterdam. 1724. Du Villard et Changuion. 2 v. in-12.

940. — Magasin des enfants, ou dialogues d'une sage gouvernante avec ses élèves de la première distinction. Par M.ᵉ LEPRINCE DE BEAUMONT. 5ᵉ édit.
Lyon. 1768. Jacquenod. 2 vol. in-12.

941. — Magasin des adolescentes, ou dialogues d'une sage gouvernante avec ses élèves de la première distinction. Par M.ᵉ LEPRINCE DE BEAUMONT.
Lyon. 1768. P. Bruyset. 2 vol. in-12.

942. — Magasin ou instructions pour les jeunes dames qui entrent dans le monde, et se marient. Leurs devoirs dans cet état, et envers leurs enfants. Par M.ᵉ LE PRINCE DE BEAUMONT.
Lyon. 1766. Bruyset. 3 vol. in-12.

943. — De l'éducation des mères de famille, ou de la civilisation du genre humain par les femmes; par L. Aimé MARTIN.
  Paris. 1834. Gosselin. 2 vol. in-8°.

944. — Elise, ou entretiens d'un père avec sa fille, sur la destination des femmes dans la société, etc. ; suivi d'observations générales et particulières sur le caractère des hommes. Traduit de CAMPE (par *l'Abbé J. D.* GRANDMOLLET.) 2e édit.
  Paris. 1820. Cordier. 2 vol. in-18. Fig.

f. — *Éducation des aveugles.*

** — Lettre sur les aveugles, à l'usage de ceux qui voyent. Par D. DIDEROT.
  Voyez : *Œuvres* de DIDEROT, II.

945. — Essai sur l'état physique, moral et intellectuel des aveugles-nés, avec un nouveau plan pour l'amélioration de leur condition sociale. Par *P. A.* DUFAU.
  Paris. 1837. Imp. royale. 1 vol. in-8°.

946. — Essai sur l'instruction des aveugles, ou exposé analytique des procédés employés pour les instruire ; par le docteur GUILLIÉ.
  Paris. 1817. Imp. par les aveugles. 1 vol. in-8° Pl.

g. — *Éducation des sourds-muets.*

** — Lettre sur les sourds et muets, à l'usage de ceux qui entendent et qui parlent. Par D. DIDEROT.
  Voyez : *Œuvres* de DIDEROT, II.

947. — Essai sur les sourds-muets et sur le langage naturel, ou introduction à une classification naturelle des idées avec leurs signes propres. Par A. BÉBIAN.
  Paris. 1817. Dentu. 1 vol. in 8°.

948.—Manuel d'enseignement pratique des sourds-muets ; par M. Bébian.

Paris. 1827. Méquignon père. 1 v. in-4° et 1 v. in-8°. Pl.

949.—Education des sourds-muets, mise à la portée des instituteurs primaires et de tous les parents ; cours d'instruction élémentaire dans une suite d'exercices gradués, expliqués par des figures. (Par M. Bébian.)

Paris. 1831. Béthune. 1 vol. in-8° oblong, incomplet.

950.—Le sourd-muet civilisé, ou coup-d'œil sur l'instruction des sourds-muets. Par *L. P.* Paulmier. 2° édit.

Paris. 1820. Ange Clo. 1 vol. in-12.

951.—De l'éducation des sourds-muets de naissance. Par M. de Gerando.

Paris. 1827. Méquignon l'ainé. 2 vol. in-8°.

SECONDE CLASSE.

SCIENCES POLITIQUES ET SOCIALES.

I.— POLITIQUE.

a. — *Dictionnaires et introduction.*

952.—La Bibliographie politique du Sr Naudé, contenant les livres et la méthode nécessaires à estudier la Politique. Avec une lettre de M. Grotius, et une autre du sieur Haniel sur le même subjet. Le tout traduit du latin en francois (par *Ch.* Challine.)

Paris. 1642. Guil. Pelé. 1 vol. in-8°.

953.—Dictionnaire social et patriotique, ou précis raisonné des connoissances relatives à l'économie morale, ci-

vile et politique. Par M. C. R. L. F. D. B. A. A. P. D. P.
— (*Pierre* Le Fèvre de Beauvray).

Amsterdam. 1770. 1 vol. in 8°.

** — Encyclopédie méthodique. Economie politique et diplomatique. Par M. Démeunier.

Paris. 1784-88. Panckoucke. 4 vol. in-4°.

Voy. *Encyclopédie.*

954. — Dictionnaire de l'ancien régime et des abus féodaux, ou les hommes et les choses des neuf derniers siècles de la monarchie française. Par M. *Paul* D.*** de P.*** (et Regnault-Warin.)

Paris. 1828. P. Mongie. 1 vol. in-8°.

955. — Du gouvernement civil, où l'on traite de l'origine, des fondemens, de la nature, du pouvoir, et des fins des societez politiques. Traduit de l'Anglois (de Locke, par *David* Mazel). Nouv. édit.

Genève. 1724. Du Villard. 1 vol. in-12.

956. — L'esprit des nations. Nouv. édit. rev. et corr. (Par l'*Abbé Fr. Ign.* d'Espiard).

La Haye. 1753. Beauregard. 2 vol. in-8°.

957. — Considérations sur les causes physiques et morales de la diversité du génie, des mœurs, et du gouvernement des nations, tirées en partie d'un ouvrage anonyme, intitulé : l'*Esprit des nations.* 2.ᵉ édit., augm. d'un vɪᵉ livre. Par M. *L.* Castilhon.

Bouillon. 1770. La Société. 3 vol. in-12. Manque tom. 2.

958. — Introduction générale à l'étude de la politique, des finances, et du commerce. Par M. de Beausobre. Nouv. édit. corr. et augm.

Amsterdam. 1765. Schneider. 2 vol. in-12.

959. — Principes du droit politique. Par *J. J.* Rousseau, citoyen de Genève.

Amsterdam. 1762. M. Michel Rey. 1 vol. in-8°.

960.—Discours sur la philosophie de la nation. (Par M. DE ST.-PIERRE).
Amsterdam. Paris. 1767. Merlin. 1 vol. in-12.

961.—L'ordre naturel et essentiel des sociétés politiques. (Par LE MERCIER DE LA RIVIÈRE).
Paris. 1767. Desaint. 2 vol. in-12.

962.—Essai d'une description générale des peuples policés et des peuples non-policés, considérés sous le point de vue physique et moral. Traduit de l'allemand, de M. STEEBS. (Par LE SEURRE DE MUSSEY).
Amsterdam. 1769. Reviol. 1 vol. in-12.

963.—Entretiens de Phocion, sur le rapport de la morale avec la politique; traduits du grec de Nicoclès par MABLY. Edition à laquelle on a joint la Vie de Phocion par PLUTARQUE, traduction d'AMYOT.
Paris. an 3. Didot le jeune. 1 vol. in-fol. Fig.

b. — *Traités généraux.*

** — PLATO. De rebus publicis.
Vide : PLATONIS opera N.° 29 à 35.

964.—La république de PLATON, divisée en dix livres, ou dialogues, traduicte de grec en françois, et enrichie de commentaires par *Louis* LE ROY. Plus, quelques autres traictez platoniques de la traduction du mesme interprète, touchant l'immortalité de l'âme, pour l'esclaircissement du xe livre de la dicte Rép. Le tout reveu et conféré avec l'original grec, par *Fed.* MOREL.
Paris. 1600. C. Morel. 1 vol. in-fol.

Dans ce volume, on trouve aussi :

—Les politiques d'ARISTOTE, esquelles est monstrée la science de gouverner le genre humain en toutes espèces d'estats publiques. Traduictes de grec en francois, par *Loys* LE ROY dict REGIUS.— Augm. du IX et X livres, composez en grec au nom d'Aristote par KYRIAK STROSSE, traduicts et annotez par *Fed*. MOREL.

Paris. 1599. Cl. Morel. 1 vol. in-fol.

965.— ΑΡΙΣΤΟΤΕΛΟΥΣ πολιτικῶν τὰ εὑρισκόμενα. — ARISTOTELIS politica, a *Petro* RAMO latina facta, et dialecticis rerum summis breviter exposita et illustrata.

Francofurti. 1601. Wechelius. 1 vol. in-8°.

966.— Politica ARISTOTELIS novissime Parrhisius impressa.

Parrhisiis. 15.... ? Ponset le Preux. 1 vol. in-8°.

967.— Politica ARISTOTELIS *Stragiritæ*, *Leonardo* ARETINO interprete. Ex recognitione ad typum *Jacobi Fabri*.

Parrhisi.s. 15.... ? Denis Roce. 1 vol. in-8°.

968.— In hoc libro contenta. (ARISTOTELIS) Politicorum libri octo. Commentarii.— Œconomicorum duo. Commentarii. — Hecatonomiarum septem. — Œconomiarum pub. unus. Explanationes LEONARDI in œconomica. Duo.

Parisiis 1526. Sim. Colinæus. 1 vol. in-fol.

Dans ce volume :

— Opus magnorum moralium. N° 448.

969.— ARISTOTELIS de rep. qui politicorum dicuntur, libri VIII, *Joachimo* PERIONIO interprete. Accesserunt ejusdem in eosdem libros observationes, et argumentum, etc.

Parisiis. 1543. Tiletanus. 1 vol. in-4°.

970.— Les politiques d'ARISTOTE, esquelles est monstrée la science de gouverner le genre humain en toutes espèces d'estats publiques. Traduittes de grec en francois, etc. Par *Loys* LE ROY dict REGIUS.

Paris. 1576. Michel de Vascosan. 1 vol. in-fol.

971.— La politique d'ARISTOTE, ou la science des gouvernemens. Ouvrage traduit du grec, avec des notes historiques et critiques. Par le Citoyen CHAMPAGNE.

Paris. 1797. Ant. Bailleul. 2 vol. in-8°.

972.— Politique d'Aristote traduite en français d'après le texte collationné sur les manuscrits et les éditions principales, par *J. Barthélemy* St.-Hilaire.
Paris. 1837. Imp. Royale. 2 vol. in-8°.

973.— In Aristotelis politicorum, sive de republica libros octo, *Martini* Borrhai annotationes cumprimis eruditæ, nuncque primùm in lucem editæ.
Basileæ. 1545. J. Oporinus. 1 vol. in-8°.

** — Heraclidæ *Pontici* de politiis libellus, cum interpretatione latina, edente *Nicol.* Cragio.
1593. Apud Petrum Santandreanum. 1 vol. in-4°.

Voy. *Hist.* N.° 802.

974.— La république de Cicéron, d'après le texte inédit, récemment découvert et commenté par M. *Maï*. Avec une traduction française, un discours préliminaire, et des dissertations historiques, par M. Villemain.
Paris. 1823. Michaud. 2 vol. in-8°.

** — Discours historiques et politiques sur Salluste, par feu M. Gordon, traduits de l'anglois, par un de ses amis, (P. Daudé).
S. n. n. l. 1759. 2 vol. in-12.

Voy. *Histoire.* N.° 903.

** — Discours politiques et militaires sur Corneille Tacite. Traduits, paraphrasez et augmentez (de *Scip.* Ammirato) par *Laurens* Melliet.
Rouen. 1633. Jacques Cailloué. 1 vol. in-4°.

Voy. *Histoire.* N.° 939.

** — Tibere. Discours politiques sur Tacite du sieur A. N. Amelot, sieur de la Houssaie.
Paris. 1684. Léonard. 1 vol. in-4°.

Voy. *Histoire.* N.° 941.

** — Discours historiques, critiques et politiques sur Tacite. Traduits de l'anglois de M. *Th.* Gordon. Par M.r D. S. L. (*Pierre* Daudé).
Amsterdam, 1742. Fr. Changuion. 2 vol. in.12.

Voy. *Histoire.* N.° 942.

975.— *Andreæ* Fricii Modrevii commentariorum de republica emendanda libri quinque : quorum Primus, de moribus. Secundus, de legibus. Tertius, de Bello. Quartus, de Ecclesia. Quintus, de Schola.

Basileæ. 1554. Joan. Oporinus. 1 vol. in-fol.

976.— *Nic.* BIESII *Gandavensis* de republica libri IIII multis in locis aucti : quibus universa de moribus philosophia continetur. Ejusdem oratio pro bonis litteris.

Antuerpiæ. 1564. Mart. Nutius. 1 vol. in 8°.

** — *Justi* LIPSI politicorum sive civilis doctrinæ libri sex.
Lug. Batav. 1589. Off. Plantiniana. 1 vol. in-4°.

Voyez : N° 616.

977.— *Justi* LIPSI politicorum sive civilis doctrinæ libri sex, qui ad principatum maximè spectant. Additæ notæ auctiores, tum et de una religione liber.

Antuerpiæ. 1596. Joan. Moretus. 1 vol. in-8°.

978.— Idem opus.

Lugd. Bat. 1634. Joan. Maire. 1 vol. in-24.

979.— *J.* LIPSI monita et exempla politica. Libri duo, qui virtutes et vitia principum spectant.

Amsterdami. 1630. Guill. Blaeuw. 1 vol. in-24.

980.— Politicarum questionum centum ac tredecim, in eloquentiæ studiosorum gratiam, stylum exercere cupientium, selectarum, ac in tres partes distinctarum. Autore *Melchiore* JUNIO *Witebergensi.*

Argentorati. 1602. Laz. Zetznerus. 1 vol. in-8°.

981.— *Sigismundi* FLORIMANDUNI *Silesii* acies politica nova sexangula.

Francofurti. 1626. Fred. Weys. 1 vol. in-8°.

982.— Politicorum libri decem, in quibus de perfectæ reipubl. forma, virtutibus, et vitiis, institutione civium, legibus, magistratu ecclesiastico, civili, potentia reipublicæ ; itemque seditione et bello, ad usum vitamque communem accommodatè tractatur. Authore R. P. *Adamo* CONTZEN. 2ª edit.

Coloniæ. 1629. Joan. Kinckius. 1 vol. in-fol.

983. — Introductio universalis in omnes respublicas, sive politica generalis, autore *Joh. Ang.* WERDENHAGEN.
Amsterdami. 1632. G. Blaeu. 1 vol. in-24.

984. — *Joh. Angelii* WERDENHAGEN universalis introductio in omnes respublicas sive politica generalis.
Amstelodami. 1632. J. Janssonius. 1 vol. in-24.

985. — Doctrina politica in genuinam methodum, quæ est Aristotelis, redacta, et ex probatissimis quibusque philosophis, oratoribus, juris-consultis, historicis, etc. breviter comportata et explicata, ab *Henningo* ARNISÆO.
Amsterodami. 1643. Lud. Elzevirius. 1 vol. in-12.

986. — *M. Frid.* WENDELINI institutionum politicarum lib. III.
Amsterodami. 1645. Joan. Janssonius. 1 vol. in-24.

987. — Les six livres de la république de *J.* BODIN *Angevin.*
Paris. 1580. Jacq. Du Puys. 1 vol. in-fol.

988. — Les six livres de la république de *Jean* BODIN *Angevin.*
Rouen. 1608. Gab. Cartier. 1 vol. in-8°.

A la suite :

— Apologie de *René* HERPIN pour la République de J. Bodin.
Rouen. 1608. Gabriel Cartier. in-8°.

989. — Résolutions politiques ou maximes d'estat. Par Messire *Jean* DE MARNIX, Baron de POTES, etc.
Rouen. 1631. Jac. Cailloué. 1 vol. in-8°.

990. — Elémens philosophiques du Citoyen. Traicté politique, où les fondemens de la société civile sont découverts, par *Thomas* HOBBES, et traduicts en francois par un de ses amis (*Samuel* SORBIERE).
Amsterdam. 1649. Jean Blaeu. 1 vol. in 8°.

991. — Les élémens de la politique de M. HOBBES. De la traduction du sieur DU VERDUS.
Paris. 1660. Henry Le Gras. 1 vol. in-8°.

992.— Les élémens de la politique selon les principes de la nature. Par *P.* Fortin, Seigneur de la Hoguette.
Paris. 1663. Ant. Vitré. I vol. in-8°.

993.— La politique des conquérans. 2.ᵉ édit. (Par *Jean* de Lartigue).
Paris. 1663. Cl. Barbin. 1 vol. in-8°.

994.— Le conseiller d'estat, ou recueil général de la politique moderne, servant au maniement de affaires publiques. (Par *Phil.* de Béthune).
Paris. 1665. La Compagnie des libr. 1 vol. in-12.

995.— Politique tirée des propres paroles de l'Ecriture sainte. Ouvrage posthume de Messire *Jacques Bénigne* Bossuet.
Paris. 1709. Pierre Cot. 1 vol. in-4°.

996.— Même ouvrage, 3.ᵉ édit.
Paris. 1714. J. Mariette. 2 vol. in-12.

997.— Le prince de Fra-Paolo, ou conseils politiques adressez à la Noblesse de Venise, par le P. *Paul* Sarpi, de l'ordre des Servites. Traduit de l'italien, avec quelques éclaircissemens. (Par l'*Abbé Fr.* De Marsy.)
Berlin. 1751.   1 vol. in-12.

998.— Essai de politique et de morale calculée. (Par *Hugues* d'Hancarville).
S. n. n. l. 1759.   1 vol. in-8°. Tome 1ᵉʳ, seul paru.

999.— La science du gouvernement. Ouvrage de morale, de droit et de politique, qui contient les principes du commandement et de l'obéissance, etc. Par M. de Real.
Aix-la-Chap. Amsterd. Paris. 1760-64. 8 v. in-4°. Port.

** — Les ruines, par Volney.
Voyez : *Œuvres de* Volney, I.

1000.— Institutions politiques. Par M. le Baron de Bielfeld.
La Haye. 1760. Pierre Gosse. 2 vol. in-4°. Port.

1001.— Institutions politiques, ouvrage où l'on traite de la société civile, des loix, de la police, des finances, du commerce, des forces d'un état ; et en général de tout ce qui a rapport au gouvernement. Par M. le Baron DE BIELFELD.

Paris. 1762. Duchesne. 4 vol. in-12. Port.

1002.— Des corps politiques et de leurs gouvernements. 2.ᵉ édit. (Par *J. Ch.* DE LA VIE).

Lyon. 1766. P. Duplain. 3 vol. in-12.

1003.— Éléments de la politique, ou recherche des vrais principes de l'économie sociale. (Par *L. Gab.* DU BUAT NANCAY).

Londres. 1773. 6 vol. in-8°.

1004.— De la société et du gouvernement, par M. le Cᵗᵉ *Henri* DE VIEL-CASTEL.

Paris. 1834. Treuttel et Wurtz. 2 vol. in-8°.

1005.— Aperçu sur l'organisation des sociétés, par M. *Jules* DE CACHELEU. 2.ᵉ édition rev. et augm.

Paris 1841. Pillet aîné. (Amiens. Yvert.) 1 vol. in-8°.

---

c. — *Différentes formes de gouvernement.*

1006.— La politique du vieux temps ou les principes de BOSSUET et de FÉNELON sur la souveraineté. (Extraits par l'*Abbé* QUERBEUF et publiés par l'*Abbé* EMERY).

Paris. 1797. Le Breton. I vol. in-8°.

1007.— Instruction pastorale de Mgr. l'évêque d'Amiens (*Antoine* DE SALINIS) sur le Pouvoir, à l'occasion du rétablissement de l'Empire.

Amiens. 1853. Lenoel-Hérouart. Pièce in-8°.

1008.— Principe fondamental du droit des souverains. (Par LE ROY DE BARINCOURT).

Genève. 1788. 2 vol. in-8°.

1009.— Incipit liber de republica, magna doctrina et eruditione refertus, necessarius cuilibet homini volenti virtute uti : editus et copillatus per doctissimum virum *Jacobum* Lupi , etc.

Paris. 15.... Anthoine Denidel. 1 vol. in-8º.

1010.— *Guilielmi* Barclaii de regno et regali potestate adversus Buchananum, Brutum, Boucherium, et reliquos monarchomacos, libri sex.

Parisiis. 1600. Guill. Chaudiere. 1 vol. in-4º.

1011.— Disceptationis de rege Romanorum pars prima, pro primâ honoris theologici laureâ proposita à *M. Jo. Conrado* Wagner.

Herbipoli. 1618. Fleischmann. 1 vol. in-4º.

1012.— Traicté d'estat, contenant les poincts principaux pour la conservation des monarchies. Au Roy, par le Sieur de Juvigny.

Paris. 1619.   1 vol. in-8º.

1013.— Principes sur le gouvernement monarchique. Dangers du despotisme. Usage légitime de l'autorité royale, nécessité de maintenir et d'observer les loix fondamentales d'un état monarchique, etc. Tirés des meilleurs auteurs, anciens et modernes. (Par l'*Abbé P.* Barral.)

Londres. 1755. Jean Nourse. 1 vol. in-12.

1014.— Qu'est-ce que le tiers-état? (Par l'*Abbé* Sieyes) 2.ᵉ édit.

S. n. n. l. 1789.   1 vol. in-8º.

1015.— Qu'est-ce que le tiers-état? (Par l'*Abbé* Sieyes). 3.ᵉ édit.

S. n. n. l. 1789.   1 vol. in-8º.

1016.— De la souveraineté, et des formes de gouvernement. Essai destiné à la rectification de quelques principes politiques par *Frédéric* Ancillon. Accompagné de notes du traducteur (*Fr.* Guizot.)

Paris. 1816. Le Normant. 1 vol. in 8º.

1017.— Réflexions morales et politiques sur les avantages de la monarchie, par Mᵉ C. de M.*** (Chambon de Montaux).

Paris. 1819. Didot l'aîné. 1 vol. in-8º.

1018.—Discours sur la Polysynodie, où l'on démontre que la polysynodie, ou pluralité des conseils, est la forme de ministère la plus avantageuse pour un Roi, et pour son Royaume. Par M. l'*Abbé* de St.-Pierre.

Amsterdam. 1719. Du Villard et Changuyon. 1 v. in-12.

** — Recherches sur l'origine du despotisme. Par Boulanger.

Voy. *Œuvres de* Boulanger. *III.*

** — Essai sur le despotisme, par Mirabeau.

Voyez : *Œuvres de* Mirabeau. *VIII.*

1019.—Analogies entre l'ancienne constitution et la charte, et des institutions qui en sont les conséquences; par un gentilhomme A. C. (*Adrien* de Calonne).

Paris. 1828. Trouvé. 1 vol. in-8°.

1020.—Examen du systême électoral anglais, depuis l'acte de réforme, comparé au systême électoral français, par M. *Ad.* Jollivet.

Paris. 1835. Guiraudet. 1 vol. in-8°.

1021.—Etudes historiques et politiques sur les assemblées représentatives, par *Félix* Bodin.

Paris. 1823. Lecointe et Durey. 1 vol. in-18.

1022.—Des orateurs et des écrivains politiques, dans un gouvernement représentatif. Par M. le Chevalier de Sade.

Paris. 1823. Lamy. (Amiens. Maisnel.) 1 vol. in-8°.

** — De la démocratie en Amérique par *Alexis* de Tocqueville.

Voyez : *Histoire.* N.° 4184.

1023.—Etudes sur les réformateurs contemporains, ou socialistes modernes. Par M. *Louis* Reybaud.

Paris. 1841-1848. Guillaumin. 2 vol. in-8°.

1024.—L'Anti-rouge, Almanach anti-socialiste, anti-communiste, contenant : histoire du communisme, — doctrine des principaux chefs des écoles socialistes et communistes, — mélanges, — variétés, — anecdotes,

— poésies, — pensées, etc. Publié par un ami de l'ordre (*Julien* TRAVERS).

Paris. 1851. Garnier frères. 1 vol. in-18.

1025. — Habes candide lector opusculum illud vere aureum *Thomæ* MORI non minus utile quam elegans de optimo reipublicæ statu, deque nova Insula Utopia, jam iterum, sed multo correctius quam prius, etc.

Paris. 1516. Gilles de Gourmont. 1 vol. in-8°.

1026. — De optimo reipu. statu, deque nova insula Utopia, libellus verè aureus, nec minus salutaris quàm festivus, clarissimi disertissimique viri *Thomæ* MORI.

Lovanii. 1548. Sassenus. 1 vol. in-8°.

On trouve à la suite :

— Commentariorum *Vincentii* LUPANI de magistratibus et præfecturis Francorum liber primus et secundus.

Parisiis. 1551. G. Niger.   in-8°.

1027. — Œuvres complètes de *Ch.* FOURIER.

Paris. 1841-1848. Librairie sociétaire. 6 vol. in-8°.

1028. — Le nouveau monde industriel et sociétaire, ou invention du procédé d'industrie attrayante et naturelle distribuée en séries passionnées. Par *Ch.* FOURIER.

Paris. 1829. Bossange.   1 vol. in-8°.

d. — *Politique de divers états.*

1029. — Du gouvernement et administration de divers Estats, Royaumes et Républiques, tant anciennes que modernes. Par *François* SANSSOVIN.

Paris. 1611. Jean Milot. 1 vol. in-8°.

1030. — Discorsi politici di *Paolo* PARUTA ne i quali si considerano diversi fatti illustri, e memorabili di Prencipi, e di Republiche antiche, e moderne, divisi in due libri.

Aggiontovi nel fine un suo Soliloquio, nel quale l'Autore fa un breve esame di tutto il corso della sua vita.

Venetia. 1629. Baglioni. 1 vol. in-4°.

1031.— Praxis prudentiæ politicæ, hoc est, selectiores tractatus, monita, acta, relationes, et discursus plurivariam et exquisitam regiæ prudentiæ, et principum, rerumpublicarum, gentiumque documenta suppeditantes universis prudentiæ civilis et politicarum rerum studiosis, etc. perutiles, et omnino necessarii. Opus collectum ex italicis cum publicatis, tum manuscriptis variis variorum Ambassatorum observationibus et discursibus, etc. nunc latinè simul et italicè editum. A *Philippo* Honorio.

Francofurti. 1610. Becker.   1 vol. in-4°.

1032.— *Philippi* Honorii thesaurus politicus, hoc est, selectiores tractatus, monita, acta, relationes, etc. — Editio postrema.

Francofurti. 1617. Hoffmann. 1 vol. in-4°.

A la suite :

— *Philippi* Honorii thesauri politici continuatio.

Francofurti. 1618. Hoffmann.   in-4°.

1033.— *Trajani* Boccalini lapis lydius politicus. Latinitate donavit *Ern. Joan.* Creutz.

Amsterodami. 1640. Lud. Elzevirius. 1 vol. in-18.

1034.— *Georgii* Jornii dissertationes historicæ et politicæ.

Lugd. Bat. 1655. F. Hackius. 1 vol. in-18.

1035.— Intérêts et maximes des princes et des estats souverains. (Par le Duc *Henri* de Rohan).

Cologne. 1666. Jean Du Païs. 1 vol. in-12.

1036— Même ouvrage.

Cologne. 1684.   1 vol. in-12.

Malgré son titre, ce volume ne contient que les Intérêts des princes, formant la première partie de l'ouvrage précédent.

1037.— Nouveaux intérêts des princes de l'Europe. Rev. corr., et augment. (Par SANDRAS DE COURTILZ).
Cologne. 1689. Pierre Marteau. 2 vol. in-12.

1038.— Coup-d'œil intelligent et politique sur la situation actuelle de l'Europe, pour quiconque ne veut pas être étranger dans sa patrie.
Genève. 1774. 1 vol. in-12.

1039.— Traitté de la politique de France. Par M. P. H., marquis de C.*** (*Paul* HAY, *Marquis de* CHASTELET.)
Cologne. 1669. Pierre du Marteau. 1 vol. in-12.

** — La politique de la maison d'Autriche. Par M. VARILLAS.
La Haye. 1689. A. de Hondt. 1 vol. in-12.
Voyez : *Hist.* N° 1670.

1040.— Le peuple instruit; ou les alliances dans lesquelles les ministres de la Grande-Bretagne ont engagé la nation, et l'emploi qu'ils ont fait de ses escadres et de ses armées, depuis le commencement des troubles sur l'Ohio, jusqu'à la perte de Minorque, considérés dans une Quatrième lettre au peuple d'Angleterre. — Ouvrage traduit de l'anglois (de SHABBEAR, par *Ed. Jac.* GENET.)
S. n. n. l. 1756. 1 vol. in-12.

1041.— Le peuple juge (traduit de l'anglois par *Ed. J.* GENET.)
S. n. n. l. 1756. 1 vol. in-12. Sans titre.

1042.— Recueil des testamens politiques du Cardinal de RICHELIEU (avec les observations de l'*Abbé* C. PIERRE), du Duc de LORRAINE (par DE STRAATMAN, blié par l'*Abbé* DE CHEVREMONT), de M. COLBERT et de M. DE LOUVOIS (par SANDRAS DE COURTILZ), divisé en IV volumes.
Amsterdam. 1749. Chatelain. 4 vol. in-12.

** — Testament politique du cardinal *Jules* ALBERONI.
Voyez : *Histoire.* N° 1462.

1043.— Despotisme des ministres de France, ou exposition

des principes et moyens employés par l'aristocratie, pour mettre la France dans les fers. (Par Billaud de Varennes.)

Amsterdam. 1789.   **2 vol. in-8°. Manque tom. I**

1044.—Tableau de l'Europe, en novembre 1795 ; et pensées sur ce qu'on a fait, et qu'on n'auroit pas dû faire ; sur ce qu'on auroit dû faire, et qu'on n'a pas fait ; sur ce qu'on devroit faire, et que, peut-être, on ne fera pas. (Par *Ch. Al.* de Calonne.)

Londres. 1796. Boffe. 1 vol. in-8°.

1045.—De la république, ou coup-d'œil politique sur l'avenir de la France, par Dumouriez.

Hambourg. Paris. 1797. Hoffmann. 1 vol. in-8°.

1046.—Tableau spéculatif de l'Europe, par Dumouriez.

Hambourg. 1798.   **1 vol. in-8°.**

** — Considérations sur la France. Par *J.* de Maistre.

Voyez : *Œuvres de* M. le Vte. *J.* de Maistre, I.

1047.—Considérations sur la France. (Par M. l'*Abbé* de Pradt.)

Londres. 1797.   **1 vol. in-8°.**

A la suite, on trouve :

—Antidote au congrès de Rastadt, ou plan d'un nouvel équilibre politique en Europe, par l'Auteur des Considérations sur la France (l'*Abbé* de Pradt.)

Londres. 1798.   **in-8°.**

1048.—De la réorganisation de la Société européenne, ou de la nécessité et des moyens de rassembler les peuples de l'Europe en un seul corps politique, en conservant à chacun son indépendance nationale. Par M. le comte de Saint-Simon, et par A. Thierry, son élève.

Paris. 1814. Egron. 1 vol. in-8°.

1049.—Revue politique de l'Europe en 1825. (Par M. d'Herbigny.)

Paris et Leipzig. 1825. Bossange. 1 vol. in-8°.

1050. — La politique des conservateurs et les élections de 1842.
Paris. 1842. Delloye. 1 vol. in-8°.

1051. — Considérations politiques au point de vue du vrai absolu et des concessions possibles, précédées de la suite des Lettres diverses sur la révolution de février 1848. Par M. le Vte. DE LA TOUR-DU-PIN-CHAMBLY.
Paris. 1851. Allouard et Kaeppelin. 1 vol. in-8°.

1052. — La Situation, par *Victor* DE NOUVION. (Extrait du Courrier de la Somme. Juillet-octobre 1850.)
Amiens. 1850. Alf. Caron. 1 vol. in-8°.

---

c. — *Du pouvoir politique à l'égard de la religion.*

1053. — Présages de la décadence des empires, où sont mêlées plusieurs observations curieuses touchant la religion et les affaires du tems. (Par P. JURIEU.)
Mekelbourg. 1688. Rod. Makelckauw. 1 vol. in-12.

1054. — Du pouvoir des souverains, et de la liberté de conscience, en deux discours, traduits du latin de M. NOODT par *Jean* BARBEYRAC. 2e édition revue et augmentée de plusieurs notes, comme aussi du Discours de *Jean-Fréderic* GRONOVIUS sur la Loi roiale ; et d'un Discours du traducteur sur la Nature du sort.
Amsterdam. 1714. P. Humbert. 1 vol. in-12.

1055. — Accord des vrais principes de l'église, de la morale et de la raison, sur la constitution civile du clergé de France. Par les évêques des Départemens, membres de l'Assemblée nationale constituante. (Par M. *Joachim* LE BRETON.) 2e édit., rev., corr. et augm.
Paris. 1792. Desenne. 1 vol. in-8°.

1056. — Mémoire à consulter sur un système religieux et politique, tendant à renverser la religion, la société et le trône ; par M. le Comte DE MONTLOSIER. 4.e édit.
Paris. 1826. Dupont et Roret. 1 vol. in-8°.

1057.— De la religion considérée dans ses rapports avec l'ordre politique et civil, par l'*Abbé* F. DE LA MENNAIS. 3.ᵉ édit.

Paris. 1836. Bureau du Mémorial cath. 1 vol. in-8º.

** — Voyez aussi : *Histoire ecclésiastique.*

f. — *Devoirs des souverains.*

** — ΧΕΝΟΦΩΝΤΟΣ Κυρου παιδεία.

Vide : XENOPHONTIS *opera.*
Voyez aussi : *Histoire.* Nº 768-769-770.

** — ΙΣΟΚΡΑΤΗΣ πρὸς Νικόκλεα. (Institution d'un jeune prince.)

Vide : ISOCRATIS *opera*

1058.— Sanctissimi doctoris Divi scilicet THOME AQUINATIS libri quattuor de regimine principum ad regem Cypri. Item epistola ejusdem de regimine Judæorum : venditione officiorum (quæ videlicet non est expediens) de exactionibus in subditos non faciendis. Et institutis restituendis, ad Ducissam Brabantiæ.

Parisiis. 1509. Joh. Parvus. 1 vol. in-8º.

1059.— De officio et potestate principis in republica bene ac sancte gerenda, libri duo : *Jacobo* OMPHALIO *Andernacensi* autore.

Basileæ. 1550. Joa. Oporinus. 1 vol. in-fol.

1060.— L'histoire de CHELIDONIUS *Tigurinus*, sur l'institution des princes chrestiens et origine des royaumes, traduyt de latin en françoys par *Pierre* BOUAISTUAU, avec un traité de paix et de guerre, et un autre de l'excellence et dignité de mariage. Ensemble une autre hystoire de la faulse religion de Mahommet, et par quel moyen il a seduyt tant de peuple, lesquelz sont de l'invention du translateur.

Paris. 1556. Vincent Sertenas. 1 vol. in-8º.

1061. — *Francisci* PATRICII *Senensis* de regno et regis institutione libri IX.

Parisiis. 1582. Æg. Gorbinus. 1 vol. in-8°.

1062. — *Joannis* MARIANÆ de rege et regis institutione libri III. Ejusdem de ponderibus et mensuris liber. 2ª edit.

Typis Wecbelianis. 1611. 1 vol. in-8°.

1063. — Ars gubernandi, compendio scripta. Par R. P. F. JOANNEM A JESU MARIA *Carmelita*.

Coloniæ. 1614. Joa. Crithius. 1 vol. in-18.

Dans le même volume :

— Liber de studio pacis, compendio scriptus per *R. P. F.* JOANNEM A JESU MARIA.

Coloniæ Agrippinæ. 1614. Crithius. in-18.

— Liber de bono usu, contemptuque honorum, divitiarum ac voluptatum, compendio scriptus per R. P. F. JOANNEM a JESU MARIA.

Coloniæ Agrippinæ. 1614. Crithius. in-18.

1064. — D. *Hieronymi* OSORII de regis institutione et disciplina. Libri VIII.

Coloniæ Agrippinæ. 1614. Arn. Birckmann. 1 v. in 8°.

1065. — Hieropoliticon, sive institutionis politicæ e Sacris Scripturis depromptæ libri tres : autore P. *Jo. Steph.* MENOCHIO.

Lugduni. 1625. Lud. Prost. 1 vol. in-8°.

1066. — *Petri* BELLUGÆ speculum principum. In quo universa Imperatorum, Regum, Principum, Rerum publicarum, ac Civitatum, subditorumque, Comitum, Baronum, Nobilium, ac Civium jura, officia, dignitates ac mores, præsertim Regni Aragoniæ, variè ac dilucidè tractantur. Unà cum additionibus et commentariis D. *Camilli* BORELLI. Accessêre D. *Antonii* DE FUERTES et BIOTA, aureæ additiones.

Bruxellæ. 1655. Fran. Vivienus. 1 vol. in-fol.

** — *Des.* ERASMI principis christiani institutio per aphorismos digesta.

Vide : *Des.* ERASMI *opera.*

** — *Roberti* BELLARMINI de officio principis christiani libri III.

Vide : *Rob.* BELLARMINI *opera*, VII.

1067. — Codicille d'or, ou petit recueil tiré de l'Institution du Prince chrestien composée par ERASME. Mis premièrement en françois sous le Roy François I; et à présent pour la seconde fois. (Par *Claude* JOLY.)

1665 . (A la Sphère) 1 vol. in-12.

1068. — Βασιλικὸν δῶρον. Ou Présent royal de JAQUES PREMIER, Roy d'Angleterre, Escoce et Irlande ; au Prince Henry son fils : contenant une instruction de bien régner. Traduit de l'anglois (par J. HOTMAN DE VILLIERS.)

Paris. 1603. Guill. Auvray. 1 vol. in-8°.

1069. — Le Prince de *Nicolas* MACHIAVEL. Traduit et commenté par A. N. AMELOT, Sieur de LA HOUSSAIE.

Amsterdam. 1684. Henry Wetstein. 1 vol. in-12. Port.

1070. — Tratado de la religion y virtudes que deve tener el principe christiano, para governar y conservar sus Estados. Contra lo que Nicolas Machiavelo y los Politicos deste tiempo ensenan. Escrito por el P. *Pedro* DE RIBADENEYRA.

Anveres. 1594. Emp. Plantiniana. 1 vol. in-8°.

1071. — Trattato della religione, e virtuti, che deve haver il principe christiano, per governare, e conservare i suoi stati ; contra quello, che Nicolò Macchiavelli, dannato auttore, et politici (cosi indegnamente chiamati) di questo tempo empiamente insegnano. Composto per il R. P. *Pietro* RIBADENEYRA. E dalla lingua spagnuola nella italiana tradotto per *Scipione* METELLI DA CASTELNUOVO *di Lunigiana.*

Brescia. 1590. La Comp. 1 vol. in-8°.

1072. — Princeps christianus adversus Nicolaum Machiavellum ceterosque hujus temporis politicos a P. *Petro* RIBA-

DENEIRA nuper hispanicè, nunc latinè a P. *Joanne* ORANO editus.

Antuerpiæ. 1603. Joach. Trognæsius. 1 vol. in-4°.

1073.— Discours sur les moyens de bien gouverner et maintenir en paix un royaume, ou autre principauté. Divisez en trois parties : à savoir, du Conseil, de la Religion, et de la Police que doit tenir un prince. Contre Nicolas Machiavel. (Par *Innocent* GENTILLET.) 3ᵉ édit.

S. n. n. l. 1579. 1 vol. in-8°.

1074.— République et police chrestienne. Où l'on apprend l'ordre et vraye police des Royaumes et Républiques, etc. Traduict d'espagnol (de JEAN DE STE-MARIE) en françois par le Sieur DU PERIER, Seigneur DE CHAMELOC.

Paris. 1631. Est. Richer. 1 vol. in-8°.

1075.— Idea principis christiano-politici symbolis CI expressa, a *Didaco* SAAVEDRA FAXARDO.

Parisiis. 1660. Frid. Leonardus. 1 vol. in-12.

1076.— Le prince chrestien et politique. Traduit de l'espagnol de Dom *Diegue* SAVEDRA FAXARDO, et dédié à M. le Dauphin, par J. ROU.

Paris. 1668. La Comp. des Libraires. 2 vol. in-12.

1077.— Il principe regnante : del P. *Salvatore* CADANA.

Torino. 1649. Giac. Rustis. 1 vol. in-4°.

1078.— Le miroir et institution du Prince, contenant comme les grands se doivent comporter pour leur grandeur, et pour le salut, et repos de leurs subjets. Par *Jean* MAUGIN, dit *l'Angevin*.

Paris. 1573. Jean Ruelle. 1 vol. in-16.

1079.— L'Académie des princes, où les Roys apprennent l'art de régner de la bouche des Roys. Ouvrage tiré de l'histoire tant ancienne que nouvelle ; et traduit par *Pierre* MENARD.

Paris. 1646. Sebastien Cramoisy. 1 vol. in-4°.

1080.— Le Prince. (Composé par le sieur DE BALZAC.)
Paris. 1631. Pierre Roccolet. 1 vol. in-4°.

1081.— Le Prince de BALZAC. Reveu, corrigé et augmenté de nouveau par l'Autheur.
Paris. 1660. Bobin. 1 vol. in-12.

1082.— Les perfections royales d'un jeune prince. Par le R. P. *Claude* DORCHAMPS.
Lyon. 1655. Claude Prost. 1 vol. in-4°.

1083.— Le sage politique instruisant son jeune prince en toutes les choses qui le peuvent former dans une belle éducation. (Par *Alcide* DE SAINT-MAURICE.)
Paris. 1656. Louis Chamboudry. 1 vol. in-12.

1084.— Recueil de maximes véritables et importantes pour l'institution du Roy. Contre la fausse et pernicieuse politique du cardinal Mazarin, prétendu sur-intendant de l'éducation de Sa Majesté. Avec des lettres apologétiques pour ledit recueil contre l'extrait du S. N., avocat du Roy au Chatelet. (Par *Claude* JOLY.)
Paris. 1663.   1 vol. in-12.

1085.— Le monarque ou les devoirs du souverain. Par le R. P. *Jean-François* SENAULT. 3ᵉ édit.
Paris. 1664. P. Le Petit. 1 vol. in-12.

1086.— L'idée parfaite du véritable héros, formée sur les maximes des anciens, et des modernes ; etc. Par Mʳᵉ. *J. B.* DELLA FAILLE.
Amsterdam. 1700. Est. Roger. 1 vol. in-12.

1087.— L'idée d'un Roy parfait, dans laquelle on découvre la véritable grandeur, avec les moyens de l'acquérir, suivis du système de l'esprit. Par M. CHANSIERGES.
Paris. 1723. Guill. Saugrain. 1 vol. in-12.

1088.— Institution d'un prince ; ou traité des qualitez, des vertus et des devoirs d'un souverain, soit par rapport au gouvernement temporel de ses états, ou comme chef d'une société chrétienne qui est nécessairement liée avec la Religion. En quatre parties. (Par l'*Abbé* J. J. Du Guet).

Londres. 1739. Jean Nourse. 1 vol. in-4º.

1089.—Même ouvrage. Nouv. edit., enrichie de la vie de l'auteur (par l'*Abbé* Goujet.)

Londres. 1740. Jean Nourse. 4 vol. in-12.

1090.—Maximes avec des exemples tirez de l'Histoire sainte et prophane, ancienne et moderne, pour l'instruction du Roi. Où l'on donne des préceptes pour l'éducation, et pour former les mœurs et l'esprit des jeunes gens. (Par l'*Abbé* de Bellegarde.)

Paris. 1719. Giffart. 1 vol. in-12.

1091.—Maximes sur le devoir des rois, et le bon usage de leur autorité. Tirées de differens auteurs. (Par l'*Abbé* P. Barral.

En France. 1754. 1 vol. in-12.

On trouve à la suite :

—Manuel des souverains. (Par l'*Abbé* Barral.)

S. n. n. l. 1754. 1 vol. in-12.

** — Dialogues des morts, composés pour l'éducation d'un prince, par Fénelon.

Voyez : *Œuvres de* Fénelon, *et Belles-lettres.* N.º 2866.

1092.—Lettres sur l'éducation des princes. Par M. le Comte de Vareilles.

Paris. 1757. Duchesne. 1 vol. in-8º.

1093.—Dialogues et vie du duc de Bourgogne, père de Louis XV. Ouvrages composés par l'*Abbé* Millot.

Paris. 1816. Petit. 1 vol. in-8º. Port.

1094.— Réflexions sur mes entretiens avec M. le Duc de la Vauguyon, par *Louis-Auguste, Dauphin* (Louis XVI); précédées d'une introduction par M. de Falloux; accompagnées d'un *fac-simile* du manuscrit.

Paris. 1851. Aillaud. 1 vol. gr. in-8º.

g. — *De la Cour.*

1095.—Le parfait courtisan du comte *Baltasar* Castillonnois, es deux langues. De la traduction de *Gabriel* Chapuis.
    Lyon. 1585. J. Huguetan. 1 vol. in-8°.

1096.—Mespris de la cour, et louanges de la vie rustique : composé premièrement en espagnol par Dom *Antoine* de Guevarre, et depuis traduit en italien, francois, et allemand, toutes lesquelles langues nous avons jointes ensemble en ceste seconde édition. (Publié par *Jean* de Tournes).
    Genève. 1614. Cl. Le Mignon. 1 vol. in-16.

1097.—Traicté de la cour, ou instruction des courtisans. Par M. du Refuge.
    Amsterdam. 1656. Les Elzeviers. 1 vol. in-12.

1098.—Le nouveau traité de la cour, ou instruction des courtisans, enseignant aux gentils-hommes l'art de vivre à la cour, et de s'y maintenir. (Par du Refuge).
    Paris. 1664. Barbin. 1 vol. in-12.

1099.—Aristippe, ou de la cour. Par M. de Balzac.
    Paris. 1658. Augustin Courbé. 1 vol. in-4°.

1100.—La fortune des gens de qualité, et des gentils-hommes particuliers, enseignant l'art de vivre à la cour suivant les maximes de la politique et de la morale. Par M. de Cailliere.
    Paris. 1661. Est. Loyson. 1 vol. in-12.

1101.—Le secret des cours, ou les mémoires de Walsingham, Secrétaire d'État sous la Reine Élisabeth, contenant les maximes de politique nécessaires aux Courtisans et Ministres d'état. Avec les remarques de *Robert* Nanton, sur le Régne et sur les favoris de cette princesse.
    Lyon. 1695. Anisson et Posuel. 1 vol. in-12.

h. — *Des Ambassadeurs et des Ministres.*

1102.— Le ministre d'Estat, avec le véritable usage de la politique moderne. Par le Sieur DE SILHON.
Leyde. 1643. Jac. Marci. 2 vol. in-12.

1103.— Même ouvrage. Dernière édition.
Amsterdam. 1661-1662. A. Michiels. 3 vol. in-12.

1104.— L'homme d'état, par *Nicolo* DONATO; ouvrage traduit de l'italien en francois, avec un grand nombre d'additions considérables, extraites des auteurs les plus célèbres qui ont écrit sur les matières politiques. (Par *J. B.* ROBINET).
Paris. 1767. Saillant. 3 vol. in-12.

1105.— Excerpta de legationibus, ex DEXIPPO *Atheniense*, EUNAPIO *Sardiano*, PETRO *Patricio et Magistro*, PRISCO *Sophista*, MALCHO *Philadelphensi*, MENANDRO *Protectore*. Hæc *Carolus* CANTOCLARUS è græcis latina fecit.
Parisiis. 1609. Pet. Chevalerius. 1 vol. in-8°.

1106.— Legatus. Opus *Caroli* PASCHALII. Altera editio.
Parisiis. 1612. P. Chevalier. 1 vol. in-4°.

1107.— *Frederici* DE MARSELAER legatus. Libri duo.
Antuerpiæ. 1626. Off. Plantiniana. 1 vol. in-4°.

1108.— Le parfait ambassadeur, divisé en trois parties. Composé en espagnol par Don *Antonio* DE VERA et DE CUNIGA. Et traduit en francois par le Sieur LANCELOT.
Paris. 1635. Ant. de Sommaville. 1 vol. in-4°.

1109.— L'ambassadeur et ses fonctions. Par M. DE WICQUEFORT.
La Haye. 1688. Jean et Dan. Steucker. 2 vol. in 4°.

1110.— Mémoires touchant les ambassadeurs et les ministres publics. Par M. de WICQUEFORT.
La Haye. 1677. J. et D. Steucker. 1 vol. in-8°.

1111.— De la manière de négocier avec les souverains. De l'utilité des négociations, du choix des ambassadeurs et des envoyez, et des qualitez nécessaires pour réussir dans ces employs. Par M. de CALLIERES.

Paris. 1716. Mic. Brunet. 1 vol. in-12.

1112. — Le baron *Charles* DE MARTENS. Guide diplomatique ou traité des droits, des immunités et des devoirs des ministres publics, des agens diplomatiques et consulaires, dans toute l'étendue de leurs fonctions; précédé de considérations générales sur l'étude de la diplomatie; suivi d'un traité du style des compositions diplomatiques; d'une bibliographie diplomatique choisie, et d'un catalogue systématique de cartes de géographie ancienne et moderne, rédigé par M. *Ch.* PICQUET. Nouv. édit. revue, rectif., augm. de notes, de développemens et d'appendices par M. DE HOFFMANNS.

Paris. 1837. Aillaud. 3 vol. in-8°.

** — Voyez: Histoire diplomatique, ou Traités de paix et d'alliance.

Histoire. N.° 1189 *et suiv.*

i. — *Mélanges de Politique.*

1113. — Discours de l'estat de paix et de guerre de *Nicolas* MACCHIAVEL. Traduicts de l'italien en francois. (Par *Jac.* GOHORY et *J.* CHARRIER). Ensemble un traitté du mesme Autheur, intitulé le Prince. Illustrez de maximes politiques. Dernière édition.

Paris. 1646. J. Gesselin. 1 vol. in-4°.

1114. — Les œuvres de MACHIAVEL, nouvellement traduites d'italien en francois. (Par le Sieur DE BRIENCOURT.)

Rouen. Paris. 1664. La Compagnie. 2 vol. in-12.

1115. — *Nicolai* MACHIAVELLI disputationum de republica, quas discursus nuncupavit, libri III. Ex italico latini facti.

Lugd. Batav. 1649. Pet. Leffen. 1 vol. in-12.

** — Œuvres complètes de *N.* Macchiavelli, avec une notice biographique par *J. A. C.* Buchon.

    Paris. 1837. Desrez. 2 vol. in-8°.

                      Voyez : *Panthéon litt.*

1116. — Propositioni, overo considerationi in materia di cose di stato, sotto titolo di avvertimenti, avvedimenti civili, et concetti politici, di M. *Francesco* Guicciardini. M. *G. Franc.* Lottini. M. *Fr.* Sansovini. Di nuovo posti insieme, ampliati, et correcti, etc.

    Vinegia. 1588. Salicato. 1 vol. in-4°.

1117. — *Aphorismi politici et militares,* collecti per *Lambertum* Danæum. Variisque exemplis illustrati.

    Trajecti ad Rhenum. 1612. Th. ab Akersdijck. 1 v. in-12.

1118. — *Nicolai* Vernulæi observationum politicarum ex Corn. Taciti operibus syntagma.

    Lovanii. 1651. Hier. Nempæus. 1 vol. in-8°.

1119. — Considérations civiles, sur plusieurs et diverses histoires tant anciennes que modernes, et principallement sur celle de Guicciardin. Traitées par manière de discours par le S^r. Remy, *Florentin*, et mises en francois par *Gabriel* Chappuys.

    Paris. 1585. Abel L'Angelier. 1 vol. in-8°.

1120. — Discours politiques et militaires du Seigneur de la Noue. Nouvellement recueillis et mis en lumière (par De Fresnes.

    Basle. 1587. Forest. 1 vol. in-4°.

1121. — Discours politiques de Messire *Daniel* de Priezac.

    Paris. 1652. P. Rocolet. 1 vol. in-4°.

1122. — Discours politiques des Roys. Par M. de Scudery.

    Paris. 1682. V.° Bobin. 1 vol. in-12.

1123. — Divers traitez de métaphysique, d'histoire, et de politique. Par feu M. de Cordemoy.

    Paris. 1691. J. B. Coignard. 1 vol. in-12.

1124.—Considérations politiques sur les coups d'estat. Par *Gabriel* Naudé.

1679. Sur la copie de Rome. 1 vol. in-16.

1125.—L'homme désintéressé. (Par *J. Alex.* Costé, Baron de Saint-Supplix.

Bruxelles. Paris. 1760. Gab. Valleyre. 1 vol. in-12.

1126.—Doutes proposés aux philosophes économistes, sur l'ordre naturel et essentiel des sociétés politiques. Par M. l'*Abbé* de Mably.

La Haye. Paris. 1768. Nyon. 1 vol. in-12.

** — Des droits et des devoirs du citoyen. Par l'*Abbé* de Mably.

Voyez: *OEuvres* de Mably, *XI*.

1127.—Dissertations pour être lues : la première, sur le vieux mot de patrie ; la seconde, sur la nature du peuple. Par l'*Abbé Gab. Fr.* Coyer.)

La Haye. 1755. P. Gosse. 1 vol. in-12.

1128.—La félicité publique considérée dans les paysans cultivateurs de leurs propres terres, traduit de l'italien par M. Vignoli, précédée de la dissertation qui a remporté le prix à la Société libre et économique de St. Pétersbourg, en l'année mdcclxviii, sur cette question proposée par la même Société : Est-il plus avantageux à un état que les paysans possèdent en propre du terrain, ou qu'ils n'ayent que des biens meubles ? Et jusqu'où doit s'étendre cette propriété ? Par M. Beardé de l'Abbaye.

Lausanne. 1770. Fr. Grasset. 1 vol. in-12.

1129.—Le bonheur dans les campagnes. (Par le Marquis *Cl. Fr. Adr.* de Lezay-Marnésia.)

Neufchatel. Paris. 1785. Prault. 1 vol. in-8º.

1130.—Le livre du peuple, par *F.* Lamennais. 4.ᵉ édit.

Paris. 1838. Pagnerre. 1 vol. in-18.

1131.—Le peuple au citoyen LAMENNAIS, par *T*. DINOCOURT (1).
   Paris. 1838. Delaunay. 1 vol. in-18.

1132.—De l'esclavage moderne. Par *F*. LAMENNAIS. 3.ᵉ édit.
   Paris. 1840. Pagnerre. 1 vol. in-18.

1133.—Du système répressif (juin 1850). Par *Edouard* d'URBAN.
   Paris. 1850. Allouard et Kaeppelin. Am. Yvert. 1 v. in-18.

" — *J. L.* VIVIS de concordia et discordia libri IV.
   Vide: *J. L.* VIVIS *opera*.

1134.—L'Ange de paix, aux princes chrestiens. Traduit du latin du R. P. CAUSSIN, par le Sieur DE BERTRAND.
   Paris. 1651. Denys Bechet. 1 vol. in-12.

1135.—Projet de pacification générale, combiné par une suspension d'armes de vingt ans, entre toutes les puissances politiques.
   Amsterdam. 1760. Chatelain. 1 vol. in-12.

1136.—Lettre sur la guerre perpétuelle, du révérend M. Hankin; en français et en anglais. Par le Chev. CROFT.
   Lille. 1805. S. n. Pièce in-8°.

1137.—An inquiry into the accordancy of war with the principles of christianity, and an examination of the philosophical reasoning by which it is defended: with observations on some of the causes of war, and on some of its effects. 4 edit.
   London. 1843. Gilpin. Pièce in-8°..

1138.—Incompatibilité de la guerre et de toute espèce de combat avec la dispensation evangélique. Publié par la Société religieuse des amis, dans son assemblée annuelle, tenue à Londres en 1841.
   Paris. 1844. F. Didot. Fr. Pièce in-8°.

1139.—Congrès de la paix. 1843. (Traduit de l'anglais).
   Paris. 1843. Henri. Pièce in 8°.

---

(1) DINOCOURT (*Pierre-Théophile-Robert*), naquit à Doullens, le 14 Décembre 1791.

1140.—Ouvrajes de politique, par M. l'*Abé* DE SAINT-PIERRE, de l'Académie françoise.

    Rotterdam. 1733. D. Beman. 4 v. in-8°. T. 2, 3, 4, 5.

** — Mélanges politiques par l'*Abbé* DE MABLY.
                        Voyez : *Œuvres* de MABLY, XIII.

** — Economie politique, par BOULANGER.
                        Voyez : *Œuvres de* BOULANGER, III, V.

** — Discours et opinions de MIRABEAU.
                        Voyez : *Œuvres* de MIRABEAU, I, II, III.

** — Mélanges politiques par CONDORCET.
                        Voyez : *Œuvres* de CONDORCET, XI, XII.

** — Politique. Mélanges par M. J. CHENIER.
                        Voyez : *Œuvres* de *M. J.* CHENIER, III.

1141.—Mélanges politiques, par *Nic.* BERGASSE.

    Paris. 1789-1790. Baudouin. 1 vol. in-8°.

    Ce recueil factice contient :

1.—Lettre de M. BERGASSE, sur les États-généraux. 1789.

2.—Plaidoyer prononcé à la Tournelle criminelle, le jeudi 19 mars 1789, par le sieur BERGASSE, dans la cause du sieur Kornmann. 1789.

3.—Discours de M. BERGASSE, sur la motion faite par M. l'Abbé Sieyes, le 15 juin 1789, portant : que l'Assemblée des Députés des Communes se constitueroit en Assemblée des Représentans connus et vérifiés de la Nation.

4.—Discours de M. BERGASSE, sur la manière dont il con- convient de limiter le pouvoir législatif et le pouvoir exécutif dans une monarchie. 1789.

5.—Discours sur les crimes et les tribunaux de haute trahison. Par M. BERGASSE. 1789.

6.—Rapport du comité de constitution, sur l'organisation du pouvoir judiciaire, présenté à l'Assemblée nationale par M. BERGASSE. 1789.

7. — Recherches sur le commerce, les banques et les finances, publiées par M. BERGASSE. 1789.

8. — Lettre de M. BERGASSE relative au serment de la constitution. 1790.

9. — Lettre de M. BERGASSE, député de la sénéchaussée de Lyon, à ses commettans, au sujet de sa protestation contre les assignats-monnoie, accompagnée d'un tableau comparatif du système de Law avec le système de la caisse d'escompte et des assignats-monnoie, et suivi de quelques réflexions sur un article du Patriote francois, rédigé par M. Brissot de Warville.

10. — Réponse à la lettre de M. Bergasse à ses commettans sur les assignats, par des membres d'un des clubs patriotiques du Havre, imprimée par délibération de cette société. (Signée CHASLON, secrétaire.) 1790.

1142. — Mélanges de littérature et de politique, par M. *Benjamin* CONSTANT.

Paris. 1829. Pichon et Didier. 1 vol. in 8º.

1143. — Œuvres politiques de M. DE PRADT.

Paris 1828. Pichon et Didier. 28 vol. in-8º.

Ce n'est point là une édition des œuvres de l'abbé de Pradt, mais une collection de ses ouvrages imprimés à diverses époques, que les éditeurs Pichon et Didier ont rajeuni par un titre nouveau placé en tête d'anciens exemplaires. — Ces volumes sont classés dans l'ordre suivant :

I. Procès de M. de Pradt dans l'affaire de la loi des élections. — Petit catéchisme à l'usage des Français, sur les affaires de leur pays. 3ᵉ édit.

II. De l'affaire de la loi des élections. — 3ᵉ édit.

III. IV. La France, l'émigration et les colons ; suivi de l'exposé des motifs de la loi relative à l'indemnité des émigrès.

V. VI. L'Europe et l'Amérique en 1821.

VII. VIII. L'Europe et l'Amérique depuis le congrès d'Aix-la-Chapelle.

ix. x. L'Europe et l'Amérique en 1822 et 1823.
xi. Progrès du gouvernement représentatif en France.— Lettres à un électeur de Paris. — Préliminaires de la session de 1827.
xii. Intervention armée pour la pacification de la Grèce. — Système permanent de l'Europe à l'égard de la Russie.
xiii. Parallèle de la puissance Anglaise et Russe, suivi d'un aperçu sur la Grèce.— De la Belgique depuis 1789 jusqu'en 1794.
xiv. L'Europe après le congrès d'Aix-la-Chapelle.
xv. Du jésuitisme ancien et moderne. 3⁰ édit.
xvi. Les trois derniers mois de l'Amérique méridionale et du Brésil. — Examen d'un plan présenté aux Cortès pour la reconnaissance de l'indépendance de l'Amérique Espagnole.
xvii. Mémoires historiques sur la révolution d'Espagne.
xviii. Vrai système de l'Europe relativement à l'Amérique et à la Grèce.
xix. Extrait de l'introduction à l'histoire de Charles-Quint, et précis des troubles civils de Castille.— Garanties à demander à l'Espagne.
xx. Pièces relatives à Saint-Domingue et à l'Amérique.— Congrès de Panama.
xxi. De la Grèce dans ses rapports avec l'Europe. — Congrès de Carlsbadt.
xxii. L'Europe par rapport à la Grèce et à la réformation de la Turquie.
xxiii. Antidote au congrès de Rastadt, suivi de la Prusse et de sa neutralité.
xxiv. Concordat de l'Amérique avec Rome.
xxv à xxviii. Les quatre concordats, suivis de considérations sur le gouvernement de l'église en général, et sur l'église de France en particulier, depuis 1815.

1144. — Mélanges de politique. Par M. *Eugène* DE BRAY (1).

Un volume in-8.° contenant :

1. — Essai sur la force, la puissance et la richesse nationales. Par *Eugène* DE BRAY. 2ᵉ édit.
   Paris. 1814. A. Bailleul. in-8°.

2. — Le règne de Louis XVIII, comparé à la dictature de Napoléon, depuis le 20 mars 1815, jusqu'au 31 mai suivant. Par M. *E*. DE B.*** 2.ᵉ édit.
   Paris. 1815. Opigez. in 8°.

3. — Observations sur le projet de budget de 1816 ; et sur les moyens d'élever les recettes au niveau des charges ; présentées aux deux chambres, par *Eugène* DE BRAY.
   Paris. Juin 1816. A. Bailleul. in-8°.

4. — Observations sur le rétablissement de la franchise du port de la ville de Dunkerque, présentées aux deux chambres. (Par MM. TERNAUX, DECRETOT, DESCROISILLES, SALLERON, D'ARTIGUES, GUENIFEY-SAVONNIÈRE, *E*. DE BRAY, ROBERT, DOCAGNE, JOURDAIN).
   Paris. 1816. Bailleul. in-8°.

5. — Des moyens d'étendre le commerce de long cours, et d'assurer sa prospérité ; par le Chevalier *Eugène* DE BRAY.
   Paris. 1824. Trouvé. in-8°.

6. — Appendice à l'écrit intitulé : Des moyens d'étendre le commerce de long cours, et d'assurer sa prospérité ; par le Chevalier *Eugène* DE BRAY.
   Paris. 1825. Trouvé. in-8°.

7. — Des trois systèmes de gouvernement, de la souveraineté du peuple, de la quasi-légitimité et de la légitimité. Par le baron *Eugène* DE BRAY.
   Paris. 1832. Pihan De la Forest. in-8°.

---

(1) DE BRAY (*François-Marie-Eugène*), naquit à Amiens le 11 juin 1779.

1145.—Opinions et discours de M. Cornet d'Incourt (1).
    1 vol. in-8°.

    Ce recueil comprend :

1. — Opinion de M. Cornet-Dincourt, député du département de la Somme, sur le titre 8 du projet de loi des finances de 1816. (29 mars 1816).
2. — 2ᵉ opinion sur le budget de 1816. (6 avril 1816).
3. — Opinion sur la répression de la contrebande. Art. 50 et 53. (16 avril 1816).
4. — Sur la loi des élections et l'organisation des colléges électoraux. (28 décembre 1816).
    Paris. 1816. Hacquart.
5. — Opinion de M. Cornet-Dincourt sur les trois lois proposées dans la même séance par son Excellence le Ministre de la police générale. (Session de 1816). (Loi sur la liberté individuelle, — les ouvrages saisis, — la liberté de la presse).
    Paris. 1817. Patris.   **in 8°.**
6. — Sur le projet de loi de finances. (7 février 1817).
7. — Sur le premier article du projet relatif aux patentes. (21 février 1817).
    Paris. 1816-1817. Hacquart. in-8°.
8. — Sur le budget patent du ministère de la police. (3 mars 1817).
    Paris. 1817. Patris. in-8°.
9. — Opinions de MM. Cornet-d'Incourt, le Comte de Marcellus, et Clausel de Coussergues, sur un article additionnel à la loi sur la liberté de la presse, tendant à réprimer les délits de la presse contre la religion. Déclaration de Mgr. le Garde des sceaux sur le même sujet. (24 décembre 1817).
    Paris. 1817. Egron.   **in-8°.**

---

(1) Cornet-d'Incourt (*Charles-Marie*), né à Amiens le 18 janvier 1776, mourut à Fréchencourt (Somme), le 10 décembre 1852.

10. — Sur la loi du recrutement. (24 janvier 1818).

11. — Sur la proposition tendant à restituer aux émigrés leurs rentes sur l'état. (24 février 1818.)

12. — Sur le projet de loi des finances de 1818. (3 avril.)
Paris. 1818. Le Normant. in-8°.

13. — Sur l'art. 4 du titre VI de la loi de finances. (11 avril 1818).
Paris. 1818. Hacquart. in-8°.

14. — Sur le projet d'une récompense nationale en faveur de M. le duc de Richelieu. (28 janvier 1819).
Paris. 1819. Le Normant. in-8°.

15. — Sur le projet de loi relatif au changement de l'année financière. (13 février 1819).

16 — Sur la résolution de la chambre des pairs, relative à la loi des élections. (23 mars 1819).

17. — Sur l'article relatif à la morale publique et aux bonnes mœurs. (17 avril 1819).

18. — Sur la contribution personnelle et mobilière, à l'occasion de la pétition du sieur Lortel, de Vitry-le-Français. (1 mai 1819).

19. — Sur le projet de loi relatif aux dépenses de l'année 1819. (26 mai 1819).
Paris. 1819. Egron. in-8°.

20. — Sur la loi des voies et moyens. (24 juin 1819).
Paris. 1819. Hacquart. in-8°.

21. — Sur le projet de loi relatif aux élections. (18 mai 1820).
Paris. 1820. Egron. in-8°.

22. — Sur le budget des ponts et chaussées. (16 juin 1820).

23. — Sur l'amendement relatif au produit de la ferme des jeux (28 juin 1820).

24. — Sur la répartition de la contribution foncière. (6 juillet 1820).

25.—Sur la contribution personnelle et mobilière. (7 juillet 1820).

26.—Sur la surcharge qu'éprouve le département de la Somme, dans la répartition de la contribution foncière. (12 août 1820).

27.—Sur la contribution personnelle et mobilière. (12 août 1820).

28.—Sur le budget de 1821. (2 juin 1821).

29.—Sur l'augmentation du fond destinés aux secours. (1 avril 1822).

30.—Sur le budget du ministère des finances (cadastre). (15 avril 1823).

31.—Sur les contributions directes. (19 avril 1823).

Paris. 1820-1823. Hacquart. in-8º.

32.—Sur les contributions directes au budget des recettes de l'exercice 1826. (19 mai 1825).

Paris. 1825. Imprimerie royale. in 8º.

33.—Sur la proposition de M. le Cte Du Hamel, relative à la suppression des discours écrits. (21 av. 1826.)

Paris. 1826. Ve Agasse. in-8º.

34.—Discours à l'ouverture du collége électoral du 3.e arrondissement du département de la Somme, le 4 nov. 1820. — Le 25 février 1824. — Le 17 mai 1827.

Amiens. 1820-1827. Caron-Vitet. 3 pièces in-8º.

** — La morale appliquée à la politique, par Etienne Jouy.

Voyez: *Œuvres*, XIV.

1146.—Œuvres de *Henry* Fonfrède, recueillies et mises en ordre par *Ch. Al.* Campan, son collaborateur.

Bordeaux. 1844-47. Chaumas Gayet. 10 vol. in-8º.

** — Mélanges de politique, par M. de Chateaubriand.

Voyez: *Œuvres*, XXIII à XXVII.

1147. — Politique. Mélanges.

1 vol. in-8° contenant :

1. — Des prérogatives du tiers état, par la Duchesse de.....
née plébéienne. (Par *L. Ant.* Caraccioli.)

2. — Considérations sur les gouvernemens, et principalement sur celui qui convient à la France. Par M. Mounier.
Versailles. 1789. Pierres.   in-8°.

3. — Ecoles nationales, propres à former des hommes, des citoyens, et des François. Par M. De la Cour.
Paris. 1790. Godefroy.   in-8°.

4. — Apperçu d'une nouvelle organisation de la justice et de la police en France. Par M. l'*Abbé* Sieyes.
Paris. Mars 1790. Imp. nat.   in-8°.

5. — Observations philosophiques, théologiques, politiques et historiques, sur la souveraineté du gouvernement en général, et sur celle du gouvernement français en particulier. Par M. l'*Abbé* le T..., Curé de B..., Député du clergé du Bailliage de C... aux États généraux de 1789. (Le Tellier, curé de Bonœil, bailliage de Caen.)
Paris. 1791. Senneville. in-8°.

6. — L'acéphocratie, ou le gouvernement fédératif démontré le meilleur de tous, pour un grand empire, par les principes de la politique et les faits de l'histoire. Par M. Billaud de Varenne.
Paris. 1791. in-8°.

7. — La monarchie vengée des attentats des républicains modernes, ou réfutation de l'ouvrage de M. de la Vicomterie, intitulé *les Crimes des Rois de France*. Par M. C.***
Paris. 1791. Cuchet.   in-8°.

8. — Le droit des nations, et particulièrement de la France, fondé sur les principes immuables de la raison, et sur l'histoire de la monarchie française.
S. n. n. l. 1789. in-8°.

9. — La religion française, discours en vers, mêlés de chant, par PERRIER.
Compiègne. (An 2). Bertrand. in-8°.

10. — De la religion considérée dans ses rapports avec le but de toute législation. Par *J.* FIÉVÉE.
Paris. 1795. Debarle.   in-8°.

11. — Organisation des cultes. Discours et rapports, par le Cte PORTALIS.
Paris. An x. Imp. de la république. in-8°.

12. — Des assassinats et des vols politiques, ou des proscriptions et des confiscations. Par *Guill. Thomas* RAYNAL.
Paris. An III. Buisson.   in-8°.

13. — Acte de garantie pour la liberté individuelle, la sûreté du domicile, et la liberté de la presse; par le citoyen LAHARPE.
Paris. An III. Migneret.   in-8°.

14. — La liberté de la presse défendue par LA HARPE, contre Chénier.
Paris. An III. Migneret. in-8°.

15. — Considérations sur la liberté de la presse, et réfutation de quelques unes des apologies qu'on en a faites; par M. *Jh.* DE T.
Paris. 1814. Everat. in-8°.

16. — Discours sur l'importance de remédier aux abus de la presse. Par *J. F.* REINHARD.
Paris. 1827. Ponthieu.   in-8°.

17. — Mémoire de M. DE SAVOISY. Théorie de l'égalité politique des Français.
Paris. Dijon. 1804. Bidault. in-8°.

18. — Chateaubriand démasqué, ou examen critique de sa brochure sur la monarchie élective; par M. DE MAUBREUIL.
Paris. 1831. Werdet.   in-8°.

19.—La France sera-t-elle toujours sous la tutelle de l'Angleterre ou quel est le meilleur moyen pour recouvrer notre indépendance ? Par M. A. LEDENTU.

Paris. 1844. Dumaine. **in-8°.**

20.— Avis au pays.— I. La politique de M. Guizot et la politique du pays. — La vérité sur les dernières élections. — II. Nécessité, pour les comités électoraux, de se constituer en permanence.

Paris. 1846. Le Commerce. **in-12.**

II.— ÉCONOMIE POLITIQUE.

a. — *Histoire et traités généraux.*

1148.—Histoire de l'économie politique en Europe, depuis les anciens jusqu'à nos jours, suivie d'une bibliographie raisonnée des principaux ouvrages d'économie politique; par *Adolphe* BLANQUI (aîné).

Paris. 1837. Guillaumin. 2 vol. in-8°.

** — ΑΡΙΣΤΟΤΕΛΟΥΣ οἰκονομικά.

Vide : ARISTOTELIS *opera*.

** — ΞΕΝΟΦΩΝΤΟΣ οἰκονομικός.

Vide: XENOPHONTIS *opera*.

** — Discours sur l'économie politique. Par *J. J.* ROUSSEAU.

Voyez : Œuvres de *J. J.* ROUSSEAU.

** — Economie politique, par CONDORCET.

Voyez : *Œuvres de* CONDORCET. VII à X.

1149.— Œuvres complètes de *David* RICARDO, traduites en français par MM. CONSTANCIO et *Alc.* FONTEYRAUD, augmentées des notes de *Jean-Baptiste* SAY, de nouvelles notes et de commentaires par MALTHUS, SISMONDI, MM. ROSSI, BLANQUI, etc. et précédées d'une notice biographique sur la vie et les travaux de l'auteur, par M. *Alcide* FONTEYRAUD.

Paris. 1847. Guillaumin et Cie. 1 vol. in-8°.

1150.—Principes d'économie politique considérés sous le rapport de leur application pratique, seconde édition, revue, corrigée et considérablement augmentée, suivie des définitions en économie politique par MALTHUS, avec des remarques inédites de *J.-B.* SAY ; précédés d'une introduction et accompagnés de notes explicatives et critiques, par M. *Maurice* MONJEAN.

Paris. 1846. Guillaumin et Cie. 1 vol. in-8°.

1151.—Traité d'économie politique, ou simple exposition de la manière dont se forment, se distribuent et se consomment les richesses ; 2⁰ édit., entièrement refondue et augmentée d'un Epitome des principes fondamentaux de l'économie politique ; par *Jean-Baptiste* SAY.

Paris. 1814. Augustin Renouard. 2 vol. in-8°.

1152.—Même ouvrage. 6ᵉ édit., entièrement revue par l'auteur, et publiée sur les manuscrits qu'il a laissés, par *Horace* SAY, son fils.

Paris. 1841. Guillaumin. 1 vol. in-8°.

1153.— Cours complet d'économie politique pratique. Ouvrage destiné à mettre sous les yeux des hommes d'état, des propriétaires fonciers et des capitalistes, des savans, des agriculteurs, des manufacturiers, des négocians, et en général de tous les citoyens, l'économie des sociétés. Par *Jean-Baptiste* SAY. 2ᵉ édit. entièrement revue par l'auteur, publiée sur les manuscrits qu'il a laissés et augmentée de notes, par *Horace* SAY, son fils.

Paris. 1840. Guillaumin. 2 vol. in-8°.

1154.—Etudes de géographie appliquées à la politique actuelle, suivies de considérations administratives et morales, tendant à assurer la paix et le bonheur des peuples de la chrétienté ; ou nouveau projet de paix perpétuelle. (Par M. B.***, ancien élève de l'école polytechnique.)

Paris. 1829. Béchet. 2 vol. in-8°.

---

b. — *Traités particuliers.*

1155.—L'ami des hommes, ou traité de la population (par le Marquis *V.* DE MIRABEAU et *Fr.* QUESNAY).

Avignon. 1756. 1 vol. in-4°.

1156.—Même ouvrage.

Avignon. 1756. 8 vol. in-12.

1157.—Des causes de la dépopulation et des moyens d'y remédier. (Par l'*Abbé Pierre* JAUBERT).

Londres. Paris. 1767. Dessain. 1 vol. in-12.

1158.—Dissertation historique et politique sur la population des anciens tems, comparée avec celle du nôtre, dans laquelle on prouve qu'elle a été plus grande autrefois qu'elle ne l'est de nos jours. On y a joint plusieurs observations sur le même sujet, et quelques remarques sur le Discours politique de M. Hume sur la population des anciens tems. Par M. WALLACE. Traduite de l'anglois, par M. E. (*Marc-Antoine* EIDOUS).

Amsterdam. Paris. 1769. Rozet. 1 vol. in-8°.

1159.—Recherches et considérations sur la population de la France. Par M. MOHEAU.

Paris. 1778. Moutard. 1 vol. in-8°.

1160.—Essai sur le principe de population par MALTHUS ; traduit de l'anglais par M. *P.* et *G.* PREVOST (de Genève), précédé d'une introduction par M. ROSSI, et d'une notice sur la vie et les ouvrages de l'auteur, par *Charles* COMTE. Avec les notes des traducteurs et de nouvelles notes par M. *Joseph* GARNIER.

Paris. 1845. Guillaumin. 1 vol. in-8°. Port.

1161. — Recherches sur la population, et sur la faculté d'accroissement de l'espèce humaine ; contenant une réfutation des doctrines de M. Malthus sur cette matière; par *William* GODWIN. Traduit de l'anglais, par *F. S.* CONSTANCIO.
Paris. 1821. Aillaud. 2 vol. in-8°.

1162. — Recherches sur la nature et les causes de la richesse des nations : traduit de l'anglais d'*Adam* SMITH, par le citoyen BLAVET.
Paris. 1800-1801. Laran et Cie. 4 vol. in-8°.

1163. — Recherches sur la nature et les causes de la richesse des nations ; par *Adam* SMITH. 2º édit. avec des notes et observations nouvelles ; par le Marquis GARNIER.
Paris. 1822. V.ᶜ Agasse. 6 vol. in-8 · Port.

1164. — De la propriété par M. *A*. THIERS.
Paris. 1848. Paulin, Lheureux et Cie. 1 vol. in-8°.

1165. — De la propriété par M. *A*. THIERS.
Paris. 1848. Paulin, Lheureux et Cie. 1 vol. in-18.

1166. — Socialisme et charité, écrit adressé à la jeunesse française par l'*Abbé Ch.* BERTON.
Paris. 1855. L. Vivès. 1 vol. in-18.

1167. — Situation progressive des forces de la France, depuis 1814 ; par le Baron *Charles* DUPIN. 2ᵉ édit.
Paris. 1827. Bachelier. 1 vol. in-8°.

1168. — De la liberté du travail, ou simple exposé des conditions dans lesquelles les forces humaines s'exercent avec le plus de puissance ; par *Charles* DUNOYER.
Paris. 1845. Guillaumin. 3 vol. in-8°.

1169. — Théorie du travail par M. DE TELLAM, membre correspondant de plusieurs Académies de villages. (MALLET DE CHILLY.) (1)
Orléans. 1845. Gatineau. 2 vol. in-8°.

---

(1) MALLET (*Jean-Baptiste-Joseph-Augustin*), connu sous le nom de MALLET DE CHILLY, est né à Amiens le 13 mai 1775.

1170.—Des prolétaires et de l'amélioration de leur sort par la liberté du travail et la libre concurrence. Par *Isidore* DEBRIE. 2ᵉ édit.
    Paris. 1846. Ledoyen. 1 vol. in-8º.

1171.—Lettre sur le luxe (par And. *Fr. B.* DESLANDES).
    Francfort. 1745. And. Vanebben. 1 vol. in-8º.

1172.—Essai sur le luxe (par *J. Fr.* DE SAINT-LAMBERT.)
    S. n. n. l. 1764. 1 vol. in-8º.

1173.—Théorie du luxe, ou traité dans lequel on entreprend d'établir que le luxe est un ressort non-seulement utile, mais même indispensablement nécessaire à la prospérité des états. (Par *G. M.* BUTEL DUMONT).
    S. n. n. l. 1771. 2 en 1 vol. in-8º.

1174.—Discours contre le luxe : il corrompt les mœurs, et détruit les empires. Par M. DE SAINT-HAIPPY (*Pr.* LOTTIN.)
    Paris. 1783. Vᵉ Hérissant. 1 vol. in-8º.

1175.—Opinions de M. Christophe. Par M. BOUCHER DE PERTHES.
    Paris. 1830-34. Treuttel et Wurtz. 4 en 1 vol. in-18.

1176.—Notions de John Hopkins, sur l'économie politique, par Mᵉ MARCET. Contes traduits de l'anglais par *Caroline* CHERBULIEZ.
    Paris. 1834. Cherbuliez. 1 vol. in-8º.

1177.—De l'influence du bien-être matériel sur la moralité des peuples modernes, par *Édouard* MERCIER.
    Paris. 1854. J. Renouard. 2 vol. in-8º.

1178.—Le triomphe de l'humanité par la prospérité de la France. Moyens pratiques et infaillibles de faire tout fleurir et prospérer. Par *Paul* VÉRET (2) et FEUTRÉ (3), de Roye (Somme).
    Paris. 1854. Pommereux et Moreau. 1 vol. in-8º.

---

(1) VÉRET (*Vincent-Paul*), naquit à Roye le 16 avril 1814.
(2) FEUTRÉ (*Pierre-Auguste*), est né à Balatre le 29 avril 1810.

c. — *Finances.* — *Impôts.*

1179.— Dictionnaire des finances, contenant la définition de tous les termes de finance, leur usage, et leurs différentes applications dans toutes sortes d'affaires.

Paris. 1727. Jacq. Josse. 1 vol. in-12.

** — Dictionnaire des finances par Rousselot de Surgy.

Paris. 1784. Panckoucke. 3 vol. in-4°.

Voyez : *Encyclopédie méthodique.*

1180.— Mémoires concernant les impositions et droits en Europe. Par M. Moreau de Beaumont. Nouv. édition, avec des supplémens et des tables alphabétiques et chronologiques, par M⁰ Poullin de Viéville.

Paris. 1787. J. Ch. Desaint. 4 vol. in-4°.

1181.— Projet d'une dixme royale, qui supprimant la taille, les aydes, les douanes d'une province à l'autre, les décimes du Clergé, les affaires extraordinaires; et tous autres impôts onéreux et non volontaires : et diminuant le prix du sel de moitié et plus, produiroit au Roy un revenu certain et suffisant, sans frais ; et sans être à charge à l'un de ses sujets plus qu'à l'autre, qui s'augmenteroit considérablement par la meilleure culture des terres. Par M. le Maréchal de Vauban.

S. n. n. l. 1707. 1 vol. in-4°.

1182.— Même ouvrage.

S. n. n. l. 1707. 1 vol. in-12.

1183.— Réflexions sur le traité de la dime royale de Mʳ. le Mareschal de Vauban, divisées en deux parties.

S. n. n. l. 1716. 1 vol. in-12.

1184.— Théorie de l'impôt. (Par M. le Marquis de Mirabeau).

S. n. n. l. 1760. 1 vol. in-12.

A la suite :

— Doutes proposés à l'auteur de la théorie de l'impôt. (Par *Ch.-Et.* Pesselier.)
  S. n. n. l. 1761. in-12.

1185.— Le Consolateur, pour servir de réponse à la Théorie de l'impôt, et autres écrits sur l'œconomie politique. (Par *Seb. Al.* Costé, Baron de Saint-Supplix.)
  Bruxelles. Paris. 1763. Nic. Valleyre. 1 vol. in-12.

1186.— Le Réformateur. (Par Cliquot de Blervache.) N^{lle} édit.
  Paris. 1756. La Société. 1 vol. in-12.

1187.— Le Réformateur, ou nouveau projet pour régir les finances, augmenter le commerce, la culture des terres, etc. Nouv. édit., augmentée du Réformateur réformé. (Par Cliquot de Blervache.)
  Paris. 1757. La Société des libraires. 1 vol. in-12.

1188.— Le financier citoyen. (Par *J. B.* Naveau.)
  S. n. n. l. 1757. 2 vol. in-12.

1189.— Idée générale des finances, considérées relativement à toutes les matières qui appartiennent à cette portion de l'administration. Première partie. Dans laquelle on traite de la formule, du controlle des actes, de l'insinuation, du centième denier, et du petit scel extrajudiciaire. (Par *Ch. Et.* Pesselier.)
  Paris. 1759. in-fol.

1190.— Idées d'un citoyen sur l'administration des finances du Roi. (Par l'*Abbé Nic.* Baudeau.)
  Amsterdam. 1763. 1 vol. in-8°.

1191.— La pure vérité. Réponse d'un procureur d'élection de province, à un procureur de la Cour des aides de..... sur un ouvrage qui a pour titre : Réponse à l'Auteur de *l'Anti-financier*. — Le controleur général imaginaire. Récit d'un songe patriotique fait par un paysan à son seigneur, dans lequel la façon de penser du Roi se trouve peinte au naturel.
  S. n. n. l. 1764. 1 vol. in-8°.

1192.—Lettres d'un citoyen à un magistrat, sur les vingtièmes et les autres impôts. (Par l'*Abbé Nic.* BAUDEAU.)

  Amsterdam. 1768. Arkstée et Merkus. 1 vol. in-12.

1193.—Sur les finances. Ouvrage posthume de *Pierre-André...*, fils d'un bon laboureur, mis au jour par M.***, curé D***.

  Londres. 1775.   **1 vol. in-8°.**

1194.—Recueil de pièces.

  1 vol. in-8°. contenant :

—Essai de finances; par M. le Comte DE MAGNIERES.

  Paris. 1775. Bastien. 1 vol. in-8°.

—Développement du plan intitulé : Richesse de l'État. (Par ROUSSEL DE LA TOUR.)
—Tout est dit.
—Tout n'est pas dit. Réponse de Candide au docteur Pangloss sur son optimisme des finances.
—Résolution des doutes modestes, sur la possibilité du système établi par l'écrit intitulé : la Richesse de l'État.
—Mes rêveries sur les doutes modestes.
—Réponse à l'auteur des réflexions sur un écrit intitulé : Richesse de l'État.
—Réponse demandée par M. le Marquis de *** à celle qu'il a faite aux réflexions sur l'écrit intitulé : Richesse de l'État.
—Réformation du projet de la Richesse de l'État.
—De la dépense des deniers publics, et de la méthode la plus assurée d'y mettre de la clarté, de l'ordre et de l'économie.

  S. n. n. l. n. d. in-8°.

1195.—Mémoire sur les effets de l'impôt indirect sur le revenu des propriétaires des biens-fonds, qui a remporté le prix proposé par la Société royale d'agriculture de Limoges en 1767. (Par GUERINEAU DE SAINT-PERAVI.)

  Londres. 1768.   **1 vol. in-12.**

1196.—La science du bonhomme Richard, moyen facile de payer les impôts. Traduit de l'anglois (de B. Franklin) par *Fr. Ant.* Quetant et *J.-B.* L'Ecuy.) 3ᵉ édit.

Philadelphie. Paris. 1778. Ruault. 1 vol. in-12.

On trouve à la suite :

— Interrogatoire de M. Franklin devant le Parlement d'Angleterre (1766). (Par Dupont *de Nemours.*)
— Constitution de la république de Pensylvanie, telle qu'elle a été établie au mois de juillet 1776.
— Interrogatoire de M. Penn à la barre du Parlement d'Angleterre, au mois de novembre 1776.

1197.—Mémoires concernant l'administration des finances, sous le ministère de M. l'Abbé Terrai, controleur général. (Par *J. B. L.* Coquereau.)

Londres. 1776. J. Adamson. 1 vol. in-12.

1198.—Le trésorier de France, ou mémoire contenant un précis historique de ce qui concerne cet office, une réfutation des écrits intitulés : *Traité sur la juridiction des Trésoriers de France* 1777, 2 vol. *in*-12 ; — *État véritable des Trésoriers de France* 1779, *in*-4°, — et des réponses aux critiques anciennes et modernes que ces Magistrats ont essuyées.

Genève. 1780.   1 vol. in-12.

1199.—Recherches et considérations sur l'impôt, ou nouveau régime d'impositions proportionnelles aux besoins de l'état. Par M. *G. F.* Mahy, ci-devant Baron de Cormeré.

Paris. 1791. Potier de Lille. 1 vol. in-8°.

1200.—Moyens de solder toutes les dettes de l'État sans recourir aux emprunts ni aux impôts rejetés à la dernière session des chambres, ou supplément au mémoire ayant pour titre : Mode de suppression des impôts indirects existants, remis au Roi et aux Chambres au mois d'octobre 1815. Par M. *R.* Deladérière.

Amiens. 1816. Ledien-Canda. 1 vol. in-8°.

1201.—Rapport fait au nom de la Commission de finances

par M. Cornet-Dincourt, Député du département de la Somme, sur le projet de loi contenant le budget de l'exercice 1822. (Dépenses.)

—Résumé de la discussion générale du projet de loi contenant le budget de l'exercice 1822, fait par M. Cornet-Dincourt, Rapporteur de la Commission.

—Rapport fait au nom de la Commission des Finances, par M. Cornet-Dincourt, sur le projet de loi contenant le budget de l'exercice 1823. (Dépenses.)

—Résumé de la discussion générale du projet de loi contenant le budget de l'exercice 1823, fait par M. Cornet-Dincourt, Rapporteur de la Commission.

Paris. 1822. Hacquart. 1 vol. in 4°.

1202.—Des contributions directes considérées sous les rapports financiers et politiques. Par M. Cornet-Dincourt.

Paris. Mai 1829. Le Normant. 1 vol. in-8°.

1203.—De l'impôt suivant la charte, par Cosseron-Villenoisy.

Paris. 1830. Delaunay. 1 vol. in-8°.

1204.—Nivellement de la contribution foncière, entre les départements, sans évaluation des revenus territoriaux, suivi d'un projet de mercuriales à l'usage des hypothèques et du crédit foncier. Par Boichoz.

Paris. 1851. P. Dupont. Pièce in-8°.

1205.—Tarif général de toutes les contributions, tant directes qu'indirectes, décrétées par l'Assemblée nationale en 1790 et 1791. Par MM. Goguillot et Blavier.

Paris. 1791. Guillaume jeune. 1 vol. in-8°.

1206.—Manuel des Contributions directes, à l'usage des contribuables, des receveurs, des employés des contributions et du cadastre; par J. A. Deloncle.

Paris. 1836. Roret. 1 vol. in-18.

1207.—Mémorial des percepteurs et des receveurs des communes, hospices, bureaux de bienfaisance et autres

établissements publics ; recueil administratif, paraissant sous la direction de E. DURIEU. Tom. XXI.
Paris. 1844. Paul Dupont. 1 vol. in-8°.

1208.—Impôts. — Recueil de pièces.

1 vol. in-8°, contenant :

— Observations sur les projets de loi de 1834 et 1835, relatifs aux patentes. (Par la Chambre de commerce d'Amiens.)
Amiens. 1837. Caron-Vitet. in-8°.

— De l'impôt foncier, par *Léon* SIRAND.
Paris. 1846. Bry et Villermy. in-8°.

— Considérations sur la position critique des propriétaires, et sur l'inégalité des charges imposées aux propriétés immobilières. (Par M. LIBERT.)
Paris. S. d. Appert. in-8°.

— Coup-d'œil et aperçu sur le budget de 1850, par M. WILLARD.
Nancy. 1849. Vagner. in-8°.

— Mémoire sur la question vinicole et sur l'impôt des boissons, considérés sous le côté moral, par *P. M.* LE MESL.
Paris. 1844. Hachette. in-8°.

— Projet de décret sur les boissons, par *Félix* LEBRETON.
Paris. 1848. Duverger. in-8°.

— Décret relatif à la perception du droit sur les boissons. 22 juin 1848.

— Projet de décret relatif à la perception des droits de consommation et d'entrée sur les vins, cidres, poirés, hydromels, alcools et liqueurs, précédé de l'exposé des motifs présenté par le Cit. DUCLERC. (10 juin 1848.)

— Rapport fait sur le projet précédent, par le cit. DESLONGRAIS. (15 juin 1848.)

— Opinion du cit. MORTIMER-TERNAUX, sur le décret du 31 mars 1848 (impôt sur les boissons), et sur la nécessité de le modifier.

— Abolition de l'impôt sur les boissons. Projet présenté à l'Assemblée nationale par le cit. GANNAL.
Paris. S. d. Le Normant. in-8°.

— Amendement présenté sur la proposition de réduction de l'impôt du sel, telle qu'elle a été modifiée par le Comité d'agriculture, par le cit. DEMESMAY.

— Rapport fait au nom du Comité communal et départemental, sur un projet de décret relatif au rétablissement des droits d'octroi sur la viande de boucherie à Paris, par le cit. LIGNIER. (28 août 1848.)
— Loi relative aux sels étrangers destinés à la pêche de la morue. (23 novembre 1848.)
— Proposition 1° sur les droits d'enregistrement pour les mutations par suite de décès, soit par succession, soit par testament; 2° pour les mutations par actes de donation entre vifs à titre gratuit, présentée le 15 novembre 1849, par M. CRÉMIEUX.
— Rapport sur la proposition de M. Crémieux, relative aux droits d'enregistrement pour les mutations par suite de décès, etc. Par M. GASLONDE. (15 janvier 1850.)
— Rapport fait sur la proposition de MM. Levavasseur et Desjobert, concernant : 1° les rapports de la France avec ses colonies, de la Martinique, de la Guadeloupe ; 2° les droits de douane et de navigation relatifs à ces colonies, les droits sur les sucres, cafés et cacaos ; 3° les primes, la pêche de la morue. Par M. CHEGARAY. (13 mars 1850.)
— Quatre propositions soumises à l'Assemblée législative : Impôt des boissons. — Droits d'octroi. — Taxe sur le sel. — Caisse de retraite. — Extinction du paupérisme. Par *Fréd.* L'ENFANT.

    Paris. 1849. Cosse.   in-8°.

— Lettre aux membres de l'Assemblée législative (sur l'impôt des boissons, le droit d'octroi, la taxe du sel, la caisse de retraite et l'extinction du paupérisme). Par *Fréd.* L'ENFANT.

    Paris. 1850. Cosse.   in-8°.

— Considérations sur les réformes hypothécaires et du cadastre au point de vue 1° de la simplification des formalités hypothécaires, 2° de la réforme de l'assiette des impôts de l'enregistrement; 3° de la péréquation de l'impôt foncier. Par P. P.

    Epernay. 1850. V° Fievet.   in-8°.

— Traité sur l'impôt des boissons, rédigé en sept documents. Par M. LEMERCIER.

    Laval. S. d. Feillé-Grandpré.   in-8°.

— Action des impôts sur le travail, ou origine du prix naturel des choses. Par MALLET *de Chilly.*

    Orléans. 1836. Al. Jacob.   in-8°.

— Observations et opinions de M. TERNAUX l'aîné, sur le projet de loi relatif à la répartition d'une partie de la réserve de la banque de France.

Paris. 1819. Porthmann.   in-8°.

— Rentes dites cinq pour cent, sur l'État. — Remboursement, conversion, retranchement. Observations sur le rapport de M. Lacave-Laplagne.

Paris. 1836. Decourchant.   in-8°.

** — Pour ce qui concerne les monnaies*, voyez : Numismatique, traités généraux. *Histoire.* N° 4872 *et suiv.* et aussi : *Jurisprudence.*

** — Pour ce qui concerne les Finances en France, voyez : Offices de finances et Finances. *Histoire.* N° 3092 *et suiv.*

d. — *Banques.* — *Crédit.*

1209. — Traité de la circulation et du crédit. Avec un tableau de ce qu'on appelle *Commerce*, ou plutôt *Jeu d'actions.* Par l'Auteur de l'*Essai sur le luxe* (*Isaac* DE PINTO. Publié par *C. G. F.* DUMAS.)

Amsterdam. 1787. Michel Rey. 1 vol. in-8°.

1210. — La magia del credito svelata, instituzione fondamentale di publica utilità da *Giuseppe* DE WELZ.

Napoli. 1824. Nella stamperia francese. 2 vol. in-4°.

1211. — Analyse critique et raisonnée de la Magie du crédit dévoilée, ou base fondamentale d'utilité publique; ouvrage destiné à éveiller l'attention des nations sur le véritable moyen d'appliquer le crédit public au développement industriel; publiée à Milan par *Melchior* GIOJA.

Paris. 1837. F. Didot fr. Pièce in-4°.

1212. — Des institutions de crédit foncier et agricole dans les divers états de l'Europe. Nouveaux documents recueillis et publiés par M. *J. B.* JOSSEAU, avec la collaboration de MM. *H.* DE CHONSKI et DELAROY.

Paris. 1851. Imp. nat. 1 vol. in-8°.

1213.—Des institutions de crédit foncier en Allemagne et en Belgique. Par M. ROYER.
Paris. 1845. Imp. royale. 1 vol. in-8°.

1214.—Du crédit foncier. Examen du travail de la Commission du Congrès central d'agriculture sur cette question, par *Eugène* DE VEAUCE.
Paris. 1850. S. Dautreville. Pièce in-8°.

1215.—Du crédit foncier et de la banque hypothécaire. Par M. *Jules* TEISSIER-ROLLAND.
Nîmes. 1850. Ballivet. Pièce in-8°.

1216.—Association centrale formée dans le but d'obtenir l'établissement du crédit foncier. Plan d'organisation. Projet de loi. Projet de statuts.
Paris. 1851. Schiller. Pièce in-8°.

1217.—Le guide de l'emprunteur, ou ce que c'est que le crédit foncier. Par M. *Louis* BELLET. 4e édit.
Paris. 1854. Nap. Chaix. Pièce in-18.

e. — *Assurances, secours mutuels.*

1218.—Lettre à M. Outrequin, banquier, sur les assurances qui ont pour bases les probabilités de la durée de la vie humaine; par *J. N.* NICOLLET. 2e édit.
Paris. 1818. Aug. Renouard. 1 vol. in-8°.

1219.—Société nationale fraternelle. — Caisse générale de secours mutuels. — Pétition présentée à l'Assemblée nationale par MM. CAMUS-MUTEL et *Henri* PLACE, précédée d'une lettre du général *E.* CAVAIGNAC.
Paris. 1849. Gide et Baudry. Pièce in-18.

1220.—Ministère de l'Agriculture et du Commerce. — Caisse de retraites pour la vieillesse sous la garantie de l'État. — Tarif des retraites ou rentes viagères.
Paris. 1851. Imp. nat. 1 vol. in 8°.

1221.—Rapport à l'Empereur sur la situation des Sociétés de secours mutuels, présenté en exécution de l'art. 13 de la loi du 15 juillet 1850 et de l'art. 20 du décret organique du 26 mars 1852, par la Commission supérieure d'encouragement et de surveillance des Sociétés de secours mutuels. Année 1854.
    Paris. 1855. Impr. imp. 1 vol. in-4°.

1222.—Rapport à l'Empereur sur la situation des Caisses de secours mutuels, etc. Année 1856.
    Paris. 1857. Impr. impér. 1 vol. in-4°.

f. — *Subsistances.*

1223.—Vues politiques sur le commerce. Ouvrage dans lequel on traite particulièrement des denrées, et où l'on propose de nouveaux moyens pour encourager l'agriculture et les arts, et pour augmenter le commerce général du royaume. (Par *H.* DE GOYON DE LA PLOMBANIE.)
    Amsterdam. Paris. 1759. Vincent. 1 vol. in-12.

1224.—Essai sur la police générale des grains, sur leurs prix et sur les effets de l'agriculture. (Par *Cl. Jacq.* HERBERT.)
    Berlin. 1755. 1 vol. in-12.

1225.—Avis au peuple sur son premier besoin, ou petits traités économiques (sur le bled, la farine et le pain). Par l'Auteur des Ephémérides du Citoyen (l'*Abbé Nic.* BAUDEAU.)
    Amsterdam. Paris. 1768. Desaint. 1 vol. in-12.

** — Réflexions sur le commerce des blés. 1776. Par CONDORCET.
    Voyez : *Œuvres de* CONDORCET, *XI.*

1226.—Du commerce des grains, et des mesures à prendre en cas de cherté, par le docteur *Guillaume* ROSCHER. Traduit de l'allemand, avec l'autorisation de l'auteur, et annoté par *Maurice* BLOCK.
    Paris. 1854. Guillaumin. 1 vol. in-8°.

1227. — Mémoire sur les céréales, par M. Mallet (1).
    Amiens. 1835. R. Machart. Pièce in-8º.

1228. — Des forces alimentaires des états et des devoirs des gouvernemens dans la crise actuelle, par M. *Michel* Chevalier.
    Paris. 1847. Revue des deux mondes. 1 vol. in-8º.

1229. — Des bases qui doivent servir à asseoir la taxe du pain, par la Soc. roy. d'Émul. du dép. de l'Ain.
    Bourg. 1843. Milliet. Pièce in-8º.

1230. — Situation de la boulangerie d'Amiens. Par M. *Joseph* Mancel (2).
    Amiens. 1846. Duval et Herment. Pièce in-8º.

---

g. — *Paupérisme. — Etablissements de charité. — Sociétés de tempérance.*

1231. — Etat des pauvres, ou histoire des classes travaillantes de la société en Angleterre ; depuis la conquête jusqu'à l'époque actuelle, etc. Extrait de l'ouvrage publié en anglais par sir Morton-Eden. Par Larochefoucauld-Liancourt.
    Paris. An VIII. Agasse. 1 vol. in-8º.

1232. — Du paupérisme, de la mendicité, et des moyens d'en prévenir les funestes effets. Par M. le Baron de Morogues.
    Paris. 1834. Dondey Dupré. 1 vol. in-8º.

1233. — Tableau de l'état physique et moral des ouvriers employés dans les manufactures de coton, de laine et de soie. Ouvrage entrepris par ordre et sous les auspices

---

(1) Mallet (*Noël*), né à Amiens le 25 décembre 1776, y mourut le 21 février 1853.

(2) Mancel (*Joseph*), naquit à Amiens le 5 janvier 1807.

de l'Académie des sciences morales et politiques. Par M. VILLERMÉ.

Paris. 1840. Jul. Renouard. 2 vol. in-8°.

1234. — De la misère des classes laborieuses en Angleterre et en France; de la nature de la misère, de son existence, de ses effets, de ses causes, et de l'insuffisance des remèdes qu'on lui a opposés jusqu'ici; avec l'indication des moyens propres à en affranchir les sociétés; par *Eugène* BURET.

Paris. 1840. Paulin. 2 vol. in-8°.

1235. — Les ouvriers européens. Etudes sur les travaux, la vie domestique et la condition morale des populations ouvrières de l'Europe, précédées d'un exposé de la méthode d'observation. Par M. *F.* LE PLAY.

Paris. 1855. Impr. impér. 1 vol. in-fol.

1236. — Le salaire naturel et son rapport au taux de l'intérêt, par *Jean-Henri* DE THUNEN; traduit de l'allemand par *Mathieu* WOLKOFF.

Paris. 1857. Guillaumin. 1 vol. in-8°.

1237. — De la bienfaisance publique; par M. le Baron DE GÉRANDO.

Paris. 1839. J. Renouard. 4 vol. in-8°.

1238. — Recueil de mémoires sur les établissemens d'humanité; traduits de l'allemand et de l'anglais: publiés par ordre du Ministre de l'Intérieur (par LABAUME, DE LIANCOURT et *Ad.* DUQUESNOY.)

Paris. An 7. H. Agasse. 3 v. in-8°.

Cette collection ne comprend que les 18 premiers numéros, sur 39 dont elle doit se composer; on y trouve :

— Détail sur un établissement formé à Munich en faveur des pauvres. Par *Benj.* THOMPSON, Comte DE RUMFORD.

— Principes généraux sur lesquels doivent être fondés en tous pays les établissemens pour les pauvres. Par le même.

— Des alimens en général et en particulier de la nourriture des pauvres. Par le même.

— Précis de divers établissemens d'utilité publique formés en Bavière. Par le même.
— Réflexions sur les hôpitaux. Par *J.* AIKIN.
— Recherches sur les pauvres. Par *John* MAC-FARLAND.
— Rapports d'une société pour améliorer le sort des pauvres; traduits de l'anglais. (Publiés par *Tho.* BERNARD.)
— Histoire des principaux lazarets de l'Europe, suivie d'observations sur quelques prisons et hôpitaux. Par *Jean* HOWARD.
— Réglemens de la maison de travail de Bridewell et de l'hôpital des fous à Londres.
— Tableau des œuvres charitables et méritoires de la sainte et royale confrairie de N. D. du Refuge et de la Piété de Madrid.
— Réglemens des établissemens de charité du canton de Berne.
— Rapport de l'Institut des indigens de Hambourg.
— Instructions pour la junte d'hospice et de refuge de Barcelone.
— Législation anglaise concernant les pauvres infirmes, les valides et les vagabonds.
— Institution de bienfaisance en faveur des artisans de Berlin et de Postdam.

1239.—Moyen d'exciter l'industrie nationale, et de détruire la mendicité. Par M. DUPRÉ.

Paris. 17.... Devaux. Pièce in-8°.

1240.—Mémoire par *Alex.* DUWICQUET, sur cette question : Quelles sont les principales causes de la mendicité dans le département du Pas-de-Calais, et quels seraient les moyens les plus efficaces d'y remédier?

Paris. 1825. Castel de Courval. Pièce in-8°.

** — Du patronage ou de l'influence par la charité. Par M. BOUCHER DE PERTHES.

Voyez : *Bell. lett.* N° 1004.

** — De l'éducation du pauvre. Quelques mots sur celle du riche. Par M. BOUCHER DE PERTHES.

Voyez : *Bell. lett.* N° 1003.

1241.—Considérations sur les enfans trouvés dans les principaux états de l'Europe. Par M. BENOISTON DE CHATEAUNEUF.

Paris. 1824. Martinet. 1 vol. in-8°.

1242.—Le premier plant du Mont de Piété françois, consacré à Dieu. Présenté à la Royne, régente mère du Roy et du Royaume. Par *Hugues* DELESTRE.

    Paris. 1611. Laquehay. 1 vol. in-4°.

1243.—Histoire des Monts de Piété, avec des réflexions sur la nature de ces établissemens. Par M. CERRETI.

    Padoue. 1752.   **1 vol. in-12.**

1244.—Abrégé historique des hôpitaux, contenant leur origine, les différentes espèces d'hôpitaux, d'hospitaliers et hospitalières, et les suppressions et changemens faits dans les hôpitaux, en France, par les édits et réglemens de nos Rois. Par M. l'*Abbé* DE RECALDE.

    Paris. 1784. Guillot. 1 vol. in-12.

    A la suite :

—Traité sur les abus qui subsistent dans les hôpitaux du royaume, et les moyens propres à les réformer ; afin de rendre les maisons de charité des établissemens utiles à l'humanité, et glorieux à la nation. Par M. l'*Abbé* DE RECALDE.

    St.-Quentin. 1785. Hautoy.   **in-12.**

1245.—Réflexions sur les hôpitaux. Par *J.* AIKIN.

    Paris. An 7. Agasse. 1 vol. in-8°.

1246.—Statistique des établissements et services de bienfaisance. — Rapport à M. le Ministre de l'Intérieur sur la situation administrative, morale et financière du service des enfants trouvés et abandonnés, en France, par *Ad.* DE WATTEVILLE.

    Paris. 1849. Imp. nationale. 1 vol. in-4°.

1247.—Statistique des établissements de bienfaisance. — Rapport à M. le Ministre de l'Intérieur sur l'administration des hôpitaux et des hospices, par M. *Ad.* DE WATTEVILLE. 1re partie.

    Paris. 1851. Imp. nationale. 1 vol. in-4°.

** — Voyez aussi : *Hôpitaux*.

    Médecine. N°s 2482 à 2494 et 3737, 3738.

** — Voyez : *Histoire.* Nos 3395, 3396, 3477, 3787, 3788, 3789, 3790, 3791, 3861, 3874, 3908, 3909, 3947, 3948.

1248. — Calendrier philantropique. Année 1787.
   Paris. S. n. n. d. 1 vol. in-12.

1249. — Compte rendu par le Comité philantropique, à l'assemblée générale de la Société, le 14 décembre 1787. Extrait du procès-verbal dudit Comité, du 11 décembre.
   Paris. 1787. Clousier. 1 vol. in-12.

1250. — Compte-rendu à la Société philantropique de Paris, le 19 décembre 1788. Rédigé par M. l'*Abbé* Pignol.
   Paris 1789. Clousier. 1 vol. in-12.

1251. — Réglemens provisoires de la Société de la Charité maternelle.
   Paris. 1788. Clousier, par les enfans aveugles. 1 v. in-12.

1252. — Tableau historique de l'Institut pour les pauvres de Hambourg, rédigé d'après les rapports donnés par M. le Baron de Vogth. Traduit de l'allemand (Par *J. Gasp.* Hess.)
   Genève. 1809. Paschoud. 1 vol. in-8°.

1253. — Histoire des institutions publiques établies en France pour l'amélioration du sort des classes laborieuses. — I. Histoire des salles d'asile et des asiles-ouvroirs. Par *A.* de Malarce.
   Paris. 1855. L. Hachette. 1 vol. in-8°.

1254. — Histoire des Sociétés de tempérance des États-Unis d'Amérique, avec quelques détails sur celles de l'Angleterre, de la Suède et autres contrées, dédiée à la Société de tempérance d'Amiens, par R. Baird.
   Paris. 1836. L. Hachette. 1 vol. in-8°.

1255. — Société de sobriété d'Amiens. Premier concours ouvert pour une médaille en or de la valeur de 200 fr., offerte par M. Dutrone, fondateur de la Société, à l'auteur du meilleur mémoire sur les moyens de combattre l'intempérance en France. — Essai sur l'intempérance des classes laborieuses et l'établissement en France des Sociétés de sobriété, par M. A. LABOURT; ouvrage couronné et publié par la Société; précédé du rapport fait au nom du Jury d'examen, par M. *Amable* DUBOIS (1); et suivi du programme d'un second concours ouvert pour une médaille en or de la valeur de 300 fr., offerte par M. Dutrone à l'auteur du meilleur mémoire sur les résultats possibles des Sociétés de sobriété quant à l'industrie française tant agricole que manufacturière et commerciale, considérée à l'intérieur et dans ses rapports avec l'étranger.

Amiens. 1836. R. Machart. 1 vol. in-8°.

1256.—Recherches historiques et statistiques sur l'intempérance des classes laborieuses; et sur les enfants trouvés, ou des moyens qu'il convient d'employer pour remédier à l'abus des boissons enivrantes, et pour améliorer le régime des enfants trouvés. Par *L. A.* LABOURT. 2ᵉ édit.

Paris. 1848. Guillaumin. 1 vol. in-8°.

h. — *Police.* — *Prisons.*

** — Des lettres de cachet et des prisons d'état, par MIRABEAU.
Voyez: *Œuvres*, VI.

1257.—De la réforme des prisons, ou de la théorie de l'emprisonnement, de ses principes, de ses moyens, et de ses conditions d'application; par M. *Charles* LUCAS.

Paris. 1836-1838. Legrand. 3 vol. in-8°.

1258.—Examen de la théorie et de la pratique du système pénitentiaire. Par M. le Marquis DE LA ROCHEFOUCAULD-LIANCOURT.

Paris. 1840. Delaunay. 1 vol. in-8°.

---

(1) DUBOIS (*Amable-Luglien*) naquit à Amiens le 18 septembre 1796.

1259.—Observations d'un voyageur anglais, sur la maison de force appellée Bicêtre ; suivies de réflexions sur les effets de la sévérité des peines, et sur la législation criminelle de la Grande-Bretagne. Imité de l'anglais. Par M. le Comte DE MIRABEAU ; avec une lettre de M. *Benjamin* FRANKLIN.

1788. S. n. n. l. 1 vol. in-8°.

** — Mémoire sur la nécessité d'établir une réforme dans les prisons et sur les moyens de l'opérer. Par M. DOUBLET.

Voyez : *Médecine.* N° 2498.

** — Des prisons et particulièrement de celles de la capitale. Par M.

Voyez : *Médecine.* N° 2500.

1260.—Rapports à M. le Ministre de l'Intérieur, au sujet des modifications introduites dans le régime du pénitentier des jeunes détenus de la Seine, aujourd'hui maison centrale d'éducation correctionnelle, pendant les années 1839 à 1849. (Par *G.* DELESSERT et *P.* CARLIER.)

Paris. 1851. Boucquin. 1 vol. in-4°.

1261.—Mémoires d'un détenu. (Par *Ch. Henr. Fr.* DUMONT (1).

(Paris. 1795.) Pièce in-8°.

** — L'inquisition française ou l'histoire de la Bastille, par *C.* DE RENNEVILLE.

Voyez : *Histoire.* N° 3398.

1262.—Statistique des bagnes. — Année 1847.

Paris. 1849. Imp. nationale. Pièce in-8°.

1263.—De l'état actuel et de la réforme des prisons de la Grande-Bretagne. Extrait des rapports officiels publiés par ordre du Parlement, traduits par L. M. MOREAU CHRISTOPHE.

Paris. 1838. Imp. royale. 1 vol. in-8°.

1264.—Rapport à M. le Comte de Montalivet, Ministre Se-

---

(1) DUMONT (*Charles-Henri-Frédéric*), né à Oisemont le 27 avril 1758, mourut à Paris le 8 janvier 1830.

crétaire d'État au département de l'Intérieur, sur les prisons de l'Angleterre, de l'Écosse, de la Hollande, de la Belgique et de la Suisse. Par M. *L.* MOREAU-CHRISTOPHE.

Paris. 1839. Imp. royale. 1 vol. in-4°.

1265.—Rapports à M. le Comte de Montalivet, Ministre Secrétaire d'État au département de l'Intérieur, sur les pénitenciers des États-Unis. Par M. DEMETZ et par M. *G. Abel* BLOUET.

Paris. 1837. Imp. royale. 1 vol. in-fol. Pl.

1266.—Des prisons de Philadelphie. Par un Européen. (Par *Fr. Al. Fr.* DE LA ROCHEFOUCAULD-LIANCOURT.)

Philadelphie. 1796. Moreau de St.-Méry. Pièce in-8°.

** — Visite de la prison de Philadelphie. Par *R. J.* TURNBULL. Traduit de l'anglais, par PETIT-RADEL.

Voyez : *Médecine.* N° 2499.

i. — *Colonisation.* — *Esclavage.*

1267.—L'Abolitioniste français. Bulletin mensuel de la Société instituée en 1834 pour l'abolition de l'esclavage.

Paris. 1844. Rue Tarane. N°s 1 à 8. 1 vol. in-8°.

A la suite :

—L'esclavage et la traite des noirs.

Caen. S. d. Hardel.   in-8°.

1268.—Liberté immédiate et absolue, ou esclavage. Observations sur le rapport de M. le Duc de Broglie, Président de la Commission instituée par décision royale du 26 mai 1840, pour l'examen des questions relatives à l'esclavage et à la constitution politique des colonies françaises ; adressées à tous les Français amis de la liberté et de l'humanité. Par *Geo. W.* ALEXANDER et *John* SCOBLE, de Londres.

Paris. 1844. F. Didot. Pièce in-8°.

1269.—De la colonisation. Par *Édouard* d'Urban.
  Paris. 1850. Allouard et Cie. (Amiens. Yvert.) 1 v. in-18.

1270.—Procès-verbaux de la Commission coloniale instituée par décret du Président de la République du 22 novembre 1849.
  Paris. 1850-1851. Impr. nationale. 2 vol. in-4º.

k. — *Administration.*

** — Dictionnaire de l'administration française, par M. Block.
  Voyez : *Jurisprudence.*

1271.—Analyse des vœux des Conseils généraux de département, sur divers objets d'administration et d'utilité publique. — Sessions de 1852, 1854, 1855, 1856.
  Paris. 1855-1857. P. Dupont. 4 vol. in-8º.

1272.—Un mot sur l'organisation des bureaux de l'administration départementale, par un ancien Chef de cabinet de Préfecture (*Ch.* Jolivot.)
  Amiens. 1855. Duval et Herment. Broch. in-8º.

1273.—Les mystères des pompes funèbres de la ville de Paris dévoilés par les entrepreneurs eux-mêmes, suivi du guide des familles pour le réglement général des convois, d'après les tarifs du cahier des charges, homologué par décret du 20 octobre 1852. Par M. Balard.
  Paris. 1856. E. Allard. 1 vol. in-8º.

** — Pour la salubrité publique et la police des sépultures, voyez : *Médecine.* Nº 2465 à 2480 et 3730 à 3736.

l. — *Voies de communication.*

** — Origine des postes, chez les anciens et les modernes.
  Voyez : *Histoire.* Nº 4722.

** — Histoire des grands chemins de l'empire romain. Par *Nic.* Bergier.
  Voyez : *Histoire.* Nº 4758.

1274. — Idées proposées au Gouvernement par le Comte DE THELIS, sur l'administration des chemins ; suivies d'un détail de ceux qu'il a fait faire à prix d'argent par des soldats et des paysans dans les deux provinces où ses terres sont situées ; terminés par un plan d'éducation citoyenne et militaire, relative à leur confection.

S. n. n. l. 1777-78. 2 en 1 vol. in-12.

** — Canaux navigables, par *S. N. H.* LINGUET.

Voyez : *Histoire.* N° 3588.

1275. — Des intérêts matériels en France. — Travaux publics. — Routes. — Canaux. — Chemins de fer. Avec une carte des travaux publics de la France. Par *Michel* CHEVALIER. 3e édition.

Paris. 1838. Charles Gosselin. 1 vol. in-8°. Cart.

1276. — Histoire et description des voies de communication aux États-Unis, et des travaux d'art qui en dépendent ; par *Michel* CHEVALIER.

Paris. 1840. Ch. Gosselin. 2 vol. in-4° et atlas in-fol.

1277. — Exposé général des études faites pour le tracé des chemins de fer de Paris en Belgique et en Angleterre, et d'Angleterre en Belgique, desservant, au nord de la France, Boulogne, Calais, Dunkerque, Lille et Valenciennes ; présenté par *L. L.* VALLÉE.

Paris. 1837. Imp. royale. 1 vol. in-4°. Pl.

1278. — Voies de communication. — Mélanges.

1 vol. in-4°, contenant :

— Procès-verbaux des séances de la Commission chargée d'examiner les questions que peuvent soulever les projets d'établissements de chemins de fer.

— Exposé des motifs et projets de loi relatifs au chemin de fer de Paris à Rouen. — 8 mai 1837.

— Exposé des motifs et projets de loi relatifs à la concession d'un chemin de fer de Paris à Rouen, au Havre et à Dieppe. — 3 juin 1837.

— Rapport fait au nom de la Commission chargée d'examiner le projet de loi relatif au chemin de fer de Lyon à Marseille, par M. Dufaure. — 5 juin 1837.

— Rapport fait au nom de la Commission chargée d'examiner le projet de loi relatif à la concession du chemin de fer de Paris à Rouen, au Havre et à Dieppe. Par M. Mathieu. — 3 juin 1837.

— Rapport fait au nom de la Commission chargée d'examiner le projet de loi relatif à la concession d'un chemin de fer de Bordeaux à la Teste (Gironde.) Par M. Laurence. — 19 juin 1837.

— Exposé des motifs et projets de loi relatifs 1° au chemin de fer de Paris à la Belgique; 2° de Paris au Havre, (1re partie); 3° de Paris à Bordeaux, (1re partie); 4° de Marseille à Lyon, (1re partie).— 15 février 1838.

— Rapport fait au nom de la Commission chargée de l'examen du projet de loi relatif aux chemins de fer 1° de Paris en Belgique; 2° de Paris au Havre, (1re partie); 3° de Paris à Bordeaux, (1re partie); 4° de Marseille à Lyon, (1re partie). Par M. Arago. — 24 avril 1838.

— Exposé des motifs et projet de loi tendant à autoriser l'établissement d'un chemin de fer de Lille à Dunkerque.— 19 mai 1838.

— Exposé de motifs et projet de loi tendant à autoriser l'établissement d'un chemin de fer de Calais à Lille par Watten et St.-Omer, avec embranchement sur Dunkerque. — 31 mai 1838.

— Cahier des charges pour l'établissement d'un chemin de fer de Sedan à Mezières. — 19 mai 1838.

— Rapport fait au nom de la Commission chargée d'examiner le projet de loi relatif au chemin de fer de Sedan à Mezières. Par M. de Golbéry. — 1er juin 1838.

— Rapport fait au nom de la Commission chargée d'examiner le projet de loi relatif au chemin de fer de Lille à Dunkerque. Par M. le général Lamy. — 1er juin 1838.

— Exposé des motifs et projet de loi tendant à autoriser l'établissement d'un chemin de fer de Paris à Rouen, au Havre et à Dieppe, avec embranchement sur Elbeuf et Louviers.— 26 mai 1838.

— Convention additionnelle au cahier des charges relatif à la concession des chemins de fer de Paris à Rouen, au Havre et à Dieppe. — 14 juin 1838.

— Rapport fait au nom de la Commission chargée d'examiner le projet de loi tendant à autoriser l'établissement d'un chemin de fer de Calais à Lille par Watten et St.-Omer, avec embranchement sur Dunkerque. Par M. DELEBECQUE. — 8 juin 1838.

Paris. 1837-1838. Henry. in-4°.

— Appel aux intérêts publics dans la question des chemins de fer. Par LE ROY-MABILLE.

Boulogne. S. d. Le Roy-Mabille. in-8°.

— Deux chemins de fer de Lille à Dunkerque. (Par M. *C.* MATIS, DE GIVENCHY et *H. C.* EMMERY.)

Paris. 1838. Vinchon. in-4°. Cart.

— Mémoire relatif au chemin de fer de Paris à la mer et à Strasbourg, présenté par le Conseil municipal et la Chambre de commerce du Havre.

Havre. 1838. Lemale. in-4°.

— Projet de loi relatif aux chemins de fer de Strasbourg à Bâle, de Bordeaux à la Teste et de Paris à Versailles, précédé de l'exposé des motifs. — 19 avril 1842.

— Chemins de Fer. — Lignes du Nord et de l'Est. — Entrée dans Paris. — Mémoire adressé aux deux chambres et au Ministère par les délégués de la majorité des arrondissements de Paris.

Paris. 19 avril 1842. Hennuyer. in-8°.

— Chemins de fer. — Ligne du Nord. — Quelques réflexions à propos de la lettre de M. Pereire au Ministre des travaux publics.

Paris. S. d. Delanchy. in-4°.

— Projet de chemin de fer de Paris à Strasbourg, passant par la vallée de l'Aisne et de la Vesle, ou par Creil, Compiégne, Soissons et Reims.

Paris. 1842. Bajot. in-4° et plan.

— Chemin de fer de Rouen à Saint-Quentin. — Observations sur le tracé de Rouen à Amiens.

Neufchâtel. 1857. Ve Feray. in-4°.

** — Pour la France, voyez : *Routes, Postes, Chemins de fer.*

Histoire. N^r 2187 à 2193 et aussi n° 3599.

III. — COMMERCE.

a. — *Dictionnaires.* — *Histoire.* — *Traités généraux.*

1279.—Dictionnaire universel de commerce. Ouvrage posthume du Sieur *Jacques* SAVARY DES BRUSLONS. Continué sur les mémoires de l'auteur, et donné au public par M. *Philémon-Louis* SAVARY, son frère. Nouv. édit.
Paris. 1741. V° Estienne. 3 vol. in-fol.

1280.—Dictionnaire du citoyen, ou abrégé historique, théorique et pratique du commerce. (Par *Hon.* LACOMBE DE PREZEL.)
Paris. 1761. Grangé. 2 vol. in-8°.

** — Encyclopédie méthodique. — Commerce. (Par l'*Abbé* BAUDEAU.)
Paris. 1783-84. Panckoucke. 3 vol. in-4°.

Voyez : *Encyclopédie méthodique.*

1281.—Vocabulaire des termes de commerce, banque, manufactures, navigation marchande, finance mercantile et statistique. Par *J.* PEUCHET.
Paris. 1801. Testu. 1 vol. in-4°.

1282.— Encyclopédie du commerçant. — Dictionnaire du commerce et des marchandises, contenant tout ce qui concerne le commerce de terre et de mer. Publié sous la direction de M. G. U. G. (GUILLAUMIN.)
Paris. 1837-39. Guillaumin. 2 vol. gr. in-8°.

** — Dictionnaire universel de la géographie commerçante. Par *J.* PEUCHET.
Paris. An VII-VIII. Blanchon. 5 vol. in-4°.

Voyez : *Histoire.* N° 50.

** — Histoire du commerce et de la navigation des anciens. Par M. HUET. 3° édit.
Paris. 1727. Coustelier et Léonard. 1 vol. in-8°.

Voyez : *Histoire.* N° 666.

1283.—Histoire du commerce et de la navigation des peuples anciens et modernes. (Par le Chevalier D'ARCQ.)
Amsterdam. Paris. 1758. Saillant. 2 vol. in-12.

1284.—Résumé de l'histoire du commerce et de l'industrie. Par *Adolphe* BLANQUI.
Paris. 1826. Lecointe et Durey. 1 vol. in-18.

** — De la politique et du commerce des peuples de l'antiquité. Par *A. H. L.* HEEREN. Traduit de l'allemand par W. SUCKAU.
Paris. 1830-34. Didot fr. 6 vol. in-8°.

Voyez : *Histoire*. N° 667.

1285.— Essai politique sur le commerce. Par M. M.*** (*J. Fr.* MELON.)
Amsterdam. 1735. Fr. Changuyon. 1 vol. in-8°.

1286.—Réflexions politiques sur les finances, et le commerce. Où l'on examine quelles ont été sur les revenus, les denrées, le change étranger, et conséquemment sur notre commerce, les influences des augmentations et des diminutions des valeurs numéraires des monnoyes. (Par M. DU TOTT, ou DUTOT.)
La Haye. 1738. Vaillant. 2 vol. in-12.

1287.—Essai sur la nature du commerce en général. Traduit de l'anglois. (Par DE CANTILLON.)
Londres. 1755. Fletcher Gyles. 1 vol. in-12.

1288.—Le commerce et le gouvernement, considérés relativement l'un à l'autre. Ouvrage élémentaire, par M. l'*Abbé* DE CONDILLAC.
Amsterdam. Paris. 1776. Jombert et Cellot. 1 v. in-12.

1289.—Elémens du commerce. (Par *Fr.* VÉRON DE FORBONNAIS.)
Leyde. Paris. 1754. Briasson. 2 vol. in-12.

1290.—Conservatoire des arts et métiers. — Cours d'économie industrielle 1836-1837. — Leçons sur les banques, les routes, l'instruction publique, les fers de fonte, la houille, le coton, la soie, les chales, les toiles, les betteraves, l'industrie parisienne ; sur le commerce des

ports : Marseille et Bordeaux. Par M. BLANQUI aîné. Recueillis par *Ad.* BLAISE (*des Vosges*) et *Jos.* GARNIER.
Paris. 1837. Angè. 1 vol. in-8°.

1291.— Le commerce ennobli. (Par SERAS.)
Bruxelles. 1756. 1 vol. in-12.

1292.— La noblesse commerçante. Par M. l'*Abbé* COYER. N^{lle} éd.
Londres. Paris. 1756. Duchesne. 1 vol. in-12.

1293.— Lettre à M. F., ou examen politique des prétendus inconvéniens de la faculté de commercer en gros, sans déroger à sa noblesse. (Par VÉRON DE FORBONNAIS.)
S. n. n. l. n. d. 1 vol. in-12.

1294.— Le commerce remis à sa place ; réponse d'un Pédant de collége aux Novateurs politiques, adressée à l'Auteur de la lettre à M. F. (Par l'*Abbé J. J.* GARNIER.)
Paris. 1756. 1 vol. in-12.

1295.— La noblesse ramenée à ses vrais principes, ou examen du dévelopement de la noblesse commerçante. (Par le Marquis DE VENTO DES PENNES.)
Amsterdam. Paris. 1759. Desaint. 1 vol. in-12.

b. — *Etude et pratique du commerce.*

1296.— Il negotiante di *Gio. Domenico* PERI.
Genova. 1638, 1647. Giov. Calenzano. 2 v. in-4°.

1297.— l'frutti d'Albaro di *Gio. Domenico* PERI.
Genova. 1651. Farroni. 1 vol. in-4°.

1298.— OEuvres de M. *Jacques* SAVARY, contenant : Tome I le parfait négociant, ou instruction générale pour tout ce qui regarde le commerce de France et des pays étrangers. — Tome II contenant les parères ou avis et conseils sur les plus importantes matières du commerce. 7° édit., rev. corr., et augm. sur les manuscrits de l'auteur, etc., par le Sr *Jacques* SAVARY DESBRULONS, son fils. Avec l'Art des lettres de change du feu Sieur

Dupuis de la Serra, et le Traité des changes étrangers du sieur *Claude* Naulot.

Paris. 1713. Robustel. 2 vol. in-4°. Port.

1299.—Instruction des négocians. Par *P. J.* Masson. N^e. édit.

Blois. Paris. 1758 Cailleau. 1 vol. in-18.

1300.—Bibliothéque des négociants. Par M. *Jean* Larue. 4e éd.

Lyon. 1769. Ve Réguilliat. 1 vol. in-4°.

1301.—El secretario de banco. — Le secrétaire de banque, espagnol et françois, contenant la manière d'écrire en ces deux langues des lettres de correspondance mercantile, etc. Par M. Palomba.

Paris. 1768. Briasson. 1 vol. in-8°.

1302.—Usance du negoce, ou commerce de la banque des lettres de change. Colligé par Me *Estienne* Cleirac. Ensemble les figures des ducats de Guyenne, et des anciennes monnoyes bourgeoises de Bourdeaux, pour le menu change.

Bourdeaux. 1656. G. da Court. 1 vol. in-4°.

1303.—Traité des négociations de banque, et des monnoyes étrangères. Par *Estienne* Damoreau.

Paris. 1727. Cavelier. 1 vol. in-4°. Pl.

1304.—Cours théorique et pratique des opérations de banque et des nouveaux poids et mesures, titres et monnoies, conformément à la loi du 18 germinal an III; etc. Par *J. J. C. J.* Neveu.

Paris. An vii. Maradan. 1 vol. in-8°.

1305.—Méthode abrégée pour apprendre à tenir les livres en partie double, avec moins de besogne et sans plus de difficultés que pour les tenir en partie simple, par *Adéodat* Lefebvre (1).

Paris. 1841. Benard. 1 vol. in-8° et atlas in-fol.

---

(1) Lefebvre (*Adéodat*) naquit à Amiens le 8 août 1812.

c. — *Mélanges.*

1306.—Essay sur la marine et sur le commerce. (Par *Ant.* Deslandes.)
S. n. n. l. 1743.   1 vol. in-8°.

1307.—Théorie et pratique du commerce et de la marine. Traduction libre sur l'espagnol de Don *Geronymo* de Ustariz, sur la 2ᵉ édit. de ce livre à Madrid en 1742. (Par Véron de Forbonnais.)
Paris. 1753. Vᵉ Estienne et fils. 1 vol. in-4°.

1308.—Remarques sur les avantages et les désavantages de la France et de la Gr. Bretagne, par rapport au commerce et aux autres sources de la puissance des États. Traduction de l'anglois du Chevalier *John* Nickolls (par Plumard de Dangeul.) 2ᵉ édit.
Leyde. 1754. 1 vol. in-12.

1309.—Essai sur les intérêts du commerce maritime. Par M. D.*** (O'Héguerty, Comte de Magnieres.)
La Haye. 1754.   1 vol. in-12.

1310.—Observations critiques et politiques sur le commerce maritime; dans lesquelles on discute quelques points relatifs à l'industrie et au commerce des colonies françoises,
Amsterdam. Paris. 1755. Jombert. 1 vol. in-12.

1311.—Essai sur les intérêts du commerce national pendant la guerre; ou lettres d'un citoyen, sur la permission de commercer dans les colonies, annoncée pour les puissances neutres.
S. n n. l. 1756.   1 vol. in-12.

** — Les intérêts de l'Angleterre mal entendus dans la guerre présente. Par l'*Abbé* Dubos.
Voyez: *Histoire.* N° 2133.

** — Bilan général et raisonné de l'Angleterre, depuis 1600 jusqu'à la fin de 1761. Par Vivant de Mezagues.
Voyez: *Hist.* N° 2139.

1312.—Essai sur les causes du déclin du commerce étranger de la Grande-Bretagne. (Traduit de l'anglois du Chev. DECKER, par l'*Abbé J. P.* DE GUA DE MALVES.)
S. n. n. l. 1757. **2 vol. in-12.**

** — Mémoire sur le commerce des Hollandois.
Voyez : *Hist.* N° 1890.

1313.—Observations sur le commerce et sur les arts d'une partie de l'Europe, de l'Asie, de l'Afrique, et même des Indes orientales. Par *Jean-Claude* FLACHAT.
Lyon. 1766. Jacquenod père. 2 vol. in-12.

1314.—Les intérêts des nations de l'Europe, dévélopés relativement au commerce. (Par ACCARIAS DE SERIONNE.)
Paris. 1767. Desain. 4 vol. in-12.

1315.—Le négotiant anglois, ou traduction libre du livre intitulé : *The british merchant*, contenant divers mémoires sur le commerce de l'Angleterre avec la France, le Portugal et l'Espagne. Publié pour la première fois en 1713. (Traduit de *Charles* KING, par VÉRON DE FORBONNAIS.)
Dresde. Paris. 1753. Estienne fr. 2 vol. in-12.

1316.—Considérations politiques et diplomatiques, sur le commerce de la Péninsule, en ce qui concerne l'intérêt général de l'Europe, et celui de la France en particulier; par M. *O.* DE CAIX DE ST-AYMOUR (1).
Paris. Amiens. 1843. Yvert. 1 vol. in-8°.

1317.—Du commerce extérieur et de la question d'un entrepôt à Paris ; par M. *D. L.* RODET.
Paris. 1825. Renard. 1 vol. in-8°.

** — Histoire philosophique et politique des établissemens et du commerce des Européens dans les deux Indes. Par l'*Abbé* RAYNAL.
Voyez : *Histoire.* N°s 4009, 4010 et 4011.

** — Etat des colonies et du commerce des Européens dans les deux Indes, depuis 1783 jusqu'en 1821. Par M. PEUCHET.
Voyez : *Histoire.* N° 4011.

---

(1) DE CAIX (*Louis-Marie-Oswald*), naquit à Amiens le 25 avril 1812.

1318. — Pièces relatives à la Compagnie des Indes.

4 vol. in-4°, contenant :

— Mémoire sur la situation actuelle de la compagnie des Indes ; par M. l'*Abbé* MORELLET. 2° édit.
Paris. 1769. Desaint. 1 vol. in-4°.

— Réponse au mémoire de M. l'Abbé Morellet sur la compagnie des Indes, imprimée en exécution de la délibération de MM. les actionnaires, prise dans l'assemblée générale du 8 août 1769. (Par J. NECKER.)
Paris. 1769. Imp. royale. in-4°.

— Examen de la réponse de M. N.*** (Necker) au mémoire de M. l'Abbé Morellet, sur la compagnie des Indes ; par l'auteur du mémoire (l'*Abbé* MORELLET.)
Paris. 1769. Desaint. in-4°.

— Mémoire à consulter pour la famille du S" DUPLEIX.
Paris. 1751. A. Boudet. in-4°.

— Second mémoire à consulter pour la famille du S" Dupleix.
Paris. 1751. Boudet. in-4°.

— Pièces justificatives.
Paris. 1757. Lamesle. in-4°.

— Mémoire pour le sieur Dupleix. Contre la compagnie des Indes. Avec les pièces justificatives. (Par *Pierre* DE GENNES.)
Paris. 1759. Le Prieur. in-4°.

— Mémoire pour la compagnie des Indes. Contre le sieur Dupleix.
S. n. n. l. 1763. in-4°.

— Plainte du Chevalier LAW contre le sieur Dupleix ; motifs qui ont occasionné cette plainte, et précis sommaire de l'expédition des Trichenapaly.
Paris. 1763. Lambert. in-4°.

— Lettre de Mme DUPLEIX au Chevalier Law.
Paris. 1764. Cellot. in-4°.

— Jugement rendu souverainement et en dernier ressort, dans l'affaire du Canada, par MM. les lieutenant-général de police, lieutenant particulier et conseillers au châtelet, et siége présidial de Paris, commissaires du Roi en cette partie. Du 10 déc. 1763.
Paris. 1763. A. Boudet. in-4°.

— Mémoire pour le sieur de Boishebert, ci-devant commandant à l'Acadie. (Par Clos.)

Paris. 1763. Moreau. in-4°.

— Mémoire pour M. le Marquis de Vaudreuil, ci-devant gouverneur et lieutenant-général de la Nouvelle-France. (Par Clos.)

Paris. 1763. Moreau. in-4°.

— Mémoire pour messire *François* Bigot, ci-devant Intendant de justice, police, finance et marine en Canada, accusé : contre M. le Procureur général du Roi. — 2° partie, contenant la discussion et le détail des chefs d'accusation.

Paris. 1763. Le Prieur. in-4°.

— Mémoire du sieur Martel, dans l'affaire du Canada. (Par *Elie* de Beaumont et Letourneau.)

Paris. 1763. Cellot. in-4°.

— Mémoire sur délibéré, pour les officiers et soldats du régiment de Cambresis, contre les syndics et directeurs de la compagnie des Indes. (Par de Sahuguet d'Espagnac et Darigrand.)

Paris. 1765. G. Simon. in-4°.

— Mémoire pour le sieur Mabille, ancien conseiller au Conseil supérieur de l'Ile-de-France, contre les syndics et directeurs de la compagnie des Indes. (Par Loyseau de Moléon.)

Paris. 1766. Cellot. in-4°.

— Mémoire pour les syndics et directeurs de la compagnie des Indes, contre le sieur de Bussy. (Par Collet).

Paris. 1767. Chenault. in-4°.

— Mémoire à consulter pour les habitans de l'Isle-de-France.

Paris. 1769. Pierres. in-4°.

— Mémoire à consulter pour le sieur Nevé, armateur.

Paris. 1770. D'Houry. in-4°.

— Précis pour le sieur de Lammerville, contre les prétendus créanciers unis du sieur Nevé. (Par Mariette.)

Paris. 1775. Stoupe. in-4°.

— Mémoire à consulter et consultation pour les négocians faisant le commerce des marchandises des Indes ; contre la nouvelle compagnie des Indes. (Par Lacretelle et Blonde.)

Paris. 1786. Couturier. in-4°.

— Consultation pour les actionnaires de la compagnie des Indes. (Par Hardoin, Gerbier et de Bonnières.)

Paris. 1788. Lottin. in-4°.

— Notes sommaires en réponse aux observations sommaires, sur le mémoire publié pour la colonie de l'Isle-de-France, contre le privilége exclusif de la compagnie des Indes. (Par Cossigny.)

Paris. 1790. Didot jeune. in-4°.

1319—Conseils généraux de l'agriculture, des manufactures et du commerce. 1841-1842. Procès-verbaux.

Paris. 1845. imp. royale. 1 vol. in-4°.

1320—Conseils généraux de l'agriculture, des manufactures et du commerce. 1845-1846. Procès-verbaux.

Paris. 1846. Imp. roy. 3 vol. in-4°.

1321—Ministère de l'agriculture et du commerce. — Conseil général de l'agriculture, des manufactures et du commerce. Session 1850. — Procès-verbaux et annexes.

Paris. 1850. Panckoucke et Imp. nat. 4 vol. in-4°.

1322.—Report on the Prussian commercial union, adressed to the right hon. lord viscount Palmerston, by *John* Bowring.

London. 1840. W. Clowes. 1 vol. in-fol.

1323.—Report on the statistics of Tuscany, Lucca, the Pontifical, and the Lombardo-Venetian states; with a special reference to their commercial relations. By *John* Bowring.

London. 1837. W. Clowes. 1 vol. in-fol.

1324.—Annales du commerce extérieur, publiées par le Ministère de l'agriculture, du commerce et des travaux publics.

Paris. 1843-1858. P. Dupont. 00 vol. in-8°.

Cette publication mensuelle se continue, et les documents relatifs aux différents états forment autant de volumes spéciaux qui se divisent en deux sections, sous le titre de *Faits commerciaux* et de *Législation commerciale*.

1325.—De l'enquête sur les fers ou application des principes généraux à la question de la taxe sur les fers étrangers. Par M. ANISSON DUPÉRON.

Paris. 1829. F. Didot. fr. 1 vol. in-8°.

1326.— Considérations sur les fontes et les fers et modifications à apporter aux droits existants ; par *J.-B.* MIRIO.

Paris. 1836. Delaunay. Pièce in-8°.

1327.— De l'enquête sur les fers, et des conditions du bon marché permanent des fers en France ; par *J. J.* BAUDE.

Paris. 1829. A. Mesnier. 1 vol. in-8°.

1328.— Mémoire pour MM. les propriétaires de bois. (De l'influence de la libre importation des fers étrangers, ou de la réduction du tarif de douane auquel ils sont soumis, sur l'industrie en général, sur nos forges, et sur les bois en particulier.)

Paris. 1829. Selligue. 1 vol. in-8°.

1329.— Rapport de la Commission libre nommée par les manufacturiers et négocians de Paris, sur l'enquête relative à l'état actuel de l'industrie du coton en France.

Paris. 1829. Selligue. 1 vol. in-8°.

1330.— Statistique annuelle de l'industrie. — Almanach du commerce de Paris, des départemens de la France et des principales villes du monde, par *J.* DE LA TYNNA ; continué et progressivement amélioré par *Séb.* BOTTIN. Année 1834. 37e année.

Paris. 1834. P. Dupont. 1 vol. grand in-8°.

1331.— Statistique annuelle de l'industrie.— Almanach-Bottin du commerce de Paris, des départemens de la France et des principales villes du monde. Par *Séb.* BOTTIN. 1839. 42e année.

Paris. 1839. P. Dupont. 1 en 2 vol. gr. in-8°.

1332.— Chambre de commerce de Paris. — Statistique de l'industrie à Paris résultant de l'enquête faite par la chambre de commerce pour les années 1847 et 1848.

Paris. 1851. Guillaumin. 1 vol. gr. in-4°.

1333.— Commerce. — Mélanges.

1 vol. in-8°, contenant :

— Plan sur l'agriculture et le commerce, suivi de l'établissement d'une banque rurale, et d'un autre pour la formation des galères de terre. Par M. LEBLANC DE L'ARBREAUPRÉ.

Paris. (1789.) Cailleau. in-8°.

— Observations importantes sur les bases et les principes du tarif des droits d'entrée et de sortie. Par M. DE CORMERÉ.

Paris. 1790. Potier de Lille. in-8°.

— Représentations des députés extraordinaires du commerce de l'Orient, sur la nécessité de l'établissement d'un district dans cette ville.

S. n. n. l. 1790. in-8°.

— Mémoire des juge et consuls de Nantes, sur le commerce, les manufactures, la pêche et la navigation. Du 10 mars 1790.

Nantes. 1790. Brun. in-8°.

— Sentiment de la députation de la province de Bretagne sur le commerce de l'Inde.

S. n. n. l. d.

— Délibération de la chambre de commerce de la province de Guienne, relativement aux finances de l'État.

Bordeaux. 1790. Phillippot. in-8°.

- Réplique des députés des manufactures et du commerce de France, aux administrateurs de la compagnie du Sénégal.

Paris. 1790. Imp. nationale. in-8°.

— Mémoire sur la nécessité de diviser les entrepôts dans les colonies, pour empêcher la contrebande ; et sur la différence qui existe entre les villes d'Europe et celles des colonies. Par BLANCHETIERE-BELLEVUE, député extraordinaire de la Martinique.

Paris. 1790. Imp. nationale.

— Mémoire sur le commerce en général et celui du Languedoc, dans ses rapports avec les Échelles du Levant, la Compagnie des Indes, les Colonies et la Traite des noirs. Par M. DUPRÉ.

Paris. 1790. Imp. nationale. in-8°.

— Observations des entrepreneurs des manufactures de sucre d'Orléans, sur le tarif des droits d'entrée dans le royaume, tant pour les sucres raffinés étrangers, que pour les sucres bruts et terrés venant de nos colonies.

Orléans. 1790. Rouzeau Montaut. in-8°.

— Adresse à l'Assemblée nationale, par les Députés extraordinaires des manufactures et du commerce du royaume (relativement au commerce de l'Inde.)

S. n. n. l. 1790. in-8°.

— Observations de M. DE COCHEREL, député de Saint-Domingue, à l'Assemblée nationale, sur la demande des mulâtres.

Paris. S. d. Clousier. in.8°.

— Réplique des manufactures et du commerce de France à MM. les Députés de St.-Domingue, concernant l'approvisionnement de cette colonie.

Versailles. S. d. Pierres. in-8°.

— Apperçu sur la constitution de St.-Domingue, par M. DE COCHEREL.

S. n. n. l. n. d. in-8°.

— Réponse des députés des manufactures et du commerce de France, aux motions de MM. de Cocherel et de Raynaud.

Versailles. 1790. Pierres. in-8°.

— Délibération des représentans de la commune de Beauvais, relative à l'état des noirs dans les colonies françoises. 24 janv. 1790.

Beauvais. 1790. V.ᵉ Desjardins. in-8°.

— Adresse à l'Assemblée nationale, pour l'abolition de la traite des noirs. Par la Société des amis des noirs de Paris.

Paris. 1790. Potier de Lille. in-8°.

— Lettre de M.*** à M. Brissot de Warville, président de la société des amis des noirs.

Paris. 1790. Vezard et Le Normant in-8°.

— Opinion sur l'esclavage des nègres, arrêtée dans un club patriotique. Paris, Février 1790.

Paris. 1790. Clousier. in-8°.

— Adresse des députés des manufactures et du commerce, à l'assemblée nationale, sur l'état des gens de couleurs dans les colonies, lue à la séance du 11 mai 1790.

Paris. 1790. Devaux. in-8°.

— Discours sur les colonies et la traite des noirs, prononcé le 26 février 1790, par M. MOSNERON DE L'AUNAY.

S. n. n. l. 1790. in-8°.

— Perfidie du système des amis des noirs.

Nantes. 1791. in-8°.

— Précis sur l'importance des colonies, et sur la servitude des noirs; suivi d'observations sur la traite des noirs.

Versailles. 1790. Pierres. in-8°.

— Examen de cette proposition: Est-il préférable, pour l'intêret de l'industrie nationale, et pour celui de l'État, de tolérer l'importation des cotons filés et des étoffes de coton de fabrique étrangère, en les assujétissant à un droit d'entrée, ou bien de la prohiber entièrement? Par un manufacturier.

S. n. n. l. n. d. (an XIV). in-8°.

— Observations adressées au premier Consul, par les manufacturiers et entrepreneurs de filatures de coton; touchant les inconvéniens de l'arrêté du 6 brumaire an 12, qui permet l'entrée des toiles et des cotons filés, étrangers, et l'exportation des cotons en laine.

S. n. n. l. n. d. (An XII). in-8°.

— Idées générales sur les causes de l'anéantissement de l'imprimerie, et sur la nécessité de rendre à cette profession, ainsi qu'à celle de la librairie, le rang honorable qu'elles ont toujours tenu l'une et l'autre parmi les arts libéraux; par JACOB, l'aîné.

Orléans. Juin 1806. Jacob. in-8°.

— Courtes observations de M. BOSSANGE père, à MM. les membres de la chambre des députés, relatives au pret sur nantissement fait à la librairie par le gouvernement.

Paris. 1833. P. Dupont. in-8°.

1334—Commerce. — Mélanges.

1 vol in-4.° contenant:

— Mémoire tendant à prouver la nécessité de diminuer le droit sur les fers, par M. HALLETTE.

Arras. Novembre 1833. Degeorge.   in-4°.

— Observations sur le rapport fait au nom de la commission chargée de l'examen du projet de loi sur les douanes, en ce qui regarde les fers.

Paris. P. Dupont. S. d. in-4°.

— Chambre de commerce d'Amiens. — Du système commercial de la France, et des attaques dont il a été récemment l'objet.

Amiens. 1834. Caron-Vitet. in-4°.

— Sur le sucre colonial et le sucre indigène, mémoire lu à l'Académie d'Amiens, par *N.* MALLET.

Amiens. 1839. Duval et Herment. in-8°.

— Quelques mots sur la question des sucres. Par P. E. W. (*Émile* WISSOCQ.)

Paris. 1843. Bouchard-Huzard. gr. in-8°.

— Congrès des agriculteurs du nord de la France. — Séance du 23 octobre 1844.— Rapport sur la question des laines, par M. *Amable* DUBOIS.

St.-Quentin. 1844. Moureau. in-8°.

— Mémoire sur la question des sésames, par le docteur *F.* MAURE.

Draguignan. 1844. Bernard. in-8°.

— Chambre de commerce de Bordeaux. — Des intérêts maritimes et de la protection. — Réponse aux membres du Comité central pour la défense du travail national.

Bordeaux. 1847. Suwerinck. in-8°.

— Chambre de commerce d'Amiens. — Question des sucres et de la marine marchande. — Rapport fait par M. *Félix* LABBÉ, le 29 janvier 1849.

Amiens. 1849. Eug. Yvert. in-8°.

— Chambre de commerce d'Abbeville. — Délibération sur la réorganisation des chambres de commerce : Réponse à la circulaire ministérielle du 24 novembre 1848. (Par M. COURBET-POULARD (1).

Abbeville. 1849. Paillart. in-8°.

— Chambre de commerce d'Abbeville.— Lettre adressée à M. le Ministre des finances à propos des art. 10 et 11 du budget projeté des recettes pour 1851, qui soumettent les manufactures à l'impôt des portes et fenêtres. (Par M. COURBET-POULARD).

Abbeville. 1858. Paillart. in-8°.

— Chambre de commerce d'Abbeville.— De la substitution du poids à la mesure pour la vente des grains sur les marchés publics.

Abbeville. 1850. Paillart. in-8°.

— Note sur l'industrie sucrière indigène. — Origine, développements, situation et avenir de cette industrie, par *Ernest* CLAIR (2).

Amiens. 1851. Lenoel-Hérouart. in-4°.

---

(1) COURBET (*Alexandre-Augustin*) naquit à Abbeville le 12 mars 1815.
(2) CLAIR (*Jean-Antoine-Ernest*) est né à Amiens le 25 mars 1817.

— Réponse au dernier écrit de M. Jean Dollfus sur la réforme de la législation relative à l'industrie cotonnière.
   Paris. 1853. Guyot. in-4°.
— Pétition présentée à la Chambre des députés par les délégués de l'industrie cotonnière des départements de l'Est.
   Paris. 1839. (16 avril.) Henri. in-4°.
— Supplément au journal le Constitutionnel du 5 juillet 1839. (Pétition de l'industrie cotonnière des départemens d'Est. Par *St.* BRESSON.)
   Paris. 1839. Fain. in-fol.
— Pétition présentée à la Chambre des députés par les fabricans de tulle de Calais, St.-Pierre-lès-Calais et environs.
   Calais. 21 mars 1835. Leleux. in-4°.
— Mémoire sur la situation de la fabrique de Tarare et ses besoins, publié par la Chambre consultative des arts et manufactures de Tarare.
   Paris. 20 février 1839. Coniam. in-4°.
— Enquête commerciale. — Interrogatoire de M. Nicolas Kœchlin, fabricant et président de la Chambre de commerce, à Mulhouse.
   Paris. 1835. Everat. in-4°.
— Chambre de commerce de Boulogne sur Mer. — Pêches maritimes. — Observations sur un projet de réglement pour la répression des abus des pêches maritimes, et spécialement de la pêche du hareng, soumis au gouvernement par la Chambre de commerce de Dieppe, en novembre 1837. — Mesure proposée par la Chambre de commerce de Boulogne.
   Boulogne. 1847. Mabille. in-4°.
— Chambre de commerce d'Arras. — Renseignements demandés par la circulaire ministérielle du 3 juin 1848, sur la situation industrielle et commerciale dans le ressort de cette chambre.
   Arras. 1848. Lefranc. in-4°.
— Chambre de commerce de Lille. — Rapport sur la situation et les besoins de l'industrie.
   Lille. 1848. Vanackere. in-4°.
— Note adressée à l'assemblée nationale, sur la question des échanges scientifiques et littéraires entre la France et l'Amérique. Par *Al.* VATTEMARE.
   Paris. 1851. D'Autreville. in-4°.
— Comptoir national d'escompte de Paris. — Assemblée générale du

29 juillet 1850.— Compte-rendu présenté au nom du conseil d'administration du comptoir, par M. *Hipp.* BIESTA.

<small>Paris. 1850. P. Dupont. in-4°.</small>

** — Pour ce qui concerne la statistique commerciale des différents états, voir l'histoire de ces états.

TROISIÈME CLASSE.

SCIENCES MATHÉMATIQUES, PHYSIQUES ET NATURELLES.

I. — MATHÉMATIQUES.

a. — *Histoire.* — *Dictionnaires.*

** — De mathematicarum natura dissertatio, unà cum clarorum mathematicorum chronologia. Authore *Josepho* BLANCANO.

<small>Bononiæ. 1615. Bart. Cochius. in-4°. Vide : N° 1341.</small>

1335.—Histoire des mathématiques, dans laquelle on rend compte de leurs progrès depuis leur origine jusqu'à nos jours; où l'on expose le tableau et le développement des principales découvertes, les contestations qu'elles ont fait naître, et les principaux traits de la vie des mathématiciens les plus célèbres. Par M. MONTUCLA. Achevé et publié par *Jérome* DE LA LANDE.

<small>Paris. 1758-1802. Jombert, Agasse. 4 vol. in-4°. Port.</small>

** — Eloges des académiciens de l'Académie royale des sciences, par M. DE FONTENELLE.

<small>Voyez : Œuvres de FONTENELLE, III. Bell. lett., 3081.</small>

1336.—Histoire des recherches sur la quadrature du cercle; ouvrage propre à instruire des découvertes réelles faites sur ce problème célèbre, et à servir de préservatif contre de nouveaux efforts pour le résoudre : avec une Addition concernant les problêmes de la duplication du cube et de la trisection de l'angle. (Par J. F. MONTUCLA.)

Paris. 1754. Ant. Jombert. 1 vol. in-12.

1337.—Histoire du calcul des probabilités depuis ses origines jusqu'à nos jours ; par *Charles* GOURAUD. Avec une thèse sur la légitimité des principes et des applications de cette analyse.

Paris. 1848. A. Durand. 1 vol. in-8º.

1338.—Rapport historique sur les progrès des sciences mathématiques depuis 1789, et sur leur état actuel, présenté à S. M. l'Empereur et Roi, en son Conseil d'État, le 6 février 1808, par la Classe des Sciences physiques et mathématiques de l'Institut, conformément à l'arrêté du Gouvernement du 13 ventôse an x ; rédigé par M. DELAMBRE (1).

Paris. 1810. Imp. impériale. 1 vol. in-8º.

1339.— Histoire des sciences mathématiques en Italie, depuis la renaissance des lettres jusqu'à la fin du dix-septième siècle, par *Guillaume* LIBRI.

Paris. 1838-1841. J. Renouard. 4 vol. in-8º.

** — Discours sur les sciences mathématiques. Par CONDORCET.

Voyez : *Œuvres de* CONDORCET, I.

1340.—Dictionnaire mathématique, ou idée générale des mathématiques, dans lequel on trouve, outre les termes de cette science, plusieurs termes des arts et des autres sciences ; avec des raisonnemens qui conduisent peu à peu l'esprit à une connoissance universelle des mathématiques. Par M. OZANAM.

Paris. 1691. Et. Michallet. 1 vol. in-4º. Fig.

---

(1) DELAMBRE (*Jean-Baptiste-Joseph*), né à Amiens le 19 septembre 1749, mourut à Paris le 19 août 1822.

** — Mathématiques, par MM. D'ALEMBERT, l'*Abbé* BOSSUT, DE LALANDE, DE CONDORCET, CHARLES, etc.

Paris. 1784-1789. Panckoucke. 3 vol. in-4º.

Voyez : *Encyclopédie méthodique.*

b. — *Œuvres de mathématiciens anciens et modernes.*

1341.—ARISTOTELIS loca mathematica ex universis ipsius operibus collecta, et explicata. Aristotelicæ videlicet expositionis complementum hactenus desideratum. Accessere de natura mathematicarum scientiarum tractatio ; atque clarorum mathematicorum chronologia. Authore *Josepho* BLANCANO.

Bononiæ. 1615. B. Cochius. 1 vol. in-4º.

1342.—Œuvres d'ARCHIMÈDE, traduites littéralement, avec un commentaire, par *F.* PEYRARD ; suivies d'un Mémoire du traducteur, sur un nouveau miroir ardent, et d'un autre Mémoire de M. DELAMBRE, sur l'Arithmétique des Grecs. 2ᵉ édit.

Paris. 1808. Buisson. 2 vol. in-8º. Port.

1343.— ΘΕΩΝΟΣ Σμυρναίου Πλατωνικου, τῶν κατὰ μαθηματικήν κρησίμων εἰς τὴν τοῦ Πλάτωνος ἀνάγνωσιν. — THEONIS *Smyrnæi* Platonici, eorum, quæ in mathematicis ad Platonis lectionem utilia sunt, expositio. Opus nunc primum editum, latina versione, ac notis illustratum ab *Ismaele* BULLIALDO.

Lutetiæ Paris. 1644. L. de Heuqueville. 1 vol. in-4º.

1344.—In hoc libro contenta: Epitome compendiosaque introductio in libros arithmeticos divi *Severini* BOETII, adjecto familiari commentario dilucidata. — (*Jodoci* CLICHTOVEI) Praxis numerandi certis quibusdam regulis constricta. — (*Caroli* BOVILLI) Introductio in geometriam, sex libris distincta. — Liber de quadratura circuli. — Liber de cubicatione sphere. — Perpectiva introductio. — Insuper astronomicon.

Parisiis. 1511. H. Stephanus. 1 vol. in-fol. Incomplet.

Dans le même volume :

—In hoc opere contenta : Arithmetica (JORDANI NEMO-
RARII), decem libris demonstrata (cum demonstrationibus *Jacobi* FABRI). — Musica (*Jacobi* FABRI) libris demonstrata quatuor. — (*Jacobi* FABRI) Epitome in libros arithmeticos divi *Severini* BOETII. — (Ejusdem)
Rithmimachie ludus qui et pugna numerorum appel-
latur.

Parisiis. 1514. H. Stephanus. in-fol.

1345. — *Orontii* FINEI *Delphinatis* protomathesis ; opus varium,
ac scitu non minus utile quàm jucundum, nunc pri-
mùm in lucem fœliciter emissum.

Parisiis. 1532. Ger. Morrhius. 1 vol. in-fol.

1346. — *P.* RAMI scholarum mathematicarum libri unus et
trigenta.

Basileæ. 1569. Eusebius Episcopus. 1 vol. in-4°.

1347. — *Christophori* CLAVII *Bambergensis*, operum mathematicorum tomi quinque.

Moguntiæ. 1611-1612. Hierat. 5 en 4 vol. in-fol.

On y trouve les ouvrages suivants :

Commentaria in EUCLIDIS elementa geometrica. — In sphærica
THEODOSII. — Sinuum, tangentium et secantium ratio et canones.— Tractatio triangulorum, tum rectilineorum, tum sphæricorum.—Geometria practica.—Arithmetica practica.—Algebra.
— Commentarius in sphæram *Joannis* de SACRO BOSCO et astro-
labium. — Gnomonices libri octo. — Fabrica et usus instrumenti
ad horologiorum descriptionem peropportuni. — Horologiorum
nova descriptio. — Compendium brevissimum describendorum
horologiorum horizontalium ac declinantium. — Romani calendarii à Gregorio XIII restituti explicatio. — Novi calendarii Romani apologia.

1348. — Organum mathematicum libris IX explicatum a *Gaspare* SCHOTTO. Opus posthumum.

Herbipoli. 1668. J. Hertz. 2 vol. in-4°

1349.—R. P. *Andreæ* Tacquet *Antuerpiensis* opera mathematica. 2ª edit.

Antuerpiæ. 1707. Hen. et Corn. Verdussen. 1 v. in-fol.

** — *G. G.* Leibnitii opera mathematica.

Vide : Leibnitii *opera*, III.

** — Mémoires sur différents sujets de mathématiques, par *D.* Diderot.

Voyez : *Œuvres* de Diderot, II.

1350.—Philosophiæ realis principia mathematica. Auctore *Isaaco* Newtono. Perpetuis commentariis illustrata, communi studio P P. *Thomæ* Le Seur et *Fr.* Jacquier.

Genevæ. 1739-1742. Barillot. 3 en 4 vol. in-4°.

1351.—*Joannis* Keill introductiones ad veram physicam et veram astronomiam. Quibus accedunt trigonometria. De viribus centralibus. De legibus attractionis. Editio novissima.

Lugduni. Batav. 1739. J. et H. Verbeek. 1 en 2 v. in-4°.

1352.—Œuvres de Laplace.

Paris. 1843-1847. Imp. royale 7 vol. in-4°.

c. — *Cours ou traités élémentaires.*

1353.—Programme détaillé du cours complet de mathématiques élémentaires, comprenant, outre les matières ordinaires, la cosmographie, la trigonométrie sphérique et quelques notions sur la théorie générale des équations, professé au collége municipal Rollin. Par *A. M.* Laisné.

Paris. 1832. Porthmann. 1 vol. in-8°.

1354.—Programme détaillé des connaissances mathématiques exigées pour l'admission aux écoles polytechnique, navale, militaire, forestière, contenant en outre les énoncés d'un grand nombre de questions, et suivi du programme des connaissances physiques et chimiques exigées pour l'admission à l'école forestière ; par MM. GERONO et ROGUET. 2ᵉ édit.

Paris. 1844. Carillan-Gœury et Dalmont. 1 vol. in-8º.

1355.—Mémoires mathématiques recueillis et dressez en faveur de la noblesse françoise. Par *D.* HENRION. 2ᵉ édit.

Paris. 1623-1627. Fleury Bourriquant. 2 vol. in-8º.

1356.—Œuvres posthumes de M. ROHAULT (publiées par CLERSELIER. *Contenant* : 1º *les six premiers livres des élémens d'Euclide ; 2º la trigonométrie ; 3º la géométrie pratique ; 4º les fortifications ; 5º les méchaniques ; 6º la perspective ; 7º la résolution de triangles sphériques ; 8º l'arithmétique.*)

Paris. 1682. Guill. Desprez. 1 vol. in-4º.

1357.—Neuvermehrter vollkommener Rechenmeister oder Selbstlehrendes Rechne-Buch, das ist die Edle Rechne-Kunst beydes nach allgemein und kurtzer Art (welche etliche unter dem Namen Welsch oder Italische Practica, verstehen wollen) nebenst wie nicht allein die geometrische, quadrat cubic-zensizens und mehr folgend sondern auch die Arithmetische polygonal, columnar, pyramidal, central, pyrgoidal, und dergleichen Zahlen zu finden sampt der aller kunstlichsten Regul Coss, oder Algebra, etc. Durch *Johannem* HEMELINGIUM. (Le maître-calculateur, augmenté et perfectionné, ou le livre pour apprendre à calculer seul, c'est-à-dire la noble science du calcul d'après la manière courte et généralement adoptée que l'on appelle la pratique welsche ou italienne, enseignant la géométrie, l'extraction de la racine carrée, cubique, la mesure des angles, des solides, des pyramides, l'algèbre, etc. Par *Jean* HEMELING, poëte impérial couronné.)

Franckfurth. 1692. Henrich Grentzen. 1 vol. in-8º.

1358.—Nouveaux élémens des mathématiques, ou principes

généraux de toutes les sciences qui ont les grandeurs pour objet. Par *Jean* Prestet. 2⁰ édit.

Paris. 1689. And. Pralard. 2 vol. in-4°.

1359.—Elémens de mathématiques, ou traité de la grandeur en général, qui comprend l'arithmétique, l'algèbre, l'analyse, et les principes de toutes les sciences qui ont la grandeur pour objet. Par le R. P. *Bernard* Lamy. 2ᵉ édit. rev. et augm.

Paris. 1689. And. Pralard. 1 vol. in-12.

1360.—Traité méthodique et abrégé de toutes les mathématiques. Par Mʳᵉ *Charles* de Neuveglise.

Trevoux. Lion. 1700. L. Plaignard. 2 vol. in-8°. Fig.

1361.— Abrégé des élémens de mathématiques. Par M. Rivard.

Paris. 1740. Ch. Saillant. 1 vol. in-8°. Fig.

1362.—Eléments de mathématiques, par M. Rivard. 6ᵉ édit. revue et augmentée.

Paris. 1768. Saillant. 1 vol. in-4°. Fig.

1363.—Entretiens mathématiques sur les nombres, l'algèbre, la géométrie, la trigonométrie rectiligne, l'optique, la propagation de la lumière, les télescopes, les microscopes, les miroirs, l'ombre et la perspective. Par le R. P. Regnault.

Paris. 1743. Clousier. 3 vol. in-12.

1364.— Premier recueil des leçons de mathématiques, dictées au Collége royal de France, par M. *Joseph* Privat de Molières. 2ᵉ édit.

Paris. 1753. Desprez. 1 vol. in-12. Tom 1ᵉʳ.

1365.— Cours de mathématiques. Par M. Camus. Nouv. édit.

Paris. 1755-1765. Ballard et Durand. 4 vol. in-8°.

1366.— Abrégé de l'arithmétique et de la géométrie de l'officier. Par M. Le Blond. 3ᵉ édit.

Paris. 1767. Jombert. 1 vol. in-12. Fig.

1367.— Principes du calcul et de la géométrie, ou cours complet de mathématiques élémentaires, mises à la portée de tout le monde. Par l'*Abbé* Para du Phanjas.

Paris. 1773. Jombert. 1 vol. in-8º.

1368.— *Heinrich Wilhelm* Clemms mathematisches Lehrbuch, oder wollstandiger Auszug aus allen so wohl zur reinen als angewandten Mathematik gehorigen Wissenschaften, nebst einem Anhang oder kurzen Entwurf der Naturgeschichte und Experimentalphysik. (Manuel élémentaire de mathématiques de *Henri-Guillaume* Clemm, ou extrait complet de toutes les sciences qui se rattachent aux mathématiques pures et appliquées, avec un appendice ou une courte esquisse d'histoire naturelle et de physique expérimentale.)

Stuttgart. 1777. B. Mezler. 1 vol. in-8º.

" — Mathématiques.

Paris. 1789. Hôtel et rue Serpente. 9 vol. in-18.

Voyez : *Bibl. univ. des Dames.*

1369.— Leçons élémentaires de mathématiques. Par M. l'*Abbé* de la Caille. Nouv. édit., avec de nouveaux élémens d'algèbre, de géométrie, de trigonométrie rectiligne et sphérique, de sections coniques, de plusieurs autres courbes, des lieux géométriques, de calcul différentiel et de calcul intégral. Par M. l'*Abbé* Marie.

Paris. 1784. Vᵉ Desaint. 1 vol. in-8º.

1370.— Cours élémentaire et complet de mathématiques pures rédigé par La Caille, augmenté par Marie, et éclairci par Theveneau. 2ᵉ édit.

Paris. An VII. Courcier. 1 vol. in-8º.

1371.— Cours complet de mathématiques pures; par *L. B.* Francœur. 3ᵉ édition.

Paris. 1828. Bachelier. 2 vol. in-8º.

" — La langue des calculs. Par Condillac.

Voyez : *Œuvres de* Condillac, xvi.

d. — *Arithmétique*.

1372. — Nic. *Smyrnæi* Artabasdæ græci mathematici Εκφρασις numerorum notationis per gestum digitorum. — Græca nunc primum prodeunt è bibliotheca reg. Vaticana, et illustr. Lelii Ruini. — Item venerab. Bedæ de indigitatione et manuali loquela lib. — *Fed.* Morellus attica latinè vertit, et elogio manus, notulisque illustravit.

Lutetiæ. 1614. F. Morellus. Pièce in-8°.

1373. — Divi *Severini* Boetii arithmetica, duobus discreta libris : adjecto commentario (*Girardi* Ruffi), mysticam numerorum applicationem perstringente, declarata.

Parisiis. 1521. Sim. Colinæus. 1 vol. in-fol.

1374. — Arithmetica *Joannis* Martini *Silicei*, theoricen praxinque luculenter complexa, innumeris mendarum offuciis à *Thoma* Rhæto, haud ita pridem, accuratissime vindicata, etc.

Parisiis. 1526. Simon Colinæus. 1 vol. in-fol.

1375. — De arte supputandi libri quatuor *Cutheberti* Tonstalli.

Parisiis. 1529. Rob. Stephanus. 1 vol. in-8°.

1376. — Arithmetices introductio ex variis authoribus concinnata.

Coloniæ. 1540. Joan. Ruremundanus. Pièce in 8°.

1377. — De sex arithmeticæ practicæ speciebus, *Henrici* Glareani epitome.

Parisiis. 1563. Cavellat. Pièce in-8°.

1378. — *Christophori* Clavii epitome arithmeticæ practicæ nunc quinto ab ipso auctore anno 1606 recognita, et multis in locis locupletata.

Colon. Agripp. 1607. Bern. Gualtherius. 1 vol. in-8°.

** — *Hieronymi* Cardani arithmetica.

Vide : *Hier.* Cardani *opera*, iv.

1379. — L'arithmétique de *Pierre* de Savonne. Enrichie d'une instruction et manière de treuver le compte fait du toisage de Lyon, composée par le mesme autheur. Dernière et dixiesme édit.

Lyon. 1643. Cl. Prost. 1 vol. in-8°.

1380.— Le présent d'Uranie, ou la divine science des nombres. Divisée en deux parties. Par le Sieur DE GAUDEBOUT, d'Abbeville, géographe ordinaire du Roy.

Paris. 1660. Cl. Buray. 1 vol. in-16.

1381.— L'arithmétique en sa plus haute perfection, divisée en trois parties. Avec un recueil de propositions aussi curieuses que nécessaires pour répondre en toutes occurences, etc. 1re édit. Par N. L'HUILIER DU PONT.

Rouen. 1668. Cl. Jores. 1 vol. in-4°.

1382.— L'arithmétique en sa perfection, mise en pratique selon l'usage des financiers, banquiers et marchands. Avec un traité de géométrie pratique appliquée à l'arpentage et au toisé, tant des superficies que des corps solides: et un abrégé d'algèbre, suivy de quantités de questions non moins curieuses que nécessaires. Par F. LE GENDRE. 5e édit.

Paris. 1668. Cardin-Besongne. 1 vol. in-4°.

1383.— Même ouvrage. 11e édit.

Paris. 1700. Besoigne. 1 vol. in-12.

1384.— Même ouvrage. Dernière édit.

Paris. 1740. Leclerc. 1 vol. in-12.

1385.— Méthodiques institutions de la vraye et parfaite arithmétique de J. CHAVVET, divisée en six parties. Revue, corrigée et amplifiée d'exemples géométriques, etc. Par P. TAILLE-FER.

Rouen. 1671. J. Besongne. 1 vol. in-8°.

1386.— Nouveaux abregez d'arithmétique. Avec un petit traité de récréations arithmétiques, etc. Par le Sieur DE LAVATINNE.

Paris. 1694. Aubouin. 1 vol. in-8°.

1587. — L'arithmétique du Sr BARREME, ou le livre facile pour apprendre l'arithmétique de soy-même, et sans maître. Augmenté dans cette nouvelle édit. par *N*. BARREME.
   Paris. 1716. Ve Villery. 1 vol. in-12.

1588. — Traité complet d'arithmétique à l'usage de l'Ecole militaire de la Compagnie des Chevaux-légers de la Garde ordinaire du Roi, etc., etc. Par M. TRINCANO.
   Paris. 1781. L. Cellot. 1 vol. in-8°.

1589. — Elémens d'arithmétique à l'usage des écoles primaires. Par *J. B*. SARRET.
   Paris. An VII. Firm. Didot. 1 vol. in-8°.

1590. — Traité élémentaire d'arithmétique, à l'usage de l'Ecole centrale des quatre-nations. (Par *J. F*. LACROIX.) 3e éd.
   Paris. 1801. Crapelet. 1 vol. in-8°.

1591. — Traité d'arithmétique à l'usage des élèves qui se destinent à l'Ecole polytechnique, à l'Ecole spéciale militaire, et à l'Ecole de marine; par le Baron REYNAUD. 12e éd.
   Paris. 1824. Bachelier. 1 vol. in-8°.

1592. — Arithmétique à l'usage des classes d'humanité dans les établissemens d'instruction publique. Avec un appendice contenant la théorie des racines carrées et des logarithmes. Par M. *H*. VERNIER.
   Paris. 1834. Hachette. 1 vol. in-12.

1593. — Cours élémentaire d'arithmétique raisonnée, à l'usage des instituteurs primaires, par un professeur de l'Université (*F. C. H*. POLLET.) (1)
   Amiens. 1846. Lenoel-Hérouart. 1 vol. in-18.

1594. — Les principes de l'arithmétique, ouvrage essentiellement théorique, par LEROY-LÉRAILLÉ (2).
   Amiens. 1850. Duval et Herment. 1 vol. in-18.

---

(1) POLLET (*François-Carolus-Honoré*), naquit à Amiens le 17 mars 1811.
(2) LEROY (*Jean-Baptiste-Auguste*), naquit à Bresles (Somme), le 21 juillet 1816.

1395.—Leçons d'arithmétique, par *P. L.* Cirodde. 11e édit., modifiée conformément aux nouveaux programmes d'enseignement par MM. *Alfred* et *Ernest* Cirodde.
Paris. 1853. Hachette. 1 vol. in-8°.

1396.—Nouvelle arithmétique ou moyen d'opérer toute espèce de calculs par une simple addition de quelques parties aliquotes, sans jamais recourir à la multiplication ni à la division ordinaires. Par *Isaac* Gomes.— Avec un supplément.
Bayonne. 1817. Cluzeau. 1 vol. in-8°.

1397.—Elémens d'arithmétique complémentaire, ou méthode nouvelle par laquelle, à l'aide des complémens arithmétiques, on exécute toutes les opérations du calcul; par MM. Berthevin et Treuil.
Paris. 1823. Bossange père. 1 vol. in-8°.

1398.—Tables pour faciliter l'extraction des racines, avec une méthode pour trouver par approximation celles des quarrés et des cubes imparfaits, sans recourir aux fractions décimales. Par M. C.*** (Caron.)
Paris. 1758. Guerin et Delatour. Pièce in-8°.

e. — *Algèbre*.

1399.—*Jacobi* Peletarii *Cenomani*, de occulta parte numerorum, quam algebram vocant, libri duo.
Parisiis. 1560. Gul. Cavellat. 1 vol. in-4°.

** — *Hieronymi* Cardani ars magna sive de regulis algebraicis.
Vide : *Hier.* Cardani *opera*, iv.

1400.—Traité d'algèbre, ou principes généraux pour résoudre les questions de mathématiques. Par M. Rolle.
Paris. 1690. Et. Michallet. 1 vol. in-4°.

1401.—Analyse démontrée, ou la méthode de résoudre les problêmes des mathématiques, et d'apprendre facilement ces sciences; etc. Par un Prêtre de l'Oratoire (*Charles* REYNEAU.)

Paris. 1788. J. Quillau. 2 vol. in 4°.

1402.— Elémens raisonnés d'algèbre ; par *Simon* LHUILIER.

Genève. 1804. J. J. Paschoud. 2 vol. in-8°.

1403.— Elémens d'algèbre, à l'usage de l'Ecole centrale des quatre-nations, par *S. F.* LACROIX. 3ᵉ édit.

Paris. 1803. Crapelet. 1 vol. in-8°.

On trouve à la suite :

— Complément des élémens d'algèbre, à l'usage de l'Ecole centrale des quatre-nations. Par *S. F.* LACROIX. 2ᵉ édit.

Paris. 1801. Crapelet. 1 vol. in-8°.

1404.— Cours d'algèbre élémentaire théorique et pratique, contenant les principes du calcul algébrique jusqu'aux équations du second degré, etc., à l'usage des divers établissements d'instruction publique. Par *D.* PUILLE (d'Amiens.) (1)

Paris. 1849. Desobry et Magdeleine. 1 vol. in-8°.

1405.— Leçons d'algèbre par *P. L.* CIRODDE. 2ᵉ édit. modifiée conformément aux derniers programmes d'enseignement par MM. *Alfred* et *Ernest* CIRODDE.

Paris. 1854. Hachette. 1 vol. in-8°.

** — Élémens de la géométrie de l'infini. (Par M. DE FONTENELLE.)

Paris. 1727. Imp. royale. 1 vol. in-4°.

Voyez : *Mém. de l'Acad. des sciences.*

1406.— Recherches arithmétiques, par M. *Ch. Fr.* GAUSS; traduites par *A. C. M.* POULLET-DELISLE.

Paris. 1807. Courcier. 1 vol. in-4°.

---

(1) PUILLE (*Louis-Florentin-Jean-Baptiste-Désiré*), naquit à Fluy (Somme) le 17 mai 1821.

1407. — Essai sur la théorie des nombres ; par *A. M.* LEGENDRE. 2ᵉ édit.

Paris. 1808. Courcier. 1 vol. in-4°.

1408. — Supplément à l'Essai sur la théorie des nombres, 2ᵉ édit. Février 1816. (Par *A. M.* LEGENDRE.)

Paris. 1816. Vᵉ Courcier. Pièce in-4°.

1409. — Essai sur la théorie des nombres, second supplément. Septembre 1825. (Par *A. M.* LEGENDRE.)

Paris. 1825. Huzard-Courcier. Pièce in-4°.

1410. — Le calcul différentiel et le calcul intégral, expliqués et appliqués à la géométrie. Avec un traité préliminaire contenant la manière de résoudre les équations de quelque degré qu'elles soient, etc. Par M. l'*Abbé* DEIDIER.

Paris. 1740. Ch. Ant. Jombert. 1 vol. in-4°.

1411. — Traité du calcul différentiel et du calcul intégral, par *S. F.* LACROIX. 2ᵉ édit.

Paris. 1810-1819. Courcier. 3 vol. in-4°.

1412. — Traité élémentaire de calcul différentiel et de calcul intégral ; précédé de réflexions sur la manière d'enseigner les mathématiques, et d'apprécier dans les examens le savoir de ceux qui les ont étudiées. Par *S. F.* LACROIX.

Paris. 1802. Crapelet. 1 vol. in-8°.

1413. — Théorie des fonctions analytiques, contenant les principes du calcul différentiel, dégagés de toute considération d'infiniment petits ou d'évanouissans, de limites ou de fluxions, et réduits à l'analyse algébrique des quantités finies ; par *J. L.* LAGRANGE.

Paris. An v. Imp. de la République. 1 vol. in-4°.

** — Eléments du calcul des probabilités et son application aux jeux de hasard, etc. Par CONDORCET.

Voyez : *OEuvres* de CONDORCET, I.

f. — *Géométrie.*

1414.— ΕΥΚΛΕΙΔΟΥ στοιχείων βιβλ. ιγ, ἐκ τῶν ΘΕΩΝΟΣ συνουσιῶν. Εἰς τοῦ αὐτοῦ τὸ πρῶτον, ἐξηγημάτων ΠΡΟΚΛΟΥ Βιβλ. δ. — Adjecta præfatiuncula (*Simonis* GRYNÆI) in qua de disciplinis mathematicis nonnihil.

Basileæ. 1533. J. Hervagius. 1 vol. in-fol.

1415.— EUCLIDIS elementorum libri xv, græcè et latinè. (Cum præfatione *St.* GRACILIS.)

Parisiis. 1573. De Marnef. 1 vol. in-8º.

1416.— Les œuvres d'EUCLIDE, en grec, en latin et en français, d'après un manuscrit très-ancien qui était resté inconnu jusqu'à nos jours. Par *F.* PEYRARD.

Paris. 1814-1818. Patris. 3 vol. in-4º.

1417.— *Orontii* FINEI *Delphinatis* in sex priores libros geometricorum elementorum EUCLIDIS *Megarensis* demonstrationes. Quibus ipsius EUCLIDIS textus græcus, suis locis insertus est : unà cum interpretatione latina *Barth.* ZAMBERTI, ad fidem geometricam per eundem *Orontium* recognita.

Parisiis. 1536. Sim. Colinæus. 1 vol. in-fol.

1418.— Contenta. — EUCLIDIS *Megarensis* geometricorum elementorum libri xv. — CAMPANI *Galli transalpini* in eosdem commentariorum libri xv. — THEONIS *Alexandrini Bartholamæo* ZAMBERTO *Veneto* interprete, in tredecim priores, commentariorum libri xiii. — HYPSICLIS *Alexandrini* in duos posteriores, eodem *Barth.* ZAMBERTO interprete, commentariorum libri ii.

Parisiis. 1517. H. Stephanus. 1 vol. in-fol.

1419.— EUCLIDIS *Megariensis* mathematici clarissimi elementa, libris xv ad germanam geometriæ intelligentiam è diversis lapsibus temporis injuria contractis restituta. Accessit decimus sextus liber, de solidorum regularium sibi invicem inscriptorum collationibus. Novissimè collati sunt decimus septimus et decimus octavus, de componendorum, inscribendorum, et conferendorum compositorum solidorum inventis, ordine et numéro absoluti. Authore D. *Francisco* Flussate Candalla.

Lutetiæ. 1578. Jac. Du Puys. 1 vol. in-fol.

1420.— Euclidis elementorum libri xv. Accessit liber xvi de solidorum regularium cujuslibet intra quodlibet comparatione. Omnes perspicuis demonstrationibus, accuratisque scholiis illustrati : nunc quartò editi, etc. Auctore *Christophoro* Clavio.

Francofurti. 1607. Nic. Hoffmann. 2 vol. in-8º.

1421.— Commentarius in Euclidis elementorum geometricorum libros xiii, in Isidorum, Hypsiclem, et recentiores de corporibus regularibus ; et in Procli propositiones geometricas ; et in immissionem duarum rectarum linearum continuè proportionalium inter duas rectas, tàm secundùm antiquos, quàm secundùm recentiores. Authore P. *Claudio* Richardo.

Antuerpiæ. 1645. Hyeron. Verdussius. 1 vol. in-fol.

1422.— Euclidis elementorum libri xv breviter demonstrati operâ *Is.* Barrow *Cantabrigensis*.

Londini. 1685. Car. Mearne. 1 vol. in 8º.

On trouve à la suite :

—Lectio reverendi et doctissimi viri D. *Isaaci* Barrow beatæ memoriæ, in qua theoremata Archimedis de sphæra et cylindro, per methodum indivisibilium investigata, ac breviter demonstrata exhibentur.

Londini. 1678. Redmayne. in-8º.

1423.— Les élémens de la géométrie d'Euclides *Mégarien*. Traduicts et restitués à leur ancienne breveté, selon l'ordre de Theon. Ausquels ont esté adjoustez les quatorze et quinziesme d'Ipsicles *Alexandrien*. Le tout par Dounot.

Paris. 1610. Jac. Le Roy. 1 vol. in-4º.

1424. — Les quinze livres des éléments géométriques d'Euclide; traduicts de grec en françois, et augmentez de
plusieurs figures et démonstrations, avec la correction
des erreurs commises és autres traductions ; le tout
par *P.* le Mardelé. 2° édit.

Paris. 1632. Den. Moreau. 1 vol. in-8°.

1425. — Les quinze livres des élémens géométriques d'Euclide.
Traduits et commentez par *D.* Henrion. Dernière édition
reveue et augmentée de plusieurs figures, et du livre
des *Donnez* du même auteur.

Paris. 1677. Jean d'Houry. 2 vol. in-8°.

1426. — Les élémens d'Euclide, expliquez d'une manière nouvelle et très-facile, avec l'usage de chaque proposition
pour toutes les parties des mathématiques. Par le P.
Dechalles. Nouv. édit., rev. et corr. par M. Ozanam.

Paris. 1720. Jombert. 1 vol. in-12.

1427. — Les œuvres d'Euclide, traduites littéralement d'après
un manuscrit grec très-ancien, resté inconnu jusqu'à
nos jours. Par *F.* Peyrard.

Paris. 1819. Patris. 1 vol. in-4°.

1428. — Géométrie practique, composée par le noble philosophe
maistre *Charles* de Bovelles, et nouvellement par lui
reveue, augmentée, et grandement enrichie.

Paris. 1555. Gil. Gourbin. 1 vol. in-4°.

1429. — La practique de la géométrie d'Oronce, en laquelle est
comprins l'usage du Quarré géométrique, et de plusieurs
autres instrumens servans à mesme effect; ensemble
la manière de bien mesurer toutes sortes de plans et
quantitez corporeles : avec les figures et demonstra-
tions. Reveue et traduicte par *Pierre* Forcadel.

Paris. 1570. Gil. Gourbin. 1 vol. in-4°.

1430. — Géométrie, contenant la théorie et practicque d'icelle
nécessaire à la fortification, par *Sam.* Marolois.

Hagæ-Comitis. 1615. Hondius. 1 vol. in-fol. oblong.

1431.—Nouveaux élémens de géométrie (par *C.* Beaubourg.) 2ᵉ édit.

Paris. 1683. Guil. Desprez. 1 vol. in-4º.

1432.—Traité de la géométrie à l'usage de la Compagnie des Gentilshommes de garnison dans la citadelle de Cambray. (Par Des Jaunaux.)

Douai. 1690. Mairesse. 1 vol. in-4º.

1433.—Elémens de géométrie, où par une méthode courte et aisée l'on peut apprendre ce qu'il faut savoir d'Euclide, d'Archimède, d'Apollonius, et les plus belles inventions des anciens et des nouveaux géomètres. Par le P. *Ignace-Gaston* Pardies. 4ᵉ édit.

Paris. 1690. F. et P. Delaulne. 1 vol. in-12.

1434.—La géométrie pratique du Sʳ Boulenger, ou nouvelle méthode pour toiser et arpenter promptement et facilement toutes sortes de grandeurs, etc. Nouv. édit. augmentée de plusieurs notes, et d'un traité de l'arithmétique par géométrie. Par M. Ozanam.

Paris. 1690. J. Jombert. 1 vol. in-12.

1435.—Les élémens de géométrie, ou de la mesure du corps, qui comprennent les élémens d'Euclide et l'analise ; les plus belles propositions d'Archimède touchant le cercle, la sphère, le cylindre et le cone. Par le R. P. *Bernard* Lamy. 2ᵉ édit.

Paris. 1695. Pralard. 1 vol. in-12. Fig.

1436.—La géométrie pratique, divisée en quatre livres. Par *Allain* Manesson Mallet.

Paris. 1702. Anisson. 4 vol. in-8º.

1437.—Traité de géométrie. Par *Sébastien* Le Clerc.

Paris. 1719. And. Cailleau. 1 vol. in-8º.

1438.—Traité synthétique des lignes du I et du II genre, ou élémens de géométrie dans l'ordre de leur génération. Ces lignes sont la ligne droite, le cercle, l'ellipse, la parabole, et l'hiperbole. Par *Joseph* PRIVAT DE MOLIERES.

Paris. 1741. Jombert. 1 vol. in-12. Tom. Ier.

1439.—Elémens de géométrie, avec un abbrégé d'arithmémétique et d'algèbre. Par M. RIVARD. 3e édit.

Paris. 1739. J. Desaint. 1 vol. in-4°.

1440.—Institutions de géométrie, enrichies de notes critiques et philosophiques sur la nature et les développemens de l'esprit humain : avec un discours sur l'étude des mathématiques, etc. Par M. DE LA CHAPELLE. 3e édit.

Paris. 1757. Debure l'aîné. 2 vol. in-8°.

1441.—Elémens et traité de géométrie, par M. DE PUISIEUX.

Paris. 1765. Jombert. 1 vol. in-8°.

1442.—Elémens de géométrie, précédés de réflexions sur l'ordre à suivre dans ces élémens sur la manière de les écrire, et sur la méthode en mathématiques. Par S. F. LACROIX.

Paris. An VII. Crapelet. 1 vol. in-8°.

1443.—Même ouvrage. 3e édition.

Paris. 1803. Courcier. 1 vol. in-8°.

A la suite :

—Essais de géométrie sur les plans et sur les surfaces courbes : (élémens de géométrie descriptive.) Par S. F. LACROIX. 2e édit.

Paris. 1802. Crapelet. in-8°.

1444.—Eléments de géométrie, avec des notes. Par A. M. LEGENDRE. 12e édition.

Paris. 1823. F. Didot. 1 vol. in-8°.

1445.—Géométrie appliquée à l'industrie, à l'usage des artistes et des ouvriers. Sommaire des leçons publiques données dans l'hôtel de ville de Metz, par M. C. L. BERGERY.

Metz. 1825. Lamort. 1 vol. in-8°.

1446.— Traité de géométrie, par *J.* Adhémar. — Géométrie plane. — Géométrie dans l'espace.
Paris. 1843-1845. Mathias. 2 en 1 v. in-8° et atl.

1447.— Leçons de géométrie suivies de notions élémentaires de géométrie descriptive. Par *P. L.* Cirodde. 2ᵉ édit.
Paris. 1844. Hachette. 1 vol. in-8°.

1448.— La trigonométrie rectiligne et sphérique, où il est traité de la construction des tables de sinus, tangentes, sécantes, et logarithmes, etc. Par Wlac ; corrigée et augmentée par M. Ozanam.
Paris. 1720. Jombert. 1 vol. in-8°.

1449.— Traité élémentaire de trigonométrie rectiligne et sphérique, et d'application de l'algèbre à la géométrie, par *S. F.* Lacroix.
Paris. An vii. Crapelet. 1 vol. in 8°.

1450.— Même ouvrage. 3ᵉ édit.
Paris. 1803. Courcier. 1 vol. in-8°.

1451.— Nouveaux élémens des sections coniques, les lieux géométriques, la construction, ou effection des équations, par M. de la Hire.
Paris. 1679. And. Pralard. 1 vol. in-12.

1452.— Traité des sections du cylindre et du cone, considérées dans le solide et dans le plan, avec des démonstrations simples et nouvelles. Par M. le Poivre.
Paris. 1704. B. Girin. 1 vol. in-8°.

1453.— Abrégé élémentaire des sections coniques. Extrait des leçons données ci-devant, sous l'inspection de l'Université de Paris, aux élèves du Collége royal de la Flèche. Par M.*** (Guy) de la même université.
Paris. 1777. Ph. D. Pierres. 1 vol. in-8°.

1454.— Le nœud Gordien heureusement dénoué et développé, consistant dans une quadrature du cercle, trouvée et démontrée. Par le Sieur *J.* Lansac, qui en est le seul et unique auteur.
Londees. 1770. Pièce in-4°.

1455. — Rêve géométrique sur la quadrature du cercle, lu à l'Académie d'Amiens, par M. l'*Abbé* Tournyer.
Amiens. 1806. Marielle. 1 vol. in-12.

1456. — Méthode géométrique pour diviser le cercle en un nombre quelconque de parties égales. Par *N.* Caron (1).
Paris. 1758. Guerin et Delatour. Pièce in-12.

1457. — Géométrie descriptive. Leçons données aux Écoles normales, l'an 3 de la République; par *Gaspard* Monge.
Paris. An VII. Baudouin. 1 vol. in-4°.

1458. — Traité de géométrie descriptive, par *J.* Adhémar. 3ᵉ édit., rev. et corr.
Paris. 1846. Mathias. 1 v. in-8° et atlas in-fol.

1459. — Leçons de géométrie analytique précédées des éléments de la trigonométrie rectiligne et sphérique. Par *P. L.* Cirodde. 2ᵉ édit.
Paris. 1848. Hachette et C.ᵉ 1 vol. in 8°.

1460. — Usages de l'analyse de Descartes pour découvrir, sans le secours du calcul différentiel, les propriétés, ou affections principales des lignes géométriques de tous les ordres. Par *Jean-Paul* de Gua de Malves.
Paris. 1740. Briasson. 1 vol. in-12.

1461. — Traité des fonctions elliptiques et des intégrales Eulériennes, avec des tables pour en faciliter le calcul numérique; par *A. M.* Legendre.
Paris. 1825-1832. Huzard-Courcier. 3 vol. in-4°.

g. — *Logarithmes et Tables.*

1462. — Tabulæ sinuum, tangentium et secantium ad partes radii 10,000,000 et ad scrupula prima Quadrantis, et ad earum praxin brevis introductio, ex pleniore tractatu *Christophori* Clavii.
Moguntiæ. 1607. J. Albinus. 1 vol. in-4°.

---

(1) Caron (*Antoine-Nicolas*), né à Amiens le 30 novembre 1719, mourut en..... 1768 ?

1463.—Logarithmorum canonis descriptio, seu arithmeticarum supputationum mirabilis abbreviatio. Ejusque usus in utraque trigonometria, ut etiam in omni logistica mathematica, amplissimi, facillimi et expeditissimi explicatio. Authore ac inventore *Joanne* Nepero.

Lugduni. 1620. B. Vincentius. 1 vol. in-4°.

On trouve à la suite :

—Mirifici Logarithmorum canonis constructio, et corum ad naturales ipsorum numeros habitudines ; una cum appendice, de aliâ eâque præstantiore Logarithmorum specie condendâ. Quibus accessere propositiones ad triangula sphærica faciliore calculo resolvenda. Unà cum annotationibus aliquot doctiss. D. *Henrici* Briggii in eas, et memoratam appendicem. Authore et inventore *Joanne* Nepero.

Lugduni. 1620. Barth. Vincentius. in-4°.

1464.—Arithmétique logarithmétique, ou la construction et usage d'une table contenant les logarithmes de tous les nombres depuis l'unité jusques à 100000, et d'une autre table en laquelle sont comprins les logarithmes des sinus, tangentes et sécantes, de tous les degrez et minutes du quart du cercle, selon le Raid de 10,00000,00000 parties. — Ces nombres premièrement sont inventez par *Jean* Neper ; mais *Henry* Brigs les a changé, et leur nature, origine, et usage illustré selon l'invention dudit Neper. La description est traduite du latin en françois, la première table augmentée, et la seconde composée par *Adriaen* Vlacq.

Goude. 1628. P. Rammasein. 1 vol. in-fol.

1465.—Tables portatives de logarithmes, contenant les logarithmes des nombres, depuis 1 jusqu'a 108000 ; les logarithmes des sinus et tangentes, de seconde en seconde pour les cinq premiers degrés, et de dix en dix secondes pour tous les degrés du quart de cercle ;

et, suivant la nouvelle division centésimale, de dix-millième en dix-millième, etc. Par *François* CALLET.

Paris. 1795. F. Didot. 1 vol. in-8°.

1466.— Tables trigonométriques décimales, ou table des logarithmes des sinus, sécantes et tangentes, suivant la division du quart de cercle en 100 degrés, du degré en 100 minutes, et de la minute en 100 secondes; précédées de la table des logarithmes des nombres depuis dix mille jusqu'à cent mille, et de plusieurs tables subsidiaires : calculées par *Ch.* BORDA, revues, augmentées et publiées par *J. B. J.* DELAMBRE.

Paris. An ix. Imp. de la République. 1 vol. in-4°.

1467.— Le rapporteur exact, ou tables des cordes de chaque angle, depuis une minute jusqu'à 180 degrés, pour un rayon de 1000 parties égales. A l'usage de ceux qui lèvent les plans au graphomètre, et de ceux qui s'occupent de la gnomonique, ou l'art de tracer les cadrans solaires. Par M. BAUDUSSON.

Paris. 1787. Didot. 1 vol. in-18.

h. — *Applications de l'Arithmétique et de la Géométrie.*

1468.— Arithmétique mémorialle. Par le moyen de laquelle on peut résoudre en son esprit toutes reigles qui concernent le négoce et trafic de toutes sortes de marchandises, sans user d'aucuns chiffres ny gettons. Ensuite de laquelle est une succinte disposition de la briefue arithmétique avec les gettons, qui est grandement nécessaire à toutes sortes de personnes, pour resoudre toutes reigles, avec plus de facilité et grande briefveté, que par les formes ordinaires de l'arithmétique avec la plume. Le tout provenant de l'invention du S^r DE LA FONTAINE.

Paris. 1630. N. Rousset. Pièce in-8°.

1469.— Invention nouvelle et admirable, pour faire toutes sortes de comptes, soit marchandises, monnoyes, poids et mesures pour vendre et acheter, etc. Mise en lumière par Le Monte Regal. Nouv. édit.

Rouen. 1648. Dav. Ferrand. 1 vol. in-16.

1470. — Calculs d'usage pour trouver promptement les poids et mesures suivant leurs prix, depuis un denier jusqu'à mil livres, et pour trouver les taxations en dehors et en dedans, depuis cent mil livres jusqu'à une livre. Par *Jean-Baptiste* Masson.

Paris. 1710. Cl. Jombert. 1 vol. in-8°.

1471. — Traité des changes étrangers, réciproquement pratiquez dans les principales places de l'Europe. Par *F.* Le Gendre.

Paris. 1668. L'auteur. 1 vol. in-4°.

1472. — Abrégé métodique, familier et raisonné des changes étrangers, contenant les raports ou comparaisons que les monoyes, les poids et les mesures des villes les plus célèbres de l'Europe ont entr'elles. Divisé en trois parties. Par le Sʳ *C.* Irson.

Paris. 1694. Guignard. 1 vol. in-8°.

1473. — Le livre nécessaire pour les comptables, avocats, notaires, procureurs, trésoriers ou caissiers, et généralement à toute sorte de conditions. Reveu et corrigé, etc. Par le Sʳ Barrème.

Paris. 1708. V. Macé. 1 vol. in-8°.

1474. — Le grand commerce ou le nouveau livre des changes estrangers, de tous les païs de l'Europe, du Sʳ Barrème, soit pour apprendre à les faire par règles, ou soit pour les trouver tous-faits par tarifs, suivant tous les différents prix du change.

Paris. 1709. Vᶜ Bessin. 1 vol. in-8°.

1475. — Nouvelle méthode pour trouver toutes sortes de calculs pour les rentes, depuis le denier sept jusqu'au denier trente, etc.

Paris. 1711. Guignard. 1 vol. in-16.

1476. — Tarif des produits des revenus. Par *Et.* Bonneau.

Paris. An ix. Imp. de la République. Feuille in-fol.

1477. — Cours pratique d'opérations de calcul décimal, applicable à la conversion réciproque des mesures anciennes et nouvelles, et à la détermination des prix proportionnels des unes et des autres. Par *Et.* Bonneau.

Paris. An ix. Imp. de la République. Feuille gr. in-fol.

1478. — Nouveau tableau des intérêts, depuis l'unité jusqu'à des millions, n'importe en quelle monnaie, à tous les taux et pour tous les termes, par jour, par mois et par année. Par *N.* Lamiraux.

Bruxelles. 1830. Feuille gr. in-fol.

1479. — Tarif d'escompte à six pour cent, ou méthode nouvelle pour faire un compte d'intérêt sans calculer, et pour le repasser sans poser de chiffres, à l'usage des banquiers, agents-de-change, capitalistes, négociants, marchands, et généralement de toutes les personnes qui font, reçoivent ou échangent des effets de commerce. Par *A.* Le Prince (1).

Amiens. 1817. Ledien Canda. 1 vol. in-8°.

1480. — Bibliothèque commerciale. — Manuel-barême de l'escompte à l'usage du commerce, de la banque, de l'industrie, etc. Nouveaux tableaux ou calculs faits des intérêts depuis un franc jusqu'à un million, par *Casimir* Delanoue.

Paris. 1855. Passard. 1 vol. in-12.

1481. — Quattro libri geometrici di *Silvio* Belli, *Vicentino*. Il primo del misurare con la vista. Gli altri tre sono della proportione et proportionalità communi passioni del quanto.

Venetia. 1595. Rub. Megietti. 1 vol. in-4°. Fig.

---

(1) Le Prince (*Pierre-Joseph-Auguste*), né à Amiens le 7 mai 1780, y mourut le 21 juillet 1855.

1482.—Les mathématiques et géométrie départies en cinq livres, contenant ce qui est le plus nécessaire pour l'utilité du public. De M. *Claude* FLAMAND. 2ᵉ édit.
Montbeliart. 1611. Jacq. Foillet. 1 vol. in-8°.

A la suite :

— La practique et usage d'arpenter et mesurer toutes superficies de terre. De M. *Claude* FLAMAND.
Montbéliart. 1611. Foillet. in-8°.

1483.—Epipolimétrie, ou art de mesurer toutes superficies. (Avec une practique sommaire de l'arithméticque.) Par *J.* L'HOSTE.
Sainct-Mihiel. 1619, F. Du Bois. 1 vol. in-fol.

1484.—La géométrie françoise, ou la pratique aisée pour apprendre sans maistre l'arpentage des figures accessibles et inaccessibles, mesures et toisez des fortifications; et toutes sortes de bâtimens pour ceux qui n'ont connoissance des mathématiques, avec la clef arithmétique pour ses opérations. Par le Sʳ BE BEAULIEU.
Paris. 1676. Ch. de Sercy. 1 vol. in-8°.

1485.—Traité de l'arpentage et du toisé, ou méthode facile pour arpenter et mesurer toutes sortes de superficies. Par M. OZANAM. Nouv. édit.
Paris. 1747. Ant. Jombert. 1 vol. in-12.

1486.—Géométrie de l'arpenteur, ou pratique de la géométrie, en ce qui a rapport à l'arpentage, aux plans, et aux cartes topographiques. Par M. DOYEN.
Paris. 1769. Jombert. 1 vol. in 8°.

1487.—The young measurer's complete guide, or a new and universal treatise of mensuration, both with regard to theory and practice. By *D.* FENNING.
London. 1772. Crowder. 1 vol. in-8°.

1488.—L'art des arpenteurs rendu facile, ou méthode pour apprendre, par une lecture réfléchie de trois heures, le moyen de mesurer exactement toutes les figures de terreins possibles et d'en donner les plans, sans se servir d'autres instrumens que de l'échelle et du compas. 3ᵉ édit.

Paris. 1783. Belin. Pièce in-4°.

1489. — Manuel d'arpentage, ou instruction élémentaire sur cet art et sur celui de lever les plans. Par *S. F.* LACROIX. 2ᵉ édit.

Paris. 1827. Roret. 1 vol. in-18.

1490. — L'art de lever les plans, et nouveau traité de l'arpentage et du nivellement; suivi d'un traité sur les solides, et d'un traité du lavis. Par *J. B.* TAVIEL DE MASTAING. 4ᵉ édit.

Paris et Dijon. 1832. Vᵉ Ch. Béchet. 1 vol. in-8°.

1491. — L'art de lever les plans, arpentage, nivellement et lavis des plans, enseigné en 20 leçons, sans le secours des mathématiques. Par THIOLLET. 4ᵉ édit.

Paris. 1834. Audin. 1 vol. in-8°.

1492. — Cours complet d'arpentage élémentaire, théorique et pratique; contenant les notions indispensables de géométrie; les principes fondamentaux de l'arpentage proprement dit; le levé, le lavis et le bornage des plans; le nivellement et les notions sur les déblais et les remblais; le partage des superficies agricoles; le métrage et le cubage des corps; enfin un grand nombre de problèmes gradués immédiatement suivis de leurs solutions raisonnées; augmenté d'un recueil de lois, formules et modèles de procès-verbaux usités en arpentage; d'un traité du partage amiable et judiciaire, etc. Par *D.* PUILLE. (d'Amiens.) — Ouvrage orné de 160 dessins intercalés dans le texte, gravés sur bois par *A.* BELHATTE et de deux planches topographiques dessinées et gravées par MM. CHARLES et *P.* DUMORTIER.

Paris. 1852. Pesron. 1 vol. in-12.

1493. — Traité de géodésie pratique, contenant de nouvelles

méthodes à l'aide desquelles on peut apprendre, sans le secours d'aucun maître, à diviser les quadrilatères irréguliers en autant de parties qu'on voudra par des lignes qui coupent les côtés en parties proportionnelles, par J. GORIN (1).

Amiens. 1848. Duval et Herment. 1 vol. in-8°. Pl.

1494. — Traité du nivellement, par M. l'*Abbé* PICARD ; avec une Relation raisonnée de divers nivellemens, et une Exposition abrégée de la mesure de la terre, par le même Auteur. Ouvrage posthume, primitivement publié par M. DE LA HIRE. Nouv. édit. corrigée, rectifiée, et enrichie d'un petit Traité à part sur le même objet, etc. Par l'Auteur de la *Théorie des êtres sensibles* (l'*Abbé* PARA DU PHANJAS.

Paris. 1780. Cellot et Jombert 1 vol. in-12.

1495. — Géodésie, ou traité de la figure de la terre et de ses parties ; contenant la topographie, l'arpentage, le nivellement, la géomorphie terrestre et astronomique, la construction des cartes ; la navigation. Par *L. B.* FRANCŒUR.

Paris. 1835. Bachelier. 1 vol. in-8°.

1496. — Traité du jauge universel, ensemble la méthode de toiser les ouvrages de maçonnerie, les pierres, etc. Par M. *Antoine* MOITOIRET DE BLAINVILLE.

Rouen. 1698. J. Besongne. 1 vol. in-12.

1497. — Mémoire sur le jaugeage des navires. Par M. BELLERY.

Paris. 1788. Barrois l'aîné. 1 vol. in-12.

1498. — Le toisé et le tarif général des bois, contenant ce qu'il faut observer en coupant les bois pour bâtir ; avec une méthode très-facile et très-simple pour toiser toutes sortes de pièces de bois. (Par FLEURY DE FREMICOURT.)

Paris. 1714. Cl. Jombert. 1 vol. in-12.

---

(1) GORIN (*Jacques*), est né à St.-Sauflieu, canton de Sains, le 22 février 1785.

1499. — Tarif du toisé superficiel et solide, où l'on trouve les calculs tout-faits sans mettre la main à la plume ; etc. Par *Mathias* MESANGE.

Paris. 1743 Jombert. 1 vol. in-8°.

1500. — Toisage des bois à la solive, exactement calculé par pieds, chevilles, comme il se pratique principalement en Picardie, et dans d'autres provinces.

Abbeville. 1780. Devérité. 1 vol. in-12.

1501. — Toisage des bois par solives, pieds et chevilles, en usage en Picardie et dans le nord de la France. 5ᵉ édit., rev., corr. et augm. de plusieurs tables de réduction des mesures anciennes en nouvelles, etc.

Abbeville. 1826. Devérité. 1 vol. in-12.

i. — *Instruments de mathématiques.*

1502. — Traité de la construction et des principaux usages des instrumens de mathématique. Par le Sʳ *N.* BION.

Paris. 1609. Boudot. 1 vol. gr. in-8°. Fig.

1503. — Quadratum geometricum præclarissimi mathematici *Georgii* BURBACHII.

Nurenberge. 1516. Joa Stuchs. Pièce in-fol.

1504. — Proteo militare di *Bartolomeo* ROMANO. Diviso in tre libri.

Napoli. 1595. Ant. Pace. 1 vol. in-4°.

1505. — L'Henry-mètre, instrument royal et universel, avec sa théorique, usage, et pratique démonstrée par les propositions élémentaires d'Euclide, et règles familières d'arithmétique : et aussi sans arithmétique : lequel prend toutes les mesures géométriques, et astronomiques, qui luy sont circulairement opposées tant au ciel, qu'en la terre, sur une seule station, par un seul triangle orthogone, etc. De l'invention d'*Henry* DE SUBERVILLE. Item un petit traicté sur la

Théorique et Pratique de l'extraction des racines quarrées, pour dresser les scadrons, et bataillons quarrés.

Paris. 1598. Ad. Perier, 1 vol. in-4°.

1506.—Logocanon, ou règle proportionnelle, sur laquelle sont appliquées plusieurs lignes et figures, divisées selon diverses proportions et mesures, en faveur de ceux qui se délectent en la practique des divines mathématiques. Par *D.* HENRION.

Paris. 1626. Bourriquant. 1 vol. in-8°.

1507.—L'usage, ou le moyen de pratiquer par une règle toutes les opérations du compas de proportion. Avec une ample construction de l'un et de l'autre augmentée des tables de la pesanteur et grandeur des métaux et plusieurs autres corps, et de la réduction de toutes les mesures et de tous les poids d'Europe, d'Afrique et d'Asie, à la mesure et au poids de Paris. Comme aussi la construction et usage du Talftoc ou Calibre d'artillerie. Par *P.* PETIT.

Paris. 1634. Meloh. Mondière. 1 vol. in-8°.

1508.—L'usage du compas de proportion. De *D.* HENRION. Nouvellement revu, corr. et augm. par le Sieur DESHAYES.

Paris. 1682. De la Caille. 1 vol. in-8°.

k. — *Poids et mesures.*

** — PRISCIANI vel, ut aliis placet, RHEMNII FANNII carmen de ponderibus et mensuris.

Parisiis. 1825. Didot. in-8°.

Vide, *Bibl. class. lat.*

** — PRISCIEN. Poème sur les poids et mesures, traduit pour la première fois en français par *E. F.* CORPET.

Paris. 1845. Panckoucke. in-8°.

Voyez: *Bibl. lat. franc.*

1509. — Système international des poids, mesures et monnaies. Réponse aux questions de la Commission royale d'Angleterre. Par *E.* PANNIER.

Abbeville. 1857. P. Briez. Pièce in-8°.

** — Base du système métrique décimal.

Voyez : *Astronomie.*

1510. — Dessins pour l'exécution des nouvelles mesures. Publiés par le Ministre de l'Intérieur.

1 cahier in-fol., contenant :

1. — Nouvelles mesures de longueur. — 2. Nouvelles membrures pour mesurer le bois de chauffage. — 3. 4. Mesures de capacité. — 6. Nouvelles futailles. — 11. Nouvelles mesures pour le lait.

1511. — Instruction sur les mesures déduites de la grandeur de la terre, uniformes pour toute la République, et sur les calculs relatifs à leur division décimale ; par la Commission temporaire des poids et mesures républicaines, en exécution des décrets de la Convention nationale.

Paris. An II. Lepetit. 1 vol. in-8°.

A la suite :

— Nouvelle instruction sur les poids et mesures, et sur le calcul décimal, adoptée par l'Agence temporaire des poids et mesures ; pour servir de supplément aux instructions déjà publiées, et d'explication au décret du 18 germinal de l'an 3. Par *C. A.* PRIEUR.

Paris. An 3. DuPont. in-8°.

1512. — Manuels-Roret. Nouveau petit manuel des poids et mesures, à l'usage des ouvriers et des écoles. Par M. TARBÉ. Nouv. édit.

Paris. 1840. Roret. 1 vol. in-18.

1513. — Les poids et mesures du système métrique dans leur simplicité primitive et sans comparaison avec les anciennes mesures, etc. Par M. SAIGEY. 5ᵉ édit.

Paris. 1841. Hachette. Pièce in-18.

1514.—Comparaison des mesures anciennes du département de la Somme avec les mesures nouvelles.

1 vol. in-fol., contenant :

— Tableau des anciennes mesures du département de la Somme, comparées aux mesures républicaines; publié par ordre du Ministre de l'Intérieur.

Paris. An VII. Imp. de la République. in-4°.

— Département de la Somme. — Poids et mesures. — Tableau général des mesures agraires du département de la Somme, et de leur réduction, etc.

Amiens. An VII. J. B. Caron l'aîné. in-4°.

— Instruction sur la comparaison des anciennes mesures de longueur, en usage dans le département de la Somme, pour l'aunage des étoffes, le toisé des bâtimens, l'arpentage des terrains, le solivage des bois de charpente, l'encordage des bois de chaufage, l'empilement de la tourbe; avec les mesures métriques qui doivent les remplacer dans tous les actes publics et particuliers, à dater du premier Vendémiaire an 8, en exécution de la Proclamation du Directoire exécutif, du 28 Messidor dernier.

Amiens. An VIII. Patin et Cᵉ. in-fol.

— Département de la Somme. — Poids et mesures. — Tableau des anciennes mesures linéaires du département, réduites en mètres millimètres, et réciproquement, etc.

Amiens. An VII. J. B. Caron l'aîné. in-fol.

— Tableau de la comparaison du mètre avec l'aune, (arrêté par le Préfet du département de la Somme, le 15 pluviôse, an x.)

Amiens. An X. J. B. Caron. in-4°.

— Bois de chauffage. — Tableau des différentes mesures appelées *cordes*, en usage dans le département de la Somme, pour la vente des bois de chaufage.

Amiens. An VII. (J. B. Caron.) in-fol.

— Mesures en usage, dans le département de la Somme, pour la vente des bois de charpente.

Amiens. An VII. (J. B. Caron.) in-fol.

1515.—Tables de rapports entre les anciennes mesures de longueur, de superficie, de solidité ou de capacité, en usage dans le département de la Somme, et les nouvelles mesures ; pour convertir réciproquement les unes dans les autres.

Amiens. (1802) Darras. (Lille. Dumortier.) 1 v. in-8°.

1516.— Guide dans l'usage des poids et mesures et du calcul décimal, suivi des notions de physique et de chimie nécessaires pour l'entière intelligence du système, d'exercices sur le toisé des surfaces et des volumes, des mesures agraires du département de la Somme, de tableaux de conversions et des prix relatifs des mesures anciennes et des nouvelles, par M. *L.* BRION.

Abbeville. 1850. Paillart. 1 vol. in-12.

** — Almanach d'Abbeville, annuaire de l'arrondissement, pour l'année 1840, contenant un traité des poids et mesures.

Voyez : *Histoire.* N°. 3836.

II. — PHYSIQUE.

a. — *Histoire.*

1517.— L'origine ancienne de la physique nouvelle, où l'on voit dans des entretiens par lettres, ce que la physique nouvelle a de commun avec l'ancienne, le degré de perfection de la physique nouvelle sur l'ancienne, les moyens qui ont amené la physique à ce point de perfection. Par le P. REGNAULT.

Paris. 1734. Clousier. 3 vol. in 12.

1518.— Histoire des progrès de l'esprit humain dans les sciences naturelles et dans les arts qui en dépendent. Avec un Abrégé de la vie des plus célèbres auteurs dans ces sciences. Par M. SAVÉRIEN.

Paris. 1775. Lacombe. 1 vol. in-8°.

1519.— Traité de paix entre Descartes et Newton, précédé des vies littéraire de ces deux chefs de la physique moderne. Par le P. *Aimé-Henri* PAULIAN.

Avignon. 1763. V° Girard. 3 vol. in-12.

b. — *Dictionnaires.*

1520.—Dictionnaire de physique. Par le P. *Aimé-Henri* Paulian.

Avignon. 1761. L. Chambeau. 3 vol. in-4°.

1521.—Dictionnaire de physique portatif; contenant les découvertes les plus intéressantes de Descartes et de Newton, et les traités de mathématiques nécessaires à ceux qui veulent étudier avec succès la physique moderne. 3ᵉ édit. Par l'Auteur du grand dictionnaire de physique. (*A. H.* Paulian).

Avignon. 1767. Vᵉ Girard. 2 vol. in-8°.

1522.—Dictionnaire de physique, par M. Sigaud de la Fond. Avec le supplément.

Paris. 1781-82. Rue et hôtel Serpente. 5 vol. in-8°.

" — Encyclopédie méthodique. Dictionnaire de physique, par MM. Monge, Cassini, Bertholon, Hassenfratz, etc.

Paris. 1793-1822. Agasse. 5 vol. in-4.° et atlas.

Voyez: *Encyclop. méthod.*

1523.—Dictionnaire raisonné de physique, par M. *J.* Brisson. 2ᵉ édit., rev. corr. et augm.

Paris. 1800. Magimel. 2 vol. in-4° et atlas.

c. — *Traités généraux.*

1524.—Aristotelis physica, ab eruditissimis hominibus conversa et emendata. *Ioannis* Demerlierii argumentis illustrata.

Parisiis. 1580. J. Du Puys. 1 vol. in-4°.

1525.—Questiones super octo libros phisicorum Aristotelis nec non super libros de cælo et mundo Magistri *Johannis* Dullaert *de Gandavo*, ab eodem pluribus mendis absterse et adamussim emuncte, utilibus etiam additamentis passim suffulte : annexis et novis questionibus.

Parisiis. 1511. Nicolaus De Pratis. 1 vol. in fol.

1526. — *Joannis* VELCURIONIS commentarii in universam physicen Aristotelis, distincti libris IV. Adjectus est *Jacobi* SCHEGKII dialogus de animæ principatu.

Lugduni. 1554. Franc. de Gabiano. 1 vol. in-8°.

1527. — Selecta circa octo libros physicorum ARISTOTELIS, subtilioris doctrinæ, quæ in Complutensi Academia versatur, miro quodam ordine disposita, et in dilucidam methodum redacta. Per *Franciscum* MURCIA DE LA LLANA.

Matriti. 1616. Typographia regia. 1 vol. in-4°.

** — *Joannis* DUNS SCOTI in octo libros physicorum ARISTOTELIS commentarii, cum annotationibus R. P. *Francisci* PITIGIANI.

Vide : *J.* DUNS SCOTI opera, II.

** — ALBERTI MAGNI philosophia pauperum, sive isagoge ad physicam Aristotelis.

Vide : ALBERTI MAGNI *opera*, XXI.

** — Divi *Thomæ* AQUINATIS in libros physicorum Aristotelis commentaria.

Vide : D. *Thomæ* AQUINATIS opera, II, III ; et N° 46.

1528. — Incipit textus abbreviatus ARISTOTELIS super octo libris physicorum, et tota naturali philosophia : nuper a magistro *Thoma* BRICOT compilatus : una cum continuatione textus magistri GEORGII et questionibus ejusdem de recenti ab eodem *Thoma* BRICOT revisus, atque diligentissime emendatus. Et primo sequitur prohemium abbreviationis in primo physicorum.

Parisiis. 1504. H. Stephanus. 1 vol. in-fol.

1529. — In hoc opere continentur totius (ARISTOTELIS) philosophiæ naturalis paraphrases, (à *Francisco* VATABLO recognitæ), adjectis ad literam scholiis.

Parisiis. 1521. S. Colinæus. 1 vol. in-fol.

1530.—Idem opus.
>**Parisiis. 1531. S. Colinæus. 1 vol. in-fol.**

** — Physicæ *Francisci* TITELMANNI compendium.
>Vide : N° 283.

1531.— ARISTOTELIS de generatione, et interitu liber primus, à *Flaminio* NOBILIO in latinam linguam conversus, et simplici primum verborum explanatione, deinde quæstionibus copiosissimis illustratus.
>**Lucæ. 1567. Vinc. Busdracus. 1 vol. in-fol.**

1532.—Commentarii Collegii Conimbricensis Societatis Jesu, in duos libros de generatione et corruptione ARISTOTELIS. Nunc denuo græci contextus latino è regione respondentis accessione auctiores, et emendatiores.
>**Lugduni. 1613. H. Cardon. 1 vol. in-4°.**

>Voyez aussi : N° 345.

Dans ce volume on trouve encore :

— Commentarii Collegii Conimbricensis in quatuor libros de cœlo, meteorologicos, parva naturalia, et ethica ARISTOTELIS.
>**Lugduni. 1616. H. Cardon. in-4°.**

1533.— R. P. *F. Dominici* BANNES quæstiones, et commentaria in duos libros ARISTOTELIS de generatione et corruptione.
>**Coloniæ. 1616. Joan. Crithius. 1 vol. in-4°.**

** — THEMISTII *Euphrade* in octo libros Aristotelis de auscultatione naturali commentaria, *Hermolao* BARBARO interprete.
>Vide : N° 55.

1534.— *Francisci* VICOMERCATI in octo libros ARISTOTELIS de naturali auscultatione commentarii, et eorundem librorum è græco in latinum per eundem conversio.
>**Lutetiæ. 1558. Vascosanus. 1 vol. in-fol.**

1535.— SIMPLICII Peripatetici commentaria in octo libros ARISTOTELIS de physico auditu, nunquam antea excusa. *Lucillo* PHILALTHEO interprete.
>**Parisiis. 1544. J. Roigny. 1 vol. in-fol.**

1536. — *Augustini* Niphi *Suessani* expositio super octo Aristotelis libros de physico auditu : cum duplici textus tralatione, antiqua videlicet, et nova ejus, ad græcorum exemplarium veritatem, ab eodem *Augustino* quam fidelissime castigatis : Averrois etiam in eosdem libros prooemium, ac commentaria, cum ipsius *Augustini* refertissima expositione, annotationibus, ac postremis in omnes libros recognitionibus, castigatissima conspiciuntur.

Venetiis. 1552. Apud Juntas. 1 vol. in-fol.

1537. — *Benedicti* Pererii de communibus omnium rerum naturalium principiis et affectionibus, libri quindecim, qui plurimum conferunt ad eos octo libros Aristotelis, qui de physico auditu inscribuntur, intelligendos.

Parisiis. 1585. Thom. Brumennius. 1 vol. in-4°.

1538. — Philosophiæ naturalis adversus Aristotelem libri xii In quibus abstrusa veterum Physiologia restauratur, et Aristotelis errores solidis rationibus refelluntur a *Sebastiano* Bassone.

Genevæ. 1621. Pet. de la Roviere. 1 vol. in-8°.

1539. — Parallèle des principes de la physique d'Aristote, et de celle de René Des Cartes. (Par le P. *René* le Bossu.)

Paris. 1674. Mich. le Petit. 1 vol. in-12.

** — Beati Alberti Magni physicorum libri.

Vide : Alberti Magni, opera, ii.

1540. — Enchiridion physicæ restitutæ, in quo verus Naturæ concentus exponitur, plurimique antiquæ philosophiæ errores, per canones et certas demonstrationes dilucidè aperiuntur. Tractatus alter inscriptus Arcanum Hermeticæ philosophiæ opus : in quo occulta Naturæ et Artis circa lapidis philosophorum materiam et operandi modum canonicè et ordinatè fiunt manifesta. Utrumque opus ejusdem Authoris anonymi (*Johannis* d'Espagnet).

Parisiis. 1542.   1 vol. in-16.

1541.— Embammata phisicalia magistri *Jacobi* ALMAIN *Senonensis*.
    Parisiis. 1506. Denis Roce. 1 vol. in-4°.

"" — *Petri* RAMI scholarum physicarum libri octo in totidem acroamaticos libros Aristotelis.
    Vide: *P.* RAMI *Scholæ liberales.*

"" — H. CARDANI de rerum varietate libri XVII. De subtilitate libri XXI.
    Vide: *H.* CARDANI opera, III.

1542.— Les livres de *Hierome* CARDANUS intitulez de la subtilité, et subtiles inventions, ensemble les causes occultes, et raisons d'icelles. Traduits de latin en françoys, par *Richard* LE BLANC.
    Paris. 1578. Guil. de la Noue. 1 vol. in-8°.

1543.— Même ouvrage.
    Rouen. 1642. V° Du Bosc. 1 vol. in-8°.

"" — *Pet.* GASSENDI physica in sectiones III distributa.
    Vide: P. GASSENDI *opera*, 1, 11.

"" — *Fr.* BACONIS scripta in naturali philosophia.
    Vide: *Fr.* BACONIS *opera.*

1544.— Disputationes de triplici universo, cœlesti, elemensari, et mixto, parvo homine: intimiora secreta philosophiæ perscrutantes, et naturæ mirabilia aperientes, perlustrantesque, etc. Opus *F. Michaelis* ZANARDI.
    Coloniæ. Agipp. 1620. Ant. Boetzerus. 1 vol. in-4°.

    Dans ce volume :

— Disputationes de universo elementari in tres partes divisæ. Per *F. Michaelem* ZANARDUM.
    Coloniæ Agripp. 1620. Ant. Boetzerus. in-4°.

1545.— Quæstiones et disputationes de universo cœlesti, universo elementari, et universo mixto parvo homine. Authore *R. P. F. Michaele* ZANARDO.
    Venetiis. 1630. Jac. Scalia. 1 vol. in-4°.

"" — *Danielis* SENNERTI epitome naturalis scientiæ et hypomnemata physicæ.
    Vide: D. SENNERTI opera, 1.

1546.— *Gilberti* JACCHÆI institutiones physicæ. Edit. postrema.
>Amstelrodami. 1644. L. Elzevirius. 1 vol. in-16.

1547.— *Danielis* LIPSTORPII specimina philosophiæ Cartesianæ. Quibus accedit ejusdem authoris Copernicus redivivus.
>Lugduni Batav. 1653. J. et D. Elsevier. 1 vol. in-4°.

1448.— *Johannis* CLAUBERGII opera physica, id est, physica contracta, disputationes physicæ, theoria viventium, et conjunctionis animæ cum corpore descriptio. Accedunt ejusdem metaphysica de ente.
>Amstelodami 1664. Dan. Elzevirius. 1 vol. in-4°.

1549.— Lettre philosophique : translatée d'aleman en françois par *Antoine* DU VAL.
>La Haye. 1659. Vlacq. 1 vol. in-16.

1550.— La philosophie naturelle restablie en sa pureté, où l'on void à découvert toute l'œconomie de la Nature, etc. (par *Jean* BACHOU). Avec le Traicté secret de la philosophie d'Hermez, qui enseigne la matière, et la façon de faire la Pierre philosophale.
>Paris. 1651. Ed. Pepingué. 1 vol. in-8°.

1551.— Traité de la physique. Par *Jacques* ROHAULT.
>Paris. 1671. V° Savreux. 2 en 1 vol. in-4".

1552.— Même ouvrage. Nouv. édit.
>Paris. 1705. G. Desprez. 2 vol. in-12.

1553.— Physica, id est scientia rerum corporearum, in decem tractatus distributa. Auctore *Honorato* FABRI.
>Lugduni. 1669-1671. Laur. Anisson. 4 vol. in-4°.

1554.— La science naturelle dégagée des chicanes de l'école. Par *G. B.* DE SAINT-ROMAIN.
>Paris. 1679. Ant. Cellier. 1 vol. in-12.

1555.— Essais de physique ; prouvez par l'expérience, et confirmez par l'Écriture Sainte. (Par *D. Edme* DIDIER).
>Paris. 1684. And. Pralard. 2 vol. en 1 vol. in-12.

1556.—Les principes de la philosophie, contre les nouveaux philosophes, Descartes, Rohault, Regius, Gassendi, le P. Maignan, etc. (Par *J. B.* DE LAGRANGE.)

Paris. 1684. Jean Couterot. 2 vol. in-12.

1557.—Elementa physices methodo mathematica demonstrata. Quibus accedunt dissertationes duæ : prior de causa soliditatis corporum ; posterior de causa resistentiæ fluidorum. Auctore *Wyero Gulielmo* MUYS.

Amstelodami. 1711. Janssonii Waesbergii. 1 vol. in-4º.

1558.—Le guerrier philosophe ; où l'on verra la réfutation de divers systhèmes des philosophes anciens et modernes, et l'établissement d'un nouveau systhème, pour expliquer tout le mystère de la machine de l'Univers, suivant les régles des méchaniques : avec plusieurs autres questions de philosophie. (PAR DE RASSIELS DU VIGUIER.)

Paris. 1712. Pepie. 1 vol. in-12.

** — *Joannis* KEILL introductio ad veram physicam.

Vide : Nº 1351.

1559.—Essai de physique par M. *Pierre* VAN MUSSCHENBROEK ; avec une description de nouvelles sortes de machines pneumatiques, et un recueil d'expériences par M. J. V. M.... (*Jean* VAN MUSSCHENBROEK.) Traduit du hollandais par *Pierre* MASSUET.

Leyden. 1739. Sam. Luchtmans. 2 vol. in-4º.

1560.—Cours de physique expérimentale et mathématique, par *Pierre* VAN MUSSENBROEK, traduit par M. SIGAUD DE LA FOND.

Paris. 1769. Didot jeune. 3 vol. in-4º. Fig.

1561.—Philosophia ad usum scholarum accommodata. Physica. Auctore *Antonio* SEGUY.

Parisiis. 1775. Vid. Savoye. 2 vol. in-12.

1562.—Leçons de physique expérimentale. Par M. l'*Abbé* NOLLET.

Paris. 1743 1764. Guérin fr. 6 vol. in-12.

1563.— Même ouvrage. 8ᵉ édit..

Paris. 1775. Durand. 6 vol. in-12. Port.

1564.— Les entretiens physiques d'Ariste et d'Eudoxe, ou physique nouvelle en dialogues, qui renferme précisément ce qu'il y a de plus curieux et de plus utile dans la nature. Par le P. Regnault. 7ᵉ édit.

Paris. 1745-1750. David. 5 vol. in-12.

1565.— Manuel physique, ou manière courte et facile d'expliquer les phénomènes de la nature. Par M. *Jean* Ferapie Dufieu. 2ᵉ édit.

Lyon. 1760. Geof. Regnault. 1 vol. in-8°.

1566.— Nouvelle physique céleste et terrestre, à la portée de tout le monde. Par M. *J. C. F.* de la Perriere, chevalier, seigneur de Roiffé.

Paris. 1766. Delalain. 3 vol. in-12. Fig.

1567.— Physique du monde; par M. le Baron de Marivetz et par M. Goussier.

Paris. 1780. Quillau. 5 en 7 vol. in-4°. Fig.

1568.— Nouvelle physique, destinée au cours d'éducation des jeunes demoiselles, et des jeunes messieurs qui ne veulent pas apprendre le latin. Par M. Wandelaincourt.

Paris. 1782. Durand neveu. 1 vol. in-12.

1569.— Leçons de physique expérimentale. Par M. Sigaud de La Fond.

Paris. 1767. Des Ventes de la Doué. 2 vol. in-12. Fig.

1570.— Elémens de physique théorique et expérimentale, pour servir de suite à la description et usage d'un cabinet de physique expérimentale, 2 vol. in-8°. Avec figures. Par M. Sigaud de La Fond.

Paris. 1777. F. Gueffier. 4 vol. in-8°. Fig.

1571.— Elémens de physique, ou abrégé du cours complet de physique, spéculative et expérimentale, systématique et géométrique, de M. l'*Abbé* PARA DE PHANJAS. (Par l'Auteur.)

Paris. 1781. Cellot. 1 vol. in-8°. Pl.

1572.— Traité élémentaire de physique, par *J. A. J.* COUSIN.

Paris. An III. Barrois. 1 vol. in-8°.

1573.— Traité élémentaire ou principes de physique fondés sur les connoissances les plus certaines, tant anciennes que modernes, et confirmés par l'expérience. Par *Mathurin-Jacques* BRISSON. 2ᵉ édit.

Paris. 1797. Bossange, Masson et Besson. 3 vol. in-8°.

1574.— La physique réduite en tableaux raisonnés, ou programme du cours de physique fait à l'École polytechnique par *Étienne* BARRUEL.

Paris. An VII. Baudouin. 1 vol. in-4°.

1575.— Cours de physique expérimentale et de chimie ; à l'usage des écoles centrales, et spécialement de l'école centrale de la Côte-d'or. Par *Pierre* JACOTOT.

Paris. An IX. Richard, Caille et Ravier. 3 vol. in-8°.

1576.— Traité élémentaire de physique, présenté dans un ordre nouveau, d'après les découvertes modernes ; par *A.* LIBES.

Paris. 1801. Deterville. 3 vol. in-8°. Tom. 1ᵉʳ manque.

1577.— Traité élémentaire de physique, par M. l'*Abbé* HAUY. 2ᵉ édit.

Paris. 1806. Courcier. 2 vol. in-8°.

1578.— Essai d'un cours élémentaire et général des sciences physiques ; par *S. F.* BEUDANT. — Partie physique.

Paris. 1815. Tilliard. 1 vol. in-8°. Pl.

1579.— Traité de physique expérimentale et mathématique, par *J. B.* BIOT.

Paris. 1816. Deterville. 4 vol. in-8°.

1580.— Cours élémentaire de physique expérimentale ; par *J.ʰ* MOLLET.

Paris. 1822. Bachelier et Huzard. 2 vol. in-8°.

1581.—Manuel de physique, ou élémens abrégés de cette science. Par *C.* Bailly. 3ᵉ édit.
Paris. 1826. Roret. 1 vol. in-18. Fig.

1582.—Traité de physique appliquée aux arts et métiers, et principalement à la construction des fournaux, des calorifères à air et à vapeur, des machines à vapeur, des pompes; etc. Par M. *J. J. V.* Guilloud.
Paris. 1827. Raynal. 1 vol. in-12. Pl.

1583.—Elémens de physique expérimentale et de météorologie, par *C. S. M. M. R.* Pouillet.
Paris. 1827-1830. Béchet jeune. 4 vol. in-8º.

1584.—Cours de physique de l'école polytechnique, par *G.* Lamé.
Paris. 1836-1837. Bachelier. 2 vol. in-8º.

1585.—Leçons de physique, à l'usage des collèges, par *F. C. H.* Pollet.
Amiens. 1842-1843. Lenoel-Hérouart. 2 v. in-8º et atl.

1586.—Traité élémentaire de physique par *E.* Péclet. 4ᵉ édit. rev. et aug.
Paris. 1847. Hachette et Cie. 2 vol. in-8º et atlas.

1587.—Eléments de physique expérimentale et de météorologie par M. Pouillet. 5ᵉ édit.
Paris. 1847. Bèchet jeune. 2 vol. in-8º.

d. — *Traités spéciaux.* — *De la pesanteur.* — *De l'attraction.*

1588.—*Stephani* Natalis gravitas comparata, seu comparatio gravitatis aeris cum hydrargyri gravitate.
Parisiis. 1648. Seb. Cramoisy. 1 vol. in-8º.

1589.—Traitez de l'équilibre des liqueurs, et de la pesanteur de la masse de l'air. Par M. Pascal. 2ᵉ édit.
Paris. 1664. Ch. Savreux. 1 vol. in-12. Fig.

1590.—La tensione et la pressione disputanti qual di loro sostenga l'argentovivo ne' cannelli dopo fattone il vuoto. Discorso del P. *Daniello* BARTOLI.

Venetia. 1678. Gio. Fran. Valvasense. 1 vol. in-16.

1591.— Dissertation sur la cause de la pesanteur et de l'uniformité des phénomènes qu'elle nous présente. Par M. DAVID.

Amsterdam. Paris. 1767. Vallat. 1 vol. in-8º.

1592.— Dissertation sur la cause de l'élévation des liqueurs dans les tubes capillaires. Par M. DE LA LANDE.

Paris. 1770. Desaint. 1 vol. in-8º.

1593.— *Ottonis* DE GUERICKE experimenta nova (ut vocantur) Magdeburgica de vacuo spatio, primùm à R. P. *Gaspare* SCHOTTO, nunc verò ab ipso auctore perfectiùs edita, variisque aliis experimentis aucta.

Amstelodami. 1672. J. Janssonius. 1 vol. in-fol.

1594.— Lettres d'un mathématicien à un abbé, où l'on fait voir : 1º Que la matière n'est pas divisible à l'infini. 2º Que parmi les estres créez il ne sçauroit y avoir d'infinis en nombres ni en grandeur. 3º Enfin, que les métaphysiciens qui pensent autrement abusent des mathématiques et de leurs démonstrations, lorsqu'ils s'en servent pour appuyer leurs opinions. (Par l'*Abbé* DEIDIER.)

Paris. 1737. A. Jombert. 1 vol. in-12. Fig.

1595.— Nouvelle branche de physique ou études sur les corps à l'état sphéroïdal. Par *P. H.* BOUTIGNY. 2ᵉ édit.

Paris. 1847. Mathias. 1 vol. in-8º.

1596.— Etude sur le pendule à oscillations électro-continues, de M. Léon Foucault. Hypothèse sur la résistance de l'éther, par *Édouard* GAND (1). (Notice lue à l'Académie d'Amiens, dans la séance du 15 décembre 1855.

Amiens. 1855. Alf. Caron. Pièce in-8º.

---

(1) GAND (*Antoine-Joseph-Édouard*), naquit à Amiens le 19 décembre 1815.

1597. — De fluxu et refluxu maris capita quædam, cum quibusdam problematis, pro loco (ut vocant) in inclyta facultate philosophica consequendo, ad disceptandum proposita Lipsiæ, à *Christophoro* Meurero.

    Lipsiæ. 1684. G. Defner. Pièce in-8°.

1598. — Desabusement des esprits vains qui s'amusent à chercher dans l'art, ce qui n'est que dans la nature : et dans la nature ce qu'elle n'a pas. Où on voit les merveilles de la Sapience divine, à causer les flux de l'océan, les vents, etc. Par Maistre *Louis* Pascal.

    Tolose. 1626. Colomiez. 1 vol. in-12.

1599. — Causæ fluxus et refluxus maris, ventorum, et febris intermittentis. A M. *Jacobo* Le Royer.

    Parisiis. 1660. Joa. De la Caille. 1 vol. in-16.

1600. — Traité du flux et reflux de la mer, où l'on explique d'une manière nouvelle et simple, la nature, les causes, et les particularitez de ce phènomène. Par le R. P. D. *Jacques* Alexandre.

    Paris. 1726. Babuty. 1 vol. in-12.

1601. — Raisonnemens philosophiques touchant la salûre, flux et reflux de la mer, et l'origine des sources, tant des fleuves que des fontaines. Par M. *Nicolas* Papin. Ausquels est adjousté un Traicté de la lumière de la mer, composé par le mesme autheur.

    Blois. 1647. F. de la Saugere. 1 vol. in-8°.

1602. — Le secret découvert du flux et reflux de la mer, et des longitudes. Par M. *César* d'Arcons.

    Paris. 1656. Ant. de Sommaville. 1 vol. in-8°.

1603. — Le pilote de l'onde vive, ou le secret du flux et reflux de la mer; contenant la cause de ses mouvemens, et celle du Point fixe. Avec un Voyage abrégé des Indes, et une explication de la quadrature du cercle. 2ᵉ édit. augm. de deux traitez nouveaux sur la philosophie naturelle. (Par *Mathurin* Eyquem du Martineau.)

Ces deux traités sont: Le tombeau de Sémiramis nouvellement ouvert aux Sages, et la Réfutation de l'anonyme Pantaléon, soy-disant disciple d'Hermés.

Paris. 1689. Laurent d'Houry. 1 vol. in-12.

1604.— Dissertation physique sur le flux et reflux de la mer, et sur d'autres sujets : par M. Roubaix de Turcoin. Publié par M. Dury de Champdoré.

La Haye. 1737. J. Van Duren. 1 vol. in-8°.

" — De causa physica fluxus et refluxus maris. A D. D. Mac-Laurin.

" — Traité sur le flux et reflux de la mer. Par *Dan.* Bernouilly.

Voyez : N°. 1350.

e. — *De la chaleur.*

1605.— Dissertations académiques sur la nature du froid et du chaud. Par le Sr Petit. Avec un discours sur la construction et l'usage d'un cylindre arithmétique, inventé par le mesme autheur.

Paris. 1671. Oliv. de Varennes. 1 vol. in-12.

" — Sur le rayonnement de la chaleur à travers l'atmosphère.

Voyez : *OEuvres* de *Fr.* Arago, VIII.

1606.— La méchanique du feu, ou l'art d'en augmenter les effets, et d'en diminuer la dépense. Contenant le traité de nouvelles cheminées qui échauffent plus que les cheminées ordinaires, et qui ne sont point sujettes à fumer, etc. Par M. G.... (*Nic.* Gauger.)

Amsterdam. 1714. Hen. Schelte. 1 vol. in-8°.

1607.— Recherches physiques sur le feu. Par M. Marat.

Paris. 1780. Jombert. 1 vol. in-8°. Fig.

1608.— Traité de la chaleur considérée dans ses applications. Par *E*. Péclet. 2e édit.

Paris. 1843. Hachette. 2 vol. in 4° et atlas in-fol.

18.

1609. — Essai sur la meilleure construction des cheminées, par le Comte de RUMFORD. 2ᵉ édit.

Genève. An ix. Bibl. britannique. 1 vol. in-8°. Fig.

1610. — Application du calorique qui se perd dans les cheminées des tisards des chaudières d'usines, à un ventilateur et à une étuve, propres aux fabriques de sirops, de sucres, et d'indigos ; aux manufactures d'acide sulfurique, de savons, etc. ; par M. *C.* PAJOT DES CHARMES.

Paris. 1813. Poulet. 1 vol. in-8°.

1611. — Avis au peuple sur l'économie de son bois, ou utile réparation à faire aux cheminées ; par COINTEREAUX. 2ᵉ édit. rev. et augm. d'après de nouvelles expériences.

Paris. 1806. Cointereaux. 1 vol. in-8°. Pl.

1612. — Mémoire sur la force expansive de la vapeur de l'eau, par M. DE BETANCOURT.

Paris. 1790. Laurent. 1 vol. in-4°.

f. — *Du magnétisme et de l'électricité.*

** — *Francisci* BACONI inquisitio de magnete.

Vide : *Fr.* BACONI *opera.*

1613. — Précis historique et expérimental des phénomènes électriques, depuis l'origine de cette découverte jusqu'à ce jour ; par M. SIGAUD DE LA FOND. 2ᵉ édit.

Paris. 1785. Rue et hôtel Serpente. 1 vol. in-8°.

1614. — Essai sur l'électricité des corps. Par M. l'*Abbé* NOLLET.

Paris. 1746. Guérin frères. 1 vol. in-12.

1615. — Même ouvrage. 2ᵉ édit.

Paris. 1753. Guérin fr. 1 vol. in-12.

1616. — Lettres sur l'électricité. Dans lesquelles on examine les dernières découvertes qui ont été faites sur cette

matière, et les conséquences que l'on en peut tirer. Par l'*Abbé* Nollet.
Paris. 1753. Guérin et Delatour. 2 v. in-12.

1617.— Recherches sur les causes particulières des phénomènes électriques, et sur les effets nuisibles ou avantageux qu'on peut en attendre. Par M. l'*Abbé* Nollet.
Paris. 1749. Guérin fr. 1 v. in-12.   **Voy. N° 1615.**

1618.— Même ouvrage. 3° édit.
Paris. 1753. Guérin frères. 1 vol. in-12.

1619.— Même ouvrage. Nouv. édit.
Paris. 1764. Guérin et Delatour. 1 vol. in-12.

1620.— Recueil de traités sur l'électricité, traduits de l'allemand et de l'anglois.

1° — Essai sur la nature, les effets et les causes de l'électricité, avec une description de deux nouvelles machines à électricité. Traduit de l'allemand de M. *F. H.* Winckler.

2° — Expériences et observations, pour servir à l'explication de la nature et des propriétés de l'électricité. Par M. *Guillaume* Watson. Traduites de l'anglois d'après la 2° édit.

° — Essai sur la cause de l'électricité, où l'on examine, pourquoi certaines choses ne peuvent pas être électrisées, et quelle est l'influence de l'électricité dans les rhumatismes du corps humain, dans la nielle des arbres, dans les vapeurs des mines, dans la plante sensitive, etc. 2° édit., avec un Supplément, traduit de l'anglois de M. *J.* Freke.

Paris. 1748. Séb. Jorry. 3 vol. in-12.

1621.— Nouvelle dissertation sur l'électricité des corps. Par M. Morin.
Chartres. 1748. V° J. Roux. 1 vol. in-12.

1622.— Réplique à M. l'abbé Nollet sur l'électricité. Par M. Morin.
Chartres. 1749. V° J. Roux. Pièce in-12.

1623.— Expériences sur l'électricité, avec quelques conjectures sur la cause de ses effets. Par M. Jallabert.
Paris. 1749. Durand. 1 vol. in-8°.

1624. — Traité de la cause et des phénomènes de l'électricité. Par M. Boullanger (1).

Paris. 1750. V° David. 2 vol. in-8°. Fig.

1625. — Expériences et observations sur l'électricité faites à Philadelphie en Amérique par M. *Benjamin* Franklin; et communiquées dans plusieurs lettres à M. P. Collinson. Traduites de l'anglois (par *F. T.* Dalibard.)

Paris. 1752. Durand. 1 vol. in-8°.

1626. — Le spectacle du feu élémentaire, ou cours d'électricité expérimentale. Par M. *Ch.* Rabiqueau.

Paris. 1753. Jombert. 1 vol. in-8°. Fig.

1627. — Principes d'électricité, contenant plusieurs théorêmes appuyés par des expériences nouvelles, avec une analyse des avantages supérieurs des conducteurs élevés et pointus. Par *Milord* Mahon. Ouvrage traduit de l'anglois, par M. l'*Abbé* N. (*J.* Needham.)

Londres. Bruxelles. 1781. Flon. 1 vol. in-8°.

1628. — Essai sur l'électricité naturelle et artificielle; par M. le Comte de Lacepède.

Paris. 1781. Imp. de Monsieur. 2 vol. in-8°.

1629. — Recherches physiques sur l'électricité; par M. Marat.

Paris. 1782. Clousier. 1 vol. in-8°. Pl.

1630. — Traité complet d'électricité, par M. *Tibère* Cavallo, traduit de l'anglois sur la 2° et dernière édition de l'auteur, enrichie de ses nouvelles expériences. (Par M. l'*Abbé* de Silvestre.)

Paris. 1785. Guillot. 1 vol. in-8°. Pl.

1631. — Description de la machine électrique négative et positive de M. Nairne, avec les détails de ses applications à la physique, et principalement à la médecine; traduit de l'anglois, par M. Caullet de Veaumorel.

Paris. 1784. Didot. 1 vol. in-12. Fig.

---

(1) Boullanger (*Claude-François-Félix*), seigneur de Rivery, né à Amiens le 12 juillet 1725, mourut à Paris le 24 décembre 1758.

1632.— Exposition raisonnée de la théorie de l'électricité et du magnétisme, d'après les principes de M. Æpinus. Par M. l'*Abbé* Hauy.

    Paris. 1787. Vᵉ Desaint. 1 vol. in-8°.

1633.— Elémens d'électricité et de galvanisme, par *Georges* Singer, ouvrage traduit de l'anglais, et augmenté de notes, par M. Thillaye.

    Paris. 1817. Bachelier. 1 vol. in-8°. Pl.

1634.— Exposé des nouvelles découvertes sur l'électricité et sur le magnétisme, de MM. Œrsted, Arago, Ampère, H. Davy, Biot, Erman, Schweiger, de la Rive, etc.; par MM. Ampère et Babinet.

    Paris. 1822. Méquignon-Marvis. 1 vol. in-8°.

1635.— Traité expérimental de l'électricité et du magnétisme, et de leurs rapports avec les phénomènes naturels; par M. Becquerel.

    Paris. 1834-1840. Didot fr. 7 vol. in-8° et atlas in-fol.

1636.— Traité d'électricité et de magnétisme, et des applications de ces sciences à la chimie, à la physiologie et aux arts, par MM. Becquerel et *Edmond* Becquerel.

    Paris 1855-1856. F. Didot fr. 3 vol. in-8°. Pl.

** — *Hieronymi* Cardani de fulgure.

    Vide : *H.* Cardani *opera*, ii.

1637.— La nature dans la formation du tonnerre, et la reproduction des êtres vivans, pour servir d'introduction aux vrais principes de l'agriculture. Par M. l'*Abbé* Poncelet.

    Paris. 1766. Le Mercier. 2 en 1 vol. in 8°.

** — Le tonnerre, par *Fr.* Arago.

    Voyez : *Œuvres* de *Fr.* Arago, iv.

1638.— Traité des parafoudres et des paragrêles en cordes de paille, précédé d'une météorologie électrique ; présentée sous un nouveau jour , et terminé par l'analyse de la bouteille de Leyde. Par LAPOSTOLLE (1).

Amiens. 1820. Caron-Vitet. 1 vol. in-8°.

1639. — Des parafoudres et des paragrêles. — Mélanges.

1 vol. in-8°, contenant :

1. — Parafoudres et paragrêles en cordes de paille. — 1ᵉʳ supplément. — Appel à l'opinion publique, ou réponse à un rapport fait à l'Académie royale des sciences de Paris, dans sa séance du 24 juillet 1820. Par LAPOSTOLLE.

Amiens. 1820. Caron-Vitet. in-8°.

2. — Parafoudres et paragrêles en cordes de paille. — IIᵉ appel à l'opinion publique. Deuxième supplément. (Par LAPOSTOLLE.)

Amiens. 1824. Caron-Vitet. in-8°.

3. — Traité des parafoudres et des paragrêles en cordes de paille. — Troisième supplément, dans lequel on verra l'exposé des succès qu'obtient journellement cette découverte chez les puissances voisines, telles que l'Italie, la Lombardie, tous les cantons de la Suisse, une partie de l'Allemagne et de la Prusse, et déjà sur plusieurs départements méridionaux de France. Par LAPOSTOLLE.

Amiens. 1826. Caron-Vitet. in-8°.

4. — Parafoudres et paragrêles en cordes de paille. (Lettre) à M. le Rédacteur du Journal de la Somme. Par LAPOSTOLLE.

Amiens. 1826. Caron-Vitet. in-8°.

5. — Della formazione della gragnuola ne' temporali nuova ipotesi del dottore *Francesco* ORIOLI.

Bologna. 1826. Tipi del Nobili. in-8°.

6. — Précis des effets produits par les paragrêles, pendant l'année 1823 ; suivi d'une instruction sur la manière de construire des paratonnerres économiques, à conducteur métallique ; servant d'appendice à un opuscule intitulé : Moyens préservatifs de la foudre et de la grêle, année 1822. Par M. *Ch. E.* TOLLARD.

Tarbes. 1824. Lagarrigue. in-8°.

7. — Observations sur les parafoudres et paragrêles en cordes de

---

(1) LAPOSTOLLE (*Alexandre-Ferdinand-Léonce*), né à Maubeuge le 21 décembre 1749, mourut à Amiens, où il s'était établi à l'âge de 22 ans, le 19 décembre 1831.

pailles d'Amiens, destinés aux propriétaires et cultivateurs. Par LIOU.

Amiens. 1827. R. Machart. in-8°.

1640.— Second mémoire sur l'électricité médicale, et histoire du traitement de quarante-deux malades entièrement guéris, ou notablement soulagés par ce remède. Par M. MASARS DE CAZELES.

Paris. 1782. Méquignon. 1 vol. in-12.

1641.— Société royale académique des sciences. Rapport sur l'application de l'électricité au traitement des maladies, d'après les procédés de M. Girardin. (Par M. J. L. NAUCHE).

Paris. 1819. Leblanc. Pièce in-8°.

1642.— Manuel du galvanisme, ou description et usage des divers appareils galvaniques employés jusqu'à ce jour, tant pour les recherches physiques et chimiques, que pour les applications médicales. Par *Joseph* IZARN.

Paris. 1804. Barrau. 1 vol. in-8°. Pl.

1643.— Précis succinct des principaux phénomènes du galvanisme, suivi de la traduction d'un commentaire de J. ALDINI, sur un mémoire de Galvani, ayant pour titre : Des forces de l'électricité dans le mouvement musculaire, ouvrage très-rare en France, et qui n'a point encore été traduit ; et de l'extrait d'un ouvrage de VASSALI EANDI, ayant pour titre : Expériences et observations sur le fluide de l'electromoteur de Volta ; par CASSIUS, LARCHER-DAUBANCOURT et DE SAINTOT.

Paris. 1803. Delaplace et Goujon. 1 vol. in-8°.

** — Voyez : *Œuvres* de *Fr.* ARAGO. Notices scientifiques.

1644.— Recueil de pièces concernant le galvanisme, le magnétisme et l'électricité.

1 vol. in-8°, contenant :

1. — Observations générales sur la théorie de la vie, ou appendix des leçons de physiologie, dictées dans l'Université royale des

études de Naples, en 1804. Par *Nicolas* ANDRIA, traduites par *Antoine* PITARO.

Paris. 1805. Giguet et Michaud. in-8°.

2. — Exposé du galvanisme, accompagné de faits nouveaux qui n'ont point encore été publiés, par le C. DE PONTON-D'AMÉCOURT.

Paris. 1803. Renard. in-8°.

3. — Mémoire sur l'application méthodique du galvanisme au traitement des maladies ; par *E.* ANDRIEUX.

Paris. 1824. Guellier. in-8°.

4. — Essai sur l'emploi médical de l'électricité et du galvanisme. Par THILLAYE.

Paris. 1803. Demonville. in-8°.

5. — Rapport de MM. COSNIER, MALOET, DARCET, PHILIP, LE PREUX, DESESSARTZ et PAULET, sur les avantages reconnus de la nouvelle méthode d'administrer l'électricité dans les maladies nerveuses, particulièrement dans l'épilepsie et dans la catalepsie ; par M. LEDRU, connu sous le nom de COMUS. Ce rapport est précédé de l'Apperçu du système de l'auteur sur l'agent qu'il emploie, et des avantages qu'il en a tirés.

Paris. 1783. Pierres. in-8°.

6. — Dissertation sur le galvanisme et son application, par *Charles-Frédéric* GEIGER.

Paris. 1802. Guilleminet. in-8°.

7. — Recherches sur les causes qui développent l'électricité dans les appareils galvaniques. Par GAUTHEROT.

Paris. An XI. Cagnard. in-8°.

8. — Mémoire sur l'électricité médicale, couronné le 6 août 1783, par l'Académie de Rouen. (Par MARAT.)

Paris. 1784. Méquignon. in-8°.

9. — Analyse chimique de la lumière, et nouvelle théorie des phenomènes magnétiques, électriques et galvaniques. Par *B.* VILLAIN.

Paris. 1810. Migneret. in-8°.

10. — L'électricité, sa cause, sa nature, sa théorie ; le galvanisme, le magnétisme. Par M. LIMES.

Paris. 1808. Levacher. in-8°.

** — Pour ce qui concerne l'application de l'électricité et du galvanisme à la médecine, et le magnétisme animal, voyez : *Médecine*, N°^{s} 2302 à 2314 et N°^{s} 3596 à 3603.

g. — *De la lumière.*

** — *Franç.* BACONI de luce et lumine.

Vide : *Fr.* BACONI *opera.*

1645. — Le monde de M. DESCARTES, ou le traité de la lumière et des autres principaux objets des sens. Avec un discours de l'action des corps, et un autre des fièvres, composez selon les principes du même auteur.
Paris. 1664. M. Bobin. 1 vol. in-8°.

1646. — Nouvelles pensées sur les causes de la lumière, du desbordement du Nil, et de l'amour d'inclination. Par le Sr DE LA CHAMBRE.
Paris. 1634. P. Rocolet. 1 vol. in-4°.

1647. — La lumière. Par le Sieur DE LA CHAMBRE.
Paris. 1657. P. Rocolet. 1 vol. in-4°.

1648. — Nouvelle découverte sur la lumière, pour la mesurer et en compter les degrés. Par le R. Père FRANÇOIS MARIE.
Paris. 1700. Louis Sevestre, 1 vol. in-12.

1649. — Examen et réfutation des élémens de la philosophie de Neuton de M. de Voltaire, avec une Dissertation sur la réflexion et la réfraction de la lumière. Par M. *Jean* BANIÈRES.
Paris. 1739. Lambert. 1 vol. in-8°.

1650. — Le Newtonianisme pour les dames, ou entretiens sur la lumière, sur les couleurs, et sur l'attraction. Traduits de l'italien de M. ALGAROTTI. Par M. DUPERRON DE CASTERA.
Paris. 1738. Montalan. 2 vol. in-12.

1651. — Traité physique de la lumière et des couleurs, du son, et des différens tons. Par M. *Jean* BANIÈRES. Tom. 1er. Contenant le traité de la lumière et des couleurs.
Paris. 1747. V.e Mazières. 1 vol. in-12.

1652.—Dissertatio physico-medica inauguralis, experimenta nova de spectris seu imaginibus ocularibus coloratis exhibens; quæ, objectis lucidioribus antea visis, in oculo clauso vel averso percipiuntur, quam examini submittit *Robertus* WARING DARWIN.

Lugduni Batavorum. 1785. Mostert. Pièce in-4°.

1653.—Nouveau système de l'univers, sous le titre de chroagénésie, ou critique des prétendues découvertes de Newton. Par M. GAUTIER.

Paris. 1750. 1 vol. in-12.

1654.—Mémoires académiques, ou nouvelles découvertes sur la lumière, relatives aux points les plus importans de l'optique. (Par MARAT).

Paris. 1788. Méquignon. 1 vol. in-8°.

** — Voyez : *Œuvres* de *Fr.* ARAGO. Mém. scientif.

** — Pour ce qui concerne la lumière et ses applications, voyez plus loin : *Optique*.

h. — *Météorologie*.

1655.—ARISTOTELIS meteorologicorum libri IIII, *Joachimo* PERIONIO *Cormœriaceno* interprete.— Ejusdem PERIONII in eosdem libros observationes.

Parisiis. 1552. Th. Richardus. 1 vol. in-4°.

Dans ce volume :

— ARISTOTELIS de ortu et interitu libri duo, *Joachimo* PERIONIO interprete. Ejusdem PERIONII in eosdem observationes.

Parisiis. 1550. Richardus. in-4°.

— ARISTOTELIS de cælo libri IIII, *Joachimo* PERIONIO interprete, per *N.* GROUCHIUM correcti et emendati.

Parisiis. 1552. Richardus. in-4°.

1656.—ARISTOTELIS de cœlo libri IIII. De ortu et interitu II. Meteorologicorum IIII. De mundo I. Parva (ut vocant)

naturalia. Græcè et latinè. *Jul.* Paccius utrunque contextum recensuit, in tractatus et capita distinxit, diagrammatis, et perpetuis notis illustravit.
Francofurti. 1601. Wechelius. 1 vol. in-8º.

1657.—Commentarii Collegii Conimbricensis Societatis Jesu, in libros meteororum Aristotelis *Stagiritæ*.
Lugduni. 1616. Cardon. in-4º.   **Voy. Nº 1532.**

1658.—*Francisci* Vicomercati in quatuor libros Aristotelis meteorologicorum commentarii, et eorundem librorum è græco in latinum per eundem conversio.
Venetiis. 1565. D. Guerrei. 1 vol. in-fol.

1659.—Compendio de los metheoros del principe de los filosofos griegos y latinos Aristoteles. En los quales se tratan curiosas, y varias questiones, autorizada de la verdad dellas de santos y graves autores. Sacadas a luz por Murcia de la Llana.
Madrid. 1615. J. de la Cuesta. 1 vol. in-4º.

1660.—*Joannis* Geraldini *Hiberni* de meteoris tractatus lucidissimus in quinque partes distinctus.
Lutetiæ. 1613. Seb. Cramoisy. 1 vol. in-8º.

1661.—*Joan-Bapt.* Du Hamel de meteoris et fossilibus libri duo.
Parisiis. 1660. Pet. Lamy. 1 vol. in-4º.

1662.—Histoire naturelle de l'air et des météores. Par M. l'*Abbé* Richard.
Paris. 1770-1771. Saillant et Nyon. 10 vol. in-12.

1663.—Traité de météorologie. Par le P. Cotte.
Paris. 1774. Imp. royale. 1 vol. in-4º.

1664.—Cours complet de météorologie de *L.-F.* Kaemtz; traduit et annoté par *Ch.* Martins. Avec un appendice contenant la représentation graphique des tableaux numériques par *L.* Lalanne.
Paris. 1848. Paulin. 1 vol. in-18. Pl.

1665. — *Fr.* Baconi de Verulamio historia naturalis et experimentalis de ventis, etc.
Amstelodami. 1662. Off. Elzeviriana. 1 vol. in-18.

1666. — Histoire des vents, où il est traitté de leurs causes, et de leurs effets; composée par Messire *François* Bacon, et fidellement traduitte, par *J.* Baudoin.
Paris. 1650. Cardin Besongne. 1 vol. in-8°.

1667. — Météorologie. — Observations et recherches expérimentales sur les causes qui concourent à la formation des trombes, par M. *Ath.* Peltier (1).
Paris. 1840. H. Cousin. 1 vol. in-8°. Pl.

** — Sur la prédiction du temps. — Sur la formation de la glace. — Sur l'état thermométrique du globe. Par *Fr.* Arago.

Voyez : *Œuvres* de *Fr.* Arago, VIII.

1668. — Conjectures physiques sur quelques colomnes de nue qui ont paru depuis quelques années, et sur les plus extraordinaires effets du tonnerre, avec une explication de tout ce qui s'est dit jusques icy des trombes de mer. (Par Dom *Fr.* Lami).
Paris. 1689. V.ᵉ Seb. Mabre-Cramoisy. 1 vol. in-12.

1669. — *Gottifr.* Vendelini pluvia purpurea Bruxellensis.
Parisiis. 1647. Lud. de Heuqueville. 1 vol. in-8°.

** — Traité physique et historique de l'aurore boréale. Par M. de Mairan.
Paris. 1733. Imp. royale. 1 vol. in-4°.

Voyez : *Mém. de l'Académie des sciences.*

1670. — Nouvelle théorie de l'aurore boréale. Par M. Leprince.
Versailles. 1817. Jacob. Pièce in-8°.

** — Voyez : *Œuvres* de *Fr.* Arago. Notices scientifiques, I.

1671. — Nouvelles observations et conjectures sur l'iris ; par le Sʳ de la Chambre.
Paris. 1650. P. Rocolet. 1 vol. in-4°.

---

(1) Peltier, (*Jean-Charles-Athanase*) né à Ham (Somme) le 22 février 1785, mourut à Paris le 27 octobre 1845.

1672. — Observations sur l'arc-en-ciel, suivies de l'application d'une nouvelle théorie aux couleurs de ce phénomène. Par M. l'*Abbé* P.
Paris. 1788. Pièce in-8°.

1673. — Essais sur l'hygrométrie. Par *Hor. Ben.* DE SAUSSURE.
Neufchatel. 1783. Fauche. 1 vol. in-4°.

1674. — Copie d'un mémoire sur un hygromètre comparable, présenté à la société royale de Londres, en octobre 1773, par *J. A.* DELUC, et couronné par l'Académie d'Amiens en 1774.
Paris. 1775. Pièce in 4°, avec une planche.

1675. — Annuaire météorologique de la France pour 1849, 1850, 1851 et 1852, par MM. *J.* HAEGHENS, *Ch.* MARTINS et *A.* BÉRIGNY, avec des notices scientifiques et des séries météorologiques.
Paris. 1848-1853. Gaume frères. 4 vol. gr. in-8°.

i. — *Instruments.*

1676. — Machines nouvellement exécutées, et en partie inventées par le sieur HUBIN. Première partie, où se trouvent une clepsydre, deux zymosimètres, un pèze-liqueur, et un thermomètre. Avec quelques observations faites à Orléans, sur les qualitez de l'air, et particulièrement sur sa pesanteur.
Paris. 1673. Cusson. Pièce in-4°.

1677. — Description et usage de divers ouvrages et inventions de PASSEMANT, ingénieur du Roi.
(Paris. 1763.) Sans frontispice. 1 vol. in-12.

1678. — Description et usage d'un cabinet de physique expérimentale, par M. SIGAUD DE LA FOND. 2ᵉ édit. rev. corr. et augm. par M. ROULAND.
Paris. 1784 Gueffier. 2 vol. in-8°. Pl.

1679.— Essai sur l'art de l'ingénieur en instrumens de physique expérimentale en verre ; ouvrage traitant de tout ce qui a rapport à la construction et à la perfection de ces divers instrumens ; offrant une théorie neuve et complète de l'Aréométrie et de ses différentes applications aux sciences et aux arts chimiques, etc. Par l'ingénieur CHEVALLIER.
Paris. 1819 M.e Huzard. 1 vol. in-8'.

1680.— Théorie élémentaire du baromètre et du thermomètre; construction et usage de ces instruments, par KAUFFMANN.
Amiens. 1853. E. Yvert. Pièce in-12.

1681.— Rapport fait à l'Académie des sciences, sur la machine aérostatique, inventée par MM. de Montgolfier.
Paris. 1784. Moutard. Pièce in-4°.

1682.— Lettre adressée à M. Babinet, ou simples préliminaires sur la restauration du système aérostatique du lieutenant-général Meusnier. Par M. *Achille* BRACHET.
Paris. 1858. B. Duprat. Pièce in-8°.

1683.— Description et usage de quelques lampes à air inflammable, par *F. L.* EHRMANN.
Strasbourg. 1780. Heitz. Pièce in-8°.

k. — *Mélanges.*

1684.— De mundo dialogi tres quibus materia, hoc est quansitas, numerus, figura, partes, partium qualitas et genera : forma, hoc est magnorum corporum motus et motuum intentata hactenus philosophis origo: caussæ, hoc est, movens, efficiens, gubernans, caussa finalis, durationis quoque principium et terminus : et tandem definitio, rationibus purè è naturâ depromptis aperiuntur, concluduntur. Authore *Thoma* ANGLO.
Parisiis. 1642. D. Moreau. 1 vol. in-4°.

1685.—Euclides physicus, sive de principiis naturæ stœcheidea E. Authore *Thoma* ANGLO ex ALBIIS.

Londini. 1657. Joh. Crook. 1 vol. in-12.

1686—*Nicolai* FOREST DUCHESNE selectæ dissertationes physico-mathematicæ.

Parisiis. 1649. Alex. Lesselin. 1 vol. in-4°.

1687.—Lettres philosophiques sur divers sujets importants. (Par Dom *Fr.* LAMI).

Trevoux. Paris. 1703. J. Boudot. 1 vol. in-12.

1688.—Traité de l'univers matériel ou astronomie physique. Première partie contenant une idée générale de l'univers, des matières qui le composent; ce que c'est que la pesanteur, la lumière, le son, l'odorat, le goût et le toucher. Par le Sieur PETIT.

Paris. 1729. Villette. 1 vol. in-18.

1689.—Elémens de philosophie de NEUTON, mis à la portée de tout le monde. Par M. DE VOLTAIRE.

Amsterdam. 1738. Ledet. 1 vol. in-8°.

1690.—*Petri* VAN MUSSCHENBROEK physicæ experimentales, et geometricæ, de magnete, tuborum capillarium vitreorumque speculorum attractione, magnitudine terræ, cohærentia corporum firmorum dissertationes: ut et ephemerides meteorologicæ Ultrajectinæ.

Lugduni Batav. 1729. Sam. Luchtmans. 1 vol. in-4°.

1691.—Œuvres de M. MARIOTTE, comprenant tous les traitez de cet auteur, tant ceux qui avoient déjà paru séparément, que ceux qui n'avoient pas encore été publiés. Nouv. édit.

La Haye. 1740. J. Neaulme. 2 vol. in-4°.

1692.—Amusemens philosophiques sur diverses parties des sciences, et principalement de la physique et des mathématiques. Par le P. *Bonaventure* ABAT.

Amsterdam. Marseille. 1763. J. Mossy. 1 vol. in-8°.

1693.—Lettres à une Princesse d'Allemagne, sur divers sujets de physique et de philosophie, par *L.* EULER. Nouv. édit. rev. et augm. de diverses notes, par *J.-B.* LABEY, et précédée de l'éloge d'Euler par DE CONDORCET.

Paris. 1812. Ve Courcier. 2 vol. in-8°. Port.

1694.—Découvertes de M. MARAT, sur le feu, l'électricité et la lumière, constatées par une suite d'expériences nouvelles qui viennent d'être vérifiées par MM. les Commissaires de l'Académie des Sciences. 2e édit.

Paris. 1779. Clousier. 1 vol. in-8°. Pl.

1695.—Dissertation élémentaire sur la nature de la lumière, de la chaleur, du feu et de l'électricité. Par M. CARRA.

Londres. Paris. 1787. Onfroy. 1 vol. in-8°.

1696.—Recherches sur les causes des principaux faits physiques, et particulièrement sur celles de la combustion, de l'élévation de l'eau dans l'état de vapeurs ; de la chaleur produite par le frottement des corps solides entre eux ; etc. Par *J.-B.* LAMARCK (1).

Paris. An II. Maradan. 2 vol. in-8°.

1697.—Expériences de physique, par M. *Pierre* POLINIÈRE. 5e édit. rev. corr. et augm. par l'Auteur.

Paris. 1741. Clousier. 2 vol. in-12. Pl.

1698.—L'art des expériences, ou avis aux amateurs de la physique, sur le choix, la construction et l'usage des instruments ; sur la préparation et l'emploi des drogues qui servent aux expériences. Par M. l'*Abbé* NOLLET.

Paris. 1770. Durand. 3 vol. in-12. Fig.

Consultez : *Mémoires de l'Académie des sciences*, et *Annales de chimie et de physique.*

---

(1) LAMARCK (*Jean-Baptiste-Pierre-Antoine* DE MONET, chevalier de), né à Bazentin (Somme) le 1er avril 1744, mourut à Paris le 19 décembre 1829.

III. — CHIMIE.

a. — *Dictionnaires et Introduction.*

1699. — Dictionnaire de chymie, contenant la théorie et la pratique de cette science, son application à la physique, à l'histoire naturelle, à la médecine, et aux arts dépendans de la chymie. Par M. Macquer. 2ᵉ éd.
Paris. 1778. Didot. 4 vol. in 12.

1700. — Dictionnaire de chimie, contenant la théorie et la pratique de cette science, son application à l'histoire naturelle et aux arts, par *Charles-Louis* Cadet.
Paris. 1803. Chaignieau aîné. 4 vol. in-8°.

** — Encyclopédie méthodique. Chymie, pharmacie et métallurgie. Par MM. de Morveau, Maret, Duhamel, Fourcroy et Vauquelin.
Paris. 1786 1815. Panckoucke et Agasse. 6 vol. in-4°.
Voyez : *Encyclopédie méth.*

1701. — Dictionnaire de chimie, par Mʳˢ *M. H.* Klaproth et *F.* Wolff. Traduit de l'allemand, avec des notes, par *E.J.-B.* Bouillon-Lagrange, et par *H. A.* Vogel.
Paris. 1810-1811. Klostermann. 4 vol. in-8° Port.

1702. — Philosophie chimique, ou vérités fondamentales de la chimie moderne, disposées dans un nouvel ordre ; par *A. F.* Fourcroy. 2ᵉ édit.
Paris. An iii. Dupont. 1 vol. in-8°.

1703. — Leçons de philosophie chimique professées au Collége de France par M. Dumas, recueillies par M. Bineau.
Paris 1837. Ebrard. 1 vol. in-8°.

1704. — Nouvelle méthode naturelle chimique, ou disposition des corps simples et composés, propre à rendre l'étude de cette science plus facile et plus courte, par *Ch.* Pauquy (1).
Paris. 1828. Béchet. (Amiens. Caron Duquesne.) in-8°.

---

(1) Pauquy (*Charles-Louis-Constant*), né à Amiens le 27 septembre 1800, y mourut le 12 février 1854.

b. — *Traités généraux.*

1705.—*Oswaldi* CROLLII Basilica chymica, pluribus selectis et secretissimis propria manuali experientia approbatis descriptionibus, et usu remediorum chymicorum selectissimorum aucta à *Joan.* HARTMANNO : edita à *Johanne* MICHAELIS et *Georg. Everhardo* HARTMANNO authoris filio.
Genevæ. 1543. P. Chouet. 1 vol. in-8°.

1706.—*Osvaldi* CROLLII Basilica chymica, continens philosophicam propria laborum experientia confirmatam descriptionem et usum remediorum chymicorum selectissimorum è lumine gratiæ et naturæ desumptorum.—In fine libri additus est ejusdem autoris Tractatus novus De signaturis rerum internis.
Coloniæ Allobrog. 1620. Off. Fabriana. 1 vol. in-8°.

1707.—*Joannis* BEGUINI Tyrocinium chymicum, commentariis illustratum à *Gerardo* BLASIO.
Amstelodami. 1659. Valkenier. 1 vol. in-18.

1708.—Elémens de chymie de M. *Jean* BEGUIN, traduits du latin, avec des remarques, par *J. F. Lucas* LE ROY.
Paris. 1615. Lemaistre. 1 vol. in-8°.

1709.—Les élémens de chymie de Mᵉ *Jean* BEGUIN, rev., augm. et illustrez de nouvelles lumières, et de remarques curieuses, recueillies sur les plus fidèles originaux, et enrichis de figures nécessaires aux distillations, et à la chymie. Par le Sieur RAULT. Nouv. édit.
Rouen. 1660. Behourt. 1 vol. in-8°.

1710.—*Johannis* HARTMANNI Praxis chymiatrica, edita à *Johanne* MICHAELIS et *Georgio Everhardo* HARTMANNO authoris filio. Huic postremæ editioni adjectæ sunt propter affinitatem materiæ, tres tractatus novi. 1° De oleis variis chymicè distilatis. — 2° Basilica antimonii *Hameri* POPPII THALLINI. — 3° *Marci* CORNACHINI methodus, qua omnes humani corporis affectiones ab humoribus copia, vel qualitate peccantibus, chymicè et galenicè curantur.

Genevæ. 1639. Pet. Choüet. 1 vol. in-8°.

1711. — Traité de chymie, qui servira d'instruction et d'introduction, tant pour l'intelligence des autheurs qui ont traité de la théorie de cette science en général : que pour faciliter les moyens de faire artistement et méthodiquement les opérations qu'enseigne la pratique de cet art, sur les animaux, sur les végétaux et sur les minéraux. Par M. LE FEBVRE.

Paris. 1660. Th. Jolly. 2 vol. in-8°.

1712. — Traité de la chymie. Par *N.* LE FEVRE. 2e édit.

Paris. 1674. D'Houry. 2 vol. in-8°.

1713. — Philosophia pyrotechnica, seu cursus chymiatricus, nobilissima illa et exoptatissima medicinæ parte pyrotechnica instructus. *Wilielmi* DAVISSONI authore.

Ambiani. 1675. M. Du Neuf-Germain. 2 en 1 v. in-8°.

1714. — Traité de la chymie, enseignant par une briève et facile méthode toutes ses plus nécessaires préparations. Par feu *Christophle* GLASER. Nouv. édit.

Lyon. 1676. P. Bailly. 1 vol. in-12.

1715. — Cours de chymie, contenant la manière de faire les opérations qui sont en usage dans la médecine, par une méthode facile. Par M. *Nicolas* LEMERY. 9e édit.

Paris. 1701. J.-B. Delespine. 1 vol. in-8°. Port.

1716. — *Georg. Ernest.* STAHLII fundamenta chymiæ dogmaticæ et experimentalis, et quidem tum communioris physicæ mechanicæ pharmaceuticæ ac medicæ, tum sublimioris sic dictæ hermeticæ atque alchymicæ. — Annexus est ad coronidis confirmationem Tractatus *Isaaci* HOLLANDI de salibus et oleis metallorum.

Norimbergæ. 1723. Wolfgang. 1 vol. in-4°.

On trouve à la suite :

— *Georgii-Ernesti* Stahlii negotium otiosum : seu Σκιαμαxia adversus positiones aliquas fundamentales, theoriæ veræ medicæ à viro quodam celeberrimo (Leibnitzio) intentata, sed adversis armis conversis enervata.
Halæ. 1720. Orphanotropheum.   in-4°.

1717. — Elementa chemiæ, quæ anniversario labore docuit, in publicis, privatisque scholis, *Hermannus* Boerhaave. Editio altera, cui etiam accessêre ejusdem Auctoris opuscula omnia quæ hactenus in lucem prodierunt.
Parisiis. 1752-1753. Cavelier. 2 vol. in-4°.

1718. — Elémens de chymie-théorique. Par M. Macquer. N° éd.
Paris. 1753. Thom. Hérissant. 1 vol. in-12. Fig.

1719. — Elémens de chymie-pratique, contenant la description des opérations fondamentales de la chymie, avec des explications et des remarques sur chaque opération. Par M. Macquer. 2ᵉ édit.
Paris. 1756. Th. Hérissant. 2 vol. in-12.

1720. — Leçons de chymie, propres à perfectionner la physique, le commerce et les arts. Par M. *Pierre* Shaw. Traduites de l'anglois (par Mᵉ Thiroux d'Arconville.)
Paris. 1759. J. Th. Hérissant. 1 vol. in-4°.

1721. — Instituts de chymie, ou principes élémentaires de cette science, présentés sous un nouveau jour. Par M. Demachy.
Paris. 1766. Lottin. 1 vol. in-12

1722. — Chymie expérimentale et raisonnée, par M. Baumé.
Paris. 1773. Didot jeune. 3 vol. in-8°. Fig.

1723. — Lettres du docteur Démeste, au docteur Bernard, sur la chymie, la docimasie, la cristallographie, la lithologie, la minéralogie et la physique en général.
Paris. 1779. Didot. 2 vol. in-12.

1724.—Analyse chimique et concordance des trois règnes. Par M. Sage.
Paris. 1786. Imp. royale. 3 vol. in-8°. Fig.

1725.—Elémens d'histoire naturelle et de chimie; seconde édition des Leçons élémentaires sur ces deux sciences, publiées en 1782. Par M. de Fourcroy.
Paris. 1786. Cuchet. 4 vol. in-8°.

1726.—Même ouvrage. 4ᵉ édit.
Paris. 1791. Cuchet. 5 vol. in-8° et atlas in-4°.

1727.—Même ouvrage. 5ᵉ édit.
Paris. 1793. Cuchet. 5 vol. in-8°.

1728.—Système des connaissances chimiques, et de leurs applications aux phénomènes de la nature et de l'art; par A. F. Fourcroy. (Avec la table rédigée par Mᵐᵉ Dupiery, et revue par le Cᵉⁿ Fourcroy.)
Paris. An ix-x. Baudouin. 6 vol. in-4°.

1729.—Même ouvrage.
Paris. An ix-x. Baudouin. 11 vol. in-8°.

1730.—Traité élémentaire de chimie, présenté dans un ordre nouveau et d'après les découvertes modernes; par M. Lavoisier. 2ᵉ édit.
Paris. 1793. Cuchet. 2 vol. in-8°. Fig.

1731.—Elémens de chymie, de J. A. Chaptal. 2ᵉ édit.
Paris. An 3ᵉ. Deterville. 3 vol. in-8°.

1732.—Elémens de chymie de J. A. Chaptal. 3ᵉ édit.
Paris. 1795. Deterville. 3 vol. in-8°.

1733.—Essai sur la théorie des trois élémens, comparée aux élémens de la chimie pneumatique. Par M. Tissier.
Lyon. 1804. Ballanche. 1 vol. in-8°

1734.—Manuel d'un cours de chimie, ou série des expériences et des démonstrations qui doivent composer un cours complet sur cette science; par E. J. B. Bouillon-Lagrange.
Paris. An vii. Bernard. 2 vol. in-8°.

1735. — Lettres élémentaires sur la chimie ; par *Octave* Ségur.
Paris. 1803. Migneret. 2 vol. in-12.

1736. — Nouveaux élémens théorique et pratique de chimie, ouvrage par demandes et réponses, à l'usage des élèves en pharmacie et en médecine, par *Adolphe* Fabulet.
Paris. 1802. Brochot. 1 vol. in-8°.

1737. — Même ouvrage. 2ᵉ édit.
Paris. 1813. Bechet. 2 vol. in-8°.

1738. — La physique et la chymie, appliquées à la médecine. Par *John Ayrton* Paris.
Paris. 1826. Baudouin. 1 vol. in-8°.

1739. — Système de chimie, par *Th.* Thompson ; traduit de l'anglais sur la 5ᵉ édition (de 1817,) par *Jⁿ.* Riffault.
Paris. 1818. Méquignon-Marvis. 4 vol. in-8°.

1740. — Supplément à la traduction française de la 5ᵉ édition du système de chimie de *Th.* Thompson, présentant ce qui a été fait de nouveau dans cette science, tant en France que dans l'étranger, depuis l'époque (1819) où cette traduction a paru, et contenant la traduction de tout ce que, dans une 6ᵉ édition publiée à Londres en 1821, l'auteur anglais a ajouté à son édition précédente; par *Jⁿ.* Riffault.
Paris. 1822. Méquignon-Marvis. 1 vol. in-8°.

1741. — Traité de chimie élémentaire, théorique et pratique ; par *L. J.* Thenard. 4ᵉ édit. rev. corrig. et augm.
Paris. 1824. Crochard. 5 vol. in-8°.

1742. — Eléments de chimie, appliquée à la médecine et aux arts ; par M. Orfila. 4ᵉ édit. rev. corrig.
Paris. 1828. Crochard. 2 vol. in-8°.

1743. — Traité de chimie, appliquée aux arts ; par M. Dumas.
Paris. 1828-1846. Béchet. 8 vol. in-8°. Atlas in-4°.

1744. — Traité de chimie par *J. J.* Berzelius. Traduit par A. J. L. Jourdan (pour le 1ᵉʳ vol.), et par Mᵉ Esslinger, (pour les autres,) sur des manuscrits inédits de l'auteur, et sur la dernière édition allemande.

Paris. 1829-1833. Fir. Didot. frères. 8 vol. in 8°.

1745.— Leçons de chimie élémentaire appliquées aux arts industriels, et faites le dimanche, à l'Ecole municipale de Rouen, par M. *J.* GIRARDIN. 3ᵉ édit.

Paris. 1846. Fortin, Masson et Cⁱᵉ. 2 vol. in-8°.

1746.— Cours élémentaire de chimie. Par M. *V.* REGNAULT.

Paris. 1847-1848. V. Masson. 4 en 2 vol. in-18.

1747.—Cours de chimie générale par *J.* PELOUZE et *E.* FREMY.

Paris. 1848-1850. V. Masson. 3 v. in-8° et atl. in-8°.

1748.—Précis de chimie industrielle à l'usage des écoles préparatoires aux professions industrielles, des fabricants et des agriculteurs, par *A.* PAYEN. 3ᵉ édit.

Paris. 1855. Hachette. 2 vol. in-8°, dont 1 de planch.

c. — *Traités spéciaux.*

1749.— Chimie organique appliquée à la physiologie et à la médecine ; contenant l'analyse des substances animales et végétales, par *Léopold* GMELIN, traduite de l'allemand d'après la seconde édition, par *J.* INEICHEN. Avec des notes et des additions sur diverses parties de la chimie et de la physiologie, par M. VIREY.

Paris. 1823. Ferra. 1 vol. in-8°.

1750.—Traité de chimie organique par *Justus* LIEBIG. Edition française revue et considérablement augmentée par l'auteur, et publiée par *Ch.* GERHARDT.

Paris. 1841-1844. Fortin, Masson et Cⁱᵉ. 3 vol. in-8°.

1751.—Traité de chimie organique, par M. *Charles* GERHARDT.

Paris. 1853-1856. F. Didot fr. 4 vol. in-8°.

1752.— Traité des affinités chimiques, ou attractions électives;

traduit du latin, sur la dernière édition de BERGMAN. Augmenté d'un supplément et de notes.

Paris. 1788. Buisson. 1 vol. in-8°. Pl.

1753. — Traité élémentaire des réactifs, leurs préparations, leurs emplois spéciaux et leurs applications à l'analyse. Par MM. A. PAYEN et A. CHEVALLIER.

Paris. 1822. Bachelier. 1 vol. in-8°.

1754. — Même ouvrage. 2ᵉ édit.

Paris. 1825. Thomine. 1 vol. in-8°.

1755. — Théorie des proportions chimiques, et table synoptique des poids atomiques des corps simples, et de leurs combinaisons les plus importantes. Par J. J. BERZELIUS. 2ᵉ édit.

Paris. 1835. F. Didot. fr. 1 vol. in-8°.

1756. — Manipulations chimiques, par FARADAY; traduit de l'anglais par M. MAISEAU, et revu pour la partie technique par M. BUSSY.

Paris. 1827. A. Sautelet. 2 vol. in-8°.

1757. — Recueil d'expériences et d'observations sur le combat qui procède du mélange des corps (par M. GREW.) Sur les saveurs, sur les odeurs (par M. BOYLE.) Sur le sang et sur le lait (par M. LEUWENHOECK), etc.

Paris. 1679. Est. Michallet. 1 vol. in-12.

1758. — Entretiens sur l'acide et sur l'alkali. Examen de quelques réflections de M. Boyle sur ces principes. Réponse à une lettre de M. Saunier, touchant la nature de ces deux sels. 2ᵉ édit. Par M. DE S. ANDRÉ.

Paris. 1680. Roulland. 1 vol. in-12.

1759. — Chymie hydraulique, pour extraire les sels essentiels des végétaux, animaux et minéraux, avec l'eau pure. Par M. L. C. D. L. G. (M. le Comte DE LA GARAYE.)

Paris. 1745. J. B. Coignard. 1 vol. in-12.

1760.—Même ouvrage. Nouv. édit. rev. corr. et augm. de notes, par M. Parmentier (1).

Paris. 1775. Didot jeune. 1 vol. in-12.

1761.—De sale ammoniaco. Dissertatio inauguralis medica quam pro gradu doctoris defendet *Gerh. Andr. Rud.* Schmid.

Goettingæ. 1788. Grape. Pièce in-8°.

1762.—Expériences et observations sur différentes espèces d'air. Traduites de l'anglois de M. *J.* Priestley. (Par *Jacques* Gibelin.)

Berlin. Paris. 1775. Saillant et Nyon. 1 vol. in-12.

" — De l'air et des moyens de le désinfecter.

Voyez : *Médecine.* N°s 864 à 873 et 3025 à 3030.

1763.—Synthesis oxygenii experimentis confirmata. Edidit *Fridericus-Ludovicus* Schurer.

Argentorati. 1789. Heitz. 2 pièces in-4°.

L'auteur avait publié la première partie de ce travail, qui était sa thèse pour le doctorat, sous le titre suivant :

— Historia præcipuorum experimentorum circa analysin chemicam aeris atmospherici usumque principiorum ejus in componendis diversis naturæ corporibus portio prior, quam eruditorum disquisitioni submittit *Frider. Ludovicus* Schurer *Argentinensis.*

Argentorati. 1789. Heitz. Pièce in-4°.

1764.—Essai sur le phlogistique, et sur la constitution des acides, traduit de l'anglois de M. Kirwan (par Mad. Lavoisier); avec des notes de MM. de Morveau, Lavoisier, de la Place, Monge, Berthollet et de Fourcroy.

Paris. 1788. Rue et hôtel Serpente. 1 vol. in-8°.

1765.—Exposition des acides, alkalis, terres et métaux, de leurs combinaisons en sels, et de leurs affinités élec-

---

(1) Parmentier (*Antoine-Augustin*), né à Montdidier le 12 août 1737, mourut à Paris le 17 décembre 1813.

tives, en douze tableaux. Par M. TROMMSDORFF. Traduit de l'allemand par *P. X.* LESCHEVIN. Avec des notes.

Dijon. 1802. Frantin. 1 vol. in-fol.

1766.— Dissertation sur l'æther, dans laquelle on examine les différens produits du mélange de l'esprit de vin avec les acides minéraux. Par M. BAUMÉ.

Paris. 1777. Hérissant. 1 vol. in-12.

1767.— De l'action de l'acide cyanhydrique et des cyanures alcalins sur les protosels de mercure en général et sur le protochlorure de mercure en particulier; par M. *L.* MIALHE.

Paris. 1843. Hennuyer et Turpin. Pièce in-8°.

1768.— Thèse présentée à la Faculté des sciences de Paris pour obtenir le grade de docteur ès-sciences, par *Henri* DEBRAY (1). — Thèse de chimie. — Du glucium et de ses composés.

Paris. 1855. Mallet-Bachelier. Pièce in-4°.

1769.— Essai pour servir à l'histoire de la putréfaction. Par le traducteur des leçons de chymie de M. Shaw (Mad. THIROUX D'ARCONVILLE.)

Paris. 1766. Didot le jeune. 1 vol. in-8°.

1770.— Essai de chimie microscopique appliquée à la physiologie, ou l'art de transporter le laboratoire sur le porte-objet dans l'étude des corps organisés; par M. RASPAIL.

Paris. 1830. Meilhac. 1 vol. in-8°.

1771.— Etude microscopique et chimique du ferment, suivie d'expériences sur la fermentation alcoolique, par *T. A.* QUEVENNE.

Paris. 1838. Fain. Pièce in-8°.

---

(1) DEBRAY (*Jules-Henri*) est né à Amiens le 27 juillet 1827.

d. — *Alchymie.*

1772. — Bibliotheca chimica. Seu catalogus librorum philosophicorum hermeticorum in quo quatuor millia circiter, authorum chimicorum, vel de transmutatione metallorum, re minerali, et arcanis, tam manuscriptorum, quam in lucem editorum, cum eorum editionibus, usque ad annum 1653 continentur. — Cum ejusdem bibliothecæ appendice, et corollario. Authore *Petro* BORELLIO.
Parisiis. 1654. Carol. Du Mesnil. 1 vol. in-12.

1773. — Histoire de la philosophie hermétique, accompagnée d'un Catalogue raisonné des écrivains de cette science. Avec le véritable Philaléthe, revu sur les originaux. (Par *Nic.* LENGLET DU FRESNOY.)
Paris. 1742. Coustelier. 3 vol. in-12.

1774. — Examen des principes des alchymistes sur la pierre philosophale. (Par *Fr.* POUSSE.)
Paris. 1711. Jollet et Girin. 1 vol. in-12.

1775. — Bibliothèque des philosophes chimiques. Nouv. édit. rév. corr. et augm. de plusieurs philosophes, avec des figures et des notes pour faciliter l'intelligence de leur doctrine. Par Mr J. M. D. R. (Recueillie par *Guil.* SALMON, augm. par *J.* MAUGIN DE RICHEBOURG, avec des notes par LENGLET DU FRESNOY.)
Paris. 1741-1754. Cailleau. 4 vol. in-12.

Le 4e volume a pour titre :

— Bibliothèque des philosophes alchimiques, ou hermétiques, contenant plusieurs ouvrages en ce genre très-curieux et utiles, qui n'ont point encore parus, précédés de ceux de Philaléthe, augm. et corr. sur l'original anglois et sur le latin. (Par *Ch.* CAILLEAU.)
Paris. 1754. Cailleau.   in-12.

1776. — Theatrum chemicum, præcipuos selectorum auctorum

tractatus de chemiæ et lapidis philosophici antiquitate, veritate, jure, præstantia, et operationibus, continens : in gratiam veræ chemiæ, et medicinæ chemicæ studiosorum congestum, etc.

Argentorati. 1613. Laz. Zetzner. 5 vol. in-8°.

1777.— *Raymundi* LULLII opera ea quæ ad inventam ab ipso artem universalem, scientiarum artiumque omnium brevi compendio, firmaque memoria apprehendendarum, etc. pertinent. Ut et in eandem quorundam interpretum scripti commentarii. Accessit huic editioni VALERII DE VALERIIS aureum in artem Lulli generalem opus.

Argentorati. 1617. Laz. Zetzner. 1 vol. in-8°.

A la suite se trouve :

— Clavis artis Lullianæ et veræ logices duos in libellos tributa, id est, solida dilucitatio Artis magnæ, generalis, et ultimæ, quam Raymundus Lullius invenit, ut esset quarumcunque artium et scientiarum clavigera et serperastra : edita operâ et studio *Johannis-Henrici* ALSTEDI. — Accessit novum Speculum logices minimè vulgaris.

Argentorati. 1633. Laz. Zetzner. in-8°.

1778.— *Raymundi* LULLI liber, qui Codicillus, seu vade mecum inscribitur, in quo fontes Alchimicæ artis et reconditioris philosophiæ traduntur, antehac nunquam impressus.

Coloniæ. 1563. Arn. Birckmann. 1 vol. in-8°.

1779.— *Raymundi* LULLII fasciculus aureus, in quo continentur Testamentum novissimum integrum. — Vademecum. — Compendium de transmutatione animæ metallorum pro media parte ex antiquo exemplari auctum. — De compositione gemmarum et lapidum pretiosorum. — Epistola accurtatoria ad Regem Neapolitanum. — Medicina magna. — Dialogus Demogorgon, qui Lullianis scriptis præclaram lucem addit.

Francofurti. 1630. Lud Regis. 1 vol. in-8°.

1780. — Arbor scientiæ venerabilis et cœlitus illuminati Patris *Raymundi* LULLII, opus nuperrimè recognitum, revisum et correctum.

Lugduni. 1637. Joh. Pillehotte. 1 vol. in-4º.

1781. — Le grand et dernier art de M. *Raymond* LULLE, fidellement traduict de mot à autre, par le Sʳ DE VASSY.

Paris. 1634. L. Boulanger. 1 vol. in-8º.

1782. — Le grand esclairsissement de la pierre philosophale pour la transmutation de tous les métaux. Par *N*. FLAMEL.

Paris. 1628. Louys Vendosme. 1 vol. in-8º.

1783. — Les douze clefs de philosophie de frère *Basile* VALENTIN, traictant de la vraye médecine métalique. Plus l'Azoth, ou le moyen de faire l'or caché des philosophes. Traduction françoise (par *David* LAGNEAU.)

Paris. 1660. P. Moet. 1 vol. in-12.

Dans le même volume :

— Azoth, ou le moyen de faire l'or caché des philosophes. Par frère *Basile* VALENTIN; rev. corr. et augm. par M. L'AGNEAU.

Paris. 1659. Moet.   in-12.

— Traicté de la nature de l'œuf des philosophes. Par BERNARD, Comte DE TREVES, Allémand.

Paris. 1659.   in-12.

1784. — *Aureoli Philippi Theophrasti* PARACELSI de summis naturæ mysteriis libri tres, lectu perquàm utiles atque jucundi. Per *Gerardum* DORN è germanico latinè redditi.

Basileæ. 1570. P. Perna. 1 vol. in-8º.

1785. — Alchemia, *Andreæ* LIBAVII operâ è dispersis passim optimorum autorum, veterum et recentium exemplis potissimum, tum etiam præceptis quibusdam operosè collecta, adhibitisque ratione et experientia, quanta potuit esse, methodo accuratâ explicata, et in integrum corpus redacta.— Accesserunt tractatus nonnulli physici chymici, item methodicè ab eodem autore explicati.

Francofurti. 1697. Joh. Saurius. 1 vol. in-4°.

A la suite :

— Commentationum metallicarum libri quatuor de natura metallorum, mercurio philosophorum, azotho, et lapide seu tinctura physicorum conficienda. E rerum natura, experientia, et autorum præstantium fide, studio et labore *Andreæ* LIBAVII depromti et expositi.

Francofurti. 1697. J. Saurius. in-4°.

1786.— Miracula et mysteria chymica medica libris quinque enucleata : studio et operà *Philippi* MULLERI.— Accesserunt his, 1° Tyrocinium chymicum. 2°Novum lumen chymicum.

Amstelodami. 1656. Æg. Janssonius. 1 vol. in-16.

1787.— Εγκυκλοπαιδεία sive, artificiosa ratio et via circularis ad artem magnam et mirabilem illuminati Magistri Raymundi Lullii, per quam de omnibus disputatur habeturque cognitio. Auctore *Petro*MORESTELLO.— Accesserunt Lineæ communicationis ab eodem ductæ, sive Idea artis brevissima.

1646. In collegio Salicetano. 1 vol. in-8°.

1788.— Les avantures du philosophe inconnu, en la recherche et en l'invention de la pierre philosophale. Divisées en quatre livres. Au dernier desquels il est parlé si clairement de la façon de la faire, que jamais on n'en a parlé avec tant de candeur. (Par *Albert* BELIN.) 2ᵉ éd.

Paris. 1674. De Bresche. 1 vol. in-12.

1789.— L'Alkaest ou le dissolvant universel de Van Helmont, revélé dans plusieurs traitez qui en découvrent le secret. Par le Sʳ *Jean* LE PELLETIER.

Rouen. 1704. Behourt. 1 vol. in-12.

1790.— Les clefs de la philosophie spagyrique, qui donnent la connoissance des principes et des véritables opé-

rations de cet art dans les mixtes des trois genres. Par feu M. LE BRETON.
Paris. 1722. Cl. Jombert. 1 vol. in-12.

1791. — Les secrets les plus cachés de la philosophie des anciens, découverts et expliqués, à la suite d'une histoire des plus curieuses. Par M. CROSSET DE LA HAUMERIE.
Paris. 1722. D'Houry fils. 1 vol. in-12.

1792. — Traité de chymie, philosophique et hermétique, enrichi des opérations les plus curieuses de l'art.
Paris. 1725. D'Houry. 1 vol. in-12.

1793. — Les fables égyptiennes et grecques dévoilées et réduites au même principe, avec une explication des hiéroglyphes, et de la guerre de Troye : par Dom *Antoine-Joseph* PERNETY.
Paris. 1758. Bauche. 2 vol. in-8°.

e. — *Mélanges de physique et de chimie.*

1794. — *Friderici* HOFFMANNI observationum physico-chymicarum selectiorum libri III, in quibus multa curiosa experimenta et lectissimæ virtutis medicamenta exhibentur.
Halæ. 1736. Off. Rengeriana. 1 vol. in-4°.

1795. — *Torberni* BERGMANN opuscula physica et chemica. Editio nova emendatior.
Lipsiæ. 1788-1790. G. Muller. 6 vol. in-8°. Fig.

1796. — Expériences physiques et chymiques, sur plusieurs matières relatives au commerce et aux arts ; ouvrage traduit de l'anglois de M. LEWIS, par M. DE PUISIEUX.
Paris. 1768 1769. Desaint. 3 vol. in-12.

1797. — Récréations physiques, économiques et chimiques, de M. MODEL. Ouvrage traduit de l'allemand, avec des observations et des additions, par M. PARMENTIER.
Paris. 1774. Monory. 2 vol. in-8°.

1798. — Récréations chimiques, ou recueil d'expériences curieuses et instructives, auxquelles on a joint : un précis élémentaire de chimie ; l'explication raisonnée des phénomènes produits dans les diverses expériences; enfin leurs applications à l'économie domestique ou aux arts. Par *J. Ch.* HERPIN.

Paris. 1824. Audot. 2 vol. in-8°.

1799. — Les 1000 récréations de physique et de chimie, ouvrage renfermant un grand nombre d'expériences instructives et amusantes. Par *L.* DEMERSON.

Paris. 1828. Audin. 1 vol. in-12. Fig.

1800. — Annales de chimie et de physique.

Paris. 1816-1858. Crochard, Masson et Ce. 133 v. in-8°.

Cette collection comprend la 2e série des Annales, de 1816 à 1840, formant 78 vol. dont 3 de tables, et la 3e série, de 1841 à 1858, composée de 55 vol. dont un de tables pour les 30 premiers, rédigé par M. MAUMÉNÉ.

** — Consultez : Mémoires et Comptes-rendus de l'Académie des sciences, Bulletin de Férussac, Transactions philosophiques de la Société royale de Londres, etc.

IV. — MÉCANIQUE.

a. — *Dictionnaire et Traités généraux*

1801. — Dictionnaire de mécanique appliquée aux arts : contenant la définition sommaire des objets les plus importans ou les plus usités qui se rapportent à cette science, l'énoncé de leurs propriétés essentielles, et des indications qui facilitent la recherche des détails les plus circonstanciés. Par M. *J. A.* BORGNIS.

Paris. 1823. Bachelier. 1 vol. in-4°.

1802. — Les nouvelles pensées de GALILÉE, où il est traité de la proportion des mouvemens naturels, et violens, et de tout ce qu'il y a de plus subtil dans les méchaniques et dans la physique. Traduit d'italien en françois (par le P. Mersenne.)

Paris. 1639. H. Guenon. 1 vol. in-8°.

1803.—Traité du mouvement local, et du ressort, dans lequel leur nature et leurs causes sont curieusement recherchées, et où les lois qu'ils observent dans l'accélération et les pendules, et encore dans la percussion et la réflexion des corps, sont solidement establies. Par le R. P. *C. F. M.* de Chales.

Lyon. 1682. Anisson et Posuel. 1 vol. in-12. Fig.

1804.—Traitez de méchanique, de l'équilibre, des solides, et des liqueurs. Nouvelle édition. Où l'on ajoute une nouvelle manière de démontrer les principaux théorèmes de cette science. Par le P. Lamy.

Paris. 1687. And. Pralard. 1 vol. in-12.

1805.—Traité des forces mouvantes, pour la pratique des arts et métiers, avec une explication de vingt machines nouvelles et utiles. Par M. de Camus.

Paris. 1722. Jombert. 1 vol. in-8°. Fig.

1806.—Principes sur le mouvement et l'équilibre, pour servir d'introduction aux mécaniques et à la physique. Par M. Trabaud.

Paris. 1741. Desaint. 1 vol. in-4°.

1807.—Même ouvrage.

Paris. 1743. Desaint. 1 vol. in-8°.

1808.—Le mouvement des corps terrestres considéré dans les machines et dans les corps naturels. Par M. Trabaud.

Paris. 1753. Durand. 1 vol. in-8°.

1809.—Traité de dynamique, dans lequel les lois de l'équilibre et du mouvement des corps sont réduites au plus petit nombre possible, et démontrées d'une manière nouvelle, et où l'on donne un principe général pour trouver le mouvement de plusieurs corps qui agissent les uns sur les autres, d'une manière quelconque. Par M. D'ALEMBERT.

Paris. 1743. David aîné. 1 vol. in-4°.

A la suite :

— Traité de l'équilibre et du mouvement des fluides. Pour servir de suite au traité de dynamique. Par M. D'ALEMBERT.

Paris. 1744. David aîné. in-4°.

1810. — Mécanique analytique, par *J. L.* LAGRANGE. N° édit.

Paris. 1811-1815. V° Courcier. 2 vol. in-4°.

1811. — Théorie de la mécanique usuelle, ou introduction à l'étude de la mécanique appliquée aux arts ; contenant les principes de statique, de dynamique, d'hydrostatique et d'hydrodynamique, applicables aux arts industriels ; la théorie des moteurs, des effets utiles des machines, des organes mécaniques intermédiaires, et l'équilibre des supports. Par M. *J. A.* BORGNIS.

Paris. 1821. Bachelier. 1 vol. in-4°.

1812. — Traité complet de mécanique appliquée aux arts, contenant l'exposition méthodique des théories et des expériences les plus utiles pour diriger le choix, l'invention, la construction et l'emploi de toutes les espèces de machines ; par M. *J. A.* BORGNIS.

Paris. 1818-1820. Bachelier. 8 vol. in-4°. Fig.

Cet ouvrage se divise ainsi qu'il suit : 1° Composition des machines. — 2° Mouvemens des fardeaux. — 3° Des machines employées dans les constructions diverses. — 4° Des machines hydrauliques. — 5° Des machines d'agriculture. — 6° Des machines employées dans diverses fabrications. — 7° Des machines qui servent à confectionner les étoffes. — 8° Des machines imitatives et des machines théâtrales.

1813. — Traité élémentaire des machines, par M. HACHETTE. 4° édit. rev. et augm.

Paris. 1828. Corby. 1 vol. in 4°. Planch.

1814.—Traité de mécanique industrielle, ou exposé de la science de la mécanique déduite de l'expérience et de l'observation; principalement à l'usage des manufacturiers et des artistes ; par M. CHRISTIAN.
    Paris. 1822. Bachelier. 4 v. in-4° dont 1 de planch.

1815.—Géométrie et mécanique des arts et métiers et des beaux arts. Cours normal à l'usage des ouvriers et des artistes, des sous-chefs et des chefs d'ateliers et de manufactures; professé au Conservatoire royal des arts et métiers, par le Baron *Charles* DUPIN.
    Paris. 1825-1826. Bachelier. 3 vol. in-8°.

1816.—Elémens de philosophie naturelle, renfermant un grand nombre de développemens neufs, et d'applications usuelles et pratiques, à l'usage des gens de lettres, des médecins et des personnes les moins versées dans les mathématiques ; par NEIL ARNOTT, traduits de l'anglais sur la 4e édit., enrichis de notes et d'additions mathématiques, par *T.* RICHARD. — Tomes I et II, Mécanique.
    Paris. 1829-1830, Anselin. 2 vol. in-8°.

1817.—Introduction à la mécanique industrielle, physique ou expérimentale, par *J. V.* PONCELET. 2e édit.
    Paris. 1841. Mathias. (Metz. Lamort.) 1 v. in-8°.

1818.—Traité de mécanique industrielle, exposant les différentes méthodes pour déterminer et mesurer les forces motrices ainsi que le travail mécanique des forces ; par *J. V.* PONCELET. 2e édit.
    Liège. S. d. Renard. 2 vol. in-8°. Pl.

1819.—Leçons de mécanique pratique à l'usage des auditeurs des cours du Conservatoire des arts et métiers, et des sous-officiers et ouvriers d'artillerie, par *Arthur* MORIN.
    Paris. 1846. L. Mathias. 3 vol. in-8°. Pl.

1820.—Cours élémentaire de mécanique théorique et appliquée, à l'usage des facultés, des établissements d'enseignement secondaire, des écoles normales et des écoles industrielles, par M. *Ch.* Delaunay. 3ᵉ édit.

Paris. 1854. Langlois et Leclercq. 1 vol. in-18.

b. — *Traités spéciaux.*

1821. — Architecture hydraulique, ou l'art de conduire, d'élever, et de ménager les eaux pour les differens besoins de la vie. Par M. Belidor.

Paris. 1737-1739. Ant. Jombert. 2 vol. in-4°. Fig.

1822. — Nouvelle architecture hydraulique, contenant l'art d'élever l'eau au moyen de différentes machines, de construire dans ce fluide, de le diriger, et généralement de l'appliquer, de diverses manières, aux besoins de la société. Par M. de Prony.

Paris. 1790-1796. F. Didot. 2 vol. in-8°. Pl.

1823. — Expériences hydrauliques sur les lois de l'écoulement de l'eau à travers les orifices rectangulaires verticaux à grandes dimensions, par MM. Poncelet et Lesbros.

Paris. 1832. Imp. royale. 1 vol. in-4°.

1824. — La vapeur, depuis sa découverte jusqu'à nos jours, résumé historique de son application aux usines, aux bateaux à vapeur et aux chemins de fer, par *H.* de Chavannes de la Giraudière.

Tours. 1844. Pornin. 1 vol. in-18. Pl.

** — Notice historique sur les machines à vapeur. Par *Fr.* Arago.

Voyez : *Œuvres* de *Fr.* Arago. Not. scient., ii.

1825. — Théorie des machines mues par la force de la vapeur de l'eau. Par M. de Maillard.

Paris. 1784. Jombert. 1 vol. in-8°.

1826. — Traité des machines à vapeur et de leur application à la navigation, aux mines, aux manufactures, etc., comprenant l'histoire de l'invention et des perfectionnemens successifs de ces machines, l'exposé de leur théorie et des proportions les plus convenables de leurs diverses parties, accompagné d'un grand nombre de tableaux synoptiques contenant les résultats les plus utiles pour la pratique; traduit de l'anglais de *Th.* TREDGOLD; avec des notes et additions, par *F. N.* MELLET.

Paris. 1828. Bachelier. 1 vol. et 1 atlas in-4°.

1827.—Traité des machines à vapeur. Par *E. M.* BATAILLE et *C. E.* JULIEN.

Paris. 1847-49. Mathias. 2 v. in-4° et atl. in-4°.

Cet ouvrage se divise en deux grandes sections :
1re SECTION. — De la machine à vapeur en général, comprenant tout ce qui est relatif à l'histoire, la théorie, la description et l'application des machines à vapeur, depuis les temps les plus anciens jusqu'à nos jours; cette section contient la traduction complète de l'ouvrage anglais publié à Londres sous le patronage du gouvernement par une société de mécaniciens (Artizan-Club) ; par *E. M.* BATAILLE. — 2e SECTION. Construction des machines à vapeur, comprenant l'examen technique des matériaux de construction, la composition, l'exécution, et les devis de ces machines pour toutes les espèces, tous les genres et tous les systèmes connus depuis les plus petites forces jusqu'aux plus grandes; par *C. E.* JULIEN.

1828.—Traité élémentaire et pratique de la direction, de l'entretien et de l'installation des machines à vapeur fixes, locomotives, locomobiles et marines, à l'usage des propriétaires d'usine à vapeur, mécaniciens et agents-réceptionnaires, etc. Par *Jules* GAUDRY.

Paris. 1856-1857. Dalmont. 2 vol. in-8°. Pl.

** — Consultez : Mémoires et Comptes-rendus de l'Académie des sciences, et Machines et inventions approuvées par cette compagnie.

V. — ASTRONOMIE.

a. — *Bibliographie et Histoire.*

1829. — Bibliographie astronomique; avec l'histoire de l'astronomie depuis 1781 jusqu'à 1802 : par *Jérome* DE LA LANDE.
Paris. 1803. Imp. de la république. 1 vol. in-4°.

1830. — Histoire du ciel, où l'on recherche l'origine de l'idolatrie, et les méprises de la philosophie, sur la formation, et sur les influences des corps célestes. (Par *Ant.* PLUCHE.) 2ᵉ édit.
Paris. 1740. Vᵉ Estienne. 2 vol. in-12. Fig.

1831. — Même ouvrage. Nouv. édit.
Paris. 1757. Estienne. 2 vol. in-12.

1832. — Mémoire sur l'origine des constellations, et sur l'explication de la fable, par le moyen de l'astronomie. Par M. DUPUIS. (Extrait de l'Astrononomie de M. De la Lande, tome IV.)
Paris. 1781. Vᵉ Desaint. 1 vol. in-4°.

1833. — Histoire de l'astronomie ancienne ; par M. DELAMBRE.
Paris. 1817. Vᵉ Courcier. 2 vol. in-4°.

1834. — Histoire de l'astronomie du moyen-âge ; par M. DELAMBRE.
Paris. 1819. Vᵉ Courcier. 1 vol. in-4°.

1835. — Histoire de l'astronomie moderne ; par M. DELAMBRE.
Paris. 1821. Vᵉ Courcier. 2 vol. in-4°.

1836. — Histoire de l'astronomie au dix-huitième siècle ; par M. DELAMBRE. Publiée par M. MATHIEU.
Paris. 1827. Bachelier. 1 vol. in-4°. Port.

1837. — Astronomie solaire d'Hipparque, soumise à une critique rigoureuse, et ensuite rendue à sa vérité primordiale ; par *J. B. P.* MARCOZ.
Paris. 1828 De Bure. 1 vol. in-8°.

b. — *Œuvres d'astronomes anciens.*

1838. — *Julii* Firmici Materni astronomicôn libri viii per *Nicolaum* Prucknerum nuper ab innumeris mendis vindicati. — His accesserunt *Claudii* Ptolemei ἀποτισμάτων, quod Quadripartitum vocant, lib. iiii. De inerrantium stellarum significationibus lib. i. Centiloquium ejusdem. — Ex Arabibus et Chaldeis. Hermetis centum aphoris. lib. i.— Bethem centiloquium.— Ejusdem de horis planetarum liber alius. — Almansoris propositiones ad Saracenorum regem. — Zahelis de electionibus lib. i. — Messahalah de ratione circuli et stellarum, et qualiter in hoc seculo operentur, lib. i. — Omar de nativitatibus lib. iii. — *Marci* Manilii astronomicôn lib. v. — Postremò *Othonis* Brunfelsii de diffinitionibus et terminis astrologiæ libellus isagogicus.

Basileæ. 1533. Hervagius. 1 vol. in-fol.

1839.— Uranologion sive systema variorum authorum, qui de sphæra, ac sideribus, eorumque motibus græcè commentati sunt. Sunt autem horum libri : Gemini, Achillis Tatii isagoge ad Arati phænomena. — Hipparchi libri tres, ad Aratum. — Ptolemæi de apparentiis. — *Theodori* Gazæ de mensibus. — Maximi, Isaaci Argyri duplex, S. Andreæ *Cretensis* computi. Omnia vel græcè ac latinè nunc primùm edita, vel antè non edita. Cura et studio *Dionysii* Petavii. Accesserunt variarum dissertationum libri octo, ad authores illos intelligendos imprimis utiles, eodem authore.

Lutetiæ Parisiorum. 1630. Seb. Cramoisy. 1 v. in-fol.

1840. — ΑΡΑΤΟΥ Σολέιως Φαινόμενα, ΘΕΩΝΟΣ Σχόλια, ΕΡΑΤΟΣΘΕΝΟΥΣ Καταστερισμοί, ΛΕΟΝΤΙΟΥ Σφαῖρα, et Germanici *Cæsaris* phænomena.— Les phénomènes, d'Aratus de Soles et de Germanicus *César*, avec les scholies de Théon, les catastérismes d'Eratosthène, et la sphère de LEONTIUS, traduits pour la première fois en français ; par M. l'*Abbé* HALMA.

Paris. 1821. Merlin. 1 vol. in-4°.

** — ΑΡΑΤΟΥ φαινόμενα καὶ διασημεῖα. ΜΑΝΕΘΩΝΟΣ ἀποτελισματικα. ΜΑΞΙΜΟΥ περὶ καταρχῶν. ARATI phænomena et prognostica. PSEUDO-MANETHONTIS et MAXIMI carmina astrologica, cum fragmentis DOROTHEI et ANUBIONIS. Recensuit et præfatus est *Arm.* KŒCHLY.

Parisiis. 1851. A. F. Didot. 1 vol. in-8°.

Vide : *Script. græc. bibl.*

1841. — Histoire d'ARISTARQUE de Samos, suivie de la traduction de son ouvrage sur les distances du soleil et de la lune ; de l'histoire de ceux qui ont porté le nom d'Aristarque avant Aristarque de Samos ; et le commencement de celle des philosophes qui ont paru avant ce même Aristarque. Par M. de F.*** (le Marquis DE FORTIA D'URBAN.)

Paris. 1810. V° Dumesnil. 1 vol. in-8°.

1842. — ARATI *Solensis* phænomena sive apparentia. Omnia græce et latine ita conjuncta, ut conferri ab utriusque linguæ studiosis, in quorum gratiam educitur, possint.

Antuerpiæ. 1664. Joan. Lœus. 1 vol. in-8°.

** — ΑΡΑΤΟΥ Σολέως φαινόμενα.

Voyez : *Belles-lettres.* N° 1031 et 1088.

1843. — Κλαυδίου ΠΤΟΛΕΜΑΙΟΥ μαθηματικὴ σύνταξις. Composition mathématique de *Claude* PTOLÉMÉE, traduite pour la première fois du grec en français, par M. HALMA ; et suivie des notes de M. DELAMBRE.

Paris. 1813. Grand. 1816. Eberhart. 2 vol. in-4°.

1844. — Κλαυδίου ΠΤΟΛΕΜΑΙΟΥ ὑπόθεσις καὶ πλανομένων ἀρχαὶ, καὶ ΠΡΟΚΛΟΥ ΔΙΑΔΟΧΟΥ ὑποτυπώσεις. Hypothèses et époques des planètes, de *C.* PTOLÉMÉE, et hypotyposes de PROCLUS DIADOCHUS, traduites pour la première fois du grec en français ; suivies de trois mémoires traduits de l'allemand de M. IDELER, sur les connoissances astronomiques des Chaldéens, sur le cycle de Méton, et sur l'Ère Persique ; et précédées d'un discours préliminaire et de deux dissertations sur les mois macédoniens et sur le calendrier judaïque, par M. l'*Abbé* HALMA.

   Paris. 1820. Merlin. 1 vol. in-4".

1845.— Κλαυδίου ΠΤΟΛΕΜΑΙΟΥ, ΘΕΩΝΟΣ κ. τ. λ. κανων βασιλείων, καὶ φάσεισ ἀπλάνων, καὶ ΓΕΜΙΝΟΥ εἰσαγωγη εἰσ τὰ φαινόμενα. —Table chronologique des règnes, prolongée jusqu'à la prise de Constantinople par les Turcs ; apparitions des fixes, de *C*. PTOLÉMÉE, THÉON, etc., et introduction de GÉMINUS aux phénomènes célestes, traduites pour la première fois, du grec en français ; suivies des recherches historiques sur les observations astronomiques des anciens, traduites de l'allemand de M. IDELER, et précédées d'un discours préliminaire et de deux dissertations sur la réduction des années et des mois des anciens, à la forme actuelle des nôtres, par M. l'*Abbé* HALMA.

   Paris. 1819. Bobée. 1 vol. in-4".

1846.— ΘΕΩΝΟΣ Ἀλεξανδρέως ὑπόμνημα εἰς τὸ πρῶτον καὶ δευτερον τῆς Πτολεμαίου μαθηματικῆς συντάξεως. Commentaire de THÉON d'Alexandrie, sur le premier et le second livre de la composition mathématique de Ptolémée, traduit pour la première fois du grec en françois, par M. l'*Abbé* HALMA.

   Paris. 1821. Merlin. 2 vol. in-4°.

1847.— ΘΕΩΝΟΣ Ἀλεξανδρέως ὑπόμνημα εἰς τοὺς Πτολεμαίου προχείρους κανόνας. Commentaire de THÉON d'Alexandrie, sur les tables manuelles astronomiques de Ptolémée, jusqu'à présent inédites, traduites pour la première fois du grec en français, par M. l'*Abbé* HALMA.

   Paris. 1822-23-25. Merlin, Eberhart. 3 en 2 v. in-4".

  A la suite, on trouve :

— Preuves de la juste et légale célébration de la fête de

Pâques dans l'Eglise romaine, le dimanche 3 avril 1825 ; conformément au décret du concile de Nicée, nonobstant la coïncidence de la Pâque des juifs avec celle des chrétiens au même jour. Par M. l'*Abbé* HALMA.

Paris. 1825. Eberhart. in-4"

1848.— Κανών πασχάλιος ΙΣΑΑΚΟΥ μοναχου τοῦ ΑΡΓΥΡΟΥ. Table pascale du moine *Isaac* ARGYRE, faisant suite à celles de Ptolémée et de Théon, traduite pour la première fois du grec en français par M. l'*Abbé* HALMA.

Paris. 1825. Eberhart. 1 vol. in-4º.

1849.— PTOLEMAEI mathematicæ constructionis liber primus, græcè et latinè editus. Additæ explicationes aliquot locorum ab *Erasmo* RHEINHOLT.

Wittebergæ. 1549. J. Lufft. 1 vol. in-8º.

On trouve à la suite :

— Uberior enarratio eorum, quæ à Joanne de Sacro Bosco proponuntur, ita ut adjecta difficilioribus locis commentarii vicem supplere possit, auctore M. *Theodoro* GRAMINEO *Ruremundano*.

Coloniæ. 1567. Mat. Cholinum. 1 vol. in 8". Grav.

1850.— *Claudii* PTOLEMAEI Almagestum seu magnæ constructionis mathematicæ opus plane divinum, latina donatum lingua ab *Georgio* TRAPEZUNTIO, per *Lucam* GAURICUM recognitum, anno salutis MDXXVIII labente.

Venetiis. 1528. Junta. 1 vol. in-fol.

1851.— *Cl.* PTOLOMAEI phænomena, stellarum MXXII fixarum ad hanc ætatem reducta, etc. Nunc primum edita, interprete *Georgio* TRAPEZUNTIO. Adjecta est Isagoge JOANNIS *Noviomagi* ad stellarum inerrantium longitudines ac latitudines, cui etiam accessere imagines sphæræ barbaricæ duodequinquaginta *Alberti* DURERI.

Coloniæ. Agripp. 1537. 1 vol. in-4".

1852.— Præclarissimi viri *Georgii* VALLE commentationes in Ptolemei quadripartitum inque Ciceronis Partitiones et Tusculanas questiones ac Plinii naturalis historie librum secundum.

Venetiis. 1502. Simon Bivilaqua. 1 vol. in-fol.

1853. — ΓΕΜΙΝΟΥ εἰσαγωγη εἰς τὰ φαινόμενα. GEMINI elementa astronomiæ græcè et latinè interprete *Edone* HILDERICO.

Altorphii. 1590. Lochner et Hofmann. 1 vol. in-8°.

** — MANILI astronomicon libri quinque. *Josephus* SCALIGER recensuit, ac pristino ordini suo restituit. Ejusdem *Jos.* SCALIGERI commentarius in eosdem libros, et castigationum explicationes.

Lutetiæ. 1579. M. Patissonius. 1 vol. in-8°.   *Bell. l.* N° 1252.

** — M. MANILI astronomicon à *Josepho* SCALIGERO ex vetusto codice Gemblacensi infinitis mundis repurgatum. Ejusdem *Josephi* SCALIGERI notæ, quibus auctoris prisca astrologia explicatur, etc.

Lugd. Batav. 1600. Off. Plantiniana. 1 vol. in-4°. *Bell. l.* N° 1253.

** — *Marci* MANILII astronomicon libri quinque ; accessere *Marci Tullii* CICERONIS arataea, cum interpretatione gallica et notis : edente *A. G.* PINGRÉ.

Parisiis. 1786. Via et ædibus Serpentinis. 2 v. in-8°. *Ibid.*, 1254.

** — De re astronomica CICERONIS et GERMANICI carmina ex ARATO translata ; item M. MANILII astronomicon libri v ex recensione *Jos. Scaligeri,* quæ notis veteribus ac novis illustravit *N. E.* LEMAIRE.

Parisiis. 1826. Lemaire. 1 vol. in-8°.

Vide : *Bibl. class. lat.*

1854. — *Jacobi* ZIEGLERI in C. PLINII de naturali historia librum secundum commentarius, quo difficultates Plinianæ, præsertim astronomicæ, omnes tolluntur. Item, organum quo catholica syderum, ut apud Plinium est, mira arte docetur. — Item *Georgii* COLLIMITII, et *Joachimi* VADIANI, in eundem secundum Plinii scholia quædam.

Basileæ. 1531. Hen. Petrus. 1 vol. in-4°.

" — *Rufi Festi* AVIENI aratea, phænomena et prognostica, quæ notis veteribus ac novis illustravit *N. E.* LEMAIRE.

Vide : *Bibl. class. lat.*

** — *Rufus Festus* Avienus. Description de la terre. — Les régions maritimes. — Phénomènes et pronostics d'Aratus et pièces diverses. Traduits par MM. *E*. Despois et *Ed*. Saviot.

Paris. 1843. Panckoucke. 1 vol. in-8°.

Vide : *Bibl. lat. franç.*

c. — *Traités généraux.*

** — *Petri* Gassendi opera astronomica.

Vide : *P*. Gassendi *opera*, iv.

1855. — Astronomia jam à fundamentis integrè et exactè restituta, complectens ix partes hactenus optatæ scientiæ longitudinum cœlestium nec-non terrestrium, etc. Authore *Joanne Baptista* Morino.

Parisiis. 1640. J. Libert. 1 vol. in-4°.

A la suite :

—Coronis astronomiæ jam à fundamentis integrè et exactè restitutæ. Quà respondetur ad Introductionem in Theatrum astronomicum clariss. viri Christiani Longomontani. Authore *Joanne Baptista* Morino.

Parisiis. 1641. J. Libert. in-4°.

1856. — *Ismaelis* Bullialdi astronomia philolaica. Opus novum, in quo motus planetarum per novam ac veram hypothesim demonstrantur, etc. Addita est nova methodus cujus ope eclipses solares, absque ulla solutione triangulorum sphæricorum ad parallaxes investigandas, expeditissimè computantur. Historia, ortus et progressus astronomiæ in prolegomenis describitur, etc.

Parisiis. 1645. S. Piget. 1 vol. in-fol.

1857. — *Joan. Bapt.* du Hamel astronomia physica, seu de luce, natura, et motibus corporum cœlestium libri duo. — Accessere *Petri* Petiti observationes aliquot eclipsium solis et lunæ : cum dissertationibus de lati-

tudine Lutetiæ, declinatione magnetis, nec non de novo systemate mundi quod anonymus dudum proposuit.
  Parisiis. 1660. Lamy. in-4°. *Vide* : N° 1661.

1858.— Opus astronomicum in quo siderum omnium hypotheses, eorum motus tum medii, tum veri, etc. exponuntur. Auctore P. *Jacobo* DE BILLY.
  Divione. 1661. Palliot. 1 vol. in-4°.

1859.— Eléments d'astronomie. Par M. CASSINI.
  Paris. 1740. Imp. royale. 1 vol. in-4°.

1860.— Astronomie, par M. DE LA LANDE. 2ᵉ édit.
  Paris. 1771-1781. Vᵉ Desaint. 4 vol. in-4°.

1861.— Abrégé d'astronomie, par M. DE LA LANDE.
  Paris. 1774. Vᵉ Desaint. 1 vol. in-8°.

1862.— Lettres sur l'astronomie pratique. Par M.*** (*Aug.* DARQUIER DE PELLEPOIX.)
  Paris. 1786. Didot. 1 vol. in-8°.

** — Astronomie nautique. Par *P. L.* MOREAU DE MAUPERTUIS.
  Voyez : *Œuvres* de MAUPERTUIS, III.

1863.— Traité élémentaire d'astronomie physique, par *J. B.* BIOT, avec des additions relatives à l'astronomie nautique, par M. DE ROSSEL. 2ᵉ édit.
  Paris. 1810-1811. Klostermann. 3 vol. in-8°.

1864.— Astronomie théorique et pratique ; par M. DELAMBRE.
  Paris. 1814. Vᵉ Courcier. 3 vol. in-4°.

1865.— Beautés et merveilles du ciel, ou cours d'astronomie en vingt-quatre leçons, mis à la portée de la jeunesse ; par *Thomas* SQUIRE, traduit de l'anglais sur l'édition de 1823, par un astronome français (*Ph.* COULIER.)
  Paris. 1825. Eymery. 1 vol. in-12. Fig.

1866.— Astronomie enseignée en 22 leçons, ou les merveilles des cieux expliquées sans le secours des mathématiques ; ouvrage traduit de l'anglais sur la 13ᵉ édit. (de *Thomas* SQUIRE) ; par M. C. (*Ph.* COULIER.) 3ᵉ édit.
  Paris. 1825. Audin. 1 vol. in-12. Pl.

1867. — Même ouvrage. 6ᵉ édit.
>   Paris. 1835. Audin. 1 vol. in-8°.

1868. — Astronomie pratique. Usage et composition de la connoissance des tems. Par *L. B.* FRANCŒUR.
>   Paris. 1830. Bachelier. 1 vol. in-8°.

** — Astronomie populaire. Par *Fr.* ARAGO.
>   Paris. 1854-1857. Gide. 4 vol. in-8°.

Voyez : *Œuvres* de *Fr.* ARAGO.

1869. — Cours élémentaire d'astronomie concordant avec les articles du programme officiel pour l'enseignement de la cosmographie dans les lycées. Par M. *Ch.* DELAUNAY. 2ᵉ édit.
>   Paris. 1855. Langlois et Leclercq. 1 vol. in-18.

---

d. — *Cosmographie ou Système du monde.*

1870. — Cosmographicus liber *Petri* APIANI, jam denuo integritati restitutus per GEMMAM PHRYSIUM. — Item ejusdem GEMMÆ PHRYSII libellus de locorum describendorum ratione, et de eorum distantiis inveniendis, nunquam antehac visus.
>   Antuerpiæ. 1533. J. Grapheus. 1 vol. in-4°.

1871. — La cosmographie de *Pierre* APIAN, livre très-utile, traictant de toutes les régions et pays du monde par artifice astronomicque, nouvellement traduict de latin en françois. Et par GEMMA FRISON corrigé. Avecq aultres libvres du mesme GEMMA *F.*
>   Anvers. 1544. G. Bonte. 1 vol. in-4°. Fig.

1872. — *Ælii* ANTONII *Nebrissensis* in cosmographiæ libros introductorium, multò quam antea castigatius.
>   Parisiis. 1533. S. Colinæus. 1 vol. in-8°.

1873. — Les institutions astronomiques contenans les principaux fondemens et premières causes des cours et mouvemens célestes. Avec la totale révolution du ciel et de ses parties ; les causes et raisons des éclipses, tant de la lune, que du soleil. (Par *Jean-Pierre* DE MESMES.)

Paris. 1557. Michel de Vascosan. 1 vol. in-fol.

1874. — *Nicolai* COPERNICI de revolutionibus orbium cœlestium libri VI, in quibus stellarum et fixarum et erraticarum motus, ex veteribus atque recentibus observationibus, restituit hic autor. — Item, de libris revolutionum *Nicolai* COPERNICI narratio prima, per M. *Georgium* JOACHIMUM *Rheticum* ad D. Joan. Schonerum scripta.

Basileæ. 1566. Off. Henricpetrina. 1 vol. in-fol.

1875. — TYCHONIS BRAHE *Dani* astronomiæ instauratæ progymnasmata. Quorum prima pars de restitutione motuum solis et lunæ, stellarumque inerrantium tractat. Et præterea de admiranda nova stella anno 1572 exorta luculenter agit. — De mundi ætherei recentioribus phænomenis liber secundus. — Epistolarum astromicarum libri.

Francofurti. 1610. G. Tampachius. 2 vol. in-4º.

1876. — Cosmologie du monde tant céleste que terrestre, divisée en trois traictez. Par M. *J.* SAULNIER.

Paris. 1618. Mich. Daniel. 1 vol. in-8º.

1877. — Systema cosmicum, authore GALILÆO GALILÆI, in quo quatuor dialogis, de duobus maximis mundi systematibus, Ptolemaico et Copernicano, utriusque rationibus philosophicis ac naturalibus indefinite propositis, disseritur. Ex italica lingua latine conversum (à *Matthià* BERNEGGERO.) Accessit appendix gemina, qua SS. Scripturæ dicta cum terræ mobilitate conciliantur.

Augustæ Treboc. 1635-1636. D. Hauttus. 1 vol. in-4º.

A la suite :

— Nov-antiqua Sanctissimorum Patrum, et probatorum theologorum doctrina, de Sacræ Scripturæ testimoniis, in conclusionibus mere naturalibus, quæ sensatâ experientiâ, et necessariis demonstrationibus evinci possunt, temere non usurpandis : italico idiomate conscripta à GALILÆO GALILÆI : nunc vero juris publici facta, cun latina versione (*Roberti* ROBERTINI) italico textui simul adjuncta.

Augustæ Treboc. 1636. D. Hauttus. in-4º.

1878. — Idem opus.

Londini. 1663. Th. Dicas. 1 vol. in-8º.

1879. — *Danielis* LIPSTORPII Copernicus redivivus, seu de vero mundi systemate, liber singularis.

Lugd. Bat. 1653. J. et D. Elsevier. 1 v. in-4º. Nº 1547.

1880. — Le monde dans la lune. Divisé en deux livres. Le premier, prouvant que la lune peut estre un monde. Le second, que la terre peut estre une planette. De la traduction du Sʳ DE LA MONTAGNE.

Rouen. 1655. J. Cailloué. 1 vol. in-8º.

1881. — Introduction familière en la science d'astronomie, contre Copernic, en laquelle se void les principes et les choses plus essencielles qui concernent cette science. Avec un suplément auquel est adjoint les merveilles découvertes aux cieux, aux astres célestes, au moyen de la lunette d'approche. (Par *Jean* MAURISSE ou MEURISSE.)

Paris. 1674. Louis Vandosme. 1 vol. in-4º.

1882. — Le système du monde selon les trois hypothèses, où conformément aux loix de la méchanique, l'on explique dans la supposition du mouvement de la terre les apparences des astres, la fabrique du monde, la formation des planétes, la lumière, la pesanteur, etc., et cela par de nouvelles démonstrations. (Par *Charles* GADROYS.)

Paris. 1675. G. Des Prez. 1 vol. in-12.

1883. — Nouveau système du monde, conforme à l'Écriture sainte. Où les phénomènes sont expliquez sans excentricité de mouvement. Composé par *Sébastien* LE CLERC.

Paris. 1706. P. Giffart. 2 en 1 vol. in-8º.

1884.— Institutions Newtoniennes, ou introduction à la philosophie de M. Newton. Par M. Sigorgne.

Paris. 1747. Quillau fils. 2 en 1 vol. in-8°.

1885.— Principes du système des petits tourbillons, mis à la portée de tout le monde et appliqués aux phénomènes les plus généraux. Ouvrage auquel on a ajouté une Dissertation posthume de M. l'*Abbé* de Molières, sur l'existence de la force centrale dans un tourbillon sphérique. Par M. l'*Abbé* le C. (le Corgne) de Launay.

Paris. 1743. A. Jombert. 1 vol. in-12.

1886.— Le vrai système de physique générale de M. Isaac Newton, exposé et analysé en parallèle avec celui de Descartes. Par le R. P. *Louis* Castel.

Paris. 1743. Seb. Jorry. 1 vol. in-4°. Fig.

1887.— Théorie des tourbillons cartésiens ; avec des réflexions sur l'attraction. (Par M. de Fontenelle; publiée avec une préface de *Camille* Falconnet.)

Paris. 1752. H. L. Guerin. 1 vol. in-12.

1888.— Lettres sur la cosmographie, où le sistème de Copernic est refuté ; le plan de l'univers exposé et expliqué phisiquement, sur des principes dictés par les expériences et les observations des principales Académies des sciences. (Par l'*Abbé A. F.* de Brancas Villeneuve.)

La Haye. 1745. P. Gosse. 1 vol. in-4°. Tom. 1er.

1889.— Recherches sur différens points importans du système du monde. Par M. d'Alembert.

Paris. 1754-1756. David l'aîné. 3 vol. in-4°.

1890.— Entretiens sur la pluralité des mondes. Par M. de Fontenelle. 4e édit.

Paris. 1698. Brunet. 1 vol. in-12.

1891.— Même ouvrage. Nouv. édit. augm. de pièces diverses.

Paris. 1724. Brunet. 1 vol. in-12.

1892. — Entretiens sur la pluralité des mondes, suivis des dialogues des morts ; par DE FONTENELLE.
Paris. 1824. Ledentu. 1 vol. in-12.

1893. — Ragionamenti sù la pluralità de'mondi. Tradotti dal francese del signor FONTENELLE.
Parigi. 1748. Brunet. 1 vol. in-12.

1894. — Nouveau traité de la pluralité des mondes. Par feu M. HUGHENS. Traduit du latin en françois, par M. D... (DUFOUR.)
Paris. 1702. Moreau. 1 vol. in-12.

1895. — Observations philosophiques sur les systèmes de Newton, le mouvement de la terre et la pluralité des mondes. Dialogues des morts sur le séjour des vivans. Avec une dissertation sur les tremblemens de terre, les épidémies, les orages, les inondations, etc. Par M. l'*Abbé* FLEXIER DE RÉVAL.
Paris. 1778. Ch. P. Berton. 1 vol. in-12.

** — Exposition du système du monde. — Mécanique céleste. Par LAPLACE.
Voyez : *Œuvres* de LAPLACE, I à VI. N° 1352.

1896. — Découverte de la véritable astronomie basée sur la loi commune aux mouvements des corps, par *Antoine* DERYAUX.
Vienne. 1854. Timon frères. Pièce in-8°.

e. — *Des étoiles, des planètes et des comètes.*

1897. — *Joannis Joviani* PONTANI de rebus cœlestibus libri XIIII. — Ejusdem de luna fragmentum.
Basileæ. 1530. 1 vol. in-4°.

1898. — Theoriæ novæ planetarum *Georgii* PURBACHII ab *Erasmo* REINHOLDO pluribus figuris auctæ, etc., illustratæ scholiis in theoria solis, etc. Inserta item methodica tractatio de illuminatione lunæ.
Wittenbergæ. 1601. Zach. Lehman. 1 vol. in-8°.

1899. — *Eras. Oswaldi* SCHRECKENFUCHSII commentaria, in novas theoricas planetarum Georgii Purbachii, etc. — *Philippi* insuper IMSSERI in ejusdem Purbachii theoricas, tabulis adjectis.

Basileæ. 1555. Henricus Petri. 1 vol. in-fol. Fig.

1900. — De le stelle fisse libro uno ; dove di tutte le XLVIII imagin celesti minutissimamente si tratta, etc. (Da *Alessandro* PICCOLOMINI.)

Venetia. 1564. Varisco et Comp. 1 vol. in-4°.

1901. — *Johannis* BAYERI uranometria, omnium asterismorum continens schemata, nova methodo delineata, etc.

Augusta Vindelicorum. 1603. Ch. Mangus. 1 v. in-f°.

1902. — *Christiani* HUGENII Κοσμοθεωρος, sive de terris cœlestibus, earumque ornatu, conjecturæ.

Hagæ Comitum. 1699. Adr. Moetjens. 1 vol. in-4°.

1903. — *Joannis* KEPLERI dissertatio cum nuncio sidereo nuper ad mortales misso à Galilæo Galilæo.

Francofurti. 1611. Z. Palthenius. Pièce in-8°.

" — De la scintillation. Par *Fr.* ARAGO.

Voyez : *Œuvres* de *Fr.* ARAGO. *Not. scient.*, IV.

" — Discours sur les différentes figures des astres. Par MAUPERTUIS.

Voyez : *Œuvres* de MAUPERTUIS, I.

1904. — Rosa ursina, sive sol ex admirando facularum et macularum suarum phœnomeno varius, etc. libris quatuor mobilis ostensus, à *Christophoro* SCHEINER.

Bracciani. 1616. And. Phæus. 1 vol. in fol.

1905. — Sol flamma cælorum motrix, sive tractatus de solis natura, et pabulo ; deque ejus et firmamenti, stellarumque et planetarum motu circa terram ut centrum. Item aphorismi analogici parvi mundi ad magnum, magni ad parvum. (Autore *Steph.* NATALI.) 2ª edit.

Parisiis. 1647. Sebast. Cramoisy. 1 vol. in-8°. Fig.

1906. — Illustre solis speculum in quo perspicuè deprehendes errare omnes graviter, qui putant istius sideris ab igne secerni naturam. Authore M. *Claudio* WAFLART.

Parisiis. S. d. Boulanger. 1 vol. in-8°.

1907. — Astronomie solaire simplifiée, fondée sur les observations tant anciennes que du moyen-âge, et prouvant l'exclusion des variations séculaires théoriques introduites dans les calculs des lieux du soleil. Par *J. B. P.* MARCOZ.

Paris. 1832. De Bure. 1 vol. in-8°.

On trouve à la suite :

— Réfutation de la critique du livre intitulé : Astronomie solaire d'Hipparque, par J. B. P. Marcoz; insérée par M. Letronne dans le Journal des savans, novembre 1828 et janvier 1829. (Par *J. B. P.* MARCOZ.)

(Paris. 1829. De Bure.)   in-8°.

** — Constitution physique du soleil et des étoiles. Par *Fr.* ARAGO.

Voyez : *Œuvres* de *Fr.* ARAGO. *Not. scient.*, IV.

1908. — La figure de la terre déterminée par les observations de MM. de Maupertuis, Clairaut, Camus, Le Monnier et de M. l'Abbé Outhier, accompagnés de M. Celsius : faites par ordre du Roi au Cercle polaire. Par M. DE MAUPERTUIS.

Paris. 1738. Imprimerie royale. 1 vol. in-8°.

1909. — Même ouvrage.

Amsterdam. 1738. Jean Catuffe. 1 vol. in-12.

1910. — La figure de la terre, déterminée par les observations de MM. Bouguer, et de La Condamine, envoyés par ordre du Roy au Pérou, pour observer aux environs de l'Équateur. Avec une relation abrégée de ce voyage. Par M. BOUGUER.

Paris. 1749. Jombert. I vol. in-4°.

1911. — Mesure des trois premiers degrés du méridien dans l'hémisphère austral, tirée des observations de M.^{rs}

de l'Académie royale des sciences, envoyés par le Roi sous l'Équateur : par M. DE LA CONDAMINE.

Paris. 1751. Imprimerie. royale. 1 vol. in-4º.

1912.— Journal du voyage fait par ordre du Roi, à l'Équateur, servant d'introduction historique à la mesure des trois premiers degrés du méridien. Par M. DE LA CONDAMINE.

Paris. 1751. Imprimerie royale. 1 vol. in-4º.

1913.— Voyage fait par ordre du Roi en 1750 et 1751, dans l'Amérique septentrionale, pour rectifier les cartes des côtes de l'Acadie, de l'Isle Royale et de l'Isle de Terre-Neuve ; et pour en fixer les principaux points par des observations astronomiques. Par M. DE CHABERT.

Paris. 1753. Imprimerie royale. 1 vol. in-4º.

1914.— Justification des mémoires de l'Académie royale des sciences de 1744, et du livre de la figure de la terre, déterminée par les observations faites au Pérou, sur plusieurs faits qui concernent les opérations des Académiciens. Par M. BOUGUER. 2ᵉ édit.

Paris. 1809. Bachelier. 1 vol. in-4º.

1915.— Base du système métrique décimal, ou mesure de l'arc du méridien compris entre les parallèles de Dunkerque et Barcelone, exécutée en 1792 et années suivantes, par MM. MÉCHAIN et DELAMBRE. Rédigée par M. DELAMBRE. (Suite des Mémoires de l'Institut.)

Paris. 1806-1810. Baudouin. 3 vol. in-4º.

1916.— Recueil d'observations géodésiques, astronomiques et physiques, exécutées par ordre du Bureau des longitudes de France, en Espagne, en France, en Angleterre et en Écosse, pour déterminer la variation de la pesanteur et des degrés terrestres sur le prolongement du méridien de Paris, faisant suite au 3ᵉ volume de la Base du système métrique ; rédigé par MM. BIOT et ARAGO.

Paris. 1821. Vᵉ Courcier. 1 vol. in-4º.

** — La méridienne de l'Observatoire royal de Paris, vérifiée dans toute l'étendue du royaume, pour en déduire la vraie grandeur des degrés de la terre, tant en longitude qu'en latitude, etc. Par M. Cassini de Thury.

Paris. 1744. Guérin. 1 vol. in-4°.

Voyez : *Mémoires de l'Acad. des scienc.*, 1740.

** — Géodésie, ou traité de la figure de la terre. Par Francœur.

Voyez : N° 1495.

1917. — Théorie de la lune, déduite du seul principe de l'attraction réciproquement proportionnelle aux quarrés des distances ; par M. Clairaut. 2° édit.

Paris. 1765. Dessaint et Saillant. 1 vol. in-4°.

1918. — Erreur des astronomes et des géomètres d'avoir admis l'accélération séculaire de la lune, en prenant pour des observations réelles et légitimes les récits d'éclipses de l'Almageste, tandis qu'ils ne sont que des calculs faits par Ptolémée avec ses tables ; et d'avoir en outre prétendu établir cette accélération par les éclipses des Arabes et des Européens, lesquelles cependant la repoussent absolument. Conséquences contre les théories astronomiques et les tables lunaires des modernes. Par *J. B. P.* Marcoz.

Paris. 1833. De Bure. 1 vol. in-8°.

** — De l'influence de la lune sur les phénomènes terrestres. Par Fr. Arago.

Voyez : *Œuvres de Fr.* Arago. *Not. scient.*, v.

1919. — Lettre à M. l'abbé Charles, sur le *Ragguaglio di due nove osservationi, etc., da Giuseppe Campani*, avec des remarques où il est parlé des nouvelles découvertes dans Saturne et dans Jupiter, etc. Par *Adrien* Auzout.

Paris. 1665. Jean Cusson. Pièce in-4°.

1920. — Eclipsium omnium ab anno domini 1554 usque in annum domini 1606 accurata descriptio et pictura, ad meridianum Augustanum supputata, etc. — Autore *Cypriano* Leovitio à Leonicia.

Augustæ Vindelicorum. 1556. Ph. Ulhardus. 1 v. in-f°.

1921. — Tractatus de eclipsibus solis et lunæ, ex parte secunda chronologiæ christianæ P. *Jacobi* GRANDAMICI.

Parisiis. 1668. Joan. Hénault. 1 vol. in-4°.

** — Notice sur les éclipses. Par *Fr.* ARAGO.

Voyez : *Œuvres* de *Fr.* ARAGO. *Not. scient.*, IV.

1922. — Sentimens sur l'éclipse qui doit arriver le 12 du mois d'aoust (1654). Pour servir de réfutation aux faussetés qui ont esté publiées sous le nom du docteur Andreas.

Paris. 1654. Antoine Vitré. Pièce in-4°.

1923. — Selenion ou apparition luni-solaire en l'isle de Gorgone, observé par ordre du Sereniss. Prince Léopold de Florence, le xvj juin MDCLXVI. Avec l'éclipse horizontale de lune du XI décembre prochain qui paroistra en son lever, eclipsée de 2 doigts, supputée par les tables Rudolphines, et par les Riccioliennes. Pour l'horizon de Paris. (Par *François* PAYEN.)

Paris. 1666. Bilaine. Pièce in-4°.

A la suite :

— Ænigma astronomicum. Adulterium solis et lunæ visibile in hemisph. Parisiensi, quod pseudo-umbra illico teget. Anno MDCLXVI, die XVI junii si vera sit Kepleri æquatio menstrua. (Autore *Francisco* PAYEN.)

Paris. 1666. Bilaine. Pièce in-4°.

C'est le chapitre IV des *Specula astronomica* de cet auteur.

— Extrait d'une lettre de M. PAYEN, écrite à M. de Montmor, contenant l'observation de l'éclipse de soleil arrivée le 2 juillet 1666. Faite à Paris, par le dit Sr Payen et par M. Agarrat et Barbier.

S. n. n. l. n. d. in-4°.

1924. — Ratio ponderum libræ et simbellæ : in qua quid è Lotharii Sarsii libra astronomica, quidque è Galilei Galei simbellatore, de cometis statuendum sit etc., Philosophorum arbitrio proponitur. Auctore eodem *Lothario* SARSIO (*Henrico* GRASSI).

Lutetiæ. 1626. Sebas. Cramoisy. 1 vol. in-4°.

1925. — Tractatio utilis et lectu digna de cometarum causis, effectibus, differentiis, et eorundem proprietatibus. Cum plana et expedita declaratione eventuum, quos diversos pro diversitate planetarum et signorum zodiaci sortiuntur etc., ex *Fr.* JUNCTINI voluminibus excerpta.

  Lipsiæ. 1580. J. Steinman. Pièce in-8°.

1926. — Dissertation sur la nature des comètes. Avec un discours sur les prognostiques des éclipses et autres matières curieuses. Par *P.* PETIT.

  Paris. 1665. L. Billaine. 1 vol. in-4°.

1927. — Cométographie, ou traité historique et théorique des comètes. Par M. PINGRÉ.

  Paris. 1783-1784. Imp. royale. 2 vol. in-4°.

1928. — *ErycI* PUTEANI de cometa anni MDCXVIII novo mundi spectaculo, libri duo, paradoxologia.

  Coloniæ. 1619. C. Butgenius. 1 vol. in-16.

1929. — De cometæ an. MDCLII-MDCLIII observationibus astronomicis, Europa ferè tota peractis, et omnia sideris accidentia detegentibus : loco elementari physice, mathematiceque demonstrato : generatione ex halitu terrestri sursum elato, et vi motuum cælestium ignito : præsagiis tam naturali, quam altiori virtute fultis : effectibus semper magnis, et noxiis humano generi, speciatimque viris excelsis : collatione ad alios cometas in multis admirandis proprietatibus : responsum *Fortunii* LICETI.

  Utini. 1658. Schirattus. 1 vol. in-4°. *Vide :* N° 124.

1930. — Des comètes. Mélanges.

  1 vol. in-4°, contenant :

1. — Traitté des comettes, où on voit leurs causes, leur nature, leurs effets, le temps auquel elles se forment, les lieux où elles paroissent, les moyens de les prédire, et de connoistre non-seulement ce qu'elles annoncent en général, mais aussi en particulier. Par *Henri* DE LESCHENER.

  Paris. 1665. Thierry. **in-4°.**

2. — L'éphéméride du nouveau comète. Par AUZOUT.
>   **Paris. 1665. Jean Cusson.   in-4°.**

3. — Le cours de la comète, qui a paru sur la fin de l'année 1664 et au commencement de l'année 1665. Avec un traité de sa nature, de son mouvement, et de ses effets. Par le P. *Jacques* GRANDAMY.
>   **Paris. 1685. Sébastien Cramoisy.   in-4°.**

4. — De cometa ann. 1664 et 1665 observationes mathematicæ. Propugnabuntur à *Ludovico* PROU, in Collegio Claromontano.
>   **Parisiis. 1665. Ed. Martinus. in-4°.**

5. — Lettre à Philarète sur le sujet des comètes.
>   **Paris. 1666.   in-4°.**

6. — Premières observations de la comète de ce mois d'aoust 1682, présentées au Roy par M. CASSINI.
>   **Paris. 1682. Séb. Marbre-Cramoisy.   in-4°.**

1931. — Lettre sur la comète (de 1742. Par DE MAUPERTUIS.)
>   **S. n. n. l. 1742.   1 vol. in-12.**

---

f. — *Des sphères, des instruments et des cartes astronomiques.*

1932. — *Joannis* STOEFLERI in PROCLI *Diadochi* sphæram mundi, omnibus numeris longè absolutissimus commentarius.
>   **Tubingæ. 1534. Morhart. 1 vol. in-fol.**

1933. — Sphæra *Joannis* DE SACROBOSCO.
>   **Antuerpiæ. 1551. J. Ricardus. 1 vol. in-8°.**

1934. — Uberrimum sphere mundi commentum intersertis etiam questionibus domini *Petri* DE ALIACO.
>   **(Parisius. 1498.) Jehan Petit. 1 vol. in-fol.**

1935. — Textus de sphera *Johannis* DE SACROBOSCO, cum additione (quantum necessarium est) adjecta : Novo commentario nuper edito ad utilitatem studentium philosophice Parisiensis Academie illustratus, cum compositione Anuli astronomici BONI *Latensis*, et geometria EUCLIDIS *Megarensis* (à BOETIO in latinum translata.)
>   **Parisiis. 1511. Henricus Stephanus. 1 vol. in-fol.**

1936.— Textus de sphæra *Joannis* DE SACROBOSCO : introductoria additione (quantum necessarium est) commentarioque ad utilitatem studentium philosophiæ Parisiensis Academiæ illustratus. Cum compositione Annuli astronomici BONETI *Latensis*, et geometria EUCLIDIS.

    Parisiis. 1531. Simon Colinæus. 1 vol. in-fol.

1937.— Habes lector *Johannis* DE SACRO BUSTO sphere textum una cum additionibus non aspernandis *Petri* CIRVELLI D. (a vero tamen textu apparenter distinctis) cum ipsiusmet sublimi et luculentissima expositione aliquot figuris noviter adiunctis decorata. Intersertis preterea questionibus domini *Petri* DE ALLIACO, etc.

    Parisiis. 1515. Jehan Petit. 1 vol. in-fol.

1938.— Sphæra *Joannis* DE SACROBOSCO, emendata. *Eliæ* VINETI *Santonis* scholia in eandem sphæram, ab ipso auctore restituta. Adjunximus huic libro compendium in sphæram, per *Pierium* VALERIANUM *Bellunensem*, et *Petri* NONII *Salaciensis* demonstrationem eorum, quæ in extremo capite de climatibus Sacroboscius scribit de inæquali climatum latitudine, eodem VINETO interprete.

    Lugduni. 1606. Gazæus. 1 vol. in-8°.

1939.— Sphæra *Joannis* DE SACROBOSCO emendata. *Eliæ* VINETI *Santonis* scholia in eandem sphæram, ab ipso authore restituta, et annotationibus *Jacobi* MARTINI *Pedemontani* aucta. *Petri* NONII *Salaciensis* annotatio in caput de climatibus eodem VINETO interprete.—Compendium in sphæram per *Pierium* VALERIANUM.

    Parisiis. 1619. Quesnel. 1 vol. in-8°.

1940.— *Christophori* CLAVII in sphæram Joannis de Sacro Bosco commentarius, nunc tertiò ab ipso auctore recognitus, et plerisque in locis locupletatus.

    Romæ. 1585. Basa. 1 vol. in-4°.

1941.— Idem opus, nunc quartò ab ipso authore recognitus.

    Lugduni. 1602. J. de Gabiano. 1 vol. in-4°.

1942.— La sfera del mondo di M. *Alessandro* PICCOLOMINI. Di nuovo da lui ripolita, accresciuta, et fino à sei libri, di quattro che erano ampliata, etc.

Vinegia. 1564. Paganini. 1 vol. in-4°.

1943.— Discours analytique des cieux, mouvements et parties d'iceux : autrement de la sphère ou globe céleste. Par *Barthelemy* HEURTEVIN.

Paris. 1618. Remy Dallin. 1 vol. in-8°.

1944.— Sphæra *Jacobi* CAPREOLI.

Lutetiæ. 1633. Moreau. 1 v. in-8°. *Vide :* N° 1939.

1945.— Sphæra *Jacobi* CAPREOLI.

Lutetiæ. 1640. Du Mesnil. 1 vol. in-8°.

** — *Georgii* BUCHANANI de sphæra libri v, cum commentariis, supplementis et argumentis *Adami* REGII et *J.* PINCIERI

Vide : BUCHANANI *opera*, II.

1946.— Traicté de la sphère du monde, divisé en quatre livres, ausquels est adjousté le cinquiesme de l'usage d'icelle. Par le Sieur BOULENGER. 2° édit.

Paris. 1628. J. Moreau. 1 vol. in-8°.

1947.— Abrégé de la sphère, et du calendrier, à l'usage de ceux qui ne sçavent pas de géométrie. Par M. RIVARD.

Paris. 1743. Lottin. 1 vol. in-12.

1948.— Tractatus de globis, cœlesti et terrestri, ac eorum usu : conscriptus à *Roberto* HUES.

S. l. n. d. Gott. Voegelinus. 1 vol. in-16.

1949.— *Adriani* METII de genuino usu utriusque globi tractatus. Adjecta est nova sciatericorum et artis navigandi ratio novis instrumentis, et inventionibus illustrata.

Franekeræ. 1624. U. Balck. 1 vol. in-4°.

1950.— Institution astronomique de l'usage des globes et sphères célestes et terrestres, comprises en deux parties, l'une, suivant l'hypothèse de Ptolemée, qui veut que la terre soit immobile ; l'autre, selon l'intention de *N.* Copernic, qui tient que la terre est mobile. Par *Guillaume* Blaeu.

Amsterdam. 1669. Jean Blaeu. 1 vol. in-4°.

1951. — *Guilielmi* Blaeu institutio astronomica de usu globorum et sphærarum cælestium ac terrestrium : duabus partibus adornata, una, secundum hypothesin Ptolemæi, per terram quiescentem, altera, juxta mentem *N.* Copernici, per terram mobilem. Latinè reddita à M. Hortensio.

Amsterdami. 1640. J. et Corn. Blaeu. 1 vol. in-8°.

1952. — Idem opus.

Amstelodami. 1646. J. Colom. 1 vol. in-8°.

1953. — L'usage des globes célestes et terrestres et des sphères suivant les différens systêmes du monde, précédé d'un traité de cosmographie, etc. Par *Nicolas* Bion.

Paris. 1699. Marcadé. 1 vol. in-12.

1954. — Traité de la sphère, du globe céleste et terrestre. La connoissance et l'usage du compas de proportion, avec la manière de s'en servir utilement dans toutes sortes d'opérations.

S. n. n. l. n. d. Pièce in-12.

1955. — Les usages de la sphère, et des globes céleste et terrestre, selon les hypothèses de Ptolémée et de Copernic, etc. Par *C. F.* de la Marche.

Paris. 1791. L'auteur. 1 vol. in-8°.

1956. — Astrolabii declaratio, ejusdemque usus mirè jucundus: à *Jacobo* Kœbelio facilioribus formulis nuper aucta, etc. Cui accessit Isagogicon in astrolabiam judiciariam.

Pariis. 1552. G. Cavellat. 1 vol. in-8°.

1957. — Elucidatio fabricæ ususque astrolabii, *Joanne* Stoflerino authore : cum diligente recognitione, etc.

Parisiis. 1585. H. de Marnef. 1 vol. in-8°.

1958. — L'usage de l'astrolabe, avec un petit traicté de la

sphère, par *Dominiq'* JACQUINOT.— Plus est adjousté une amplification de l'usage de l'astrolabe par *Jacques* BASSENTIN.

Paris. 1598. G. Cavellat. 1 vol. in-8°.

1959.— L'usage de l'un et l'autre astrolabe, particulier et universel, expliqué tant en la déclaration de leurs parties, qu'exposition fidelle et facile de leur practique en astronomie et géométrie. Le tout accommodé aux petits traictez de la sphère, de l'astrolabe, et du quarré géométrique de *Dominique* JACQUINOT.

Paris. 1625. J. Moreau. 1 vol. in-8°.

1960.— L'usage des astrolabes, tant universels que particuliers, accompagné d'un traité qui en explique la construction, etc. Par le sieur BION.

Paris. 1702. Laurent d'Houry. 1 vol. in-8°. Fig.

1961.— La fabrique et l'usage du radiomètre, instrument géométrique et astronomique, utile tant en la mer qu'en la terre, inventé par *Pierre* LE CONTE.

Paris. 1605. Touss. Du Bray. 1 vol. in-4°.

1962.— Le cadran des doits.

Orléans. 1662. Cl. et J. Borde. Pièce in-8° contenant :

" — L'usage facile du cadran des doits. Réduit en pratique par le P. P. B. J. (*Pierre* BOBYNET, *Jésuite*), pour toute sorte de personnes.

" — Le cadran des doits. Réduit en abrégé par le P. P. B. J. Pour les beaux esprits.

" — Le cadran des doits. Pour les voyageurs et pour les curieux. Nouvellement reconnu, et bien esprouvé par le P. P. B. J.

1963.— Traité des instruments astronomiques des Arabes, composé au treizième siècle par ABOUL HHASSAN ALI, de Maroc, intitulé : *Collection des commencements et des fins*, traduit de l'arabe par J. J. SÉDILLOT, et publié par *L. Am.* SÉDILLOT.

Paris. 1834-1835 Imp. roy. 2 vol. in-4°.

1964. — Supplément au traité des instruments astronomiques des Arabes, par M. *L. Am.* Sédillot.

Paris. 1844. Imp. royale. 1 vol. in-4°.

1965. — Cartes célestes, par *Ch.* Dien.

1 vol. in-4°, contenant :

— Carte céleste, dressée d'après les dernières observations, pour l'usage de la marine, par *Ch.* Dien.

— Carte des étoiles visibles sur l'horizon de Paris.

Un exemplaire sur papier blanc, un sur papier noir.

— Orbite apparente de la comète découverte le 28 octobre 1842 par M. Laugier, à l'observatoire de Paris. Par *Ch.* Dien.

Paris. 1843. Kaepplin.

— Orbite apparente de la comète découverte le 3 mars 1843, par M. Victor Mauvais, à l'observatoire de Paris. Par *Ch.* Dien.

Paris. 1843. Kaepplin.

1966. — Atlas du zodiaque, par *Ch.* Dien.

Paris. 1841. Bachelier. 1 vol. in-4°.

1967. — Atlas des phénomènes célestes, donnant le tracé des mouvements apparents des planètes, à l'usage des astronomes et des navigateurs; par *Ch.* Dien. 1re, 2e et 3e année. 1841, 1842 et 1843.

Paris. 1841-1843. Bachelier. 3 vol. in-4°.

---

g. — *Tables et éphémérides.*

1968. — Almanach novum *Petri* Pitati *Veronensis*, ad annos undecim, incipiens ab anno Christi 1552 usque ad annum 1562. Isagogica in cœlestem astronomicam disciplinam. Tractatus tres breves de electionibus, revolutionibus annorum, et mutatione aeris.

Tubingæ. 1553. Ulricus. 1 vol. in-4°.

1969. — Tabulæ resolutæ astronomicæ *Johannis* Schoneri, ex quibus omnium siderum motus facillimè calculari possunt secundum præcepta in planetarum theoricis tradita.

Witebergæ. 1588. M. Welack. 1 vol. in-4°.

1970.— Les tables des directions et profections de *Jean* DE MONT-ROYAL (MULLER), corr. augm. et leur usage non seulement traduit de latin en françois, mais aussi illustré d'annotations, et de figures, etc., etc. Par *D.* HENRION.

Paris. 1625-1626.   1 vol. in-4°.

1971. — *Philippi* LANSBERGI tabulæ motuum cœlestium perpetuæ; ex omnium temporum observationibus constructæ, temporumque omnium observationibus consentientes. Item novæ et genuinæ motuum cœlestium theoricæ et astronomicarum observationum thesaurus.

Mildelburgi. 1532. Z. Romanus. 1 vol. in fol.

1972. — Tabulææ Lodoicææ seu universa eclipseon doctrina tabulis, præceptis ac demonstrationibus explicata. — Adjectus est calculus, aliquot eclipseon solis et lunæ, quæ proximè per totam Europam videbuntur. Authore P. *Jacobo* DE BILLY.

Divione. 1656. Palliot. 1 vol. in-4°.

1973.— Tabulæ Ambianenses, seu theoriæ planetarum, tàm in formâ Tychonicâ quàm Copernicanâ, per unicam cujusque ellipsim ex proprio centro descriptam, planogeometrica delineatio.— Accessit facillima et brevissima methodus eclipses luminarium certò præcognoscendi, etc. Authore P. GABRIELE A DULLENDIO.

Parisiis. 1658. D. Thierry. 1 vol. in-4°.

1974.— Les tables astronomiques du Comte DE PAGAN, données pour la juste supputation des planètes, des éclipses, et des figures célestes. Avec les méthodes pour trouver facilement les longitudes, tant sur la mer que sur la terre.

Paris. 1681. L. D'Houry. 1 vol. in-4°.

1975.— Tabularum astronomicarum pars prior de motibus

solis et lunæ , nec-non de positione fixarum ex ipsis observationibus deductis ; cum usu tabularum, cui adjecta est geometrica methodus computandarum eclipsium per solam triangulorum analysim ad meridianum Parisiensem. Authore *Ph*. DE LA HIRE.

Parisiis. 1687. Michallet. 1 vol. in-4°.

1976.— Tabulæ astronomicæ. Adjecta sunt descriptio constructio et usus instrumentorum astronomiæ novæ practicæ inservientium, variaque problemata, etc. Ad meridianum Observatorii Regii Parisiensis in quo habitæ sunt observationes ab ipso autore *Ph*. DE LA HIRE.

Parisiis. 1702. Boudot. 1 vol. in-4°.

1977.— Ephemeridum novum atque insigne opus ab anno domini 1556 usque in 1606 accuratissimè supputatum : cui præter alia omnia in cæteris editionibus addi solita, etiam hæc accesserunt. I. Eclipsium typi elegantissimi. II. Expedita ratio constituendi cœlestis thematis, cum tabulis, è quibus motus planetarum tam in nativitatibus quàm revolutionibus citra laborem haberi possunt. III. Brevis ratio geneses judicandi, etc. IIII. Loca stellarum fixarum ab anno domini 1349 usque in 2029 diligenter annotata. V. Themata quatuor anni temporum, cum brevi declaratione revolutionis mundi, etc. Autore *Cypriano* LEOVITIO *à Leonicià*.

Augusta Vindelicorum. 1557. Ph. Ulhardus. 1 v. in-f°.

1978.— Ephemerides *Jo. Baptistæ* CARELLI ad annos XIX, incipientes ab anno Christi MDLVIII usque ad annum MDLXXVII, meridiano inclitæ urbis Venetiarum diligentissimè supputatæ. Canones ejusdem mira facilitate omnia ephemeridibus opportuna declarantes ; unà cum isagogico tractatu Astrologiæ , etc.

Venetiis. 1558. V. Valgrisius. 1 vol. in-4°.

1979.— *Andreæ* ARGOLI ephemerides annorum L juxta Tychonis hypotheses, et accuratè è cœlo deductas observationes , ab anno 1630 ad annum 1680.

Venetiis. 1638. Frambotti. 1 vol. in-4°.

1980. — *Andreæ* Argoli ephemeridum juxta Tychonis hypotheses et cœlo deductas observationes. Ab anno 1631 ad 1680.

    Patavii. 1638. Frambotti. 2 vol. in-4º.

1981. — Novæ motuum cælestium ephemerides Richelianæ : annorum 15, ab anno 1637 incipientes, ubi sex anni priores è fontibus Lansbergianis, reliqui verò è numeris Tychoni-Keplerianis eruuntur, etc. Authore *Nat.* Durret.

    Parisiis. 1641.   1 vol. in-4º.

1982. — Ephémérides des mouvemens célestes, pour les années 1715, jusqu'en 1725, etc. Avec une introduction pour l'usage et utilité des éphémérides. Pour le méridien de la ville de Paris. Par le Sieur Desplaces.

    Paris. 1716. Jac. Collombat. 1 vol. in-4º.

1983. — Tables astronomiques du soleil, de la lune, des planètes, des étoiles fixes, et des satellites de Jupiter et de Saturne ; avec l'explication et l'usage de ces mêmes tables. Par M. Cassini.

    Paris. 1740. Imp. royale. 1 vol. in-4º.

1984. — La connaissance des temps pour les années 1686, 1688, 1691, 1693 à 1698, 1700 à 1708, 1710, 1712 à 1717, 1719, 1757, 1760, 1763, 1764, 1765, 1773, 1798, 1799; pour l'an VIII, IX, X, XI, XII, XIII, XIV, et pour les années 1808 à 1811.

    Paris. 1686 à 1810. 44 vol. in-8º.

    Collection rédigée par Lefebvre en 1678, continuée par Lieutaud en 1702, par Godin en 1730, par Maraldi en 1734, par Lalande en 1764, par Jaurat en 1776, par Méchain en 1788, par Lalande de nouveau en 1795 ; et, à partir de la mort de ce dernier, en 1807, par le Bureau des longitudes.

1985. — Etat du ciel pour l'an de grâce MDCCLVI bissextile, calculé sur les principes de M. Newton, rapporté à l'usage de la marine. Par *A. G.* Pingré.

    Paris. 1756. Durand. 1 vol. in-8º.

1986. — Le flambeau astronomique, ou calendrier royal de l'année mil sept cens dix-sept, pour la connoissance des temps.
   Rouen. 1717. Cabut. 1 vol. in-12.

1987. — Annuaires pour l'an VII, IX, X, XIII, et pour les années 1836, 1837, 1838, 1839, 1840, 1842 et 1853. Publiés par le Bureau des longitudes.
   Paris. An VI-1852. 11 vol. in-18.

h. — *Mélanges*.

1988. — Problematum astronomicorum et geometricorum sectiones septem, etc. Autore *Daniele* SANTBECH
   Basileæ. 1561. Hen. Petri. 1 vol. in-fol.

1989. — Mémoires posthumes de M. *Jean Philippe Loys* DE CHESEAUX sur divers sujets d'astronomie et de mathématiques, avec de nouvelles tables très-exactes des moyens mouvemens du soleil et de la lune.
   Lausanne. 1754. A. Chapuis. 1 vol. in-4°.

1990. — Recueil d'observations faites en plusieurs voyages, par ordre de Sa Majesté, pour perfectionner l'astronomie et la géographie. Avec divers traitez astronomiques. Par Mess. de l'Académie royale des sciences. (CASSINI, DE LA HIRE, PICART et RICHER.)
   Paris. 1693. Imp. roy. 1 vol. in-fol.

1991. — Examen et explication des zodiaques égyptiens. Par M. l'*Abbé* HALMA.
   Paris. 1822. Merlin. 1 vol. in-8°, contenant :

** — Examen et explication du zodiaque de Denderah, comparé au globe céleste antique d'Alexandrie conservé au palais Farnèse à Rome, et de quelques autres zodiaques égyptiens, avec figures; par M. l'*Abbé* HALMA.

** — Examen et explication des zodiaques d'Esné, suivis d'une réfutation du mémoire sur le zodiaque primitif et nominal des anciens Égyptiens, avec figures; par M. l'*Abbé* HALMA.

** — Supplément de l'examen et explication du zodiaque de Denderah, avec figures, et un tableau chronologique ; par M. l'*Abbé* HALMA.

** — Examen et explication du tableau peint au plafond du tombeau des rois à Thèbes. Par M. l'*Abbé* HALMA.

VI. — SCIENCES PHYSICO-MATHÉMATIQUES.

a. — *Optique.*

1992. — *Francisci* AGUILONII opticorum libri sex, philosophis juxtà ac mathematicis utiles.
    Antuerpiæ. 1613. J. Moretus. 1 vol. in-fol.

1993. — *Fortunii* LICETI de lucidis in sublimi ingenuarum exercitationum liber. In quo disseritur de radiis solis directis nullam attritionem, nullamque caliditatem in aere producentibus, ad reflexorum refractorumque discrimen : de duplici galaxia, cælesti, et elementari ; de comætis in cælo, etc.
    Patavii. 1641. Cribelliani. 1 vol. in-4º.   *Vide:* Nº 124.

1994. — La perspective curieuse ou magie artificielle des effets merveilleux de l'optique, de la catoptrique, de la dioptrique, etc. Par le P. F. *Jean-François* NICERON.
    Paris. 1638. P. Billaine. 1 vol. in-fol. Fig.

1995. — R. P. *Joannis-Francisci* NICERONIS thaumaturgus opticus, seu admiranda optices, catoptrices, dioptrices, etc.
    Lutetiæ Paris. 1646. F. Langlois. 1 vol. in-fol. Fig.

1996. — Traité d'optique sur les réflexions, réfractions, inflexions, et couleurs de la lumière. Par M. le Chevalier NEWTON. Traduit de l'anglois par M. COSTE.
    Amsterdam. 1720. P. Humbert. 2 vol. in-12. Fig.

1997. — Essai d'optique, sur la gradation de la lumière. Par M. BOUGUER.
    Paris. 1729. Cl. Jombert. 1 vol. in-12.

1998.—Traité d'optique, où l'on donne la théorie de la lumière dans le système Newtonien, avec de nouvelles solutions des principaux problèmes de dioptrique et de catoptrique. (Par le Marquis *Gasp.* DE COURTIVRON.)
   Paris. 1752. Durand. 1 vol. in-4°.

1999.—Le mouvement de la lumière, ou premiers principes d'optique. Par M. TRABAUD.
   Paris. 1753. Durand. 1 vol. in-8°. Fig.

2000.—Traité d'optique, par LACAILLE. Nouv. édit. rev. corr. et augm. particulièrement de la marche des images dans les instrumens d'optique, des lunettes achromatiques et de l'Iris ; par plusieurs élèves de l'Ecole Polytechnique.
   Paris. 1802. A la Librairie économique. 1 v. in-8°. Fig.

2001.—Même ouvrage. Nouv. édit.
   Paris. 1807. Librairie économique. 1 vol. in-8°.

2002.—Essai sur les effets de réfraction et de dispersion produits par l'air atmosphérique ; par *Ch.* MONTIGNY.
   Bruxelles. 1854. Hayez. Pièce in-4°.

" — Sur la polarisation de la lumière. — Sur la théorie de l'émission et des ondes. Par *Fr.* ARAGO.
   Voyez : *Œuvres* de *Fr.* ARAGO. *Not. scient.*, IV.

— Sur la photométrie. Par *Fr.* ARAGO.
   Ibid., *Mém. scient.*, I.

2003.—Notions élémentaires sur l'optique et ses applications, par M. KAUFFMANN.
   Amiens. 1855. Duval et Herment. Pièce in-8°.

2004.—La dioptrique oculaire, ou la théorique, la positive, et la méchanique, de l'oculaire dioptrique en toutes ses espèces. Par le P. CHÉRUBIN *d'Orléans* (*Fr.* LASSERÉ.)
   Paris. 1671. Th. Jolly. 1 vol. in-fol. Pl.

2005.—La vision parfaite : ou la veuë distincte par le concours des deux axes en un seul point de l'objet. Par le P. CHÉRUBIN *d'Orléans*
   Paris. 1681. Couterot. 1 vol. in-fol.

‘* — La dioptrique. Par *René* DES CARTES.

Voyez : *Œuvres* de *R.* DES CARTES, v. N°⁸ 125, 2038 et 2039.

2006. — Essay de dioptrique. Par *Nicolas* HARTSOEKER.

Paris. 1694. J. Anisson. 1 vol. in-4°.

2007. — Conseils sur l'emploi des lunettes, par M. ANDRIEU (1).

Amiens. 1848. E. Yvert. Pièce in-8°.

2008. — Manuel de dioptrique, ou conseils sur le choix des lunettes, par M. KAUFFMANN.

Amiens. 1850. Duval et Herment. Pièce in-8°.

2009. — Construction d'un télescope de réflexion de seize pouces de longueur, faisant l'effet d'une lunette de huit pieds, et de plusieurs autres télescopes, depuis sept pouces jusqu'à six pieds et demi, ce dernier faisant l'effet d'une lunette de 150 pieds; avec la composition de la matière des miroirs, et la manière de les polir et de les monter, etc. (Par PASSEMANT.)

Paris. 1738. Lottin. 1 vol. in-4°.

2010. — Lettre adressée à M. C. A. Steinheil à Munich, sur sa grande provocation de la restauration du télescope catadioptrique newtonien, et examen critique de l'emploi de cet instrument dans les observations de précision. Par M. *Achille* BRACHET.

Paris. 1858. B. Duprat. Pièce in-8°.

2011. — Description et usage du microscope du Sieur SOURDAT.

Paris. S. d. Impr. du commerce. Pièce in-8°.

2012. — Le microscope à la portée de tout le monde, ou description, calcul et explication de la nature, de l'usage et de la force des meilleurs microscopes; etc. Traduit de l'anglois de *Henri* BAKER (par le P. PEZENAS.)

Paris. 1754. Jombert. 1 vol. in-8°. Fig.

2013. — Micrographie. — Avertissement sur la seconde édition

---

(1) ANDRIEU (*Jean-Baptiste-Auguste-Zéphirin*), naquit à Oresmeaux le 4 décembre 1806.

de la notice du meilleur microscope dioptrique composé achromatique et vertical du professeur J. B. Amici, par M. *Achille* BRACHET. 1ᵉʳ liv.

Paris. 1857. B. Duprat. Pièce in-8°.

2014.—Court exposé du principe sur lequel reposent les meilleurs microscopes dioptriques composés achromatiques du professeur J. B. Amici, et du marquis de Panciatichi. Par M. *Achille* BRACHET.

Paris. 1858. B. Duprat. Pièce in-8°. Fig.

2015.—Des microscopes et de leur usage. Description d'appareils et de procédés nouveaux, suivie d'expériences microscopiques puisées dans les meilleurs ouvrages anciens et les notes de M. *Le Baillif*, et d'un mémoire sur les diatomées, etc., par M. *de Brébisson*. Manuel complet du micrographe. Par *Charles* CHEVALIER.

Paris. 1839. L'auteur. 1 vol. gr. in-8ᶜ. Pl.

" — Les phares. Par *Fr.* ARAGO.

Voyez : *Œuvres* de *Fr.* ARAGO. *Not. scient.*, VI.

2016.—L'optique des couleurs, fondée sur les simples observations, et tournée surtout à la pratique de la peinture, de la teinture et des autres arts coloristes. Par le R. P. CASTEL.

Paris. 1740. Briasson. 1 vol. in-12.

2017.—De la loi du contraste simultané des couleurs, et de l'assortiment des objets colorés, considéré d'après cette loi dans ses rapports avec la peinture, les tapisseries des Gobelins, etc. ; par M. *E.* CHEVREUL.

Paris. 1839. Pitois-Levrault. 1 vol. in-8° et atl. in-4°.

b. — *Gnomonique et horlogerie.*

2018.—*Orontii* FINEI de solaribus horologiis, et quadrantibus, libri quatuor.

Parisiis. 1560. G. Cavellat. 1 vol. in-4°.

2019. — Gnomonices libri octo, in quibus non solum horologiorum solarium, sed aliarum quoque rerum quæ ex gnomonis umbra cognosci possunt, descriptiones geometricè demonstrantur. Auctore *Christophoro* Clavio.

Romæ. 1581. F. Zanettus. 1 vol. in-fol.

2020. — De horologiis sciothericis libri tres, *Joanne* Voello auctore, (cum scholiis.)

Turnoni. 1608. Soubron. 1 vol. in-4º.

2021. — Horographum catholicum seu universale, quo omnia cujuscunque generis horologia sciotherica in quacunque superficie data compendio ac facilitate incredibili describuntur, Henrico Borbonio dicat et consecrat inventor *Joannes* Sarazinus.

Parisiis. 1630. Seb. Cramoisy. 1 vol. in-4º. Grav.

2022. — Méthode universelle et très-facile pour faire, et décrire toutes sortes de quadrans et d'horologes, équinoctiaux, horizontaux, méridionaux, verticaux, et polaires. Par le sieur Hume.

Paris. 1640. Den. Moreau. 1 vol. in-8º.

2023. — Traité d'horlogiographie, contenant plusieurs manières de construire sur toutes surfaces, toutes sortes de lignes horaires : et autres cercles de la sphère. Avec quelques instrumens pour la mesme pratique, et pour connoistre les heures durant la nuit : et l'heure du flus et reflus de la mer. Plus la méthode de couper en pierre ou en bois les corps réguliers et autres polyèdres, par le cube et par le cylindre. 2ᵉ édit. rev. corr. et augm. Par Dom *Pierre de Ste-Marie-Madeleine*, (*Pierre* Dessaint), d'Abbeville.

Paris. 1645. F. L'Anglois. 1 vol. in-8º. Fig.

2024. — Même ouvrage. Nouv. édit.

Paris. 1680. A. Dezalier. 1 vol. in-8º. Fig.

2025. — Même ouvrage. Nouv. édit.

Paris. 1701. A. Dezallier. 1 vol. in-8º. Fig.

2026. — Perspectiva horaria sive de horographia gnomonica tum theoretica, tum practica libri quatuor. Autore R. P. F. *Emanuele* MAIGNAN.

Romæ. 1648. Phil. Rubei. 1 vol. in-fol.

2027. — Index horarius in tres libros distributus, quo construendorum horologiorum præcepta, demonstrantur. Huic adjuncta est nova et facilis ratio mensurandi agros. Authore *Joanne* MARCO.

Londini. 1662. Gul. Leybourn. 1 vol. in-8°. Fig.

2028. — Nouvelle méthode pour apprendre à tracer facilement les cadrans solaires sur toutes sortes de surfaces planes. Par M. C.

Paris. 1679. Est. Michallet. 1 vol. in-12.

2029. — Méthode générale pour tracer des cadrans sur toute sorte de plans. Par M. OZANAM.

Paris. 1697. Est. Michallet. 1 vol. in-12.

2030. — La gnomonique ou méthodes universelles pour tracer des horloges solaires ou cadrans sur toutes sortes de surfaces. Par M. DE LA HIRE.

Paris. 1698. Th. Moette. 1 vol. in 12.

2031. — La gnomonique universelle ou la science de tracer les cadrans solaires sur toutes sortes de surfaces tant stables que mobiles. (Par l'*Abbé Claude* RICHER.)

Paris. 1701. Jombert. 1 vol. in-8°. Fig.

2032. — Règle horaire universelle pour tracer des cadrans solaires sur toutes sortes de plans réguliers, déclinans et inclinez. Par le Sieur HAYE.

Paris. 1716. Jacq. Vincent. 1 vol. in 4°. Fig.

2033. — L'horloge du laboureur, ou méthode très-facile de connoître l'heure de la nuit à l'aspect des étoiles.

Paris. 1791. Pellier. Pièce in-4°. Cart.

2034. — Histoire de la mesure du temps par les horloges, par *Ferdinand* BERTHOUD.

Paris. An x. Imp. de la répub. 1 vol. in-4°. Pl. Tom. 1ᵉʳ.

2035. — Discours sur l'horlogerie, et exposition d'une nouvelle méchanique de pendule approuvée par M^{rs} de l'Académie royale des sciences. Par le sieur LE MAZURIER.
  S. n. n. l. n. d. Pièce in-8°.

2036. — Jugement de l'Académie royale des sciences, et rapport de M^{rs} les commissaires (CAMUS et DE MONTIGNY), qui approuve le nouvel échappement de montres du sieur Caron fils, horloger, à Paris.
  Paris. 1754. Pièce in-12.

2037. — Notice sur l'horloge posée au château d'Arnicourt, canton de Rethel, départ. des Ardennes. Par CALAME.
  Rethel. 1852. Beauvarlet. Pièce in-4°. Pl.

c. — *Mélanges.*

2038. — Discours de la méthode pour bien conduire sa raison, et chercher la vérité dans les sciences. Plus la Dioptrique et les météores, qui sont des essais de cette méthode. (Par *René* DESCARTES.)
  Paris. 1658. H. Le Gras. 1 vol. in-4°.

2039. — Discours de la méthode, etc. Plus la dioptrique, les météores, la méchanique, et la musique, qui sont des essais de cette méthode. Par *René* DES CARTES. Avec des remarques et des éclaircissements nécessaires.
  Paris. 1668. Ch. Angot. 1 vol. in-4°.

2040. — Observations mathématiques, astronomiques, géographiques, chronologiques et physiques, tirées des anciens libres chinois, ou faites nouvellement aux Indes et à la Chine, par les Pères de la Compagnie de Jésus. Rédigées et publiées par le P. *E.* SOUCIET.
  Paris. 1729. Rollin. 1 vol. in-4°.

2041. — Récréations mathématiques composées de plusieurs problèmes plaisans et facétieux d'arithmétique, géométrie, astrologie, optique, perspective, méchanique, chymie, et d'autres rares et curieux secrets, etc. (1re et 2e partie.) (Par le P. *Jean* LEURECHON.)

Rouen. 1630. Ch. Osmont. 1 vol. in-8°.

2042.— Examen du livre des récréations mathématiques, et de ses problèmes en géométrie, méchanique, optique, et catoptrique. Où sont aussi discutées et restablies plusieurs expériences physiques, etc. Par *Claude* MYDORGE.

Paris. 1639. A. Robinot. 1 vol. in-8°.

2043.— Les récréations mathématiques. Avec l'examen de ses problèmes, etc. Premièrement reveu par *D.* HENRION. Depuis par M. MYDORGE. 6e édit.

Rouen. 1669. A. Ferrand. 1 vol. in-8°.

2044. — Mathematische Vermaeck-lyckheden, verdeelt in III Deelen. Te samen gevoeght van verscheyden geneughlijcke en boertige Werckstucken soo upt Arithmetica, Geometria, Astronomia, Geographia, Cosmographia, Musica, Physica, Optica, Catoptrica, Architectonica, Sciotetica, als upt andere ongehoorde Mysterien meer. Getransleteert uyt Françoys in Nederduytsche Tale : en verrijckt, vermeerdert en verbetert met verscheyden Observatien en Annotatien, etc. door WINANT van WESTEN. (Récréations mathématiques divisées en 3 parties. Contenant différentes opérations agréables et plaisantes sur l'arithmétique, etc., et d'autres mystères inouïs. Traduit de français en neerlandais, avec des notes et observations. Par WINANT DE WESTEN.)

Amsterdam. 1673. Michiel de Groot. 1 vol. in-8°.

2045.— Récréations mathématiques et physiques. Avec un traité nouveau des horloges élémentaires. Par M. OZANAM.

Paris. 1694. J. Jombert. 2 vol. in-8° Fig.

2046.— Même ouvrage. Nouv. édit.

Paris. 1750. Rollin. 4 vol. in-8°.

2047.— Nouvelles récréations physiques et mathématiques,

contenant ce qui a été imaginé de plus curieux dans ce genre, etc. Par M. GUYOT. Nouv. édit.

Paris. 1772-1773. Gueffier. 3 vol. in-8°.

2048. — Divers ouvrages de mathématique et de physique. Par Messieurs de l'Académie royale des sciences : (DE FRENICLE, DE ROBERVAL, HUGENS DE ZULICHEM, PICARD, AUZOUT, MARIOTTE, ROMER.)

Paris. 1693. Imp. royale. 1 vol. in-fol.

2049. — Theses.

1 vol. in-4°, contenant :

1. — Positiones mathematicæ de triplici sphæra, armillari, terrestri, cælesti. Propugnabuntur in Collegio Claramontano Societatis Jesu, die 30 mensis Junii 1663.

Lutetiæ Paris. 1663. Edm. Martinus. in-4°.

2. — Positiones physico-mathematicæ de magnetis subjecto, effectu, et usu. Propugnabuntur (ibid.) die 5 julii 1664.

Lutetiæ Paris. 1664. E. Martinus. in-4°.

3. — Ex optica et astronomia selecta mathemata explicabit ac propugnabit *Nic.* DE LAMOIGNON DE BASVILLE (ibid.), die 10 julii 1666.

4. — Ex optica et astronomia selecta mathemata explicabit ac propugnabit *Petrus* DE MAUPEOU (ibid.), die 23 julii 1666.

5. — Ex optica et astronomia selecta mathemata explicabit et propugnabit *Guill.* BENARD DE REZAY (ibid.), die 29 julii 1666.

6. — De corporum cælestium motibus ac phenomenis juxta varias hypotheses astronomicas, et de architectura militari propositiones mathematicæ. Propugnabunt *Joan. Bap.* et *Pet. Ant.* DE CASTAGNERE DE CHASTEAUNEUF, (ibid.), die 13 julii 1667.

7. — Propositiones mathematicæ ex statica, mechanica et architectura militari. Propugnabuntur (ibid.), die 16 et 17 junii 1668.

8. — Positiones ex variis matheseos partibus. Propugnabit *Car. Benig.* HERVÉ, (ibid.), die 27 junii 1670.

9. — Theses mathematicæ de hydrostatica, architectura militari, et astronomia. Propugnabuntur (ibid.), diebus 19, 20, 21 junii 1676.

10. — Theses mathematicæ de optica. Propugnabuntur (ibid.), diebus 5 et 6 julii 1680.

Parisiis. 1680. Gab. Martinus. in-4°.

11. — Theses mathematicæ. Propugnabuntur in Regio Ludovici Magni collegio Soc. Jesu ab *Arm. Lud.* PHELIPEAUX DE PONTCHARTRAIN, die... julii 1685.

12. — Theses mathematicæ. Propugnabuntur (ibid.), diebus 5 et 6 julii 1686.

Parisiis. 1686. Gab. Martinus. in-4°.

13. — Theses mathematicæ de cosmographia. Propugnabuntur (ibid.), diebus 13 et 14 julii 1687.

Parisiis. 1687. Gab. Martinus. in-4°.

14. — Theses mathematicæ de architectura militari. Propugnabuntur (ibid.), diebus 8 et 9 julii 1689.

15. — Mechanices universæ delineatio multiplici problemate adumbrata.

Flexiæ. 1678. Vid. G. Griveau. in-4°.

16. — Elementa polemica, sive rei militaris placita mathematicos ad canones expensa. Propugnabit *Jos.* LEMAÇON.

Flexiæ. 1678. Vid. G. Griveau. in-4°.

17. — Exercice sur les mathématiques et les sciences physico-mathématiques, qui sera soutenu dans l'Abbaye royale de St.-Quentin, par *Ant. J. Jacq.* TAFFIN et *L. Fr.* ESMONT, le 22 mai 1767.

Beauvais. 1767. Desjardins. in-4°,

18. — Thèses de mathématiques ou seront démontrées les principales verités théoriques et pratiques du calcul, de la géométrie, des sections coniques, de la sphère, du calendrier, de la gnomonique et de l'astronomie optico-systématique. Ces thèses seront soutenues dans la salle des actes du Collége d'Amiens.

Amiens. 1769. Vᵉ Godart.   in-4°.

19. — Thèses de mathématiques, etc. Ces thèses seront soutenues dans la salle des actes du Collége d'Amiens, le 21 juin 1775.

Amiens. 1775. Vᵉ Godart.   in-4°.

20. — Dissertatio physico nova de phialis vitreis, ab injecto silice dissilientibus, quam exponit *Johannes* OSIANDER.

Tubingæ. 1750. Costa. in-4°.

21. — Dissertatio physica, de hydrostatices principiis generalibus, quam exponit *J. Ch. Lud.* MIEG.

Tubingæ. 1750. Loffler. in-4°.

2050. — Journal de l'École polytechnique, publié par le Conseil d'instruction de cet établissement.
Paris. An 3-1856. 36 cahiers ou 21 vol. in-4º.

2051. — Journal de mathématiques pures et appliquées, ou recueil mensuel de mémoires sur les diverses parties des mathématiques; publié par *Joseph* LIOUVILLE.
Paris. 1836-1841. Bachelier. 6 vol. in-4º.

VII. — HISTOIRE NATURELLE.

a. — *Histoire et Dictionnaires.*

2052. — Discours sur l'origine et les progrès de l'histoire naturelle, en France, servant d'introduction aux Mémoires de la Société d'histoire naturelle. Par *Aubin-Louis* MILLIN.
Paris. 1792. Creuze. Pièce in-4º.

2053. — Rapport historique sur les progrès des sciences naturelles depuis 1789, et sur leur état actuel, présenté au gouvernement, le 6 février 1808, par la classe des sciences physiques et mathématiques de l'Institut, conformément à l'arrêt du 13 ventôse an X; rédigé par M. CUVIER. Nouv. édit.
Paris. 1828. Verdière. 1 vol. in-8º.

2054. — Manuel du naturaliste. Ouvrage utile aux voyageurs, et à ceux qui visitent les cabinets d'histoire naturelle et de curiosités, en forme de dictionnaire, pour servir de suite à l'histoire naturelle. Par M. DE BUFFON. (Par *H. G.* DUCHESNE et *P. J.* MACQUER.)
Paris. 1771. Imp. roy. 2 vol. in-12.

2055. — Dictionnaire raisonné universel d'histoire naturelle. Par M. VALMONT-BOMARE. 4ᵉ édit.
Lyon. 1791. Bruyset fr. 8 vol. in-4º.

2056. — Même ouvrage. 4ᵉ édit.

   Lyon. 1791. Bruyset fr. 15 vol. in-8°.

** — Encyclopédie méthodique. Histoire naturelle.

   Paris. 1782-1825. Panckoucke. Vᵉ Agasse. 48 vol. in-4°.

     Voyez : *Encyclop. méth.*

2057. — Nouveau dictionnaire d'histoire naturelle, appliquée aux arts, principalement à l'agriculture et à l'économie rurale et domestique ; par une société de naturalistes et d'agriculteurs.

   Paris. 1803-1804. Deterville. 24 vol. in-8°. Fig.

2058. — Dictionnaire des sciences naturelles, dans lequel on traite méthodiquement des différens êtres de la nature, considérés soit en eux-mêmes, d'après l'état actuel de nos connoissances, soit relativement à l'utilité qu'on peuvent retirer la médecine, l'agriculture, le commerce et les arts. Suivi d'une biographie des plus célèbres naturalistes. Par plusieurs professeurs du Jardin du Roi, et des principales écoles de Paris.

   Paris. 1816-1830. Le Normant. 71 v. in-8°. 11 de pl.

2059. — Dictionnaire classique d'histoire naturelle. Par MM. Audouin, *Isid.* Bourdon, *Ad.* Brongniart, Cambessèdes, Deshayes, *E.* Deslonchamps, Dumas, Fée, Guerin, Guillemin, Lesson, de Candolle, *D.* de Férussac, *A.* Desmoulins, Drapiez, Edwards, Flourens, Geoffroy de Saint-Hilaire, *A.* de Jussieu, Kunth, *G.* de la Fosse, Lamouroux, Latreille, Lucas fils, Presle-Duplessis, *C.* Prévost, *A.* Richard, Thiébaut de Berneaud et Bory de St-Vincent. Ouvrage dirigé par ce dernier collaborateur.

   Paris. 1822-1830. Baudouin fr. 16 vol. in-8° et atlas.

2060. — Dictionnaire pittoresque d'histoire naturelle et des phénomènes de la nature, contenant l'histoire des animaux, des végétaux, des minéraux, des météores, des principaux phénomènes physiques et des curiosités naturelles, etc. Rédigé par une société de naturalistes, sous la direction de M. *F. E.* GUÉRIN.

Paris. 1833-1839. Cosson. 9 en 18 vol. gr. in-4º.

2061. — Dictionnaire universel d'histoire naturelle résumant et complétant tous les faits présentés par les encyclopédies, les anciens dictionnaires scientifiques, les œuvres complètes de Buffon, et les meilleurs traités spéciaux sur les diverses branches des sciences naturelles ; donnant la description des êtres et des divers phénomènes de la nature, l'étymologie et la définition des noms scientifiques, les principales applications des corps organiques et inorganiques à l'agriculture, à la médecine, aux arts industriels, etc. ; par MM. ARAGO, AUDOIN, BAUDEMENT, BAZIN, BECQUEREL, BIBRON, BLANCHARD, BOITARD, DE BRÉBISSON, *Ad.* BRONGNIART, *C.* BROUSSAIS, BRULLÉ, CHEVROLAT, CORDIER, DECAISNE, DELAFOSSE, DESHAYES, DESMAREST, J. DESNOYERS, *Alcide* et *Charles* D'ORBIGNY, DOYÈRE, DUCHARTRE, DUJARDIN, DUMAS, DUPONCHEL, DUVERNOY, ELIE DE BEAUMONT, FLOURENS, *Is.* GEOFFROY SAINT-HILAIRE, GERBE, GERVAIS, HOLLARD, *A.* DE HUMBOLDT, DE JUSSIEU, DE LAFRESNAYE, LAURILLARD, LEMAIRE, LEVEILLÉ, LUCAS, MARTIN-ST-ANGE, *Milne* EDWARDS, MONTAGNE, PELOUZE, PELLETAN, PELTIER, *C.* PREVOST, DE QUATREFAGES, *A.* RICHARD, RIVIÈRE, ROULIN, SPACH, VALENCIENNES, etc. Dirigé par M. *Charles* D'ORBIGNY.

Paris. 1847-1849. Martinet. 16 vol. gr. in-8º.

b. — *Traités élémentaires.*

2062. — Tableau méthodique du cours d'histoire naturelle, à l'usage des élèves de l'école centrale du département du Pas-de-Calais, séant à Boulogne-sur-Mer ; par *I. P.* PICHON.

Boulogne. 1799. (Calais. Leroy Berger.) Pièce in-8º.

2063. — Tableau méthodique d'un cours d'histoire naturelle médicale. Par *Bernard* Peyrilhe.
Paris. An vii. Ve Panckoucke. 1 vol. in-8°.

2064. — Traité élémentaire d'histoire naturelle. Par *A. M. C.* Duméril (1).
Paris. 1804. Crapelet. 1 vol. in-8°.

2065. — Tables synoptiques de l'histoire naturelle, pharmaceutique et médicale, ou phytologie et zoologie envisagées philosophiquement, sous les rapports anatomiques, physiologiques, taxonomiques, chimiques, pharmacologiques et thérapeutiques. Par *P. J. E.* de Smyttère. 2e édit.
Paris. 1833. Crochard. 1 vol. gr. in-8°. Fig.

2066. — Cours élémentaire d'histoire naturelle par MM. *Milne* Edwards, A. de Jussieu et *F. S.* Beudant.
Paris. 1852-1855. Langlois et Leclercq. 3 vol. in-18.

2067. — Beautés des trois règnes de la nature, animal, végétal et minéral ; recueillies des écrits des naturalistes modernes. Par *Ant.* Caillot.
Paris. 1823. Ledentu. 2 vol. in-12. Fig.

---

c. — *Ouvrages généraux de naturalistes anciens et modernes.*

2068. — And. Cratander lectori. En tibi, candide lector, Aristotelis et Theophrasti historias, quibus cuncta ferè quæ Deus Opt. Max. homini contemplanda et usurpanda exhibuit, adamussim complectuntur, etc. (*Theodoro* Gaza et *Petro* Alcyonio interpretibus.)
Basileæ. 1550. Cratander. 1 vol. in-fol.

2069. — Joannes Frobenius lectori s. d. En damus *C.* Plinii *Secundi* divinum opus cui titulus, historia mundi, multò quam antehac unquam prodiit emaculatius ; id-

---

(1) Duméril. (*André-Marie-Constant*), naquit à Amiens le 1er janvier 1774.

que primum ex annotationibus eruditorum hominum, præsertim *Hermolai* BARBARI, etc.

Basileæ. 1525. Froben. 1 vol. in-fol.

2070.— *C.* PLINII *Secundi* historiarum naturæ libri xxxvii, post omnes omnium editiones, ipsamque adeo Frobenianam posteriorem, etc. feliciter nunc tandem restituti.

Parisiis. 1532. Galeotus à Prato. 1 vol. in-fol.

2071.— *C.* PLINII *Secundi* historiæ mundi libri xxxvii ex postrema ad vetustos codices collatione cum annotationibus (*Sigismundi* GELENII), et indice.

Parisiis. 1543. Berthelin. 1 vol. in-fol.

2072.— *C.* PLINII *Secundi* historiæ mundi libri xxxvii denuo ad vetustos codices collati, et plurimis locis emendati, ut patet ex adjunctis annotationibus (*Sig.* GELENII.)

Basileæ. 1545. Froben. 1 vol. in-fol.

2073.— *C.* PLINII *Secundi* naturalis historiæ opus, ab innumeris mendis à *D. Joh.* CÆSARIO vindicatum, etc.

Coloniæ. 1565. M. Cholinus. 3 vol. in-8°.

2074.— *C.* PLINII *Secundi* historiæ mundi libri xxxvii, a *Sigismundo* GELENIO diligenter castigati, etc. Accesserunt ad marginem variæ lectiones ac notæ ex *Fer.* PINTIANI, *Adr.* TURNEBI, *Jos.* SCALIGERI, *Justi* LIPSI, et aliorum.

Lugduni. 1582. Pet. Santandreanus. 1 vol. in-fol.

2075.— *C.* PLINII *Secundi* historiæ mundi libri xxxvii. Opus omni quidem commendatione majus, etc. Nunc denuo quanta præstari potuit fide, cura et diligentia, etc. idque post ultimam defuncti doctissimi *P. Jacobi* DALECAMPII manum, feliciter repurgatum, etc.

Lugduni. 1606. Caldoriana societas. 1 vol. in-fol.

** — *Caii* PLINII *Secundi* historiæ naturalis libri xxxvii cum selectis commentariis *J.* HARDUINI ac recentiorum interpretum novisque adnotationibus. Pars 1ᵃ continet cosmologiam, curante *C.* ALEXANDRE (1); 2ᵃ, geographiam, curante *F.* ANSART ; 3ᵃ, zoolo-

---

(1) ALEXANDRE (*Constant-Adolphe*) naquit à Amiens le 4 juin 1794.

giam *G.* Cuvier notis et excursibus illustratam, curante Ajasson de Grandsagne; 4ᵃ, rem herbariam, curante *L.* Desfontaines; 5ᵃ, materiam medicam ex animalibus, curante Ajasson de Grandsagne; 6ᵃ, mineralogiam, curante Delafosse. Indices tres locupletissimi, curante *A.* Pihan Delaforest.

Paris. 1827-1831. Lemaire. 11 vol. in-8°.

Voyez : *Bibl. class. lat.*

2076. — In omnes *C.* Plinii *Secundi* naturalis historiæ argutissimi scriptoris libros, *Stephani* Aquæi commentaria.

Parrisiis. 1530. Galliot Du Pré. 1 vol. in-fol.

2077. — L'histoire du monde de *C.* Pline *Second*, collationnée et corrigée sur plusieurs vieux exemplaires latins, etc. A quoy a esté adjousté un traité des pois et mesures antiques, réduites à la françoise. Le tout fait et mis en françois par *Antoine* Du Pinet.

Lyon. 1562. Cl. Senneton. 2 vol. in-fol.

2078. — Même ouvrage.

Paris. 1608. J. du Carroy. 2 en 1 vol. in-fol.

2079. — Même ouvrage.

Genève. 1625. J. Stoer. 2 en 1 vol. in-4°.

2080. — Histoire naturelle de Pline, traduite en françois avec le texte latin rétabli d'après les meilleures leçons manuscrites ; accompagnée de notes critiques pour l'éclaircissement du texte, et d'observations sur les connoissances des anciens comparées avec les découvertes modernes. (Par *L.* Poinsinet de Sivry, *A. G.* Meusnier de Querlon, *J. C.* Guettard, et autres.)

Paris. 1771-1782. Vᵉ Desaint. 12 vol. in-4°.

" — Histoire naturelle de Pline, traduction nouvelle par M. Ajasson de Grandsagne, annotée par MM. Beudant, Brongniart, *G.* Cuvier, Daunou, *Em.* David, Descuret, Doé, *E.* Dolo, Dusgate, Fée, Fouché, Fourier, Guibourt, *E.* Johanneau, Lacroix, Lafosse, Lemercier, Letronne, Liskenne, *L.* Marcus, Mongés,

C. L. F. PANCKOUCKE V. PARISOT, QUATREMÈRE DE QUINCY, P. ROBERT, ROBIQUET, H. THIBAUD, THUROT, VALENCIENNES, H. VERGNE.

Paris. 1829-33. Panckoucke. 20 vol. in-8°.

Voyez : *Bibl. lat. fr.*

2081.— *C.* PLINII *Secundi* des wijdt-vermaerden Natur-Kondigers vijf Boecken.

Amstelredam. 1650. Hartgers. 1 vol. in-16. Incompl.

** — Hortus sanitatis. (Autore *Joanne* CUBA.)

Argentorati. 1536. M. Apiarius. 1 vol. in-fol.

Vide : *Médecine*, N° 3508.

2082.— *Johannis* JONSTONI thaumatographia naturalis, in classes decem divisa : in quibus admiranda cœli, elementorum, meteororum, fossilium, plantarum, avium, quadrupedum, exanguium, piscium, hominis. 2ª edit.

Amstelodami. 1633. J. Janssonius. 1 vol. in 16.

2083.— *Joannis* EUSEBII NIEREMBERGII historia naturæ, maxime peregrinæ, libris XVI distincta, etc. — Accedunt de miris et miraculosis naturis in Europâ libri duo : item de eisdem in Terrâ Hebræis promissâ liber unus.

Antuerpiæ. 1635. Off. Plantiniana. 1 vol. in-fol.

** — *Danielis* SENNERTI epitome naturalis scientiæ.

Voyez : *D.* SENNERTI *opera*, I. Médecine, N° 2695.

2084.— Historia naturale di *Ferrante* IMPERATO. Nella quale ordinatamente si tratta della diversa condition di minere, pietre pretiose, et altre curiosità. Con varie historie di piante, et animali, sin'hora non date in luce. In questa seconda impressione aggiontovi da *Gio. Maria* FERRO spetiale alla sanità, alcune annotationi alle piante nel libro vigesimo ottavo.

Venetia. 1672. Combi et La Noù. 1 vol. in-fol.

2085.— *Antonii* LE GRAND historia naturæ, variis experimentis et ratiociniis elucidata. Secundum principia stabilita in institutione philosophiæ edita ab eodem authore. 2ª edit.

Londini. 1630. J. Martin. 1 vol. in-4°.

2086. — Histoire naturelle de l'univers, dans laquelle on rapporte des raisons physiques, sur les effets les plus curieux et les plus extraordinaires de la nature. Par M. COLONNE.

Paris. 1734. Cailleau. 4 v. in-12. Fig. Manque tom. 3.

2087. — L'auteur de la nature, ouvrage contenant les principales connoissances de l'histoire naturelle ; des vues sur la nature de l'âme ; un détail d'anatomie suffisant pour faire connoître l'admirable méchanisme du corps humain, etc. (Par *Ath. Al.* CLÉMENT DE BOISSY.)

Paris. An II. Méquignon jeune. 3 vol. in-12.

2088. — *Caroli* A LINNÉ systema naturæ per regna tria naturæ, secundum classes, ordines, genera, species ; cum characteribus, differentiis, synonymis, locis. Editio 13^a, aucta, reformata. Cura *Jo. Frid.* GMELIN.

Lugduni. 1789-1796. Delamollière. 10 vol. in-8°.

2089. — Histoire naturelle, générale et particulière, par M. le Comte DE BUFFON.

Aux Deux-Ponts. 1785-92. Sanson et C°. 52 vol. in-12.

2090. — Œuvres complètes de BUFFON, avec les descriptions anatomiques de DAUBENTON, son collaborateur. Nouvelle édition commencée par feu M. LAMOUROUX ; et continuée par M. *A. G.* DESMAREST.

Paris. 1824-30. Verdière et Ladrange. 40 v. in-8°. Fig.

2091. — Histoire naturelle de BUFFON, classée par ordres, genres et espèces, d'après le système de Linné ; avec les caractères génériques et la nomenclature Linnéenne ; par *René-Richard* CASTEL. Nouv. édit.

Paris. 1802. Crapelet. 80 vol. in-18. Fig. color.

<small>Cet ouvrage, qui forme, avec les œuvres de Buffon et les suites par divers savants, un cours complet d'histoire naturelle, contient: Théorie de la terre et discours généraux, par BUFFON. 3 vol. — Quadrupèdes, oiseaux par le même. 23 vol. (le tome 12 des oiseaux manque.) — Minéraux, par *E. M. L.* PATRIN. 5 vol. — Poissons, par BLOCK. 10 vol. — Reptiles, par *C. S.* SONNINI et</small>

P. A. LATREILLE 4 vol. — Insectes, par F. M. G. T. DE TIGNY. 10 vol. — Crustacés, par L. A. G. BOSC. 2 vol. — Coquilles, par L. A. G. BOSC. 5 vol. — Vers, par L. A. G. BOSC. 3 vol. — Végétaux, par J. B. LAMARCK et B. MIRBEL. 15 vol.

2092.—Histoire naturelle de Buffon, réduite à ce qu'elle contient de plus instructif et de plus intéressant, par P. BERNARD.

Paris. An VIII. Caille et Ravier. 5 vol. in-8°. Incompl.

2093.—Lettres à un Amériquain sur l'histoire naturelle, générale et particulière, de M. de Buffon, (et sur le traité des animaux de M. l'Abbé de Condillac. Par *Jos. Adr.* LELARGE DE LIGNAC.)

Hambourg. 1751-1756. 9 v. in-12. Manq. tom. 3, 4, 5.

2094.—Œuvres du Comte DE LACÉPÈDE. Nouv. édit. dirigée M. *A. G.* DESMAREST.

Paris. 1833. Ladrange et Verdière. 11 v. et atl. in-8°.

2095.—Compléments de Buffon par *P.* LESSON. 2ᵉ édit.

Paris. 1838. Pourrat fr. 3 vol. gr. in-8°. Fig. color.

** — Le spectacle de la nature, par *N. A.* PLUCHE.

Voyez : N° 928.

2096.—Nouvelles suites à Buffon, formant, avec les œuvres de cet auteur, un cours complet d'histoire naturelle.

Paris. 1834-1854. Roret. 37 vol. in-8°.

Cette collection, dont la publication se continue, comprend ici les ouvrages suivants, qui sont terminés :

1. Nouveau cours élémentaire de géologie. Par M. HUOT. 2 vol. — 2. Introduction à l'étude de la botanique. Par M. *Alp.* DE CANDOLLE. 2 vol. — 3. Essais de zoologie générale. Par M. *Isid.* GEOFFROY SAINT-HILAIRE 1 vol.— 4. Histoire naturelle des cétacés. Par M. *F.* CUVIER. 1 vol. — 5. Erpétologie générale. Par MM. *C.* DUMÉRIL, *G.* BIBRON et *A.* DUMÉRIL. 10 vol. — 6. Introduction à l'entomologie ; par M. *Th.* LACORDAIRE. 2 vol. — 7. Histoire naturelle des insectes. Orthoptères. Par M. AUDINET-SERVILLE. 1 vol. — Névroptères. Par M. *P.* RAMBUR. 1 vol. — Hyménoptères. Par M. le Comte *Am.* LEPELETIER DE SAINT-FARGEAU et M. *Aug.*

BRULLÉ. 4 vol. — Hémiptères. Par MM. AMYOT et AUDINET-SER-
VILLE. 1 vol. — Diptères. Par M. MACQUART. 2 vol. — Aptères. Par
M. le Baron WALCKENAER et M. P. GERVAIS. 4 vol. — 8. Histoire
naturelle des crustacées. Par M. MILNE-EDWARDS. 3 vol. — 9. Histoire naturelle des helminthes. Par M. F. DUJARDIN. 1 vol. —
10. Histoire naturelle des zoophytes. Acaléphes. Par R. P. LESSON.
1 vol. — Infusoires. Par M. F. DUJARDIN. 1 vol.

d. — *Histoire naturelle de divers pays.*

2097. — Mémoires pour servir à l'histoire des Pyrénées, et des pays adjacents; par M. PALASSOU.
Pau. 1815. Vignancour. Paris. Barrois. 1 vol. in-8°.

2098. — Suite des mémoires pour servir à l'histoire naturelle des Pyrénées et des pays adjacens. Par M. PALASSOU.
Paris. 1819. Vignancour. 1 vol. in-8°.

" — Voyage au mont Pilat. Par CLARET DE LA TOURETTE.
Voyez : *Histoire.* N° 2,209.

2099. — Scotia illustrata, sive prodromus historiæ naturalis in quo regionis natura, etc. et multiplices naturæ partus in triplici ejus regno, vegetabili scilicet, animali et minerali, etc. exponuntur. Auctore *Roberto* SIBBALDO.
Edinburgi. 1684. J. Kniblo. 1 vol. in-fol. Fig.

" — Voyage autour du monde, exécuté sur la corvette la *Coquille.* Par M. L. J. DUPERREY.
Voyez : *Histoire.* N° 241.

" — Histoire naturelle et morale des Indes, tant orientales qu'occidentales. Par *Jos.* ACOSTA.
Voyez : *Histoire.* N° 4,007.

2100. — *Caroli* CLUSII exoticorum libri decem : quibus animalium, plantarum, aromatum, aliorumque peregri-
norum fructuum historiæ describuntur : item *Petri*
BELLONII observationes, eodem *Carolo* CLUSIO interprete.
Antuerpiæ. 1605. Plantinus. 1 vol. in-fol. Fig.

** — Voyage dans l'Inde. Par *V.* Jacquemont.

                            Voyez : *Histoire.* N° 388.

** — Description de l'Egypte.

                            Voyez : *Histoire.* N° 4,141.

** — Exploration scientifique de l'Algérie.

                            Voyez : *Histoire.* N° 4,119.

** — Voyage dans la régence d'Alger. Par M. Rozet.

                            Voyez : *Histoire.* N° 417.

** — Voyage en Abyssinie. Par MM. Féret et Galinier.

                            Voyez : *Histoire.* N° 420.

** — Voyage dans l'Amérique méridionale. Par *Alcide* d'Orbigny.

                            Voyez : *Histoire.* N° 460.

** — Expédition dans les parties centrales de l'Amérique du sud, sous la direction de M. *Francis* de Castelnau.

                            Voyez : *Histoire.* N° 459.

2101. — Histoire naturelle de la Hollande équinoxiale : ou description des animaux, plantes, fruits, et autres curiosités naturelles, qui se trouvent dans la colonie de Surinam ; avec leurs noms différents, tant françois que latins, hollandois, indiens et négre-anglois. Par *Philippe* Fermin.

          Amsterdam. 1765. Magerus. 1 vol. in-8°.

** — Voyage au pôle Sud et dans l'Océanie, sur les corvettes l'*Astrolabe* et la *Zelée.* Par *M. J.* Dumont d'Urville.

                            Voyez : *Histoire.* N° 245.

§. I. — Géologie et Minéralogie.

e. — *Géologie.*

2102. — *Athanasii* Kircheri mundus subterraneus, in xii libros digestus.

          Amstelodami. 1678. Janssonius à Waesberg. 2 v. in-f°.

2103.— *Th.* BURNETII telluris theoria sacra. Accedunt archeologiæ philosophicæ, sive doctrina antiqua de rerum originibus. Editio ultima
Amstelodami. 1699. J. Wolters. 1 vol. in-4º.

2104.— Telluris theoria sacra. Authore *T.* BURNETIO. 3ª edit.
Londini. 1702. Took. 1 vol. in-4º.

2105.— Géographie physique, ou essay sur l'histoire naturelle de la terre, traduit de l'anglois, de M. WODWARD, par M. NOGUEZ : avec la réponse aux observations de M. le docteur Camerarius ; plusieurs lettres écrites sur la même matière ; et la distribution méthodique des fossiles, traduits de l'anglois, du même M. WODWARD, par le R. P. NICERON.
Paris. 1735. Briasson. 1 vol. in-4º.

2106.— Recueil de divers traités sur l'histoire naturelle de la terre et des fossiles. Par M. *E.* BERTRAND.
Avignon. 1766. Chambeau. 1 vol. in-4º.

" — Histoire naturelle des minéraux. Par *E. M. L.* PATRIN.
Paris. Aug. Crapelet. 5 vol. in-18. Voyez Nº 2091.

2107.— Introduction à la géologie, ou première partie des éléments d'histoire naturelle inorganique, contenant des notions d'astronomie, de météorologie et de minéralogie. Par *J. J.* D'OMALIUS D'HALLOY.
Paris. 1833. Levrault. 1 vol. in-8º. Pl.

2108.— Eléments de géologie, ou seconde partie des éléments d'inorganomie particulière, par *le même.* 3ᵉ édit.
Paris. 1839. Pitois-Levrault. 1 vol. in-8º. Pl.

2109.— La géologie et la minéralogie dans leurs rapports avec la théologie naturelle, par le R. *William* BUCKLAND, traduit de l'anglais, par M. *L.* DOYÈRE.
Paris. 1838. Crochard. 2 vol. in-8º. Fig.

" — Nouveau cours élémentaire de géologie. Par M. *J. J. N.* HUOT.
Paris. 1837-1839. Roret. 2 v. in-8º. Pl. Voyez Nº 2096.

" — Minéralogie et géologie. Par M. *F. S.* BEUDANT. 6ᵉ édit.
Paris. 1854. Langlois et Leclercq. 1 v. in-18. Voyez Nº 2066.

2110. — Manuel de géologie élémentaire, ou changements anciens de la terre et de ses habitants, tels qu'ils sont représentés par les monuments géologiques ; par sir *Charles* LYELL. Traduit de l'anglais sur la 5ᵉ édit., avec le consentement et le concours de l'auteur, par M. HUGARD. 5° édit. Avec un supplément.
Paris. 1856-57. Langlois et Leclercq. 2 v. in-8°. Pl.

2111. — Eléments de géologie. Par *L. R.* LE CANU.
Paris. 1856. J. B. Baillière. 1 vol. in-8°.

2112. — Histoire des progrès de la géologie de 1834 à 1855, par le Vicomte d'ARCHIAC ; publiée par la Société géologique de France.
Paris. 1847-1856. Martinet. 6 vol. in-8°.

2113. — Observations sur la formation des montagnes, et les changemens arrivés à notre globe, pour servir à l'histoire naturelle de M. le Comte de Buffon. Par *P. S.* PALLAS.
St.-Pétersbourg. Paris. 1782. Méquignon. 1 vol. in-8°.

2114. — Lettres sur les révolutions du globe, par M. *Alex.* BERTRAND. 2ᵉ édit.
Paris. 1826. Furne. 1 vol. in-18.

2115. — Discours sur les révolutions de la surface du globe, et sur les changemens qu'elles ont produits dans le règne animal; par M. le Baron *G.* CUVIER.
Paris. 1826. Dufour et D'Ocagne. 1 vol. in-4°. Port.

2116. — Notice sur les systèmes de montagnes, par *L.* ELIE DE BEAUMONT.
Paris. 1852. P. Bertrand. 3 vol. in-18.

2117. — Explication de la carte géologique de la France, par MM. DUFRÉNOY et ELIE DE BEAUMONT.
Paris. 1841-1848. Imp. royale. 2 vol. in-4°. Atlas.

2118. — Vallerius Lotharingiæ, ou catalogue des mines, terres, fossiles, sables et cailloux qu'on trouve dans la Lorraine et les trois évéchés ; ensemble leurs propriétés dans la médecine et dans les arts et métiers. Par M. *P. J.* Buc'hoz.

Paris. 1768. Durand. 1 vol. in-12.

2119. — Description géologique du département de la Seine-Inférieure, par M. *Antoine* Passy.

Rouen. 1832. Nic. Periaux. 2 vol. in-4°, 1 de pl.

2120. — Mémoire géologique sur les terrains du bas Boulonnais, et principalement sur les calcaires compactes ou grenus qu'ils renferme. Par *F.* Garnier.

Boulogne-sur-mer. 1823. P. Hesse. 1 vol. in-4°.

2121. — Esquisse géologique du département de la Somme. Par M. Buteux (1).

Amiens. 1843. Duval et Herment. 1 vol. in-8°. Pl.

Dans le même volume :

— Supplément à l'esquisse géologique du département de la Somme. Par M. Buteux.

Paris. 1845. Martinet. Pièce in-8°.

— Notions générales sur la géologie du département de la Somme. Par M. Buteux.

Abbeville. 1857. P. Briez. Pièce in-8°.

2122. — Richesse minérale de l'Algérie, accompagnée d'éclaircissements historiques et géographiques sur cette partie de l'Afrique septentrionale. Par *Henri* Fournel.

Paris. 1849-54. Imp. nat. 2 vol. in-4°. Atlas in-fol.

2123. — Recherches sur les roches, les eaux et les gîtes minéraux des provinces d'Oran et d'Alger, par M. Ville.

Paris. 1852. Imp. nat. 1 vol. in-4°. Atlas in-fol.

2124. — Notice minéralogique sur les provinces d'Oran et d'Alger, par M. Ville.

Paris. 1857. Impr. imp. 1 vol. in-4° et atlas in-fol.

---

(1) Buteux (*Charles-Joseph*) naquit à Abbeville le 21 janvier 1794.

** — Précis topographique et géologique sur l'île de la Martinique, par *Alexandre* MOREAU DE JONNÈS.

Paris. 1817. 1 vol. in-8°.

Voyez : *Histoire*. N° 4215.

2125. — Considérations sur la cause physique des tremblemens de terre, par M. HALES. Avec la lettre pastorale de Mgr l'Évêque de Londres, sur la cause morale du même phénomène. (Traduit de l'anglais par M. l'*Abbé G.* MAZÉAS.

Paris. 1751. De Bure. 1 vol. in-8°.

** — Histoire des tremblemens de terre arrivés à Lima.

Voyez : *Histoire*. N° 4240.

2126. — Dissertation sur les tremblemens de terre et les éruptions de feu qui firent échouer le projet formé par l'empereur Julien de rebâtir le temple de Jérusalem, où l'on prouve l'action immédiate de la Providence, etc. Par M. WARBURTON. (Traduit de l'anglois par M. l'*Abbé G.* MAZÉAS.)

Paris. 1764. Tilliard. 2 vol. in-12.

2127. — Histoire du mont Vésuve, avec l'explication des phénomènes qui ont coutûme d'accompagner les embrasements de cette montagne, le tout traduit de l'italien de l'Académie des sciences de Naples. Par M. DUPERRON DE CASTERA.

Paris. 1741. Barois fils. 1 vol. in-12.

2128. — Histoire et phénomènes du Vésuve, exposés par le P. Dom *Jean-Marie* DELLA-TORRE. Traduction de l'italien par M. l'*Abbé* PÉTON.

Paris. 1760. Hérissant. 1 vol. in-12. Fig.

2129. — Recherches sur les volcans éteints du Vivarais et du Velay ; avec un discours sur les volcans brûlans, des mémoires analytiques sur les schorls, la zéolite, le basalte, la pouzzolane, les laves et les différentes substances qui s'y trouvent engagées, etc. Par M. FAUJAS DE SAINT-FOND.

Grenoble. 1778. Cuchet. 1 vol. in-fol. Fig.

2130.— Observations de M. DE TRÉBRA, sur l'intérieur des montagnes, précédées d'un plan d'une histoire générale de la minéralogie, par M. DE WELTHEIM; avec un discours préliminaire et des notes de M. le Baron DE DIETRICH.
Paris. 1787. Imp. de Monsieur. 1 vol in-fol. Pl.

2131.— Beautés naturelles des iles, des montagnes et des volcans; précédées d'une introduction. Par *Ant*. CAILLOT. 2° édit.
Paris, 1827. Ledentu. 1 vol. in-12. Fig.

2132.— Théologie de l'eau, ou essai sur la bonté, la sagesse et la puissance de Dieu, manifestées dans la création de l'eau. Traduit de l'allemand de M. *Jean-Albert* FABRICIUS (par le doct. BURNAND.)
Paris. 1743. Chaubert. 1 vol. in-8°.

2133.— Histoire physique de la mer. Par *Louis-Ferdinand*, Comte DE MARSILLI.
Amsterdam. 1725. La Compagnie. 1 vol. in-fol.

2134.— Telliamed, ou entretiens d'un philosophe indien avec un missionnaire françois sur la diminution de la mer: par M. DE MAILLET. Nouv. édit. (publiée par *A.* GUER) avec une vie de M. de Maillet (par l'*Abbé J.-B.* LE MASCRIER.)
Paris. 1755. Duchesne. 2 vol. in-12.

2135.— Dissertation sur le Nil. Par *Salomon* DE PRIEZAC.
Paris. 1664. P. Collet. 1 vol. in-8°.

2136.— Discours sur les causes du débordement du Nil. Par M. DE LA CHAMBRE.
Paris. 1665. Dallin. 1 vol. in-4°.

2137.— De l'origine des fontaines. (Par *P.* PERRAULT.)
Paris. 1674. Le Petit. 1 vol. in-12.

2138.— Méditations sur l'origine des fontaines, l'eau des puits, et autres problèmes qui ont du rapport à ce sujet. Par M. KUHN.
Bordeaux. 1741. P. Brun. 1 vol. in-4°.

2139.— Essai sur la théorie des torrens et des rivières, contenant les moyens les plus simples d'en empêcher les ravages, d'en rétrécir le lit et d'y faciliter la navigation, le hallage et la flottaison. Accompagné d'une discussion sur la navigation intérieure de la France ; et terminé par le projet de rendre Paris, port maritime, etc. Par le cit. FABRE.
>   **Paris. 1797. Bidault. 1 vol. in-4°.**

2140.— De l'art du fontenier sondeur et des puits artésiens, ou mémoire sur les différentes espèces de terrains dans lesquels on doit rechercher des eaux souterraines, et sur les moyens qu'il faut employer pour ramener une partie de ces eaux à la surface du sol, à l'aide de la sonde du mineur ou du fontenier, par *F.* GARNIER.
>   **Paris. 1822. Mad. Huzard. 1 vol. in-4°. Pl.**

** — Les puits forés. Par *Fr.* ARAGO.
>   Voyez : *Œuvres* de *Fr.* ARAGO. *Not. scient.*, VI.

** — Pour ce qui concerne les eaux minérales et thermales, voyez : *Médecine*, N°ˢ 2325 et 2372, et 3619 à 3665.

f. — *Minéralogie.*

2141.— *Georgii* AGRICOLÆ de ortu et causis subterraneorum libri V. — De natura eorum quæ effluunt ex terra libri IIII. — De natura fossilium lib. X. — De veteribus et novis metallis lib. II. — Bermannus, sive de re metallica dialogus. — Interpretatio germanica vocum rei metallicæ.
>   **Basileæ. 1546. Froben. 1 vol. in-fol.**

2142.— Idem opus.
>   **Basileæ. 1558. Froben. 1 vol. in-fol.**

** — *Alberti* MAGNI de mineralibus et rebus metallicis libri V.
>   Vide : *Alberti* MAGNI *opera.*

" — *Fr.* BACONIS inquisitio de metallibus et mineralibus.

Vide : *Fr.* BACONIS *opera.*

2143.—Mineralogia, sive naturalis philosophiæ thesauri, in quibus metallicæ concretionis medicatorumque fossilium miracula, etc. continentur. Hos publici fecit juris *Bernardus* CÆSIUS.

Lugduni. 1636. J. et P. Prost. 1 vol. in-fol.

2144.—Minéralogie, ou description générale des substances du règne minéral. Par M. *Jean Gotschalk* WALLERIUS. Ouvrage traduit de l'allemand (par le Baron D'HOLBACH.)

Paris. 1753. Durand et Pillot. 2 vol. in-8°. Fig.

2145.—Fossilium metalla et res metallicas concernentium glebæ suis coloribus expressæ, quas descripsit et digessit *D. Casimirus Christophorus* SCHMIEDEL.

Norimbergæ. 1753. Jo. Mich. Seligman. 1 v. in-4°. Fig.

2146.—L'histoire naturelle éclaircie dans une de ses parties principales, l'oryctologie, qui traite des pierres, des métaux, des minéraux et autres fossiles. Par M.***
(*A. J.* DEZALLIER D'ARGENVILLE.)

Paris. 1755. De Bure. 1 vol. in-4°. Fig.

2147.—Minéralogie, ou nouvelle exposition du règne minéral. Par M. VALMONT DE BOMARE.

Paris. 1762. Vincent. 2 vol. in-8°.

2148.—Tableau méthodique des espèces minérales. Par *J. A. H.* LUCAS.

Paris. 1806. D'Hautel. 2 vol. in-8°.

2149.—Traité élémentaire de minéralogie. Par *F. S.* BEUDANT.

Paris. 1830. Verdière. 2 vol. in-8°.

2150.—Essai de cristallographie, ou description des figures géométriques propres à différens corps du règne minéral, connus vulgairement sous le nom de cristaux. Par M. DE ROMÉ DELISLE.

Paris. 1772. Didot jeune. 1 vol. in-8°. Fig.

2151.— Essai d'une théorie sur la structure des cristaux, appliquée à plusieurs genres de substances crystallisées ; par M. l'*Abbé* HAUY.

Paris. 1784. Gogué. 1 vol. in-8°. Fig.

2152.— Description méthodique d'une collection de minéraux, du cabinet de M. D. R. D. L. Par M. DE ROMÉ DELISLE.

Paris. 1773. Didot jeune. 1 vol. in-8°.

2153.— Minéralogie homérique, ou essai sur les minéraux dont il est fait mention dans les poëmes d'Homère. Par *Aubin-Louis* MILLIN,

Paris. 1790. Garnery. 1 vol. in-8°.

g. — *Métallurgie.*

2154.— La restitution de Pluton. Des mines et minières de France cachées et détenues jusques à présent au ventre de la terre, etc. Par *Martine* DE BERTEREAU, Dame et Baronne de BEAUSOLEIL, et D'AUFFEMBACH.

Paris. 1640. H. Du Mesnil. 1 vol. in-8°.

2155.— Traité singulier de métallique, contenant divers secrets touchant la connoissance de toutes sortes de métaux et minéraux, la manières de les tirer des mines, de les essayer et de les purifier ; traduit de l'espagnol de PEREZ DE VARGAS. Par G. G.

Paris. 1743. Prault père. 2 vol. in-12. Fig.

2156.— Métallurgie, ou l'art de tirer et de purifier les métaux, traduite de l'espagnol d'*Alphonse* BARBA (par LENGLET DU FRESNOY, sous le nom de GOSFORD.) Avec les dissertations les plus rares sur les mines et les opérations métalliques.

Paris. 1751. Le Prieur. 2 vol. in-12. Fig.

2157.— Lettres sur la minéralogie et la métallurgie pratiques.

Traduit de l'anglois de M. *Diederick* WESSEL-LINDEN.
(Par DE THÈSUT DE VINCY.)

Paris. 1752. Durand. 1 vol. in-8°.

2158. — L'art des mines, ou introduction aux connoissances nécessaires pour l'exploitation des mines métalliques. Avec un traité des exhalaisons minérales ou moufettes, et plusieurs mémoires sur différens sujets d'histoire naturelle. Avec figures. Par M. *Jean-Gotlob* LEHMANN. (Traduit de l'allemand par le Baron D'HOLBACH.)

Paris. 1759. Hérissant. 3 vol. in-12. Fig.

2159. — Traité de l'exploitation des mines : avec un traité particulier sur la préparation et le lavage des mines. Le tout traduit de l'allemand par M. MONNET.

Paris. 1772. Didot jeune. 1 vol. in-4°. Fig.

2160. — Voyages métallurgiques, ou recherches et observations sur les mines et forges de fer, la fabrication de l'acier, celle du fer-blanc, et plusieurs mines de charbon de terre, faites depuis l'année 1757 jusques et compris 1769, en Allemagne, Suède, Norwège, Angleterre et Ecosse. Suivies d'un mémoire sur la circulation de l'air dans les mines, et d'une notice sur sur la jurisprudence des mines de charbon dans le pays de Liége, la province de Limbourg et le comté de Namur. Par feu M. JARS. Publiées par M. G. JARS.

Lyon. 1774. Regnault. 1 vol. in-4°. Fig.

2161. — De la richesse minérale. Considérations sur les mines, usines et salines des différens états, et principalement du royaume de Westphalie, pris pour terme de comparaison ; par A. M. HÉRON DE VILLEFOSSE.

Paris. 1810-1819. Levrault. 3 v. in-4° et atlas in-fol.

2162. — L'art d'essayer les mines et les métaux ; publié en allemand par M. SCHINDLERS, et traduit en françois par feu M. GEOFFROY.

Paris. 1759. Hérissant. 1 vol. in-12.

2163. — Elémens de minéralogie docimastique. Par M. Sage. 2° édit.
 Paris. 1777. Imp. royale. 2 en 1 vol. in-8°. Fig.

2164. — Elémens de chimie docimastique, à l'usage des orfévres, essayeurs et affineurs. Par M. de Ribaucourt (1).
 Paris. 1786. Buisson. 1 vol. in-8°.

2165. — Description d'un petit fourneau à coupelle, au moyen duquel on peut faire, à peu de frais, dans les bureaux de garantie, chez les orfèvres et les bijoutiers, les essais des matières d'or et d'argent, etc. Par MM. Anfrye et D'Arcet.
 Paris. 1813. Magimel. Pièce in-8°. Pl.

h. — *Traités spéciaux.*

2166. — Précis historique des travaux qui ont été entrepris pour la recherche d'une mine de charbon de terre, dans le département de la Seine-Inférieure ; par *J. B.* Vitalis.
 Rouen. 1809. Périaux. Pièce in-8°.

2167. — Essai sur les recherches de houille dans le nord de la France ; par M. *A.* Du Souich (2).
 Paris. 1839. Carillan-Gœury. 1 vol. in-8°.

2168. — Histoire de la recherche, de la découverte et de l'exploitation de la houille dans le Hainaut français, dans la Flandre française et dans l'Artois. 1716-1791. Par *Edouard* Grar.
 Valenciennes. 1847-1851. Prignet. 3 vol. in-4°.

2169. — Notices sur les gîtes de houille et les terrains des environs de Forges et de La Chapelle-sous-Dun, et sur

---

(1) Ribaucourt ou Ribeaucourt (*Pierre* de), né à Abbeville le 28 janvier 1739, mourut à Milhau (Aveyron), le 17 septembre 1806.

(2) Du Souich (*Charles-Amable-Alban* Judas) naquit à Amiens, le 6 avril 1812.

24.

les gîtes de manganèse et les terrains des environs de Romanèche, dép.ᵗ de Saône-et-Loire. Par M. DROUOT.

Paris. 1857. Imp. impér. 1 vol. in-4°, et atl. in-fol.

2170. — Etudes des gîtes minéraux, publiées par les soins de l'Administration des mines. — Mémoire sur les bassins houillers de Saône-et-Loire. Par M. MANÈS.

Paris. 1856. Vᵉ Dondey-Dupré. 1 v. in-4° et atl. in.fol.

2171. — Etudes géologiques sur le bassin houiller de la Sarre, faites en 1847, 1848 et 1850, par *E*. JACQUOT.

Paris. 1853. Imp. impériale. 1 vol. in-8°. Pl.

2172. — Traité des tourbes combustibles. Par *Charles* PATIN.

Paris. 1663. J. Du Bray et Variquet. 1 vol. in-4°.

2173. — Dissertation sur la tourbe de Picardie, qui a remporté le prix au jugement de l'Académie des sciences, belles-lettres et arts d'Amiens, en l'année 1754. Par M. BELLERY.

Amiens. 1755. Vᵉ Godard. 1 vol. in-12.

2174. — Rapport fait à la Société d'encouragement pour l'industrie nationale, sur l'état actuel des carrières de marbre en France, par M. HÉRICART DE THURY.

Paris. 1823. Mad. Huzard. 1 vol. in-8°.

2175. — Essai sur l'histoire naturelle des roches de trapp, contenant leur analyse, et des recherches sur leurs caractères distinctifs; suivi du tableau systématique de toutes les espèces et variétés de trapps et des roches qui ont pour base cette pierre. Par M. FAUJAS DE SAINT-FOND.

Paris. 1788. Rue et hôtel Serpente. 1 vol. in-12.

2176. — Dénombrement, facultez et origine des pierres précieuses, fait par M. L. M. D. S. D.

Paris. 1667. Boutonné. 1 vol. in-8°.

2177. — Traité des diamants et des perles. Par *David* JEFFRIES. Ouvrage traduit de l'anglois, sur la 2ᵉ édit. (par CHAPPOTIN S. LAURENT.)

Paris. 1753. De Bure. 1 vol. in-8°. Fig.

i. — *Mélanges.*

2178.—Œuvres de *Bernard* Palissy, revues sur les exemplaires de la Bibliothèque du Roi, avec des notes ; par M. Faujas de Saint Fond, et des additions par M. Gobet.
Paris. 1777. Ruault. 1 vol. in-4°.

2179.—Œuvres complètes de *Bernard* Palissy, édition conforme aux textes originaux imprimés du vivant de l'auteur ; avec des notes et une notice historique par *Paul-Antoine* Cap.
Paris. 1844. Dubochet et C°. 1 vol. in-18.

2180.— Pyritologie, ou histoire naturelle de la pyrite, ouvrage dans lequel on examine l'origine, la nature, les propriétés et les usages de ce minéral important, et de la plûpart des autres substances du même règne ; on y a joint le Flora saturnisans, où l'auteur démontre l'alliance qui se trouve entre les végétaux et les minéraux ; et les opuscules minéralogiques qui comprennent un traité de l'appropriation, un traité de l'origine des pierres, plusieurs mémoires sur la chymie et l'histoire naturelle, etc. Par M. *Jean-Fréd.* Henckel. Ouvrages traduits de l'allemand (par *P.* d'Holbach et *Ad. H.* Charas. Le tout revu et augm. par *A.* Roux.)
Paris. 1760. Hérissant. 1 vol. in-4°. Fig.

2181.—Essais ou recueil de mémoires sur plusieurs points de minéralogie. Par M. Macquart.
Paris. 1789. Cuchet. 1 vol. in-8°.

2182.—Journal des mines, publié par l'Agence et par le Conseil des mines.
Paris. An 3-1815. Bossange. 38 vol. in-8°. Pl.

2183.—Table analytique des matières contenues dans les xxviii premiers volumes du Journal des mines. Par M. *P. X.* Leschevin.
Paris. 1813. Bossange. 1 vol. in-8°.

§. II. — BOTANIQUE.

k. — *Dictionnaires*.

2184.— Principes de la philosophie du botaniste, ou dictionnaire interprète et raisonné des principaux préceptes et des termes que la botanique, la médecine, la physique, la chymie et l'agriculture ont consacrés à l'étude et à la connaissance des plantes. Par JOLYCLERC.

Paris. An VI. Ronvaux. 1 vol. in-8°.

2185.— Dictionnaire élémentaire de botanique, par BULLIARD; revu et presqu'entièrement refondu par *L. Cl.* RICHARD. 2° édit.

Paris. 1802. Librairie d'éducation. 1 vol. in-8°. Pl.

** — Botanique, par M. DE LAMARCK; continuée par *J. L. M. POIRET*.
Paris. 1783-1817. Panckoucke et Agasse. 20 vol. in-4°.

Voyez : *Encyclop. méthod.*

l. — *Traités élémentaires*.

2186.— *Adriani* SPIGELII isagoges in rem herbariam libri II.
Lugduni Batav. 1633. Off. Elzeviriana. 1 vol. in-24.

2187.— Anatomie des plantes, qui contient une description exacte de leurs parties et de leurs usages, etc. Traduite de l'anglois de M. GREW (par *L.* LE VASSEUR.)
Paris. 1675. Lamb. Roulland. 1 vol. in-12.

** — Lettres sur la botanique, par *J. J.* ROUSSEAU.
Voyez : *Œuvres* de *J. J.* ROUSSEAU, V, VI.

2188.— Démonstrations élémentaires de botanique. (Par *A. L.* CLARET DE LA TOURETTE et *F.* ROZIER.) 3° édit., publiée par *J. E.* GILIBERT.
Lyon. 1787. Bruyset fr. 3 vol. in-8°.

2189.— Même ouvrage. (4ᵉ édit.)
> Lyon. 1796. Bruyset et Cᵉ. 4 vol. in-8°.

2190.— Traité d'anatomie et de physiologie végétales. Ouvrage servant d'introduction à l'étude de la botanique. Par *C. F.* BRISSEAU-MIRBEL.
> Paris. An x. Dufart. 2 vol. in-8°.

2191.— Exposition de la théorie de l'organisation végétale, servant de réponse aux questions proposées en 1804, par la Société royale de Gottingue. Par *C. F.* BRISSEAU-MIRBEL. 2ᵉ édit. rev. et augm.
> Paris. 1807. Dufart. 1 vol. in-8°. Pl.

2192.— Botanique des dames, ou élémens succincts de la langue et des principes de botanique, à l'usage des dames. (Par *L. C. P.* AUBIN.) Nouv. édit.
> Paris. 1807. Librairie économique. 1 vol. in-8°. Pl.

2193.— Nouveaux élémens de botanique ; par M. L.
> Paris. 1809. Crochard. 1 vol. in-12.

2194.— Leçons de Flore. Cours de botanique, explication des principaux systèmes, introduction à l'étude des plantes. Par *J. L. M.* POIRET.
> Paris. 1823. Panckoucke. 1 vol. in-8°.

2195.— Elémens de botanique, ou histoire des plantes, considérées sous le rapport de leurs propriétés médicales, et de leurs usages dans l'économie domestique et les arts industriels. Par MM. BRIERRE et POTTIER.
> Paris. 1825. Raymond. 1 vol. in-12.

2196.— Les enfans voyageurs, ou les petits botanistes, par Mᵐᵉ GUERARD, Bⁿᵉ DE MÉRÉ. 2ᵉ édit.
> Paris. 1826. Eymery. 4 vol. in-18. Fig.

2197.— Nouveaux élémens de botanique et de physiologie végétale. Par *Achille* RICHARD. 2ᵉ édit.
> Paris. 1822. Béchet. 1 vol. in-8°. Fig.

2198.— Même ouvrage. 6ᵉ édit.
> Paris. 1838. Béchet. 1 vol. in-8° Fig.

** — Introduction à l'étude de la botanique, ou traité élémentaire de cette science ; contenant l'organographie, la physiologie, la méthodologie, la géographie des plantes, un aperçu des fossiles végétaux, de la botanique médicale, et de l'histoire de la botanique. Par M. *Alph.* DE CANDOLLE.

Paris. 1835. Roret. 2 vol. in-8°.   Voyez N° 2096.

** — Botanique, par M. *Adrien* DE JUSSIEU. 5e édit.

Paris. 1852. V. Masson. 1 vol. in-18.   Voyez N° 2066.

---

m. — *Physique, Physiologie et Géographie végétales.*

2199.—*Julii* PONTEDERÆ anthologia, sive de floris natura libri tres. Accedunt ejusdem dissertationes xi ex iis quas habuit in horto Patavino anno 1719.

Patavii. 1720. J. Maufré. 1 vol. in-4°.

2200.—La statique des végétaux, et l'analyse de l'air. Expériences nouvelles lues à la Société royale de Londres. par M. HALES. Ouvrage traduit de l'anglois, par M. DE BUFFON.

Paris. 1735. Vincent. 1 vol. in-4°.

2201.—Système de M. LINNÆUS, sur la génération des plantes, et leur fructification. Mis en françois par M. HELIE.

Montpellier. 1750. 1 vol. in-12.

2202.—De generatione muscorum. Commentatio botanico-medica, quam defendet *Gottlieb Friedrich* MALTHÈ.

Goettingæ. 1786. Grape. Pièce in-8°.

2203.—Traité théorique et pratique de la végétation, contenant plusieurs expériences nouvelles et démonstratives sur l'économie végétale et sur la culture des arbres : par M. MUSTEL.

Paris. 1781. Libr. assoc. 4 vol. in-8°. Manque tom. 4.

2204.—Physiologie et pathologie des plantes du docteur PLENCK, traduites du latin par *P.* CHANIN.

Paris. 1802. Barrau. 1 vol. in-8°.

2205. — Quels sont les caractères des propriétés vitales dans les végétaux. Par *L. B.* Guersent.

Paris. 1803. Chaignieau. 1 vol. in-8°.

2206. — Démonstrations botaniques, ou analyse du fruit considéré en général; par M. *L. Cl.* Richard. Publiées par *H. A.* Duval.

Paris. 1808. Gabon. 1 vol. in-12.

2207. — De antheris florum. Disputabunt *M. H. Otto* Bosseck et *G. Gottlob* Kuchelbecker.

Lipsiæ. 1750. Langenhem. Pièce in-4°.

2208. — Recherches expérimentales sur la végétation. Par M. *Georges* Ville.

Paris. 1853. V. Masson. 1 vol. in-fol. Pl.

2209. — Traité d'organogénie comparée de la fleur, par *J.* Payer.

Paris. 1854. V. Masson. 2 vol. gr. in-8°. 1 de pl.

2210. — De distributione geographica plantarum secundum cœli temperiem et altitudinem montium, prolegomena. Auctore *Alexandro* de Humboldt.

Lutetiæ Paris. 1817. Gratiot. 1 vol. in-8°. Pl.

D. — *Systèmes de botanique.*

2211. — Elémens de botanique, ou méthode pour connoître les plantes, par Pitton de Tournefort. Edition augmentée de tous les supplémens donnés par Antoine de Jussieu, enrichie d'une concordance avec les classes, les ordres du système sexuel de Linné, et les familles naturelles créées par Laurent Antoine de Jussieu, etc. Par *N.* Jolyclerc.

Lyon. 1777. Bernuset et C°. 6 v. in-8° dont 2 de pl.

2212. — *Caroli* Linnaei philosophia botanica in qua explicantur fundamenta botanica cum definitionibus partium, exemplis terminorum, observationibus rariorum. Editio secunda in gratiam botano philorum revisa et emendata. Curante *D. Joh. Gottlieb* Gleditsch.

Berolini. 1780. Fr. Himburgus. 1 vol. in-8º. Port.

2213.— Genera plantarum, eorumque characteres naturales, secundùm numerum, figuram, situm, et proportionem omnium fructificationis partium. Authore *Carolo* Linnæo. 2ª editio.

Parisiis. 1743. Mich. David. 1 vol. in-8º.

A la suite, on trouve :

—*Caroli* Linnæi systema naturæ in quo proponuntur regna tria secundum classes, ordines, genera et species. 4ª edit.

Parisiis. 1744. David. in-8º.

2214.— Idem opus. Editio quinta.

Holmiæ. 1754. L. Salvius. 1 vol. in-8º.

2215.— *Caroli* Linnæi species plantarum, exhibentes plantas rite cognitas ad genera relatas, cum differentiis specificis, nominibus trivialibus, synonymis selectis, locis natalibus, secundum systema sexuale digestas. Editio tertia.

Vindobonæ. 1764. J. Th. de Trattner. 2 vol. in-8º.

2216.— *Caroli* a Linné systema vegetabilium, secundum classes, ordines, genera, species, cum characteribus et differentiis. Editio xv ª, curante *Joan. Andr.* Murray.

Parisiis. 1798. Didot. 1 vol. in-8º.

2217.— Système sexuel des végétaux, suivant les ordres, les classes, les genres et les espèces, avec les caractères et les différences; par *Ch.* Linné. Première édition française, calquée sur celle de *Murray* et de *Persoon*, etc. Par *J. N.* Jolyclerc.

Paris. 1798. Ronvaux. 1 vol. in-8º.

2218.— *Antonii Laurentii* de Jussieu genera plantarum secundum ordines naturales disposita, juxta methodum in horto regio Parisiensi exaratam, anno MDCCLXXIV.

Parisiis. 1789. V. Hérissant et Th. Barrois. 1 v. in-8º.

2219.— Exposé de quelques modifications apportées à la méthode naturelle de A. L. de Jussieu, par *Ch.* PAUQUY.

Amiens. 1848. Duval et Herment. Pièce in-8º.

o. — *Histoire générale des plantes.*

2220.— ΘΕΟΦΡΑΣΤΟΥ τοῦ Ερεσιου ἅπαντα. THEOPHRASTI *Eresii* græce et latine opera omnia. *Daniel* HEINSIUS textum græcum locis infinitis partim ex ingenio, partim e libris emendavit, etc.

Lugduni Batav. 1593. H. ab Haestens. 1 vol. in-fol.

2221.— THEOPHRASTI de historia et causis plantarum, libri quindecim. *Theodoro* GAZA interprete.

Parisiis. 1529. Wechel. 1 vol. in-8º.

2222.— ΘΕΟΦΡΑΣΤΟΥ περὶ φυτῶν ἱστορίαν, καὶ περὶ φυτῶν αἰτιῶν, καὶ τινα ἄλλα αὐτοῦ βιβλία περιέχων τομος VI. THEOPHRASTI historiam de plantis, et de causis plantarum, et quosdam alios ipsius libros continens tomus VI.

Venetiis. 1552. Aldi filii. 1 vol in-8º.

2223.— Herbarium vivæ eicones ad naturæ imitationem, per *Othonem* BRUNSFELSIUM recens editæ. Quibus adjecta est ad calcem appendix isagogica de usu et administratione simplicium.

Argentorati. 1532. J. Schottus. 3 en 1 vol. in-fol.

2224.— De natura stirpium libri tres *Johanne* RUELLIO authore.

Parisiis. 1536. S. Colinæus. 1 vol. in-fol.

2225.— De historia stirpium commentarii insignes, adjectis earundem vivis plus quam quingentis imaginibus, etc. *Leonharto* FUCHSIO autore.

Basileæ. 1542. Off. Isingriniana. 1 vol. in-fol.

2226.— Idem opus.

    Lugduni. 1551. B. Arnolletus. 1 vol. in-8°. Pl.

2227.— Historia plantarum. Earum imagines, nomenclatura, qualitates, et natale solum. Quibus accessêre simplicium medicamentorum facultates, secundum locos et genera, ex Dioscoride. (*Ant.* Pinæo autore.)

    Lugduni. 1561. Gab. Coterius. 1 vol. in-16.

2228.— Nova stirpium adversaria, per facilis vestigatio, luculentaque accessio ad priscorum, præsertim Dioscoridis, et recentiorum materiam medicam : auctoribus *Petro* Pena et *Matthia* de Lobel.

    Londini. 1571. Thom. Purfœtius. 1 vol. in-fol.

2229.— *Remberti* Dodonaei stirpium historiæ pemptades sex, sive libri xxx.

    Antuerpiæ. 1583. Chr. Plantinus. 1 vol. in-fol.

2230.— Historia generalis plantarum in libros xviii per certas classes artificiose digesta, hæc, plus quam mille imaginibus plantarum locupletior superioribus, omnes prope modum quæ ab antiquis scriptoribus Græcis, Latinis, Arabibus, nominantur ; nec non eas quæ in Orientis atque Occidentis partibus, ante seculum nostrum incognitis, repertæ fuerunt, tibi exhibet. (Auctoribus *Jac.* Dalechampio et *Joan.* Molinæo.)

    Lugduni. 1587. G. Rovillus. 2 vol. in-fol.

2231.— De l'histoire naturelle de plantes, tome second. (Par *Jac.* Dalechamp, traduit par *Jean* Desmoulins.)

    Lyon. 1615. Roville. 1 vol. in-fol. Tom. 2.

2232.— *Caroli* Clusi rariorum plantarum historia.

    Antuerpiæ 1601. Off. Plantiniana. 1 vol. in-fol.

2233.— *Abrahami* Muntingii phythographia curiosa, exhibens arborum, fruticum, herbarum et florum icones, ducentis et quadraginta quinque tabulis ad vivum delineatis ac artificiosissime æri incisis. Varias earum denominationes, latinas, gallicas, italicas, germanicas, belgicas, aliasque, ex probatissimis authoribus, priscis ac neotericis, desumptas collegit et adjecit *Franciscus* KIGGELAER.

Lugd. Bat. 1702. P. Van der Aa. 1 vol. in-fol.

2234.—Histoire universelle du règne végétal, ou nouveau dictionnaire physique et économique de toutes les plantes qui croissent sur la surface du globe, etc. Par M. BUC'HOZ.

Paris. 1775-78. Brunet. 24 en 12 vol. in-fol. Inachevé.

2235.—Phytologie universelle, ou histoire naturelle et méthodique des plantes, de leurs propriétés, de leurs vertus et de leur culture. Par *N.* JOLYCLERC.

Paris. An 7. Hacquart. 8 vol. in-8ᶜ.

** — Histoire naturelle des végétaux, classée par familles, avec la citation de la classe et de l'ordre de Linnée, etc. Par *J. B.* LAMARCK et *B.* MIRBEL.

Paris. An 10-11. Crapelet. 15 vol. in-18.   Voyez N° 2091.

2236.—Histoire philosophique, littéraire, économique des plantes. Par *J. L. M.* POIRET.

Paris. 1825-29. Ladrange et Verdier. 7 v. et atl. in-8º.

2237.—Prodromus systematis naturalis regni vegetabilis, sive enumeratio contracta ordinum, generum, specierumque plantarum huc usque cognitarum, etc. Auctoribus *Aug. Pyr.* et *Alph.* DE CANDOLLE.

Parisiis. 1824-58. V. Masson. 14 v. in-8º en publicat.

---

o. — *Flores et jardins botaniques.*

2238.—Herbario novo di *Castore* DURANTE, con figure, che rappresentano, le vive piante, che nascono in tutta Europa et nell'Indie orientali, et occidentali. Con versi latini, che comprendono le facolta dei semplici medicamenti, etc.

Venetia. 1667. Hertz. 1 vol. in-fol.

2239.— Histoire des plantes de l'Europe, et des plus usitées qui viennent d'Asie, d'Afrique et d'Amérique. Divisée en deux tomes, et rangée suivant l'ordre du Pinax de Gaspard Bauhin. (Par *Nic.* DE VILLE.)

Lyon. 1719. De Ville. 2 vol. in-12.

2240.— Flore française, ou descriptions succinctes de toutes les plantes qui croissent naturellement en France, disposées selon une nouvelle méthode d'analyse, et précédées par un exposé des principes élémentaires de la botanique. Par MM. DE LAMARCK et DE CANDOLLE.

Paris. 1815. Desray. 6 vol. in-8°.

2241.— Histoire des plantes qui naissent aux environs de Paris, avec leur usage dans la médecine. Par M. PITTON-TOURNEFORT.

Paris. 1698. Imp. Royale. 1 vol. in-12.

2242.— Flore des environs de Paris, ou distribution des plantes qui y croissent naturellement, exécutée d'après le système de Linnæus. Par M. THUILLIER.

Paris. 1790. Desaint. 1 vol. in-12.

2243.— Double flore parisienne, ou description de toutes les plantes qui croissent naturellement aux environs de Paris, distribuées suivant la méthode naturelle, d'une part, et suivant le système de Linnée, de l'autre ; par *J. D.* D.... (*J.* DUPONT.) Augmentée d'un supplément contenant toutes les plantes nouvelles. Par *A. D.* H... (*H. A.* DUVAL.)

Paris. 1813. Gabon. 1 vol. in-18.

2244.— Nouvelle flore des environs de Paris, suivant la méthode naturelle, avec l'indication des vertus des plantes usitées en médecine, par *F. V.* MÉRAT. 2ᵉ édit. Tome second contenant la phanérogamie.

Paris. 1821. Méquignon Marvis. 1 vol. in-18.

2245.— Tournefortius Lotharingiæ, ou catalogue des plantes qui croissent dans la Lorraine et les trois Évêchés ;

rangées suivant le système de Tournefort. Par M. *P. J.* Buc'hoz.

Paris. 1763. Durand. 1 vol. in-12.

2246.—Traité historique des plantes qui croissent dans la Lorraine et les trois Évêchés. Par M. *P. J.* Buc'hoz.

Paris. 1770. Fetil. 11 vol. in-12.

2247.—Statistique botanique, ou flore du département de la Somme et des environs de Paris, description de toutes les plantes qui y croissent spontanément, distribuées suivant la méthode naturelle d'une part et le système de Linnée de l'autre, etc. Par *Ch.* Pauquy.

Amiens. 1831. R. Machart. 1 vol. in-8°.

2248.—Description des plantes de l'Amérique, avec leurs figures. Par le R. P. *Charles* Plumier.

Paris. 1693. Imprimerie royale. 1 vol. in-fol.

2249.—Flora Brasiliæ meridionalis, auctoribus *Aug.* de Saint-Hilaire, *Adr.* de Jussieu, et *Jacobo* Cambessedes.

Parisiis. 1824-32. A. Belin. 3 vol. gr. in-4°. Inachevé.

2250.—Flore de Terre-Neuve et des iles Saint Pierre et Miclon, avec figures dessinées par l'auteur sur la plante vivante. (Par M. le Baron de la Pylaie.)

Paris. 1829. F. Didot. 1 vol. in-fol.

Les planches n'ont point paru ; elles ont été volées à l'auteur, qui n'a pu ainsi publier que cette première livraison.

2251.—Florilegium *Emanuelis* Swerti tractans de variis floribus et aliis indicis plantis ad vivum delineatum, in duabus partibus et quatuor linguis concinnatum.

Francofurti. 1612. A. Kempner. 1 vol. in-fol.

2252.—Hortus Indicus Malabaricus, continens regni Malabarici apud Indos celeberrimi omnis generis plantas rariores, latinis, malabaricis, arabicis, et Bramanum characteribus nominibusque expressas, unà cum floribus, fructibus et seminibus, naturali magnitudine à peritissimis pictoribus delineatas, et ad vivum exhibitas.

Adornatus per *Henricum* van RHEEDE, van DRAAKENSTEIN, *Joh.* CASEARIUM, *Joh.* MUNNICKS et *Theod.* JANSON AB ALMELOVEEN. Notis adauxit et commentariis illustravit *Arnoldus* SYEN, et *Joh.* COMMELINUS. In ordinem redegit et latinitate donavit *Abr.* A POOT.

Amsteoldami. 1678 à 1693. Van Someren. 12 v. in-f°.

2253.— Flora Cochinchinensis sistens plantas in regno Cochinchina nascentes, quibus accedunt aliæ observatæ in Sinensi imperio, Africa orientali, Indiæque locis variis; omnes dispositæ secundum systema sexuale Linnæanum; labore ac studio *Jo.* DE LOUREIRO. Denuo in Germania edita cum notis *Car. Lud.* WILLDENOW.

Berolini. 1793. Haude et Spener. 2 en 1 vol. in-8°.

2254.— Illustrationes plantarum Orientalium, auctoribus Comite JAUBERT et *Eduardo* SPACH.

Paris. 1842-1857. Roret. 5 vol. gr. in-4°. Pl.

2255.— Description des plantes nouvelles et peu connues, cultivées dans le jardin de J. M. Cels. Avec figures. Par *E. P.* VENTENAT.

Paris. An VIII. Crapelet. 1 vol. in-fol.

2256.— Catalogue des plantes du jardin du sieur Royer, marchand épicier droguiste, rue du fauxbourg St.-Martin, à Paris; suivant leurs genres, et les caractères des fleurs, conformément à la méthode de M. de Tournefort. (Par *Th.* ROYER). Nouv. édit.

Paris. 1765. Couturier. 1 vol. in-12.

2257.— Catalogue des plantes du jardin de M^{rs} les Apoticaires de Paris, suivant leurs genres et les caractères des fleurs, conformément à la méthode de M. Tournefort, dans ses Instituts. (Par *J.* DESCEMET.)

S. n. n. l. 1759. 1 vol. in-8°.

2258.— Tableau de l'école botanique du jardin des plantes de Paris, ou catalogue des plantes qui y sont cultivées et rangées par classes, ordres, genres et espèces, d'a-

près les principes de la méthode naturelle de A. L. Jussieu. Par M. *R.* DESFONTAINES, botaniste.
Paris. 1801. Méquignon. 1 vol. in-8°.

2259.— Catalogue des plantes du jardin botanique d'Amiens, classées d'après le système de Jussieu. (Par *Charles* DUFLOT, Conservateur.)
Amiens. 1836. R. Machart. 1 vol. in-8°.

2260.— Le jardin des plantes de Montpellier. Essai historique et descriptif par *Ch.* MARTINS.
Montpellier. 1854. Boehm. 1 vol. in-4°. Pl.

q. — *Traités spéciaux.*

·· — Flora Virgiliana seu catalogus plantarum in Virgilii operibus occurrentium.—Flore de Virgile composée par *A. L. A.* FÉE.
Parisiis. 1823. F. Didot. 1 vol. in-8°.

Vide : *Bibl. class. lat.*

2261.— Eryngiorum nec non generis novi Alepideæ historia, auctore *F.* DELAROCHE.
Parisiis. 1808. Deterville. 1 vol. in-fol.

2262.— Traité des fougères de l'Amérique. Par le R. P. *Charles* PLUMIER.
Paris. 1705. Imprimerie royale. 1 vol. in-fol.

2263.— Dissertation sur le cacao, sur la culture et sur les différentes préparations du chocolat. Par M. BUC'HOZ.
Paris. Liége. 1787. Desoer. 1 vol. in-12.

Dans le même volume :

—Dissertation sur le café, sa culture, ses différentes préparations, et ses propriétés, tant alimentaires que médicinales. Par M. BUC'HOZ.
Paris. Liége. 1787. Desoer. in-12.

—Dissertation sur le tabac, et sur ses bons et mauvais effets. Par M. BUC'HOZ.
Paris. Liége. 1787. Desoer. in-12.

— Dissertation sur le thé, sur sa récolte, et sur les bons et mauvais effets de son infusion. Par M. Buc'hoz.

Paris. Liége. 1786. Desoer. in-12.

2264.— Monographie du thé. Description botanique, torréfaction, composition chimique, propriétés hygiéniques de cette feuille. Par *J. G.* Houssaye.

Paris. 1843. Fournier. 1 vol. gr. in-8°. Pl.

2265.— Traité sur les champignons comestibles, contenant l'indication des espèces nuisibles; précédé d'une introduction à l'histoire des champignons. Par *C. H.* Persoon.

Paris. 1819. Belin Prieur. 1 vol. in-8°. Fig.

2266.— Guide de l'amateur de champignons, ou précis de l'histoire des champignons alimentaires, vénéneux, et employés dans les arts, qui croissent sur le sol de la France. Par *F. S.* Cordier.

Paris. 1826. Bossange. 1 vol. in-18. Fig.

2267.— Histoire des champignons comestibles et vénéneux. Par *Joseph* Roques.

Paris. 1832. Hocquart. 1 vol. in-4° Pl.

2268.— Mélanges de botanique. Par M. *J. H.* Léveillé.

1 vol. in-8°, contenant :

1. — Recherches sur la famille des agarics et autres observations relatives à l'histoire naturelle.

Paris. 1825. Lebel. in-8°.

2. — Recherches sur l'hymenium des champignons. (Extrait des Annales des sciences naturelles. — Décembre 1837.)

3. — Notice sur le genre agaric, considéré sous les rapports botanique, économique, médical et toxicologique..

Paris 1840. Bourgogne et Martinet. in-8°.

4. — Description de quelques espèces nouvelles de champignons. (Extrait des Annales des sciences naturelles. — Octobre 1841.)

5. — Observations sur quelques champignons de la Flore des environs de Paris. (Ibid., avril 1843.)

6. — Mémoire sur le genre sclerotium. (Ibid., octobre 1843.)

7. — Mémoire sur l'ergot, ou nouvelles recherches sur la cause et les effets de l'ergot, considéré sous le triple rapport botanique, agricole et médical. Par M. *J. H.* LÉVEILLÉ.

Paris. 1827. Société linnéenne, in-8°.

2269. — Recherches chimiques et microscopiques sur les conferves, bisses, tremelles, etc. Par GIROD-CHANTRANS.

Paris. 1802. Bernard. 1 vol. in-4°. Pl.

** — Pour ce qui concerne les plantes employées en médecine, voyez : *Médecine.* N° 2383 à 2422 et 3661 à 3685.

§. III. — ZOOLOGIE.

r. — *Dictionnaires et traités généraux.*

2270. — Dictionnaire raisonné et universel des animaux, ou le règne animal, etc., où chaque animal est rangé suivant les différentes méthodes ou nouveaux systèmes de MM. Linnæus, Klein et Brisson : par M. D. L. C. D. B. (AUBERT DE LA CHENAYE DES BOIS.)

Paris. 1759. Bauche. 4 vol. in-4°.

2271. — In hoc volumine hæc continentur. ARISTOTELIS de historia animalium libri IX. — De partibus animalium et earum causis libri IIII. — De generatione animalium libri V. *Theodoro* GAZA interprete. — De communi animalium gressu liber I. — De communi animalium motu, liber I. *Petro* ALCYONIO interprete.

Parisiis. 1524. Sim. Colinæus. 1 vol. in-fol.

** — Vide supra : ARISTOTELIS *opera.* N° 39 et seqq.

2272. — *Augustini* NIPHI expositiones in omnes Aristotelis libros de historià animalium lib. IX; de partibus animalium, et earum causis lib. IIII; ac de generatione animalium lib. V.

Venetiis. 1546. Hier. Scotus. 1 vol. in-fol.

2273.—*Jo. Petri* MARTELY libri de natura animalium, in quibus explanatur Aristotelis philosophia de animalibus.

Parisiis. 1638. P. Rocolet. 1 vol. in-4°.

** — ÆLIANI de natura animalium varia historia. Epistolæ et fragmenta PORPHYRII philosophi de abstinentia et antro Nympharum. PHILONIS *Byzantii* de septem orbis spectaculis. Recognovit, adnotatione critica et indicibus instruxit *Rud.* HERCHER.

Parisiis. 1858. Amb. F. Didot. 1 vol. in-8°.

Vide : *Script. Græc. Bibl.*

** — *Manuelis* PHILE versus iambici de proprietate animalium. Collatis codicibus emendarunt et latine verterunt *F. S.* LEHRS et *Fr.* DUBNER.

Parisiis. 1857. A. F. Didot. in-8°.

Vide : *Script. Græc. Bibl.*

2274.—Histoire naturelle des animaux par PLINE. Traduction nouvelle, avec le texte en regard, par *P. C. B.* GUEROULT.

Paris. 1802. Delance. 3 vol. in-8°.

2275.—*Edoardi* WOTTONI *Oxoniensis* de differentiis animalium libri decem.

Parisiis. 1552. Vascosanus. 1 vol. in-fol.

2276.—*Conradi* GESNERI historiæ animalium libri v. (Quibus accedit libellus, qui est de scorpione.)

Francofurti et Tiguri. 1558-1602. Wechel. 3 v. in-fol.

2277.—Historiæ naturalis de quadrupedibus libri IV. — De insectis libri III, de serpentibus et draconibus libri II. De avibus libri VI. — De piscibus et cetis libri v.— De exanguibus aquaticis libri IV. Cum figuris æneis. *Johannes* JONSTONUS concinnavit.

Amstelodami. 1657. Schipper. 2 vol. in-fol.

2278.—Historia animalium, in quâ plerorumque animalium præcipuæ proprietates ad usum Εἰκονολογικόν breviter accommodantur, à *Wolfgango* FRANZIO dictata.

Amstelædami. 1665. J. Ravesteinius. 1 vol. in-16.

2279. — Le cabinet du jeune naturaliste, ou tableaux intéressans de l'histoire des animaux; offrant la description de la nature, des mœurs et habitudes des quadrupèdes, oiseaux, poissons, amphibies, reptiles, etc., les plus remarquables etc., classés dans un ordre systématique; traduit de l'anglais, de M. *Thomas* SMITH (par Mlle ALYON et MM. T. P. BERTIN et *Th.* MANDAR.)
  Paris. 1810. Maradan. 6 vol. in-12. Fig.

2280. — Même ouvrage.
  Paris. 1821. L. Tenré. 6 vol. in-12. Fig.

2281. — Tableau élémentaire de l'histoire naturelle des animaux. Par *G.* CUVIER.
  Paris. An 6. Baudouin. 1 vol. in-8°. Fig.

2282. — Le règne animal distribué d'après son organisation, pour servir de base à l'histoire naturelle des animaux et d'introduction à l'anatomie comparée. Par M. le Baron CUVIER. Nouv. édit. Crustacés, arachnides et insectes, par M. LATREILLE.
  Paris. 1829. Déterville. 5 vol. in-8°. Fig.

2283. — Même ouvrage. Edition accompagnée de planches gravées, représentant les types de tous les genres, les caractères distinctifs des divers groupes et les modifications de structure sur lesquelles repose cette classification; par une réunion de disciples de Cuvier, MM. AUDOUIN, BLANCHARD, DESHAYES, *Alcid.* D'ORBIGNY, DOYÈRE, DUGÈS, DUVERNOIS, LAURILLARD, *Milne* EDWARDS, ROULIN et VALENCIENNES.
  Paris. S. d. Fortin, Masson et C°. 20 vol. gr. in-8°.

2284. — Iconographie du règne animal de G. Cuvier, ou représentation d'après nature de l'une des espèces les plus remarquables et souvent non encore figurées, de chaque genre d'animaux. Avec un texte descriptif, etc. Par M. *F. E.* GUÉRIN-MÉNEVILLE.
  Paris. 1829-1844. Baillière. 3 en 4 vol. in-8°. Fig.

2285. — Zoologie analytique, ou méthode naturelle de classification des animaux, rendue plus facile à l'aide de tableaux synoptiques; par *A. M. Constant* DUMÉRIL.

Paris. 1806. Allais. 1 vol. in-8°.

2286. — Règne animal disposé en tableaux méthodiques. Par *J. Achille* COMTE.

Paris. 1840. Fortin, Masson et C°. 1 vol. gr. in-fol.

** — Zoologie, par M. *Milne* EDWARDS. 7e édit.

Paris. 1855. V. Masson. 1 vol. in-18.   Voyez : N° 2091.

2287. — Aldrovandus Lotharingiæ, ou catalogue des animaux, quadrupèdes, reptiles, oiseaux, poissons, insectes, vermisseaux et coquillages qui habitent la Lorraine et les trois Évêchés; par M. *Pierre-Joseph* BUC'HOZ.

Paris. 1771. Fetil. 1 vol. in-12.

s. — *Anatomie comparée.*

** — Système anatomique. Dictionnaire raisonné des termes d'anatomie et de physiologie. Par F. VICQ d'AZYR et H. Cloquet.

Paris. 1792-1830. Panckoucke et Agasse. 5 vol. in-4°.

Voyez : *Encyclop. méth.*

2288. — Leçons d'anatomie comparée de *Georges* CUVIER, recueillies et publiées par MM. DUMÉRIL et DUVERNOY. Revu par MM. *F.* CUVIER, DUVERNOY et LAURILLARD.

Paris. 1835-46. Fortin, Masson et C°. 9 vol. in-8°.

2289. — Anatomie comparée. Recueil de planches de myologie dessinées par *George* CUVIER ou exécutées sous ses yeux par M. LAURILLARD, publié sous la direction de MM. LAURILLARD et MERCIER.

Paris. 1850. Dusacq.   in-fol. en publication.

2290. — Traité général d'anatomie comparée, par *J. F.* MECKEL, traduit de l'allemand et augmenté de notes par MM. RIESTER, *Alph.* SANSON et *Th.* SCHUSTER. Précédé d'une lettre de l'auteur.

Paris. 1828-1838. Villeret et Hingray. 10 vol. in-8°.

** — Recherches sur la génération des mammifères, par M. Coste.
Paris. 1834. J. Rouvier. 1 vol. in-4°.

Voyez : *Médecine.* N° 640.

2291.— Histoire générale et particulière du développement des corps organisés, publiée par M. Coste.
Paris. 1847. et suiv. V. Masson. 1 vol. in-4° et atl. in-fol.

2292.— Théorie positive de l'ovulation spontanée et de la fécondation des mammifères et de l'espèce humaine, basée sur l'observation de toute la série animale. Par *F. A.* Pouchet.
Paris. 1847. J. B. Baillière. 1 vol. in-8° et atl. in-4°.

2293.— Zoologie et paléontologie françaises (animaux vertébrés) ou nouvelles recherches sur les animaux vivants et fossiles de la France, par M. *Paul* Gervais.
Paris. 1848-52. A. Bertrand. 1 v. in-4° et atl. in-f°.

2294.— L'organisation du règne animal. Par *Emile* Blanchard.
Paris. 1853. V. Masson.   in-4°. En publication.

2295.— Tableaux comparatifs de l'anatomie des animaux domestiques les plus essentiels à l'agriculture, tels que le cheval, l'âne, le mulet, le bœuf, le mouton, la chèvre, le cochon, le chien et le chat. Par J. Girard.
Paris. An vii. Huzard. 1 vol. in-8°.

** — Voyez aussi : *Médecine*, N°ˢ 403 à 407 et 2856 à 2859.

t. — *Mammologie.*

2296.— *Nicolai* Nancelii analogia microcosmi ad macrocosmon; id est relatio et proportio Universi ad hominem.
Parisiis. 1611. Cl. Morellus. 1 vol. in-fol.

2297.— Nouveau sistème du microcosme, ou traité de la nature de l'homme. Par le sʳ de Tymogue (*Edme* Guyot.)
La Haye. 1727. Chaubert. 1 vol. in-8°.

2298.— Histoire naturelle de l'homme, comprenant des recherches sur l'influence des agens physiques et moraux considérés comme causes des variétés qui distinguent entre elles les différentes races humaines, par *J. C.* PRICHARD. Traduit de l'anglais par le d^r *F.* ROULIN.

Paris. 1843. Baillière. 2 vol. in-8°. Fig.

** — Mammologie ou description des espèces de mammifères. Par M. *A. G.* DESMAREST.

Paris. 1820-21. Me Agasse. 1 vol. in-4°.

Voyez : *Encyclop. méth.*

2299. — Manuel de mammalogie, ou histoire naturelle des mammifères, par *René-Primeverre* LESSON.

Paris. 1827. Roret. 1 vol. in-18.

2300. — Le jardin des plantes, description et mœurs des mammifères de la ménagerie et du muséum d'histoire naturelle, par M. BOITARD, précédé d'une introduction historique, descriptive et pittoresque par M. *J.* JANIN.

Paris. 1842. Dubochet. 1 vol. in-8°. Pl.

2301. — Tableau des mammifères observés dans le département de l'Oise, par M. l'*Abbé Fx.* MAILLARD.

Beauvais. 1849. H. Desjardins. Pièce in-8°.

2302. — De la taupe, de ses mœurs, de ses habitudes, et des moyens de la détruire. Par *Ant. Alexis* CADET-DE-VAUX.

Paris. 1803. Journal d'écon. rur. 1 vol. in-12. Fig.

2303. — Beschreibung des Skeletes des dreistreisigen Nachtassers, (Nyctipithecus trivirgatus,) einer zur Ordnung des Aesser gehorigen Gattung. Von *Johannes* GISTL.

Leipzig. 1836. Avenarius. Pièce in-8°.

** — Cétologie. Par M. l'*Abbé* BONNATERRE.

Paris. 1789. Panckoucke. 1 vol. in-4°. Fig.

Voyez : *Encyclop. méth.*

** — De l'histoire naturelle des cétacés, ou recueil et examen des faits dont se compose l'histoire naturelle de ces animaux ; par M. *F.* CUVIER.

Paris. 1836. Roret. 1 vol. in-8°. Pl.   Voyez : N° 2096.

2304. — Philosophie anatomique. — Fragmens sur la structure et les usages des glandes mammaires des cétacés. Par *Et*. Geoffroy Saint-Hilaire.
Paris. 1834. Deville. 1 vol. in-8°. Pl.

u. — *Ornithologie.*

** — Ornithologie. Par l'*Abbé J*. P. Bonnaterre, et continué par L. P. Vieillot.
Paris. 1823. V° Agasse. 4 vol. in-4°. Fig.
Voyez : *Encyclop. méth.*

2305. — Manuel d'ornithologie, ou tableau systématique des oiseaux qui se trouvent en Europe ; précédé d'une analyse du système général d'ornithologie, et suivi d'une table alphabétique des espèces ; par *C. J.* Temminck.
Paris. 1820-1840. D'Ocagne. 4 vol. in-8°.

2306. — Collection complète des oiseaux d'Europe, dessinés et coloriés d'après nature, par *E*. Swagers. Lithographie de *A.* Le Prince.
Amiens. 1833. R. Macbart. 1 vol. in-4.° Inachevé.

2307. — Trochilinarum enumeratio ex affinitate naturali reciproca primum ducta provisoria, auctore *Ludovico* Reichenbach. Editio post illam in Cl. Cabanisii Diario ornithologico oblatam secunda, emendata et aucta.
Lipsiæ. 1855. Fred. Hofmejster. Pièce in-4°.

2308. — Nouveau traité des serins de Canarie, contenant la manière de les élever, les apparier pour en avoir de belles races ; avec des remarques aussi curieuses que nécessaires sur les signes et causes de leurs maladies, et plusieurs secrets pour les guérir. Par M. Hervieux.
Paris. 1734. C. Prudhomme. 1 vol. in-12.

v. — *Erpétologie.*

** — Erpétologie et ophiologie. Par l'*Abbé* Bonnaterre.
Paris. 1789-90. Panckoucke. 1 vol. in-4°. Fig.
Voyez : *Encyclop. méth.*

** — Histoire naturelle des reptiles, par *C. S.* Sonnini et *P. A.* Latreille.
  Paris. An 10. Crapelet. 4 vol. in-18. Fig. Voyez : N° 2091.

** — Erpétologie générale, ou histoire naturelle complète des reptiles, par *A. M. C.* Duméril, *G.* Bibron et *A.* Duméril.
  Paris. 1834-1859. Roret. 10 vol. in-8° et 1 de pl. Voyez : N° 2096.

2309. — Prodrome de la classification des reptiles ophidiens. Par M. Duméril.
  Paris. 1853. F. Didot fr. 1 vol. in-4°.

2310. — Tableau des reptiles et des amphibiens observés dans le département de l'Oise, par M. l'*Abbé Fx.* Maillard.
  Beauvais. 1850. Ach. Desjardins. Pièce in-8°.

2311. — Histoire naturelle des salamandres de France, précédé d'un tableau méthodique des autres reptiles indigènes : par *P. A.* Latreille.
  Paris. 1800. Crapelet. 1 vol. in-8°. Pl.

2312. — Nouvelles expériences sur la vipère, où l'on verra une description exacte de toutes ses parties, la source de son venin, ses divers effets, et les remèdes exquis que les artistes peuvent en tirer, etc. Par M. Charas.
  Paris. 1670. Olivier de Varennes. 1 vol. in-8°. Fig.

2313. — Observations ostéologiques sur l'appareil costal des batraciens ; par *Ch.* Morren.
  Bruxelles. 1836. Hayez. Pièce in-4°.

x — *Ichthyologie.*

** — *Pauli* Jovii de piscibus romanis libellus vere aureus.
  Basileæ. 1578. Perna. in-fol. Voyez : *Histoire.* N° 1152.

** — *Francisci* Boussueti de natura aquatilium carmen, in universam G. Rondeletii quam de piscibus marinis scripsit historiam.
  Lugduni. 1558. M. Bonhome. 1 vol. in-4°. Voyez : *Bell. lett.*, 1862.

** — Ichthyologie. Par l'*Abbé J. P.* Bonnaterre.
  Paris. 1788. Panckoucke. **1 vol. in-4°.**
        Voyez : *Encyclop. méthod.*

** — Histoire naturelle des poissons, par BLOCH. (Traduit de l'allemand par LAVEAUX.) Ouvrage classé par ordres, genres et espèces, d'après le système de Linné; etc.; par N. R. CASTEL.

Paris. An 9. Crapelet. 10 vol. in-18. Voyez : N° 2091.

2314.— Ichthyologie analytique ou essai d'une classification naturelle des poissons, à l'aide de tableaux synoptiques, par *A. M. C.* DUMÉRIL.

Paris. 1856. F. Didot fr. 1 vol. in-4°.

2315.— Discours sur la torpille, par M. PRINGLE; traduit de l'anglois par M. LE ROY.

Extrait du Journal de physique. 1774. Pièce in-4°.

γ. — *Entomologie,*

2316.— Métamorphoses naturelles ou histoire des insectes observée très-exactement suivant leur nature et leurs propriétez. Par *Jean* GOEDART.

Amsterdam. 1700. G. Gallet. 3 vol. in-12. Fig.

2317.— Observations d'histoire naturelle, faites avec le microscope, sur un grand nombre d'insectes, et sur les animalcules qui se trouvent dans les liqueurs préparées, et dans celles qui ne le sont pas, etc. Avec la description et les usages des différens microscopes, etc. Par feu M. JOBLOT.

Paris. 1754. Briasson. 2 en 1 vol. in-4°. Fig.

2318.— Abrégé de l'histoire des insectes, dédié aux jeunes personnes. Par l'auteur du Cours d'histoire. (*Gasp.* GUILLARD DE BEAURIEU.)

Paris. 1764. Panckoucke. 2 vol. in-12.

2319.— Promenades d'un naturaliste.— Insectes.— Entretiens familiers sur l'histoire générale des insectes. Ouvrage destinés à servir de guide pour l'étude des mœurs, de l'industrie et de l'organisation de ces animaux; par M. *Félix* DUJARDIN.

Paris. 1836. Magasin pittoresque. 1 vol. in-18.

2320.—Histoire abrégée des insectes, dans laquelle ces animaux sont rangés suivant un ordre méthodique ; par M. GEOFFROY.

Paris. 1764. Durand. 2 vol. in-4°. Pl.

2321.— Philosophie entomologique ; ouvrage qui renferme les généralités nécessaires pour s'initier dans l'étude des insectes, et des aperçus sur les rapports naturels de ces petits animaux avec les autres êtres organisés ; etc. Par *J. Flor.* SAINT-AMANS.

Agen. An VII. R. Noubel. 1 vol. in-8°.

** — Introduction à l'entomologie, comprenant les principes généraux de l'anatomie et de la physiologie des insectes, des détails sur leurs mœurs et un résumé des principaux systèmes de classification proposés jusqu'à ce jour pour ces animaux ; par M. *Th.* LACORDAIRE.

Paris. 1834-1838. Roret. 2 vol. in-8°. Voyez : N° 2096.

2322.— *P. A.* LATREILLE genera crustaceorum et insectorum secundum ordinem naturalem in familias disposita, iconibus exemplisque plurimis explicata.

Parisiis et Argentorati. 1806-1809. Kœnig. 4 v. in-8°.

2323.— Considérations générales sur la classe des insectes. Par *André-Marie-Constant* DUMÉRIL.

Paris. 1823. Levrault. 1 vol. in-8°.

** — Histoire naturelle des insectes, composée d'après Reaumur, Geoffroy, Degeer, Roesel, Linnée, Fabricius, et les meilleurs ouvrages qui ont paru sur cette partie ; rédigée suivant la méthode d'Olivier ; par *F. M. G. T.* DE TIGNY.

Paris. An 10. Crapelet. 10 vol. in-18. Voyez : N° 2091.

** — Histoire naturelle des insectes. Orthoptères. Par M. AUDINET-SERVILLE.

Paris. 1839. Roret. 1 vol. in-8°. Voyez : N° 2096.

** — Histoire naturelle des insectes. Névroptères. Par M. *P.* RAMBUR.

Paris. 1842. Roret. 1 vol. in-8°. Voyez : N° 2096.

** — Histoire naturelle des insectes. Hyménoptères. Par M. le Comte *Amédée* LEPELETIER DE SAINT-FARGEAU et M. *Aug.* BRULLÉ.

Paris. 1836-1846. Roret. 4 vol. in-8°. Voyez : N° 2096.

** — Histoire naturelle des insectes. Hémiptères. Par MM. C. J. B. Amyot et Audinet-Serville.
  Paris. 1843. Roret. 1 vol. in-8°.   Voyez : N° 2096.

** — Histoire naturelle des insectes. Diptères. Par M. Macquart.
  Paris. 1834-1835. Roret. 2 vol. in-8°.   Voyez : N° 2996.

** — Histoire naturelle des insectes. Aptères. Par M. le Bon Walckenaer et M. *Paul* Gervais.
  Paris. 1837-1847. Roret. 4 vol. in-8°.   Voyez : N° 2096.

** — Entomologie ou histoire naturelle des crustacés, des arachnides et des insectes, par MM. Mauduyt, Olivier, Latreille, Godard, Le Peletier de Saint-Fargeau, Serville et Guérin.
  Paris. 1789-1829. Ve Agasse. 9 vol. in-4°.
     Voyez : *Encyclop. méth.*

2324. — Notice des insectes de la France, réputés venimeux, tirée des écrits des naturalistes, des médecins, et de l'observation. Par M. Amoreux.
  Paris. 1789. Rue et hôtel Serpente. 1 vol. in-8°.

2325. — Essai sur les nécrophages de France et principalement du Nord, par M. *P. S. Victor* Mareuse.
  Abbeville. 1839. Paillart. Pièce in-8°.

2326. — Essai sur les insectes qui attaquent les arbres fruitiers, par M. *Ch.* Delacour.
  Beauvais. 1850. Desjardins. Pièce in-8°. Pl.

2327. — Du charançon, vulgairement nommé mite des blés, ou histoire naturelle de l'insecte qui, par sa nature, est le plus grand obstacle aux approvisionnemens de réserve, à la vente des grains et à la conservation des farines ; par M. Chenest.
  Paris. 1822. Libr. de l'agric. Pièce in-8°.

2328. — Natuerlyke historie van de couchenille, beweezen met authentique Documenten. (Door *Melchior* de Ruusscher.) Histoire naturelle de la cochenille, justifiée par des documens authentiques.
  Amsterdam. 1729. H. Uytwerf. 1 vol. in-8°.

2329. — Les insectes, ou réflexions d'un amateur de la chasse aux petits oiseaux. Par *Edouard* Gand.
  Amiens. 1857. Alf. Caron. Pièce in-8°.

z. — *Crustacés.*

** — Histoire naturelle des crustacés, contenant leur description et leurs mœurs. Par *L. A. G.* Bosc.
Paris. An 10. Crapelet. 2 vol. in-18. Voyez : N° 2091.

** — Histoire naturelle des crustacés, comprenant l'anatomie, la physiologie et la classification de ces animaux ; par *Milne* EDWARDS.
Paris. 1834-1840. Roret. 3 vol. in-8°. Voyez : N° 2096.

aa. — *Mollusques.*

2330. — Conchyliologie nouvelle et portative, ou collection de coquilles propres à orner les cabinets des curieux de cette partie de l'histoire naturelle, mises par ordre alphabétique, avec les notes des endroits d'où elles se tirent, et des cabinets qui renferment les plus rares. (Par DEZALLIER-D'ARGENVILLE.)
Paris. 1767. Regnard. 1 vol. in-12.

** — Histoire naturelle des coquilles, contenant leur description, les mœurs des animaux qui les habitent et leurs usages. Par Bosc.
Paris. An 10. Crapelet. 5 vol. in-18. Voyez : N° 2091.

** — Histoire naturelle des vers, par BRUGUIÈRE et DE LAMARCK, continuée par M. *G. P.* DESHAYES.
Paris. 1830-32. Panckoucke, V° Agasse. 6 v. in-4°. 3 de pl.
Voyez : *Encyclop. méthod.*

2331. — Species général et iconographie des coquilles vivantes, publiées par monographies comprenant la collection du Muséum d'Histoire naturelle de Paris, la collection Lamarck, celle de M. le B°ⁿ Delessert, et les découvertes récentes des voyageurs. Par *L. C.* KIENER.
Paris. 1834 et suiv. Rousseau. in-8°. En publication.

2332. — Essai sur les mollusques terrestres et fluviatiles et leurs coquilles vivantes et fossiles du département du Gers, par M. l'*Abbé D.* DUPUY.
Auch. 1843. Portes. 1 vol. in-8°.

2333.—Catalogue raisonné des mollusques terrestres et fluviatiles recueillis par M. *F.* DE SAULCY, pendant son voyage en Orient, par *J. R.* BOURGUIGNAT.
    Paris. 1853. Gide et Baudry. 1 vol. in-4°. Pl.

2334.—Histoire naturelle du Sénégal. Coquillages. Avec la relation abrégée d'un voyage fait en ce pays, pendant les années 1749, 50, 51, 52 et 53. Par M. ADANSON.
    Paris. 1757. Bauche. 1 vol. in-4°. Fig.

bb. — *Annélides.*

'' —Histoire naturelle des vers, contenant leur description et leurs mœurs. Par *L. A. G.* BOSC.
    Paris. An 10. Crapelet. 3 vol. in-18.   Voyez : N° 2091.

2335.—Histoire naturelle et médicale des sangsues, etc. Par *J. L.* DERHEIMS.
    Paris. 1825. Baillière. 1 vol. in 8°. Pl.

2336.—Notice sur les sangsues, par M. NOBLE.
    Versailles. 1822. Jacob. Pièce in-8°.

2337.— Sur la multiplication des sangsues, par M. HUZARD fils.
    Paris. 1841. Bouchard-Huzard. Pièce in-8°.

'' —Histoire naturelle des helminthes ou vers intestinaux. Par M. *Félix* DUJARDIN.
    Paris. 1845. Roret. 1 vol. in-8°.   Voyez : N° 2096.

cc. — *Zoophytes.*

'' — Histoire naturelle des zoophytes, ou animaux rayonnés, faisant suite à l'histoire naturelle des vers de Bruguière; par MM. LAMOUROUX, BORY DE SAINT-VINCENT, et *Eudes* DESLONCHAMPS.
    Paris. 1824. V° Agasse. 1 vol. in-4°.
    Voyez : *Encyclop. méthod.*

'' — Histoire naturelle des zoophytes. Acalèphes. Par *R.-P.* LESSON.
    Paris. 1843. Roret. 1 vol. in-8°.   Voyez : N° 2096.

** — Histoire naturelle des zoophytes. Infusoires, comprenant la physiologie et la classification de ces animaux, et la manière de les étudier à l'aide du microscope. Par M. *Félix* DUJARDIN.

Paris. 1841. Roret. 1 vol. in-8°. Voyez : N° 2096.

2338. — Essai sur l'histoire naturelle des corallines, et d'autres productions marines du même genre, qu'on trouve communément sur les côtes de la Grande-Bretagne et d'Irlande ; auquel on a joint une description d'un polype de mer, pris auprès du Pôle arctique, par des pêcheurs de baleine, pendant l'été de 1753. Par *Jean* ELLIS. Traduit de l'anglois (par *J. N. Séb.* ALLAMAND.)

La Haye. 1756. P. De Hont. 1 vol. in-4°. Pl.

2339. — Mémoires pour servir à l'histoire d'un genre de polypes d'eau douce, à bras en forme de cornes. Par M. TREMBLEY.

Paris. 1744. Durand. 2 vol. in-12.

dd. — *Paléontologie.*

2340. — Dictionnaire universel des fossiles propres, et des fossiles accidentels. Par M. *E*. BERTRAND.

Avignon. 1763. Chambeau. 1 vol. in-8°.

2341. — Traité des pétrifications. (Par *L.* BOURGUET.)

Paris. 1742. Briasson. 1 vol. in-4°. Fig.

2342. — Recherches sur les ossemens fossiles, où l'on rétablit les caractères de plusieurs animaux dont les révolutions du globe ont détruit les espèces ; par M. le Baron *G.* CUVIER. Nouv. édit.

Paris. 1821-24. Dufour et D'Ocagne. 7 vol. in-4°. Fig.

2343. — Traité de paléontologie, ou histoire naturelle des animaux fossiles considérés dans leurs rapports zoologiques et géologiques. Par *F. J.* PICTET. 2ᵉ édit.

Paris. 1853-1857. J. B. Baillière. 4 v. in-8°. Atl. in-4°.

2344. — Histoire naturelle des crustacés fossiles, sous les rapports zoologiques et géologiques. Savoir : les trilobites, par *Alexandre* BRONGNIART. — Les crustacés proprement dits, par *A. G.* DESMAREST.

Paris. 1822. Levrault. 1 vol. in-4°. Fig.

2345. — Enumerationis fossilium, quæ in omnibus Galliæ provinciis reperiuntur, tentamina : auctore *A. J. D.* DARGENVILLE.

Parisiis. 1751. Joa. De Bure. 1 vol. in 8°.

2346. — Mémoires sur quelques fossiles d'Artois, pour servir à l'histoire naturelle de cette province. Par un membre de la Société littéraire d'Arras. (Le P. WARTEL.)

S. n. n. l. 1765. 1 vol. in-12.

2347. — Description des coquilles fossiles des environs de Paris. Par *G. P.* DESHAYES.

Paris. 1824. Béchet jeune. 3 v. in-4° dont 1 de pl.

ee. — *Collections et cabinets.*

2348. — Mémoire instructif sur la manière de rassembler, de préparer, de conserver, et d'envoyer les diverses curiosités naturelles ; auquel on a ajouté un mémoire intitulé : Avis pour le transport par mer, des arbres, des plantes vivaces, des semences, et de diverses autres curiosités d'histoire naturelle. (Par *E. F.* TURGOT.)

Lyon. 1758. Bruyset. 1 vol. in-8°.

2349. — Le voyageur naturaliste, ou instructions sur les moyens de ramasser les objets d'histoire naturelle, et de les bien conserver. Par M. *John* COAKLEY-LETTSOM. Traduit de l'anglois (par *Ad.* DE LEZAY-MARNESIA) sur la 2e édit. auquel on a joint l'*Art de calmer les flots de la mer*. Ouvrage aussi traduit de l'anglois, etc.

Paris. 1775. Lacombe. 1 vol. in-12.

2550. — L'art d'empailler les oiseaux, contenant des principes nouveaux et surs pour leur conserver leurs formes et leurs attitudes naturelles, avec la méthode de les classer d'après le système de Linné. Par les citoyens Hénon et Mouton-Fontenille. 2ᵉ édit.

Lyon. 1802. Bruyset aîné. 1 vol. in-8°. Fig.

2551. — Catalogue raisonné de coquilles et autres curiosités naturelles. On a joint à la tête du catalogue quelques observations générales sur les coquilles, avec une liste des principaux cabinets qui s'en trouvent, etc. (Par *E. F.* Gersaint.)

Paris. 1736. Prault fils. 1 vol. in-12.

2552. — Catalogue systématique et raisonné des curiosités de la nature et de l'art, qui composent le cabinet de M. Davila. (Par *J. B. L.* de Romé Delisle.)

Paris. 1767. Briasson. 3 vol. in-8°. Fig.

2553. — Notice des principaux objets d'histoire naturelle conservés dans les galeries du Muséum du jardin des plantes de Paris. On y a joint quelques réflexions sur la vie et les ouvrages du comte de Buffon. (Par Jaume Saint-Hilaire.)

Paris. An ix. Comminges. 1 vol. in-12.

2554. — Voyage au jardin des plantes, contenant la description des galeries d'histoire naturelle, des serres où sont renfermés les arbrisseaux étrangers, de la partie du jardin appelée l'École de botanique ; avec l'histoire des deux éléphans, et celle des autres animaux de la ménagerie nationale. Par *L. F.* Jauffret. 2ᵉ édit.

Paris. An ix. Guilleminet. 1 vol. in-18. Fig.

2555. — Histoire et description du muséum royal d'histoire naturelle, ouvrage rédigé d'après les ordres de l'Administration du muséum, par M. Deleuze.

Paris. 1823. Royer. 2 vol. in-8°. Fig.

2556. — Le jardin des plantes. Description complète du muséum d'histoire naturelle, de la ménagerie, des serres, des galeries de minéralogie et d'anatomie, et de la vallée suisse. (Mœurs et instincts des animaux, botanique, anatomie comparée, minéralogie, géologie, zoologie.) Par MM. P. BERNARD, L. COUAILHAC, GERVAIS et *Emm.* LEMAOUT et une société de savants attachés au muséum d'histoire naturelle.

Paris. 1842. Curmer. 2 vol. in-8°.

2357.— Muséum d'histoire naturelle de Paris. Catalogues.

Paris. 1850-51. Gide et Baudry.   in-8°.

Cette publication, qui n'a pas été continuée, comprend:

— Catalogue méthodique de la collection des mammifères, de la collection des oiseaux et des collections annexes. Par le professeur administrateur, M. *Isidore* GEOFFROY SAINT-HILAIRE et les aides-naturalistes MM. *Florent* PRÉVOST et PUCHERAN. 1re livr.

— Catalogue méthodique des reptiles. Professeur administrateur M. C. DUMÉRIL. Aide-naturaliste M. *Aug.* DUMÉRIL. 1re et 2e liv.

— Catalogue de la collection entomologique. Classe des insectes. Ordre des coléoptères. Professeur administrateur M. *Milne* EDWARDS. Aide naturaliste : M. *Em.* BLANCHARD, sous-aide M. *H.* LUCAS. 1re et 2e liv.

ff. — *Mélanges d'histoire naturelle.*

** — ALBERTI MAGNI liber secretorum de virtutibus herbarum, lapidum et animalium.

Vide : *Médecine*, N° 1700 et 3509, et ALBERTI MAGNI *opera*.

** — *Petri* GASSENDI de rebus terrenis membra duo.

Vide : P. GASSENDI *opera*, II.

2358.— Phytognomonica *Jo. Baptistæ* PORTÆ, octo libris contenta ; in quibus nova, facillimaque affertur methodus, qua plantarum, animalium, metallorum ; rerum denique omnium ex prima extimæ faciei inspectione quivis abditas vires assequatur.

Rothomagi. 1650. Joa. Berthelin. 1 vol. in-8°.

2359. — *Honorati* FABRI tractatus duo : quorum prior est de plantis, et de generatione animàlium; posterior de homine.

Parisiis. 1666. Fr. Muguet. 1 vol. in 4°.

** — Nouveau système sur la génération de l'homme et celle de l'oiseau. Par *Charles-Denys* DE LAUNAY.

Paris. 1726. Quillau. 1 vol. in-12. Voyez : *Médecine*. N° 625.

2360. — Observations sur les plantes et leur analogie avec les insectes, précédées de deux discours, l'un sur l'accroissement du corps humain ; l'autre sur la cause pour laquelle les bestes nâgent naturellement, et que l'homme est obligé d'en étudier les moyens. (Par *Gil. Aug.* BAZIN.)

Strasbourg. 1741. Doulssecker. 1 vol. in-8°.

** — Les principes de la nature ou de la génération des choses. Par M. COLONNE.

Paris. 1731 Cailleau. 1 vol. in-12. Voyez : N° 156.

** — Considérations sur les corps organisés, où l'on traite de leur origine, de leur développement, de leur reproduction, etc. Par *C.* BONNET.

Amsterdam. 1762. M. Rey. 2 v. in-8°. Voyez : *Médec.* N° 631.

2361. — Même ouvrage. 3ᵉ édit.

Amsterdam. 1776. M. Mich. Rey. 2 vol. in-8°.

2362. — Contemplation de la nature. Par *C.* BONNET. 2ᵉ édit.

Amsterdam. 1769. M. Mic. Rey. 2 vol. in-8°.

** — Expériences pour servir à l'histoire de la génération des animaux et des plantes ; par M. l'*Abbé* SPALLANZANI. Avec une ébauche de l'histoire des êtres organisés avant leur fécondation ; par *J.* SENEBIER.

Genève. 1785. Chirol. 1 vol. in-8°. Voyez : *Médecine*. N° 633.

** — Opuscules de physique animale et végétale, par M. l'*Abbé* SPALLANZANI. Traduits de l'italien par *Jean* SENEBIER.

Pavie. Paris. 1787. Duplain. 3 v. in-8°. Voyez : *Médecine*. N° 452.

2363. — Lettres curieuses, utiles et intéressantes sur les avantages que la Société peut retirer de la connoissance des animaux, des végétaux et des minéraux. (Par Buc'hoz.)

Paris. 1774. Lacombe. 5 vol. in-12.

2364.— Physiologie des corps organisés, ou examen analytique des animaux et des végétaux comparés ensemble, à dessein de démontrer la chaîne de continuité qui unit les différens règnes de la nature. Edition françoise du livre publié en latin à Manheim, sous le titre de *Physiologie des mousses*. Par M. de Necker. (Traduit par *J. F.* Coste.)

Bouillon. 1775. La Société typog. 1 vol. in-8°.

2365.— Génie de M. de Buffon, par M. (Ferry de St-Constant.)

Paris. 1778. Panckoucke. 1 vol. in-12.

2366.— Albert ou le petit naturaliste. Histoire des animaux apprivoisés, contenant des détails exacts sur leurs mœurs, leurs habitudes, leur genre de vie, et la manière de s'en rendre maître. Par *Eugène* Bar.

Paris. 1837. Maumus. 1 vol. in-18. Fig.

2367.— Les animaux raisonnent. Examen philosophique de leur organisation, de leurs mœurs, et des faits les plus intéressants de leur histoire; par *Alfred* de Nore.

Paris. 1844. Delahaye. 1 vol. in-8°.

** — Les singularités de la nature. Par Voltaire.

Voyez: *Œuvres de* Voltaire, xliv.

** — Etudes de la nature. — Harmonies de la nature. Par J. A. H. Bernardin de Saint-Pierre.

Voyez: Œuvres de *Bernardin* de Saint-Pierre, iii à x.

** — Les trois règnes. Par J. Delille.

Voyez: *Œuvres* de J. Delille, x et xi. *Bell. lett.* N° 1814.

** — Zur Naturwissenschaft im Allgemeine, von Goethe.

Voyez: Goethe'*Werke*, v.

2368.— Recherches sur l'organisation des corps vivans, et particulièrement sur son origine, sur la cause de ses développemens et des progrès de sa décomposition, etc. ; par *J. B.* LAMARCK.

Paris. An 10. Maillard. 1 vol. in-8°.

2369. — Etudes progressives d'un naturaliste pendant les années 1834 et 1835, faisant suite à ses publications dans les 42 volumes des Mémoires et Annales du Muséum d'histoire naturelle, par GEOFFROY SAINT-HILAIRE.

Paris. 1835. Roret. 1 vol. in-4°.

** — Essais de zoologie générale, ou mémoires et notices sur la zoologie générale, l'anthropologie et l'histoire de la science ; par *Isidore* GEOFFROY SAINT-HILAIRE.

Paris. 1841. Roret. 1 vol. in-8°.   Voyez : N° 2096.

2370. — Rapports faits par *A. M. C.* DUMÉRIL, sur divers travaux relatifs à l'histoire naturelle.

Paris. 1841-1856. Bachelier. 1 vol. in-4°, contenant :

1. — Institut de France. — Académie royale des sciences. — Extrait des Comptes rendus des séances de l'Académie des sciences. — Séance du 8 avril 1844. — Rapport sur un travail de M. Gervais, concernant l'histoire des phrynéides, scorpionides, solpugides, phalangides et acarides. Commissaires, MM. *de Blainville*, *Milne Edwards* ; DUMÉRIL rapporteur.

2. — Séance du 18 novembre 1844. — M. DUMÉRIL présente le sixième volume de son Erpétologie.

3. — Séance du 17 août 1846. — Rapport sur un mémoire de M. Coste, ayant pour titre : Nidifications des poissons. Commissaires, MM. *Flourens*, *Valenciennes*, DUMÉRIL rapporteur.

4. — Séance du 24 août 1846. — Rapport sur un mémoire de M. Blanchard, ayant pour titre : Recherches anatomiques et zoologiques sur l'organisation des insectes, etc. Commissaires MM. *Serres*, *Milne Edwards*, DUMÉRIL rapporteur.

5. — Séance du 21 décembre 1846. — Rapport sur plusieurs mémoires d'anatomie comparée de M. Duvernoy, principalement sur les organes génito-urinaires des batraciens urodèles. Commissaires, MM. *de Blainville*, *Isid. Geoffroy Saint-Hilaire*, *Milne Edwards*, DUMÉRIL rapporteur.

6. — *Séance du 26 mai 1851.* — Rapports sur deux mémoires de M.

Guérin-Méneville, l'un sur la muscardine, l'autre sur les vers rongeurs des olives. Commissaires, MM. *Payen*, *Serres, Geoffroy Saint-Hilaire*, Duméril rapporteur.

7. — Séance du 4 août 1851. — Rapport sur un crapaud trouvé vivant dans la cavité d'un gros silex où il paraît avoir séjourné pendant longtemps. Commissaires, MM. *Elie de Beaumont, Flourens, Milne Edwards*, Duméril rapporteur.

8. — Séance du 11 octobre 1852. — Sur une espèce de serpent à coiffe (*Naja-Haje*), présenté vivant à l'Académie; par M. *C.* Duméril.

9. — Séance du 2 novembre 1852. — Mémoire sur la classification des reptiles de l'ordre des serpents; par M. *C.* Duméril.

10. — Séance du 4 septembre 1854. Exposé sommaire du plan de l'erpétologie générale, ou de l'histoire naturelle complète des reptiles ; présenté à l'Académie des sciences, par M. Duméril.

11. — Séance du 2 juin 1856. — Considérations générales sur les classifications en histoire naturelle, et exposé sommaire du plan de l'ichthyologie analytique; par M. Duméril.

2371. — Annales du Muséum national d'histoire naturelle, par les professeurs de cet établissement.

Paris. 1802 à 1813 et 1827. Levrault. 21 v. in-4°. Fig.

2372. — Mémoires du Muséum d'histoire naturelle, par les professeurs de cet établissement.

Paris. 1815-1832. G. Dufour et Belin. 20 v. in-4°. Fig.

2373. — Nouvelles annales du Muséum d'histoire naturelle, ou recueil de mémoires publiés par les professeurs de cet établissement et par d'autres naturalistes sur l'histoire naturelle, l'anatomie, et la chimie.

Paris. 1832-35. Roret. 4 vol. in-4°. Fig.

2374. — Archives du Muséum d'histoire naturelle, publiées par les professeurs-administrateurs de cet établissement.

Paris. 1839-58. Gide. 10 vol. gr. in-4°. Fig.

2375. — Revue et magasin de zoologie pure et appliquée ; recueil mensuel destiné à faciliter aux savants de tous les pays les moyens de publier leurs observations, etc.

Par MM. *F. E.* GUÉRIN-MÉNEVILLE et *Ad.* FOCILLON. 2⁰ série.

Paris. 1849-1858. Bureau de la revue. 1 vol. in-8°. Pl.

2376.— Société Linnéenne du nord de la France. — Compte rendu de la premiére session.— Bulletin de la Société.

Abbeville. 1839-42. Paillart. 1 vol. in-8°. Fig.

** — Voyez aussi : *Médecine.* N° 694 à 699 , 2948 et 2949.

VIII. — SCIENCES MÉDICALES.

Voyez le catalogue spécial de cette importante partie de la Bibliothèque.

IX. — APPENDICE.

Mélanges et recueils relatifs aux sciences mathématiques, physiques et naturelles.

2377.—Essai qui a remporté le prix de la Sociéte hollandoise des sciences de Haarlem en 1770, sur cette question : Qu'est-ce qui est requis dans l'art d'observer ; et jusques où cet art contribue-t-il à perfectionner l'entendement ? Par M. *Benjamin* CARRARD.

Amsterdam. 1777. M. Rey. 1 vol. in-8°.

2378.—Abrégé élémentaire d'astronomie, de physique, d'histoire naturelle, de chimie, d'anatomie, de géométrie et de méchanique. Par M. T. B. (TAITBOUT.)

Paris. 1777. Froullé. 1 vol. in-8°. Fig.

2379.—Lettres à Sophie sur la physique, la chimie et l'histoire naturelle ; par *L. Aimé* MARTIN ; avec des notes par M. PATRIN. 9⁰ édit.

Paris. 1825. Gosselin. 4 vol. in-18. Fig.

** — Physique, chimie, histoire naturelle.

Paris. 1785. Hôtel et rue Serpente. 16 vol. in-18.

Voyez : *Bibliothèque universelle des dames.*

** — Les prodiges de *Julius* Obsequens. Traduction nouvelle par M. *Victor* Verger.

Paris. 1842. Panckoucke. 1 vol. in-8°.

Voyez : *Bibl. lat. franç.*

** — Vincentii *Bellovacensis* speculum naturale.

Vide : Vincentii *Bibliotheca mundi.*

2380. — *Levini* Lemnii occulta naturæ miracula, ac varia rerum documenta, probabili ratione atque artifici conjectura explicata.

Antuerpiæ. 1564. G. Simon. 1 vol. in-8°.

** — Idem opus.

Vide: *Médecine*. N° 128.

2381. — Les occultes merveilles et secretz de nature, avec plusieurs enseignemens des choses diverses, tant par raison probable, que par conjecture artificielle. Par *Levin* Lemne, et nouvellement traduictes de latin en françois, par I. G. P.

Paris. 1574. Galiot du Pré. 1 vol. in-fol.

2382. — *Fr.* Baconis de Verulamio sylva sylvarum, sive historia naturalis et novus atlas. (Nunc latio transcripta à *Jacobo* Grutero.)

Amstelodami. 1648. L. Elzevirius. 1 vol. in-16.

2383. — De naturæ divinis characterismis ; seu raris et admirandis spectaculis, causis, indiciis, proprietatibus rerum in partibus singulis universi, libri ii. — Auctore D. *Corn.* Gemma.

Antuerpiæ. 1675. Christ. Plantinus. 2 en 1 vol. in-8°

** — Dn. *Simonis* Maioli dies caniculares.

2384. — Conversations de l'Académie de M. l'*Abbé* Bourdelot, contenant diverses recherches, observations, expériences, et raisonnemens de physique, médecine, chymie, et mathématique. Le tout recueilly par le S^r Le Gallois. Et le parallèle de la physique d'Aristote et de celle de M. Des Cartes.

Paris. 1675. Thom. Moette. 1 vol. in-12.

2385. — Recueil des mémoires et conférences qui ont esté présentées à Mgr. le Dauphin pendant l'année MDCLXXII. Par *Jean-Baptiste* DENIS.

Paris. 1672. Léonard. 1 vol. in-4°.

2386. — Principales merveilles de la nature, où l'on traite de la substance de la terre, de la mer, des fleuves, lacs, rivières, montagnes, rochers, etc. Avec un précis des choses les plus surprenantes qui s'y voyent.

Amsterdam. 1723. Marret. 1 vol. in-8°.

2387. — Nouveau traité de physique sur toute la nature, ou méditations et songes sur tous les corps dont la médecine tire les plus grands avantages pour guérir le corps humain; et où l'on verra plusieurs curiositez qui n'ont point paru. (Par *Fr. Jos.* HUNAULD.)

Paris. 1742. Didot. 2 en 1 vol. in-12.

** — G. G. LEIBNITII physica generalis, chymia, medicina, botanica, historia naturalis, artes.

Vide : LEIBNITII *opera*, II.

2388. — *Caroli* LINNÆI amœnitates academicæ seu dissertationes variæ physicæ, medicæ, botanicæ antehac seorsim editæ, nunc collectæ et auctæ, cum tabulis æneis. Accedunt *Caroli* A LINNÉ fil. dissertationes botanicæ. Edidit *D. Jo. Christ. Dan.* SCHREBERUS.

Holmiæ et Lipsiæ. 1749-1790. 10 en 9 vol. in-8°. Fig.

2389. — De la nature. (Par *J. B. N.* ROBINET.)

Amsterdam. 1761. Van Harrevelt. 1 vol. in-8°.

** — Œuvres de *Pierre* CAMPER, qui ont pour objet l'histoire naturelle, la physiologie, et l'anatomie comparée. (Traduit du Hollandais par *H. J.* JANSEN.)

Paris. 1803. Jansen. 3 vol. in-8°.   Voyez : *Médecine.* N° 209.

2390. — Cosmos, essai d'une description physique du monde. Par *Alexandre* DE HUMBOLT ; traduit par *H.* FAYE et *Ch.* GALUSKY.

Paris. 1847-1859. Gide et Baudry. 4 vol. in-8°.

2391. — Exposition et histoire des principales découvertes scientifiques modernes par *Louis* Figuier.
Paris. 1854-1857. Langlois et Leclercq. 4 vol. in-18.

2392. — Les applications nouvelles de la science à l'industrie et aux arts en 1855, par *Louis* Figuier.
Paris. 1856. Langlois et Leclercq. 1 vol. in-18.

2393. — Etudes et lectures sur les sciences d'observation et leurs applications pratiques, par M. Babinet.
Paris. 1855-1858. Mallet-Bachelier. 5 vol. in-18.

2394. — Observations curieuses sur toutes les parties de la physique, extraites et recueillies des meilleurs mémoires (par *G. H.* Bougeant et *Nic.* Grozelier.)
Paris. 1719-30. And. Cailleau. 3 vol. in-12.

2395. — Recueil de différens traitez de physique et d'histoire naturelle, propres à perfectionner ces deux sciences. Par M. Deslandes.
Paris. 1736. Et. Ganeau. 1 vol. in-12.

2396. — Mémoires littéraires, sur différens sujets de physique, de mathématique, de chymie, de médecine, de géographie, d'agriculture, d'histoire naturelle, etc. Traduits de l'anglois, par M. Eidous.
Paris. 1750. And. Cailleau. 1 vol. in-12.

2397. — Observations sur l'histoire naturelle, sur la physique, et sur la peinture. (Par *J.* Gautier d'Agoty.)
Paris. 1752. De la Guette. 1 vol. in-12. Tome i^{er}.

2398. — Essais et observations physiques et littéraires de la Société d'Edinbourg. Traduit de l'anglois, par M. P. Demours.
Paris. 1759. Bauche. I vol. in-12. Tome i, seul paru.

2399. — Mémoires de l'Académie royale de Prusse concernant l'anatomie ; la physiologie ; la physique ; l'histoire naturelle ; la botanique ; la minéralogie ; etc. Par M. Paul.
Avignon. 1768. Niel. 2 vol. in-4°. Pl.

2400. — Journal des observations physiques, mathématiques et botaniques, faites par l'ordre du Roy sur les côtes orientales de l'Amérique méridionale, et dans les Indes occidentales, depuis l'année 1707 jusques en 1712. Par le R. P. *Louis* FEUILLÉE.
    Paris. 1714. P. Giffart. 2 vol. in-4°. Fig.

2401. — Introduction aux observations sur la physique, sur l'histoire naturelle et sur les arts. Par M. l'*Abbé* ROZIER.
    Paris. 1777. Le Jay. 2 vol. in-4°. Fig.

2402. — Observations et mémoires sur la physique, sur l'histoire naturelle et sur les arts et métiers. Par M. l'*Abbé* ROZIER, M. *J. A.* MONGEZ et M. DE LA METHERIE.
    Paris. 1773-86. Barrois l'aîné. 29 v. in-4°. Manque 3 v.

2403. — La nature considérée sous ses différens aspects, ou lettres sur les animaux, les végétaux et les minéraux. Ouvrage périodique. (Par *P.* BUC'HOZ.)
    Paris. 1771-72. Costard. 8 vol. in-12. Incomplet.

2404. — Journal de physique, de chimie, d'histoire naturelle et des arts. Par *J. Cl.* DELAMÉTHRIE.
    Paris. 1802-1804. Fuchs. 3 v. in-4°. T. 48, 56, 57, 58.

2405. — L'année scientifique industrielle, ou exposé annuel des travaux scientifiques, des inventions, et des principales applications de la science à l'industrie et aux arts, qui ont attiré l'attention publique en France et à l'étranger, par *Louis* FIGUIER.
    Paris. 1857-1858. Hachette. 4 vol. in-18.

  ** — Consultez : Bulletin universel des sciences, par DE FÉRUSSAC. — Transactions philosophiques de la Société royale de Londres. — Mémoires et Comptes-rendus de l'Académie des sciences.

X. — SCIENCES OCCULTES.

a. — Magie et cabale. — Traités généraux — Histoire.

2406. — De fascino libri tres, in quibus omnes fascini species et causæ optima methodo describuntur, etc. *Leonardo* VAIRO auctore.

Parisiis. 1583. Nic. Chesneau. 1 vol. in-4º.

2407.— Artis cabalisticæ, hoc est reconditæ theologiæ et philosophiæ, scriptorum tomus I. In quo præter *Pauli* RICII theologicos et philosophicos libros sunt latini penè omnes et hebræi nonnulli præstantissimi scriptores, qui artem commentariis suis illustrarunt. Ex *D. J. Pistorii* bibliotheca.

Basileæ. 1587. Seb. Henricpetri. 1 v. in-fol. Seul paru.

2408.— *Johannis* REUCHLIN de arte cabalistica libri tres, jam denuo adcurate revisi.

Basileæ. 1550. 1 vol. in-fol. Incomplet.

2409.— Artis kabbalisticæ, sive sapientiæ divinæ academia; in novem classes amicissima cum brevitate, tum claritate digesta. Per *Petrum* MORESTELLUM.

Parisiis. 1621. Mondière. 1 vol. in-8º.

2410.— Abdita divinæ cabalæ mysteria, contra sophistarum logomachiam defensa. Per *Jacobum* GAFFARELLUM.

Parisiis. 1625. Blageart. 1 vol. in-4º.

2411.— *Henrici Cornelii* AGRIPPÆ de occulta philosophia libri tres.

Mechliniæ. 1529. 1 vol. in-fol. Incomplet.

2412.— Iidem libri. Quibus accesserunt, spurius AGRIPPÆ liber de ceremoniis magicis. Heptameron *Petri* DE ALBANO. Ratio compendiaria magiæ naturalis, ex PLINIO desumpta. Disputatio de fascinationibus. Epistola de incantatione et adjuratione, collique suspensione. *Johannis* TRITEMII opuscula quædam hujus argumenti.

Parisiis. 1567. J. Dupuys. 1 vol. in-8º.

2413.— La philosophie occulte de *Henr. Corn.* AGRIPPA, divisée en trois livres, et traduite du latin (par *A.* LEVASSEUR.)

La Haye. 1727. R. Ch. Alberts. 2 vol. in-8º.

2414. — La sextessence diallactique et potentielle tirée par une nouvelle façon d'alambiquer, suivant les préceptes de la saincte magie et invocation de DEMONS. (1)
Paris. 1595. Est. Prevosteau. 1 vol. in-8°.

2415. — *Benedicti* PERERII adversus fallaces et superstitiosas artes, id est, de magia, de observatione somniorum, et de divinatione astrologica, libri tres.
Lugduni. 1603. Horat. Cardon. 1 vol. in 8°.

2416. — Disquisitionum magicarum libri sex, quibus continentur accurata curiosarum artium et vanarum superstitionum confutatio. Auctore *Martino* DELRIO.
Lugduni. 1612. H. Cardon. 1 vol. in-fol.

2417. — Idem opus.
Venetiis. 1652. Juntæ. 1 vol. in-4°.

2418. — *Thomas* CAMPANELLA de sensu rerum, et magia, libros quatuor dedicat consecratque.
Parisiis. 1636. Lud. Boullenger. 1 vol. in-4°.

2419. — La science cabalistique, ou l'art de connaître les bons génies qui influent sur la destinée des hommes; etc. Par LENAIN.
Amiens. 1823. Caron Vitet. 1 vol. in-8°.

2420. — Apologie pour tous les grands personnages qui ont esté faussement soupçonnez de magie. Par *G.* NAUDÉ.
Paris. 1625. F. Targa. 1 vol. in-8°.

2421. — Même ouvrage. Dernière édition.
Amsterdam. 1712. Humbert. 1 vol. in-8°.

2422. — L'incrédulité sçavante et la crédulité ignorante : au sujet des magiciens et des sorciers. Avecque la response à un livre intitulé *Apologie* pour tous les grands personnages, qui ont esté faussement soupçonnés de magie. Par le P. *Jaques* D'AUTUN.
Lyon. 1671. Jean Molin. 1 vol. in-4°.

---

(1) DE MONS (*Jean*) et non *Claude* son fils, est l'auteur de ce livre; tous les deux furent Conseillers au Présidial d'Amiens, leur patrie.

2423. — Comte de Gabalis, ou entretiens sur les sciences secrètes. (Par l'*Abbé* DE MONTFAUCON DE VILLARS.)
Cologne. 1670 ? P. Marteau. 1 vol. in-8°.

2424. — Les génies assistans, et gnomes irréconciliables, ou suite au comte de Gabalis. (Par le P. *Ant.* ANDROL.)
La Haye. 1718. 1 vol. in-8°.

2425. — La suite du comte de Gabalis, ou nouveaux entretiens sur les sciences secrètes, touchant la nouvelle philosophie. Ouvrage posthume.
Amsterdam. 1715. P. de Coup. 1 vol. in-8°.

2426. — Lettres de M^r DE ST-ANDRÉ à quelques-uns de ses amis, au sujet de la magie, des maléfices et des sorciers. Où il rend raison des effets les plus surprenans qu'on attribue ordinairement aux démons ; etc.
Paris. 1725. Ch. Osmont. 1 vol. in-12.

2427. — Recueil de lettres au sujet des maléfices et du sortilége ; servant de réponse aux lettres du sieur de Saint-André sur le même sujet : par le Sieur BOISSIER.
Paris. 1731. Henry. 1 vol. in-12.

2428. — Traité sur la magie, le sortilége, les possessions, obsessions et maléfices, où l'on en démontre la vérité et la réalité ; avec une méthode sure et facile pour les discerner, etc. Par M. D.*** (DAUGIS OU DANGY.)
Paris. 1732. P. Prault. 1 vol. in-12.

2429. — *Antonii* DE HAEN *de magia liber.*
Parisiis. 1777. Didot. 1 vol in-12.

A la suite :

— *Antonii* DE HAEN *de miraculis liber.*
Paris. 1778. Didot. in-12.

2430. — Histoire critique des pratiques superstitieuses, qui ont séduit les peuples, et embarassé les sçavans. Avec la méthode et les principes pour discerner les effets naturels d'avec ceux qui ne le sont pas. Par un Prêtre de l'Oratoire (le P. *Pierre* LE BRUN.)
Rouen. 1702. G. Behourt. 2 vol. in-12.

2431. — Même ouvrage. 2ᵉ édit.
   Paris. 1742. Delaulne. 4 vol. in-12.

2432. — Histoire de la magie en France, depuis le commencement de la monarchie jusqu'à nos jours; par M. *Jules* Garinet.
   Paris. 1819. Foulon. 1 vol. in-8°.

b. — *Démonologie, ou apparitions des esprits et des démons.*

2433. — Histoire du diable, traduite de l'anglois (de *Daniel* de Foé.)
   Amsterdam. 1729. La Compagnie. 2 vol. in-12.

2434. — Repertorium maleficiorum in quo continentur tractatus D. *Angeli* de Aretino, D. *Alberti* de Bandino ac D. *Bonifacii* de Vitellinis, per ordinem numeri et alphabeti fabricatum. Superadduntur de novo complures alie utilissime additiones D. *Hieronymi* Chuchalon.
   Lugduni. 1530. Ant. du Ry. 2 en 1 vol. in-4°.

2435. — Malleus maleficarum, in tres divisus partes. Auctore R. P. *Jacobo* Sprenger. Hac postrema editione per *F. Raffaelem* Maffeum summo studio illustratus.
   Venetiis. 1576. Bertanus. 1 vol. in-8°.

2436. — Malleus maleficorum, ex plurimis authoribus coacervatus, ac in duos tomos distinctus.
   Lugduni. 1584. Juntæ. 2 vol. in-8°.

2437. — Malleus maleficarum, maleficas et earum hæresin framea conterens, ex variis auctoribus compilatus, et in tres tomos justè distributus.
   Lugduni. 1620-1621. Landry. 3 en 1 vol. in-8°.

2438. — Malleus maleficarum, in quatuor tomos distributus.
   Lugduni. 1669. Claude Bourgeat. 4 en 2 vol. in-4°.

2439. — Tractatus de lamiis et pythonicis, autore *Ulrico* Molitore, anno 1489.
   Paris. 1561. Corrozet. 1 vol. in-8°.

2440.—Sapientiss. *Michaelis* Pselli dialogus de energia, seu operatione dæmonum è græco translatus. *Petro* Morello interprete.
Parisiis. 1577. G. Chaudiere. 1 vol. in-8°.

2441.—*Bartholomei* Faii Energumenicus. Ejusdem Alexiacus, cum liminari, ut vocant, ad utrumque librum epistola.
Lutetiæ. 1571. S. Nivellius. 1 vol. in-8°.

2442.—Cinq livres de l'imposture et tromperie des diables : des enchantements et sorcelleries ; pris du latin de *Jean* Wier, et faits françois par *Jaques* Grévin.
Paris. 1567. Jac. Du Puys. 1 vol. in-8°.

2443.—Histoires, disputes et discours, des illusions et impostures des diables, des magiciens infames, sorciéres et empoisonneurs, etc. Le tout comprins en six livres par *Jean* Wier.—Deux dialogues de *Thomas* Erastus, touchant le pouvoir des sorcières : et de la punition qu'elles méritent. (Traduit par *Jacques* Grévin.)
Paris. 1579. Jac. Chouet. 1 vol. in-8°.

2444.—De la démonomanie des sorciers. Par *J.* Bodin.
Paris. 1580. Jacques Du Puys. 1 vol. in-4°.

2445.—Le fléau des démons et sorciers, par *J. B.*, *Angevin.* (*Jean* Bodin.) Rev. et corr.
Nyort. 1616. David Du Terroir. 1 vol. in-8°.

2446.—Mirabilium historiarum de spectris, et variis præstigiis dæmonum libri ii. (Ab *Henningo* Grosio collecti.)
Lipsiæ. 1596. Grosius. 1 vol. in-16.

2447.—Dæmoniaci, hoc est de obsessis à spiritibus dæmoniorum hominibus, liber unus. Authore *Petro* Thyræo.
Colon. Agripp. 1598. Cholinus. 1 vol. in-4°.

2448.—Idem opus.
Lugduni. 1603. J. Pillehotte. 1 vol. in-8°.

2449.—Dæmoniaci cum locis infestis et terriculamentis nocturnis. Libri iii. Auctore *Petro* Thyræo.
Coloniæ Agrippinæ. 1604. Cholinus. 1 vol. in-4°.

2450. — Idem opus.

  Coloniæ Agrippinæ. 1627. Cholinus. 1 vol. in-4°.

2451. — Loca infesta, hoc est, de infestis, ob molestantes dæmoniorum et defunctorum hominum spiritus, locis, liber unus. Authore *Petro* Thyræo. — Accessit ejusdem libellus de terriculamentis nocturnis.

  Lugduni. 1599. Joa. Pillehotte. 1 vol. in-8°.

2452. — IIII livres des spectres ou visions et apparitions d'esprits, anges et démons se monstrans sensiblement aux hommes. Par *Pierre* Le Loyer.

  Angers. 1586. Nepveu. 1 vol. in-4°.

2453. — Discours des spectres, ou visions et apparitions d'esprits, comme anges, démons, et âmes, se monstrans visibles aux hommes, etc. Le tout en huict livres. Par *Pierre* Le Loyer. 2ᵉ édit.

  Paris. 1608. Buon. 1 vol. in-4°.

2454. — Discours exécrable des sorciers. Ensemble leur procez, faits depuis deux ans en çà, en divers endroicts de la France. Avec une instruction pour un juge, en faict de sorcellerie. Par *Henry* Boguet. 2ᵉ édit.

  Paris. 1603. D. Binet. 1 vol. in-8°.

2455. — Tableau de l'inconstance des mauvais anges et démons. Où il est amplement traicté des sorciers, et de la sorcellerie. Par *Pierre* de Lancre.

  Paris. 1613. Nicolas Buon. 1 vol. in-4°.

2456. — L'incrédulité, et mescréance du sortilége plainement convaincue. Par *P.* de L'Ancre.

  Paris. 1622. Nicolas Buon. 1 vol. in-4°.

2457. — Démonologie ou traitté des démons et sorciers : de leur puissance et impuissance : par *Fr.* Perreaud. Ensemble l'anti démon de Mascon, ou histoire véritable de ce qu'un démon a fait et dit, il y a quelques années, en la maison dudit Sʳ Perreaud à Mascon.

  Genève. 1653. Pierre Aubert. 1 vol. in-8°.

2458.—Le monde enchanté, ou examen des communs sentimens touchant les esprits, leur nature, leur pouvoir, leur administration, et leurs opérations. Par *Balthasar* BEKKER. Traduit du hollandois.
 Amsterdam. 1694. P. Rotterdam. 4 vol. in-16.

2459.—Traité historique des dieux et des démons du paganisme. Avec quelques remarques critiques sur le système de M. Bekker. Par *Benjamin* BINET.
 Delf. 1696. And. Voorstad. 1 vol. in-16.

2460.—Dissertations sur les apparitions des anges, des démons et des esprits, et sur les revenans et vampires de Hongrie, de Bohême, de Moravie et de Silésie. Par le R. P. Dom. *Aug.* CALMET.
 Paris. 1746. De Bure. 1 vol. in-12.

2461.—Même ouvrage. Nouv. édit.
 Paris. 1751. Debure. 2 vol. in-12.

2462.—Traité historique et dogmatique sur les apparitions, les visions et les révélations particulières. Avec des observations sur les dissertations du R. P. D. CALMET. Par M. l'*Abbé* LENGLET-DUFRESNOY.
 Avignon. Paris. 1751. Noel Leloup. 2 vol. in-12.

2463.—Recueil de dissertations anciennes et nouvelles, sur les apparitions, les visions et les songes. Avec une préface historique, par M. l'*Abbé* LENGLET-DUFRESNOY.
 Paris. 1751. J. Noel Leloup. 4 vol. in-12.

2464.—Tractatus de confessionibus maleficorum et sagarum recognitus et auctus. Auctore *Petro* BINSFELDIO.
 Augustæ Trevirorum. 1591. Henr. Bock. 1 vol. in-8°.

2465.—Divina quatuor energumenorum liberatio, facta apud Suessiones, anno domini MDLXXXII. — Eam scripsit GERVASIUS *Tornacensis*.
 Parisiis. 1583. Guil. Chaudière. 1 vol. in-8°.

2466.—Réfutation de l'erreur du vulgaire, touchant les responses des diables exorcizez. Par Fr. *Sanson* BIRETTE.
 Rouen. 1618. Jac. Besongne. 1 vol. in-12.

2467. — Traicté des énergumènes (par *P.* DE BERULLE), suivy d'un discours sur la possession de Marthe Brossier : contre les calomnies d'un médecin de Paris (Marescot.) Par *Léon* D'ALEXIS.

Troyes. 1599.   1 vol. in-8°.

2468. — Histoire admirable de la possession et conversion d'une pénitente, séduite par un magicien, la faisant sorcière et princesse des sorciers au païs de Provence, conduite à la Ste-Baume pour y estre exorcizée l'an MDCX, au mois de novembre, souz l'authorité du R. P. F. *Sébastien* MICHAELIS. Commis par luy aux exorcismes et recueil des actes le R. P. F. François Domptius de Louvain, etc. Ensemble la Pneumalogie, ou discours des esprits du susdit P. MICHAELIS. 2° édit.

Paris. 1613. Ch. Chastellain. 1 vol. in-8°.

2469. — Examen et discussion critique de l'histoire des diables de Loudun, de la possession des religieuses Ursulines, et de la condamnation d'Urbain Grandier ; par M. DE LA MENARDAYE.

Liége. 1749. Ev. Kintz. 1 vol. in-12.

2470. — Arest de condamnation de mort, contre Maistre Urbain Grandier, atteint et convaincu du crime de magie, et autres cas mentionnés au procès.

Paris. 1634. Estienne Hebert. Pièce in-8°.

2471. — La piété affligée, ou discours historique et théologique de la possession des religieuses dites de Ste-Elizabeth de Louviers. Par le R. P. ESPRIT DU BOSROGER.

Amsterdam. 1700. P. Schaier. 1 vol. in-12.

2472. — Abrégé de l'histoire prodigieuse de Jean Bertet, du comtat d'Avignon, avec une dissertation pour distinguer les vraïes possessions d'avec les fausses, et un abrégé d'un livre intitulé : Le triomphe du très-saint Sacrement sur le démon.

Paris. 1732.   1 vol. in-12.

2473.—Thesaurus exorcismorum atque conjurationum terribilium, potentissimorum, efficacissimorum, cum practica probatissima : quibus spiritus maligni, dæmones, maleficiaque omnia de corporibus humanis obsessis, tanquam flagellis fustibusque fugantur, etc.

Coloniæ. 1608. L. Zetzner. 1 vol. in-8°.

Ce volume contient :

— *F. Valerii* POLYDORI practica exorcistarum ad dæmones et maleficia de Christi fidelibus pellendum. — *F. Hier.* MENGI flagellum dæmonum. — Ejusdem de fustis dæmonum. — *F. Zachariæ* VICECOMITIS complementum artis exorcisticæ. — *Pet. Ant.* STAMPÆ fuga Satanæ.

2474.—Fuga dæmonum, adjurationes potentissimas et exorcismos formidabiles, atque efficaces, in malignos spiritus propulsandos, et maleficia ab energumenis pellenda, etc., continens. Authore *R. P. F. Hieronymo* MENGO. Cui etiam addita sunt ejusdem auctoris remedia in malignos spiritus expellendos.

Venetiis. 1596. Variscus. 1 vol. in-8°.

2475.—Flagellum dæmonum, exorcismos terribiles, potentissimos, et efficaces, remediaque probatissima, ac doctrinam singularem ad malignos spiritus expellendos, etc. complectens. — Accessit postremò pars secunda, quæ Fustis dæmonum inscribitur. Auctore *R. P. F. Hieronymo* MENGO.

Lugduni. 1604. P. Landry. 1 vol. in-8°.

2476.—Complementum artis exorcisticæ, in tres partes divisum. Authore *F. Zacharia* VICECOMITE.

Venetiis. 1600. Barilettus. 1 vol. in-8°.

2477.—Manuale exorcismorum : continens instructiones, et exorcismos ad ejiciendos è corporibus obsessis spiritus malignos, etc. R. D. *Maximiliani* AB EYNATTEN industriâ collectum.

Antuerpiæ. 1648. Off. Plantiniana. 1 vol. in-8°.

2478.— R. P. *Gervasii* Pizzurni enchiridion exorcisticum ; compendiosissimè continens diagnosim, prognosim, ac therapiam medicam et divinam affectionum magicarum.

Lugduni. 1668. Valançol. 1 vol. in-8º.

2479.— Instructio theoretico-practica de remediis à Christo domino ecclesiæ et fidelibus omnibus contra invisibiles christiani nominis hostes, aliaque mala etiam naturalia relictis, germanico nuper idiomate sub titulo *Christianus semper victor,* etc., in lucem edita, nunc quoad praxin auctior in latinum translata.

Schillingsfursti. 1783. Lobegott. 1 vol. in-8º.

c. — *Divination.*

2480.— Commentarius de præcipuis divinationum generibus, in quo à prophetiis divina autoritate traditis, et physicis prædictionibus, separantur diabolicæ fraudes et superstitiosæ observationes, et explicantur fontes ac causæ physicarum prædictionum, diabolicæ et superstiosæ confutatæ damnantur. Autore *Casp.* Peucero.

Vittebergæ. 1553.   1 vol. in 8º.

2481.— *Gulielmi* Grataroli opuscula, videlicet : de memoria reparanda, augenda, conservandaque, ac de reminiscentia, tutiora omnimoda remedia, præceptiones optimæ. — De prædictione morum naturarumque hominum, cum ex inspectione partium corporis, tum aliis modis. — De temporum omnimoda mutatione, perpetua et certissima signa et prognostica. Omnia ab autore correcta, aucta satis et ultimò edita.

Basileæ. 1554. Nic. Episcopius. 1 vol. in-8º.

2482.— *Edonis* Nevhusi fatidica sacra, sive de divina futurorum prænunciatione, libri ii.

Amstelodami. 1635. Janssonius. 1 vol. in-8º.

2483.— Les œuvres de M. *Jean* Belot, contenant la chiromence, physionomie, l'art de mémoire de Raymond Lulle; traité des devinations, augures et songes ; les sciences Stéganographiques, Paulines, Armadelles et Lullistes ; l'art de doctement prescher et haranguer, etc. Dernière édition.

Rouen. 1669. Berthelin. 1 vol. in-8°.

2484.— Même ouvrage. Nouvelle édition.

Liége. 1704. Streel. 1 vol. in-12.

2485.— Le plaisant jeu du dodechedron de fortune, non moins récréatif, que subtil et ingénieux. Renouvellé et changé de la première édition. (Par *Jehan* de Meung; revu par *Fr.* Gruget.)

Lyon. 1580. Jean Huguetan. 1 vol. in-8°.

2486.— La philosophie des images énigmatiques. Par le P. *Cl. François* Menestrier.

Lyon. 1664. J. Lions. 1 vol. in-12.

2487.— L'art de juger du caractère des hommes sur leur écriture, avec 24 planches représentant les écritures de diverses personnes célèbres, gravées d'après les originaux autographes, Par M.***

Paris. 1812. Saintin. 1 vol. in-18.

---

d. — *Rhabdomancie.*

2488.— La physique occulte, ou traité de la baguette divinatoire, etc. Avec des principes qui expliquent les phénomènes les plus obscurs de la nature. Par M. *L. L.* (Le Lorrain) de Vallemont.

Amsterdam. 1693. Ad. Braakman. 1 vol. in-12.

2489.— Même ouvrage.

Paris. 1693. Anisson. 2 vol. in-12.

2490.—Lettres qui découvrent l'illusion des philosophes sur la baguette, et qui détruisent leurs systèmes. (Par le P. *Pierre* Le Brun.)
Paris. 1693. J. Boudot. 1 vol. in-8°.

e. — *Onéiromancie.*

2491.—Artemidori Daldiani de somniorum interpretatione libri quinque, jam primum à *Jano* Cornario latina lingua conscripti.
Basileæ. 1539. Froben. 1 vol. in-8°.

" —Synesiorum somniorum omnis generis insomnia explicantes libri iv, per *Hier.* Cardanum.
Vide : *H.* Cardani *opera*, v.

2492.—Le palais des curieux, où l'algèbre et le sort donnent la décision des questions les plus douteuses : et où les songes et les visions nocturnes sont expliquez selon la doctrine des anciens. 2ᵉ édit. Rev. corr. et augmenté d'un traité de la physiognomie. (Par *Marc* Vulson de la Colombière.)
Paris. 1660. P. Lamy. 1 vol. in-8°.

f. — *Chiromancie.*

2493.—Chiromantia : 1. Physiognomia, ex aspectu membrorum hominis. 2. Periaxiomata, de faciebus signorum. 3. Canones astrologici, de judiciis ægritudinum. 4. Astrologia naturalis. 5. Complexionum noticia, juxta dominium planetarum. Autore *Jo.* Indagine.
Argentorati. 1539. Schottus. 1 vol. in-fol.

2494.—Vraye et parfaicte chyromancie et phisionomie, par le regard des membres de l'homme. Traduction nouvelle (du latin de *J.* d'Indagine, par *Ant.* Du Moulin.)
Paris. S. d. Jacq. Villery. 1 vol. in-8°.

2495.—La science curieuse, ou traité de la chyromance, recueilly des plus graves autheurs qui ont traité de cette matière, etc.

Paris. 1665. F. Clousier. 1 vol. in 4°. Fig.

2496.—La chyromantie naturelle de RONPHYLE. (Traduit par RAMPALLE.)

Paris. 1665. J.-B. Loyson. 1 vol. in-8°.

---

g. — *Physionomie.*

2497.—De humana physiognomonia *Joannis-Baptistæ* PORTÆ libri IV; qui ab extimis, quæ in hominum corporibus conspiciuntur signis, ita eorum naturas, mores et consilia (egregiis ad vivum expressis iconibus) demonstrant, ut intimos animi recessus penetrare videantur.

Hanoviæ. 1593. Fischerus. 1 vol. in-8°.

2498.—Idem opus. Editio postrema.

Rothomagi. 1650. Berthelin. 1 vol. in-8°.

2499.—Physiognomoniæ cœlestis libri sex, in quibus non solum, quomodo quis facile ex humani vultus extima inspectione ex conjectura præsagire futura possit, docetur: sed etiam astrologia refellitur, et inanis atque imaginaria demonstratur: auctore *Joan.-Bapt.* PORTA.

Argentorati. 1606. Zetznerus. 1 vol. in-8°.

2500.—*J. B.* PORTÆ physiognomoniæ cœlestis libri sex.

Rothomagi. 1650. Berthelin. 1 vol. in-8°.

2501.—Della fisonomia dell'huomo del signor *Gio-Baptista* DALLA PORTA libri sei. Tradotti di latino in volgare. 3ª edit.

Padoua. 1623. Piet. Paolo Tozzi. 1 vol. in-4°.

A la suite :

—Della celeste fisonomia di *Gio. Baptista* DELLA PORTA.

libri sei, nei quali ributtata la vanità dell' astrologia giudiciaria, etc.

Padoua. 1623. Tozzi.   in-4°.

— Fisionomia naturale di Monsignor *Giovanni* INGEGNERI.

Padoua. 1623. Tozzi. in-4°.

—Fisonomia di POLEMONE tradotta di greco in latino dall'illustrissimo signor *Co*: *Carlo* MONTECUCCOLI, con annotationi del medemo; e poscia di latino fatta volgare dal Co. *Francesco* suo fratello.

Padoua. 1622. Tozzi.   in-4°.

2502.—*H*. CARDANI metoposcopia libris tredecim, et octogentis faciei humanæ eiconibus complexa. Cui accessit MELAMPODIS de nævis corporis tractatus, græcè et latinè nunc primùm editus : interprete *Cl. M.* LAURENDERIO.

Lutetiæ Paris. 1658. Th. Jolly. 1 vol. in-fol.

2503.— La métoposcopie de *H*. CARDAN, comprise en treize livres, et huit cens figures de la face humaine : à laquelle a esté adjousté; le traicté des marques naturelles du corps, par MELAMPUS, antien autheur grec: le tout traduit en françois, par le Sieur *C. M.* DE LAURENDIERE.

Paris. 1658. Th. Jolly. 1 vol. in-fol.

2504.— L'art de connoistre les hommes. Où sont contenus les discours préliminaires qui servent d'introduction à cette science. Par le Sieur DE LA CHAMBRE.

Paris. 1660. P. Rocolet. 1 vol. in-4°.

2505.— Même ouvrage. 2ᵉ édit.

Paris. 1663. Jac. D'Allin. 1 vol. in-12.

2506.— Lettres philosophiques, sur les physionomies. (Par *Jacques* PERNETTI.) Nouv. édit.

La Haye. 1748. Jean Neaulme. 1 vol. in-8°.

2507.— *Johannis-Frederici* HENNERT oratio de physiognomia.

Trajecti ad Rhenum. 1782. Ab. Van Paddenburg. in-4°.

2508. — L'art de connaître les hommes par la physionomie, par *Gaspar* LAVATER. Nouv. édit. corr. et disposée dans un ordre plus méthodique ; précédée d'une notice historique sur l'auteur ; augm. d'une exposition des recherches ou des opinions de La Chambre, de Porta, de Camper, de Gall, sur la physionomie. Avec une histoire anatomique et physiologique de la face, etc. par M. MOREAU. Suivie du système de Le Brun, de Porta, sur les rapports de la figure humaine avec celle des animaux, et sur l'expression et les caractères des passions, etc. Avec une table rédigée par M. SUE.

Paris. 1806-1809. Prudhomme fils. 10 v. in-8°. Fig.

2509. — Même ouvrage. Nouv. édit.

Paris. 1820. Depelafol. 10 vol. in-8°. Fig.

2510. — Physiologie morale, ou l'art de connaître les hommes sur leur physionomie ; par *J. M.* PLANE. 3e édit.

Paris. 1819. Johanneau. 2 en 1 vol. in-8°. Fig.

** — Voyez aussi : *Médecine.* N° 719, 720, 721, 722, 723 et 2951.

---

h. — *Astrologie.*

** — *Cl.* PTOLOMÆI libri quatuor de astrorum judiciis cum expositione *Hieronymi* CARDANI.

Vide : *H.* CARDANI *opera,* v.

** — ΜΑΝΕΘΩΝΟΣ ἀποτελεσματικῶν βιβλία ἑξ. — ΜΑΞΙΜΟΥ φιλοσόφου περὶ καταρχῶν. — MANETHONIS et MAXIMI quæ feruntur carmina astrologica. Accedunt DOROTHEI fragmenta. Recensuit et præfatus est *Arminius* KŒCHLY.

Paris. 1851. A. F. Didot. in-8°.

Vide : *Script. græc. bibl.*

** — Livre de CENSORINUS sur le jour natal. Traduit pour la première fois en français. Par M. *J.* MANGEART.

Paris. 1843. Panckoucke. 1 vol. in-8°. Voyez : *Bibl. lat. franç.*

2511. — Assertionis fidei adversus astrologos, sive de significationibus conjunctionum superiorum planetarum anni MDXXIV, *Cornelio* SCEPPERO authore, libri sex.

Antuerpiæ. 1523. Fr. Byrckmannus. 1 vol. in-fol.

2512. — *Guidonis* BONATI de astronomia tractatus x universum quod ad judiciariam rationem nativitatum, aeris, tempestatum, attinet, comprehendentes. — Adjectus est *Cl.* PTOLOMÆI liber fructus, cum commentariis *Georgii* TRAPEZUNTII.

Basileæ. 1550.   1 vol. in-fol.

** — *Joannis* PICI MIRANDULI disputationum in astrologiam libri XXI.

Vide : *J.* MIRANDULI *opera,* II.

2513. — *Lucii* BELLANTII de astrologica veritate liber quæstionum. — Astrologiæ defensio contra Joannem Picum Mirandulanum. — *Gabrielis* PIROVANI de astronomiæ veritate dialogus absolutissimus.

Basileæ. 1554. Joa. Hervagius. 1 vol. in-fol.

2514. — Des jugemens astronomiques sur les nativitez. Par *Oger* FERRIER.

Lyon. 1550. Jean de Tournes. 1 vol. in-8º.

2515. — Ad astrorum judicia facilis introductio *Claudio* DARIOTO authore. — Ejusdem tractatus de electionibus principiorum idoneorum rebus inchoandis. Quibus accessit fragmentum de morbis et diebus criticis ex astrorum motu cognoscendis, eodem authore.

Lugduni. 1557. Maur. Roy. 1 vol. in-4º.

2516. — *Iofranci* OFFUSII de divina astrorum facultate, in larvatam astrologiam.

Parisiis. 1570. Joh. Royerius. 1 vol. in-fol.

** — *Alberti* MAGNI speculum astronomiæ.

Vide : *Alberti* MAGNI *opera.*

2517. — Cartel aux judiciaires et celoteurs astrologues, auquel sera combatue divinement et humainement : la vanité de leurs accreuz planètes, etc. Par *Jaques* MOLLAN.

Lyon. 1585. Jean Stratius. 1 vol. in-8º.

2518.—Réfutation de l'astrologie judiciaire. Divisée en trois traittez. Contre les astrologues de ce tems. Par *F.* DE CAUVIGNY sieur DE COLOMBY.

Paris. 1614. Touss. Du Bray. 1 vol. in-8°.

2519.—In astrologos conjectores libri quinque. Auctore ALEXANDRO DE ANGELIS.

Lugduni. 1615. Hor. Cardon. 1 vol. in-4°.

2520.—L'incertitude et tromperie des astrologues judiciaires. Par *Barthellemy* HEURTEVYN.

Paris. 1619. Chevalier. in-8°. Voir : N° 1943.

2521.—Thesouro de prudentes, novamente tirado à luz, por *Gaspar* CARDOZO DE SEQUEIRA. 2ª impress.

Coimbra. 1630. N. Carvalho. 1 vol. in-4°

2522.—L'usage des éphémérides, avec la méthode de dresser et corriger toute sorte de figures cœlestes, et juger par le moyen d'icelles des diverses constitutions des temps et saisons de l'année, et de toutes les autres choses qui en dépendent, comme sont guerres, pestes, famines, mortalitez, et autres. Par *Antoine* DE VILLON.

Paris. 1624. Jean Moreau. 2 vol. in-8°.

2523.—R. P. CAMPANELLÆ astrologicorum libri VII, in quibus astrologia omni superstitione Arabum, et Judæorum eliminata physiologicè tractatur.

Lugduni. 1630. Fratr. Prost. 1 vol. in-4°.

2524.—Traité astrologique des jugemens des thêmes génétliaques pour tous les accidens qui arrivent à l'homme après sa naissance. Colligé par l'industrie d'*Henri* RANTZEAU, vi-duc *Cimbrique*. Fait françois par *Jacques* ALEAUME. Mis en ordre et augmenté d'aphorismes et annotations universelles sur les douze signes par les douze maisons célestes, colligées de divers autheurs : et traduit par *Alexandre* BAULGITE.

Paris. 1657. P. Menard. 1 vol. in-8°.

2525.—Astrologia Gallica principiis et rationibus propriis

stabilita, atque in xxvi libros distributa, etc. Opera et studio *Joannis-Baptistæ* Morini.

Hagæ-Comitis. 1661. Ad. Ulacq. 1 vol. in-fol.

2526.— Discours sur les influences des astres, selon les principes de M. Descartes. (Par *Cl.* Gadroys.)

Paris. 1671. J. V. Coignard. 1 vol. in-12.

2527.— L'harmonie céleste, découvrant les diverses dispositions de la nature, ouvrage physique et matématique, nécessaire pour discerner les erreurs de M. Descartes : connoître la diversité des airs et leurs changemens en tous les endroits du monde : prévoir toutes les maladies jusqu'à la dernière différence, etc. Par *J.-B.* Fayol.

Paris. 1672. Jean d'Houry. 1 vol. in-8°.

2528.— De l'astrologie judiciaire. Entretien curieux, où l'on répond d'une manière aisée et agréable à tout ce que l'on peut dire en sa faveur, etc. Par M. Bordelon.

Paris. 1689. L. Lucas. 1 vol. in-8°.

** — Pensées diverses écrites à un docteur de Sorbonne, à l'occasion de la comète de 1680. Par *P.* Bayle.

Voyez : *Œuvres* de *P.* Bayle, iii.

2529.— Le compost et kalendrier des bergiers, nouvellement fait et composé, avec pluseurs enseignemens bons et salutaires.

Paris. 1491. Guyot. 1 vol. in-fol. Fig.

2530.— Curiositez inouyes, sur la sculpture talismanique, des Persans. Horoscope des patriarches, et lecture des estoilles. Par M. *J.* Gaffarel.

S. n. n. l. 1650. 1 vol. in-8°.

2531.— Les secrets astrologiques des figures ou des anneaux gravez souz certain signe du ciel, pour accomplir divers effects merveilleux. Et de l'unguent des armes, sympathique ou constellé, dont l'on prétend guérir les playes sans les toucher. Ouvrages tirez de la dernière partie de la Science humaine de M. *Ch.* Sorel. A quoy l'on a adjousté des observations contre le livre des Curiositez inouyes de M. *J.* Gaffarel, faites par D. L. (De Lisle.)

Paris. 1640. Ant. de Sommaville. 1 vol. in-8°.

2532.—La superstition du temps, reconnue aux talismans, figures astrales, et statues fatales. Contre un livre anonyme intitulé : Les talismans justifiez. Avec la poudre de sympathie soupçonnée de magie. Par le R. P. F. *François* Placet.

Paris. 1667. Vᵉ Gervais Alliot. 1 vol. in-12.

2533.—Traité des talismans ou figures astrales; dans lequel est monstré que leurs effets, et vertus admirables sont naturelles, et enseigné la manière de les faire et de s'en servir avec un profit et adventage merveilleux. 3ᵉ édit.

Paris. 1671. De Bresche. 1 vol. in-12.

i. — *Prédictions.*

** — Oracula metrica Jovis, Apollinis, Hecates, Serapidis, et aliorum deorum ac vatum tam virorum quam feminarum, à *Joanne* Opsopoeo collecta. — Item Astrampsychi oneirocreticon à *Jos.* Scaligero digestum et castigatum. Græce et latinè.

Parisiis. 1607. L'Angelier. 1 vol. in-8°. Vide : *Bell. lett.*, 1101.

2534.—Σιβυλλιακῶν χρησμῶν λόγοι ὀκτω. Sybillinorum oraculorum libri octo, multis hucusque seculis abstrusi, nuncque primum in lucem editi. — Adjecta quoque sunt Lactantii excerpta de his tesmonia, cum annotationibus, per *Xystum* Betuleium.

Basileæ. 1545. Oporinus. 1 vol. in-4°.

** .— Σιβυλλιακοι χρησμοὶ hoc est sybillina oracula ex vett. codd. aucta, renovata, et notis illustrata à D. *Johanne* Opsopœo. Cum interpretatione latina *Sebastiani* Castalionis.

Parisiis. 1607. L'Angelier. 1 vol. in-8°. Vide : *Bell. lett.* N° 1099.

** — Oracula magica Zoroastris cum scholiis Plethonis et Pselli nunc primùm editi. Studio *Johannis* Opsopœi.

Parisiis. 1607. L'Angelior. in-8°.   *Ibid.*, 1100.

** — Σιβυλλιακοὶ χρημοὶ, hoc est, sybillina oracula ex veteribus codicibus emendata, ac restituta et commentariis diversorum illustrata, operà et studio *Servatii* Gallæi : accedent etiam oracula magica Zoroastris, Jovis, Apollinis, etc. Astrampsychi oneiro-criticum, etc. Græce et latine, cum notis variorum.

Amstelodami. 1689. H. et Th. Boom. 1 v. in-4°.   *Bell. lett.*, 1102.

2535. — Mirabilis liber qui prophetias revelationes que nec non res mirandas preteritas, presentes et futuras : aperte demonstrat.

Paris. Au Lyon d'argent, rue St.-Jacques. 1 vol. in-8°.

** — Pour les révélations de saint Cyrille, de sainte Brigitte, de sainte Thérèse, de sainte Catherine de Sienne, de sainte Gertrude, etc., voyez : *Théologie*.

2536. — Les prophéties de M. *Michel* Nostadamus (sic). Reveuës et corrigées sur la copie imprimée à Lyon par Benoist Rigaud, en l'an 1568.

Troyes. S. d. P. du Ruau. 1 vol. in-8°.

Dans le même volume :

— Recueil des prophéties et révélations, tant anciennes que modernes, contenant un sommaire des révélations de saincte Brigide, sainct Cyrille, et plusieurs autres saincts et religieux personnages : nouvellement reveuës et corrigées. Et de nouveau augmentées outre les précédentes impressions.

Troyes. S. d. P. du Ruau. 1 vol. in-8°.

2537. — Les prophéties de M. *Michel* Nostradamus. Dont il y en a trois cens qui n'ont encores jamais esté imprimées, trouvez en une bibliotèque délaissez par l'autheur.

Troyes. S. d. P. Chevillot. 1 vol. in-8°.

2538. — Eclaircissement des véritables quatrains de Maistre Michel Nostradamus.

S. n. n. l. 1656. 1 vol. in-12.

2539.— Nostradamus, par *Eugène* BARESTE. I. Vie de Nostradamus. — II. Histoire des oracles et des prophètes. — III. Centuries de NOSTRADAMUS. — IIII. Explication des quatrains prophétiques. 2° édit.

  Paris. 1840. Maillet. 1 vol. in-8°. Port.

2540.— Les pléiades du S. de CHAVIGNY, divisées en VII livres. Où est l'explication des antiques prophéties, conférées avec les oracles du célèbre et célébré Nostra-Damus, est traicté du renouvellement des siècles, changement des empires, et avancement du nom chrestien, etc.

  Lyon. 1603. P. Rigaud. 1 vol. in-8°.

2541.— Pratique curieuse, ou les oracles des Sibylles, sur chaque question proposée. 4° édit. Avec la fortune des humains. Inventée par M. COMMIERS, et mise nouvellement dans ce beau jour par L. D. T.

  Paris. 1717. Brunet. 1 vol. in-12.

k. — *Magie naturelle.* — *Prestidigitation.*

2542.— *Jo. Baptistæ* PORTÆ magiæ naturalis libri vigenti in quibus scientiarum naturalium divitiæ, et deliciæ demonstrantur.

  Francofurti. 1597. Wecheli hæredes. 1 vol. in-8°.

2543.— Idem opus.

  Amstelodami. 1664. Weyerstraten. 1 vol. in-12.

2544.— De i miracoli et maravigliosi effetti dalla natura prodotti libri IIII di *Gio. Baptista* PORTA. Nuovamente tradotti di latino in volgare.

  Venetia. 1584. M. Ant. Zaltieri. 1 vol. in-8°.

2545.— La magie blanche dévoilée, ou explication des tours surprenants, qui font depuis peu l'admiration de la capitale et de la province, etc. Par M. DECREMPS.

  Paris. 1784. Langlois. 1 vol. in-8°.

2546.—Manuel complet des sorciers, ou la magie blanche dévoilée par les découvertes de la chimie, de la physique et de la mécanique ; etc. ; précédé d'une notice historique sur les sciences occultes, par M. Julia de Fontenelle.
   Paris. 1829. Roret. 1 vol. in-18. Fig.

2547.—Manuel de physique amusante, ou nouvelles récréations physiques ; etc. Par M. Julia-Fontenelle.
   Paris. 1826. Roret. 1 vol. in-18. Fig.

** — Dictionnaire encyclopédique des amusemens des sciences mathématiques et physiques, des procédés curieux des arts ; des tours récréatifs et subtils de la magie blanche, et des découvertes ingénieuses et variées de l'industrie, etc.
   Paris. 1792. Panckoucke. 1 vol. in-4°. Voyez : *Encyclop. méth.*

QUATRIÈME CLASSE.

ARTS ET MÉTIERS.

PREMIÈRE SECTION.

ARTS ET MÉTIERS.

a. — *Dictionnaires.* — *Généralités.*

2548.—Dictionnaire œconomique, contenant divers moyens d'augmenter son bien, et de conserver sa santé. Par M. *Noel* Chomel. 4ᵉ édition rev. corr. et augm. par M. *P.* Danjou.
   Paris. 1740 et suiv. V. Etienne. 2 vol. in-f°.

2549.—Supplément au Dictionnaire œconomique. Par *Noel* Chomel. 4ᵉ édit. rev. corr. et considérablement augmentée par divers curieux et surtout par M. *P.* Roger.
   Commercy. 1741. Thomas. 2 vol. in-fol. Fig.

2550. — Dictionnaire raisonné universel des arts et métiers, contenant l'histoire, la description, la police des fabriques et manufactures de France et des pays étrangers. (Par *Phil.* Macquer.) Nouv. édit. revue et mise en ordre par M. l'*Abbé* Jaubert.
  Paris, 1773. Didot jeune. 5 vol. in-8°. Fig.

 Le 5ᵉ volume a pour titre :

Vocabulaire technique, ou dictionnaire raisonné de tous les termes usités dans les arts et métiers.

** — Arts et métiers mécaniques.
  Paris. 1782-91. Panckoucke. 16 v. in-4°. Pl.

      Voyez : *Encyclop. méth.*

2551. — Dictionnaire technologique, ou nouveau dictionnaire universel des arts et métiers, et de l'économie industrielle et commerciale ; par une Société de savans et d'artistes.
  Paris. 1822-35. Thomine. 22 v. in-8° et 2 v. atl. in-4°.

2552. — Dictionnaire des arts et manufactures, description des procédés de l'industrie française et étrangère, etc. Publié par M. *Ch.* Laboulaye.
  Paris. 1845-1847. L. Mathias. 2 vol. gr. in-8°. Pl.

2553. — Dictionnaire chronologique et raisonné des découvertes, inventions, innovations, perfectionnemens, observations nouvelles et importations, en France, dans les sciences, la littérature, les arts, l'agriculture, le commerce et l'industrie, de 1789 à la fin de 1820. Par une Société de gens de lettres.
  Paris. 1822-1824. L. Colas. 17 vol. in-8°.

2554. — La clef de l'industrie et des sciences qui se rattachent aux arts industriels, ou table générale, par ordre alphabétique de matières, de ce que contiennent de relatif à l'industrie : 1° l'Établissement du Conservatoire royal des arts et métiers ; 2° les Brevets d'invention, de perfectionnemens et d'importation, délivrés en France depuis 1791, époque de leur création,

28.

jusqu'à la fin de 1824 ; 3° 138 ouvrages périodiques et autres, français et anglais, pris parmi les plus estimés. Par *J. R.* ARMONVILLE.

Paris. 1825. Mad. Huzard. 4 vol. in-8°.

2555. — L'agronome et l'industrie, ou les principes de l'agriculture, du commerce et des arts, réduits en pratique. Par une Société d'agriculteurs, de commerçants et d'artistes. (Par BELLEPIERRE DE NEUVE-EGLISE, ROUSSELOT DE SURGY et MESLIN.)

Paris. 1761. Despilly. 6 vol. in-8°.

I. — AGRICULTURE.

a. — *Bibliographie.* — *Dictionnaires.*

2556. — Bibliographie agronomique, ou dictionnaire raisonné des ouvrages sur l'économie rurale et domestique et sur l'art vétérinaire. (Par *V. P.* DE MUSSET-PATHAY.)

Paris. 1810. Colas. 1 vol. in-8°.

2557. — L'agronome, dictionnaire portatif du cultivateur. (Par *P. Aug.* ALLETZ.)

Paris. 1766. V° Didot. 2 vol. in-8°.

2558. — Dictionnaire pour la théorie et la pratique du jardinage et de l'agriculture, par principes, et démontrées d'après la physique des végétaux. Par M. l'*Abbé* ROGER SCHABOL.

Paris. 1767. Debure. 1 vol. in-8°.

** — Agriculture. Par M. l'*Abbé* TESSIER, M. THOUIN, M. FOUGEROUX DE BONDAROY, M. BOSC et M. BAUDRILLARD

Paris. 1787-1821. Panckoucke et Agasse. 7 vol. in-4°.

Voyez : *Encyclop. méth.*

b. — *Histoire de l'agriculture. — Statistique.*

2559. — Histoire de l'agriculture, depuis les temps les plus reculés jusqu'à la mort de Charlemagne. Par M. *Victor* CANCALON.
Limoges. 1857. Ducourtieux. 1 vol. in-8°.

2560. — Histoire des classes rurales en France et de leurs progrès dans l'égalité civile et la propriété. Par M. *Henry* DONIOL.
Paris. 1857. Guillaumin. 1 vol. in-8°.

" — Etude sur la condition de la classe agricole et l'état de l'agriculture en Normandie, au moyen-âge; par *Léopold* DELISLE.
Evreux. 1851. Hérissey. 1 vol. in-8°. Voyez : *Histoire.* N° 3500.

2561. — Excursion agronomique en Auvergne, principalement aux environs des Monts d'Or et du Puy-de-Dôme, suivie de recherches sur l'état et l'importance des irrigations en France; par *J. A. Victor* YVART.
Paris. 1819. Imp. royale. 1 vol. in-8°.

2562. — Agriculture française, par MM. les Inspecteurs de l'agriculture. Publié d'après les ordres de M. le Ministre de l'agriculture et du commerce.—Département de la Haute-Garonne, 1843; — des Hautes-Pyrénées, 1843; — de l'Isère, 1843; — des Côtes-du-Nord, 1844; — du Tarn, 1845; — de l'Aude, 1847.
Paris. 1843-47. Impr. royale. 6 vol. in-8°.

2563. — L'agriculture allemande, ses écoles, son organisation, ses mœurs et ses pratiques les plus récentes. Par ROYER.
Paris. 1847. Impr. royale. 1 vol. in-8°. Pl.

2564. — Essai sur l'économie rurale de l'Angleterre, de l'Écosse et de l'Irlande, par *Léonce* DE LAVERGNE.
Paris. 1854. Guillaumin. 1 vol. in-8°.

2565. — De l'état actuel de l'agriculture dans les États romains. Par M. DE VERNOUILLET.
Paris. 1857. Guillaumin. 1 vol. in-18.

2566. — Considérations générales sur l'agriculture de l'Égypte, et sur les améliorations dont elle est susceptible, et observations sur le palmier-dattier, et sur sa culture. Par le cit. REYNIER.
    Paris. (1800.) Mad. Huzard. 1 vol. in-8°.

2567. — Voyage agricole et horticole en Chine, extrait des publications de M. *Robert* FORTUNE; traduit de l'anglais par M. le Baron DE LAGARDE MONTLEZUN.
    Paris. 1853. M° V° Bouchard-Huzard. 1 vol. in-8°.

2568. — Recherches scientifiques en Orient, entreprises par les ordres du Gouvernement, pendant les années 1853-1854, et publiées sous les auspices du Ministre de l'agriculture, du commerce et des travaux publics, par *Alfred* GAUDRY. — Partie agricole.
    Paris. 1855. Impr. impériale. 1 vol. in-8°.

c. — *Traités généraux, anciens et modernes.*

2569. — Opera agricolationum COLUMELLÆ, VARRONIS, CATONIS que, nec non PALLADII : cum excriptionibus D. *Philippi* BEROALDI, commentariisque.
    Regii. 1499. Fr. Mazalus. 1 vol. in-fol.

2570. — Libri de re rustica M. CATONIS, *M. Terentii* VARRONIS, *L. Junii Moderati* COLUMELLÆ, PALLADII RUTILII.
    Parisiis. 1529. Off. Ascensiana. 1 vol. in-fol.

2571. — De re rustica. M. CATONIS lib. I. — *M. Terentii* VARRONIS lib. III. — PALLADII lib. XIIII.
    Lugduni. 1537. Gryphius. 1 vol. in-8°.

2572. — Rei rusticæ auctores latini veteres, *M.* CATO, *M.* VARRO, *L.* COLUMELLA, PALLADIUS. Priores tres è vetustiss. editionibus ; quartus, è vet. menbranis emendatiores.
    (Genevæ.) 1595. Commelinus. 1 vol. in-8°.

2573. — *M. Terentii* VARRONIS de re rustica, libri III. — *Petri*

Victorii explicationes suarum in Varronem castigationum.

(Lugduni. 1548. Gryphius.) 1 vol. in-8°. Sans titre.

** — L'économie rurale de Varron. Traduction nouvelle, par M. X. Rousselot.

Paris. 1843. Panckoucke. 1 vol. in-8°.

Voyez : *Bibl. lat. franç.*

2574. — Les douze livres de *Lucius Junius Moderatus* Columella des choses rustiques, traduicts de latin en françois, par feu maistre *Claude* Cotereau. La traduction duquel a esté soigneusement reveue et illustrée de doctes annotations par maistre *Jean* Thierry.

Paris. 1556. J. Kerver. 1 vol. in-4°.

** — L'économie rurale de Columelle. Traduction nouvelle par M. *Louis* Du Bois.

Paris. 1844-1846. Panckoucke. 3 v. in-8°.

** — L'économie rurale de Palladius *Rutilius Taurus Æmilianus.* Traduction nouvelle, par M. Cabaret-Dupaty.

Paris. 1843. Panckoucke. 1 vol. in-8°.

Voyez : *Bibl. lat. franç.*

** — *Jacobi* Vanierii *prædium rusticum.*

Lut. Paris. 1707. J. Le Clerc. 1 vol. in-12.

Vide : *Bell. lett.* N° 1455.

** — Œconomie rurale, traduction du poème du P. Vanière, intitulé *Prædium rusticum.* Par M. Berland.

Paris. 1756. Estienne. 2 vol. in-12.

Voyez : *Bell. lett.* N° 1456.

2575. — Essai sur l'administration des terres (Par *Fr.* Quesnay.)

Paris. 1759. Hérissant. 1 vol. in-8°.

2576. — Traité d'agriculture, considérée tant en elle-même que dans ses rapports d'économie politique. Avec les preuves, tirées de la comparaison de l'agriculture, du commerce et de la navigation de la France et de l'Angleterre. Par M. De Fresne.

Paris. 1788. Debray. 3 vol. in-8°.

2577. — Secrets de la vraye agriculture, et honestes plaisirs qu'on reçoit en la mesnagerie des champs, pratiquez et expérimentez tant par l'autheur qu'autres experts en ladicte science, divisée en xx journées, par dialogues. Traduits en françois de l'italien de Messer Augustin GALLO, par Fr. DE BELLEFOREST.

Paris. 1572. M. Chesneau. 1 vol. in-4°.

2578. — L'agriculture et maison rustique de M. M. *Charles* ESTIENNE et *Jean* LIEBAULT, reveue et augmentée de diverses curiosités dignes de remarque. Avec un bref recueil des chasses, etc. Plus la pratique et usage de la jauge ou diapason. Dernière édition.

Lyon. 1618. P. Rigaud. 1 vol. in 4°.

2579. — Le théatre d'agriculture, et mesnage des champs, d'*Olivier* DE SERRES, seigneur du Pradel. Dernière édition, reveue et corrigée par l'autheur.

Rouen. 1623. Est. Vereul. 1 vol. in-4°.

2580. — Théatre d'agriculture et ménage des champs d'*Olivier* DE SERRES. Remis en françois, par *A. M.* GISORS.

Paris. 1802. Meurant. 4 vol. in-8°.

2581. — Même ouvrage. Nouv. édit. publiée par la Société d'agriculture du département de la Seine.

Paris. 1804. M⁰ Huzard. 2 vol. in-4°.

2582. — OEconomie générale de la campagne, ou nouvelle maison rustique. Par le Sieur *Louis* LIGER.

Paris. 1700. Ch. de Sercy. 2 vol. in-4°. Fig.

2583. — Le nouveau théatre d'agriculture et ménage des champs, contenant la manière de cultiver et faire valoir toutes sortes de biens à la campagne, etc. Par le Sieur LIGER.

Paris. 1713. Damien Beugnié. 1 vol. in-4°. Fig.

2584. — Le gentilhomme cultivateur, ou corps complet d'agriculture, traduit de l'anglois (de M. HALES) et tiré des auteurs qui ont le mieux écrit sur cet art. Par M. D. P. Y. D. P. S. (Dupuy-Demportes.)

Paris. 1761. Simon. 4 vol. in-12.

2585.— Manuel d'agriculture pour le laboureur, pour le propriétaire, et pour le Gouvernement : contenant les vrais et seuls moyens de faire prospérer l'agriculture, tant en France que dans les autres états où l'on cultive; avec la réfutation de la nouvelle méthode de M. Thull. Par M. de la Salle de l'Étang.

Paris. 1764. Lottin aîné. 1 vol. in-8°.

2586.— La nouvelle maison rustique, ou économie rurale, pratique et générale de tous les biens de campagne. Par *J. B.* Bastien. Nouv. édit.

Paris. 1798. Deterville. 3 vol. in-4°. Fig.

2587.— La maison des champs, ou manuel du cultivateur; ouvrage où l'on trouve un traité complet de la grande et petite culture, d'économie rurale et domestique, de médecine vétérinaire, d'architecture champêtre, etc. Par M. *D.* Pfluguer.

Paris. 1819. Michaud. 4 vol. in-8°.

2588.— Maison rustique du xixe siècle. Encyclopédie d'agriculture pratique. Cours élémentaire, complet et méthodique d'économie rurale, rédigé et professé par une réunion d'agronomes et de praticiens appartenant aux sociétés agricoles de France, sous la direction de M. *C.* Bailly de Merlieux, *Al.* Bixio et Malepeyre aîné.

Paris. 1835-1837. Decourchant. 4 vol. in-8°.

2589.— Cours d'agriculture par le Cte de Gasparin. 2e édit.

Paris. 1846-50. Dusacq. 4 vol. in-8°.

2590.— Manuel d'agriculture pratique, à l'usage des fermes de trente hectares, rédigé, sur la demande de l'Académie des sciences, agriculture, etc., du département de la Somme, par M. Spineux, l'un de ses membres.

Amiens. 1841. Duval et Herment. 1 vol. in-12.

2591. — Précis d'agronomie pratique, à l'usage des cultivateurs, des instituteurs et des gens du monde, par *Benjamin* VERET.

St.-Pol. 1846. H. Warmé. 1 vol. in-12.

2592. — Le petit cultivateur, ou Nicolas, l'orphelin du hameau. Par *N.* GRÉVIN (1), de Beauval (Somme.)

Amiens. 1850. Duval et Herment. 1 vol. in-12.

2593. — Instruction agricole. (Par M. DANZEL (2) d'Aumont.)

Amiens. 1851. E. Yvert. Pièce in-8°.

(20 leçons d'agriculture formant un cours destiné aux instituteurs, publiées en 1851 dans le journal l'*Ami de l'Ordre*.)

2594. — Annuaire du cultivateur, pour la troisième année de la République, présenté le 30 Pluviôse de l'an IIe à la Convention nationale, qui en a décrété l'impression et l'envoi, pour servir aux écoles de la République; par *G.* ROMME.

Paris. An III. Impr. nat. 1 vol. in-8°.

2595. — Calendrier du bon cultivateur, ou manuel de l'agriculteur praticien; par MATHIEU DE DOMBASLE. 9e édit. considérablement augmentée, publiée avec quelques additions, par *C.* DE MEIXMORON-DOMBASLE.

Paris. 1851. V° Bouchard-Huzard. 1 vol. in-18. Pl.

d. — *Traités particuliers.* — *Cultures spéciales.*

2596. — Traité de la culture des terres, suivant les principes de M. Tull; par M. DUHAMEL DU MONCEAU. Nouv. édit.

Paris. 1753. Guérin. 2 vol. in-12. Fig.

2597. — Cours de culture et de naturalisation des végétaux, par *André* THOUIN. Publié par *Oscar* LECLERC, son neveu.

Paris. 1827. M° Huzard. 3 vol. in-8° et atlas in-4°.

---

(1) GRÉVIN (*Nicolas-Célestin*), né à Beauval le 22 mars 1813.
(2) DANZEL (*Charles-Joseph-Higin*), né à Aumont le 12 janvier 1808.

2598. — Essais sur l'agriculture pratique, sur les assolemens et sur les baux à ferme, par *Amb*. Lucy.

Paris. 1835. Ve Huzard. 2 vol. in-8°.

2599. — Mémoire sur les défrichements. (Par *H.* DE MENON, Marquis DE TURBILLY.)

Paris. 1760. V° D'Houry. 1 vol. in-12.

2600. — Pratique des défrichements. (Par *H.* DE MENON, Marquis DE TURBILLY.) 3e édition.

Paris. 1761. V^e D'Houry. 1 vol. in-12.

2601. — Annales des défrichements, plantations et irrigations qu'il est indispensable de faire sur le sol de la France, publiées par une société d'agronomes, d'ingénieurs civils et d'économistes.

Paris. 1857. Guiraudet et Jouaust. 1 vol. in-8°.

2602. — De l'eau, relativement à l'économie rustique, ou traité de l'irrigation des prés. Par M. *J.* BERTRAND.

Lyon. 1764. G. Regnault. 1 vol. in-8°.

2603. — Elémens de chimie agricole, en un cours de leçons, pour le Comité d'agriculture ; par Sir *Humphry* DAVY. Traduit de l'anglais, avec un traité sur l'art de faire le vin et de distiller les eaux-de-vie, par *A.* BULOS.

Paris. 1819. Ladrange. 2 vol. in-8°.

2604. — Chimie appliquée à l'agriculture, par M. le Cte CHAPTAL. 2e édition.

Paris. 1829. Mad. Huzard. 2 vol. in-8°.

2605. — Economie rurale considérée dans ses rapports avec la chimie, la physique et la météorologie, par *J. B.* BOUSSINGAULT.

Paris. 1843-44. Bechet jeune. 2 vol. in-8°.

2606. — Observations critiques sur un ouvrage intitulé : *Examen de la houille, considérée comme engrais des terres*, par M. RAULIN. Instruction sur l'usage des houilles d'engrais, et de leurs cendres. Expériences et observations sur la maladie du seigle nommée *ergot*, et moyens simples de l'en préserver, en se procurant de plus abondantes récoltes. Par L. S. D. L. B. (LE BRUN.)

Amsterdam. Meaux. 1777. Charle. 1 vol. in-12.

2607. — Considérations théoriques et pratiques sur l'action des engrais ; leçons professées à la chaire municipale de Nantes par *Adolphe* BOBIERRE.

Paris. 1854. Dusacq. 1 vol. in-8°.

2608. — Cours d'agriculture pratique. Matières fertilisantes, engrais solides, liquides, naturels et artificiels, par *Gustave* HEUZÉ. 3ᵉ édit.

Versailles. 1857. Beau jeune. 1 vol. in-8°.

2609. — Traité des prairies artificielles, des enclos, et de l'éducation des moutons de race angloise. (Par M. DE MANTE.)

Paris. 1778. Hochereau. 1 vol. in-4°.

2610. — Traité des prairies artificielles, ou recherches sur les espèces de plantes qu'on peut cultiver avec le plus d'avantage en prairies artificielles dans la généralité de Paris, et sur la culture qui leur convient le mieux. Par M. GILBERT.

Paris. 1789. Vᵉ D'Houry. 1 vol. in-8°.

2611. — Cours d'agriculture pratique. Plantes fourragères. Par *Gustave* HEUZÉ.

Versailles. 1856. Beau jeune. 1 vol. in-8°. Pl.

2612. — Traité de la culture de la pomme de terre. (Par NORMANNO-AMERICANUS, pseudonyme de *J. H.* CREVECŒUR.)

(Caen. 1782.) 1 vol. in-12.

2613. — Traité sur la culture et les usages des pommes de terre, de la patate, et du topinambour. Par M. PARMENTIER.

Paris. 1789. Barrois. 1 vol. in-8°.

2614. — Les pommes de terre régénérées, ou recherches sur les causes des maladies des pommes de terre et sur les moyens de régénérer ce végétal, par *Michel* GREFF.

Metz. 1846. Warion. 1 vol. in-8°.

2615.—De l'introduction et de l'acclimatation du Sorgho dans le nord de la France. Manière de le cultiver et d'en extraire les principes sucrés. Suivi d'une notice sur la composition économique des fumiers et engrais. Par Dumont-Carment.

Amiens. 1858. T. Jeunet. Pièce in-8º.

2616.—Note sur la culture et la propagation du Dioscorea Japonica (Igname du Japon), par M. Pépin.

Paris. 1854. Vᵉ Bouchard-Huzard. Pièce in-8º.

2617.—Analyse pratique sur la culture et la manipulation du chanvre. (Par l'*Abbé* Brasle.)

Amiens. 1790. J.-B. Caron. 1 vol. in-8º.

2618.—Manuel du cultivateur des chanvres et des lins qu'on destine à être traités par la broye mécanique rurale de M. Laforest. (Par *J.* Laforest.)

Paris. 1826. Fortic. 1 vol. in-8º. Pl.

2619.—Des moyens de développer la culture du lin en France, par *Ch.* Gomart.

St.-Quentin. 1852. Moureau. Pièce in-8º.

2620.—Mémoire sur la culture de la garance, par M. Althen.

Amiens. 1772. Vᶜ Godard. Pièce in-4º.

2621.—Mémoire sur la garance, par *J. C.* Flachat.

Amiens. 1772. Vº Godart. Pièce in-8º.

2622.—Notice sur le pastel (Isatis tinctorum), sa culture et les moyens d'en retirer l'indigo ; par M. de Puymaurin.

Paris. 1810. Agasse. 1 vol. in-8º.

2623.—Mémoire sur le safran. Par M. de la Taille des Essarts.

Orléans. 1766. Couret de Villeneuve. 1 vol. in-8º.

e. — *Instruments.*

" — Art aratoire et du jardinage, contenant la description et l'usage des machines, ustensiles, instrumens et outils employés dans l'exploitation des terres et dans la culture des plantes.

Paris. An. v. H. Agasse. 1 vol. in-4°. Pl.

Voyez : *Encyclop. méth.*

2624.—Lettre de M. le Chevalier Goudar à un académicien de Paris, au sujet de la nouvelle charrue à semer. Où l'auteur fait voir le danger qu'il y auroit pour l'état politique et le gouvernement civil d'abandonner l'ancien usage d'ensemencer les terres.

Avignon. 1758. 1 vol. in-12.

2625.—Instruments aratoires inventés, perfectionnés, dessinés et gravés, par M. *Ch.* Guillaume, avec une explication des figures.

Paris. 1821. Mad. Huzard. 1 vol. in-fol. oblong.

2626.—Catalogue des machines d'agriculture anglaises exposées à l'exposition universelle d'industrie, à Paris. Par *William* Dray et Cie.

Londres. 1855. Clowes et fils. 1 vol. in-8°.

f. — *Conservation des grains.*

2627.—Traité de la conservation des grains, et en particulier du froment. Par M. Duhamel du Monceau.

Paris. 1753. Guérin. 1 vol. in-12. Fig.

2628.—Dissertation sur la cause qui corrompt et noircit les grains de bled, dans les épis ; et sur les moyens de prévenir ces accidens. Par M. Tillet.

Bordeaux. 1755. V° Brun. 1 vol. in-4°.

2629.—Traité des maladies des grains. Par M. l'*Abbé* Tessier.

Paris. 1783. Hérissant. 1 vol. in-8°.

2630.—Traité de la carie du bled noir, dans lequel on prouve, par une suite d'expériences et par l'analyse chimique, que la chaux est le principal remède pour détruire cette maladie. Par M. Lapostolle.

Amiens. 1787. Caron l'aîné. 1 vol. in-8°.

2631. — Expériences et réfléxions relatives à l'analyse du bled et des farines. Par M. Parmentier.

Paris. 1776. Manory. 1 vol. in-8º.

2632. — Méthode facile pour conserver à peu de frais les grains et les farines. Par M. Parmentier.

Londres. Paris. 1784. Barrois. 1 vol. in-12.

'' — Voyez aussi Nos 1223 à 1230.

g. — *Sylviculture et arboriculture.*

'' — Forêts et bois. — Arbres et arbustes. Par M. L. M. Blanquart de Septfontaines. Ces deux parties précédées de la physiologie végétale, par M. J. Senebier.

Paris. 1791-1815. Panckoucke. 1 vol. in-4º.

Voyez : *Encyclop. méth.*

'' — Dictionnaire de la culture des arbres et de l'arrangement des forêts, par MM. Bosc et Baudrillard.

Paris. 1821. Vᵉ Agasse. in-4º.

Voyez : *Encyclop. méth.*

2633. — De l'exploitation des bois, ou moyens de tirer un parti avantageux des taillis, demi-futaies et hautes-futaies, et d'en faire une juste estimation. Avec la description des arts qui se pratiquent dans les forêts : faisant partie du traité complet des bois et des forests. Par M. Duhamel du Monceau.

Paris. 1764. Guérin. 2 vol. in-4º. Fig.

2634. — Des hautes futaies et des taillis, considérés sous les rapports des produits en argent et en matières ; par M. Mallet de Chilly.

Orléans. 1834. A. Jacob. Piéce in-8º.

2635. — De la propriété forestière en France, et des moyens d'en arrêter le défrichement, par M. *Raoul* Duval.

Paris. 1844. Guillaumin. Piéce in-8º.

2636.— Guide de la culture des bois, ou herbier forestier. Par *J. B.* Duchesne.

    Paris. 1826. Moreau. 1 vol. in-8°. Atlas in-fol.

2637.— Traité sur la plantation en général et sur le boisement des mauvaises terres, dans le département de la Somme, par M. Danzel.

    Amiens. 1849. Duval et Herment. Pièce in-8°.

2638.— Causes du dépérissement des bois. — Quelles sont les causes du dépérissement des bois ? Quels sont les moyens d'y remédier ? Solution de ces questions par M. *J. F. E.* Baillon.

    Paris. 1791. Knapen. Pièce. in-4°.

2639.— Même ouvrage.

    Paris An ix. Perronneau. Pièce in-8°.

2640.— Traicté nouveau de l'agriculture et manière de planter, arracher, labourer, semer et émonder les arbres sauvages, bois hauts et bois taillis, en quel lieu, quel temps et comment : le plaisir et commodité qu'on en reçoit, pour l'aornement et beaulté des maisons de plaisance.

    Paris. 1551. Gille Corrozet. 1 vol. in-8°.

2641.— Essais d'agriculture, en forme d'entretiens, sur la nature et la progression des pépinières, des arbres étrangers, des arbres fruitiers ; sur la vigne et les vendanges ; sur les labours des terres, semences et récoltes des grains, et sur plusieurs autres discussions champêtres ; par un cultivateur, à Vitry-sur-Seine. (*Cl. Fr.* de Calonne.)

    Paris. 1779. Lesclapart fils. 1 vol. in-12.

2642.— Traité complet sur les pépinières, tant pour les arbres fruitiers et forestiers, que pour les arbrisseaux et les arbustes d'ornement. Par *Etienne* Calvel.

    Paris. 1803. Le Normand. 1 vol. in-12.

2643.— Traité complet sur les pépinières, avec des instructions sur les terreins, pour les préparer, faire les semis, etc. Par *Etienne* CALVEL. 2ᵉ édition.

Paris. 1805. Le Normant. 3 vol. in-12. Fig.

2644.— L'art de cultiver les peupliers d'Italie, avec des observations sur le choix, la disposition des pépinières, leur culture, et sur celle des arbres plantés à demeure. Par M. PELÉE DE SAINT-MAURICE.

Paris. 1762. D'Houry. 1 vol. in-12.

2645.—L'art de cultiver les muriers, par M. le Comte *Charles* VERRI; traduit de l'italien, avec des notes, sur la 4ᵉ édit., par *F. Philibert* FONTANEILLES.

Lyon. 1826. Bohaire. 1 vol. in-8°. Port.

h. — *Viticulture.*

2646.— Traité sur la nature et sur la culture de la vigne; sur le vin, la façon de le faire, et la manière de le bien gouverner. 2ᵉ édit. augm. et corrigée, par M. BIDET, et revue par M. DU HAMEL DU MONCEAU.

Paris. 1759. Savoye. 2 vol. in-12. Fig.

2647.—Ampélographie universelle, ou traité des cépages les plus estimés dans tous les vignobles de quelque renom. Par le Cᵗᵉ ODART. 3ᵉ édit.

Paris. 1854. Vᵉ Huzard. 1 vol. in-8°.

2648.—Specimen inaugurale de viti-cultura Richovillana quod censuræ submittit *Frid.-Guil.* FAUDEL.

Argentorati. 1780. Heitz. Pièce in-4°.

i. — *Zootechnie.*

2649.—Ex commentariis geoponicis, sive de re rustica, olim divo Constantino Cæsari adscriptis, octo ultimi libri, sed qui primis dignitate antecellunt, ut pote in

quibus miro quodam ordine et artificio, animalium
ferè omnium naturæ, moresque, et modi quibus ea
educari conveniat, accuratissimè exaggerantur : nunc
demum ad fidem vetustissimorum codicum ex græcis
latini facti. *Andrea* A LACUNA, interprete. Accedunt
etiam eis quædam castigationes in translationem eorundem librorum, per *Janum* CORNARIUM editam.

Coloniæ. 1543. Joannes Aquensis. 1 vol. in-8º.

2650. — Correspondance sur la conservation et l'amélioration des animaux domestiques. Par M. FROMAGE DE FEUGRÉ.

Paris. 1810. Buisson. 2 vol. in-12. Fig.

2651. — Rapport général sur les questions relatives à la domestication et à la naturalisation des animaux utiles, adressé à M. le Ministre de l'agriculture et du commerce, par M. *Isidore* GEOFFROY SAINT-HILAIRE.

Paris. 1849. Impr. nat. 1 vol. in-4º.

2652. — Description des espèces bovine, ovine et porcine de la France par MM. les Inspecteurs généraux de l'agriculture, publiée par ordre de S. Exc. le Ministre de l'agriculture, du commerce et des travaux publics. —
— Tom. I. — Espèce bovine. — Par M. LEFOUR.

Paris. 1857. Impr. imp. 1 vol. in-4º. Pl.

2653. — De la race bovine courte-corne améliorée, dite race de Durham en Angleterre, aux États-Unis d'Amérique et en France. Par M. *G.* LEFEBVRE-Ste-MARIE.

Paris. 1849. Impr. nat. 1 vol. in-8º.

2654. — Vacherie royale du Pin (Orne). Animaux de la race courte-corne améliorée, dite de Durham, dessinés d'après nature par *Gustave* LE COUTEUX. sur les indications de M. LEFEBVRE-STE-MARIE.

Paris. 1846. Thierry. 1 vol. in-fol.

2655. — De l'amélioration des races bovines en France, et particulièrement dans les départements de la H^{te}-Marne et de la H^{te}-Saône, par M. *T.* PISTOLLET DE ST-FERGEUX.

Paris. 1855. Dusacq. Pièce in-8º.

2656. — De la race bovine hollandaise, ou notice sur les animaux de cette race, acclimatée à Saint-Fuscien, depuis 1847, par *Charles* SALMON. (1)
Amiens. 1855. E. Yvert. Pièce in-8°.

2657. — Traité des vaches laitières, pour connaître, à la simple inspection de l'animal, quelle quantité de lait une vache quelconque peut donner par jour, quelle est la qualité du lait, et combien de temps la vache maintiendra pendant la gestation nouvelle ; par *Fr.* GUÉNON.
Bordeaux. 1838. Balarac. 1 vol. in-8°. Pl.

2658. — Concours d'animaux de boucherie à Poissy, Lyon et Bordeaux, depuis la fondation du concours de Poissy, en 1844, jusqu'à ce jour. — Compte-rendu des opérations des concours et du rendement des animaux primés. (Par M. LEFEBVRE DE STE-MARIE.)
Paris. 1849. Impr. nat. 1 vol. in-8°. Pl.

2659. — Concours d'animaux de boucherie en 1850, à Bordeaux, Lyon, Lille et Poissy. — Compte rendu des opérations.
Paris. 1850. Impr. nat. 1 vol. in-8°. Pl.

2660. — Concours d'animaux de boucherie en 1851, à Bordeaux, Nîmes, Lyon, Lille et Poissy. Compte rendu.
Paris. 1851. Impr. nat. 1 vol. in-8°. Pl.

2661. — Concours d'animaux de boucherie en 1852, à Bordeaux, Nîmes, Lyon, Lille, Nantes et Poissy.
Paris. 1852. Imp. impér. 1 vol. in-8°. Pl.

2662. — Concours d'animaux de boucherie en 1853, à Bordeaux, Nîmes, Lyon, Lille, Nantes et Poissy.
Paris. 1853. Impr. impér. 1 vol. in-8°. Pl.

2663. — Concours d'animaux de boucherie en 1854, à Bordeaux, Nantes, Nîmes, Lyon, Lille et Poissy.
Paris. 1855. Impr. impér. 1 vol. in-8°. Pl.

---

(1) SALMON (*Charles*), né à Amiens le 3 avril 1832.

2664. — Concours d'animaux de boucherie en 1855, à Bordeaux, Nantes, Nîmes, Lyon et Poissy.
>
> Paris. 1855. Impr. impér. 1 vol. in-8°. Pl.

2665. — Concours d'animaux de boucherie en 1856, à Bordeaux, Nantes, Nîmes, Lyon, Lille, et concours général de Poissy.
>
> Paris. 1856. Impr. impér. 1 vol. in-8°. Pl.

2666. — Instruction sur la manière d'élever et de perfectionner les bestes à laine. Composée en suédois par *Frederic W.* HASTFER. Mise en françois par M. (POHOLI et publiée par M. *Cl.* CARLIER.)
>
> Paris. 1756. Guillyn. 2 en 1 vol. in-12.

2667. — Considérations sur les moyens de rétablir en France les bonnes espèces de bestes à laine. (Par *Cl.* CARLIER.)
>
> Paris. 1762. Guillyn. 1 vol. in-12.

2668. — Traité des bêtes à laine, ou méthode d'élever et de gouverner les troupeaux aux champs, et à la bergerie : ouvrage pratique, suivi du dénombrement et de la description des principales espèces de bêtes à laine dont on fait commerce en France ; avec un état des différentes qualités de laines et des usages auxquels elles servent dans les manufactures. Par M. CARLIER.
>
> Paris. 1770. Vallat la Chapelle. 1 vol. in-4°.

2669. — Instruction sur l'amélioration des chevaux en France, destinée principalement aux cultivateurs. Rédigée par *J. B.* HUZARD.
>
> Paris. An x. M° Huzard. 1 vol. in-8°.

2670. — De la conformation du cheval suivant les lois de la physiologie et de la mécanique. Par M. *A.* RICHARD.
>
> Paris. S. d. Guiraudet et Jouaust. 1 vol. in-8°. Pl.

2671. — Rapport adressé au citoyen Ministre de l'agriculture et du commerce, au nom de la commission instituée en vertu de son arrêté du 25 avril 1848, (sur la production et l'élève du cheval, par M. *Achille* Fould.)

Paris. 1848. Paul Dupont. Pièce in-4°.

2672.—Ministère de l'agriculture et du commerce. Compte rendu de l'administration des haras pour l'année 1849, conformément à l'article 8 de l'arrêté organique du 11 décembre 1848.

Paris. 1849. Imprimerie nationale. Pièce in-4°.

2673.—Ministère de l'agriculture et du commerce.— Conseil supérieur des haras. — Rapport sur les travaux de la session de 1850, fait par M. le général DE LA MORICIÉRE.

Paris. 1850. Imprimerie nationale. 1 v. in-4°. Cartes.

2674.—Annales des haras et de l'agriculture, recueil spécialement destiné à l'étude de l'amélioration des races et de l'économie du bétail, publié par une Société d'éleveurs, de professeurs et d'anciens élèves de l'école royale des haras. Tom. 2 et 3.

Paris. 1846-47. Bureau des Annales. 2 vol. in-8°.

2675.— Art de faire éclorre et d'élever en toute saison des oiseaux domestiques de toutes espèces, soit par le moyen de la chaleur du fumier, soit par le moyen de celle du feu ordinaire. Par M. DE RÉAUMUR. 2ᵉ édit.

Paris. 1751. Imprimerie royale. 2 vol. in-12. Pl.

2676.—Procédés et résultats d'expériences curieuses, concernant la manière de faire éclore des œufs au moyen de la chaleur artificielle; par *H.* BIR. 3ᵉ édit.

Courbevoie 1846. L'auteur. 1 vol. in 8°.

2677.—Nouveau manuel complet, théorique et pratique, des propriétaires d'abeilles; par *J.* RADOUAN. 3ᵉ édit. corr. Suivi de l'Art d'élever et de soigner les vers à soie, et de cultiver le mûrier; par M. MORIN.

Paris. 1828. Roret. 1 vol. in-18. Fig.

2678. — Traité des mouches à miel, ou les règles pour les bien gouverner, et le moyen d'en tirer un profit considérable par la récolte de la cire et du miel.

Paris. 1690. De la Caille. 1 vol. in-12.

2679. — Le gouvernement admirable, ou la république des abeilles. Avec les moyens d'en tirer une grande utilité. (Par *J. B.* SIMON.)

Paris. 1740. Lambert. 1 vol. in-12. Fig.

2680. — Nouvelle construction de ruches de bois, avec la façon d'y gouverner les abeilles, inventée par M. PALTEAU; et l'histoire naturelle de ces insectes. Le tout arrangé et mis en ordre par M...

Metz. 1756. Collignon. 1 vol. in-8°.

2681. — La sauve-garde des abeilles, et les manœuvres des ruches en hausses de paille, pour prendre le miel sans détruire les mouches, et pour conserver les ruches foibles. Avec quelques parties relatives à l'Économie rurale et aux amusemens de la campagne. Par M. *M.* DE CUINGHIEN.

Bouillon. 1771. La Société typogr. 1 vol. in-12. Fig.

2682. — Traité complet sur les abeilles, avec une méthode nouvelle de les gouverner, telle qu'elle se pratique à Syra, île de l'Archipel; précédé d'un précis historique et économique sur cette île. Par M. l'*Abbé* DELLA-ROCCA.

Paris. 1790. Impr. de Monsieur. 3 vol. in-8°.

2683. — L'art de conserver et gouverner les abeilles, de fabriquer le miel et la cire. (Par *C. L.* LAGRENÉE.)

Paris. 1801. Samson. 1 vol. in-18. Fig.

2684. — Manuel nécessaire au villageois, pour soigner les abeilles, etc. Par *C. P.* LOMBARD.

Paris. 1802. Migneret. 1 vol. in-8°. Pl.

2685. — Même ouvrage. 2ᵉ édit.

Paris. 1803. Migneret. 1 vol. in-8°.

2686.— Traité de l'éducation économique des abeilles, par M. DUCARNE BLANGY. 3ᵉ édit.

Paris. 1810. Guillemard. 1 vol. in-12.

2687.— La ruche pyramidale, ou la ruche écossaise à deux paniers, de MM. de la Bourdonnaye, de Montluc, et de la Chalotais; enrichie d'un troisiéme panier; par MM. DUCOUÉDIC et DE COLIGNY.

Paris. 1811. Courcier. Pièce in-8°.

2688.— La ruche pyramidale, ou la ruche écossaise de M. de la Bourdonnaye, enrichie d'un troisième panier; etc. Par *P.* DECOUÉDIC.

Paris. 1812. Vᵉ Courcier. 1 vol. in-8°.

2689.— Nouvelles observations sur les abeilles, par *François* HUBER. 2ᵉ édit.

Paris. 1814. Paschoud. 2 vol. in-8°. Pl.

2690.— Traité succinct sur les abeilles; par M. CAGNIARD.

Paris. 1815. Le Normant. 1 vol. in-8°.

2691.— Traite-pratique sur l'éducation des abeilles. Par *Stanislas* BEAUNIER.

Vendôme. Paris. 1816. Causette. 1 vol. in-8°. Pl.

2692.— Abeilles. — Extrait du quatrième cours gratuit sur l'éducation et la conservation des abeilles, fait en 1821; par M. LOMBARD.

Paris. 1821. Mad. Huzard. Pièce in-8°.

2693.— Abeilles. — Traité sur les ruches à l'air libre; par *Jʰ* MARTIN père et *Alexandre* MARTIN fils.

Paris. 1826. Al. Martin. 1 vol. in-8°. Pl.

2694.— Notice sur deux nouvelles ruches à miel. Par M. RIQUIER.

Amiens. 1836. R. Machart. Pièce in-8°.

2695.— Instruction du plantage et propriétez des meuriers, et du gouvernement des vers à soye : avec les figures pour aprendre à nourir, loger les vers, faire la semence des vers, et tirer la soye. Par les entrepreneurs dudit plant, *Benigne* LE ROY, *Jacques* DE CHABOT, *Jean* VANDER WEKENE, et *Claude* MOULLET.

Paris. 1605. David Le Clerc. Pièce in-4°.

2696. — Mémoires et instructions pour le plant des meuriers blancs, nourriture des vers à soye, et l'art de filer, mouliner et aprester les soyes dans Paris et lieux circonvoisins. Sur l'establissement qui s'y fait des manufactures de soyes, à l'exemple de celui que le Roy Henry IV avoit establi dans la plus grande partie de la France. Par M° *Christophle* ISNARD.

Paris. 1665. Geo. Soly. 1 vol. in-8°.

2697. — Mémoire sur la culture du murier et sur l'éducation des vers à soie, dans les départemens du nord de la France, par M. RIQUIER. (1)

Amiens. 1836. R. Machart. 1 vol. in-8°.

2698. — Résumé des principaux traités chinois sur la culture des muriers et l'éducation des vers à soie, traduit par *Stanislas* JULIEN.

Paris. 1837. Imprimerie royale. 1 vol. in-8°.

2699. — Le ver à soie, poème en deux chants, de *Marc-Jérome* VIDA, traduit en vers français, avec le texte latin en regard, par *Matthieu* BONAFOUS. 2° édit.

Paris. 1844. V° Bouchard Huzard. 1 vol. in-8°.

2700. — Recherches sur les maladies des vers à soye, et les moyens de les prévenir, suivies d'une instruction sur l'éducation de ces insectes; par *P. H.* NYSTEN.

Paris. 1808. Imprimerie impériale. 1 vol. in-8°.

2701. — Des vers à soie, et de leur éducation selon la pratique des Cévennes; par M. REYNAUD.

Paris. 1824. Renard. 1 vol. in-12.

---

(1) RIQUIER (*Jean-Baptiste-Guillaume*), né à Amiens le 12 mars 1768, y mourut le 27 avril 1842.

2702.— Manuel d'éducation de vers-à-soie, par M. Riquier.
Amiens. 1841. Duval et Herment. 1 vol. in-8°.

k. — *Horticulture.*

2703.— Dictionnaire des jardiniers, contenant les méthodes les plus sûres et les plus modernes pour cultiver et améliorer les jardins potagers, à fruits, à fleurs et les pépinières, etc. Ouvrage traduit de l'anglois, sur la 8ᵉ édition de *Philippe* Miller, par une Société de gens de lettres. (*L. M.* De Chazelles et *J.* Hollandre.)
Paris. 1785. Guillot. 8 vol. in-4°.

2704.— Supplément au dictionnaire des jardiniers, qui comprend tous les genres et les espèces de plantes non détaillées dans le Dictionnaire de Miller, avec leurs descriptions puisées dans les meilleurs auteurs, ou prises sur les plantes mêmes, et l'indication de la manière de traiter un grand nombre de ces plantes. Par M. de Chazelles.
Metz. 1789. Lamort. 2 vol. in-4°.

** — De re hortensi et villatica carmina Columellæ, Palladii, Vomani, et aliorum; quæ notis veteribus ac novis illustravit *E. N.* Lemaire.
Parisiis. 1826. F. Didot. 1 vol. in-8°.

Vide : *Bibl. class. lat.*

2705.— De re hortensi libellus, vulgaria herbarum, florum, ac fruticum, qui in hortis conseri solent, nomina latinis vocibus efferre docens ex probatis authoribus. (Auctore *Carolo* Stephano.)
Parisiis. 1536. Maur. De Porta. 1 vol. in-8°.

2706.— Idem opus. Cui nuper additus est alius libellus de cultu et satione hortorum, ex antiquorum sententia.
Parisiis. 1539. Rob. Stephanus. 1 vol. in-8°.

2707.— Idem opus.
Lutetiæ. 1545. Rob. Stephanus. 1 vol. in-8°.

A la suite on trouve, du même auteur :

— Seminarium, et plantarium fructiferarum præsertim arborum quæ post hortos conseri solent, denuò auctum et locupletatum. — Huic accessit alter libellus de conserendis arboribus in seminario : deque iis in plantarium transferendis atque inserendis.

Parisiis. 1540. Rob. Stephanus. in-8°.

— Sylva. — Frutetum. — Collis.

Parisiis. 1538. Franciscus Stephanus. in-8°.

— Pratum, Lacus, Arundinetum.

Parisis. 1543. Simon Colinæus. in-8°.

** — *Renati* RAPINI hortorum libri IV.

Voyez : Œuvres de *R.* RAPIN. *Bell. lett.* N° 3,236.

** — Essai du jardin d'Epicure, ou du jardinage, en l'année 1685. Par le Chevalier TEMPLE.

Voyez : *Œuvres* de M. le Chev. TEMPLE, II.

2708. — Le jardinier françois qui enseigne à cultiver les arbres et herbes potagères ; avec la manière de conserver les fruits, et faire toutes sortes de confitures, conserves, et massepains. (Par *Nic.* DE BONNEFONS.) 10ᵉ édit.

Paris. 1684. Le Gras. 1 vol. in-12.

2709. — Même ouvrage.

Rouen. 1708. Besongne. 1 vol. in-12.

2710. — Instruction pour les jardins fruitiers et potagers, avec un traité des orangers, suivy de quelques réflexions sur l'agriculture. Par feu M. DE LA QUINTINYE. Nouv. édit. augm. d'une instruction pour la culture des fleurs.

Paris. 1700. La Compagnie. 2 vol. in-4°. Fig.

2711. — Même ouvrage. Nouv. édit. augm. de la culture des melons, de la manière de tailler les arbres fruitiers, d'un dictionnaire des termes, etc.

Paris. 1716. Nyon. 2 vol. in-4°. Fig.

2712. — Curiositez de la nature et de l'art sur la végétation :

ou l'agriculture et le jardinage dans leur perfection. Par M. l'*Abbé* DE VALLEMONT.

Paris. 1705. C. Cellier. 1 vol. in-12. Fig.

2713.— Même ouvrage. Nouv. édit.

Bruxelles. 1723. Leonard. 2 vol. in-12. Fig.

2714.— Le jardinier solitaire, ou dialogues entre un curieux et un jardinier solitaire, contenant la méthode de faire et de cultiver un jardin fruitier et potager, et plusieurs expériences nouvelles. Avec des réflexions sur la culture des arbres. 7e éd. (Par le Frère FRANÇOIS.)

Paris. 1738. Rigaud. 1 vol. in-12.

2715.— La théorie et la pratique du jardinage. Par L. S. A. I. D. A. (*A. J.* DEZALLIER D'ARGENVILLE.) 3e édit.

Paris. 1732. Mariette. 1 vol. in-4°. Fig.

2716.— Même ouvrage. 4e édit.

Paris. 1747. J. Mariette. 1 vol. in-4°. Fig.

2717.— Le jardinier d'Artois, ou les élémens de la culture des jardins potagers et fruitiers. Par le F. C. BONNELLE.

Arras. 1763. Mich. Nicolas. 1 vol. in-8°.

2718.— Manuel du jardinier, ou traité complet de tout ce qui a rapport à la culture d'un jardin. Traduit de l'italien (de *Fr.* MANDIROLA.) Par M. RAUDI (*Ch. L. Fr.* AUDRY.)

Paris. 1781. Lamy. 1 vol. in-12.

2719.— La théorie du jardinage, par M. l'*Abbé* ROGER SCHABOL, ouvrage rédigé après sa mort sur ses mémoires, par M. D.*** (*A. J.* DEZALLIER D'ARGENVILLE.) Nouv. édit.

Paris. 1785. Debure. 1 vol. in-12. Fig.

2720.— La pratique du jardinage, par M. l'*Abbé* ROGER SCHABOL, ouvrage rédigé après sa mort sur ses mémoires, par M. D.*** (DEZALLIER D'ARGENVILLE.) Nouv. édit.

Paris. 1782. Debure. 2 vol. in-12. Fig.

2721.— Traité des jardins, ou le nouveau de la Quintinye, contenant la description et la culture, 1°. des arbres

fruitiers; 2°. des plantes potagères; 3°. des arbres, arbrisseaux, fleurs, et plantes d'ornement. Par M. L. B.***
(*René* LE BERRIAYS.)

Avranches. 1785-88. Le Court. 4 vol. in-8°. Fig.

2722. — Manuel des jardiniers, ou guide des travaux à faire dans les jardins pendant le cours de l'année; par un amateur. 3° édit.

Paris. 1821. Ancelle. 1 vol. in-18. Fig.

2723. — Manuel complet du jardinier maraicher, pépiniériste, botaniste, fleuriste et paysagiste; par M. *Louis* NOISETTE.

Paris. 1825-1826. Roussellon. 4 vol. in-8°.

2724. — Le jardinier amateur ou l'horticulteur français. Second supplément. Par M. PIROLLE.

Paris. 1827-1828. Renard. 1 vol. in-12.

2725. — Almanach horticole pour 1844, calendrier complet du jardinier, par M. *V.* PAQUET.

Paris. 1844. H. Cousin. 1 vol. in-18.

2726. — Art de composer, de distribuer et de décorer, à peu de frais, toute espèce de jardins. Par RICHOU.

Paris. 1828. Audin. 1 vol. in-12. Fig.

** — Les jardins, poème. Par M. l'*Abbé* DELILLE.

Voyez : Œuvres de *J.* DELILLE. *Bell. lett.* N° 1816.

2727. — Seminarium sive plantarium fructiferarum præsertim arborum, quæ post hortos conseri solent. (Auctore *Carolo* STEPHANO.

Parisiis. 1536. Rob. Stephanus. 1 vol. in-8°.

2728. — La manière de cultiver les arbres fruitiers, par le S' LEGENDRE. Où il est traité des pépinières, des espaliers, des contre-espaliers, des arbres en buisson et à haute tige.

Paris. 1684. N. Le Gras. 1 vol. in-12.

2729. — Abrégé pour les arbres nains et autres; contenant tout ce qui les regarde, etc. Avec un traité très-particulier pour les bons melons, et aussi un traité général et singulier sur toutes sortes de fleurs, et pour les arbustes, etc. Par J. L. (LAURENT), notaire de Laon.

Paris. 1683. Ch. De Sercy. 1 vol. in-12.

2730.—Méthode pour bien cultiver les arbres à fruit, et pour élever des treilles. Par les sieurs DE LA RIVIÈRE et DU MOULIN.

Paris. 1738. Didot. 1 vol. in-12.

2731.—Cours théorique et pratique de la taille des arbres fruitiers par *J. B.* D'ALBRET. 7ᵉ édit.

Paris. 1848. Vᵉ Bouchard-Huzard. 1 vol. in-8°. Pl.

2732.—Traité de la taille des arbres fruitiers, suivi de la description des greffes employées dans leur culture. Par *J. A.* HARDY. 2ᵉ édit.

Paris. 1853. Dusacq. 1 vol. in-8. Pl.

2733.—Taille des arbres en espalier. Nouvelle méthode. Par *Ursin* VASSEUR.

Lisieux. 1851. Letemplier. Pièce in-8°.

2734.—Traité de la culture des pêchers. (PAR DE COMBLES.) 3ᵉ édition.

Paris. 1759. Le Prieur. 1 vol. in-12.

2735.—Traité de la culture des pêchers, par DE COMBLES. 5ᵉ éd. rev., corr. et précédée d'une notice sur De Combles et ses ouvrages, par M. *Louis* DU BOIS.

Paris. 1822. Raynal. 1 vol. in-12.

2736.—Pratique raisonnée de la taille du pêcher en espalier carré. Par *Al.* LEPÈRE.

Montreuil-sous-Bois. 1841. L'auteur. 1 vol. in-8°. Pl.

2737.—Hesperides, sive de malorum aureorum cultura et usu libri quatuor *Jo: Baptistæ* FERRARII.

Romæ. 1646. Herm. Scheus. 1 vol. in-fol. Fig.

2738.—L'école du jardin potager, qui comprend la description exacte de toutes les plantes potagères; etc. Par l'auteur du Traité de la culture des pêchers (DE COMBLES.) Nˡˡᵉ éd.

Paris. 1752. Le Prieur. 2 vol. in-12.

2739. — Année champêtre. Partie qui traite de ce qu'il convient de faire chaque mois dans le potager. (Par le P. *J. P.* DE ROME D'ARDÈNE.)

Paris. 1769. Vincent. 3 vol. in-12.

2740. — Manuel de l'amateur de melons, ou l'art de reconnaître et d'acheter de bons melons ; précédé d'une histoire de ce fruit, avec un traité sur sa culture et une nomenclature de ses diverses espèces et variétés, par *Alex.* MARTIN.

Paris. 1827. A. Udron. 1 vol. in-18. Pl.

2741. — *Joh. Baptistæ* FERRARII flora, seu de florum cultura lib. IV. Editio nova. Accurante *Bernh.* ROTTENDORFFIO.

Amstelodami. 1664. Joh. Janssonius. 1 vol. in-4°. Fig.

2742. — Traité pour la culture des fleurs, qui enseigne la manière de les cultiver, multiplier, et les conserver selon leurs espèces : avec leurs propriétez merveilleuses, et les vertus médecinales. (Par *P.* MORIN.)

Paris. 1678. Ch. De Sercy. 1 vol. in-12.

2743. — Le jardinier fleuriste et historiographe, ou la culture universelle des fleurs, arbres, arbustes et arbrisseaux, servans à l'embellissement des jardins. Par le Sieur *Louis* LIGER.

Paris. 1784. Damien Beugnié. 2 vol. in-12. Fig.

2744. — L'école du jardinier fleuriste. (Par FRÉARD DU CASTEL.)

Paris. 1764. Panckoucke. 1 vol. in-12.

2745. — De la culture du rosier, avec quelques vues sur d'autres arbres et arbustes. Par M. LELIEUR.

Paris. 1811. P. Didot l'aîné. 1 vol. in-12.

2746. — La rose chez les différents peuples, anciens et modernes ; description, culture et propriété des roses. Par M. *A.* DE CHESNEL. 2° édit.

Paris. 1838. Migneret. 1 vol. in-18.

2747. — Traité des tulipes. Avec la manière de les bien cultiver, leurs noms, leurs couleurs, et leur beauté. (Par *Ch.* De la Chesnée-Monstereuil.

Paris. 1678. De Sercy. 1 vol. in-12.

2748. — Nouveau traité des œillets. Avec la liste des plus nouveaux. Par L. C. B. M.

Paris. 1689. De Sercy. 1 vol. in-12.

2749. — Traité de la culture parfaite de l'oreille-d'ours ou auricule. Par un Curieux de province (*Charles* Guénin.)

Bruxelles. 1732. Henry Fricx. 1 vol. in-12.

2750. — Traité des renoncules, qui contient, outre ce qui regarde ces fleurs, beaucoup d'observations physiques et de remarques utiles, soit pour l'agriculture, soit pour le jardinage. (Par le P. d'Ardène.) 3e édit.

Avignon. 1763. L. Chambeau. 1 vol. in-12.

2751. — L'horticulteur belge, journal des jardiniers et amateurs, recueil mensuel rédigé par une société de botanistes et d'horticulteurs, sous la direction de M. *Ch.* Morren et de M. Scheidweiler.

Bruxelles. 1833 à 1838. 5 vol. in-8°. Fig.

2752. — L'horticulteur universel, journal général des jardiniers et amateurs, etc. Publié par une réunion de botanistes et d'horticulteurs français et étrangers, et rédigé par *C.* Lemaire (et M. Gerard pour la 2e série.)

Paris. 1837-1847. Cousin. 8 vol. in-8°.

2753. — Flore des serres et des jardins de l'Europe, ou description et figures des plantes les plus rares et les plus méritantes nouvellement introduites, etc. (Publié sous la direction de MM. Decaisne et *L.* Van Houtte.)

Gand. 1854-1857. Van Houtte. 4 vol. in-8°.

2754. — Bulletin de la Société d'horticulture du département de la Somme.

Amiens. 1844-1856. E. Yvert. 2 vol. in-8°.

1 — *Mélanges d'agriculture et d'économie rurale.*

** — Economie rurale et domestique. Par M. PARMENTIER.
Paris, 1789. Rue et hôtel Serpente. 5 vol. in-18.
Voyez : *Biblioth. univ. des dames*

2755. — Le cultivateur anglois, ou œuvres choisies d'agriculture et d'économie rurale et politique, d'*Arthur* YOUNG; traduit de l'anglois par les CC. LAMARRE, BENOIST et BILLECOCQ; avec des notes par le cit. DELALAUZE.
Paris. 1800-1801. Maradan. 18 vol. in-8°.

2756. — Recueil d'instructions économiques. Par M. DE MASSAC. 2° édit.
Paris. 1779. De Massac. 1 vol. in-8°.

2757. — Œuvres d'agriculture de M. REY DE PLANAZU.
Troyes. 1786. V° Gobelet. 1 vol. in-4°. Fig.

2758. — Essais de la société de Dublin. Traduit de l'anglois par M. THEBAULT.
Paris. 1759. Les frères Estienne. 1 vol. in-12.

2759. — Corps d'observations de la société d'agriculture, de commerce et des arts, établie par les États de Bretagne. Années 1757, 1758, 1759 et 1760.
Rennes. 1760-61. Jac. Vatar. 2 vol. in-8°.

2760. — Délibérations et mémoires de la Société royale d'agriculture de la généralité de Rouen. Tom. 1er.
Rouen. 1763. R. Lallemant. 1 vol. in-8°.

2761. — Mémoires d'agriculture, d'économie rurale et domestique, publiés par la Société royale et centrale d'agriculture. — Année 1833.
Paris. 1834. Mad. V° Huzard. 1 vol. in-8°.

2762. — Journal des agriculteurs, manufacturiers et commerçants du département de la Somme. (Rédigé par JOURDAIN LECOQ.) (1)
Amiens. 1829. Caron Vitet. 1 vol. in-8°.

---

(1) JOURDAIN (*Alexandre-Auguste*), né à Amiens le 21 mars 1773, y mourut le 11 novembre 1845.

2763.— Le cultivateur de la Somme, ou bulletin central des Comices agricoles d'Amiens, de Montdidier et de Doullens.

Amiens. 1836-58. Duval et Herment et Yvert. 3 v. in-8°.

2764.— Notice sur le Comice agricole d'Amiens, par M. A. Despréaux. (1)

Amiens. 1856. Lenoel-Hérouart. Pièce in-8°.

2765.— Bulletins du Comice agricole de l'arrondissement de St.-Quentin (Aisne.)

St. Quentin. 1852-1857. Moureau. 6 vol. in-8°.

2766.— Annales agricoles de Roville, ou mélanges d'agriculture, d'économie rurale et de législation agricole. Par C. J. A. *Mathieu* DE DOMBASLE.

Paris. 1831-1837. Mad. Huzard. 9 vol. in-8°.

2767.— Journal d'agriculture pratique, de jardinage et d'économie domestique, publié sous la direction de M. *Alex.* BIXIO.

Paris. 1837-1845. Duverger. 8 vol. in-8°.

2768.— Ministère de l'agriculture et du commerce. — Rapport sur la production et l'emploi du sel en Angleterre; par M. *Milne* EDWARDS.

Paris. 1850. Impr. nat. 1 vol. in-4°.

2769.— Rapports à M. le Ministre de l'agriculture et du commerce sur le rouissage du lin, le drainage, la nouvelle exploitation de la tourbe, la fabrication et l'emploi des engrais artificiels et des engrais commerciaux. (Par M. PAYEN.)

Paris. 1850. Impr. nat. Pièce gr. in-8°.

Le faux titre porte : *Mission de M. Payen en Angleterre.*

2770.— Lois et documents relatifs au drainage.

Paris. 1854. Impr. nat. 1 vol. in-4°.

2771.— Concours d'animaux reproducteurs mâles, d'instru-

---

(1) DESPRÉAUX (*Charles-Amand*), né à Frénoy-au-Val le 26 juin 1790.

ments, machines, ustensiles ou appareils à l'usage de l'industrie agricole, et des divers produits de l'agriculture ou des différentes industries agricoles ; tenu à Versailles du 8 au 18 octobre 1850.

Paris. 1851. lmpr. nat. 1 vol. in-8°. Pl.

2772. — Concours régionaux d'animaux reproducteurs, d'instruments, machines, ustensiles ou appareils à l'usage de l'industrie agricole et des divers produits de l'agriculture ou des différentes industries agricoles, tenus à St.-Lô, à Aurillac et à Toulouse, et concours national de Versailles.

Paris. 1851. Impr. nat. 1 vol. in-8°. Pl.

2773. — Concours régionaux, etc., tenus à St.-Lô, Toulouse, Nancy, Amiens, Angers, Limoges et Nevers, et concours national de Versailles.

Paris. 1852. lmpr. impériale. 1 vol. in-8°. Pl.

2774. — Concours régionaux, etc., tenus à Agen, Caen, Vesoul, Angers, Moulins, Rodez, St.-Quentin et Valence, et concours général d'Orléans en 1853.

Paris. 1853. Imp. impériale. 1 vol. in-8°. Pl.

2775. — Concours régionaux, etc., tenus à Montauban, Caen, Epinal, Laval, Nevers, Gueret et Beauvais, et concours général de Paris en 1854.

Paris. 1855. Impr. imp. 1 vol. in-8°. Pl.

2776. — Concours régionaux, etc., tenus à Besançon, Grenoble, Périgueux, Rennes, Arras, Bourges, Clermont et Rouen, et concours universel de Paris, en 1855.

Paris. 1856. Impr. imp. 1 vol. in-8°. Pl.

2777. — Concours d'animaux reproducteurs, d'instruments et de produits agricoles en 1856. — Concours régionaux à Auch, Napoléon-Vendée, Privas, Tulle, Chartres, Dijon, Tours et Valenciennes, et concours agricole universel de Paris.

Paris. 1857. Imp. imp. 2 vol. in-8°. Pl.

2778.—Rapports sur les instruments et les produits agricoles de l'exposition universelle, adressés à M. le Préfet de la Somme, au nom de la section d'agriculture de la Commission départementale. (Par M. le Cte *Léon* de Chassepot et M. *Charles* Salmon.)

Amiens. 1856. E. Yvert. Pièce in-8°.

2779.—Catalogue des objets composant l'exposition collective présentés au concours régional de Melun, par les comices agricoles du département de la Somme.

Amiens. 1857. E. Herment. 1 vol. in-8°.

2780.—Essai sur la nécessité et les moyens de faire entrer dans l'instruction publique l'enseignement de l'agriculture, lu à la Société d'agriculture du département de la Seine, au nom d'une commission composée des CC. Cels, Chassiron, Mathieu, Silvestre, Tessier et François (de Neufchâteau), Rapporteur.

Paris. An x. M⁰ Huzard. 1 vol. in-8°.

2781.—Mélanges d'agriculture.

1 vol. in-4°, contenant :

1. — Assemblée nationale.—Projet de décret sur l'organisation de l'enseignement agricole, précédé de l'exposé des motifs, présenté par le citoyen Tourret, Ministre de l'agriculture et du commerce. — Séance du 17 juillet 1848.

2. — Rapport fait au nom du comité d'agriculture et de crédit foncier, sur le projet de décret relatif à l'organisation de l'enseignement professionnel de l'agriculture en France, par le cit. *A.* Richard (du Cantal.) — 21 août 1848.

3. — Ministère de l'Agriculture et du Commerce. — Compte rendu de l'exécution du décret du 3 octobre 1848 relatif à l'enseignement professionnel de l'agriculture.

Paris. 1851. Imprimerie nationale.

4. — Moyens de régénérer l'agriculture de la France et de procurer du travail à tous les bras inoccupés. (Par Hugues.)

Bayonne. 1848. V⁰ Lamaignère.

5. — Mémoires à la Chambre des députés à l'appui d'un projet de loi tendant à obtenir pour les communes qui possèdent des terres incultes soumises à l'usage de la dépaissance commune de tous les bestiaux, l'autorisation de défricher ces terres et de les exploiter suivant le mode le mieux approprié à leurs intérêts. Par M. Amyot.
   Paris. 1836-1837. Saintin.

6. — Chambre des Députés. Second rapport fait au nom de la Commission chargée de procéder à une enquête sur la culture, la fabrication et la vente du tabac. Par M. Vivien. — 4 juin 1836.

7. — Aperçu statistique et comparatif des améliorations obtenues, de 1791 à 1835, sur le revenu de deux catégories de propriétés rurales, situées dans les départements de l'Aisne et de la Somme.
   St.-Quentin. 1835. Moureau.

8. — Etudes et mesures pour la mise en valeur des biens communaux du département de la Somme. (Circulaire du Préfet du 6 décembre 1855.)
   Amiens. 1855. Duval et Herment.

9. — Conseil général de la Somme. — Session de 1856. — Exposé général présenté par M. le Comte *V.* du Hamel, Préfet.
   Amiens. 1856. Duval et Herment.

10 — Conseil général de la Somme. — Session de 1856. — Mise en valeur des biens communaux du département. — Résultats obtenus depuis le 6 décembre 1855 jusqu'au 15 août 1856.
   Amiens. 1856. Duval et Herment.

11. — Observation sur le platre comme engrais.
   Amiens. Imprimerie des associés. in-4°.

12. — Mémoire sur l'emploi du sang séché, comme engrais ; par M. *Ch.* Derosne.
   Paris. 1831. Mᵉ Huzard.

13. — Comice agricole central du département de la Gironde.— Rapport de la Commission chargée d'examiner la proposition de M. Hugues, relative au plan qu'il a soumis à M. le Ministre de l'Agriculture et du Commerce, pour la propagation, en France, de la culture en lignes, par le semoir-Hugues.
   Bordeaux. 1840. Deliège.

14. — Déclaration du Roi, qui accorde des encouragemens à ceux qui défrichent les landes et les terres incultes. (Du 13 août 1766.)
   Amiens. 1766. Vᵉ Godard.

15. — Arrest du Conseil d'État du Roi, rendu en interprétation de la déclaration du 13 août 1766, concernant les priviléges et exemptions accordés à ceux qui entreprendront de défricher les landes et terres incultes. Du 2 octobre 1766.
>Amiens. 1766. V⁃ Godard.

16. — Deuxième instruction relative à l'extraction de l'huile de faîne. Par BERTHOLLET, L'HÉRITIER et TISSOT.
>Paris. An III.

17. — Extrait d'un mémoire adressé par M. ADAM, sur la destruction des mans et des hannetons.
>Amiens. 1786. J. B. Caron.

18. — Méthode pratiquée pour la préparation de la soupe au riz.
>Amiens.

19. — Instruction sur les prairies artificielles. Publiée par ordre du Roi.
>Paris. 1787. Imprimerie royale.

20. — Instruction sur le parcage des bêtes à laine.
>Paris. 1787. Imprimerie royale.

21. — Compte rendu de la vente des laines et de cent soixante-une bêtes du troupeau national de Rambouillet, faite dans le mois de prairial an 9,... et le 15 prairial an 10. Par TESSIER et HUZARD.
>Paris. An IX-X. Baudouin.

22. — Extrait d'un mémoire adressé par le Sieur Dottin, maître de poste à Villers-Bretonneux, à M. Dupleix, intendant de Picardie. 1768. — (Culture et usage de la pomme de terre.)
>Amiens. 1768. V⁃ Godart.

23. — Mémoire sur les moyens de procurer, par une augmentation de travail, des ressources au peuple de Paris, dans le cas d'une augmentation dans le prix des denrées.
>Paris. 1775. Imprimerie royale.

24. — Essai sur la cause de la maladie des pommes de terre. Par P. M. LE MESL.
>Saint-Brieuc. 1847. Guyon fr.

25. — Société royale et centrale d'agriculture. — Instruction sur la manière de cultiver la pomme de terre par le semis de ses graines.
>Paris. 1828. Mᶜ Huzard.

26. — De la pomme de terre.— Ses usages.—Sa maladie.—Ses succéda-

nés. Thèse présentée et soutenue pour obtenir le titre de pharmacien de 1re classe, par *Victor* BESSE (1).

Paris. 1855. Thenot.

27. — Suite des expériences et réflexions relatives à la dissertation sur la cause qui corrompt et noircit les grains de blé dans les épis, et sur les moyens de prévenir ces accidens. Par M. TILLET.

Paris. 1755. Briasson.

28. — Mémoire sur la manière de préserver le froment de la corruption et de le conserver.

Paris. 1759. Imprimerie royale. in-4°.

29. — Instruction concernant la panification des blés avariés; rédigée par une Commission spéciale nommée par S. Exc. le Ministre de l'Intérieur, et composée de MM. GAU, MOREL DE VINDÉ, DE ST.-MARTIN, BOSC, YVART, THENARD, GAY-LUSSAC et SILVESTRE.

Paris. 1817. Imprimerie royale.

2782. — Agriculture. — Mélanges.

1 vol. in-8°, contenant :

1. — Lettre écrite de la campagne sur la protection et les encouragemens pécuniaires que le gouvernement accorde à l'agriculture; sur la nature du gouvernement prétendu représentatif introduit en France, et sur la situation des propriétaires fonciers, depuis l'introduction de ce gouvernement; par le Mis DE CHAMBRAY.

Paris. 1838. Pillet.

2. — Supplément à l'Avis aux cultivateurs dont les récoltes ont été ravagées par la grêle tombée le 12 juillet 1788. Rédigé par la Société royale d'agriculture, publié par ordre du Roi. Extrait d'un mémoire présenté à la Société par M. l'*Abbé* DE COMMEREL.

Paris. 1788. Imprimerie royale.

3. — Avis aux cultivateurs, rédigé par une commission de la Société royale et centrale d'agriculture.

Paris. 1816. Me Huzard.

4. — Discours de M. CAUMARTIN (2), député de la Somme, dans la discussion sur le budget du Ministère de l'Intérieur, section de la direction générale des haras et de l'agriculture.

Paris. 1828. Henry.

---

(1) BESSE (*Victor*), né à Montdidier le 9 septembre 1830.

(2) CAUMARTIN (*Jean-Baptiste-Marie-Bernard*), né à Amiens le 15 octobre 1775, mourut à Paris le 23 mai 1842.

5. — De la comptabilité agricole ; par M. MALLET DE CHILLY.
   Paris. 1824.

6. — Rapport fait le 30 mai 1827, à la Société royale et centrale d'agriculture, sur l'état actuel de l'exploitation du domaine royal et rural de Grignon.
   Paris. 1827. M⁰ Huzard.

7. — Rapport général sur la marche et sur le développement de l'institution royale agronomique et sur la situation de la ferme de Grignon, au 1ᵉʳ janvier 1828.
   Paris. 1828. M⁰ Huzard.

8. — Description des jardins de Courset, aux environs de Boulogne-sur-mer. (Extrait d'un voyage en France); par *P. A.* LAIR.
   Caen. 1836. Poisson.

9. — Rapport sur les essais de culture, en quinconce et en poquets, accomplis chez M. de Rainneville, à Allonville, à l'aide d'ustensiles Le Docte. (Par MM. THUILLIEZ (1), GARNIER (2) et CHABOT.)
   Amiens. 1854. Alf. Caron.

10. — Mémoire à employer pour la confection des fumiers. Stabulation des animaux domestiques. Par M. QUILLET. (3)
    Amiens. 1856. Yvert.

11. — Le drainage au Charmel. (Aisne.) Par M. *Ch.* GOMART.
    St.-Quentin. 1851. Ad. Moureau.

12. — Rapport sur le blé Lammas, par *J. V. F.* LAMOUROUX.
    Caen. 1813. Poisson.

13. — Mémoire sur les accidens que les blés de la récolte de cette année ont éprouvé en Poitou, et moyens d'y remédier. Par MM. PARMENTIER et CADET DE VAUX.
    Paris. 1785. Pierres.

14. — Moyens éprouvés pour préserver les fromens de la carie, publiés conformément aux expériences faites à Rambouillet, sous les yeux du Roi. Par M. l'*Abbé* TESSIER.
    Paris. 1786. Imprimerie royale.

15. — Précis des expériences faites par ordre du Roi à Trianon, sur la cause de la corruption des blés, et sur les moyens de la prévenir,

---

(1) THUILLIEZ (*Lucien*), né le 7 janvier 1817 à la Chaussée-Tirancourt.
(2) GARNIER (*Jacques-Jean-Baptiste-Adolphe*), né à Amiens le 28 février 1808.
(3) QUILLET (*Pierre*), né le 2 avril 1802 à Ville-sous-Corbie.

à la suite duquel est une instruction propre à guider les labou_
renrs dans la manière dont ils doivent préparer le grain avant de
le semer.

Paris. 1787. Imprimerie royale.

16. — Résumé de toutes les expériences faites pour constater la bonté
du procédé proposé par M. le Comte Dejean (1), pour la conservation illimitée des grains et farines. (Par M. Ste-Fare Bontemps.)

Paris. 1824. Bachelier.

17. — A S. M. Napoléon III. (Projet pour conserver le blé et former une
réserve pour les jours de disette.) Par *Frédéric* L'Enfant.

Caen. 1857. V° Pagny.

18. — Rapport sur l'utilité de la culture des pommes de terre dans le
Calvados. Par M. P. A. Lair.

Caen. S. d. Poisson.

19. — Plantation des germes de la pomme de terre ; ou instruction sur
la préférence à donner à la plantation des *germes* ou *yeux* de la
pomme de terre, etc. Par A. A. Cadet de Vaux.

Paris. 1817. Colas.

20. — Note sur la culture de la pomme de terre. Par M. *Amable* Dubois.

Amiens. 1847. Duval et Herment.

21. — Instructions sur la manière de cultiver la betterave, par M. Tessier;
et sur les procédés à suivre pour l'extraction du sucre contenu
dans cette racine, par M. Deyeux.

Paris. 1811. M° Huzard.

22. — Mémoire sur l'extraction en grand du sucre des betteraves, et
quelques considérations sur leur culture ; par MM. Barruel et
Max. Isnard.

Paris. 1811. M° Huzard.

23. — Soc. roy. et cent. d'agricult.— Instruction pratique et programme
des prix relatifs à l'extraction du sucre de betteraves dans les
petites exploitations rurales, ainsi qu'aux moyens de perfectionner
cette industrie et de hâter ses développemens. (Par M. Payen.)

Paris. 1836. M° Huzard.

24. — Rapport sur la culture de la betterave et sur la fabrication du
sucre indigène dans les environs de Caen.

Caen. 1838. Poisson.

---

(1) Dejean (*Pierre-François-Marie-Auguste* Cte), né à Amiens le 10 août 1780, mourut
à Paris le 18 mars 1845.

25. — Mémoire et instruction sur la culture, l'usage et les avantages de la racine de disette. Par M. l'*Abbé* de Commerell.
   Paris. 1786. Buisson.

26. — Sur le pommier, et sur une nouvelle variété de pomme découverte en 1826, dans le département du Calvados.
   Caen. 1827. Poisson.

27. — Maladie de la vigne, du cerisier, du noyer, du murier, du pêcher, du fraisier, du poirier, du pommier, de la pomme de terre. Par *Victor* Chatel.
   Caen. 1854. Poisson.

28. — Notice sur la maladie de la vigne et les altérations de divers végétaux. Par *V.* Chatel.
   Paris. 1855. Me Bouchard-Huzard.

29. — Programme d'un prix proposé par la Société royale d'agriculture et de commerce de Caen, pour le meilleur mémoire ou le meilleur procédé sur le moyen de détruire l'insecte connu sous le nom de puceron lanigère. Année 1826.
   Caen. 1826. Poisson.

30. — Exposé d'un moyen mis en pratique pour empêcher la vigne de couler et hâter la maturité du raisin, par M. Lambry. 2e édit.
   Paris. 1818. Me Huzard.

31. — Ministère de l'Intérieur. — Avis aux cultivateurs et propriétaires de troupeaux, sur l'amélioration des laines.
   Paris. An VII. Impr. de la république.

32. — Troupeaux de bêtes à laine de race pure d'Espagne, du C. Chanorier.
   Paris. An VII. Me Huzard.

33. — Rapport sur les troupeaux mérinos de M. le Comte de Polignac dans le département du Calvados; par M. *P. A.* Lair.
   Caen. 1824. Poisson.

34. — Mémoire sur la valeur des laines, présenté à la Société d'agriculture d'Eure-et-Loir. Séance du 5 juillet 1828.
   Chartres. 1828. F. Durand.

35. — Rapport fait à la Société royale et centrale d'agriculture, dans la séance du 17 mars 1819, sur les expériences relatives à la charrue de M. Guillaume. Par M. Yvart.
   Paris. 1819. Me Huzard.

36. — Rapport sur la sape, instrument employé à couper les blés, etc.

  Caen. 1837. Poisson.

37. — Pompe économique pour les incendies et l'arrosement des jardins, inventée par Picot, mécanicien à Abbeville.

  Abbeville. An IX. Devérité.

38. — Description d'une vis d'Archiméde à double effet, destinée aux irrigations et épuisements. Par M. Pattu.

  Caen. 1815. Poisson.

39. — Rapport sur le prix relatif à l'application aux exploitations rurales d'un moulin à blé d'une construction solide et économique; par M. Humblot-Conté.

  Paris. 1824. M⁰ Huzard.

40. — Essai sur la manière d'avoir des chevaux propres à monter la cavalerie et les dragons, dans plusieurs départemens du royaume, principalement ceux du Nord et du Pas-de-Calais. Par M. C***.

41. — Observations sur les courses de chevaux, qui ont eu lieu à Caen, les 26 et 27 août 1837; par M. le B⁰ⁿ Foache et M. le Cte Rochefort d'Ally.

  Caen. 1857. Pagny.

42. — Projet pour la remonte de la cavalerie et l'amélioration de la race chevaline, présenté au Roi le 28 janvier 1842, par F. L'Enfant.

  Paris. 1842. Dentu.

43. — Développemens et moyens d'exécution du projet pour la remonte de la cavalerie par les chevaux de la gendarmerie, et l'amélioration de la race chevaline, par *Frédéric* L'Enfant.

  Paris. 1842. Dentu.

44. — Rapport sur la fabrique du fromage de Hollande, établie à Varaville, dans le département du Calvados, par MM. Scribe et Ce.

  Caen. 1822. Poisson.

45. — De la pêche, du parcage et du commerce des huitres en France, fragment de statistique du dép^t du Calvados. Par M. P. A. Lair.

  Caen. 1826. Poisson.

46. — Compte rendu des séances du Congrès de Cambrai, lu au Comice agricole d'Amiens. Par M. *Amable* Dubois.

  Amiens. 1846. E. Yvert.

II. — CHASSES.

** — Dictionnaire de toutes les espèces de chasses.
Paris. An III. V° Agasse. 2 vol. in-4°.

Voyez : *Encyclop. méth.*

** — XENOPHONTIS de venatione.

** — OPPIANI de venatione, libri IV.

Vide : *Script. græc. bibl.*

** — *Gratii* FALISCI cynegeticon — M. *Aurelii Olympii* NEMESIANI cynegeticon sive de venatione lib. I. — Accedunt NEMESIANI fragmenta duo, item selecta quædam MARTIALIS, AUSONII, PAULINI et aliorum carmina de aucupio. — *H.* FRACASTORII Alcon, sive de cura canum venaticorum.
Parisiis. 1824. Lemaire. 1 vol. in-8°.

Vide : *Bibl. class. lat.*

** — *Gratii* FALISCI cynegeticon. — *M. A. Olympii* NEMESIANI cynegeticon. — *Hier.* FRACASTORII Alcon, sive de cura canum venaticorum. Traduction nouvelle, par M. CABARET-DUPATY.
Paris. 1842. Panckoucke. 1 vol. in-8°.

Voyez : *Bibl. franç. lat.*

2783. — La vénerie royale divisée en IV parties ; qui contiennent les chasses du cerf, du lièvre, du chevreuil, du sanglier, du loup, et du renard. Avec le dénombrement des forests et grands buissons de France, etc. Par Messire *Robert* DE SALNOVE.
Paris. 1655. A. de Sommaville. 1 vol. in-4°.

2784. — Même ouvrage.
Paris. 1672. Mille de Beaujeu. 2 en 1 vol. in-12.

2785. — Les ruses innocentes, dans lesquelles se voit comment on prend les oyseaux passagers, et les non passagers ; et de plusieurs sortes de bêtes à quatre pieds. Avec les plus beaux secrets de la pêche dans les rivières et dans les estangs. Et la manière de faire tous les rets et les filets qu'on peut s'imaginer. Par F. F. F. R. D. G., (*François* FORTIN, rel. de Grandmont,) dit *le Solitaire inventif*.
Paris. 1688. Ch. de Sercy. 1 vol. in-4°. Fig.

2786.—L'école de la chasse aux chiens courans, par M. LE VERRIER DE LA CONTERIE. Précédée d'une bibliothèque historique et critique des théreuticographes.

Rouen. 1763. Nic. et Rich. Lallemant, 1 v. in-8°. Fig.

2787.—Traité des chiens de chasse, contenant l'histoire générale de l'espèce ; les soins à prendre pour faire des élèves, croiser les races, entretenir une meute en santé et guérir les maladies, la description des races propres à la chasse, avec la figure de chacune d'elles, et la meilleure méthode pour dresser les chiens ; par un des collaborateurs du Traité général des chasses.

Paris. 1827. Rousselon. 1 vol. in-8°. Pl.

** — Hieracosophioy, sive de re accipitria libri III. (Authore *Jac. Aug.* THUANO.)

Lutetiæ. 1587. M. Patissonius. 1 vol. in-8°.

Vide : *Bell. lettr.* N° 1452.

2788.—Lo strucciero di *Bernardino* GALLEGARIS. Dove si discorre del modo di conoscere, allevare, e ridurre gli uccelli rapaci all'uso della caccia. Libri tre.

Venetia. 1646. Alla Minerva. 1 vol. in-8°.

2789.—Secrets de la chasse aux oiseaux. Par M. G.

Paris. 1826. Raynal. 1 vol. in-12. Pl.

2790.—Moyens de conserver le gibier, par la destruction des oiseaux de rapine, et les instructions pour y parvenir. — Traité de la pipée. 2ᵉ édit. (Par *J. B.* SIMON.)

Paris. 1743. Saugrain fils. 1 vol. in-12.

2791.—Méthodes et projets pour parvenir à la destruction des loups dans le royaume. Par M. DE LISLE DE MONCEL.

Paris. 1768. Imprimerie royale. 1 vol. in-12.

2792.—Les chasses de la Somme, par *E.* PRAROND. (1)

Amiens. 1858. Lenoel-Herouart. 1 vol. in-8°.

** — Pour ce qui concerne la législation et les réglements des chasses et forêts, voyez : *Jurisprudence.*

---

(1) PRAROND (*Philippe-Constant-Ernest*), né à Abbeville le 4 mai 1821.

III. — PÊCHES.

** — Dictionnaire de toutes les espèces de pêches.
Paris. An 4. Agasse. 2 vol. in-4°.
Voyez : *Encyclop. méth.*

** — OPPIANI de piscatione libri v.
Vide : *Script. græc. bibl.*

** — Halieutica quæ dicuntur OVIDII, cum fragmento halieutici ab *Hier.* COLUMNA edito.
Vide : *Bibl. class. lat.*

** — Histoire des pêches, des découvertes, et des établissemens des Hollandois dans les mers du Nord; ouvrage traduit du hollandois (de VAN DER PLAATS par M. BERNARD DE RESTE.)
Paris. 1791. Nyon. 3 vol. in-8°. Cartes et fig.
Voyez : *Histoire.* N° 4197.

2793. — Instructions pratiques sur la pisciculture, suivies de mémoires et de rapports sur le même sujet, par M. COSTE.
Paris. 1853. V. Masson. 1 vol. in-18. Pl.

2794. — Voyage d'exploration sur le littoral de la France et de l'Italie. Rapport à M. le Ministre de l'agriculture, du commerce et des travaux publics, sur les industries de Comacchio, du lac Fusaro, de Marennes, et de l'anse de l'Aiguillon, par M. COSTE.
Paris. 1855. Imprimerie impériale. 1 vol. in-fol. Pl.

IV. — ECONOMIE DOMESTIQUE. — ARTS ALIMENTAIRES.

a. — *Généralités.*

2795. — Dictionnaire des ménages, répertoire de toutes les connaissances usuelles, encyclopédie des villes et des campagnes ; par *Antony* DUBOURG.
Paris. 1836. Evérat. 2 vol. in-4°.

** — Du régime alimentaire.

Voyez : *Médecine.* N° 748 à 758 et 2989 à 2996.

2796.—Des alimens en général; et en particulier de la nourriture des pauvres. Traduit de l'allemand de *Benjamin* Thompson, Comte de Rumfort.

Paris. An 7. Agasse. 1 vol. in-8°.

b. — *Art culinaire.*

2797.—Le maistre d'hostel qui apprend l'ordre de bien servir sur table et d'y ranger les services. Ensemble le sommelier qui enseigne la manière de bien plier le linge en plusieurs figures. Et à faire toutes sortes de confitures, tant seiches que liquides. Comme aussi toutes sortes de dragées, et autres gentillesses fort utiles à tout le monde. (Par *P.* David.)

Paris. 1659. P. David. 1 vol. in-8°.

2798.—Le nouveau et parfait maistre d'hostel royal, enseignant la manière de couvrir les tables dans les ordinaires et festins, tant en viande qu'en poisson, suivant les quatre saisons de l'année. Ensemble un nouveau cuisinier à l'espagnole, contenant une nouvelle façon d'apprester toutes sortes de mets, tant en chair qu'en poisson, etc. Par le Sr *Pierre* de Lune.

Paris. 1662. Et. Loyson. 1 vol. in-8°. Fig.

2799.—Le cuisinier royal et bourgeois, qui apprend à ordonner toute sorte de repas, et la meilleure manière des ragoûts les plus à la mode et les plus exquis. 3e éd.

Paris. 1698. Ch. de Sercy. 1 vol. in-12. Fig.

2800.—Le nouveau cuisinier royal et bourgeois, qui apprend à ordonner toute sorte de repas en gras et en maigre, et la meilleure manière des ragoûts les plus délicats et les plus à la mode ; et toutes sortes de patisseries avec de nouveaux desseins de table.

Paris. 1734. Cl. Prudhomme. 1 vol. in-12.

2801. — La cuisinière bourgeoise, suivie de l'office, à l'usage de ceux qui se mêlent de dépenses de maisons. Contenant la manière de connoître, disséquer, et servir toutes sortes de viandes, des avis intéressans sur leur bonté, et sur le choix qu'on en doit faire. Nouv. édit. (Par MENON.)
Paris. 1756. Guyllin. 2 vol. in-12.

2802. — Même ouvrage. Nouv. édit.
Bruxelles. 1774. Foppens. 1 vol. in-12.

2803. — Instruction sur les soupes économiques.
Paris. 1812. Imprimerie impériale. Pièce in-8°. Pl.

2804. — Le gastronome français, ou l'art de bien vivre, par les anciens auteurs du Journal des gourmands. Ouvrage mis en ordre, accompagné de notes, de dissertations et d'observations par M. C.
Paris. 1829. Béchet. 1 vol. in-8°.

" — Code gourmand, manuel complet de gastronomie, contenant les lois, règles, applications et exemples de l'art de bien vivre. Par *H*. RAISSON. 4ᵉ édit.
Paris. 1829. Roret. 1 vol. in-18.   Voyez : *Bell. lett.* N° 2811.

" — Physiologie du goût, ou méditations de gastronomie transcendante ; ouvrage théorique, historique et à l'ordre du jour, dédié aux gastronomes parisiens, par un Professeur (BRILLAT-SAVARIN.) Nouv. édit., précédée d'une notice. Par *Eug*. BARESTE.
Paris. 1841. Lavigne. 2 vol. in-18.   Voyez : *Bell. lett.* N° 2796.

" — La gastronomie, poème. Par *J*. BERCHOUX.
Paris. 1819. Michaux. 1 vol. in-18. Voyez : *Bell. lett.* N° 1819.

c. — *Meunerie et Boulangerie.*

2805. — Mémoire sur les avantages que la province de Languedoc peut retirer de ses grains, considérés sous leurs différens rapports avec l'agriculture, le commerce, la meunerie et la boulangerie. Par M. PARMENTIER. — Avec le mémoire sur la nouvelle manière de construire les moulins à farine, pour conduire cet art et celui de la meunerie à leur perfection. Par M. DRANSY. — On y a joint un manuel sur la manière de traiter les grains, et d'en faire du pain.

Paris. 1787. Impr. des États de Languedoc. 1 v. in-4°.

2806. — Instructions sur l'usage des moulins à bras, inventés et perfectionnés par les citoyens DURAND, père et fils, et rédigées par le citoyen CHARLEMAGNE.

Paris. 1793. Blanchon. 1 vol. in-8°. Pl.

2807. — Mémoire sur la meunerie, la boulangerie et la conservation des grains et des farines, contenant la description des procédés, machines et appareils appliqués jusqu'à ce jour au nettoyage, à la conservation et à la mouture des blés, à la fabrication du pain et à celle du biscuit de mer, en France, en Angleterre, en Irlande, en Belgique, en Hollande, etc, précédé de considérations sur le commerce des blés en Europe, par *Aug^{in}*. ROLLET.

Paris. 1847. Ve Dalmont. 1 vol. in-4° et atlas in-fol.

2808. — Le parfait boulanger, ou traité complet sur la fabrication et le commerce du pain. Par M. PARMENTIER.

Paris. 1778. Imprimerie royale. 1 vol. in-8°.

2809. — Projet d'un tarif propre à servir de règle pour établir la valeur du pain, proportionnément à celle du blé et des farines; avec des observations sur la mouture économique, comme base essentielle de ce tarif; et sur les avantages du commerce des farines, par préférence à celui du blé en nature. Par M. TILLET.

Paris. 1784. Imprimerie royale. 1 vol. in-4°.

2810. — Rapport fait à l'Académie royale des sciences, relativement à l'avis que le Parlement a demandé à cette Académie, sur la contestation qui s'est élevée à Rochefort, au sujet de la taxe du pain.

Paris. 1785. Imprimerie royale. 1 vol. in-4°.

2811.— Panification. — Mélanges.

1 vol. in-8°, contenant :

1. — Discours prononcés à l'ouverture de l'école gratuite de boulangerie, le 8 juin 1780. Par MM. Parmentier et Cadet de Vaux.
    Paris. 1780. Pierres.

2. — Expériences et observations sur le poids du pain au sortir du four, et sur le réglement par lequel les boulangers sont assujétis à donner aux pains qu'ils exposent en vente un poids fixe et déterminé. Par M. Tillet.
    Paris. 1781. Pierres.

3. — Description de la Lembertine, machine à pétrir le pain, suivie de quelques observations sur les levains ; par *Arsenne* Thiébaut de Berneaud.
    Paris. 1813. Colas.

4. — Manière de faire le pain de pomme de terre, sans mélange de farine. Par M. Parmentier.
    Paris. 1779. Imprimerie royale.

5. — L'ami de l'économie aux amis de l'humanité, sur les pains divers dans la composition desquels entre la pomme-de-terre, etc. Par A. A. Cadet-de-Vaux.
    Paris. 1816. Colas.

6. — De la fabrication de la farine de pomme de terre, et de son emploi dans la panification ; par *André* Beaumont.
    Paris. 1816. Paschoud.

7. — Essai sur l'extraction de la farine de pommes de terre, avec la manière d'en faire du pain, soit dans son état de fraîcheur, soit après sa dessication ; par M. Mergoux.
    Paris. 1816. Vallat la Chapelle.

8. — Instruction sur le meilleur emploi de la pomme de terre dans sa co-panification avec les farines de céréales. Par Cadet de Vaux.
    Paris. 1817. L. Colas.

9. — Le pain à un sou la livre, ou la pomme de terre employée à la nourriture de l'homme ; par *Jacques* Bujault.
    Paris. 1829. Gaultier-Laguionie.   in-12.

** — Voyez aussi N°s 1229 et 1230.

2812.—Examen chymique des pommes de terre. Dans lequel

on traite des parties constituantes du bled. Par M. PARMENTIER.

Paris. 1773. Didot. 1 vol. in-12.

2813.—Moyens de prévenir le retour des disettes. Par *A. A.* CADET-DE-VAUX.

Paris. 1812. D. Colas. 1 vol. in-8°.

d. — *Boissons. (Bierre, vin, cidre, etc.)*

2814.—L'art de brasser, traduit de l'anglais de M. COMBRUNE; renfermant les principes de la théorie et ceux de la pratique.

Paris. 1802. Le Normant. 1 vol. in-8°.

2815.—Dissertation sur les vins. Ouvrage dans lequel on donne la meilleure manière de les préparer, celle de les conserver, etc. Par M.*** (PLAIGNE.)

Paris. 1772. Didot jeune. 1 vol. in-12.

2816.—Manuel pratique où l'on traite des différentes manières les plus simples et les meilleures, pour faire toutes sortes de vins, qui soient de qualité et de garde. Par M. BRIDELLE DE NEUILLAN.

Montargis. 1781. Prevost. 1 vol. in-12.

2817.—L'art de faire le vin, d'après la doctrine de Chaptal. Instruction destinée aux vignerons : rédigée par *Antoine-Alexis* CADET-DE-VAUX.

Paris. 1803. Bureau de la Décade phil. 1 vol. in-8°.

2818.—Art de faire les vins de fruits, précédé d'une esquisse historique sur l'art de faire le vin de raisin, etc.; suivi de l'Art de faire le cidre, le poiré, les hydromels, les arômes, le sirop et le sucre de pommes de terre; etc. Traduit de l'anglais de ACCUM. Par MM. G. et Ol. (*J. J. V.* GUILLOUD et OLIVIER.)

Paris. 1825. Raynal. 1 vol. in-12.

2819.—De la graisse des vins, des phénomènes de cette maladie, de ses causes, des moyens d'y remédier, et de ceux de la prévenir ; etc. Par *J. Ch.* HERPIN. 2ᵉ édit.
   Châlons-sur-Marne. 1819. Boniez-Lambert. Piéce in-8°.

e. — *Sucre.*

2820.—Art de fabriquer le sucre de betteraves. Par M. DUBRUNFAUT.
   Paris. 1825. Bachelier. 1 vol. in-8°.

2821.—Instruction sur les moyens de suppléer le sucre dans les principaux usages qu'on en fait pour la médecine et l'économie domestique. Par M. PARMENTIER.
   Paris. 1808. Méquignon. 1 vol. in-8°.

2822.—Instruction sur les sirops et les conserves de raisins, destinés à remplacer le sucre dans les principaux usages de l'économie domestique. Par *A. A.* PARMENTIER.
   Paris. 1809. Méquignon aîné. 1 vol. in-8°.

2823.—Traité sur l'art de fabriquer les sirops et les conserves de raisins, destiné à suppléer le sucre des colonies dans les principaux usages de l'économie domestique ; par *A. A.* PARMENTIER. 3ᵉ édit.
   Paris. 1810. Méquignon aîné. 1 vol. in-8°.

2824.—Aperçu des résultats obtenus de la fabrication des sirops et des conserves de raisins dans le cours des années 1810 et 1811, pour servir de suite au traité publié sur cette matière ; avec une notice historique et chronologique du corps sucrant ; par *A. A.* PARMENTIER.
   Paris. 1812. Imprimerie imp. 1 vol. in-8°.

f. — *Confiserie.* — *Distillerie.*

2825.—Nouvelle instruction pour les confitures, les liqueurs et les fruits, avec la manière de bien ordonner un

dessert, et tout le reste qui est du devoir des maîtres d'hôtels, sommeliers, confiseurs et autres officiers de bouche. Suite du Cuisinier roial et bourgeois. 2ᵉ éd.
Paris. 1698. Ch. de Sercy. 1 vol. in-12.

2826. — L'art de conserver et d'employer les fruits, contenant tous les procédés économiques pour les confire et pour composer les liqueurs, sirops, glaces, boissons de ménage, etc. 3ᵉ édit.
Paris. 1829. Audot. 1 vol. in-12.

2827. — Traité raisonné de la distillation, ou la distillation réduite en principes, par M. DÉJEAN. 3ᵉ édit.
Paris. 1769. Guillyn. 1 vol. in-12.

2828. — Traité des liqueurs, esprits ou essences, et la manière de s'en servir utilement. Par *Fr*. GUISLIER DU VERGER.
Louvain. 1728. Guill. Stryckwant. 1 vol. in-8°.

g. — *Mélanges*.

2829. — L'art de conserver, pendant plusieurs années, toutes les substances animales et végétales. Par APPERT.
Paris. 1810. Patris. 1 vol. in-8°.

2830. — Essai sur les huiles. — Notice explicative pour l'emploi de l'oléomètre à froid, par LEFEBVRE (1).
Amiens. 1843. Yvert. Pièce in-8°.

2831. — Des substances alimentaires et des moyens de les améliorer, de les conserver et d'en reconnaître les altérations. Par *A*. PAYEN.
Paris. 1853. Hachette. 1 vol. in-18.

2832. — Dictionnaire des altérations et falsifications des substances alimentaires, médicamenteuses et commer-

---

(1) LEFEBVRE (*Charles-Joseph-Victor*), né à Amiens le 4 septembre 1782, y mourut le 5 janvier 1849.

ciales, avec l'indication des moyens de les reconnaître. Par M. A. CHEVALLIER. 2ᵉ édit.
Paris. 1854-1855. Béchet jeune. 2 vol. in-8º.

2833. — Manière de bonifier parfaitement, avec facilité et économie, au moyen d'un appareil simple et solide, les mauvaises eaux à bord des vaisseaux de guerre et de commerce, ainsi que dans tous les pays ; mise en usage dans la marine de l'Etat vers la fin de l'an 8. Invention présentée au Gouvernement, en l'an 6, par le Cᵉⁿ. James Smith. Par le Cᵉⁿ. BARRY.
Paris. An IX. Baudelot. 1 vol. in-8º.

2834. — Suite du livre intitulé : *Nouvelles fontaines filtrantes*, approuvées par l'Académie royale des sciences, ornée de nouvelles figures, avec trois dissertations : 1º sur les méchanismes de la nature, dans la corruption, la puanteur, la fadeur et le mauvais goût de l'eau dormante, et de tous les filtres, etc. 2º Sur la nécessité et la salubrité des vaisseaux de fer, pour la préparation des alimens. 3º Sur la nécessité et la neutralité, ou l'impuissance des fontaines d'étaim pur, ou de plomb affiné, sur le corps humain. Par M. AMY.
Paris. 1754. Ant. Boudet. 1 vol. in-12. Fig.

V. — ART DES CONSTRUCTIONS.

a. — *Traités généraux.*

2835. — L'architecture françoise des bastimens particuliers. Composée par Mᵉ *Louis* SAVOT. Aug. dans cette seconde édit. de plusieurs figures, et des notes de M. BLONDEL.
Paris. 1685. Vᵉ Clouzier. 1 vol. in-8º.

2836. — Architecture moderne ou l'art de bien bâtir pour toutes sortes de personnes, tant pour les maisons des particuliers que pour les palais. (Par *Ch. Et.* BRISEUX.)
Paris. 1728. Cl. Jombert. 2 vol. in-4º. Pl.

2837.— Précis des leçons d'architecture données à l'École royale polytechnique. Par *J. L. N.* DURAND.

Paris. 1823-25. 2 en 1 vol. in-4°. Pl.

Dans le même volume :

—Partie graphique des cours d'architecture faits à l'École royale polytechnique depuis sa réorganisation; précédée d'un sommaire des leçons relatives à ce nouveau travail. Par *J. N. L.* DURAND.

Paris. 1821. Firm. Didot. 1 vol. in-4°. Pl.

2838.— Traité théorique et pratique de l'art de bâtir, par *Jean* RONDELET. 6ᵉ édition.

Paris. 1830-1832. Foin. 5 vol. in-4° et atl. in-fol.

2839.— Traité théorique et pratique de l'art de bâtir, par Jean Rondelet. — Supplément, par *G. Abel* BLOUET.

Paris. 1847-48. F. Didot fr. 2 v. in-4° et atl. in-fol.

2840.— Nouvelle méthode d'encaissement, pour fonder facilement et solidement à telle profondeur qu'il sera nécessaire, dans les rivières, dans les marais, dans la mer, à proximité des côtes, et généralement dans les terreins sabloneux ou vaseux. Par M. TARDIF.

Paris. 1757. Chaubert. 1 vol. gr. in-fol.

2841.— Traité expérimental, analytique et pratique de la poussée des terres et des murs de revêtement; par M. MAYNIEL.

Paris. 1808. D. Colas. 1 vol. in-4°. Fig.

2842.— Traité d'économie-pratique, ou moyens de diriger par économie différentes constructions, réparations ou entretiens; suivi de quelques principes concernant la meilleure construction des machines hydrauliques. Par JUMEL RIQUIER.

Amiens. 1780. Martin. 1 vol. in-4°. Pl.

b. — *Charpenterie.*

2843. — L'art de charpenterie de *Mathurin* Jousse. Corrigé et augmenté de ce qu'il y a de plus curieux dans cet art, et des machines les plus nécessaires à un charpentier. Par M. DE LA HIRE. 3ᵉ édit.
Paris. 1751. Jombert. 1 vol. in-fol. Fig.

2844. — Traité de charpenterie et des bois de toutes espèces. Avec un tarif général des bois de toutes sortes de longueurs et grosseurs, dans un goût nouveau, et un Dictionnaire des termes de la charpenterie. Par M. *Matthias* MESANGE.
Paris. 1753. Ch. Ant. Jombert. 2 vol. in-8º. Fig.

c. — *Coupe des pierres et des bois.*

2845. — La pratique du trait à preuves, de M. DESARGUES, pour la coupe des pierres en l'architecture. Par *A.* BOSSE.
Paris. 1643. P. Des Hayes. 1 vol. in-8º.

2846. — La théorie et la pratique de la coupe des pierres et des bois, pour la construction des voutes et autres parties des bâtimens civils et militaires, ou traité de stéréotomie à l'usage de l'architecture, par M. FREZIER.
Paris. 1737-39. Jombert et Guérin. 3 vol. in-4º. Pl.

2847. — Traité de la coupe des pierres. Par *J.* ADHÉMAR. 2ᵉ éd.
Paris. 1840. Bachelier. 1 vol. in-8º et atl. in-fº.

d. — *Constructions diverses.*

2848. — Commentaire de *S. J.* FRONTIN, sur les aqueducs de Rome, traduit avec le texte en regard; précédé d'une notice sur Frontin, de notions préliminaires sur les poids, les mesures, les monnaies, et la manière de compter des Romains ; suivi de la description des principaux aqueducs construits jusqu'à nos jours ; des lois ou constitutions impériales sur les aqueducs, et d'un précis d'hydraulique. Par *J.* RONDELET.

Paris. 1820. Didot. 1 vol. in-4° et atlas in-fol.

** — *Sextus Julius* FRONTIN. Aqueducs de la ville de Rome. Traduction nouvelle par M. *Ch.* BAILLY.

Paris. 1848. Panckoucke. 1 vol. in-8°.

Voyez : *Bibl. lat. franç.*

2849. — *Raphaelis* FABRETTI de aquis et aquæductibus veteris Romæ dissertationes tres.

Romæ. 1688. 1 vol. in-4°. Sans titre.

2850. — Bains et lavoirs publics. — Commission instituée par ordre du prince Président de la République.

Paris. 1852. Ministère de l'Intér. 1 vol. in-fol. Pl.

2851. — Essai sur l'art de construire les théâtres, leurs machines et leurs mouvemens. Par le C^{on}. BOULLET.

Paris. 1801. Ballard. 1 vol. in-4°. Pl.

2852. — De l'exécution dramatique, considérée dans ses rapports avec le matériel de la salle et de la scène. Par le colonel GROBERT.

Paris. 1809. F. Schoell. 1 vol. in-8°. Pl.

2853. — Mémoire sur l'application des principes de la méchanique à la construction des voûtes et des dômes, dans lequel on examine le problème proposé par M. Patte, relativement à la construction de la coupole de l'église Sainte-Geneviève de Paris. Par M. GAUTHEY.

Dijon. 1771. Frantin. 1 vol. in-4°. Pl.

2854. — Prospectus d'un pont de fer d'une seule arche, proposé, depuis vingt toises jusqu'à cent d'ouverture, pour être jeté sur une grande rivière ; présenté au Roi le 5 mai 1783, par M. *Vincent* DE MONTPETIT.

Paris. 1783. L'auteur. Pièce in-4°. Pl.

2855. — Description of an improved mode of constructing

tunnels under water, and of the apparatus to be used for that purpose, by *S.* DUNN. — Description d'un nouveau système de construction des tunnels sous l'eau, et des appareils à employer à cet effet, par *S.* DUNN.

S. n. n. l. n. d. 2 pièces in-8º.

e. — *Matériaux.* — *Séries de prix.*

2856. — Recherches sur la préparation que les Romains donnoient à la chaux dont ils se servoient pour leurs constructions, et sur la composition et l'emploi de leurs mortiers. Par M. DE LA FAYE.

Paris. 1777. Imprimerie royale. 1 vol. in-8º.

2857. — Mémoire pour servir de suite aux Recherches sur la préparation que les Romains donnoient à la chaux, etc. Par M. DE LA FAYE.

Paris. 1778. Imprimerie royale. 1 vol. in-8º.

2858. — Mémoire sur la découverte d'un ciment impénétrable à l'eau; et sur l'application de ce même ciment à une terrasse de la maison de l'auteur. Par M. D'ETIENNE.

Paris. 1782. Pierres. Pièce in-4º.

2859. — Expériences qui font connaître que, suivant la manière dont la même chaux vive a été éteinte, elle est plus ou moins propre à former des bétons ou mortiers solides; par *B. G.* SAGE.

Paris. 1809. H. Agasse. Pièce in-8º.

2860. — Recherches expérimentales sur les chaux de construction, les bétons et les mortiers ordinaires; par *L. J.* VICAT.

Paris. 1818. Didot aîné. 1 vol. in-4º.

** — Sur les chaux, les mortiers et les ciments hydrauliques, par M. ARAGO.

Voyez: *Œuvres* de *Fr.* ARAGO. *Not. scient.*, II.

2861. — Notice sur le ciment picard de Paris aîné (1), d'Amiens, ou composition économique propre à améliorer les mortiers, platres, ciments et mastics de tous genres, et permettant de les employer, sans crainte d'altération, pendant des gelées de 10 et même de 15 degrès.

Amiens. 1841. Alf. Caron. Pièce in-8°.

2862. — Ciment-Paris contre la gelée, ou composition économique inventée par M. Paris aîné, d'Amiens, pour améliorer en toute saison les mortiers, platres, etc.

Amiens. 1848. Alf. Caron. Pièce in-8°.

2863. — Mémoire sur les moyens de construire des planchers en bois avec plus de solidité et d'économie que l'on n'a fait jusqu'à présent, avec le rapport de l'Académie royale d'architecture. Par le Sieur Panseron.

Paris. 1786. L'auteur. Pièce in-4°.

2864. — Notice sur le pisé, et sur les avantages de son introduction dans les départemens du nord de la France, par M. le Comte Des Garets.

Boulogne. 1823. Leroy-Berger. Pièce in-8°.

2865. — Mémoire sur les couvertures des casernes et édifices; par M. Belmas. — Extrait du *Mémorial du génie*.

Paris. 184... Pièce in-8°.

2866. — Ville d'Amiens. — Travaux communaux. — Série de prix. (Par MM. Antoine et Vigreux.)

Amiens. 1854. Les Imprimeurs. 1 vol. in-4°.

2867. — Série de prix applicables aux travaux de construction qui s'exécutent dans la ville d'Amiens, avec sous-détails. — Année 1859. — Par *Ch.* Pinsard (2).

Amiens. 1859. Alf. Caron. 1 vol. petit in-fol.

---

(1) Paris (*Antoine-Quentin*), né à Amiens le 5 février 1782.
(2) Pinsard (*Charles-Joseph*), né à Amiens le 21 mai 1819.

f. — *Voies de communication.* — *Routes.* — *Chemins de fer.*
— *Canaux.*

** — Essai sur la voirie et les ponts et chaussées de France. Par DUCLOS.
Voyez : *Œuvres* de DUCLOS, VI.

2868. — Note sur les conditions suivant lesquelles doit être établi le profil transversal des chemins vicinaux de petite et de grande communication, sous les deux points de vue distincts : 1° des dispositions de l'aire supérieure des chemins ; 2° de la construction des empierrements ; par M. A. FOURNIER (1).
Paris. 1846. Paul Dupont. Pièce in-8°.

** — Voyez plus haut : *Économie politique.* — *Voies de communication.* N° 1274 à 1278.

** — Voyez aussi : Recueil de pièces concernant le chemin de fer du Nord et de Boulogne. *Histoire*, N° 3599.

** — Tableaux analytiques présentant la situation et le montant des dépenses des travaux des ponts et chaussées et des bâtiments civils exécutés en France en 1850. Voyez : *Histoire.* N° 3102.

** — Navigation intérieure dé la France.
Voyez : *Histoire.* N° 3586 à 3592 et 3645 à 3651 et plus haut N° 2139.

VI. — ART MILITAIRE.

a. — *Dictionnaires.* — *Histoire.* — *Généralités.*

2869. — Dictionnaire militaire, ou recueil alphabétique de tous les termes propres à l'art de la guerre, etc. 2ᵉ édit. — Supplément au Dictionnaire. Par M. A. D. L. C. (AUBERT DE LA CHENAYE DES BOIS.)
Paris. 1745-1746. Gissey. 3 vol. in-12.

---

(1) FOURNIER (*Pierre-François-Achille*), né à Abbeville le 18 décemb. 1802.

** — Art militaire.
>
> **Paris. 1784-97. Panckoucke. 4 vol. in-4°.**
>
> Voyez : *Encyclopédie méth.*

2870. — Essai sur l'histoire générale de l'art militaire, de son origine, de ses progrès et de ses révolutions, depuis la formation des sociétés européennes jusqu'à nos jours. Par le colonel CARRION-NISAS.
> **Paris. 1824. Delaunay. 2 vol. in-8°. Pl.**

** — Pour l'histoire et l'organisation militaire de la France, voyez : *Histoire.* N° 3117 à 3157.

2871. — Réflexions sur la milice, et sur les moyens de rendre l'administration de cette partie uniforme et moins onéreuse. (Par *Claude* BOURGELAT.)
> **1760. 1 vol. in-8°.**

** — Pour ce qui concerne l'histoire des campagnes et des opérations militaires, voyez l'histoire des divers états entre lesquels ou chez lesquels les guerres ont eu lieu.

** — Bulletin des sciences militaires. Rédigé par *J. B. F.* KOCH.
> Voyez : *Bulletin universel* de FÉRUSSAC. 8ᵉ section:

b. — *Art militaire chez les anciens.*

** — Histoire de POLYBE, nouvellement traduite du grec par D. *Vincent* THUILLIER. Avec un commentaire, ou un corps de science militaire, etc. Par M. DE FOLARD.
> **Paris. 1727-1730. Gandouin. 6 vol. in-4°.** *Histoire.* N° 886.

** — AINEIOY τακτικόν τε καὶ πολιορκητικὸν ὑπόμνημα, περὶ τοῦ πῶς χρὴ πολιορκούμενον ἀντέχειν. ÆNEÆ commentarius de toleranda obsidione, cum interpretatione ac notis *Is.* CASAUBONI.
> **Amstelodami. 1670. J. Jansson. in-8°.** Voyez : *Histoire.* N° 883.

** — APPIANOY λόγος τακτικός. — Εκταξις κατὰ Ἀλανῶν.
> Vide : ARRIANI opera. *Histoire.* N° 813 et seq.

2872. — *Flavii* VEGETII RENATI de re militari libri quatuor. — *Sexti Julii* FRONTINI de stratagematis libri totidem. — ÆLIANI de instruendis aciebus liber unus. — MODESTI de vocabulis rei militaris liber item unus. — Omnia diligenter ad codices antiquos et emendatos maxime BUDÆI, collata sunt.

Parisiis. 1535. Ch. Wechelus. 1 vol. in-8°.

2873. — V. inl. *Fl.* VEGETII RENATI aliorumque aliquot veterum de re militari libri. — Accedunt FRONTINI stratagematibus ejusdem auctoris alia opuscula. Omnia emendatiùs, quædam nunc primùm edita à *Petro Scriverio*. Cum commentariis aut notis *God.* STEWECHII et *Fr.* MODII.

Antuerpiæ. 1607. Off. Plantiniana. 1 vol. in-4°.

2874. — Commentaires sur les institutions militaires de VÈGECE, par le Comte TURPIN DE CRISSÉ.

Montargis. 1779. Cl. Lequatre. 3 vol. in-4°. Pl.

2875. — *Sexti Julii* FRONTINI stratagematicωn, sive de solertibus ducum factis et dictis libri quatuor.

Parisiis. 1661. Cl. Thiboust. 1 vol. in-24.

2876. — Les stratagesmes de FRONTIN. De la traduction de *Nicolas* PERROT, Sieur d'ABLANCOURT. Avec un petit traité de la bataille des Romains.

Paris. 1664. Billaine. 1 vol. in-12.

** — *Sextus Julius* FRONTIN. Les stratagèmes. Traduction nouvelle. Par M. *Ch.* BAILLY.

Paris. 1848. Panckoucke. 1 vol. in-8°.

Voyez : *Bibl. lat. fr.*

2877. — ΠΟΛΥΑΙΝΟΥ στραταγημάτων βιβλοι οκτώ. POLYÆNI stratagematum libri octo. *Isa.* CASAUBONUS græcè nunc primùm edidit, emendavit, ac notis illustravit. Adjecta est etiam *Justi* VULTEII latina versio.

Lugduni. 1589. J. Tornæsius. 1 vol. in-16.

2878. — Les ruses de guerre de POLYEN, traduites du grec en françois, avec des notes. Par D. G. A. L. R. B. D. L. C. D. S. M. (Dom *G. A.* LOBINEAU.) Contenant en abrégé les faits les plus mémorables de tous les grands capitaines et de quelques femmes illustres, de l'antiquité. Nouv. édit. (Publié par le P. DESMOLETS.)

Paris. 1770. V° David. 2 vol. in-12.

2879.—Les stratagèmes et les ruses de guerre, tirez des historiens grecs, latins et françois, tant anciens que modernes. (Par DE LA FÉ.)

Paris. 1694. F. Eschart. 1 vol. in-18.

On trouve à la suite :

—Histoire de Pologne, contenant les divisions arrivées en ce Royaume, au sujet de l'élection d'un Roy. Par M. DE LA BIZARDIÈRE.

Amsterdam. 1715. D. Mortier. in-18.

** — Art militaire des Chinois, ou recueil d'anciens traités sur la guerre, composés avant l'ère chrétienne par différens généraux chinois, traduit en français par le P. AMIOT.

Voyez : *Mémoires sur les Chinois*, tom. VII et VIII.

2880.—*Justi* LIPSI de militia romana libri quinque, commentarius ad Polybium.

Antuerpiæ. 1596. Off. Plantiniana. 1 vol. in-4°.

2881.—Idem opus. Editio nova, aucta variè et castigata.

Antuerpiæ. 1598. Off. Plantiniana. 1 vol. in-4°.

2882.—*Justi* LIPSI poliercetic*on* sive de machinis, tormentis, telis, libri quinque. Ad historiarum lucem.

Antuerpiæ. 1596. Off. Plantiniana. 1 vol. in-4°.

On trouve à la suite :

—*Justi* LIPSI admiranda, sive de magnitudine romana libri quattuor. 2ª edit.

Antuerpiæ. 1599. Off. Plantiniana. in-4°.

—*Justi* LIPSI de bibliothecis syntagma.

Antuerpiæ. 1602. Off. Plantininaa. in-4°.

2883.—*Joannis-Antonii* VALTRINI de re militari veterum Romanorum libri septem.

Colon. Agripp. 1617. Birckmann. 1 vol. in 8°.

2884.— *Cl.* Salmasii de re militari Romanorum liber. Opus posthumum.

Lugd. Bat. 1657. J. Elzevirius. 1 vol. in-4°.

** — Discours sur la castramétation et discipline des Romains, escript par noble Seigneur *Guillaume* Du Choul.

Lyon. 1556. G. Roville. 1 vol. in-fol.

Voyez : *Histoire.* N° 4733 et 4734.

2885.— Le parfait capitaine, autrement l'abregé des guerres des commentaires de César. Augmenté d'un traicté, de l'intérest des Princes, et Estats de la Chrestienté. (Par le Duc *Henry* de Rohan.)

Paris. 1658. N. Le Gras. 1 vol. in-12.

---

c. — *Art militaire chez les modernes.*

2886.— En tibi lector *Robertum* Valturium, de re militari libris xii multò emaculatius, ac picturis, quæ plurimæ in eo sunt, elegantioribus expressum, quàm cum Veronæ inter initia chalcographicæ anno Mccccxxxiii invulgaretur.

Parisiis. 1532. Christ. Wechelus. 1 vol. in-fol. Fig.

2887.— Quesiti, et inventioni diverse de *Nicolo* Tartalea.

Venetia. 1546. Vent. Ruffinelli. 1 vol. in-4°.

A la suite on trouve :

—Inventione nuovamente trovata da *Nicolo* Tartalea utilissima per ciascuno speculativo mathematico bombardiero e altri intitolata Scientia nova.

Vinegia. 1537. Stephano da Sabio. in-4°.

2888.—Teorica, et prattica di guerra terrestre, et maritima, del sig. D. *Bernardino* di Mendozza. Tradotta dalla lingua spagnuola nella italiana da *Salustio* Gratii.

Venetia. 1596. Gio. Bat. Ciotti. 1 vol. in-4°.

** — De l'art de la guerre. Par Machiavel.

  Voyez : *Œuvres* de Machiavel, III.

2889. — Arte militare del capitano *Francesco* Ferretti. Dove si ragiona di ordinanze, et dal marciar esserciti, et del modo sicuro di allogiarli, etc.

  Ancona. 1608. Fr. Manolesso. 1 vol. in-8°. Fig.

2890. — De vantaggi da pigliarsi da capitani in guerra contra nimici superiori di cavalleria. Di *Francesco* Serdonati.

  Roma. 1608. Carlo Vullietti. 1 vol. in-4°.

2891. — Les discours militaires. Par le Sr du Praissac.

  Paris. 1612. Vᶜ Guillemot. 1 vol. in-8°.

2892. — Instructions militaires, divisées en six livres. Par *Jérémie* de Billon, Sr de la Prugne.

  Lyon. 1617. Bart. Ancelin. 1 vol. in-fol.

2893. — L'alphabet du soldat, et vray esclaircissement de l'art militaire, depuis son enrollement jusques à ce qu'il soit parvenu de degré en degré à estre général d'armée, etc. Par *Matthieu* de la Simonne.

  Paris. 1623. P. Billaine. 1 vol. in-4°.

2894. — Discours pour le restablissement de la milice de France. Contenant les fonctions depuis le simple soldat jusques à celles du général d'armée. Par *René* Le Normant.

  Rouen. 1633. Ch. Osmont. 1 vol. in-4°.

2895. — La milice moderne, où sont comprises les évolutions tant de cavalerie que d'infanterie. Par le Sr *Bernardin* Imbotti.

  Paris. 1646. Camusat. 1 vol. in-8°.

2896. — Du maniement et conduite de l'art et faictz militaires. Faict en italien, par M. *Bernardin* Rocque, et mis en françois, par *Françoys* de Belle-Forest.

  Paris. 1671. Chesneau. 1 vol. in-4°.

  Dans ce volume, on trouve aussi :

— Des entreprises et ruses de guerre ; et des fautes qui

parfois surviennent èsprogrez et exécutions d'icelles ;
ou le vray pourtrait d'un parfait général d'armée :
tiré de l'italien du Sieur *Bernardin* Roque, par le
Seigneur DE LA POPELLINIERE, LANCELOT DU VOESIN.

Paris. 1571. N. Chesneau. in-4°.

2897. — Mémoires de MONTECUCULI ; ou principes de l'art militaire en général. Divisez en trois livres. Traduits d'italien en françois par *** (*Jacques* ADAM.)

Paris. 1712. Nyon. 1 vol. in-12.

2898. — Même ouvrage.

Amsterdam. 1734. La Compagnie. 1 vol. in-12.

2899. — Reflexiones militares del mariscal de campo Don *Alvaro Navia* OSSORIO, Vizconde DE PUERTO, ò Marques de SANTA CRUZ DE MARZENADO etc.

Turin et Paris. 1724-1730. Mairesse. 11 v. in-4°.

2900. — Réflexions militaires et politiques, traduites de l'espagnol de M. le Marquis de SANTA CRUZ DE MARZENADO. (Par M. DE VERGY.)

Paris. 1735-1736. Rollin fils. 4 vol. in-12.

2901. — Elémens de l'art militaire. Par M. D'HÉRICOURT.

La Haye. 1739. J. Neaulme. 1 vol. in-12.

2902. — Elémens de l'art militaire. Par feu M. D'HÉRICOURT. Nouvelle édition augmentée des nouvelles ordonnances militaires données depuis 1741 jusqu'à présent. (Par A. DE LA CHESNAYE DES BOIS.)

Paris. 1756-58. Gissey. 6 vol. in-12. Manque tom. 3, 4.

2903. — Mémoires de M. le Marquis DE FEUQUIÈRE, contenant ses maximes sur la guerre, et l'application des exemples aux maximes. Nouv. édit. augmentée de plusieurs additions considérables, et d'une vie de l'auteur donnée par M. le Comte DE FEUQUIÈRE, son frère.

Paris. 1740. Rollin fils. 4 vol. in-12. Plans et cartes.

2904. — Même ouvrage. Nouv. édit.

Amsterdam. 1741. L'Honoré. 1 vol. in-4°. Pl. cartes.

2905. — Observations sur l'art de faire la guerre suivant les maximes des plus grands généraux. (Par VAULTIER.)
   Paris. 1740. V° Delaulne. 1 vol. in-12.

2906. — Les rêveries ou mémoires sur l'art de la guerre de *Maurice* Comte de SAXE. Dédiés à MM. les officiers généraux par M. DE BONNEVILLE.
   La Haye. 1756. P. Gosse. 1 vol. in-fol. Pl.

2907. — Mes rêveries. Ouvrage posthume de *Maurice* Comte DE SAXE : augmenté d'une histoire abrégée de sa vie, et de différentes pièces qui y ont rapport, par M. l'*Abbé* PÉRAU.
   Amsterdam. Paris. 1757. Desaint. 1 v. in-4°. Pl. T. 1er.

2908. — Edition portative des rêveries, ou mémoires sur l'art de la guerre, par *Maurice* Comte DE SAXE. Edit. rev. corr. augm. Le tout dirigé par M. DE VIOLS.
   Dresde. 1757. 1 vol. in-12.

2909. — Art de la guerre, par principes et par règles. Ouvrage de M. le Maréchal de PUYSÉGUR. Mis au jour par M. le Marquis DE PUYSÉGUR son fils.
   Paris. 1749. Ant. Jombert. 2 vol. in-4°. Pl.

2910. — Essai sur la science de la guerre, ou recueil des observations de différens auteurs, sur les moyens de la perfectionner. (Par M. le Baron D'ESPAGNAC.)
   La Haye. Paris. 1751-53. Ganeau. 3 vol. in-8°.

2911. — Essai sur les grandes opérations de la guerre, ou recueil des observations de différens auteurs, sur la manière de les perfectionner. Par M. le Baron D'ESPAGNAC.
   La Haye. Paris. 1755. Ganeau. 4 vol. in-8°.

2912. — Supplément à l'étude militaire, pour servir d'introduction méthodique à l'art de la guerre. Par M. le Baron DE TRAVERSE.
   1757. 1 vol. in-12.

2913. — Cours de tactique, théorique, pratique et historique, etc. Par M. JOLY DE MAIZEROI.
   Nancy. 1756. H. Leclerc. 2 vol. in-8°. Fig.

2914. — Le partisan, ou l'art de faire la petite-guerre avec succès selon le génie de nos jours. Par M. DE JENEY.

La Haye. 1759. H. Constapel. 1 vol. in-8°. Pl.

2915. — Introduction à l'histoire de la guerre en Allemagne, en MDCCLVI, entre le Roi de Prusse et l'Impératrice-reine avec ses alliés, ou mémoires militaires et politiques du général LLOYD. Traduit et augmenté de notes, et d'un précis sur la vie et le caractère de ce général. Par un officier françois (*G. H.* DE ROMANCE DE MESMONT.)

Londres. Bruxelles. 1784. Pion. 1 vol. in-4°. Fig.

2916. — Programmes des cours révolutionnaires sur l'art militaire, l'administration militaire, la santé des troupes et les moyens de la conserver. Faits aux élèves de l'École de Mars, depuis le 5 fructidor jusqu'au 13 vendémiaire, an III.

Paris. An III. Le Comité de salut public. 1 vol. in-4°.

d. — *Organisation.* — *Manœuvres des troupes.*

2917. — Recueil d'ordonnances concernant l'organisation des troupes françaises.

Paris. 1776-88. Impr. roy. 1 vol. in-fol., contenant :

1. — Ordonnance du Roi, pour faire continuer la fourniture du pain de munition aux troupes qui seront dans les places d'Alsace, Pays Messin, Lorraine, Champagne, Flandre, Artois, Picardie et Haynault, comté et duché de Bourgogne, Dauphiné, Languedoc, Roussillon, Provence, en Corse et à Brest, etc. Du 14 février 1776.
2. — .... portant règlement sur les gouvernemens généraux des provinces, gouvernemens particuliers, lieutenances du Roi, ou commandemens, majorités, aides et sous-aides majorités des villes, places et châteaux ; et qui, en déterminant différentes classes, affecte particulièrement chacune d'elles aux différens grades militaires. Du 18 mars 1776.
3. — .... concernant les déserteurs. Du 25 mars 1776.
4. — .... concernant la cavalerie. Du 25 mars 1776.

5. — .... concernant les dragons. Du 25 mars 1776.

6. — .... concernant les hussards. Du 25 mars 1776.

7. — .... concernant les légions. Du 25 mars 1776.

8. — Réglement concernant les nouvelles écoles royales militaires. Du 28 mars 1776.

9. — Réglement arrêté par le Roi, concernant l'habillement et l'équipement de ses troupes. Du 31 mai 1776.

10. — Ordonnance du Roi, concernant l'administration des fourrages pour les chevaux de la cavalerie, dragons et hussards. Du 31 mai 1776.

11. — .... concernant la constitution et administration de l'Hôtel royal des Invalides, les officiers, bas officiers, et soldats pensionnés. Du 17 juin 1776.

12. — .... concernant les compagnies détachées de l'Hôtel royal des Invalides. Du 17 juin 1776.

13. — .... concernant quelques objets relatifs aux troupes du corps royal de l'artillerie, à la visite des arsenaux et des fortifications, aux enchères et adjudications des ouvrages à ordonner aux bâtimens militaires, et aux fournitures en tout genre à faire aux troupes. Du 27 juin 1776.

14. — .... portant création d'un corps de soldats pionniers. Du 2 juillet 1776.

15. — Réglement concernant les cadets-gentilhommes, créés dans les troupes du Roi par l'ordonnance du 25 mars 1776. Du 20 août 1776.

16. — Ordonnance du Roi, concernant les embaucheurs et fauteurs de désertion. Du 12 septembre 1776.

17. — .... concernant le corps royal de l'artillerie. Du 3 nov. 1776.

18. — .... concernant le corps du génie. Du 31 décembre 1776.

19. — .... pour régler le semestre des officiers, bas officiers, cavaliers, hussards, dragons et soldats de ses troupes. Du 18 oct. 1777.

20. — .... portant création d'une compagnie des cadets-gentilhommes. Du 18 octobre 1777.

21. — Réglement concernant les troupes provinciales. Du 1 mars 1778.

22. — Ordonnance du Roi concernant les invalides pensionnés, soldes, demi-soldes et récompenses militaires, retirés dans les provinces. Du 9 mars 1778.

23. — .... concernant l'administration des fourrages pour les chevaux de la cavalerie, des dragons et des hussards. Du 9 mars 1778.
24. — .... pour fixer, à commencer du 1 janvier 1779, la composition du pain de munition, dont la fourniture doit être faite à ses troupes. Du 18 septembre 1778.
25. — .... concernant la cavalerie, et portant création de six régimens de chevaux-légers. Du 29 janvier 1779.
26. — Réglement arrêté par le Roi, pour l'habillement et l'équipement de ses troupes. Du 21 février 1779.
27. — Ordonnance du Roi, concernant l'ordre de St.-Louis. Du 21 août 1779.
28. — Instruction sur le service des convois militaires. Du 4 mars 1780.
29. — Ordonnance du Roi, portant réglement sur les lois et prérogatives de la place de colonel général de son infanterie françoise et étrangère. Du 6 avril 1780.
30. — .... pour mettre le régiment Royal-Bavière sous le nom de Royal-Hesse-Darmstadt. Du 15 avril 1780.
31. — .... portant réglement général concernant les hôpitaux militaires. Du 2 mai 1781.
32. — Réglement arrêté par le Roi, pour l'habillement et l'équipement de ses troupes. Du 10 octobre 1786.
33. — Réglement provisoire concernant le service intérieur, la police et la discipline des troupes d'infanterie. Du 1 juillet 1788.
34. — Réglement provisoire pour le service des troupes à cheval en campagne. Du 12 août 1788.
** — Voyez aussi : *Jurisprudence.*

2918. — Premier livre touchant le dressement des soldats au maniement de leurs armes.
  1 vol. in-fol. Sans titre.

2919. — Le mareschal de bataille. Contenant le maniment des armes, les évolutions, plusieurs bataillons, tant contre l'infanterie que contre la cavalerie, etc. Inventé et recueilly par le Sieur DE LOSTELNEAU.
  Paris. 1647. Est. Migon. 1 vol. in-fol. Fig.

2920. — Recueil du devoir des officiers, sergens et soldats.
  Arras. 168... And. Hudsebaut. Pièce in-4º.

2921.— Instruction pour l'exercice de l'infanterie, concernant l'exécution de l'ordonnance du 7 mai 1750, sans y avoir recours, les commandemens et temps, sans aucun renvoi, étant repris dans cette instruction.
   Arras. 1753. Nicolas. 1 vol. in-12.

2922.— Ordonnance du Roi, portant règlement sur le service de l'infanterie en campagne. Du 17 février 1753.
   Paris. Valenciennes. 1753. Labady. 1 vol. in-16.

2923.—Ordonnance du Roi, sur l'exercice de l'infanterie. Du 6 mai 1755.
   Paris. 1755. Imp. royale. 1 vol. in-16.

2924.—Exercice et évolutions de l'infanterie françoise, dédiés à Monseigneur le Maréchal duc de Biron par son très-humble et très-obéissant serviteur LATTRÉ.
   Paris. 1766. Lattré. 1 vol. in-8°. Pl.

2925.—Instruction que le Roi a fait expédier pour régler provisoirement l'exercice de ses troupes d'infanterie. (Du 11 juin 1774.)
   Saint-Omer. 1774. H. F. Boubers. 1 vol. in-12.

2926.— Instruction, etc. Du 30 may 1775.
   Strasbourg. 1775. J. F. Le Roux. 1 vol. in-8°. Fig.

2927.—Ordonnance du Roi, pour régler l'exercice de ses troupes d'infanterie. Du 1er juin 1776.
   Metz. 1776. Collignon. 1 vol. in 12.

2928.— Réglement concernant l'exercice et les manœuvres de l'infanterie. Du 1er août 1791.
   Paris. 1815. Doublet. 1 vol. in-18.

2929.—Extrait du service de campagne, pour la théorie de MM. les officiers et les sous-officiers de la légion de la Somme, n° 77 ; par demandes et réponses.
   Amiens. 1819. Caron l'aîné. 1 vol. in-12.

* — Voyez: Pièces relatives à la milice bourgeoise d'Amiens. *Histoire.* N° 3762 à 3771.

2930. — Reigles militaires du Chevalier Frère *Luys* MELZO, de l'ordre de Malte, sur le gouvernement et service particulier et propre de la cavallerie. Traduictes d'italien en françois par *Paul* VARROY.
Anvers. 1615. Verdussen. 1 vol. in-fol. Pl.

2931. — Universale instruttione per servitio della cavalleria in tutte l'occorrenze di guerra. Di *Bartolomeo* PELLICCIARI.
Venetia. 1617. Ant. Pinelli. 1 vol. in-4º.

2932. — Les fonctions du capitaine de cavalerie, et les principales de ses officiers subalternes. Avec un Abrégé des ordonnances et réglemens du Roy, pour la cavalerie, depuis l'année 1661 jusques en 1669, et l'exercice de la cavalerie. Par le S^r de B.
Paris. 1669. Gab. Quinet. 1 vol. in-12.

2933. — Marches et évolutions de cavalerie.
1 vol. in-fol. format oblong plié. Pl.

2934. — Institutions militaires pour la cavalerie, et les dragons. Par M. LAPORTERIE.
Paris. 1754. Guillyn. 1 vol. in-8º. Pl.

2935. — Manuel du dragon. (Par THIROUX DE MONDESIR.)
Paris. 1781. Cellot. 1 vol. in-12.

2936. — Règlement pour fixer la formation des escadrons et l'exercice des gardes-du-corps du Roi. De Marly, le 20 juin 1771.
Paris. 1771. Moreau. 1 vol. in-8º. Pl.

2937. — Ordonnance du Roi, pour régler l'exercice de toutes les troupes à cheval. Du 1er may 1777.
Paris. 1777. Imprimerie royale. 1 vol. in-fol. Pl.

2938. — Même ouvrage.
Metz. 1777. Collignon. 1 vol. in-8º. Pl.

2939. — Instruction provisoire arrêtée par le Roi, concernant l'exercice et les manœuvres des troupes à cheval. Du 20 mai 1788.
Abbeville 1788. Devérité. 1 vol. in-12.

2940. — De la charge des gouverneurs des places, par Messire *Antoine* DE VILLE.

    Paris. 1656. L. Chamhoudry. 1 vol. in-8°. Fig.

2941. — Même ouvrage. Dernière édition.

    Rouen. Paris. 1666. Comp. des Libr. 1 vol. in-8°.

2942. — Ordonnance du Roi, concernant les gouverneurs et lieutenans généraux des provinces, les gouverneurs et états-majors des places, et le service dans lesdites places. Du 25 juin 1750.

    Valenciennes. 1750. Labady. 1 vol. in-12.

2943. — Instruction que le Roi a fait expédier pour régler provisoirement le service dans les places. Du 1er mai 1765.

    Nancy. 1765. P. Antoine. 1 vol. in-8°.

2944. — Articles extraits de l'ordonnance du service des places, pour l'instruction des bas officiers.

    Toul. 1787. 1 vol. in-12.

2945. — Règlemens pour l'infanterie prussienne. Traduit de l'allemand par M. GOURLAY DE KERALIO.

    Paris. 1757. Les frères Estienne. 2 vol. in-12. Pl.

2946. — La tactique ou discipline selon les nouveaux réglemens prussiens. 4e édit. augm. enrichie de plans et figures. Par M. D.*** G.*** (DE GISORS.)

    Francfort et Leipzig. 1770. La Comp. 1 v. in-12. T. Ier.

** — Instruction secrette dérobée à S. M. le roi de Prusse, (FRÉDÉRIC II), contenant les ordres secrets expédiés aux officiers de son armée, particulièrement à ceux de la cavallerie, pour se conduire dans la circonstance présente. Traduite de l'original allemand par le Prince DE LIGNE.

    En Westphalie, l'an de la guerre 1779. 1 vol. in-8°.

                                         Voyez : *Histoire*. N° 1717.

e. — *Fortification.* — *Attaque et défense des places.*

** — Instructions du Comité historique des arts et monuments. — Architecture militaire. — Voyez : *Histoire.* N° 2352.

2947. — La fortification réduicte en art, et démonstrée par *J.* Errard, de Bar-le-Duc.
Paris. 1600. 1 vol. in-fol. Fig.

2948. — Des fortifications et artifices, architecture et perspecpective de *Jaques* Perret.
Paris. 1601. 1 vol. in-fol. Grav.

2949. — Le guide des fortifications et conduitte millitaire, pour bien se fortifier et deffendre. Par M. *Claude* Flamand.
Montbéliard. 1611. Jac. Foillet. 1 vol. in-8°. Fig.

2950. — Fortification ou architecture militaire tant offensive que défensive ; supputée et dessignée par *Samuel* Marolois.
Hagæ-Comitis. 1615. H. Hondius. in-fol. obl. N° 1430.

2951. — Les fortifications du chevalier *Antoine* de Ville, avec l'ataque et la défense des places.
Lyon. 1640. Ph. Borde. 1 vol. in-fol. Pl.

2952. — Remarques nécessaires pour l'intelligence des fortifications. Par P. D. N. (*Pierre* de Nigry,) prestre.
Nancy. 1644. Ant. Charlot. 1 vol. in-4°.

2953. — Les fortifications du Comte de Pagan.
Paris. 1645. Cardin Besogne. 1 vol. in-fol.

2954. — Nieuwe Vesting-bouw door den Grave Van Pagan, originelyk in de fransche Taele beschreven, vervolgens in 't Hoogduitsch overgebragt, en met nodige Aanmerkingen, vermeerdert door *Johan Jacob* Wertmuller.
Gravenhage. 1738. Joan Block. 1 vol. in-8°. Fig.

2955. — Abbrégé de toutes sortes de fortifications tant régulières, qu'irrégulières, bastions, plats, fort de campagne, redoutes, etc. (Par d'Avrignac.)
Paris. 1650. Aug. Courbé. 1 vol. in-4°. Fig.

2956. — Traité des fortifications régulières et irrégulières, selon la pratique la plus nouvelle ; par le moyen duquel on peut les apprendre sans maistre. Par *J.* DE LAON, Sieur D'AIGREMONT.

Paris. 1651. Loyson. 1 vol. in-8°. Fig.

Dans le même volume :

— Pratique et maximes de la guerre, enseignant les charges des généraux ; les devoirs de tous les officiers d'armée ; etc. Par *J.* DE LAON, Sieur D'AIGREMONT.

Paris. 1652. Loyson. 1 vol. in-8°. Fig.

2957. — L'art universel des fortifications françoises, hollandoises, espagnoles, italiennes, et composées. 2e édit. augmentée de l'art d'attaquer et de deffendre les places fortifiées. Par *Silvère* DE BITAINVIEU.

Paris. 1667. Jacq. Du Breuil. 1 vol. in-4°. Fig.

2958. — L'art de fortifier, de defendre, et d'attaquer les places, suivant les méthodes françoises, hollandoises, italiennes et espagnoles. Par le R. P. *Claude-François* MILLIET DECHALES.

Paris. 1677. Michallet. 1 vol. in-12. Pl.

2959. — Pratique générale des fortifications pour les tracer sur le papier et sur le terrain, sans avoir égard à aucune méthode particulière. (Par le P. P. ANGO.)

Moulins. 1679. Cl. Vernoy. 1 vol. in-8°.

2960. — L'expérience de l'architecture militaire, où l'on apprendra à fonds la méthode de faire travailler dans les places. Par le Sr *** (DESMARTINS l'aîné.) 2e édit.

Paris. 1687. Maur. Villery. 1 vol. in-12. Fig.

2961. — Nouveau traité de fortifications, contenant la démonstration et l'examen de tout ce qui regarde l'art de fortifier les places tant régulières qu'irrégulières suivant ce qui se pratique aujourd'hui. Par M. GAUTIER.

Paris. 1690. Th. Amaulry. 1 vol. in-12. Fig.

2962. — Manière de fortifier selon la méthode de M. de Vauban, avec un traité préliminaire des principes de géométrie. Par M. l'*Abbé* Du Fay. 2ᵉ édit.

Paris. 1693. J. B. Coignard. 1 vol. in-12. Fig.

2963.— Même ouvrage. Nouv. édit.

Paris. 1729. J. B. Coignard. 1 vol. in-12. Fig.

2964.— Mémoires pour l'attaque et pour la deffense d'une place. Par M. Goulon.

La Haye. 1706. Van Bulderen. 1 vol. in-8°.

2965.— Le parfait ingénieur françois, ou la fortification offensive et défensive ; contenant la construction, l'attaque et la défense des places régulières et irrégulières, selon les méthodes des plus habiles auteurs de l'Europe. (Par l'*Abbé* Deidier.)

Amsterdam. 1734. La Comp. des Libr. 1 v. in-4°. Pl.

2966.— Elémens de fortification : contenant les principes et la description raisonnée des differens ouvrages qu'on employe à la fortification des places. Par M. Le Blond. 3ᵉ édit.

Paris. 1752. Ch. Jombert. 1 vol. in-12. Fig.

2967.— De l'attaque et de la défense des places. Par M. de Vauban.

La Haye. 1737. P. De Hondt. 1 vol. in-4°. Pl.

2968.— Mémoire, pour servir d'instruction dans la conduite des siéges et dans la défense des places, dressé par M. le Maréchal de Vauban, et présenté au Roy Louis XIV, en 1704.

Leide. 1740. J. et H. Verbeek. 1 vol. in-4°. Pl.

** — Les fortifications. Par *Fr.* Arago.

Voyez : *Œuvres* de *Fr.* Arago. *Not. scient.*, vi.

2969.— Traité de fortification souterraine, suivi de quatre mémoires sur les mines; par M. Mouzé.

Paris. 1804. Levrault. 1 vol. in-4°. Pl.

2970.— Traité pratique et théorique des mines, par MM. H. Gumpertz et Lebrun.

Paris. 1805. Levrault. 1 vol. in-4°. Pl.

2971.— Essai sur la castrametation, ou sur la mesure et le tracé des camps ; contenant les premiers principes pour l'arrangement des troupes, la formation de l'ordre de bataille et la distribution ou instruction du camp. Par M. Le Blond.

Paris. 1748. Jombert. 1 vol. in-8°. Fig.

2972.— Recueil de plans d'attaque de differentes places.

Sans frontispice. 1621. 1 vol. in-fol. Fig.

2973.— Introduction à la fortification. (Les forces de L'Europe.) Par De Fer.

Paris. 1705. 1 vol in-fol. oblong. Pl.

f. — *Artillerie.* — *Armes offensives et défensives.*

** — Dictionnaire de l'artillerie, par le colonel *H.* Cotty.

Paris. 1822. V° Agasse. 1 vol. in-4°.

Voyez : *Encyclopédie. méth.*

** — Du passé et de l'avenir de l'artillerie. Par Napoléon III.

Voyez : *Œuvres* de Napoléon III, iv.

2974.— Artillerie, c'est-à-dire : vraye instruction de l'artillerie et de toutes ses appartenances, avec une déclaration de tout ce qui est de l'office d'un général d'icelle, tant en un siége, qu'en un lieu assiégé. Le tout recueilly de l'expérience, es guerres du Pays-Bas, et publié en langue espagnolle. Par *Diego* Ufano. Mais maintenant traduit en langue françoise.

Zutphen. 1611. And. d'Aelst. 1 vol. in-fol. Pl.

2975.— Recueil de plusieurs machines militaires, et feux artificiels pour la guerre, et récréation. Avec l'alphabet de Trittemius, par laquelle chacun qui sçait escrire, peut promptement composer congruement en latin.— Aussi le moyen d'escrire la nuit à son amy absent. De la diligence de *Jean* APPIER dit HANZELET et de *Fr.* THYBOUREL.

Pont-à-Mousson. 1620. Ch. Marchant. 1 v. in 4º. Fig.

2976.— Pratique de la guerre. Contenant l'usage de l'artillerie, bombes et mortiers, feux artificiels et pétards, sappes et mines, ponts et pontons, tranchées et travaux, avec l'ordre des assauts aux brèches, et à la fin les feux de joie. Par le Sieur MALTHUS.

Paris. 1646. Guillemot. 1 vol. in-4º. Fig.

2977.— Panoplie, ou réunion de tout ce qui a trait à la guerre depuis l'origine de la nation française jusqu'à nos jours. Par *J. B. L.* CARRÉ.

Châlons-sur-Marne. 1795. Pinteville. in-4º et atl. in-fº.

2978.— Description de l'art de fabriquer les canons, faite en exécution de l'arrêté du Comité de salut public, du 18 pluviôse de l'an 2; par *Gaspard* MONGE.

Paris. An 2. Comité de salut public. 1 vol. in-4º. Pl.

g. — *Pyrotechnie.*

2979.— La pyrotechnie de HANZELET, où sont représentez les plus rares et plus approuvez secrets des machines et des feux artificiels.

Pont-à-Mousson. 1630. G. Bernard. 1 vol. in-4º. Fig.

2980.— Traité des feux artificiels pour la guerre, et pour la récréation; avec plusieurs belles observations abrégées de géométrie, fortifications, horloges solaires, et exemples d'arithmétique. De nouveau corr. et augm. par l'autheur, *François* DE MALTHE.

Paris. 1631. Guillemot. 1 vol. in-8º.

2981.— Traité des feux d'artifice pour le spectacle. Nouv. édit. Par M. F.*** D. D. F. D. B. (*Ant. Fr.* FRÉZIER.)

Paris. 1747. Ch. Ant. Jombert. 1 vol. in-8º. Fig.

2982.—Traité pratique des feux d'artifice, pour le spectacle et pour la guerre, avec les petits feux de table, et l'artifice à l'usage des théâtres. Par *A. M. Th.* MOREL.

Paris. 1800. F. Didot. 1 vol. in-8°. Pl.

VII. — MARINE.

a. — *Dictionnaires et histoire.*

2983.—Dictionnaire de marine, contenant les termes de la navigation et de l'architecture navale, avec les règles et proportions qui doivent y être observées. (Par AUBIN.) 2ᵉ édit.

Amsterdam. 1736. J. Covens. 1 vol. in-4°. Fig.

** — Marine. Par BLONDEAU et VIAL DU CLAIRBOIS.

Paris. 1783-87. Panckoucke. 4 vol. in-4°. Pl.

Voyez : *Encyclopédie. méth.*

** — Orbis maritimi sive rerum in mari et littoribus gestarum generalis historia. Authore *Claudio Barth.* MORISOTO.

Divione. 1643. Palliot. 1 vol. in-fol. Voyez . *Histoire* . N° 653.

2984.—Histoire générale de la marine, contenant son origine chez tous les peuples du monde, ses progrès, son état actuel, et les expéditions maritimes anciennes et modernes. (Par *J. B.* TORCHET DE BOISMÉLÉ.)

Paris. 1744. Prault. 3 vol. in-4°. Tom. 1ᵉʳ.

2985.—Histoire de la marine de tous les peuples, depuis la plus haute antiquité jusqu'à nos jours. Par *A. J. B.* BOUVET DE CRESSÉ.

Paris. 1824. André. 2 vol. in-8°.

2986.—Mémoire sur la marine des anciens. Par *J. M.* HENRY.

Paris. 1817. Delaunay. 1 vol. in-8°.

2987.—Archéologie navale, par *A.* JAL.

Paris. 1840. Arth. Bertrand. 2 vol. in-8°. Fig.

** — *Lilii Greg.* Gyraldi de re nautica libellus.

Vide : Gyraldi *opera*, II.

2988. — De re navali libellus, ex Bayfii vigiliis excerptus, et in brevem summulam (à *Carolo* Stephano) redactus.

Lugduni. 1537. Hær. Sim. Vincentii. 1 vol. in-8°.

2989. — Idem opus.

Parisiis. 1537. F. Stephanus. 1 vol. in-8°.

** — *Antonii* Thysii historia navalis, sive celeberrimorum præliorum, quæ mari ab antiquissimis temporibus usque ad pacem Hispanicam Batavi, fœderatique Belgæ, ut plurimum victores gesserunt, luculenta descriptio.

Lugd. Bat. 1657. Maire. 1 vol. in-4°. Histoire. N° 1884.

** — Histoire navale d'Angleterre, depuis la conquête des Normands en 1066, jusqu'à la fin de l'année 1734. Traduite de l'anglois de *Thomas* Lediard, (par de Puisieux.)

Lyon. 1751. Duplain. 3 vol. in-4°. Histoire. N° 2124.

** — Pour ce qui concerne la marine française, voyez : *Histoire* N° 3158 à 3164.

** — Marine et colonie. — Compte général du matériel (en France) pour les années 1845, 1846, 1847 et 1848. Voyez : *Histoire.* N° 3102.

b. — *Navigation.*

2990. — L'art de naviguer de maistre *Pierre* de Medine, contenant toutes les reigles, secrets, et enseignemens nécessaires à la bonne navigation. Traduict de castillan en françois, avec augmentation et illustration de plusieurs figures et annotations, par *Nicolas* de Nicolai.

Lyon. 1561. Guill. Roville. 1 vol. in-4°.

2991. — Même ouvrage, nouvellement revu, corrig. et augm. de plusieurs figures, principalement pour la longitude de l'est et ouest, ensemble reformé selon le retranchement des dix jours, par *Jean* de Séville, dit le Soucy.

Rouen. 1633. Ferrand. 1 vol. in-4°.

2992. — Hydrographie, contenant la théorie et la pratique de toutes les parties de la navigation. Composée par le P. *Georges* FOURNIER. 2ᵉ édition. Plus, la Navigation du Roy d'Escosse, Jaques V du nom, autour de son Royaume, sous la conduite d'Alex. Lindsay.

Paris. 1667. Du Puis. 1 vol. in-fol.

2993. — Nouveau traité de navigation, contenant la théorie et la pratique du pilotage. Par M. BOUGUER. Revu et abrégé par M. l'*Abbé* DE LA CAILLE.

Paris. 1760. Guérin. 1 vol. in-8°. Fig.

** — Navigation. Par *Fr.* ARAGO.

Voyez : *Œuvres de Fr.* ARAGO. *Not. scient.*, II.

c. — *Constructions navales.*

2994. — L'architecture navale, contenant la manière de construire les navires, galères et chaloupes, et la définition de plusieurs autres espèces de vaisseaux. Avec des tables de longitudes, latitudes et marées, etc. Par le Sʳ DASSIÉ.

Paris. 1777. De la Caille. 1 vol. in-4°.

2995. — Construction des vaisseaux du Roy, et le nom de toutes les pièces qui y entrent, marquez en la table par numéro, et toutes les proportions des rangs, leur explication, l'exercice du canon et le nom des vents.

Brest. 1688. R. Malassis. 1 vol. in-8°.

2996. — Traité sur la construction des vaisseaux, dédié et présenté au Roi, par M. le Cᵗᵉ DU MAITZ DE GOIMPY. (1)

Paris. 1776. Couturier père. 1 vol. in-4°. Fig.

** — Voyez plus loin : *Descriptions des arts et métiers faites et approuvées par MM. de l'Académie royale des sciences*

---

(1) DUMAITZ DE GOIMPY (*François-Louis-Côme-Gabriel*), né à Billancourt près Roye, le 10 avril 1729, y mourut le 29 décembre 1807.

d. — *Hydrographie et tables.*

2997.— La théorie des longitudes, réduite en pratique sur le globe céleste, extraordinairement appareillé, pour connoistre facilement en mer, combien l'on est éloigné de toutes les terres du monde. Par le R. P. *L.* DULIRIS.
Paris. 1654. Edme Couterot. 1 vol. in-4º.

" — Voyez : Géographie maritime et hydrographie.
Histoire. Nº 198 à 206.

" — Voyage autour du monde sur les corvettes l'Uranie et la Physicienne. Par *L.* FREYCINET. (Navigation et hydrographie.)
Voyez : *Histoire.* Nº 239.

" — Voyage au pôle sud sous le commandement de M. *J.* DUMONT D'URVILLE. — Hydrographie, par M. VINCENDON-DUMOULIN.
Voyez : *Histoire.* Nº 245.

" — Grand routier de mer, contenant une instruction des routes en la navigation des Indes orientales, etc. Par *J. H.* DE LINSCHOT.
Voyez : *Histoire.* Nº 363.

VIII. — ARTS GYMNASTIQUES. — JEUX DIVERS.

a. — *Gymnastique en général.*

" — Arts académiques : équitation, escrime, danse et art de nager.
Paris. 1786. Panckoucke. 1 vol. in-4º.
Voyez : *Encyclopédie méth.*

" — *Hieronymi* MERCURIALIS de gymnastica libri sex.
Parisiis. 1577. Du Puys. 1 vol. in-4º.
Voyez : *Médecine.* Nº 759.

" — Voyez aussi : *Médecine.* Nº 760, 761, 762 et 763.

2998.— Manuel d'éducation physique, gymnastique et morale; par le colonel AMOROS.
Paris. 1834. Roret. 2 vol. in-18 et atlas in-4º.

b. — Equitation.

** — XENOPHONTIS de re equestri.

Vide : XENOPHONTIS opera. — *Script. græc. bibl.*

2999. — Nouvelle méthode pour dresser les chevaux, en suivant la nature et mesme la perfectionnant par la subtilité de l'art. Le tout inventé et mis au jour par Mgr. le Duc de NIEWCASTLE. Traduction nouvelle sur l'original anglois. Par M. DE SOLLEYSEL.
   Paris. 1677. Gerv. Clouzier. 1 vol. in-4°. Fig.

3000. — Elémens de cavalerie. Par M. DE LA GUERINIÈRE.
   Paris. 1754. 2 en 1 vol. in-12. Fig.

3001. — Même ouvrage. Nouv. édit,
   Paris. 1768. La Comp. des Libraires. 2 vol. in-18. Fig.

3002. — Ecole de cavalerie, contenant la connoissance, l'instruction et la conservation du cheval. Par M. DE LA GUERINIÈRE.
   Paris. 1769. La Compagnie. 2 vol. in-8°. Fig.

3003. — L'art de la cavalerie, ou la manière de devenir bon écuyer par des règles aisées et propres à dresser les chevaux à tous les usages, etc. Par M. *Gasp.* DE SAUNIER.
   Paris. 1756. A. Jombert. 1 vol. in-fol. Fig.

3004. — L'utile à tout le monde, ou le parfait écuyer militaire et de campagne. Par le Sr *A.* DE WEYROTHER.
   Bruxelles. 1768. J. L. de Boubers. 2 vol. in-8°.

3005. — Essais sur l'équitation, ou principes raisonnés sur l'art de monter et de dresser les chevaux. Par M. MOTTIN DE LA BALME.
   Amsterdam. Paris. 1773. Jombert. 1 vol. in-12. Fig.

3006. — Passe-temps équestres, suivis de notes explicatives, par *F.* BAUCHER.
   Paris. 1840. L'auteur. 1 vol. in-8°. Fig.

c. — *Jeux divers.*

** — Dictionnaire des jeux, faisant suite au tom. III des Mathématiques.
  Paris. 1792. Panckoucke. 1 vol. in-4°.

** — Dictionnaire des jeux mathématiques, contenant l'analyse, les recherches, les calculs, les probabilités et les tables numériques, publiés par plusieurs célèbres mathématiciens, relativement aux jeux de hasard et de combinaisons; suite du dictionnaire des jeux.
  Paris. An 7. Agasse. 1 vol. in-4°.

Voyez : *Encyclopédie méth.*

** — *Danielis* Souterii Palamedes ; sive de tabula lusoria, alea, et variis ludis, libri tres.
  Lugd. Batav. 1622. Is. Elzevirius. 1 vol. in-8°.

Vide : *Histoire.* N° 4807.

5007. — Académie universelle des jeux, contenant les règles de tous les jeux, avec des instructions faciles pour apprendre à les bien jouer. Nouv. édit., augmentée du jeu des échecs par Philidor (*André* Danican), et du jeu de whisk, par *Edmond* Hoyle, traduit de l'anglois.
  Amsterdam. 1773. La Compagnie. 2 vol. in-12.

5008. — Le très-excellent et ancien jeu Pythagorique, dict Rithmomachie, fort propre et très utile à la récréation des esprits vertueux, pour obtenir vraye et prompte habitude en tout nombre et proportion : illustré par maistre *Claude* de Boissiere, et nouvellement amplifié par le mesme autheur.
  Paris. 1556. Cavellat. 1 vol. in-8°. Fig.

Dans ce volume :

— Le plaisant jeu des eschecz renouvellé. Avec instruction pour facilement l'apprendre, et le bien jouer. Naguères traduit de l'italien en françois, par *Cl.* Gruget.
  Paris. 1560. Sertenas. in-8°.

5009. — L'analyse des échecs. Contenant une nouvelle mé-

thode pour apprendre en peu de tems à se perfectionner dans ce noble jeu. Par PHILIDOR (*André* DANICAN.)
(**Londres. Paris. 1777.**) **1 vol. in-8°**.

3010. — Le jeu des eschets traduit de l'italien de *Gioachino* GRECO.
Paris. 1714. D. Mouchet. 1 vol. in-16.

3011. — Le jeu du trictrac, enrichy de figures, avec les jeux du revertier, du toute-table, du tourne-case, des dames rabatues, du plain, et du toc. 2ᵉ édit.
Paris. 1701. Henry Charpentier. 1 vol. in-12.

On trouve à la suite :

— Le jeu de l'hombre, comme on le joue présentement à la cour, et à Paris, avec les pertintailles. 5ᵉ édit.
Paris. 1705. Barbin. in-12.

3012. — Le jeu de trictrac, ou les principes de ce jeu éclaircis par des exemples en faveur des commençans; avec l'explication des termes par ordre alphabétique, etc. Par M. *J. M. F.* (FALLAVEL.)
Paris. 1776. Nyon aîné. 1 vol. in-8°.

** — Le Whist, poème didactique en quatre chants. Par M. GALOPPE.
Voyez : *Belles lettres*. N° 1885.

3013. — Théorie du jeu de billard; suivie des règles de ce jeu; par *A.* TEYSSÈDRE.
Paris. 1827. Rousselon. 1 vol. in-12. Fig.

3014. — L'antidote, ou le contre-poison des chevaliers d'industrie, ou joueurs de profession. Démontré par un Vénitien dans les lettres qu'il écrit à un de ses amis.
Venise. 1768. 1 vol. in-8°.

IX. — ARTS PHYSICO-CHIMIQUES.

a. — *Eclairage*.

3015. — Mémoire sur l'application des acides gras à l'éclairage. (Par *Jules* DE CAMBACÉRÈS.)
Strasbourg. 1855. Vᵉ Berger-Levrault. Pièce in-4°. Pl.

3016.— Solution de l'éclairage électrique produit par les courants de la pile. Par M. *Achille* BRACHET.
Paris. 1858. Bailly. Pièce in-8°.

b. — *Chauffage.*

" — Voyez plus haut : *De la chaleur.* N°¹ 1603 à 1612, et plus loin N° 3063.

3017 — Mémoire sur le lavage de la houille en Belgique. Par M. DE MARSILLY.
Extrait des Annales des mines. 1855. Pièce in-8°.

Ensemble :

— Mémoire sur la fabrication du coke en Belgique et dans le nord de la France, pour le service des chemins de fer. Par M. DE MARSILLY.
Extrait des Annales des mines. 1855. in-8°.

— De la substitution de la houille au coke dans les locomotives. Par MM. COMMINES DE MARSILLY et CHOBRZINSKI.
Extrait des Annales des mines. (1856.) in-8°. Pl.

— Deuxième note sur l'emploi de la houille dans les locomotives. Par MM. COMMINES DE MARSILLY et CHOBRZINSKI.
Extrait des Annales des mines. 1857. in-8°.

— Etude des principales variétés de houilles consommées sur le marché de Paris et du nord de la France. — Etude de la tourbe. Par M. DE MARSILLY.
Extrait des Annales des mines. 1858. in-8°.

— Même ouvrage. Suivi d'un rapport à l'Académie des sciences (par M. PELOUZE.)
Paris. 1857. Dalmont et Dunod. in-8°.

3018.— Recherches expérimentales sur l'application extérieure de la vapeur pour échauffer l'eau dans la filature de la soie ; par le Chevalier ALDINI. Traduit de l'italien sur la 2ᵉ édit. et augm.
Paris. 1819. Mᵉ Huzard. Pièce in-8°. Fig.

3019. — Art de prévenir et d'arrêter les d'incendies. Par M***. Revu et augmenté par M. Everat.

Paris. 1828. Audot. 1 vol. in-18. Fig.

c. — *Aérage.*

3020. — Etude des appareils de chauffage et de ventilation établis à l'hôpital Necker, par *C.* Grassi.

Paris. 1859. J. B. Baillière. Pièce in-8º.

3021. — Description du ventilateur par le moyen duquel on peut renouveller facilement et en grande quantité, l'air des mines, des prisons, des hôpitaux, des maisons de force et des vaisseaux; comme aussi pour sécher le bled, la drêche, le houblon, etc. Par M. *E.* Hales, traduit de l'anglois par M. *P.* Demours.

Paris. 1744. Poirion. 1 vol. in-12. Fig.

d. — *Peinture.*

3022. — L'art du peintre, doreur, vernisseur; etc.; par le Sieur Watin. 2ᵉ édit.

Paris. 1773. Grangé. 1 vol. in-8º.

A la suite :

— Supplément.... servant de réponse à la réfutation du S.ʳ M... (Mauclerc.) Observations sur l'ouvrage du Sieur Watin. Par le Sʳ Watin.

Paris. 1773. Grangé. in-8º.

3023. — Mémoire sur la peinture au lait, suivi d'observations par les citoyens d'Arcet et Taillepied ; par *Antoine-Alexis* Cadet-de-Vaux.

Paris. An x. Panckoucke. Pièce in-8º.

e. — *Blanchîment, teinture et impression.*

3024.—Essai sur le blanchîment, avec la description de la nouvelle méthode de blanchir par la vapeur, d'après le procédé du citoyen Chaptal; et son application aux arts. Par *R.* O'REILLY.
Paris. 1801. Déterville. 1 vol. in-8°. Fig.

3025.—Eléments de l'art de la teinture, avec une description du blanchîment par l'acide muriatique oxigené. Par *C. L.* et *A. B.* BERTHOLLET. 2ᵉ édition.
Paris. 1804. Firm. Didot. 2 vol. in-8°. Pl.

3026.—Guide pratique du teinturier, contenant les recettes pratiques pour la teinture des cobourgs glacés, orléans satinés, orléans et cobourgs, chaînes noires et blanches, mérinos, laines, flanelles, napolitaines, draps, etc. Ensemble 250, dont la plupart sont accompagnés d'échantillons. Suivi d'un traité de teinture au foulard. Par *David* SMITH. Traduit de l'anglais par *A. S. F.* (FERGUSON fils.)
Cambrai. 1851. F. Deligne et E. Lesne. 1 vol. in-8°.

3027.—Recueil de procédés et d'expériences sur les teintures solides que nos végétaux indigènes communiquent aux laines et aux lainages. Par M. *L. A.* DAMBOURNEY.
Paris. 1786. Pierres. 1 vol. in-4°.

A la suite :

—Suppléments au recueil, etc. Par M. *L. A.* DAMBOURNEY.
Paris. 1788. Pierres. in-4°.

3028.—Traité théorique et pratique de l'impression des tissus, par *J.* PERSOZ.
Paris. 1846. V. Masson. 4 vol. in-8° et atlas in-4°.

3029.—Secrets pour teindre la fleur d'immortelle en diverses couleurs, avec la manière de la cultiver pour faire des pastes de différentes odeurs fort agréables, et

pour contrefaire du marbre au naturel, propre pour toutes sortes d'ouvrages figurez. Par F. L. D. T. R. (le Père *Louis* Dadolle.)
Paris. 1690. Ch. de Sercy. 1 vol. in-12. 3063.

** — Voyez les N° 2016 et 2017, et plus loin N° 3063.

f. — *Céramique*. — *Verrerie*.

3030. — Traité des arts céramiques ou des poteries considérées dans leur histoire, leur pratique et leur théorie. Par *Alexandre* Brongniart.
Paris. 1844. Béchet et Mathias. 2 v. in-8° et atl. in-4°.

3031. — L'art de la verrerie, où l'on apprend à faire le verre, le cristal et l'émail, la manière de faire les perles, les pierres précieuses, la porcelaine et les miroirs, la méthode de peindre sur verre et en émail, de tirer la couleur des métaux, minéraux, herbes et fleurs. Par Haudicquer de Blancourt. Nouv. édit.
Paris. 1718. Jombert. 2 vol. in-12. Fig.

3032. — Art de la verrerie, de Neri, Merret et Kunckel, auquel on a ajouté le *Sol sine veste* d'Orschall; l'*Helioscopium videndi sine veste solem chymicum*; le *Sol non sine veste*; le chap. xi du *Flora Saturnisans* de Henckel, sur la vitrification des végétaux; un Mémoire sur la manière de faire le saffre; le secret des vraies porcelaines de la Chine et de Saxe, etc. Traduits de l'allemand par M. D.*** (le Baron d'Holbach.)
Paris. 1752. Pissot. 1 vol. in-4°. Pl.

3033. — L'art de faire les cristaux colorés imitans les pierres précieuses; par M. Fontanieu.
Paris. 1778. Imprimerie de Monsieur. Pièce in-8°.

3034. — Traité des couleurs pour la peinture en émail et sur la porcelaine; précédé de l'art de peindre sur l'émail, etc. Ouvrage posthume de M. d'Arclais de Montamy.
Paris. 1765. Cavelier. 1 vol. in-12.

3035. — Art de fabriquer en pierre factice très-dure et susceptible de recevoir le poli, des bassins, conduites d'eau, dalles, enduits pour les murs humides, etc. Par M. *E*. Pelouze.

Paris. 1828. Audot. 1 vol. in-18.

" — Voyez aussi : N° 3063.

g. — *Galvanoplastie et photographie.*

3036. — Nouveau manuel complet de galvanoplastie, ou éléments d'électro-métallurgie, contenant l'art de travailler les métaux à l'aide du fluide galvanique, pour dorer, argenter, platiner, cuivrer, etc., etc. Par M. Smee. Augm. d'un grand nombre de notes d'après MM. Jacoby, Spencer, Becquerel, de Kobell, de la Rive, Elkington, de Ruolz, etc. Suivi d'un traité de daguerréotypie, contenant tous les perfectionnements apportés à cet art, depuis son origine jusqu'à ce jour, d'après MM. Lerebours, Ch. Chevalier, Buron, etc. Ouvrage publié par *E*. de Valicourt et orné de figures. N^lle éd.

Paris. 1845. Roret. 1 vol. in-18. Pl.

3037. — Même ouvrage. Nouv. édit., traduite sur la 3e édit. de l'original anglais.

Paris. 1854. Roret. 2 vol. in-18. Pl.

3038. — Nouveau manuel complet de photographie sur métal, sur papier et sur verre, etc. précédé d'un résumé historique et critique sur l'origine et les progrès de la photographie, par *E*. de Valicourt. Nouv. édit.

Paris. 1851. Roret. 1 vol. in-18.

" — Le daguérotype. Par *Fr*. Arago.

Voyez : *Œuvres de Fr*. Arago. *Not. scient.*, IV.

h. — *Fabrication de produits chimiques.*

3039. — Mort aux tyrans. — Programme des cours révolutionnaires sur la fabrication des salpêtres, des poudres et des canons. Faits à Paris par ordre du Comité de salut public, les 1, 11 et 21 Ventôse an II ; par les citoyens GUYTON, FOURCROY, DUFOURNY, BERTHOLET, CARNY, PLUVINET, MONGE, HASSENFRATZ et PERRIER.

Paris. An 2. Imp. du Comité de salut publ. Pièce in-4°.

3040. — Instruction sur la fabrication du salpêtre, publiée par le Comité consultatif institué près de la direction générale du service des poudres et salpêtres de France.

Paris. 1820. Imprimerie royale. Pièce in-4°.

3041. — Description de divers procédés pour extraire la soude du sel marin, faite en exécution d'un arrêté du Comité de salut public du 8 Pluviôse an 2.

Paris. An 3. Imp. du Com. de salut publ. Pièce in-4°.

3042. — Instruction sur l'emploi des soudes factices indigènes, en remplacement des soudes végétales et étrangères, à l'usage des verreries travaillant en teinte blanche, des teinturiers, etc. Par M. PAJOT DESCHARMES.

Paris. 1814. Vᵉ Courcier. Pièce in-4°.

3043. — Rapport sur la fabrication des savons, sur leurs différentes espèces, suivant la nature des huiles et des alkalis qu'on emploie pour les fabriquer ; et sur les moyens d'en préparer partout, avec les diverses matières huileuses et alkalines, que la nature présente, suivant les localités. Par D'ARCET, LELIÈVRE et PELLETIER.

Paris. An III. Vatar. Pièce in-4°.

3044. — *Petri Mariæ* CANEPARII de atramentis cujusque generis.

Roterodami. 1718. G. Fritsch. 1 vol. in-4°.

3045. — Recherches chimiques sur l'encre, son altérabilité et les moyens d'y remédier. Par *Alex*. HALDAT. 3° édit.

Paris. 1805. Kœnig. 1 vol. in-8°.

** — Voyez aussi : N° 3063.

i. — *Métallurgie.*

" — Voyez plus haut N° 2156 à 2165 et plus loin N° 3063.

3046. — Traité de l'art métallique, extrait des œuvres d'*Alvare-Alfonse* BARBA, auquel on a joint un Mémoire concernant les mines de France ; avec un Tarif qui démontre les opérations qu'il faudrait faire pour tirer de ces mines l'or et l'argent qu'en tiroient les Romains, etc. (Par *Ch.* HAUTIN DE VILLARS.)

Paris. 1730. Saugrain. 1 vol. in-12. Fig.

3047. — L'art de convertir le fer forgé en acier, et l'art d'adoucir le fer fondu, ou de faire des ouvrages de fer fondu aussi finis que de fer forgé. Par M. DE RÉAUMUR.

Paris. 1722. M. Brunet. 1 vol. in-4°. Fig.

3048. — Traité sur l'acier d'Alsace, ou l'art de convertir le fer de fonte en acier. (Par BAZIN aîné.)

Strasbourg. 1737. J. Ren. Dulssecker. 1 vol. in-8°.

3049. — Instruction sur l'art de séparer le cuivre du métal des cloches ; publié par ordre du Comité de salut public. Avec un supplément.

Paris. An 2. Imp. du Comité de salut publ. Pièce in-4°.

3050. — Mémoire sur le plomb laminé, qui se fabrique à Paris et à Déville-lès-Rouen ; à la suite duquel on a ajouté, à l'appui de la supériorité du plomb laminé sur le plomb coulé, les rapports des Académies des sciences et d'architecture de Paris, etc.

Paris. 1807. Hénée. 1 vol. in-8°.

k. — *Mélanges.*

3051. — Secrets concernans les arts et métiers. Nouv. édit.

Paris. 1724. Cl. Jombert. 4 vol. in-12.

3052. — Essais chimiques sur les arts et les manufactures de la Grande-Bretagne; traduits de l'anglais de *Samuel* PARKES et de MARTIN, par M. DELAUNAY.

Paris. 1820. L. Colas. 3 vol. in-8°. Pl.

3053.—Mémorial pratique du chimiste-manufacturier, ou recueil de procédés d'arts et de manufactures, traduit de l'anglais sur la 3e édit. de l'ouvrage de M. *Colin* MACKENZIE, intitulé *One thousand experiments in chemistry;* revu et considérablement augmenté par le traducteur (*A.* BULOS.)

Paris. 1824. Barrois. 2 vol. in-8°. Pl.

3054. — L'immense trésor des sciences et des arts, ou les secrets de l'industrie dévoilés, contenant plus de 450 recettes et procédés nouveaux; publié par une Société de savants et d'industriels, sous la direction de M. DAVID et de M. CHÉNIER. Suivi du Bon conseiller à la maison. 4e édit.

Saintes. 1850. Fontanier. 1 vol. in-8°.

X. - ARTS MÉCANIQUES

a. — *Filature et tissage.*

3055.— Essai sur l'industrie des matières textiles, comprenant le travail complet du coton, du lin, du chanvre, des laines, du cachemire, de la soie, du caoutchouc, etc. Par *Michel* ALCAN.

Paris. 1857. L. Mathias. 1 vol. in-8° et atl. in-4°.

3056.—Essai sur la filature mécanique du lin et du chanvre, par *Ch.* COQUELIN.

Paris. 1840. Carilian. 1 vol. in-8°.

3057.—Eléments théoriques et pratiques de la filature du lin et du chanvre. Par *N.* CHOIMET.

Paris. 1841. Mathias. 1 vol. in-8°. Pl.

5058. — Traité pratique sur la filature du lin et du chanvre, par *C.* Ancellin. 2ᵉ édit.
Paris. 1856. Mallet-Bachelier. 1 vol. in-8º.

5059. — Histoire descriptive de la filature et du tissage du coton ; traduit de l'anglais (de *Richard* Guest) et augmenté des inventions faites en France ; par M. Maiseau.
Paris. 1827. Malher. 1 vol. in-8º et atlas in-4º.

5060. — Traité encyclopédique et méthodique de la fabrication des tissus, par une société de manufacturiers, de dessinateurs et de praticiens, sous la direction de *P.* Falcot.
Elbeuf. 1842. Levasseur et Barbé. 2 vol. in-4º. Pl.

5061. — Traité sur les parements et encollages, dont l'emploi permet aux tisserands de travailler ailleurs que dans les caves et autres bas-fonds non éclairés et généralement mal-sains ; par M. Dubuc.
Rouen. 1829. Nicétas Périaux. 1 vol. in-8º.

5062. — Electro-tissage. — Machine à chassis propulseur et à crochets-griffes, avec emploi d'un papier isolant remplaçant les cartons-Jacquard. Par *Édouard* Gand.
Amiens. (1854.) Alf. Caron. Pièce in-8º. Pl.

** — Voyez encore le numéro suivant.

b. — *Arts divers.*

5063. — Descriptions des arts et métiers faites ou approuvées par Messieurs de l'Académie royale des sciences.
Paris. 1761-1783.. 23 vol. in-fol. Pl.

Cette collection comprend les traités suivants :

1. — Fabrique de l'amidon. Par M. Duhamel du Monceau.
Paris. 1772. Delatour.   1 pl.

2. — Fabrique des ancres, lue à l'Académie en 1723, par Réaumur. Avec des notes et des additions de M. Duhamel.
Paris. 1764.   6 pl.

3. — Art de tirer des carrières la pierre d'ardoise, de la fendre et de la tailler. Par M. Fougeroux de Bondaroy.
Paris.   1762.   4 pl.

4. — L'art du bourrelier et du sellier. Par M. de Garsault.
Paris.   1774.   15 pl.

5. — L'art du brodeur. Par M. de Saint-Aubin.
Paris. 1770. Delatour. 10 pl.

6. — Art du cartier. Par M. Duhamel du Monceau.
Paris.   1762.   5 pl.

7. — Art du cartonnier. Par M. De la Lande.
Paris.   1762.   1 pl.

8. — Art du chamoiseur. Par M. De la Lande.
Paris.   1763.   4 pl.

9. — Art du chandelier. Par M. Duhamel du Monceau.
Paris.   2 pl.

10. — L'art de faire des chapeaux. Par M. l'*Abbé* Nollet.
Paris. 1765. 6 pl.

11. — Art du charbonnier, ou manière de faire le charbon de bois. Par M. Duhamel du Monceau.
Paris. 1761. Desaint et Saillant. 1 pl.

12. — L'art d'exploiter les mines de charbon de terre. Par M. Morand.
Paris. 1768-1776. 59 pl.

13. — L'art du chaufournier. Par M. Fourcroy de Ramecourt.
Paris. 1766. 15 pl.

14. — Art du cirier. Par M. Duhamel du Monceau. Augmenté de plusieurs réflexions qui lui ont été fournies par M. Trudon.
Paris. 1762. Guérin et Delatour. 8 pl.

15. — L'art de faire différentes sortes de colles. Par M. Duhamel du Monceau.
Paris. 1771. 3 pl.

16. — Art du cordonnier. Par M. de Garsault.
Paris. 1767. 5 pl.

17. — Art du corroyeur. Par M. De la Lande.
Paris. 1767. Delatour. 2 pl.

18. — L'art du coutelier. Par M. *Jean-Jacques* Perret.
Paris. 1771-72. Delatour. 172 pl.

19. — L'art du coutelier en ouvrages communs. Par M. FOUGEROUX DE BONDAROY.
    Paris. 1772. Delatour. 7 pl.
20. — Art du couvreur. Par M. DUHAMEL DU MONCEAU.
    Paris. 1766. Delatour. 4 pl.
21. — Le criblier, suite du parcheminier. Par M. FOUGEROUX D'ANGERVILLE.
    Paris. 2 pl.
22. — Art de travailler les cuirs dorés ou argentés. Par M. FOUGEROUX DE BONDAROY.
    Paris. 1762. Guérin et Delatour. 2 pl.
23. — L'art de convertir le cuivre rouge ou cuivre de rosette, en laiton ou cuivre jaune, au moyen de la pierre calaminaire ; de le fondre en tables ; de le battre sous le martinet et de le tirer à la filière. Par M. GALON. — De l'affinage du cuivre et du potin à Villedieu. Par DUHAMEL DU MONCEAU.
    Paris. 1764. 18 pl.
24. — L'art du distillateur d'eaux fortes, etc. Par M. DEMACHY.
    Paris. 1773. Delatour. 12 pl.
25. — L'art du distillateur-liquoriste ; contenant le brûleur d'eaux-de-vie, le fabricant de liqueurs, le débitant, ou le cafetier-limonadier ; par M. DEMACHY.
    Paris. 1775. 16 pl.
26. — Art de la draperie, principalement pour ce qui regarde les draps fins. Par M. DUHAMEL DU MONCEAU.
    Paris. 1765. Guérin et Delatour. 15 pl.
27. — La forge des enclumes. Par M. DUHAMEL DU MONCEAU.
    Paris. 1762. Guérin et Delatour. 1 pl.
28. — Art de l'épinglier. Par M. DE RÉAUMUR. Avec des additions de M. DUHAMEL DU MONCEAU, et des remarques extraites des mémoires de M. PERRONET.
    Paris. 1761. 7 pl.
29. — L'art du fabriquant d'étoffes en laine, rases et sèches, unies et croisées. Par M. ROLAND DE LA PLATIÈRE.
    Paris. 1780. Moutard. 11 pl.
30. — L'art de préparer et d'imprimer les étoffes en laine, suivi de l'art de fabriquer les pannes ou peluches, les velours façons d'Utrecht

et les moquettes, étoffes les plus susceptibles de l'impression et du gaufrage. Par M. ROLAND DE LA PLATIÈRE.

Paris. 1780. Moutard. 6 pl.

31. — Art de friser ou ratiner les étoffes de laine. Par M. DUHAMEL DU MONCEAU.

Paris. 1766. Delatour. 5 pl.

32. — L'art du fabriquant d'étoffes de soie. Par M. PAULET.

Paris. 1773-78. Delatour et Moutard. 168 pl.

33. — Art des forges et fourneaux à fer, par M. le Marquis DE COURTIVRON; et par M. BOUCHU.

Paris. 1761-1762. Guérin et Delatour. 38 pl.

(Cet ouvrage comprend 4 sections : 1° Des mines de fer et de leur préparation. 2° Du feu appliqué au travail du fer. 3° Des fourneaux. 4° Traité du fer, par SWEDEMBORG, traduit du latin par M. BOUCHU. A la suite de la 3ᵉ section : Nouvel art d'adoucir le fer fondu, et de faire des ouvrages de fer fondu aussi finis que de fer forgé. Par M. DE RÉAUMUR.)

34. — Art de réduire le fer en fil connu sous le nom de fil d'archal. Par M. DUHAMEL DU MONCEAU.

Paris. 1768. Delatour. 5 pl.

35. — L'art de l'hongroyeur. Par M. DE LA LANDE.

Paris. 176 . 1 pl.

36. — L'art de l'indigotier. Par M. DE BEAUVAIS RASEAU.

Paris. 1772. Delatour. 11 pl.

37. — Nouvelle méthode pour diviser les instruments de mathématique et d'astronomie. Par M. le Duc DE CHAULNES.

Paris. 1768. Delatour. 15 pl.

38. — Description d'un microscope et de différents micromètres destinés à mesurer des parties circulaires ou droites, avec la plus grande précision. Par M. le Duc DE CHAULNES.

Paris. 1768. Delatour. 6 pl.

39. — Description et usage des principaux instruments d'astronomie. Par M. LE MONNIER.

Paris. 1774. Guérin et Delatour. 14 pl.

40. — L'art du layetier, par M. ROUBO fils.

Paris. 1782. Moutard. 7 pl.

41. — L'art de la lingère. Par M. DE GARSAULT.

Paris. 1771. Delatour. 4 pl.

42. — L'art de la maçonnerie. Par M. Lucotte.
Paris. 1783. Moutard. 18 pl.

43. — L'art de faire le maroquin. Par M. DE LA LANDE.
Paris. 1 pl.

44. — Art du mégissier. Par M. DE LA LANDE.
Paris. 1765. Delatour. 2 pl.

45. — L'art du menuisier. (Contenant : le menuisier en bâtimens, le menuisier-ébéniste, le menuisier-carrossier et l'art du treillageur ou menuisier des jardins.) Par M. ROUBO fils.
Paris. 1769-75. Delatour. 382 pl.

46. — Description et détail des arts du meunier, du vermicelier et du boulenger; avec une histoire abrégée de la boulengerie, et un dictionnaire de ces arts. Par M. MALOUIN.
Paris. 1767. 10 pl.

47. — L'art du facteur d'orgues. Par Dom BEDOS DE CELLES (Dom J. Fr. MONNIOTTE.)
Paris. 1766-68. Delatour. 137 pl.

48. — Art de faire le papier. Par M. DE LA LANDE.
Paris. 1761. 14 pl.

49. — Art de faire le parchemin. Par M. DE LA LANDE.
Paris. 1762. Delatour. 2 pl.

50. — Art du paumier-raquetier, et de la paume. Par M. DE GARSAULT.
Paris. 1767. 5 pl.

51. — Traité général des pesches, et histoire des poissons qu'elles fournissent, tant pour la subsistance des hommes, que pour plusieurs autres usages qui ont rapport aux arts et au commerce ; par M. DUHAMEL DU MONCEAU et M. DE LA MARRE.
Paris. 1769-82. Saillant et Nyon. 250 pl.

52. — L'art de la peinture sur verre et de la vitrerie. Par feu M. LE VIEIL. Avec l'éloge de Pierre Le Vieil, par S.
Paris. 1774. 13 pl.

53. — Art du perruquier, contenant la façon de la barbe ; la coupe des cheveux ; la construction des perruques d'hommes et de femmes le perruquier en vieux; et le baigueur-étuviste. Par M. DE GARSAULT.
Paris. 1767. 5 pl.

54. — L'art de faire les pipes à fumer le tabac. Par M. DUHAMEL DU MONCEAU.
Paris. 1771. Delatour. 11 pl.

55. — L'art du plombier et du fontainier. Par M.*** (l'*Abbé* DE LA GARDETTE.

    Paris. 1773. Delatour. 24 pl.

56. — L'art de la porcelaine. Par M. le Comte DE MILLY.

    Paris. 1771. Delatour. 8 pl.

57. — L'art du potier de terre. Par M. DUHAMEL DU MONCEAU.

    Paris. 1773. Delatour. 17 pl.

58. — Art du potier d'étain, par M. SALMON.

    Paris. 1788. Moutard. 32 pl.

59. — Art de rafiner le sucre. Par M. DUHAMEL DU MONCEAU.

    Paris. 1764. 10 pl.

60. — L'art du relieur doreur de livres. Par M. DUDIN.

    Paris. 1772. Delatour. 16 pl.

61. — L'art du savonnier Par M. DUHAMEL DU MONCEAU.

    Paris. 1774. Delatour. 6 pl.

62. — Art du serrurier. Par M. DUHAMEL DU MONCEAU.

    Paris. 1767. Delatour. 42 pl.

63. — Art du tailleur, contenant : le tailleur d'habits d'hommes ; les culottes de peau ; le tailleur de corps de femmes et enfants ; la couturière ; et la marchande de modes. Par M. DE GARSAULT.

    Paris. 1769. Delatour. 16 pl.

64. — Art du tanneur. Par M. DE LA LANDE.

    Paris. 1764. Delatour. 3 pl.

65. — Art de faire les tapis façon de Turquie, connus sous le nom de tapis de la savonnerie. Par M. DUHAMEL DU MONCEAU.

    Paris. 1766. 4 pl.

66. — Art de la teinture en soie. Par M. MACQUER.

    Paris. 1763. 6 pl.

67. — Art du tonnelier. Par M. FOUGEROUX DE BONDAROY.

    Paris. 1763. Delatour et Guérin. 6 pl.

68. — L'art du tourneur mécanicien. Par M. HULOT père.

    Paris. 1775. Delatour. 44 pl.

69. — L'art du tuilier et du briquetier. Par MM. DUHAMEL DU MONCEAU, FOURCROY (DE RAMECOURT) et GALLON.

    Paris. 1763. 9 pl.

70. — Art de fabriquer la brique et la tuile en Hollande, et de les faire

cuire avec la tourbe, pour servir de suite à l'Art du tuilier et du briquetier. Par M. JARS.

Paris. 1767. Delatour. 1 pl.

72. — Traité de la construction des vaisseaux, avec une explication où l'on démontre les principes de l'architecture navale marchande, et des navires armés en course. Par M. *Frédéric* de CHAPMAN. Traduit du Suédois (par LE MONNIER.)

Paris. 1779. Saillant et Nyon. 18 pl.

73. — Description de l'art de la mâture. Par M. ROMME.

Paris. 1778. Delatour. 7 pl.

74. — L'art de la voilure. Par M. ROMME.

Paris. 1781. Moutard. 9 pl.

75. — L'art du fabriquant de velours de coton, précédé d'une dissertation sur la nature, le choix et la préparation des matières, et suivi d'un traité sur la teinture et sur l'impression des étoffes de ces mêmes matières. Par M. ROLAND DE LA PLATIÈRE.

Paris. 1780. Moutard. 11 pl.

3064. — La science en miniature, ou collection des arts et métiers utiles, mise à la portée de la jeunesse; ouvrage imité de l'anglais. Par *T. P.* BERTIN.

Paris. 1833. Dentu. 2 vol. in-18. Fig.

3065. — L'art de tourner, ou de faire en perfection toutes sortes d'ouvrages au tour. Composé en françois et en latin en faveur des étrangers. Par le R. P. *Charles* PLUMIER.

Lyon. 1701. Certe. 1 vol. in-fol. Pl.

3066. — Nouveau manuel complet du tourneur, ou traité théorique et pratique de l'art du tour, contenant la manière de tourner les bois, les pierres et les métaux, et les notions de forge, d'ajustage et d'ébénisterie indispensables au tourneur. Ouvrage entièrement refondu, etc. Par *E.* DE VALICOURT.

Paris. 1848. Roret. 3 vol. in-18 et atl. in-8°.

3067. — Manuel du relieur, dans toutes ses parties. Précédé des arts de l'assembleur, de la plieuse, de la brocheuse, et suivi des arts du marbreur sur tranches, du doreur sur tranches et sur cuir, et du satineur. Par *L. Séb.* Le Normand.

Paris. 1827. Roret. 1 vol. in-18. Fig.

3068.— Art de la réglure des registres et des papiers de musique; par *A. B.* Méguin.

Paris. 1828. Audot. 2 vol. in-18.

3069.— Nouveau manuel complet du mouleur en médailles, ou l'art de les mouler en plâtre, en soufre, en cire, à la mie de pain, à la gelatine, ou à la colle forte. Par M. *F. B.* Robert; suivi de l'art de clicher ou de frapper des creux et des reliefs en métaux. Nouv. édit. augm. d'un grand nombre de procédés nouveaux, etc., et d'un traité abrégé du galvanoplastie appliquée aux médailles; par *E.* de Valicourt (1).

Paris. 1843. Roret. 1 vol. in-18. Fig.

XI. — MÉLANGES.

a. — *Recueils et descriptions de machines.*

3070.— Description des machines et procédés spécifiés dans les brevets d'invention, de perfectionnement et d'importation dont la durée est expirée.

Paris. 1811-1857. Me Ve Huzard. 88 vol. in-4°. Pl.

3071.— Description des machines et procédés pour lesquels des brevets d'invention ont été pris sous le régime de la loi du 5 juillet 1844.

Paris. 1850-1859. Imprimerie nation. 31 vol. in-4°. Pl.

3072.— Catalogue des brevets d'invention, d'importation et de perfectionnement délivrés du 1er janvier 1828 au 31 décembre 1842 et encore en vigueur à cette dernière époque.

Paris. 1843. Ve Bouchard-Huzard. 1 vol. in-8°.

---

(1) De Valicourt (*Auguste-Marie-Edmond*) né à Albert le 5 novemb. 1808.

3073.—Catalogue des brevets d'invention, d'importation et de perfectionnement pris du 1er juillet 1791, époque de la mise à exécution des lois des 7 janvier et 25 mai précédents, jusqu'au 31 décembre 1858.

Paris. 1826-59. Mᶜ Bouchard-Huzard. 33 vol. in-8°.

3074.—Recueil des machines, instruments et appareils qui servent à l'économie rurale et industrielle, et dont les avantages sont consacrés par l'expérience, etc., publié avec les détails nécessaires à la construction, par Le Blanc.

Paris. 1820-1858. 5 vol. in-fol. Pl. Se continue.

3075.—Catalogue du Conservatoire royal des arts et métiers.

Paris. 1818. Mᵉ Huzard. 1 vol. in-8°.

3076.—Application de l'hélice.

1 vol. in-8°, contenant :

1. — L'hélice appliquée aux bateaux et aux voitures à vapeur. — Mémoire explicatif et historique sur le brevet d'invention Dallery (1) obtenu le 29 mars 1803. (Par M. Chopin-Dallery.)

Paris. 1844. Fournier. in-8°. Pl.

2. — Mars 1803, mars 1845, juillet 1855. — Charles Dallery d'Amiens, reconnu inventeur de l'hélice immergée comme propulseur des bâtiments à vapeur, et de la chaudière tubulaire appliquée à la locomotion. (Par *Ed.* Gand.)

Amiens. 1855. Alf. Caron. in-8°.

3. — Origine de l'hélice propulso-directeur et de la chaudière tubulaire, exposée par Chopin-Dallery. Historique précédé d'une notice sur Ch. Dallery, et suivi de pièces justificatives.

Paris. 1855. F. Didot fr. in-8°. Pl.

4. — Documents relatifs à l'application de l'hélice à la navigation à la vapeur par *Frédéric* Sauvage.

Abbeville. 1855. Jeunet. in-8°.

3077.—Mélanges.

1 vol. in-4°, contenant :

---

(1) Dallery (d'Alery suivant l'acte de baptême), (*Thomas-Charles-Auguste*), né à Amiens le 4 septembre 1754, mourut à Jouy (Seine-et-Oise) le 1ᵉʳ juin 1835.

1. — Instruction pour le blanchissage des toiles.
   Amiens. 1748. V⁰ Godard. in-4°.

2. — Observations faites par ordre du Roi, sur les côtes de Normandie, au sujet des effets pernicieux qu'on prétend, dans le pays de Caux, être produits par la fumée du Varech, lorsqu'on brûle cette plante pour la réduire en soude.
   Paris. 1772. Imprimerie royale. in-4°.

3. — Mémoire présenté à MM. les présidents et membres de la Chambre de commerce de Picardie, par *Jacques-Alexandre* BONVALET, inventeur d'une nouvelle impression en taille-douce pour étoffes.
   Amiens. 1775. V⁰ Godard. in-4°.

4. — Machine hydraulique qui peut s'employer à divers usages utiles et agréables. Par REY DE PLANAZU.
   Troyes. 1786. V⁰ Gobelet. in-4°. Pl.

5. — Observations sur les salines du département de la Meurthe, de celui du Bas-Rhin et du pays conquis de la Layen; les mines et manufactures d'asphalte du département du Bas-Rhin, et les mines et manufactures des pays conquis entre le Rhin et la Moselle, par LOYSEL.
   Paris. An 3. Imprimerie nationale. in-8°.

6. — Notice sur les diverses inventions de Jean-Pierre Droz, graveur-mécanicien; relatives à l'art du monnoyage, ainsi qu'à plusieurs autres branches d'économie industrielle. (Par *C. P.* MOLARD.)
   Versailles. 1824. Jacob. in-4°.

7. — Conservation des bois, des cordages et des toiles. — Exposé des recherches qui ont amené aux procédés suivis et observations sur les causes de destruction et de conservation des substances végétales, ligneuses et textiles. Par *Hippolyte* BOURDON.
   Valenciennes. 1845. Prignet. in-4°.

8. — M. Philippe de Girard. Par *J. J.* AMPÈRE.
   Corbeil. 1845. Creté. in-8°.

9. — Notice biographique sur le chevalier Philippe de Girard, inventeur de la filature mécanique du lin. Par *Emile* DESCHAMPS.
   Paris. 1854. Guiraudet et Jouaust. in-8°.

10. — Philippe de Girard, inventeur de la filature mécanique du lin. Par *C.* CHAPSAL.
    Paris. 1853. Guiraudet et Jouaust. in-8°.

11. — Rapport (par M. SEYDOUX) et loi ayant pour objet d'accorder aux héritiers de Philippe de Girard, inventeur de la filature mécanique du lin, une pension à titre de récompense nationale.
   Paris. 1853. Panckoucke. in-8°.

12. — Rapport fait au Corps législatif par M. SEYDOUX.
   Paris. 1853. Guiraudet et Jouaust. in-8°.

13. — Sénat. — Rapport fait par M. le Baron *Charles* DUPIN.
   Paris. 1853. Impr. du Sénat. in-8°.

14. — Invention de la filature mécanique du lin. Notice chronologique.
   Paris. 1850. Guiraudet et Jouaust. in-8°.

15. — Invention de la filature mécanique du lin. (Pétition) A M. le Ministre de l'agriculture et du commerce. Par M° DE VERNÈDE DE CORNEILLAN, née DE GIRARD et le Chev. *Jos.* DE GIRARD.
   Paris. 1853. Guiraudet et Jouaust. in-4°.

16. — Pétition par divers.
   Paris. 1851. Guiraudet et Jouaust. in-4°.

17. — Conclusion. — Résumé.
   Paris. 1856.   in-4°.

18. — Réclamation d'un million et les intérêts par Mme la comtesse de Vernède de Corneillan, née de Girard, nièce et héritière de M. le chev. Ph. de Girard, inventeur de la filature mécanique du lin.
   Paris. 1856. Guiraudet et Jouaust. in-4°.

19. — Peseur-ensacheur mécanique inventé par la petite nièce du chevalier Philippe de Girard.
   Paris. 1856. Guiraudet et Jouaust. in-4°.

20. — Description des avantages constatés par expériences des greniers à blé à silos suspendus du chevalier Philippe de Girard.
   Paris. 1856. Guiraudet et Jouaust. in-4°.

21. — Nouveau récepteur hydraulique, dit roue-hélice à axe horizontal, ou turbine sans directrices, par M. *L. D.* GIRARD.
   Paris. 1855. Mallet-Bachelier. in-4°. Pl.

22. — Brevet d'invention de *Fr.* DURAND. Nouvelle broche de filature.
   Paris. 1859. M° Bouchard-Huzard. in-4°. Pl.

b. — *Expositions des produits de l'industrie.*

3078. — Exposition publique des produits de l'industrie française. — An 10. — Procès-verbal des opérations du Jury nommé par le Ministre de l'Intérieur pour examiner les produits mis à l'exposition des jours complémentaires de la dixième année de la république.

Paris. An xi. Imp. de la République. 1 vol. in-8.

5079.—Exposition publique des produits de l'industrie française au palais du Louvre.— Année 1819.— Catalogue indiquant le nom des fabricans, celui de leur domicile et département, avec la désignation sommaire des produits de leur industrie.

Paris. 1819. Imprimerie royale. 1 vol. in-8°.

5080.— Rapport du Jury central sur les produits de l'industrie française (année 1819); rédigé par M. *L.* Costaz.

Paris. 1819. Imprimerie royale. 1 vol. in-8°.

** — Industrie. Exposition de 1819. Par Etienne Jouy.

Voyez : *Œuvres* d'Etienne Jouy, xxii.

5081.—Catalogue des produits de l'industrie française admis à l'exposition publique dans le palais du Louvre, etc. (Année 1823.)

Paris. 1823. A. Boucher. 1 vol. in-8°.

5082.— Rapport sur les produits de l'industrie française (exposition de 1823) présenté au nom du Jury central; rédigé par M. le Vte Héricart de Thury et par M. Migneron.

Paris. 1824. Impr. royale. 1 vol. in-8°.

5083.— Rapport sur les produits de l'industrie française (exposition de 1827) présenté au nom du Jury central; rédigé par M. le Vte Hericart de Thury et par M. Migneron.

Paris. 1828. Imprimerie royale. 1 vol. in-8°.

5084.— Rapport du Jury départemental de la Seine sur les produits de l'industrie admis au concours de l'exposition publique de 1827. Par M. Payen.

Paris. 1829. Crapelet. 1 vol. in-8°. Tome 1er.

5085.— Voyage dans la cour du Louvre, ou guide de l'observateur à l'exposition des produits de l'industrie française. Année 1827. Par une société d'artistes et d'anciens fabricans. (Par *Alex.* MARTIN.)

Paris. 1827. Danvin. 2 vol. in-18.

3086.— Exposition de 1834, sur la place de la Concorde. — Notice des produits de l'industrie française, précédé d'un historique des expositions antérieures et d'un coup-d'œil général sur l'exposition actuelle.

Paris. 1834. Everat. 1 vol. in-8°.

3087.— Rapport du Jury central sur les produits de l'industrie française exposés en 1834, par le Baron *Ch.* DUPIN.

Paris. 1836 Imprimerie royale. 3 vol. in-8°.

3088.— L'industrie. Exposition de 1834. Par *Stéphane* FLACHAT.

Paris. 1834. Tenré. 1 vol. in-4°. Fig.

3089.— Catalogue officiel des produits de l'industrie française, admis à l'exposition publique dans le carré des fêtes aux Champs-Élysées. (1839.)

Paris. 1839. Fain et Thunot. 1 vol. in-8°.

3090.— Exposition de l'industrie française en 1839. Rapport du Jury central.

Paris. 1839. Bouchard-Huzard. 3 vol. in-8°.

3091.— Exposition publique des produits de l'industrie française. 1844. Catalogue officiel.

Paris. 1844. Cosson. 1 vol. in-8°.

3092.— Exposition des produits de l'industrie française en 1844. Rapport du Jury central.

Paris. 1844. Fain et Thunot. 3 vol. in-8°.

3093.— Catalogue officiel de la grande exposition des produits de l'industrie de toutes les nations, 1851. Rédigé et traduit de l'anglais par *G. F.* DUNCOMBE et *F. M.* HARMAN.

Londres. 1851. Spicer. 1 vol. in-4°.

3094.— Exhibition of the works of industry of all nations.

1851. — Reports by the juries on the subjects in the thirty classes into which the exhibition was divided.

London. 1852. W. Clowes and son. 1 vol. gr. in-8°.

5095.— Exposition universelle de 1851. Travaux de la Commission française sur l'industrie des nations, publiés par ordre de l'Empereur.

Paris. 1854-1858. Imprimerie imp. 9 vol. in-8°.

Cette partie des travaux comprend :

Tome Ier. 1re partie. — Force productive des nations concurrentes, depuis 1800 jusqu'à 1851. Par M. le Baron *Charles* DUPIN.

Tome III. 1re partie. 1re section. — Machines motrices et moyens locomoteurs, par M. le général MORIN.— Voitures. Par M. ARNOUX. — Machines et outils des arts divers, par M. le général PONCELET.

Tome III. 1re partie. 2e section. — Machines et outils appropriés aux arts textiles, par M. le général PONCELET. — Génie civil, architecture, combinaisons et appareils relatifs aux constructions, par M. COMBES.

Tome III. 2e partie. — Arts de la guerre et de la marine, par le Baron *Charles* DUPIN. — Arts agricoles, par M. MOLL. — Arts mathématiques, par M. MATHIEU. — Arts chirurgicaux, par M. ROUX. — Horlogerie, par M. le Baron SÉGUIER.— Musique, par M. BERLIOZ. — Photographie, électro-télégraphie, par M. MOIGNO.

Tome IV. — Industrie des cotons, par M. MIMEREL. — Les lainages. 1re partie. Industrie des laines foulées, par M. RANDOING. — 2e partie. Industrie des laines peignées, par M. BERNOVILLE. — Soieries et rubans, par M. ARLÈS-DUFOUR. — Industrie du chanvre et du lin, par M. LEGENTIL. — Industrie des châles et des tissus mélangés, par M. *Maxime* GAUSSEN.

Tome V. — Cuirs et peaux, fourrures, harnais et selleries, plumes, crins et cheveux, par M. FAULER. — Imprimerie, librairie, papeterie et industries auxiliaires, par M. *Amb. Firmin* DIDOT. — Impressions et teintures, par M. PERSOZ. — Blondes, tulles et broderies, par M. *F.* AUBRY. — Les tapisseries et les tapis des manufactures nationales, par M. CHEVREUL.— Les tissus appliqués aux arts vestiaires, par M. BERNOVILLE.

Tome VI. — Coutellerie et outils d'acier, par M. *F.* LE PLAY. — Ouvrages en fer, en acier, en cuivre, en bronze, en zinc, etc. par M.

GOLDENBERG. — Industrie des métaux précieux, par M. le Duc DE LUYNES. — Verres et cristaux, par M. PÉLIGOT.— Arts céramiques, par feu M. EBELMEN et par M. SALVETAT.

Tome VII. — Papiers de tenture, par M. WOLOWSKI. — Meubles, par M. WOLOWSKI.—Matériaux de construction, etc. par M. GOURLIER. — Matières appropriées à l'industrie, par M. BALARD.— Objets de parure et de fantaisie, par M. *Natalis* RONDOT. — Savons, bougies et parfumerie, par M. WOLOWSKI.

Tome VIII. — Beaux arts. Par M. le Comte DE LABORDE.

5096.—Recueil des pièces et documents officiels concernant l'exposition universelle de 1855, mis en ordre et publié par M. *E.* PANIS.
Paris. 1855. E. Panis. 1 vol. in-4°.

5097.—Exposition universelle de 1855. Le système de classification adopté par la Commission impériale, précédé d'une nomenclature alphabétique des produits de l'agriculture, de l'industrie et de l'art, indiquant, pour chacun, la classe et la section auxquels il se rapporte, à l'usage des exposants, des comités et des juris.
Paris. 1855. H. et Ch. Noblet. 1 vol. in-8°.

5098.—Exposition des produits de l'industrie de toutes les nations. 1855. Catalogue officiel publié par ordre de la Commission impériale. 2ᵉ édit.
Paris. 1855. E. Panis. 1 vol. in-8°.

5099.— Exposition universelle de 1855. Commission impériale. Liste générale par ordre alphabétique des exposants inscrits au catalogue officiel.
Paris. 1855. Imprimerie impériale 1 vol. in-8°.

5100.—Exposition universelle de 1855. — Rapports du Jury mixte international, publiés sous la direction de S. A. I. le Prince Napoléon, Président de la Commission.
Paris. 1856. Imprimerie impér. 1 vol. gr. in-8°.

5101.—Rapport sur l'exposition universelle de 1855, présenté à l'Empereur par S. A. I. le Prince Napoléon, Président de la Commission.
Paris. 1857. Imprimerie impériale. 1 vol. gr. in-8°.

3102. — Exposition universelle de 1855. — Département de la Somme. — Application de l'exposition aux intérêts départementaux.
>Amiens. 1856. Duval et Herment. 1 vol. in-8°.

3103. — Même ouvrage. Nouvelle édition.
>Abbeville. 1857. T. Jeunet. 1 vol. in-18.

3104. — 3e, 4e, 5e exposition des produits des membres de l'Académie de l'industrie, à l'Orangerie des Tuileries, en 1838, 1840, 1841. Catalogue des produits admis à cette exposition et rédigé sur les notices remises par MM. les industriels. (Par M. ODOLANT DESNOS.)
>Paris. 1838-1841. Guiraudet et Jouaust. 3 vol. in-12.

3105. — Rapports sur les expositions publiques des produits des arts du Calvados (première en 1803 et seconde 1806), par M. *Pierre-Aimé* LAIR.
>Caen. 1819. F. Poisson. 1 vol. in-8°.

" — Exposition des produits de l'industrie du département de la Somme.
>Voyez : *Histoire.* Nos 3652 et 3656.

DEUXIÈME SECTION.

BEAUX-ARTS.

I. — ARTS INTELLECTUELS.

(Sont compris sous ce titre les arts servant à la manifestation directe de la pensée.)

a. — *Mnémotechnie.*

3106. — *F. Hieronymi* MARAFIOTI de arte reminiscentiæ per loca, et imagines, ac per notas, et figuras in manibus positas. Opus delectabile, etc.
>Venetiis. 1602. Bapt. Bertonus. 1 vol. in 8°.

3107. — Le magazin des sciences, ou vray art de mémoire descouvert par SCHENKELIUS. Traduit et augmenté tant de l'alphabet de Trithemius que de plusieurs autres belles recherches, etc. Par *Adrian* LE CUIROT.

Paris. 1623. Jacq. Quesnel. 1 vol. in-12.

3108. — *Athanasii* KIRCHERI ars magna sciendi, in XII libros digesta, qua nova et universali methodo per artificiosum combinationum contextum de omni re proposita plurimis et prope infinitis rationibus disputari, omniumque summaria quædam cognitio comparari potest.

Amstelodami. 1669. Janssonius. 1 vol. in-fol.

b. — *Ecriture.*

3109. — Champfleury, auquel est contenu l'art et science de la deve et vraye proportion des lettres Attiques, qu'on dit autrement lettres antiques, et vulgairement lettres Romaines proportionnées selon le corps et visage humain. (Par *Geofroy* TORY.)

Paris. 1529. Geofroy Tory. 1 vol. in-4°. Fig.

3110. — Libro di M. *Giovan Battista* PALATINO, nel qual s'insegna a scrivere ogni sorte littera, antica, et moderna, di qualunque natione, con le sue regole, et misure et essempi : et con un breve et util discorso de le cifre.

Roma. 1545. Ant. Blado Asolano. 1 vol. in-4°. Fig.

3111. — Le trésor des calligraphes illustrateurs. Par RAIMBAULT.

Paris. 1856. Guesnu. 1 vol. in-fol obl.

** — Voyez : *Histoire.* — *Paléographie et Diplomatique.* N° 4822 et seqq.

c. — *Sténographie.*

3112. — Système universel et complet de sténographie, ou manière abrégée d'écrire applicable à tous les idiomes, etc.

Inventé par *Samuel* TAYLOR et adapté à la langue françoise par *Théodore-Pierre* BERTIN. 3ᵉ édit.

Paris. An 4. Didot l'aîné. 1 vol. in-8°.

3113. — Même ouvrage. 4ᵉ édit.

Paris. An 12. Impr. de la Républ. 1 vol. in-8°.

3114. — Nouveau système de phonégraphie, démontré en deux leçons, ou méthode abrégée, simple et facile, de fixer exactement les sons de la voix, et d'écrire aussi vite que la parole.

St.-Quentin. 1826. Cottenest, Pièce in 8°.

3115. — La sténographie, ou l'art d'écrire aussi vite que l'on parle ; méthode simplifiée, d'après les systèmes des meilleurs auteurs français. Par *C. D.* LAGACHE.

Amiens. 1829. R. Machart. 1 vol. in-8°.

3116. — Méthode de sténographie syllabique, par monogrammes, et sans traits parasites, ayant pour base les sons de la langue française, et non les consonnes et les voyelles qui entrent dans la composition de ces sons. Par BROUAYE.

Amiens. 1848. Duval et Herment. 1 vol. in-8°.

3117. — Nouveau système de sténographie, ou l'art d'écrire aussi vite que la parole. Par *L. P. L.* CHAUVIN.

Paris. 1853. Librairie universelle. 1 vol. in-8°.

---

d. — *Télégraphie.*

3118. — Traité de télégraphie électrique comprenant son histoire, sa théorie, ses appareils, sa pratique, son avenir, sa législation ; précédé d'un exposé de la télégraphie en général et de la télégraphie ancienne de jour et de nuit, par M. l'*Abbé* MOIGNO. 2ᵉ édit.

Paris. 1852. Franck. 1 vol. in-8 et atl. in-4°.

c. — *Stéganographie*

3119.— Polygraphiæ libri sex *Joannis* TRITHEMII. (Cum clave.)
(Oppenheimii.) 1518. J. Haselberg de Aia. 1 v. in-4º.

3120. — *Joannis* TRITHEMII libri polygraphiæ VI, quibus præter clavem et observationes *Adolphi* A GLAUBURG accessit noviter ejusdem autoris Libellus de septem secundeis seu intelligentiis orbes post Deum moventibus.
Argentinæ. 1600. Laz. Zetznerus. 1 vol. in-8º.

3121.— Steganographia : hoc est : ars per occultam scripturam animi sui voluntatem absentibus aperiendi certa ; authore *Joanne* TRITHEMIO. — Præfixa est huic operi sua clavis, seu vera introductio ab ipso authore concinnata, etc.
Darmbstadii. 1621. J. Berner. 1 vol. in 4º.

3122.— Specimen steganographiæ *Joannis* TRITHEMII, quo auctoris ingenuitas demonstratur et opus a superstitione absolvitur. Cum vindiciis Trithemianis D. *Joannis* D'ESPIERES.
Duaci. 1641. P. Bellerus. 1 vol. in-4º.

3123.— *Johannis* TRITHEMII steganographia quæ hucusque à nemine intellecta, sed passim ut supposititia, perniciosa, magica ac necromantica, rejecta, elusa, damnata et sententiam inquisitionis passa, nunc tandem vindicata, reserata et illustrata, etc. Authore *Wolfhango Ernesto* HEIDEL.
Moguntiæ. 1676. Ch. Kuchlerus. 1 vol. in-4º.

3124.—Traicté des chiffres, ou secrètes manières d'escrire : par *Blaise* DE VIGENERE.
Paris. 1587. Abel L'Angelier. 1 vol. in-4º.

" — Méthode pour escrire occultement à son amy par l'alphabet de Trithemius. Recueillie et mise en lumière par la diligence et frais de *François* THIBOUREL et *Jean* APPIER, dit HANZELET.
Pont-à-Mousson. 1620. Ch. Marchant. in-4º.

Voyez : Nº 2675.

3125. — *Gustavi* Seleni cryptomenytices et cryptographiæ libri ix. In quibus et planissima steganographiæ à Johanne Trithemio magicè et ænigmaticè olim conscriptæ enodatio traditur.
Lunæburgi. 1624. J. et H. der Sternen. 1 vol. in-fol.

f. — *Typographie.*

3126. — Etudes pratiques et littéraires sur la typographie, par *G. A.* Crapelet.
Paris. 1837. Crapelet. 1 vol. in-8°. Tom. 1ᵉʳ.

3127. — Histoire de l'invention de l'imprimerie par les monuments. — Album typographique exécuté à l'occasion du jubilé européen de l'invention de l'imprimerie.
Paris. 1850. Eug. Duverger. 1 vol. gr. in-4°.

3128. — Précis historique de l'imprimerie nationale et de ses types. Par *F. A.* Duprat.
Paris. 1848. B. Duprat. 1 vol. in-8°.

3129. — Exposition universelle de 1855. — Quelques détails sur les produits de l'imprimerie impériale de France, par M. d'Escodeca de Boisse.
Paris. 1855. Imprimerie impériale. 1 vol. in-8°.

g. — *Lithographie.*

3130. — Procédé actuel de la lithographie mise à la portée de l'artiste et de l'amateur. Par D***.
Paris. 1818. Delaunay. 1 vol. in-8°. Pl.

II. — ARTS PLASTIQUES.

a. — *Dictionnaires.*

3131. — Dictionnaire portatif des beaux-arts, ou abrégé de ce

qui concerne l'architecture, la sculpture, la peinture, la gravure, la poésie et la musique ; etc. Par M. L.***
(*Jacques* LACOMBE.)
Paris. 1752. V° Estienne. 1 vol. in-8°.

3132 —Même ouvrage. Nouv. édit.
Paris. 1766. Hérissant. 1 vol. in-8°.

3133.— Dictionnaire portatif de peinture, sculpture et gravure ; avec un traité pratique des différentes manières de peindre. Par Dom *Antoine-Joseph* PERNETY.
Paris. 1757. Bauche. 1 vol. in-8°.

** — Beaux arts. Par WATELET et LEVESQUE.
Paris. 1788-91. Panckoucke. 3 vol. in-4°.
Voyez : *Encyclop. méth.*

3134.—Dictionnaire des beaux-arts, par *A. L.* MILLIN.
Paris. 1806. Crapelet. 3 vol. in-8°.

3135. — Dictionnaire des beaux-arts, par *A. L.* MILLIN.
Paris. 1838. Barba. 6 vol. in-8°.

3136.—Dictionnaire iconographique des monuments de l'antiquité chrétienne et du moyen-âge, depuis le Bas-empire jusqu'à la fin du seizième siècle, indiquant l'état de l'art et de la civilisation à ces diverses époques. Par *L. J.* GUÉNEBAULT.
Paris. 1843-1845. Leleux. 2 vol. in-8°.

3137.—Dictionnaire des monogrammes, chiffres, lettres initiales, logogryphes, rébus, etc., sous lesquels les plus célèbres peintres, graveurs et dessinateurs ont dessiné leurs noms. Traduit de l'allemand de M. CHRIST, et augmenté de plusieurs supplémens. Par M.***
(*God.* SELLIUS.)
Paris. 1750. Seb. Jorry. 1 vol. in-8°. Fig.

b. — *Histoire de l'art.*

3138.—Histoire des arts, qui ont raport au dessein, divisée

en trois livres, où il est traité de son origine, de son progrès, de sa chûte, et de son rétablissement. Par P. MONIER.

Paris. 1706. Giffart. 1 vol. in-12.

3139. — Histoire de l'art chez les anciens. Par M. *F.* WINCKEL-MANN. Ouvrage traduit de l'allemand. (Par *God.* SELLIUS.)

Amsterdam. 1766. E. van Harrevelt. 2 vol. in-8°.

3140. — Histoire de l'art chez les anciens, par WINKELMANN; traduit de l'allemand; avec des notes historiques et critiques de différens auteurs. (Par *Michel* HUBER et *Henri* JANSEN.)

Paris. 1803. Jansen et Gide. 3 vol. in-4°. Pl.

3141. — Cours d'archéologie, professé par M. *Raoul* ROCHETTE. Publié par la sténographie, avec l'autorisation et la révision du professeur.

Paris. 1828. E. Renduel. 1 vol. in-8°.

3142. — Manuel de l'art chez les anciens. Par le Cte DE CLARAC.

Paris. 1847-49. J. Renouard. 3 vol. in-18.

3143. — Etudes sur les beaux-arts depuis leur origine jusqu'à nos jours. Par *F. B.* DE MERCEY.

Paris. 1855-1858. A. Bertrand. 3 vol. in-8°.

3144. — Histoire de l'art par les monumens, depuis sa décadence au IVe siècle jusqu'à son renouvellement au XVIe; par *J. B. L. G.* SEROUX D'AGINCOURT.

Paris. 1823. Treuttel et Wurtz. 6 vol. in-fol.

3145. — Les arts au moyen-âge, en ce qui concerne principalement le palais romain de Paris, l'hôtel de Cluny issu de ses ruines, et les objets d'art de la collection classée dans cet hôtel. Par A^{dre}. DU SOMMERARD.

Paris. 1838-1846. Vinchon. 5 v. in-8° et 6 v. in-fol. Pl.

3146. — Peintures de manuscrits, depuis le huitième siècle jusqu'à la fin du seizième, publiées par le Comte *Aug.* DE BASTARD.

Paris. 1835-1849. 20 liv. in-fol. En publication.

3147.—Description historique et chronologique des monumens de sculpture, réunis au Musée des monumens français ; par *Alexandre* Lenoir ; augmentée d'une dissertation sur la barbe et les costumes de chaque siècle ; et suivie d'un traité de la peinture sur verre, par le même auteur.

Paris. An viii. Gide. 1 vol. in-8°.

3148.—Musée des monumens français, ou description historique et chronologique des statues en marbre et en bronze, bas-reliefs et tombeaux des hommes et des femmes célèbres, pour servir à l'histoire de France et à celle de l'art ; par *Alexandre* Lenoir.

Paris. 1800-1822. Guilleminet. 6 vol. in-8°. Fig.

3149.—Histoire des arts en France, prouvée par les monumens, suivie d'une description chronologique des statues en marbre et en bronze, bas-reliefs et tombeaux des hommes et des femmes célèbres, réunis au Musée impérial des monumens français ; par *Alex.* Lenoir.

Paris. 1811. Panckoucke. 1vol. in-4° et atlas in fol.

3150.—Monuments français inédits, pour servir à l'histoire des arts depuis le vi^e siècle jusqu'au commencement du xviie, etc. dessinés, gravés et coloriés d'après les originaux, par *N. X.* Willemin, classés chronologiquement et accompagnés d'un texte historique et descriptif, par *André* Pottier.

Paris. 1806-1839. Tillard et Willemin. 3 vol. in-fol.

c. — *Généralités.* — *Esthétique.*

3151.—Théophile, prêtre et moine. Essai sur divers arts, publié par le Cte *Charles* de l'Escalopier ; et précédé d'une introduction, par *J. Marie* Guichard.

Paris. 1843. F. Didot fr. 1 vol. in-4°.

** — De pictura, plastice, statuaria libri duo. Auctore *Julio Cæsare* BULENGERO.

Lugduni. 1627. Prost. in-8°. *Histoire.* N° 4800.

3152. — Dicierie sacre del cavalier MARINO.

Venetia. 1643. Tomasini. 1 vol. in-16.

3153. — Des principes de l'architecture, de la sculpture, de la peinture, et des autres arts qui en dépendent. Avec un dictionnaire des termes propres à chacun de ces arts. (Par *André* FÉLIBIEN.) 2° édit.

Paris. 1690. J. Coignard. 1 vol. in-4°. Fig.

3154. — Même ouvrage. 3° édit.

Paris. 1699. J. B. Coignard. 1 vol. in-4°. Fig.

3155. — Cabinet des singularitez d'architecture, peinture, sculpture, et graveure. Ou introduction à la connoissance des plus beaux arts, figurés sous les tableaux, les statues, et les estampes. Par *Florent* LE COMTE.

Paris. 1699-1700. Et. Picard. 3 vol. in-12. Tome II.

3156. — Traité de la peinture et de la sculpture. Par M^{rs}. RICHARDSON, père et fils. Traduit de l'anglois (par UYTWERF, et revu par RUTGERS et TENKATE.) Rev. et corr. par les auteurs. (Où l'on a ajouté un Discours préliminaire sur le beau idéal des peintres, sculpteurs et poëtes. Par *L. H.* TENKATE.)

Amsterdam. 1728. H. Uytwerf. 3 vol. in-8°.

3157. — Les beaux arts réduits à un même principe. (Par l'*Abbé Ch.* BATTEUX.)

Paris. 1746. Durand. 1 vol. in-8°.

3158. — Considérations sur les révolutions des arts. (Par *G. Alex.* MÉHÉGAN.)

Paris. 1755. Brocas. 1 vol. in-12.

3159. — Le spectacle des beaux arts, ou considérations touchant leur nature, leurs objets, leurs effets et leurs règles principales. Par M. LACOMBE.

Paris. 1761. Vincent. 1 vol. in-12.

5160. — Essai sur la peinture, et sur l'Académie de France, établie à Rome. Par M. ALGAROTTI. Traduit de l'italien par M. PINGERON.
Paris. 1769. Merlin. 1 vol. in-12.

** — Essai sur la peinture, par *D.* DIDEROT.
      Voyez : *Œuvres* de DIDEROT, XIII, XIV, XV.

5161. — Œuvres complètes d'*Antoine-Raphaël* MENGS, contenant différens traités sur la théorie de la peinture. Traduit de l'italien (du chev. D'AZARA, par *H.* JANSEN.)
Paris. 1786. Hôtel de Thou. 2 en 1 vol. in-4°. Port.

5162. — Théorie du paysage, où considérations générales sur les beautés de la nature que l'art peut imiter, et sur les moyens qu'il doit employer pour réussir dans cette imitation; par *J. B.* DE PERTHES.
Paris. 1818. Le Normant. 1 vol. in-8°.

5163. — Considérations morales sur la destination des ouvrages de l'art, ou de l'influence de leur emploi sur le génie et le goût de ceux qui les produisent ou qui les jugent, et sur le sentiment de ceux qui en jouissent et en reçoivent les impressions ; par M. QUATREMÈRE DE QUINCY.
Paris. 1815. Crapelet. 1 vol. in-8°.

5164. — Essai sur la nature, le but et les moyens de l'imitation dans les beaux arts. Par M. QUATREMÈRE DE QUINCY.
Paris. 1823. Didot l'aîné. 1 vol. in-8°.

5165. — Essai sur l'idéal dans ses applications pratiques aux œuvres de l'imitation propre dans les arts du dessin. Par M. QUATREMÈRE DE QUINCY.
Paris. 1817. Ad. Le Clere. 1 vol. in-8°.

5166. — Lettres sur l'enlèvement des ouvrages de l'art antique à Athènes et à Rome, écrites les unes au célèbre Canova, les autres au général Miranda. Par M. QUATREMÈRE DE QUINCY. Nouv. édit.
Paris. 1836. Ad. Le Clere. 1 vol. in-8°.

3167. — Philosophie des arts du dessin, par M. *P. A.* Mazure.
Paris. 1838. Parent-Desbares. 1 vol. in-8°.

3168. — De la poésie chrétienne dans son principe, dans sa matière et dans ses formes ; par *A. F.* Rio. — Forme de l'art. — Peinture.
Paris. 1836-1855. Debécourt et Bray. 2 vol. in-8°.

Le 2ᵉ volume a pour titre :

— De l'art chrétien. Par *A. F.* Rio. Tom. ii.
Paris. 1855. Amb. Bray. 1 vol. in-8°.

3169. — Etudes sur les beaux arts en général. Par M. Guizot.
Paris. 1852. Didier. I vol. in-8°.

3170. — Histoire de l'art en France, recueil raisonné et annoté de tout ce qui a été écrit et imprimé sur la peinture, la sculpture, l'architecture et la gravure françaises depuis leur origine jusqu'à nos jours. Première série.
Paris. 1857. Sartorius. 1 vol. in-8°.

§. i. — Art du dessin.

a. — *Traités généraux et cours.*

3171. — Le dessin linéaire, d'après la méthode de l'enseignement mutuel ; par *L. B.* Francœur.
Paris. 1827. Colas. 1 vol. in-8°. Pl.

A la suite :

— L'enseignement du dessin linéaire d'après une méthode applicable à toutes les écoles primaires. Par *L. B.* Francœur. 2ᵉ édit.
Paris. 1827. Colas. in-8°. Atlas in-fol.

3172. — *J. P.* Thénot. Dessin linéaire à la règle et au compas appliqué à l'industrie. Edit. nouv. rev. et corr. par *D.* Puille (d'Amiens.)
Paris. 1851. Pesron. 1 vol. in-8°. Pl.

3173. — Nouveau cours raisonné de dessin industriel appliqué principalement à la mécanique et à l'architecture ; par Armengaud aîné, Armengaud jeune et Amouroux.

Paris. 1848. L. Mathias. 1 v. gr. in-8° et atl. in-fol.

3174. — Méthode pour faire une infinité de desseins différens, avec des carreaux mi-partis de deux couleurs par une ligne diagonale : ou observations du P. *Dominique* Douat, sur un Mémoire inséré dans l'Histoire de l'Académie royale des sciences de Paris l'année 1704, présenté par le R. P. Séb. Truchet.

Paris. 1722. De Laulne. 1 vol. in-4°. Fig.

3175. — Traité élémentaire et pratique du dessin et de la peinture ; par *L.* Libert. 3° édit.

Paris. 1821. 1 vol. in-12. Fig.

3176. — Le dessin sans maître, méthode pour apprendre à dessiner de mémoire, par Mme *Marie-Elisabeth* Cavé.

Paris. 1850. Susse fr. 1 vol. in-8°.

3177. — Cours de dessin sans maître, d'après la méthode de Madame Cavé.

Paris. 1854. Susse. 1 vol. in-fol.

3178. — Cours complet d'études du dessin, contenant toutes les parties de cet art, telles que figures, paysages, animaux, architecture, ornemens, perspective, etc. — (Cours de dessin linéaire, par MM. *J. A.* Laurent, *P.* Laurent et *J.* Laurent. — Etudes de figures, par Chatillon. — Chevaux et animaux, par *V.* Adam. — Paysages, par Watelet.)

Paris. 1830. Engelman. 2 vol. in-fol.

3179. — Recueil d'études de chevaux dessinés par *Cte* Vernet.

Paris. 18... Impr. lith. de Delpech. 1 cahier in-fol.

3180. — Cours progressif de paysage composé et dessiné par divers artistes ; lithographié par *Eugène* Cicéri.

Paris. 1857. Goupil. 1 vol. in-fol. Pl.

3181.—Recueil de dessins (eau forte), destinés à être distribués dans les écoles et pensionnats ; par *J. L. G. B.* PALAISEAU.

Paris. 1818. Vilquin. 1 cahier in-4°.

b. — *Perspective.*

3182.—La perspective d'EUCLIDE, traduite en françois sur le texte grec, original de l'autheur, et démonstrée par *Rol.* FREART DE CHANTELOU, sieur DE CHAMBRAY.

Au Mans. 1663. J. Ysambart. 1 vol. in-4°.

On trouve à la suite :

—Idée de la perfection de la peinture, démonstrée par les principes de l'art, et par des exemples conformes aux observations que Pline et Quintilien ont faites sur les plus célèbres tableaux des anciens peintres, mis en paralelle à quelques ouvrages de nos meilleurs peintres modernes, Leonard de Vinci, Raphael, Jules Romain et le Poussin. Par *Roland* FREART.

Mans. 1662. Isambart. in-4°.

3183.—Leçons de perspective positive. Par *Jacques* ANDROUET DU CERCEAU.

Paris. 1576. Mamert Patisson. 1 vol. pet. in-fol. Pl.

3184.—Ars perspectiva, quæ continet theoriam et practicam ejusdem. Authore *Samuele* MAROLOISIO.

Hagæ Comitis. 1615. Hondius. in-fol. obl.   **N° 1430.**

3185.— La très-noble perspective, à sçavoir la théorie, practique, et instruction fondamentale d'icelle, illustrée de plusieurs belles ordonnances d'architecture, etc. ; inventée par *Jean* VREDEMAN, et de nouveau augmentée et corrigée par *Samuel* MAROLOIS.

Amsterdam. 1619. Jean d'Aernhem. 1 vol. in-fol. Pl.

3186.—Instruction en la science de perspective. Par HONDIUS.

La Haye. 1625. 1 vol. in-fol. Pl.

3187.— Traité des pratiques géométrales et perspectives, enseignées dans l'Académie royale de la peinture et sculpture. Par *A.* Bosse.
  Paris. 1665. L'auteur. 1 vol. in-8°. Fig.

  Dans le même volume :

—Manière universelle de M. Desargues pour pratiquer la perspective par petit pied comme le géométral, ensemble les places et proportions des foibles et fortes touches, teintes ou couleurs.
  Paris. 1653. in-8°.

— Le peintre converty aux précises et universelles règles de son art. Avec un raisonnement abrégé au sujet des tableaux, bas-reliefs et autres ornemens que l'on peut faire sur les diverses superficies des bastimens. Et quelques advertissemens contre les erreurs que des nouveaux écrivains veulent introduire dans la pratique de ces arts. Par *A.* Bosse.
  Paris. 1667. L'auteur. in-8°. Fig.

3188.— Traité de perspective à l'usage des artistes. Par M. *Edme-Sébastien* Jeaurat.
  Paris. 1750. Ant. Jombert. 1 vol. in-4°. Pl.

3189.— Moyens pour accourcir les opérations de la perspective, par Lahure.
  Paris. 1790. L'auteur. Pièce in-4°. Pl

3190.— Elémens de perspective pratique, à l'usage des artistes, suivis de réflexions et conseils à un élève sur la peinture, et particulièrement sur le genre du paysage. Par *P. H.* Valenciennes.
  Paris. An viii. Desenne. 1 vol. in-4°. Pl.

3191.— Traité de la science du dessin ; contenant la théorie générale des ombres, la perspective linéaire, la théorie générale des images d'optique, et la perspective aérienne appliquée au lavis : pour faire suite à la géométrie descriptive. Par *L. L.* Vallée.
  Paris. 1821. Ve Courcier. 1 vol. in-4°. Pl.

3192. — Nouveau traité de la perspective des ombres, et de la théorie des reflets, auquel on a joint la description du hyalographe, inventé par l'auteur, pour dessiner des perspectives, ainsi que tous les détails nécessaires au procédé hyalograghique, ou l'art de tirer des épreuves du dessin exécuté sur verre, par *F. E. V.* DE CLINCHAMP.

Paris. 1826. Sautelet. 1 vol. in-4°. Pl.

§. II. — PEINTURE.

a. — *Histoire.*

3193. — Histoire des peintres de toutes les écoles, depuis la Renaissance jusqu'à nos jours, par M. *Ch.* BLANC; accompagnée du portrait des peintres, de la reproduction de leurs plus beaux tableaux et du fac-simile de leurs signature, marques et monogrammes. Ouvrage publié sous la direction et avec les notes, recherches et indications de M. ARMENGAUD.

Paris. 1849-18... J. Renouard. in-4°. En publication.

3194. — Réflexions critiques sur les différentes écoles de peinture. Par M. le Marquis DARGENS.

Paris. 1752. Rollin. 1 vol. in-8°.

3195. — Histoire de la peinture en Italie, depuis la renaissance des beaux-arts, jusques vers la fin du XVIII⁰ siècle. Par M. l'*Abbé* LANZI; traduite de l'italien sur la 3⁰ édit., par Mme *Armande* DIEUDÉ.

Paris. 1824. Séguin. 5 vol. in-8°.

3196. — Essai sur l'histoire de la peinture en Italie, depuis les temps les plus anciens jusqu'à nos jours; par M. le Comte *Grégoire* ORLOFF.

Paris. 1823. Bossange. 2 vol. in-8°.

3197. — Voyage pittoresque de la Flandre et du Brabant,

avec des réflexions relativement aux arts et quelques gravures. Par M. *J. B.* Descamps.

Paris. 1769. Desaint. 1 vol. in-8°. Fig.

3198. — Histoire de la peinture flamande et hollandaise, par *Alfred* Michiels.

Bruxelles. 1845-1849. Van Dale. 4 vol. in-8°.

3199. — Essai sur le Giorgion, par le docteur Rigollot.

Amiens. 1852. Duval et Herment. Pièce in-8°.

3200. — Catalogue de l'œuvre de Léonard de Vinci, par le D.ʳ Rigollot.

Paris. Amiens. 1849. Caron et Lambert. 1 v. in-8°. Pl.

3201. — Essai sur la vie et sur les tableaux de Poussin. Par le Cᵉⁿ Cambry.

Paris. An vii. Didot. Pièce in-8°.

** — Voyez : *Histoire. Biographie d'artistes célèbres.* N° 4681 à 4694.

b. — *Traités généraux.*

3202. — Traité élémentaire de peinture, par *Léonard* de Vinci. Nouv. édit. rev. corr. et augm. de la vie de l'auteur (par *P.* Gault de Saint-Germain.)

Paris. 1803. Déterville. 1 vol. in-8°. Pl.

3203. — Trattato della pittura fondato nell' auttorità di molti eccellenti in questa professione, fatto à commune beneficio da Fra D. *Francesco* Bisagno.

Venetia. 1642. Giunti. 1 vol. in-8°.

3204. — Les premiers élémens de la peinture pratique, enrichis de figures de proportion mesurées sur l'antique, desinées et gravées par *J. B.* Corneille.

Paris. 1684. N. Langlois. 1 vol. in-8°.

** — L'art de peinture de *C. A.* Du Fresnoy, traduit en françois. Enrichi de remarques, rév., corr. et augm. par M. de Piles. 4ᵉ édit.

Paris. 1751. Jombert. 1 vol. in-12.   *Bell. lett.*, 1387.

3205. — L'art de peindre. Poëme. Avec des réflexions sur les différentes parties de la peinture. Par M. WATELET.
Paris. 1760. Guérin. 1 vol. in-8°. Fig.

3206. — Traité de peinture, suivi d'un essai sur la sculpture. Pour servir d'introduction à une histoire universelle, relative à ces beaux-arts. Par M. DANDRÉ BARDON.
Paris. 1765. Saillant. 2 en 1 vol. in-12.

'' — L'optique des couleurs. Par le R. P. CASTEL.

'' — De la loi du contraste simultané des couleurs, par M. *E.* CHEVREUL.
Voyez plus haut : N° 2016 et 2017.

---

c. — *Traités spéciaux.*

3207. — Mémoire sur la peinture à l'encaustique et sur la peinture à la cire. Par M. le Cte DE CAYLUS et M. MAJAULT.
Genève. 1755. Pissot. 1 vol. in-8°.

3208. — Ecole de la mignature, dans laquelle on peut aisément apprendre à peindre sans maître. Avec le secret de faire les plus belles couleurs ; l'or bruni et l'or en coquille. (Par *Christophe* BALLARD.) Nouv. édit.
Lyon. 1679. F. Du Chesne. 1 vol. in-12.

3209. — Même ouvrage. 3e édit.
Paris. 1696. Christ. Ballard. 1 vol. in-8°.

3210. — L'art de laver, ou nouvelle manière de peindre sur le papier, suivant le coloris des desseins qu'on envoye à la Cour. Par le Sieur *H.* GAUTIER.
Lyon. 1687. Th. Amaulry. 1 vol. in-12.

'' — Pour la peinture sur verre, voyez plus loin.

---

c. — *Iconologie.* — *Emblèmes.* — *Sujets de tableaux.*

3211. — Iconologie par figures, ou traité complet des allégories, emblèmes, etc. Ouvrage utile aux artistes, aux amateurs, et peuvent (sic) servir à l'éducation des jeunes personnes. Par MM. GRAVELOT et COCHIN.

Paris. 1781. Lattré. 4 vol. in-8°. Fig.

3212. — Dialogue des devises d'armes et d'amours du S. *Paolo* JOVIO, avec un Discours de M. *Loys* DOMINIQUE sur le mesme subjet. Traduit d'italien par le S. *Vasquin* PHILIEUL. Auquel avons adjousté les devises héroïques et morales du Seigneur *Gabriel* SYMEON.

Lyon. 1561. G. Roville. 1 vol. in-4°. Fig.

3213. — Omnia *Andreæ* ALCIATI emblemata : cum commentariis, per *Claudium* MINOEM. 3ª edit.

Antuerpiæ. 1581. Off. Plantini. 1 vol. in-8°.

3214. — Idem opus.

Parisiis. 1583. H. de Marnef. 1 vol. in-8°.

3215. — Idem opus.

Parisiis. 1602. F. Gueffier. 1 vol. in-8°.

3216. — Idem opus.

Lugduni. 1614. G. Rovillius. 1 vol. in-8°.

3217. — Emblemata et aliquot nummi antiqui operis, *Joan.* SAMBUCI. Altera editio.

Autuerpiæ. 1566. Ch. Plantinus. 1 v. in-8°. Fig.

A la suite :

— *Hadriani* JUNII emblemata. Ejusdem ænigmatum libellus.

Antuerpiæ. 1566. Ch. Plantinus. in8°-.

3218. — Les devises héroïques, de M. *Claude* PARADIN, du Seigneur *Gabriel* SYMEON, et autres aucteurs.

Anvers. 1562. Ch. Plantin. 1 vol. in-18.

3219. — Devises héroïques, par M. *Claude* PARADIN.

Lyon. 1557. J. de Tournes. 1 vol. in-8°.

3220. — Symbola divina et humana pontificum, imperatorum, regum. Accessit brevis et facilis isagoge *Jac.* TYPOTII.

Francofurti. 1601. Tampachius. 3 en 1 vol. in-fol.

3221.—Idem opus.
Arnhemiæ. 1666. F. Hagius. 1 vol. in-12.

3222.—Emblemata moralia, et œconomica, de rerum usu et abusu, olim inventa et belgicis rithmis explicata à *Theodoro* CORNHERTIO; nunc verò variis carminum generibus recens illustrata à *Richardo* LUBBÆO.
Arnhemii. 1609. Jansonius. 1 vol. in-4°.

3223.—Emblemata sive symbola à principibus, viris ecclesiasticis, ac militaribus, aliisque usurpanda.—Devises ou emblèmes pour princes, gens d'église, gens de guerre, et aultres. Auth. *Otte.* VÆNIO.
Bruxellæ. 1624. Hub. Antonius. 1 vol. in-4°.

3224.—Quinti Horatii Flacci emblemata, imaginibus in æs incisis, notisque illustrata. Studio *Othonis* WÆNI.
Antuerpiæ. 1612- Ph. Lisaert. 1 vol. in-4°. Fig.

3225.—Des wereldts proef-steen of te de ydelheydt door de waerhyed beschuldight ende overluyght van valscheydt in het Latijn beschreven, door den Heere *H.* ANTONIUS A BURGUNDIA, ende met Neder-landtsche dichten verlicht door *Pet.* GHESCHIER.—(Mundi lapis lydius sive vanitas per vanitatem falsi accusata et convicta, latine scriptus ab *Antonio* A BURGUNDIA et in belgicam linguam translatus à *P.* GHESCHIER.)
Antwerpen. 1643. Cnobbaert. 1 vol. in-4°. Fig.

3226.—Iconologie, ou explication nouvelle de plusieurs images, emblèmes, et autres figures hyérogliphiques des vertus, des vices, des arts, des sciences, etc. Tirée des recherches et des figures de *César* RIPA, moralisées par *J.* BAUDOIN.
Paris. 1644. Guillemot. 1 vol. in-fol.

3227.—Même ouvrage.
Paris. 1677. Billaine. 1 vol. in-4°.

3228.—Emblèmes divers, représentez dans cent quarante figures en taille-douce. Enrichis de discours moraux, philosophiques, politiques, et hystoriques. Par le S.ʳ BAUDOUIN (ou BAUDOIN.)

Paris. 1659-1660. Loyson. 2 vol. in-8°. Fig.

3229. — Orphæus eucharisticus, sive Deus absconditus humanitatis illecebris illustriores mundi partes ad se pertrahens, ultroneas arcanæ majestatis adoratrices. Opus novum in varias historicorum emblematum æneis tabulis incisorum centurias distinctum, etc. Authore P. *Augustino* CHESNEAU.

Paris. 1657. Lambert. 1 vol. in-8°. Fig.

3230. — Emblesmes sacrez tirez de l'Escriture saincte et des Pères. Inventées et expliquées en vers françois, avec une briève méditation sur le mesme sujet. Par le P. *F.* BERTHOD.

Paris. 1657. Loyson. 1 vol. in-12.

3231. — Les emblèmes d'amour divin et humain ensemble. Expliquez par des vers françois. Par un P. Capucin.

Paris. 1631. Messager. 1 vol. in-8°.

3232. — La doctrine des mœurs, tirée de la philosophie des stoïques : représentée en cent tableaux et expliquée en cent discours pour l'instruction de la jeunesse. (Par M. DE GOMBERVILLE.)

Paris. 1646. P. Daret. 1 vol. in-fol.

3233. — Ludovici Magni Galliarum Regis, elucubratio anagrammatica-historica. A P. F. *Gasparo* LAUGIER.

Aquis-Sextiis. 1679. C. Marchy. 1 vol. in-4°. Fig.

3234. — Devises panegyriques pour Anne d'Austriche, Reine de France. Par le Sieur DE CHAUMELZ.

Bourdeaux. 1667. J. Mongiron Millanges. 1 v. in-4°.

** — Iconographie chrétienne. Histoire de Dieu. Par M. DIDRON.

Voyez : *Histoire.* N° 3252.

3235. — La théologie des peintres, sculpteurs, graveurs et dessinateurs, où l'on explique les principes et les véritables règles, pour représenter les mystères de Notre-

Seigneur, ceux de la Ste-Vierge, les Saints en particulier; les différents traits de leur vie, et autres sujets de dévotion. Par M. l'*Abbé* MERY D. L. C. (DE LA CORGNE.)

Paris. 1765. De Hansy. 1 vol. in-12.

3236.— Histoire universelle traitée relativement aux arts de peindre et de sculpter, ou tableaux de l'histoire, enrichis de connoissances analogues à ces talens. Par M. DANDRÉ-BARDON.

Paris. 1769. Merlin. 3 vol. in-12.

3237.— Tableaux tirés de l'Iliade, de l'Odyssée d'Homère, et de l'Enéide de Virgile; avec des observations générales sur le costume. (Par le Comte DE CAYLUS.)

Paris. 1757. Tilliard. 1 vol. in-8º.

§. III· — GRAVURE.

Traités et histoire.

3238.— Dictionnaire des graveurs anciens et modernes depuis l'origine de la gravure; avec une Notice des principales estampes qu'ils ont gravées. Suivi des catalogues des œuvres de Jacques Jordans, et de Corneille Visscher. Par *F.* BASAN.

Paris. 1767. De Lormel. 3 vol. in-12.

La 3ᵉ partie a pour titre :

Catalogue des estampes gravées d'après P. P. Rubens. Avec une méthode pour blanchir les estampes les plus rousses, et en ôter les taches d'huile.

3239.— Traité des manières de graver en taille-douce sur l'airain, par le moyen des eaux fortes et des vernis durs et mols, d'imprimer les planches et de construire la presse. Par le Sʳ BOSSE. Rev. et augm. d'une nouvelle

manière de se servir desdites eaux fortes, par M. Le Clerc.
Paris. 1701. Ch. Clousier. 1 vol. in-8°. Fig.

3240.—Traité historique et pratique de la gravure en bois, par *J. M.* Papillon.
Paris. 1766. G. Simon. 2 vol. in-8°. Fig.

3241.—Catalogue de l'œuvre de *F.* de Poilly (1) ; avec un extrait de sa vie, où l'on a joint un catalogue des estampes gravées par Jean Wisscher et autres graveurs, d'après les tableaux de Wauvermans. Avec un secret pour décoller les desseins à l'encre de la Chine, et au bistre. Le tout recueilli par *R.* Hecquet (2).
Paris. 1752. Duchesne. 1 vol. in-12.

3242.— Biographie et catalogue de l'œuvre du graveur Miger ; son portrait avec fac-simile de son écriture ; réimpression de sa lettre à M. Vien. Ouvrage suivi de plusieurs tables. Par M. *Emile* Bellier de la Chavignerie.
Paris. 1856. Dumoulin. 1 vol. in-8°. Fig.

§. iv. — Recueils d'estampes.

a. — *Décoration.*

3243.—Ornemens inventez par *J.* Berain.
Paris. .... Thuret. 1 vol. in-fol.

3244.—Varie inventioni per depositi di *Bernardino* Radi.
Roma. 1625. 1 vol. in-fol. Incomplet.

3245.—Livre de desseins d'architecture et cahiers d'arabesques, par *F.* Bo.
Paris. .... Chereau. 1 vol. in-8°.

---

(1) De Poilly (*François*), né à Abbeville en 1622, mourut à Paris en mars 1693.

(2) Hecquet (*Robert*), né à Abbeville en 1693, mourut à Paris en 1775.

3246.—Recueil de décorations intérieures, comprenant tout ce qui a rapport à l'ameublement, composé par *C.* Percier et *P. F. L.* Fontaine.
Paris. 1812. Didot. 1 vol. in-fol.

3247.—Album de l'ornemaniste, recueil composé de fragmens d'ornemens dans tous les genres et dans tous les styles. Publié par *Emile* Leconte. Ouvrage gravé sur les croquis et sous la direction de M. *Aimé* Chenavard.
Paris. 1836. Leconte. 1 vol. in-fol.

b. — *Portraits.*

3248.—Iconographie grecque. Par *E. Q.* Visconti.
Paris. 1811. Didot aîné. 3 vol. in-4° et atl. in-fol.

** — Iconographie des Empeurs romains et de leurs familles.
Voyez : *Trésor de numismatique et de glyptique. Hist.* N° 4995.

** — Les vrais portraits des rois de France. Par *J.* de Bie.
Paris. 1636. J. Camusat. 1 vol. in-fol. Voyez : *Histoire.* N° 2327.

** — Les portraits des hommes illustres françois qui sont peints dans la gallerie du palais Cardinal de Richelieu ; desseignez et gravez par les sieurs Heince et Bignon. Ensemble les abrégez historiques de leurs vies, composez par M. de Wlson, Sr de la Colombière.
Paris. 1650. Sara. 1 vol. in-fol. Voyez : *Histoire.* N° 4505.

3249.— Pacis antesignani, sive icones legatorum plena potestate instructorum, qui nomine Pontif. Max. Imperatoris, Regum, et Rerum publicarum ad pacem universalum constituendam Monasterium Westphalorum et Osnabrugam convenerunt ; magus studio ad vivum expressæ per *Anselmum* Van Hulle.
Antuerpiæ. 1548. Daniel Middelerius. 1 v. in-f°. Grav.

3250.—Idem opus. De novo multis additis iconibus.
Antuerpiæ. 1691. Bouttats. 1 vol. in-fol.

3251.—Portraits des personnages français les plus illustres du xvie siècle, reproduits, en fac-simile, sur les originaux dessinés aux crayons de couleur par divers artistes contemporains; recueil publié avec notices par *P. G. J.* Niel.

Paris. 1848-1858. Lenoir. 2 vol. in-fol.

3252. — Portraits des hommes illustres des dix-septième et dix-huitième siècles, dessinés d'après nature, et gravés par Edelink, Lubin, Van Schuppen, Duflos et Simonneau, avec une notice sur chacun d'eux.

Paris. 1805. Volland. 1 vol. in-fol.

3253. — Portraits inédits d'artistes français. Texte par *Ph.* de Chennevières, lithographies et gravures, par *Frédéric* Legrip.

Paris. 1855. Vignères. 1 vol. in-fol. En publication.

3254. — Album d'un royaliste, contenant les portraits de St.-Louis, Henri IV, Louis XIII, Louis XIV, Louis XV, le Dauphin, Louis XVI, Louis XVII, Marie-Antoinette d'Autriche, Madame Elisabeth, Louis XVIII, Monsieur, frère du Roi, Madame, duchesse d'Angoulême, Mgr. le duc d'Angoulême, Mgr. le duc de Berry, Madame la duchesse de Berry, Mgr. le duc de Bordeaux, Mademoiselle, Mgr. le duc d'Enghien, Mgr. le prince de Condé.

Paris. 1821. Ballard. 1 vol. gr. in-4°.

3255. — Galerie des femmes de Shakspeare, collection de 45 portraits gravés par les premiers artistes de Londres, enrichis de notices critiques et littéraires.

Paris. 1840. Delloye. 1 vol in-8°.

3256. — Portraits de personnages illustres, français et étrangers.

Recueil factice. 6 vol. in-4°.

On trouve dans le premier volume de cette collection :

— Les vrais pourtraicts des Roys de France, tirez de ce qui nous reste de leurs monumens, sceaux, médailles, ou autres effigies, conservées dans les plus rares et curieux cabinets du Royaume, depuis Pharamond jusques à Louis 14°, à présent régnant. (Gravés par *Balthasar* Montcornet.)

Paris.   B. Montcornet. in-4°.

Et dans le second :

— Les pourtraits de tous les souverains princes et ducs de Brabant, recueilliz de divers cabinetz et originaux antiques ; desseignez par *Jean* MEYSSENS.

Anvers.   Meyssens. in-4°.

3257.—Portraits de personnages illustres françois et étrangers.
Recueil factice. 1 vol. gr. in-4°.

Ce recueil est surtout consacré aux personnages qui ont joué un rôle dans les discussions religieuses, notamment dans la question *Unigenitus*. On y trouve en outre ; les frontispices pour les Nouvelles ecclésiastiques ; divers sujets concernant le diacre Paris ; objets divers de la bulle Unigenitus, représentés par figures en taille-douce ; Évènemens mémorables. Déclaration du Roi. Arrêts du Parlement contre le schisme. Les sacremens administrés. (Au législateur pacifique. 1755.) — Une suite de sujets pour l'Ecriture sainte ; l'histoire de l'Enfant prodigue, par M. de Vos ; le jeu de la constitution, et le Monument simbolique et historique de la religion enseignée par Dom Inigo de Guipuscoa, chef de la société se disant de Jésus.

3258.—Recueil de portraits, anciens et modernes.
Portefeuille gr. in-fol.

c. — *Costumes.*

** — Omnium ferè gentium, nostræque ætatis nationum habitus, et effigies. *J.* SLUPERI in eosdem epigrammata, etc.
Antuerpiæ. 1572. Bellerus. 1 v. in-8°. Vide : *Histoire.* N° 4782.

** — De gli habiti antichi, et moderni di diverse parti del mondo libri due, fatti da *Cesare* VECELLIO.
Venetia. 1590. D. Zenaro. 1 v. in-8°. Vide : *Histoire.* N° 4783.

** — Costumes français, depuis Clovis jusqu'à nos jours, etc.
Paris. 1834. Massard. 2 vol. in-8°. Voyez : *Histoire.* N° 3182.

** — Recueil complet des costumes des autorités constituées, civiles, militaires, et de la marine. Par *J.* GRASSET S.-SAUVEUR.
Paris. 1701. Deroy. 1 vol. in-4°. Voyez : *Histoire.* N° 3183.

5259.— L'Empereur et la Garde impériale par Charlet. Avec un précis historique sur la garde et une notice sur les officiers généraux et supérieurs qui en ont fait partie, par M. *Adrien* Pascal.

Paris. 1848-1853. Perrotin. 1 vol. in-fol.

5260.— Costumes, mœurs et usages de tous les peuples : — l'Angleterre, — l'Autriche, — la Chine, — l'Espagne, — la Russie, — la Suisse, — la Turquie. — Suite de gravures coloriées avec leurs explications ; par *J. B. B.* Eyriès.

Paris. 1821. Gide fils. 3 vol. gr. in-8°.

5261.— Recueil (et explication) de cent estampes représentant différentes nations du Levant, tirées sur les tableaux peints d'après nature en 1707 et 1708, par les ordres de M. de Ferriol, ambassadeur du Roi à la Porte, et gravées en 1712 et 1713, par les soins de M. Le Hay.

Paris. 1715. Jacq. Collombat. 2 vol. in-fol.

** — La Turquie..., scènes de la vie intérieure et publique, etc., dessinées d'après nature par *Camille* Rogier, avec une introduction par *Théophile* Gauthier, et un texte explicatif.

Paris. 1848. Sartorius. 1 vol. in-fol. Voyez : *Histoire.* N° 1565.

d. — *Paysages.*

5262.— Portefeuille de l'Italie ; vues dessinées d'après nature par divers artistes et lithographiées par *Eugène* Cicéri. 1re et 2e série. Vues dessinées par *F.* de Mercey.

Paris. 1858. Lemercier.   in-fol. En publication.

** — Voyage pittoresque à la Grande-Chartreuse de Grenoble. Par C.^t Bourgeois.

Paris. 1824. Delpech. 1 vol. in-fol. Voyez : *Histoire.* N° 3303.

** — On peut consulter aussi les atlas des voyages illustrés.

e. — *Livres en images.*

3263. — Livre de la Conqueste de la Toison d'or, par le Prince Jason de Tessalie ; faict par figures (d'après *Leonard* TYRI, par *René* BOYVIN), avec exposition d'icelles (par *Jehan* DE MAUREGARD et *Jacques* GOHORY.)
  Paris. 1563. 1 vol. in-fol. obl.

3264. — Imagines sanctorum Augustanorum Vindelicorum aereis tabellis expressæ. (*Fridericus* SUSTRIS et *Thomas* MAURER delineaverunt.)
  Aug. Vindelicorum. 1620. 1 vol. in-fol. Gravures.

3265. — Iconographia magni Patris Aurelii Augustini Hipponensis episcopi ab hon. P. F. *Hieronymo* PETRI, studio ac cura F. *Eugenii* WAMELII edita.
  Paris. 1624. Bonenfant. 1 vol. in-4° obl.

3266. — Vita et miracula sancti Francisci de Paula ad augmentum fidei christianæ cura et sollicitudine fratrum ordinis Minorum et piorum elemosinis in conventu sanctissimæ Trinitatis Romæ depicta. Operâ et studio, et expensis D. *Petri* DE NOBILIBUS æneis typis expressa.
  Romæ. 1584. Amb. Brambilla. 1 vol. in-fol.

3267. — Tableaux du temple des muses ; tirez du cabinet de feu Mr Favereau. Avec les descriptions, remarques et annotations composées par M. *Michel* DE MAROLLES.
  Paris. 1655. Ant. de Sommaville. 1 vol. in-fol.

'* — Figures de l'histoire de la République romaine, etc., d'après les dessins de *S. D.* MIRYS.
  Paris. An VIII. Mirys. 1 vol. in-4°. Voyez : *Histoire.* N° 993.

'* — Fastes de la nation française. Par TERNISIEN D'HAUDRICOURT.
  Paris. 1803-1805. Decrouan. 3 vol. in-fol.
    Voyez : *Histoire.* N° 3132.

f. — *Recueil d'œuvres de divers maîtres.*

3268. — Les images ou tableaux de platte peinture des deux PHILOSTRATES sophistes grecs et les statues de CALLISTRATE, mis en françois par *Blaise* DE VIGENERE, enrichis d'arguments et annotations, et représentez en taille douce en cette nouvelle édition. Avec des épigrammes sur chacun d'iceux par *Artus* THOMAS, Sieur D'EMBRY.

Paris. 1637. Guillemot. 1 vol. in-fol. Pl.

3269. — Choix de peintures de Pompéi, la plupart de sujet historique, lithographiées en couleurs par M. ROUX, et publiées avec l'explication archéologique de chaque peinture et une introduction sur l'histoire de la peinture chez les Grecs et chez les Romains par M. *Raoul* ROCHETTE.

Paris. 1845. Impr. royale. 2 v. in-fol. En publication.

** — Peintures de l'église de St.-Savin. Texte par *P.* MERIMÉE. Dessins par *Gérard* SÉGUIN.

Voyez : *Histoire.* N° 2352.

3270. — Galerie des peintres les plus célèbres.

Paris. 1844-1846. Firm. Didot fr. 12 vol. in-4°.

Cette collection comprend :

1. — Œuvres choisies des peintres de l'antiquité, précédées d'une notice historique sur la peinture antique. 1 vol.
2. — Œuvres complètes de RAPHAEL SANZIO. 4 vol.
3. — d° de MICHEL-ANGE, et choix de *Baccio* BANDINELLI et de *Daniel* DE VOLTERRE. 1 vol.
4. — d° du CORRÉGE et choix de PARMESAN. 1 vol.
5. — d° de *Francesco* ALBANI, dit l'ALBANE, *Léonard* DE VINCI, TITIEN, GUIDE et *Paul* VÉRONÈSE. 1 vol.
6. — d° de *Dominique* ZAMPIERI, dit le DOMINIQUIN. 1 vol.
7. — d° d'*Eustache* LE SUEUR et choix de JOUVENET. 1 v.
8. — d° de *Nicolas* POUSSIN. 2 vol.

5271.— Les loges de Raphael. Collection complète des 52 tableaux peints à fresque, qui ornent les voûtes du Vatican et représentent des sujets de la Bible, dessinés à l'aquarelle et gravés en taille-douce, par *Joseph-Charles* de Meulemeester, terminés sous la direction de M. *L.* Calamatta, et accompagnés d'un texte par le Baron de Reiffenberg. Publiés par *Arnold* Lacrosse.

Paris. 1845. Gide et C°. 1 vol. gr. in-fol.

5272.— Galerie de la reine, dite de Diane, à Fontainebleau; peinte par *Ambroise* Dubois en MDC, sous le règne de Henri IV, publiée par *E.* Gatteaux et *V.* Baltard, d'après les dessins de *L. P.* Baltard et de *C.* Percier.

Paris. 1858. Chardon. 1 vol. in-fol.

5273.— Travaux d'Hercule composés par *N.* Poussin pour la décoration de la grande galerie du Louvre. Seconde partie publiée par *E.* Gatteaux, d'après les dessins qui font partie de son cabinet, gravés par *A.* Gelée.

Paris. 1850. 1 vol. in-fol. obl.

5274.— Collection d'almanachs royaux de 1662 à 1739.

Paris. 1 vol. gr. in-fol.

C'est une suite de grands tableaux figurant les évènements les plus importants de l'année précédente. On y trouve d'excellentes gravures et des compositions de beaucoup de mérite au milieu d'autres fort médiocres. Le calendrier occupe une très-petite place au bas ou au milieu de la page.

5275.— L'œuvre de Rembrandt reproduit par la photographie, décrit et commenté par M. *Charles* Blanc.

Paris. 1853-1858. Gide et Baudry. 3 vol. in-fol.

5276.— Sujets tirés des tragédies de Sophocle, composés et gravés par Mme *Sofia* Giacomelli.

Paris. 1814. Salmon. 1 vol. in-fol. oblong.

5277.— Œuvres de *J. A.* Ingres, gravées au trait sur acier par A^{le} Reveil.

Paris. 1851. Fr. Didot fr. 1 vol. in-4°.

5278. — La Grèce tragique, essai de compositions au trait gravées à l'eau forte par *Antoine* Etex, sur la traduction de Léon Halevy.
Paris. 1856. Martinet. 1 vol. in-4º oblong.

5279. — Le socialisme, nouvelle danse des morts composée et dessinée par *Alfred* Rethel, lithographiée par A. Collette.
Paris. S. d. Goupil, Vibert et Cⁱᵉ. 1 vol in-fol. obl.

5280. — Les traits de l'histoire universelle, sacrée et profane, d'après les plus grands peintres, et les meilleurs écrivains. Par le Sieur Le Maire, graveur. (Avec des explications par l'*Abbé J. L.* Aubert.)
Paris. 1761-1762. Mlle Lemaire. 6 vol. in-8º.

Deux parties : histoire poétique, 2 vol. ; histoire sacrée, 4 vol.

5281. — Annales du musée et de l'école moderne des beaux-arts. Par *C. P.* Landon. 2ᵉ édit.
Paris. 1823-1834. Pillet. 27 en 21 vol. in-8º. Pl.

Cette collection comprend : Ecole italienne. 8 vol. — Ecole flamande. 4 vol. — Ecole française. 7 vol. — Sculpture moderne. 2 vol. — Architecture moderne. 1 vol. — Sculpture antique. 3 vol. — Galerie Giustiniani. 1 vol. — Galerie Massias. 1 vol.

5282. — Musée religieux, ou choix des plus beaux tableaux inspirés par l'histoire sainte aux peintres les plus célèbres, gravés à l'eau-forte sur acier par Réveil, recueillis, mis en ordre et accompagnés de notices historiques, par un ecclésiastique du clergé de Paris.
Paris. 1836. Hivert. 4 vol. in-12.

5283. — Galerie des arts et de l'histoire, composée des tableaux et statues les plus remarquables des musées de l'Europe, et de sujets tirés de l'histoire de Napoléon, gravés à l'eau-forte sur acier, par Réveil, et accompagnés d'explications historiques.
Paris. 1836. Hivert. 8 vol. in-12.

5284. — Les trésors de l'art. Par *M. J. G. D.* Armengaud.
Paris. 1859. Lahure. 1 vol. in-fol. gr.

— 568 —

5285. — Paris. Illustrations. Album de gravures par les premiers artistes de France, avec des textes, pièces de vers et nouvelles, etc. Par MM. DE CHATEAUBRIAND, P. LEBRUN, VILLEMAIN, J. JANIN, BOULAY-PATY, VIVIEN, Mᵉ TASTU, Mᵉ COLLET-RÉVOIL, etc.
Paris. 1839. Pourrat frères. 1 vol. in-8°.

5286. — Le salon, collection de gravures d'après MM. MULLER, TROYON, R. FLEURY, DELACROIX, COUTURE, HÉDOUIN, DIAZ, R. BONHEUR, BONVIN, etc. Par MM. HÉDOUIN, CHAPLIN, LEGUAY, GEOFFROY, CAREY, MASSON, *Jules* LAURENS, etc.
Paris. 1857. Sartorius.   in-fol. En publication.

" — Musée de la caricature en France. Par *E.* JAIME.
Paris. 1838. Delloye. 1 vol. in-4°.   Voyez : *Histoire.* N° 2359.

5287. — Recueil de gravures de l'école flamande.
Recueil factice. 1 vol. in-4°.

On y trouve une suite de chevaux par *Ph.* GALLÆUS et *J.* STRADA; une suite de paysages par *Hadrien* COLLAERT, et diverses gravures de *Léonard* GAULTIER, LUCAS DE LEYDE, ALDEGRAVER, *Léon* DAREN, *P.* BIARD et STEPHANUS ; on y a joint quelques dessins plus modernes.

5288. — Recueil de portraits pour les œuvres de Plutarque, gravés d'après l'antique par *Ambroise* TARDIEU.
(Paris. 1812. Dufart.) 1 vol. in-8°.

5289. — Recueil de planches pour l'histoire d'Héloïse et d'Abailard, dessinées par *J. M.* MOREAU jeune et gravées par *N.* LE MIRE.
(Paris. 1796. Fournier.) 1 vol. in-4°.

5290. — Recueil de planches pour les œuvres de Molière, dessinées par DEVÉRIA et DESENNE.
Paris. 1826. Lefebvre. 1 vol. in-8°.

5291. — Recueil de planches pour les œuvres de Racine, dessinées par DESENNE, MOITTE, GIRODET, TAUNAY, GERARD et CHAUDET.
Paris. 1838. Furne. 1 vol. in-8°.

5292. — Recueil de planches pour les œuvres de J. J. Rousseau, dessinées par Devéria.
Paris. 1818. Lefebvre. 1 vol. in-8º.

5293. — Recueil de planches pour les œuvres de Chateaubriand, dessinées par J. David, T. Johannot, Marckl, Raffet, West et Wils.
Paris. 1830. Pourrat fr. 1 vol. gr. in-8º.

§. V. — Sculpture.

5294. — Recherches sur l'art statuaire, considéré chez les anciens et chez les modernes, ou mémoire sur cette question proposée par l'Institut national de France : *Quelles ont été les causes de la perfection de la sculpture antique, et quels seroient les moyens d'y atteindre ?* Ouvrage couronné, le 15 vend. an IX. (Par *Emeric* David.)
Paris. 1805. V. Nyon aîné. 1 vol. in-8º.

5295. — Musée de sculpture antique et moderne, contenant la description historique et graphique du Louvre, les bas-reliefs, inscriptions, autels, cippes, etc., du musée du Louvre, les statues antiques des musées et collections de l'Europe, les statues modernes du Louvre et des Tuileries, une iconographie égyptienne, grecque romaine, et française par feu M. de Clarac, continué sur les manuscrits de l'auteur par M. *Alfred* Maury, publié sous la direction de *Victor* Texier, graveur.
Paris. 1826-53. Impr. royale. 6 v. in-8º texte, 6 v. gr.

5296. — Musée des antiques, dessiné et gravé par P. Bouillon, avec des notes explicatives par J. B. de Saint-Victor.
Paris. 1810-1827. P. Didot. 3 vol. in-fol.

5297. — Galerie des antiques, ou esquisses des statues, bustes, et bas-reliefs, fruit des conquêtes de l'armée d'Italie. Par *Aug.* Legrand.
Paris. 1803. A. A. Renouard. 1 vol. in-8º. Pl.

3298. — Œuvres de *Ennius-Quirinus* Visconti. Musée Pie-Clémentin. (Trad. de l'italien par *A. F.* Sergent-Marceau.)

Milan. 1818-1822. Giégler. 7 vol. in-4°.

3299. — Monumens du musée Chiaramonti, décrits et expliqués par *Philippe-Aurèle* Visconti et *Joseph* Guattani, servant de suite et de complément au musée Pie-Clémentin, trad. de l'italien par *A. F.* Sergent-Marceau.

Milan. 1822. Giégler. 1 vol. in-4°. Pl.

3300. — Œuvre choisi de Canova, quarante-cinq planches gravées par Réveil et accompagnées d'un texte explicatif par M. *H.* de la Touche.

Paris. 1829. Audot. 1 vol. gr. in-8°.

" — Monumens des Grands-Maîtres de l'ordre de St.-Jean de Jérusalem, publiés par le Vte *L. F.* de Villeneuve-Bargemont.

Paris. 1829. Blaise. 2 vol. in-8°. Voyez : *Histoire.* N° 4257.

" — Tombeaux de la cathédrale de Rouen, par *A.* Deville.

Rouen. 1833. Périaux. 1 v. in-8°. Voyez : *Histoire.* N° 3520.

§. VI. — Glyptographie.

3301. — Le gemme antiche figurate di *Michel Angelo* Causeo de la Chausse.

Roma. 1700. G. Komarek. 1 vol. in-4°. Pl.

3302. — Recueil de pierres gravées antiques. (Par *Mich. Ph.* Levesque de Gravelle.)

Paris. 1732-37. Mariette. 2 vol. in-4°. Pl.

3303. — Histoire de Ptolémée Auletes. Dissertation sur une pierre gravée antique du cabinet de Madame. (Par Baudelot de Dairval.)

Paris. 1608. Aubouin. 1 vol. in-12. Fig.

3304. — Catalogue général et raisonné des camées et pierres gravées de la Bibliothèque impériale, suivi de la des-

cription des autres monuments exposés dans le cabinet des médailles et antiques, publié par M. CHABOUILLET.
Paris. 1858. Claye. 1 vol. gr. in-18.

** — Trésor de numismatique et de glyptique.
Voyez : *Histoire.* N° 4995.

§. VII. — CISELURE ET NIELLE.

5305.— Essai sur les nielles, gravures des orfèvres florentins du XVe siècle, par DUCHESNE aîné.
Paris. 1826. Merlin. 1 vol. in-8°. Pl.

§. VIII. — CÉRAMIQUE.

5306.— Etudes céramiques. Recherche des principes du beau dans l'architecture, l'art céramique et la forme en général. Théorie de la coloration des reliefs. Par J. ZIEGLER.
Paris. 1858. Mathias. 1 vol. in-8° et atl. in-fol.

5307.— Collection des vases grecs de M. le Comte de Lamberg, expliquée et publiée par *Alexandre* DE LA BORDE.
Paris. 1813-1824. Didot aîné. 2 vol. in-fol.

5308.— Introduction à l'étude des vases antiques d'argile peints, vulgairement appelés étrusques, accompagnée d'une collection des plus belles formes ornées de leurs peintures, suivie de planches la plupart inédites, pour servir de supplément aux différents recueils de ces monuments. Par M. DUBOIS-MAISONNEUVE.
Paris. 1817. Didot. 1 vol. in-fol.

§. IX. — PEINTURE SUR VERRE.

5309.— Essai historique et descriptif sur la peinture sur verre ancienne et moderne, et sur les vitraux les plus remarquables de quelques monumens français et étrangers, suivi de la biographie des plus célèbres peintres-verriers. Par *E. H.* LANGLOIS. Orné de sept planches dessinées et gravées par Mlle *Esperance* LANGLOIS.

Rouen. 1832. Frère. 1 vol. in-8°. Pl.

3310.— Histoire de la peinture sur verre d'après ses monuments en France, par *Ferdinand* DE LASTEYRIE.

Paris. 1835-1858. 2 vol. in-fol.

3311.— Essai historique sur le vitrail, ou observations historiques et critiques sur l'art de la peinture sur verre, considéré dans ses rapports avec la décoration des monuments religieux, depuis le XIIe siècle, jusqu'au XIXe inclusivement; par *E. H.* THEVENOT.

Clermont-Ferrand. 1837. Thibault-Laudriot. 1 v. in-8°.

**— Verrières du chœur de l'église métropolitaine de Tours, dessinées par *J.* MARCHAND. Texte par MM. BOURASSÉ et MANCEAU.

Paris. 1849. V. Didron. 1 vol. in-fol.   Voyez : *Hist.* N° 3995.

§. X. — PEINTURE EN ÉMAIL.

3312.— Notice des émaux exposés dans les galeries du Louvre, par M. DE LABORDE.

Paris. 1852-1853. Vinchon. 2 vol. in-8°.

3313.— Recherches sur la peinture en émail dans l'antiquité et au moyen-âge par *Jules* LABARTE.

Paris. 1856. V. Didron. 1 vol. in-4°. Pl.

§. XI. — TAPISSERIES. — TOILES PEINTES.

3314.— Les anciennes tapisseries historiées, ou collection des monumens les plus remarquables, de ce genre, qui nous soient restés du moyen-âge, à partir du XIe siècle au XVIe inclusivement. Texte par *Achille* JUBINAL.

— 573 —

Gravures par les meilleurs artistes, d'après les dessins de *Victor* SANSONETTI.

Paris. 1838. Everat. 2 vol. in-fol. Obl.

5515. — Toiles peintes et tapisseries de la ville de Reims, ou la mise en scène du théâtre des confrères de la Passion. Planches dessinées et gravées par *C.* LEBERTHAIS. Etudes des mystères et explications historiques par *Louis* PARIS.

Paris. 1843. Le Vte H. de Bruslart. 2 v. in-4°. atl. in-f°.

III. — ARCHITECTURE.

a. — *Dictionnaires. — Histoire. — Considérations générales.*

" — Architecture. Par M. QUATREMÈRE DE QUINCY.

Paris. 1788-1825. Panckoucke et Agasse. 3 vol. in-4°.

Voyez : *Encyclop. méthod.*

5516. — Dictionnaire historique d'architecture comprenant dans son plan les notions historiques, descriptives, archæologiques, biographiques, théoriques, didactiques et pratiques de cet art; par M. QUATREMÈRE DE QUINCY.

Paris. 1831-1832. A. Le Clerc. 2 vol. in-4°.

5517. — Manuel de l'histoire générale de l'architecture chez tous les peuples, et particulièrement de l'architecture en France au moyen-âge; par *Daniel* RAMÉE.

Paris. 1843. Paulin. 2 vol. in-8°

" — Instructions du Comité historique des arts et monuments.

Voyez : *Histoire.* N° 2352.

" — Recueil historique de la vie et des ouvrages des plus célèbres architectes. Par *J. Fr.* FELIBIEN. 2e édit.

Paris. 1696. Benard. 1 vol. in-4°. Voyez : *Histoire.* N° 4695.

3318.—Notice relative à la statistique artistique de la France, en ce qui concerne l'architecture; par M. Gourlier.

Paris. 1832. Colas. Pièce in-8°.

3319.—Essai sur l'architecture, avec un dictionnaire des termes, et des planches qui en facilitent l'explication. Par le P. Laugier. Nouv. édit.

Paris. 1755. Duchesne. 1 vol. in-8°.

On trouve à la suite :

— Histoire de la disposition et des formes différentes que les Chrétiens ont données à leurs Temples, depuis le Règne de Constantin-le-Grand, jusqu'à nous. Par M. Le Roy.

Paris. 1764. Desaint et Saillant. in-8°.

3320.—Observations sur l'architecture. Par M. l'*Abbé* Laugier.

Paris. 1765. Saillant. 1 vol. in-12.

3321.—Discours sur les monumens publics de tous les âges et de tous les peuples connus, suivi d'une description de monument projeté à la gloire de Louis XVI et de la France, terminé par quelques observations sur les principaux monumens modernes de la ville de Paris, etc. Par M. l'*Abbé* de Lubersac.

Paris. 1775. Impr. royale. 1 vol. in-fol.

** — Architecture monastique. Par *Albert* Lenoir.

Paris. 1852-1856. 2 vol. in-4°.

Voyez : *Histoire*. N° 2352.

3322.—Parallèle de l'architecture antique et de la moderne, contenant les profils des plus beaux édifices de Rome, comparés avec les dix principaux autheurs qui ont écrit des cinq ordres, savoir : Palladio et Scamozzi, Serlio et Vignole, D. Barbaro et Cataneo, L. B. Alberti et Viola, Bullant et De Lorme. (Par *Roland* Fréart de Chambray.) 2ᵉ édit.

Paris. 1689. F. Jollain. 1 vol. in-fol.

3523.—Recueil et parallèle des édifices de tous genres, anciens et modernes, remarquables par leur beauté, par leur grandeur ou leur singularité et dessinés sur une même échelle. Par *J. N. L.* DURAND.

Paris. An ix. F. Didot. 1 vol. in-fol. obl. Pl.

3524.— Nouveau parallèle des ordres d'architecture des Grecs, des Romains, et des auteurs modernes, gravé et dessiné au trait. Par *Charles* NORMAND.

Paris. 1825. Pillet aîné. 1 vol. in-fol. Grav.

3525.—Essai sur l'histoire générale de l'architecture, par *J. G.* LEGRAND ; pour servir de texte explicatif au recueil et parallèle des édifices de tout genre, anciens et modernes, etc., dessinés sur une même échelle; par J. N. L. Durand. Nouv. édit. augmentée d'une notice historique sur J. G. Legrand.

Paris. 1809. Chaigniau aîné. 1 vol. in-8°.

b. — *Traités théoriques et pratiques.*

3526.— *M.* VITRUVVII de architectura libri decem, ad Augustum Cæsarem accuratiss. conscripti : et nunc primum in Germania qua potuit diligentia excusi, etc. Adjecimus etiam propter argumenti conformitatem, *Sexti Julii* FRONTINI de aquæductibus urbis Romæ libellum. Item ex libro *Nicolai* CUSANI de staticis experimentis fragmentum.

Argentorati. 1543. Geo. Machæropiæus. 1 v. in 4°.

3527.— *M.* VITRUVII POLLIONIS de architectura libri decem. — Accesserunt, *Gulielmi Philandri* CASTILIONII annotationes. Adjecta est epitome in omnes *Georgii* AGRICOLÆ de mensuris et ponderibus libros eodem auctore.

Lugduni. 1586. J. Tornæsius. 1586. in-4°.

3528.—Les dix livres d'architecture de VITRUVE, corrigez et

traduits nouvellement en françois, avec des notes et des figures. (Par *Claude* PERRAULT.)

Paris. 1673. Coignard. 1 vol. in-fol.

3329. — Les dix livres d'architecture de VITRUVE, avec les notes de PERRAULT. Nouv. édit. rev., corr. et augm. d'un grand nombre de planches et de notes importantes, par *E.* TARDIEU et *A.* COUSSIN fils.

Paris. 1837. Mathias. 2 vol. in-4º.

** — L'architecture de VITRUVE. Traduction nouvelle par M. *Ch. L.* MAUFRAS.

Paris. 1847-48. Panckoucke. 2 vol. in-8º. Fig.

Voyez : *Bibl. lat. fr.*

3330. — *Gulielmi Philandri* CASTILIONII in decem libros M. Vitruvii Pollionis de architectura annotationes.

Parisiis. 1545. Mich. Fezandat. 1 vol. in-8º.

3331. — *Francisci Marii* GRAPALDI de partibus ædium, lexicon utilissimum.

Basileæ. 1533. Joa. Valderum. 1 vol. in-4º.

3332. — *Diego* DE SAGREDO de l'architecture antique, démonstrée par raisons très-faciles, pour l'utilité tant de ceux qui se délectent en édifices, que des architectes, peintres, portraieurs, maçons, et tous autres qui se servent de l'esquierre, règle et compas. Traduict d'espagnol en françois.

Paris. 1608. Den. Cavellat. 1 vol. in-4º.

3333. — Œuvres complètes d'*André* PALLADIO. Nouvelle édition contenant les quatre livres avec les planches du grand ouvrage d'*Octave* SCAMOZZI, et le traité des termes; le tout rectifié et complété d'après les notes et documens fournis par les premiers architectes de l'école françoise. Par CHAPUY et *Amédée* BEUGNOT.

Paris. 1825. Corréard. 2 vol. in-fol. Inachevé.

3334. — Nouvelles inventions pour bien bastir et à petits fraiz, trouvées n'aguères par *Philibert* DE L'ORME.

Paris. 1561. F. Morel. 1 vol. in-fol.

5335.—Le premier tome de l'architecture de *Philibert* DE L'ORME.

Paris. 1568. Fed. Morel. 1 vol. in-fol.

5336.—Cours d'architecture qui comprend les ordres de Vignole, avec des commentaires, les figures et descriptions de ses plus beaux bâtimens, et ceux de Michel-Ange, plusieurs nouveaux desseins, ornemens et préceptes, etc.; avec une ample explication par ordre alphabétique de tous les termes. Par le Sr *A. C.* DAVILER.

Paris. 1710. J. Mariette. 2 vol. in-4º. Pl.

5337.—Nouveau traité de toute l'architecture, ou l'art de bastir. Avec un dictionnaire des termes d'architecture, etc. Par M. DE CORDEMOY.

Paris. 1714. J. B. Coignard. 1 vol. in-4º. Fig.

5338.—Architecture françoise, ou recueil des plans, élévations, coupes et profils des églises, maisons royales, palais, hôtels et édifices les plus considérables de Paris, etc. Par *Jacques-François* BLONDEL.

Paris. 1752-56. Ch. Ant. Jombert. 4 vol. in-fol.

c. — *Des ordres d'architecture.*

5339.—Traitté de l'architecture suivant Vitruve, où il est traitté des cinq ordres de colomnes, sçavoir : toscane, dorique, ionique, corinthe, et composite; etc. Desseignez par Maistre *Julien* MAUCLERC, etc. Et mis en lumière par *Pierre* DARET.

Paris. 1548. Daret. 1 vol. in-fol.

5340.—Reigle des cinq ordres d'architecture de M. *Jacques* DE BAROZZIO DE VIGNOLE.

Amsterdam. J. Danckers. 1 vol. in-fol.

5341.—Regles des cinq ordres d'architecture DE VIGNOLLE,

37.

reveues, augmentées et réduites de grand en petit par LE MUET.

Paris. 1635 ? Langlois. 1 vol. in-8°. Pl.

3342.— Regel van de vijf Ordens der Architecture, door J. B. VAN VIGNOLA. Oversien, vermeerdert, ende uyt het groot in't kleen gebracht, door Mʳ MUET.

Amsterdam. S. d. J. Dancker. 1 vol. in-8°.

3343.— Règles des cinq ordres d'architecture par *Jacques* BAROZZIO DE VIGNOLE. Avec l'ordre françois, et un petit traité de la coupe des pierres, de charpente, de menuiserie, et serrurerie.

Paris. S. d. Jean. 1 vol. in-4°. Fig.

3344.— Le Vignoble des ouvriers, ou méthode facile pour tracer les cinq ordres d'architecture, donner les proportions convenables aux portes, croisées et arcades de différens genres, aux entablemens et corniches simples en rapport avec la hauteur des bâtimens, etc. Par *Charles* NORMAND. 4ᵉ édit.

Paris. 1828. Pillet aîné. 1 vol. in-4°.

3345.— Vignoble centésimal, ou les règles des cinq ordres d'architecture de J. Barozzio de Vignole, établies sur une division du module en harmonie avec le système actuel des mesures ; suivi du tracé des moulures, etc. ; par *F. A.* RENARD.

Paris. 1842. Ladrange. 1 vol. gr. in-8°.

3346.— Nouvel ordre d'architecture.

Rome et Paris. 1788. Guyot. Pièce in-4°.

---

d. — *Recueils de modèles d'architecture.*

3347.— De architectura, *Jacobi* ANDROVETII DU CERCEAU, opus.

Lutetiæ-Parisiorum. 1559. 1 vol. in-fol.

3348.— Livre d'architecture contenant plusieurs portiques

de différentes inventions, sur les cinq ordres de colomnes. Par *Alexandre* FRANCINE.

Paris. 1631. Mel. Tavernier. 1 vol. in-fol.

3349.—Recueil des œuvres du Sieur COTTARD.

Paris. 1686. 1 vol. in-fol.

3350.—Etudes d'architecture chrétienne par M. *A*. GARNAUD.

Paris. 1857. Gide et Baudry. In-fol. En publication.

3351.—Architecture de jardins par GALIMARD fils.

Paris. S. d. Mondhare. 1 vol. in-fol. Fig.

---

c. — *Prix d'architecture. — Restitutions de monuments.*

3352.—Grands prix d'architecture. — Projets couronnés par l'Académie royale des beaux-arts de France. Gravés et publiés par *A. L. T*. VAUDOYER et *L. P*. BALTARD.

Paris. 1818-1834. 2 vol. in-fol.

3353.—Restauration des thermes d'Antonin Caracalla, à Rome, présentée en 1826, et dédiée en 1827, à l'Académie des beaux arts de l'Institut de France; par *G. Abel* BLOUET.

Paris. 1828. F. Didot. 1 vol. in-fol.

3354.—Le Laurentin, maison de campagne de Pline-le-Consul, restitué d'après sa lettre à Gallus, gravé et publié par *Jules* BOUCHET.

Paris. 1852. Bonaventure et Ducessois. 1 v. in-4º.

IV. — ARCHÉOGRAPHIE OU DESCRIPTION DE MONUMENTS.

a. — *Monuments de divers pays.*

3355.—Monuments anciens et modernes, collection formant une histoire de l'architecture des différents peuples à toutes les époques, publiée par *Jules* GAILHABAUD, avec la collaboration des principaux archéologues.

Paris. 1850. F. Didot fr. 4 vol. in-4°. Pl.

3356. — L'architecture du ve au xviie siécle et les arts qui en dépendent, la sculpture, la peinture murale, la peinture sur verre, la mosaïque, la ferronnerie, etc. publiés d'après les travaux inédits des principaux architectes français et étrangers par *Jules* GAILHABAUD.

Paris. 1850. Gide et Baudry. in-4° et in-fol. En pub.

3357. — Architecture civile et domestique au moyen-âge et à la renaissance, dessinée et décrite par *Aymar* VERDIER et par le Dr *F.* CATTOIS.

Paris. 1855-1858. V. Didron. 2 vol. in-4°.

3358. — Les édifices circulaires et les domes, classés par ordre chronologique et considérés sous le rapport de leur disposition, de leur construction et de leur décoration. Publiés par M. *E.* ISABELLE. Gravé par *H.* ROUX.

Paris. 1843-1855. F. Didot fr. 1 vol. in-fol.

b. — *Monuments d'Asie.*

3359. — Monuments anciens et modernes de l'Hindoustan, décrits sous le double rapport archæologique et pittoresque, et précédés d'une notice géographique, d'une notice historique, et d'un discours sur la religion, la législation et les mœurs des Hindous, par *L.* LANGLÈS. (1)

Paris. 1821. P. Didot. 2 vol. in-fol.

** — Voyage en Perse de MM. *Eugène* FLANDIN et *Pascal* COSTE.

Paris. 1845-54. Gide et Baudry. 4 vol. in-8° et 2 in-fol.

Voyez : *Histoire.* N° 348.

---

(1) LANGLÈS (*Louis-Mathieu*), né à Péronne le 22 août 1763, mourut à Paris le 28 janvier 1824.

** — Description de l'Asie mineure ; par M. *Ch.* Texier.
> Paris. 1839-1849. Didot. 6 vol. in-fol. *Histoire.* N° 324.

** — L'Orient. Par *Eugène* Flandin.
> Paris. 1833. Gide et Baudry. in-fol. *Histoire.* N° 325.

3360. — Monument de Ninive, découvert et décrit par M. *P. E.* Botta, mesuré et dessiné par M. *E.* Flandin.
> Paris. 1849. Imp. nationale. 5 vol. in-fol.

** — Voyage de l'Arabie Pétrée par *Léon* de Laborde et Linant.
> Paris. 1830. Giart. 1 vol. in-fol. *Histoire.* N° 4022.

c. — *Monuments d'Afrique.*

** — Description de l'Egypte.
> Voyez : *Histoire.* N° 4141.

3361. — Monuments de l'Egypte et de la Nubie d'après les dessins exécutés sur les lieux sous la direction de Champollion *le jeune,* et les descriptions autographes qu'il en a rédigées.
> Paris. 1835-1845. F. Didot fr. 4 vol. gr. in-fol.

3362. — Monuments de l'Egypte et de la Nubie. — Notices descriptives conformes aux manuscrits autographes rédigées sur les lieux par Champollion *le jeune.*
> Paris. 1844. F. Didot fr. in-fol. Inachevé.

3363. — Antiquités de la Nubie, ou monumens inédits des bords du Nil, situés entre la première et la seconde cataracte, dessinés et mesurés, en 1819, par *F. C.* Gau.
> Paris. 1822. F. Didot. 1 vol. gr. in-fol.

3364. — Musée des antiquités égyptiennes, ou recueil des monuments égyptiens, architecture, statuaire, glyptique et peinture, accompagné d'un texte explicatif, par *Charles* Lenormant.
> Paris. 1841-1842. Leleux. 2 vol. in-fol.

3365. — Histoire de l'art égyptien d'après les monuments,

depuis les temps les plus reculés jusqu'à la domination romaine, par PRISSE D'AVENNES.

Paris. 1858. A. Bertrand. in-fol. En publication.

3366.—Le Sérapéum de Memphis découvert et décrit par *Aug.* MARIETTE.

Paris. 1857. Gide. in-fol. En publication.

3367.—Architecture arabe ou monuments du Kaire, mesurés et dessinés, de 1818 à 1825, par *Pascal* COSTE.

Paris. 1837. Firm. Didot fr. 2 vol. in-fol.

** — Exploration scientifique de l'Algérie. — Beaux-arts, architecture et sculpture. Par *Amable* RAVOISIÉ.

Voyez : *Histoire.* N° 4119.

** — Voyage au Soudan oriental ; par *Pierre* TRÉMAUX.

Paris. 1854. Borrani et Droz. in-fol.   *Histoire.* N° 405.

---

d. — *Monuments d'Amérique.*

3368.—Antiquités mexicaines. Relation des trois expéditions du capitaine Dupaix, ordonnées en 1805, 1806 et 1807, pour la recherche des antiquités du pays, notamment celles de Mitla et de Palenque ; accompagnée de dessins de Castañeda, et d'une carte du pays exploré ; suivie d'un parallèle de ces monuments avec ceux de l'Egypte, de l'Indoustan, et du reste de l'ancien monde, par M. *Alexandre* LENOIR ; d'une dissertation sur l'origine de l'ancienne population des deux Amériques et sur les diverses antiquités de ce continent, par M. WARDEN ; avec un discours préliminaire par M. *Charles* FARCY ; et des notes explicatives, et autres documents, par MM. BARADÈRE, DE ST-PRIEST, et plusieurs voyageurs qui ont parcouru l'Amérique.

Paris. 1834. J. Didot. 3 vol. in-fol.

e. — *Monuments d'Europe.*

3369. — Les ruines des plus beaux monuments de la Grèce : ouvrage divisé en deux parties, où l'on considère, dans la première, ces monuments du côté de l'histoire ; et dans la seconde, du côté de l'architecture. Par M. Le Roy.
Paris. 1758. Guerin. 1 vol. in-fol.

** — Voyage pittoresque de la Grèce. Par M. le Comte DE CHOISEUL-GOUFFIER.
Paris. 1782-1822. Blaise. 3 vol. in-fol. Histoire. N° 1513.

** — Voyage archéologique en Grèce et en Asie mineure. Par *Philippe* LE BAS. Voyez : Histoire. N° 276.

3370. — Les antiquités d'Athènes mesurées et dessinées par *J.* STUART et *N.* REVETT. Ouvrage traduit de l'anglais, par L. F. F. (FEUILLET) et publié par *C. P.* LANDON.
Paris. 1808-1822. Didot et Bance. 4 vol. in-fol.

3371. — Le Parthenon, documents pour servir à une restauration, réunis et publiés par *L.* DE LABORDE.
Paris. 1848. Leleux. in-fol. En publication.

** — Expédition scientifique de la Morée.
Voyez : Histoire. N° 1516.

3372. — Œuvres complètes de *G. B.* et *Fr.* PIRANESI.
Paris. 1804-1836. F. Didot fr. 26 en 24 vol. gr. in-f°.

Nous avons compris sous ce titre la collection des monuments d'antiquités et d'architecture gravés par Giambattista et Francesco Piranesi, et nous renvoyons, pour le détail des volumes, au Manuel du libraire de Brunet (tom. III, 752, 753) et à la biographie de Michaud (*Art. Piranesi*), qui le donnent exactement.

3373. — Antiquités de la Grande-Grèce, aujourd'hui royaume de Naples, gravées par *François* PIRANESI, d'après les dessins du Ch.er *J. B.* PIRANESI, (expliquées par *Ant. Jos.* GUATTANI.)
Paris. 1804. Piranesi. 3 vol. gr in-fol.

(L'ouvrage comprend : Antiquités de Pompeïa, 2 vol. — Usages civils, militaires et religieux, 1 vol.)

** — Voyez aussi : *Histoire.* — *Etats de l'Eglise.* N° 1298 à 1309.

3374. — Les plus beaux monuments de Rome ancienne, ou recueil des plus beaux morceaux de l'antiquité romaine qui existent encore : dessinés par M. BARBAULT, et gravés en 128 planches, avec leur explication.

Rome. 1761. Bouchard et Gravier. 1 vol. in-fol.

3375. — Raccolta delle piu insigne fabriche di Roma antica e sue adjacenze, misurate nuovamente et dichiarate dall' architetto *Giuseppe* VALADIER, illustrate con osservazioni antiquarie da *Filippo Aurelio* VISCONTI ed incise da *Vincenzo* FEOLI.

Roma. 1810-1818. Dai Torchi. 1 vol. in fol.

3376. — Palais, maisons et autres édifices modernes, dessinés à Rome ; publiés à Paris par *Charles* PERCIER et *P. F. L.* FONTAINE en 1798.

Paris. 1798. P. Didot. 1 vol. in-fol.

3377. — Choix des plus célèbres maisons de plaisance de Rome et de ses environs, mesurées et dessinées par PERCIER et FONTAINE. 2ᵉ édit.

Paris. 1824. J. Didot. 1 vol. in-fol.

3378. — Edifices de Rome moderne, ou recueil des palais, maisons, églises, couvents, et autres monuments publics et particuliers les plus remarquables de la ville de Rome, dessinés, mesurés et publiés par *P.* LETAROUILLY.

Paris. 1840. Didot fr. 1 vol. in-4° et 1 vol. in-fol.

** — Roma subterranea.   Voyez : *Histoire.* N° 4774, 4775 et 4776.

** — Catacombes de Rome.   *Ibid.*, 4777.

3379. — Les ruines de Pompéi, par *F.* MAZOIS ; ouvrage continué par M. GAU, précédé d'une notice sur F. Mazois, par M. le Chʳ ARTAUD, et de l'explication de la grande mosaïque découverte à Pompéi en 1831,

par M. Quatremère de Quincy. (Le texte de la quatrième partie a été rédigé par M. Barré.)
Paris. 1824-1838. F. Didot fr. 4 vol in-fol.

3380. — Pisa illustrata nelle arti del disegno da *Alessandro* da Morrona. 2ª edizione.
Livorno. 1812. G. Marenigh. 3 vol. in-8°. Pl.

3381. — Architecture antique de la Sicile, ou recueil des plus intéressans monumens d'architecture des villes et des lieux les plus remarquables de la Sicile ancienne; dessinés et mesurés par *J.* Hittorff et *L.* Zanth.
Paris. 1827. Renouard. 1 vol. in-fol. Incomplet

3382. — Architecture moderne de la Sicile, ou recueil des plus beaux monumens religieux, et des édifices publics et particuliers les plus remarquables de la Sicile; mesurés et dessinés par *J. J.* Hittorff et *L.* Zanth. Ouvrage rédigé et publié par *J. J.* Hittorff.
Paris. 1835. Renouard. 1 vol. in-fol.

** — Voyage pittoresque et historique de l'Espagne par *Alex.* de la Borde.
Paris. 1806-1820. P. Didot. 4 vol. in-fol. *Hist.* N° 1421.

** — Voyage pittoresque en Autriche, par le Cᵗᵉ *Alex.* de la Borde.
Paris. 1821-22. P. Didot. 3 vol. in-fol. *Histoire.* N° 1600.

3383. — La Wilhelma, villa mauresque de Sa Majesté le roi Guillaume de Wurtemberg, exécutée d'après les plans et sous la direction de *L.* de Zanth.
Paris. 1855. Gide et Baudry. 1 vol. in-fol.

** — Les monumens de la monarchie françoise. Par le R. P. Dom *Bernard* de Montfaucon.
Paris. 1719-1733. Gaudouin et Giffart. 5 vol. in-fol.

Voyez : *Histoire.* N° 3184 et 3185.

** — Antiquités nationales, ou recueil de monumens pour servir à l'histoire générale et particulière de l'empire françois. Par *A. L.* Millin.
Paris. 1790. Drouhin. 5 vol. in-4°. Voyez : *Histoire.* N° 3186.

** — Description des nouveaux jardins de la France et de ses anciens châteaux. Par *Alex.* DE LA BORDE, les dessins par *C.* BOURGEOIS.

Paris. 1808. Delance. 1 vol. in-f°.   Voyez : *Histoire.* N° 2187.

** — Les monumens de la France classés chronologiquement et considérés sous le rapport des faits historiques et de l'étude des arts, par le Cte *Alex.* DE LABORDE.

Paris. 1816. P. Didot. 2 v. in-f°.   Voyez : *Histoire.* N° 3187.

** — Voyages pittoresques et romantiques dans l'ancienne France.

Paris. 1820-1849. Gide. 17 v. in-f°.   Voyez : *Histoire.* N° 2170.

** — Voyage dans les départements du Midi de la France. Par *A. L.* MILLIN.

Paris. 1807. Impr. imp. 5 v. in-8°. et atl. in-4°.   *Hist.* N° 2204.

3384. — Description des monuments antiques du Midi de la France, par MM. GRANGENT, *C.* DURAND et *S.* DURANT. (Tom. Ier. — Département du Gard.)

Paris. 1819. Crapelet. 1 vol. in-fol.

3385. — Notice sur l'état actuel de l'arc d'Orange et des théâtres antiques d'Orange et d'Arles, sur les découvertes faites dans ces deux derniers édifices, et sur les mesures à prendre et les moyens à employer pour conserver ces précieux restes de constructions romaines. (Par *Aug.* CARISTIE.)

Paris. 1839. Firm. Didot fr. 1 vol. in-4°.

3386. — Monuments antiques à Orange ; arc de triomphe et théâtre, publiés par *Auguste* CARISTIE.

Paris. 1856. F. Didot fr. 1 vol. in-fol. Pl.

3387. — Le théâtre de Champlieu, par PEIGNÉ-DELACOURT.

Noyon. 1858. Andrieux-Letellier. Pièce in-8°. Pl.

3388. — Choix d'édifices publics projetés et construits en France depuis le commencement du XIXe siècle ; publié par MM. GOURLIER, BIET, GRILLON et feu TARDIEU.

Paris. 1825-1844. L. Colas. 2 vol. in-fol.

** — Statistique monumentale de Paris. Par *Albert* LE NOIR.

Voyez : *Histoire.* N° 2352.

3389. — Le Napoléonium. — Monographie du Louvre et des Tuileries réunis, avec une notice historique et archéologique.

    Paris. 1856. Grim. 1 vol. in-fol.

" — Le palais du Luxembourg..... Par M. *Alph.* DE GISORS.

    Paris. 1847. Plon. 1 v. in-4°. Pl.   Voyez : *Histoire.* N° 3394.

" — Hôtel-de-ville de Paris, mesuré, dessiné, gravé et publié par *V.* CALLIAT. Avec une histoire de ce monument par LE ROUX DE LINCY.

    Paris. 1844. Carilian-Gœury. 1 v. in-f°.   Voyez : *Hist.* N° 3393.

3390. — La ceinture de Paris, ou recueil des barrières qui entourent cette capitale; par *J. L. G. B.* PALAISEAU.

    Paris. 1819-1820. 1 vol. in-fol. Grav.

" — Statistique monumentale des arrondissements de Nancy et de Toul ; par *E.* GRILLE DE BEUZELIN.

    Voyez : *Histoire.* N° 2352.

" — Monumens, établissemens et sites les plus remarquables du département de l'Aisne ; lith. par M. *Ed.* PINGRET ; avec des notices explicatives rédigées par M. BRAYER.

    Paris. 1821. Engelmann. 1 v. in-f°. obl. Voyez : *Histoire.* N° 3929.

" — Choix de vues pittoresques, châteaux, monuments et lieux célèbres recueillis dans le département de la Gironde et dans les départements voisins, par *C.* THIENON.

    Paris. 1820. Delpech. 1 vol. in-4°. obl. Voyez : *Histoire.* N° 3346.

" — Monuments anciens et modernes de la ville d'Amiens, dessinés par MM. DUTHOIT frères et décrits par M. *H.* DUSEVEL.

    Amiens. 1831-43. Duval et Herment. 1 v. in-fol. *Ibid.* N° 3717.

" — Description historique des maisons de Rouen les plus remarquables. Par *E.* DELAQUERIÈRE.

    Paris. Rouen. 1821-41. Didot. Périaux. 2 v. in-8°. *Ibid.* N° 3516.

" — Comptes de dépenses de la construction du château de Gaillon publiés par *A.* DEVILLE.

    Voyez : *Histoire.* N° 2352.

" — Histoire architecturale de la ville d'Orléans, par M. DE BUZONNIÈRE.

    Paris. 1849. Didron. 2 vol. in-8°. Voyez : *Histoire.* N° 3542.

" — Le château de Chenonceaux, dessiné et lithographié par *G.* MALSÉ. Notice par CHABOUILLET.

    Paris. 1833. Everat. 1 vol. in-fol. Voyez : *Histoire.* N° 3994.

** — Description historique et pittoresque du château de Chambord. Par MM. MERLE et PERIÉ.

Paris. 1821. Didot. 1 vol. in-fol. Voyez : *Histoire.* N° 3553.

** — Monographie de la cathédrale de Chartres. Architecture. Par *J. A. B.* LASSUS.

Voyez : *Histoire.* N° 2352.

** — Monographie de l'église Notre-Dame de Noyon par M. *L.* VITET. Plans, coupes, élévations et détails par *Daniel* RAMÉE.

Voyez : *Histoire.* N° 2352.

** — Description de l'église cathédrale d'Amiens.

Voyez : *Histoire.* N° 3799 à 3813.

** — Description historique de l'église de l'ancienne abbaye royale de St.-Riquier en Ponthieu; suivie d'une notice historique et descriptive de l'église de St.-Vulfran d'Abbeville; par GILBERT.

Amiens. 1846. Caron-Vitet. 1 v. in-8°. Voy. *Histoire.* N° 3864.

3391. — Monographie de Notre-Dame de Brou par *Louis* DUPASQUIER. Texte historique et descriptif par DIDRON.

Lyon. 1842. Dumoulin. 1 vol. in-4° et 1 vol. in-fol.

3392. — Monumens érigés en France à la gloire de Louis XV, précédés d'un tableau du progrès des arts et des sciences sous ce règne, etc. Par M. PATTE.

Paris. 1765. Desaint et Saillant. 1 vol. in-fol.

3393. — Lettre à un ami sur un monument public (l'église de la Madeleine de la Ville-l'Évêque.) Par feu M. D'ULIN.

S. l. n. d. Pièce in-4°.

3394. — Monument destiné à honorer les victimes de Quiberon. Dessins de M. *Auguste* CARISTIE, lithographiés sous la direction de M. FRAGONARD.

Paris. 1824. Engelmann. 1 vol. in-fol.

3395. — Plan et façade en six planches, de l'hôtel rue St.-Honoré à Paris, appartenant au très-honorable Francis Henry Egerton, des ducs de Bridgewater. (Par LANDON.)

Paris. S. d. Landon fils. Pièce in-fol.

V. — GALERIES & MUSÉES.

a. — *Recueils figuratifs.*

3396. — Tableaux, statues, bas-reliefs et camées de la galerie de Florence, et du palais Pitti, dessinés par M. Wicar, et gravés sous la direction de M. Lacombe et de M. Masquelier, avec les explications par M. Mongez.

Paris. 1789-1807. Lacombe et Masquelier. 4 v. in-fol.

3397. — Recueil d'estampes d'après les plus beaux tableaux et d'après les plus beaux desseins qui sont en France dans le cabinet du Roy, dans celui de Mgr. le duc d'Orléans, et dans d'autres cabinets. Divisé suivant les différentes écoles ; avec un abrégé de la vie des peintres, et une description historique de chaque tableau. (Publié par *J. Ant.* Crozat et *P. J.* Mariette.)

Paris. 1729. Impr. royale. 2 vol. in-fol.

3398. — Le Musée royal, publié par *Henri* Laurent, ou recueil de gravures d'après les plus beaux tableaux, statues et bas-reliefs de la collection royale, avec description des sujets, notices littéraires et discours sur les arts. (Par Visconti et Guizot.)

Paris. 1816-1818. Didot aîné. 2 vol. in-fol.

3399. — Galeries historiques du Versailles, dédiées à S. M. la Reine des Français par *Ch.* Gavard.

Paris. 1838 et suiv. Ch. Gavard. 13 vol. in-fol.

3400. — Supplément aux Galeries historiques de Versailles, dédiées à S. M. la Reine des Français par *Ch.* Gavard.

Paris. 18... Gavard. in-fol. Se continue.

" — Galerie Massias. — Galerie Giustiniani.

Voyez : Annales du Musée, par *C. P.* Landon. N° 3281.

b. — *Notices de collections publiques.*

3401. — Studio di pittura, scoltura, et architettura, nelle chiese di Roma, dell' Abbate *Filippo* TITI.
   Roma. 1675. G. Piccini. 1 vol. in-12.

3402. — Description des principaux ouvrages de peinture et sculpture actuellement existans dans les églises, couvens et lieux publics de la ville d'Anvers. 5ᵉ édit.
   Anvers. 17... Berbie. 1 vol. in-8°.

3403. — Musée royal de Belgique. Peinture et sculpture. Catalogue publié par la Commission administrative.
   Bruxelles. 1844. Stienon. 1 vol. in-18.

3404. — An historical description of an ancient picture in Windsor castle, (representing the interview between King Henry VIII and the French King Francis I between Guînes and Ardres, in the year 1520. By Sir *Joseph* AYLOFFE.
   London. 1783. (Nichols.) 1 vol. in-4°. Pl.

   A la suite :

   — A description of an antient picture in Windsor castle, representing the Embarkation of King Henry VIII at Dover, may 31, 1520; preparatory to his interview with the French King Francis I. By *John* TOPHAM.
   London. 1781. J. Nichols. in-4°. Pl.

3405. — Catalogue raisonné des tableaux du Roy, avec un abrégé de la vie des peintres. Par M. LÉPICIÉ.
   Paris. 1752. Impr. royale. 2 vol. in-4°.

3406. — Notice des estampes exposées à la bibliothèque du Roi; contenant des recherches historiques et critiques sur ces estampes et sur leurs auteurs; précédée d'un essai sur l'origine, l'accroissement et la disposition méthodique du Cabinet des estampes. (Par *J.* DUCHESNE.)
   Paris. 1819. Delauney. 1 vol. in-8°.

3407.— Catalogue des estampes des trois écoles, portraits, catafalques, pompes funèbres, plans, cartes géographiques, etc., qui se trouvent à Paris, au Musée central des arts; augmenté des estampes qui forment le recueil connu ci-devant sous le nom de Cabinet du Roi; de plusieurs autres suites et estampes qui appartiennent à ce recueil, et non comprises dans le catalogue qui en fut dressé en 1743.

Paris. An ix. Rue Vantadour. Pièce in-4°.

3408.— Musée central des arts. Notice des tableaux des écoles française et flamande, exposés dans la grande galerie, dont l'ouverture a eu lieu le 18 Germinal an vii; et des tableaux des écoles de Lombardie et de Bologne, dont l'exposition a eu lieu le 25 Messidor an ix.

Paris. An ix. Impr. des sc. et des arts. 1 vol. in-12.

3409.— Notice des statues, bustes et bas-reliefs, de la galerie des antiques du Musée central des arts, ouverte pour la première fois le 18 Brumaire an 9.

Paris. Impr. des sciences et arts. 1 vol. in-12.

3410.— Notice des statues, etc., du Musée Napoléon.

Paris. An xi. Impr. des sciences et arts. 1 vol. in-12.

3411.— Statues, bustes, bas-reliefs, bronzes, et autres antiquités, peintures, dessins, et objets curieux, conquis par la Grande Armée, dans les années 1806 et 1807; dont l'exposition a eu lieu le 14 Octobre 1807, premier anniversaire de la Bataille d'Iéna.

Paris. 1807. Dubray. 1 vol. in-12.

3412.— Notice des tableaux exposés dans la galerie du Musée royal.

Paris. 1826. V° Ballard. 1 vol. in-12.

3413.— Même notice.

Paris. 1836. Vinchon. 1 vol. in-12.

3414.— Notice des tableaux exposés dans les galeries du Musée national du Louvre par *Frédéric* VILLOT. — 1ʳᵉ partie. Ecoles d'Italie et d'Espagne. 2ᵉ édit.

Paris. 1852. Vinchon. 1 vol. in-8°.

3415. — Explication des ouvrages de peinture et sculpture, de l'école moderne de France, exposés depuis le 25 mai 1823, dans le Musée royal du Luxembourg, destiné aux artistes vivants.

Paris. 1824. J. Didot. 1 vol. in-12.

3416. — Musée royal du Luxembourg. Explication, etc.

Paris. 1828. J. Didot. 1 vol. in-12.

3417. — Galeries historiques du palais de Versailles. (Texte explicatif.

Paris. 1839-1848. Impr. royale. 9 vol. gr. in-8°.

3418. — Notice des tableaux qui décorent les salles de la Mairie, à Amiens. (Par BARON (1) et CHANTRIAUX.)

Amiens. 1820. Caron-Vitet. Pièce in-8°.

3419. — Catalogue du Musée de peinture et de sculpture donné par M. *Ach.* JUBINAL à la ville de Bagnères-de-Bigorre.

Bagnères-de-Bigorre. 1853. Dossun. Pièce in-8°.

3420. — Notice des tableaux des écoles italienne, flamande et française qui composent le musée de la ville de Lille.

Lille. 1822. Jacqué. Pièce in-8°.

3421. — Même ouvrage.

Lille. 1827. Jacqué. Pièce in-12.

3422. — Musée d'Orléans. Explication des tableaux, dessins, sculptures, antiquités et curiosités qui y sont exposés.

Orléans. 1851. Jacob. 1 vol. in-12.

3423. — Catalogue raisonné des tableaux exposés au musée de Rouen.

Rouen. 1824. F. Marie. 1 vol. in-12.

---

(1) BARON (*Jean*), conservateur de la Bibliothèque du district, né à Amiens le 31 janvier 1761, y mourut le 4 février 1822.

c. — *Notices de collections particulières.*

3424. — Catalogue raisonné des diverses curiosités du cabinet de feu M. Quentin de l'Orangère, composé de tableaux des meilleurs maîtres de Flandres ; d'une très-nombreuse collection de dessins et d'estampes de toutes les écoles ; de plusieurs atlas et suites de cartes, d'une quantité de morceaux de topographie, et d'un coquillier fait avec choix. Par *E. F.* GERSAINT.
Paris. 1744. Jac. Barrois. 1 vol. in-12.

3425. — Catalogue raisonné des bijoux, porcelaines, bronzes, lacqs, lustres de cristal de roche et de porcelaine, pendules de goût et autres meubles curieux ; tableaux, desseins, estampes, coquilles et autres effets de curiosité, provenans de la succession de M. Angran, Vicomte de Fonspertuis. Par *E. F.* GERSAINT.
Paris. 1747. P. Prault. 1 vol. in-12.

3426. — Recueil de catalogues.
1 vol. in-8°, contenant :

1. — Catalogue de tableaux, dont plusieurs de grands maîtres ; figures, vases de marbre et de bronze, etc., après le décès de M. Claude Florent Sollier. Vente le 8 mars 1784.
Paris. 1784. Musier. in-12.

2. — Catalogue de tableaux des trois écoles. Dessins sous verre et en feuilles, formant une collection nombreuse par les plus célèbres peintres italiens, françois, flamands et hollandois ; estampes rares, pierres gravées, etc. Le tout du cabinet de M. de S. M. Par A. J. PAILLET et *Alphonzo* MILLIOTTI. Vente le 6 févr. 1786.
Paris. 1785. Prault. in-8°.

3. — Notice des objets curieux dépendans de la succession de feu M. le Duc de Choiseul. Ils consistent en tableaux originaux de J. P. Pannini, Mignard, Ant. Watteau, Ch. Natoire, MM. Robert, Houel, et autres ; et en une superbe collection d'estampes, figures de bronze et de marbre, etc. (Par PAILLET). Vente le 18 déc. 1786.
Paris. 1786. Prault. in-8°.

4. — Catalogue d'une belle collection de tableaux des écoles flamande, hollandoise, allemande et françoise. Par M. LE BRUN. — Ce catalogue est suivi de celui des marbres, figures de bronze, porcelaines, etc. Par *Ph. F.* JULLIOT. Vente le 20 décembre 1785.

Paris. 1785. Prault. in-8°.

5. — Catalogue des tableaux, figures de bronze, porcelaines, laques, meubles, etc., faisant partie des objets de curiosité appartenans à M. Dubois. Par *P. F.* JULLIOT fils.

Paris. 1785. Prault. in-8°.

6. — Catalogue de tableaux, sculptures, dessins et estampes encadrées, en feuilles et en recueils. Provenans de la succession de feu M. D'André Bardon, peintre du Roi. Vente le 23 juin 1783.

Paris. 1783. Clousier. in-8°.

7. — Notice des livres, tableaux, dessins et estampes qui composent le cabinet de feu M. le marquis de Montmorency-Laval. Vente les 5, 7 et 8 avril 1784.

Paris. 1784. Nyon. in-8°.

8. — Catalogue d'une belle et grande collection de tableaux des meilleurs et plus célèbres peintres de l'école flamande, hollandoise et italienne; sculptures, raretés, estampes, livres; le tout rassemblé par feu M. Dom. Bernard Clemens. Vente le 2 juin 1788.

Gand. 1788. Le Maire. in-8°.

** — Le château d'Eu. Notices historiques par M. *J.* VATOUT.

Paris. 1836. Mallet. 5 v. in-8°.   *Voyez : Histoire.* N° 3526.

5427. — Description des objets d'art qui composent la collection Debruge Dumenil, précédé d'une introduction historique par *Jules* LABARTE.

Paris. 1847. Vict. Didron. 1 vol. in-8°.

5428. — Description des antiquités et objets d'art qui composent le cabinet de feu M. Joan. d'Huyvetter, à Gand.

Gand. 1851. Vanderhaeghen-Hulin. 1 vol. in-8°.

5429. — Le trésor de la curiosité, tiré des catalogues de vente de tableaux, dessins, estampes, livres, marbres, bronzes, ivoires, terres cuites, vitraux, médailles, armes, porcelaines, meubles, émaux, laques et autres objets d'art, avec diverses notes et notices his-

toriques et biographiques par M. *Charles* BLANC, et précédé d'une lettre à l'auteur sur la curiosité et les curieux (par M. *Adolphe* THIBAUDEAU.)
Paris. 1857-1558. V° J. Renouard. 2 vol. in-8°.

d. — *Livrets descriptifs d'expositions.*

3430.—Explication des peintures, sculptures, et gravures de MM. de l'Académie royale, dont l'exposition a été ordonnée, suivant l'intention de Sa Majesté, par M. le marquis de Marigny, dans le grand salon du Louvre, pour l'année 1759.
Paris. 1759. Collombat. Pièce in-12.

3431.— Pour l'année 1761.
Paris. 1761. Collombat. Pièce in-12.

3432.— Pour l'année 1765.
Paris. 1765. Hérissant. Pièce in-12.

3433.—Explication des ouvrages de peinture et dessins, sculpture, architecture et gravure, des artistes vivans, exposés au Muséum central des arts, d'après l'arrêté du Ministre de l'Intérieur, le 15 fructidor an IX.
Paris. An IX. Impr. des sciences et arts. 1 vol. in-12.

3434.—Explication des ouvrages de peinture, sculpture, architecture et gravure, des artistes vivans, exposés au Musée Napoléon, le 5 novembre 1810.
Paris. 1810. Dubray. 1 vol. in-12.

3435.—Explication des ouvrages de peinture, sculpture, architecture et gravure, des artistes vivans, exposés au Musée royal des arts, le 25 août 1819.
Paris. 1819. Ballard. 1 vol. in-12.

3436.—Explication des ouvrages de peinture, sculpture, gravure, lithographie et architecture des artistes vivans, exposés au Musée royal.—(Salons de 1824-1827-

1833-1834-1835-1836-1837-1838-1839-1840-1842-1844-1845-1847-1853.)

Paris. 1823-1853. Ballard et Vinchon. 15 vol. in-12.

3437.— Exposition universelle de 1855. — Explication des ouvrages de peinture, sculpture, gravure, lithographie et architecture des artistes vivants étrangers et français, exposés au Palais des beaux-arts, avenue Montaigne, le 15 mai 1855.

Paris. 1855. Vinchon. 1 vol. in-12.

On y a joint : *Le Plan-guide du Palais des beaux-arts.*

** — Société des amis des arts du département de la Somme. — Expositions.   Voyez : *Histoire.* N° 3667.

3438.—Catalogue des tableaux exposés par les artistes et amateurs de la ville d'Amiens, au profit de la caisse des travaux de charité.

Amiens. 1827. R. Machart. Pièce in-8°.

3439.—Société archéologique de Touraine. Notice des tableaux et objets d'art exposés à Tours aux Minimes, a l'occasion du Congrès scientifique de 1847.

Tours. 1847. Lecesne et Laurent. 1 vol. in-12.

e. — *Critique et albums des salons.*

** — Le salon de 1765 et le salon de 1767. Par D. DIDEROT.
Voyez : *Œuvres* de DIDEROT, XIII, XIV, XV.

3440. — Promenades de Critès au sallon de l'année 1785.

Londres et Paris. 1785. 1 vol in-8°.

A la suite :

— L'Observateur au Muséum, ou la critique des tableaux, en vaudeville.

Paris. 17... Gauthier. Pièce in-8°.

** — Salon de 1817. — Salon de 1819. — Salon d'Horace Vernet. Analyse historique et pittoresque des tableaux exposés chez lui en 1822. Par ETIENNE JOUY.
Voyez : *Œuvres* de JOUY, XXII.

3441. — Catalogue complet du salon de 1847, annoté par A. H. Delaunay.

Paris. 1847. Journal des Artistes. 1 vol. in-12.

3442. — Exposition universelle de 1855. — Beaux-arts. — Par *Claude* Vignon.

Paris. 1855. A. Fontaine. 1 vol. in-18.

3443. — Annales du Musée et de l'École moderne des beaux-arts. Recueil de morceaux choisis parmi les ouvrages de peinture et de sculpture exposés au Louvre. — (Salons de 1808-1810-1812-1814-1817-1819-1822-1824.) Par *C. P.* Landon.

Paris. 1808-25. Chaigniau et Imp. roy. 13 en 8 v. in-8°.

3444. — Annales de l'École française des beaux-arts. — Recueil de gravures au trait, d'après les principales productions exposées périodiquement au salon du Louvre par les artistes vivans, etc. Avec des notices historiques et critiques, etc. Par *Antony* Béraud. Pour servir de suite et de complément aux Salons de 1808 à 1824, publiés par feu C. P. Landon. (Année 1827.)

Paris. 1827. Pillet. 1 vol. in-8°. Pl.

3445. — Annales du Musée et de l'École moderne des beaux-arts, ou recueil des principaux tableaux, statues et bas-reliefs exposés au Louvre, etc., avec des notices descriptives, critiques et historiques. Salon de 1831. Par *Ambroise* Tardieu. Pour servir de suite et de complément aux salons de Landon.

Paris. 1831. Pillet. 1 vol. in-8°. Pl.

3446. — Annales du Musée, etc. Salon de 1833.

Paris. 1833. Pillet. 1 vol. in-8°.

3447. — Annales du Musée, etc. Salon de 1834.

Paris. 1834. Pillet. 1 vol. in-8°.

3448. — Annales du Musée, etc. Salon de 1835.

Paris. 1835. Pillet. 1 vol. in-8°.

3449.— Le salon de 1839.— Texte par *Laurent* JAN.— Dessins par les premiers artistes.

Paris. 1839. Beauger. 1 vol. in-4°. Pl.

3450.— Album du salon de 1840. Collection des principaux ouvrages exposés au Louvre reproduits par les peintres eux-mêmes ou sous leur direction. Avec une préface par le Baron TAYLOR. Texte par *Jules* ROBERT.— Album du salon de 1841..., de 1842..., de 1843... Texte par *Wilhelm* TÉNINT.

Paris. 1840-1843. Challamel. 4 vol. in-4°. Pl.

** — Voyez aussi : *l'Artiste*, journal de la littérature et des arts.

VI. — MUSIQUE.

a. — *Dictionnaires. — Histoire. — Critique.*

3451.— Dictionnaire de musique, par *J. J.* ROUSSEAU.

Paris. 1768. Vᵉ Duchesne. 1 vol. in 4°.

** — Musique, publiée par MM. FRAMERY, GINGUENÉ et DE MOMIGNY.

Paris. 1791-1818. Panckoucke et Agasse. 2 vol. in-4°.

Voyez : *Encyclopédie méth.*

3452.— Histoire de la musique et de ses effets, depuis son origine jusqu'à présent. (Par l'*Abbé* BOURDELOT, *Pierre* et *Jacques* BONNET.)

Paris. 1715. Cochart. 1 vol. in-12.

3453.— Même ouvrage. Nouv. édit.

Amsterdam. 1743. Roger. 2 en 1 vol. in-12.

** — De la musique des Chinois, tant anciens que modernes ; par AMIOT.

Voyez : *Mémoires sur les Chinois*, VI.

** — Instructions du Comité historique des arts et monuments. Musique. (Par BOTTÉE DE TOULMON.) Voyez : *Histoire*. N° 2352.

5454.—Histoire de l'harmonie au moyen-âge par *E.* DE COUSSEMAKER.

Paris. 1852. V. Didron. 1 vol. in-4°.

" — Notice sur la vie et les ouvrages de Nicolas Piccinni. Par *P. L.* GINGUENÉ.

Paris. An IX. V° Panckoucke. 1 vol. in-8°. *Hist.* N° 4696.

5455.—Prospectus d'un traité général de musique, où l'on prétend rendre raison de tout ce qui appartient à cet art.

Soissons. 1752. Waroquier. Pièce in-4°.

" — Œuvres de musique de J. J. ROUSSEAU.

Voyez : *Œuvres* de *J. J.* ROUSSEAU, XIX, XX, XXI et XXII.

5456.—Mémoires, ou essais sur la musique ; par le C^{en} GRÉTRY.

Paris. An v. Impr. de la Républ. 3 vol. in-8°.

" — La poétique de la musique. Par M. le Comte DE LACÉPÈDE.

Paris. 1787. Rue et hôtel Serpente. 2 vol. in-18.

Voyez : *Bibl. univ. des dames.*

5457.—Critique et littérature musicales par *P.* SCUDO.

Paris. 1858. Amyot. 1 vol. in-8°.

---

b. — *Traités généraux.* — *Harmonie et composition.*

" — *A. M. S.* BOETHI de musica libri v.

Vide: BOETHI *opera.* N° 103 et 104.

5458.—Musica theorica *Ludovici* FOLIANI, docte simul ac dilucide pertractata, in qua quamplures de harmonicis intervallis non prius tentatæ continentur speculationes.

Venetiis. 1529. Fratres de Sabio. 1 vol. in-fol.

5459.—Le istitutioni harmoniche del rev. M. *Gioseffo* ZARLINO ; nelle quali ; oltra le materie appartenenti alla musica ; si trovano dichiarati molti luoghi di Poeti, d'Historici, et di Filosofi.

Venetia. 1562. Fr. Senese. 1 vol. in-fol.

3460. — L'institution harmonique de *Salomon* DE CAUS.
   Francfort. 1615. 1 vol. in-fol. Sans titre.

" — *Fr.* BACONIS historia et inquisitio de sono et audibilibus.
   Vide : *Fr.* BACONIS *opera.*

3461. — Traité de l'harmonie universelle, où est contenue la musique théorique et pratique des anciens et modernes, avec les causes de ses effets, etc. (Par le P. MERSENNE.
   Paris. 1627. G. Baudry. 1 vol. in-8°.

3462. — Démonstration du principe de l'harmonie, servant de base à tout l'art musical théorique et pratique. Par M. RAMEAU.
   Paris. 1750. Durand. 1 vol. in-8°.

3463. — Mémoire sur une nouvelle théorie de l'harmonie, dans lequel on démontre l'existence de trois modes nouveaux, qui faisaient partie du systême musical des Grecs. Par *H.* DUTROCHET.
   Paris. 1810. Allut. 1 vol. in-8°.

3464. — Traité des accords, et de leur succession, selon le système de la basse-fondamentale ; pour servir de principes d'harmonie à ceux qui étudient la composition ou l'accompagnement du clavecin. Avec une méthode d'accompagnement. (Par l'*Abbé* ROUSSIER.)
   Paris. 1764. Duchesne. 1 vol. in-8°.

3465. — Exposé d'une musique une, imitative, et particulière à chaque solemnité ; où l'on donne les principes généraux sur lesquels on l'établit, et le plan d'une musique propre à la fête de Noël. Essai par M. LE SUEUR. (1)
   Paris. 1787. Vᵉ Hérissant. 1 vol. in-8°.

c. — *Méthodes de musique et de chant.*

3466. — Nouvelle méthode pour aprendre la musique par

---

(1) LE SUEUR (*Jean-François*), né au Plessiel près d'Abbeville, le 15 février 1763, mourut à Chaillot le 6 octobre 1817.

des démonstrations faciles, suivies d'un grand nombre de leçons à une et à deux voix, avec des tables qui facilitent l'habitude des transpositions et la conoissance des différentes mesures. Par M. MONTECLAIR.

Paris. 1709. Foucault. 1 vol. in-4º.

3467.— Principes très-faciles pour bien apprendre la musique, etc. Par le Sr L'AFFILLARD. 5e édit.

Paris. 1705. Chr. Ballard. 1 vol. in-8º obl.

3468.— Même ouvrage. Nouv. édit.

Paris. 1717. Chr. Ballard. 1 vol. in-8º obl.

On trouve à la fin de ce volume quelques airs manuscrits.

3469.— Méthode élémentaire et analytique de musique et de chant, composée par *B*. WILHEM.

Paris. 1819. L. Colas. 1 vol. in-fol.

3470.— Guide de la méthode élémentaire et analytique de musique et de chant, ou instruction propre à diriger le professeur ou le moniteur général de chant, etc. ; par *B*. WILHEM. (Texte et musique.)

Paris. 1821. Colas. 1 vol. in-8º.

3471.— Lettres sur l'enseignement musical, formant un petit cours familier de musique ; par R. de V.

Bayonne. 1837. Vᵉ Cluzeau. 1 vol. in-8º.

3472.— Développement progressif de la voix. — Nouvelle méthode de chant à l'usage des jeunes personnes, par Mme CINTI-DAMOREAU. — Introduction à sa méthode d'artiste.

Paris. 1857. Heugel et Cᵉ. 1 vol. gr. in-8º.

3473.— Théories complètes du chant. Par M. *Stéphen* DE LA MADELAINE.

Paris. 1857. Amyot. 1 vol. in-8º.

3474.— Solfèges d'Italie avec la basse chiffrée, composés par LEO, DURANTE, SCARLATTI, HASSE, PORPORA, MAZZONI,

CAFFARO, *David* PEREZ, etc. Recueillis par les S¹ˢ LE-
VESQUE et BÊCHE. 4ᵉ édit.

Paris. 17... Cousineau. 1 vol. in-fol. obl.

3475.—Solféges à plusieurs parties, avec accompagnement de piano, suivi d'un cantique pour une voix principale et des chœurs, par *A.* CHELARD.

Paris. 1821. H. Lemoine. 1 vol. in-fol.

d. — *Méthodes et facture d'instruments.*

" — L'art du facteur d'orgues. Par Dom BEDOT DE CELLES.
Voyez : N° 3063.

3476.—Traité de l'accord de l'espinette, avec la comparaison de son clavier à la musique vocale. Par *J.* DENIS.

Paris. 1750. R. Ballard. Pièce in-4°.

3477.—La tonotechnie, ou l'art de noter les cylindres, et tout ce qui est susceptible de notage dans les instruments de concerts méchaniques. Ouvrage nouveau, par le Père ENGRAMELLE.

Paris. 1775. Delaguette. 1 vol. in-8°. Pl.

3478.—Nouvelle méthode de basson. Par OZI.

Paris. An XI. Imp. du Conservatoire. 1 vol. in-fol.

e. — *Compositions musicales. — Musique d'église.*

3479.—Chants de la Sainte-Chapelle, tirés de manuscrits du XIIIᵉ siècle, traduits et mis en parties avec accompagnement d'orgue par *Félix* CLÉMENT, avec une introduction par DIDRON aîné.

Paris. 1849. V. Didron. 1 vol. in-4°.

3480.—Œuvres sacrées de *J. B.* LE SUEUR.

Paris. 18... Frey, Lemoine, etc. 17 vol. in-fol.

Cette collection, due à Madame Le Sueur, comprend :

1. — Première messe solemnelle à grand orchestre, avec accompagnement d'orgue ou de piano, par ERMEL.
2. — Deuxième messe solennelle à grands chœurs et grand orchestre, avec accompagnement séparé de piano ou d'orgue par CORNETTE.
3. — Troisième messe solemnelle, composée et dédiée à la Société philarmonique de Vienne.
4. — Ensemble : 1° Messe basse et *Domine salvum*, solo et chœurs ; 2° Motet *Joannes baptizat* et *Domine salvum*, soli et chœurs.
5. — Rachel, oratorio historique et prophétique à grands chœurs et à grand orchestre, avec soli.
6. — Ruth et Noëmi, oratorio historique à grands chœurs, suivi de Ruth et Booz, autre oratorio historique et prophétique à grands chœurs, tiré du livre de Ruth et qui est le complément du premier.
7. — Oratorio de Debbora, à grands chœurs et à grand orchestre, avec accompagnement de piano ou orgue, par *Alex.* PICCINI.
8. — Premier oratorio pour le couronnement des princes souverains de toute la chrétienté, n'importe les communions.
9. — Deuxième oratorio pour le couronnement des princes souverains de toute la chrétienté, n'importe la communion.
10. — Troisième oratorio pour le couronnement des princes souverains de toute la chrétienté, n'importe la communion.
11. — Oratorio de Noël à grands chœurs.
12. — Deux oratorios de la Passion à grands chœurs et à grand orchestre, qui peuvent s'exécuter aussi durant des messes basses, avec acccompagnement séparé de piano ou orgue, par MM. *Alex.* PICCINI et ELWART.
13. — 1° *Super flumina*, psaume à grands chœurs et à grand orchestre. — 2° Troisième oratorio du Carême en morceaux d'ensemble.
14. — Deux pseaumes : Premier pseaume [*Ad templum* et *Credidi*, soli et chœurs. Deuxième pseaume *Cœli enarrant*, soli et chœurs.
15. — Cantate religieuse suivie du motet *Veni, sponsa, coronaberis*, soli et chœurs.
16. — Recueil de morceaux sacrés : 2 *Domine salvum*, 1 *O filii*, 1 *O salutaris*, 1 *Stabat*. Avec accompagnement d'orgue.
17. — Trois *Te Deum* à grand orchestre, avec accompagnement de piano ou orgue, par MM. ERMEL et PRÉVÔT.

3481. — *O salutaris hostia !* Chant religieux pour voix de soprano, avec accompagnement d'orgue ou piano et de hautbois, ad libitum. Par *Gustave* DORIEUX et *Antoine* MOHR. (1)

Amiens. 1853. Bellegueule fils. Pièce in fol.

3482. — Les CL pseaumes de DAVID, mis en vers françois, par *Ph.* DES-PORTES, et les chants en musique, par *Denis* CAIGNET.

Paris. 1624. P. Ballard. 1 vol. in 8°.

3483. — Cinquante pseaumes de DAVID, mis en vers françois par *Philippes* DES PORTES, et mis en musique à quatre et cinq parties, par le Sieur SIGNAC.

Paris. 1630. P. Ballard. 1 vol. pet. in-4°.

3484. — Les pseaumes de DAVID, mis en rime françoise par *Clément* MAROT et *Théodore* DE BEZE. Avec la musique tout au long. (Par *Antoine* LARDEMOY.)

Genève. 1666. Samuel de Tournes. 1 vol. in-12.

" — Paraphrase des pseaumes de David, en vers françois, par *Ant.* GODEAU, et mis nouvellement en chant, par *Thomas* GOBERT.

Paris. 1659. P. Le Petit. 1 vol. in-18. *Bell. lett.,* 1701.

" — L'imitation de Jésus-Christ, mise en cantiques spirituels. Par M. l'*Abbé* PELLEGRIN.

Paris. 1727. N. Le Clerc. 1 vol. in-8°. *Bell. lett.,* 1894.

" — Cantiques spirituels, accompagnés d'hymnes pour les principales fêtes de l'année, etc. Par M. l'*Abbé* PELLEGRIN.

Paris. 1728. N. Le Clerc. 1 vol. in-8°. *Bell. lett.,* 1896

" — Noëls nouveaux sur les chants des noëls anciens ; notez pour en faciliter le chant. Par M. l'*Abbé* PELLEGRIN.

Paris. 1735. N. Le Clerc. 1 vol. in-8°. *Bell. lett.,* 1897.

" — Opuscules sacrés et lyriques, ou cantiques sur différents sujets de piété. Avec les airs notés. A l'usage de la jeunesse de la paroisse de Saint-Sulpice. (Par l'*Abbé Simon* DE DONCOURT.)

Paris. 1772. N. Crapart. 4 vol. in-8°. *Bell. lett.,* 1899.

---

(1) MOHR (*Antoine*), né à Amiens, le 15 avril 1830.

f. — *Musique de chambre, avec ou sans accompagnement.*

3485. — Cantates françoises, sur des sujets tirez de l'Ecriture ; à I, II voix, et basse-continue ; partie avec symphonie, et partie sans symphonie. Par Mlle Jacquet Delaguerre. Livre second.

Paris. 1711. Ch. Ballard. 1 vol. in-fol. obl.

3486. — Cantates françoises, ou musique de chambre à voix seule, avec simphonie et sans simphonie, avec la basse continue, composées par M.*** (Bernier.)

Paris. 1777. Foucault. 1 vol. in-fol.

3487. — Cantates françoises mellées de simphonies ; par M. Clerambault. Livres III, IV, V.

Paris. 1716-1726. Foucault. 1 vol. in-fol.

3488. — Recueil d'airs sérieux et à boire, de différents auteurs ; imprimez au mois de may 1713.

Paris. 1713. Ballard. 1 vol. in-4° obl.

" — Brunetes ou petits airs tendres, avec les doubles et la basse continue, mélés de chansons à danser ; recueillies et mises en ordre par *Ch.* Ballard.

Paris. 1703-1711. J. de Beauvais. 3 v. in-12. *Bell. lett.*, 1906.

" — Tendresses bachiques, ou duo et trio mêlés de petits airs, tendres et à boire, des meilleurs auteurs ; recueillies et mises en ordre par *Ch.* Ballard.

Paris. 1712. J. de Beauvais. 1 vol. in-12. *Bell. lett.*, 1908.

" — Nouvelles parodies bacchiques, mêlées de vaudevilles ou rondes de tables. Recueillies et mises en ordre par *Ch.* Ballard.

Paris. 1704. Jean de Beauvais. 3 vol. in-12. *Bell. lett.* 1907.

" — Nouveau recueil de chansons choisies. 3e édit.

La Haye. 1731-1736. Meaulne et Gosse. 7 v. in-12. *Bell. lett.*, 1909

" — Les consolations des misères de ma vie, ou recueil de romances, par *J. J.* Rousseau.

Voyez : *Œuvres* de J. J. Rousseau, XXXVII.

5489.— 6 romances ou chansons pour voix de ténor ou de soprano élevé. Par *St.-A.* BERVILLE. (1)

S. n. n. l. n. d. (**Ne se vend pas.**) **Pièce in-fol.**

5490. — A Messieurs les membres de la Société des Antiquaires de Picardie. Pierre l'Hermite, cantate exécutée pour l'inauguration de la statue érigée à Amiens, le 29 juin 1854. Paroles de M. *Michel* VION, musique de MM. $D^{t.}$ et A^{ne} MOHR.

Paris. (1854.) Mme **Cendrier. Pièce in-fol.**

---

g. — *Musique de théâtre.* — *Partitions d'opéra.*

" — Thesée, tragédie (par QUINAULT) mise en musique par M. DE LULLY. (12 janv. 1675).

Paris. 1688. Ballard. 1 vol. in-fol. Voyez : *Bell. lett.*, N° 2174.

" — Atys, tragédie (par QUINAULT) mise en musique par M. DE LULLY (10 janvier 1674).

Paris. 1689. Ballard. 1 vol. in-fol. *Ibid.*, N° 2175.

" — Même ouvrage, 2ᵉ édition, gravée par *de Baussen*.

Paris. 1709. 1 vol. in-fol. *Ibid.*, N° 2176.

" — Phaëton, tragédie (par QUINAULT), mise en musique par feu M. DE LULLY. (27 avril 1683.) 2ᵉ édition.

Paris. 1709. 1 vol. in-fol. *Ibid.*, N° 2177.

" — Amadis, tragédie (par QUINAULT), mise en musique par M. DE LULLY. (15 janvier 1684).

Paris. 1684. Ballard. 1 vol. in-fol. *Ibid.*, N° 2178.

" — Roland, tragédie (par QUINAULT), mise en musique par M. DE LULLY. (8 février 1685).

Paris. 1685. Ballard. 1 vol. in-fol. *Ibid.*, N° 2179.

" — Même ouvrage, 2ᵉ édition.

Paris. 1709. 1 vol. in-fol. *Ibid.*, N° 2180.

---

(1) BERVILLE (*Albin*), naquit à Amiens le 22 octobre 1788.

** — Ballet des Saisons (par Pic), mis en musique par M. Collasse. (18 octobre 1695).

 Paris. 1695. Ballard. 1 vol. in-4° oblong.   *Ibid.,* N° 2181.

** — La naissance de Vénus (par Pic), opéra, mis en musique par M. Collasse. (1er mai 1695).

 Paris. 1695. Ballard. 1 vol. in-4° obl.   *Ibid.,* N° 2182.

** — Tancrède, tragédie (de Danchet), mise en musique par M. Campra. (7 novembre 1702).

 Paris. 1702. Ballard. 1 vol. in-4° obl.   *Ibid.,* N° 2183.

** — Cassandre, tragédie, paroles de M. de la Grange, musique de MM. Bouvart et Bertin. (22 juin 1706).

 Paris. 1706. Ballard. 1 vol. in-fol.   *Ibid.,* N° 2184.

** — Polixène et Pyrrhus, tragédie ; les paroles par M. de la Serre, la musique par M. Collasse. (21 octobre 1706).

 Paris. 1706. Ballard. 1 vol. in-fol.   *Ibid.,* N° 2185.

** — Diomède, tragédie (par La Serre) mise en musique par M. Bertin. (27 mars 1710).

 Paris. 1710. Ballard. 1 vol. in-4° obl.   *Ibid.,* N° 2186.

** — Callirhoé, tragédie (par Roy) mise en musique par M. Destouches. (27 décembre 1712).

 Paris. 1713. Ballard. 1 vol. in-4° obl.   *Ibid.,* N° 2187.

** — Télèphe, tragédie (par Danchet) mise en musique par M. Campra. (28 novembre 1713).

 Paris. 1713. Ballard. 1 vol. in-4° obl.   *Ibid.,* N° 2188.

** — La princesse d'Elide, opéra par l'*Abbé* Pellegrin et Villeneuve. (20 juillet 1728).

 Paris. 1728. Ballard. 1 vol. in-fol.   *Ibid.,* N° 2189.

** — Hippolite et Aricie, tragédie (de Pellegrin) mise en musique par M. Rameau. (1er octobre 1733).

 Paris. (1733) L'Hauteur (*sic*). **1 vol. in-fol.**   *Ibid.,* N° 2190.

** — Castor et Pollux, tragédie (de Bernard) mise en musique par M. Rameau. (24 octobre 1737).

 Paris. (1737.) L'Auteur. 1 vol. in-4° obl.   *Ibid.,* N° 2191.

** — Le Devin du Village, intermède représenté à Fontainebleau devant LL. MM. les 18 et 24 octobre 1752 et à Paris par l'Académie royale de musique le 1er mars 1753. Par J.-J. ROUSSEAU.

  Paris. (1753.) Le Clerc. 1 vol. in-fol.   *Ibid.*, N° 2192.

'* — Les deux Chasseurs et la Laitière, comédie en un acte, par M. ANSEAUME, musique de M. DUNY. (21 juillet 1763).

  Paris. (1763.) Sieber. 1 vol. in-fol.   *Ibid.*, N° 2193.

" — Le Sorcier, comédie lyrique en deux actes par M. POINSINET, mise en musique par *A. D.* PHILIDOR. (2 janvier 1764).

  Paris. (1764.) Le Clerc. 1 vol. in-fol.   *Ibid.*, N° 2194.

" — Rose et Colas, comédie en un acte par M. (SEDAINE, musique de MONSIGNY). (8 mars 1764).

  Paris. 1764. Hérissant. 1 vol. in-fol.   *Ibid.*, N° 2195.

" — Tom-Jones, comédie lyrique en trois actes (par POINSINET), représentée pour la première fois le 27 février 1765, remise avec des changements le 13 janvier 1766, mise en musique par PHILIDOR.

  Paris. (1766.) Hue. 1 vol. in-fol.   *Ibid.*, N° 2196.

" — Le Tonnelier, opéra-comique en un acte, mis en musique par MM. (AUDINOT et QUÉTANT). (16 mars 1765).

  Paris. (1765.) Le Clerc. 1 vol. in-fol.   *Ibid.*, N° 2197.

" — Isabelle et Gertrude ou les Sylphes supposés, comédie en un acte, par M. FAVART ; mise en musique par M. BLAISE. (... 1765),

  Paris. De la Chevardière. 1 vol. in-fol.   *Ibid.*, N° 2198.

'* — Le Huron, comédie en deux actes et en vers (par MARMONTEL), mise en musique par *And.* GRÉTRY. (20 août 1768).

  Paris. (1768.) Beraux. 1 vol. in-fol.   *Ibid.*, N° 2199.

'* — Le Déserteur, drame en trois actes (par SEDAINE). Musique de MONSIGNY. (6 mars 1769).

  Paris. (1769.) Hérissant. 1 vol. in-fol.   *Ibid.*, N° 2200.

" — Silvain, comédie en un acte et en vers (par MARMONTEL), mise en musique par M. GRÉTRY. (19 février 1770).

  Paris. 1 vol. in-fol.   *Ibid.*, N° 2201.

'* — L'Amitié à l'épreuve, comédie (de FAVART) en deux actes, mêlée d'ariettes, par GRÉTRY. (17 novembre 1770).

  Paris. (1770.) Basset. 1 vol. in-fol.   *Ibid.*, N° 2202.

" — Zémir et Azor, comédie-ballet (par MARMONTEL), mise en musique par M. GRÉTRY. (9 novembre 1771).

  Paris. (1771.) Houbaut. 1 vol. in-fol.   *Ibid.*, N° 2203.

`**` — La belle Arsène, comédie féerie en quatre actes, par M. (FAVART, musique de MONSIGNY). (6 novembre 1773).

  Paris. (1773.) Bailleux. 1 vol. in-fol.   *Ibid.*, N° 2204.

`**` — Les Mariages Samnites, drame lyrique en trois actes (par DE ROZOY), mis en musique par M. GRÉTRY. (2 juin 1766).

  Paris. (1766.) Houbaut. 1 vol. in-fol.   *Ibid.*, N° 2205.

`**` — Alceste, tragédie-opéra en trois actes (par DU ROULLET), mise en musique par M. le Chev. GLUCK. (30 avril 1776).

  Paris. Bureau d'abonnement musical. 2 v. in-f°.   *Ibid.*, N° 2206.

`**` — L'Olympiade ou le triomphe de l'Amitié, drame héroïque en trois actes et en vers, imité de l'Italien et parodié sur la musique de Sacchini (par FRAMERY). (1777).

  Paris. (1777.) Leduc. 1 vol. in-fol.   *Ibid.*, N° 2207.

`**` — Roland, opéra en trois actes (par QUINAULT), mis en musique par M. PICCINI. (27 janvier 1778).

  Paris. (1778.) Louis. 1 vol. in-fol.   *Ibid.*, N° 2208.

`**` — Partition de Félix ou l'enfant trouvé, comédie en trois actes, en vers et en prose (par SEDAINE), mise en musique par M. M. (MONSIGNY). (24 novembre 1777).

  Paris. (1777.) Bailleux. 1 vol. in-fol.   *Ibid.*, N° 2209.

`**` — Iphigénie en Tauride, tragédie en quatre actes, par M. GUILLARD, mise en musique par M. GLUCK. (18 mai 1779).

  Paris. (1779.) Boieldieu. 1 vol. in-fol.   *Ibid.*, N° 2210.

`**` — Atys, tragédie lyrique en trois actes, paroles de QUINAULT, musique de M. PICCINI. (22 février 1780).

  Paris. (1780.) Basset. 1 vol. in-fol.   *Ibid.*, N° 2211.

`**` — La Mélomanie, opéra-comique en un acte (par GRENIER), mis en musique par M. S. CHAMPEIN. (23 janvier 1781).

  Paris. 1781. Des Lauriers. 1 vol. in-fol.   *Ibid.*, N° 2212.

`**` — Chimène ou le Cid, tragédie lyrique en trois actes (par GUILLARD), mise en musique par M. SACCHINI. (18 novembre 1783.)

  Paris. (1783.) Lemoine. 1 vol. in-fol.   *Ibid.*, N° 2213.

`**` — La Caravane du Caire, opéra-ballet en trois actes (par MOREL DE CHEDEVILLE), mis en musique par M. GRÉTRY. (12 janvier 1784).

  Paris. (1784.) Castaud. 1 vol. in-fol.   *Ibid.*, N° 2214.

`**` — Les Danaïdes, tragédie lirique en cinq actes (par DU ROULLET et TSCHOUDI), mise en musique par SALIERI (et GLUCK). (19 av. 1784).

  Paris. (1784.) Des Lauriers. 1 vol. in-fol.   *Ibid.*, N° 2215.

** — Dardanus, tragédie lyrique en quatre actes (par GUILLARD), mise en musique par M. SACCHINI. (18 septembre 1784).

    Paris. (1784.) Ribière. 1 vol. in-fol.   *Ibid.*, N° 2216.

** — Alexis et Justine, comédie lyrique en deux actes par MONVEL, musique de DESAIDES. (14 janvier 1785.)

    Paris. 1785. 1 vol. in-fol.   *Ibid.*, N° 2217.

** — Œdipe à Colonne, opéra en trois actes (par GUILLARD), mis en musique par A. SACCHINI, (1 février 1787).

    Paris. (1787.) Magnian. 1 vol. in-fol.   *Ibid.*, N° 2218.

'* — Nina ou la folle par amour, comédie en un acte (de MARSOLLIER), mise en musique par M. DAL. (DALEYRAC). (15 mai 1786).

    Paris. (1786.) Le Duc. 1 vol. in-fol.   *Ibid.*, N° 2219.

** — Le Roi Théodore à Venise, opéra héroï-comique en trois actes, paroles imitées de l'Italien par M. DUBUISSON (et MOLINE), musique del Signore PAESIELLO. (28 octobre 1786).

    Paris. (1786.) Huguet. 1 vol. in-fol.   *Ibid.*, N° 2220.

** — Renaud d'Ast, comédie en deux actes et en prose par MM. RADET et BARRÉ, mise en musique par M. (DALEYRAC). (19 juillet 1787.)

    Paris. 1787. Le Duc. 1 vol. in-fol.   *Ibid.*, N° 2221.

'* — Les Dettes, comédie lyrique en deux actes (par FORGEOT, mise en sique) par M. S. CHAMPEIN. (.... 1787).

    Paris. (1787.) Des Lauriers. 1 vol. in-fol.   *Ibid.*, N° 2222.

** — Don Giovanni, dramma giocoso in due atti, messo in musica dal Signor W. A. MOZART (1787).

    Paris. (1787.) J. Frey. 1 vol. in-fol.   *Ibid.*, N° 2223.

** — Le Bon maître ou l'esclave par amour, opéra en trois actes, musique par M. PAISIELLO.

    Paris. 1790 ? Leduc. 1 vol. in-fol.   *Ibid.*, N° 2224.

** — Lodoiska, comédie en trois actes et en prose, paroles de M. DE JAURE, musique de KREUTZER. (.... 1791).

    Paris. (1791.) L'Auteur. 1 vol. in-fol.   *Ibid.*, N° 2225.

** — Philippe et Georgette, comédie en un acte et en prose, par MONVEL, mise en musique par DALAYRAC. (28 décembre 1791).

    Paris. (1791.) Pleyel. 1 vol. in-fol.   *Ibid.*, N° 2226.

** — Roméo et Juliette, opéra en trois actes et en prose, mis en musique par D. STEIBELT. (10 janvier 1793).

    Paris. (1793.) Boyer et Nadermann. 1 vol. in-fol. *Ibid.*, N° 2227

** — Horatius Coclès, acte lyrique, paroles du cit. ARNAULT, mis en musique par le cit. MÉHUL. (18 février 1794).

  Paris. (1794.) Louis. 1 vol. in-fol.   *Ibid.*, N° 2228.

** — Le petit Matelot, opéra en un acte, paroles de PIGAULT-LE-BRUN, par P. GAVEAUX. (6 janvier 1796).

  Paris. (1796.) Gaveaux. 1 vol. in-fol.   *Ibid.*, N° 2230.

** — Le Secret, opéra en un acte, paroles d'HOFFMAN mises en musique par SOLIÉ. (20 avril 1796).

  Paris. (1796.) Imbault. 1 vol. in-fol.   *Ibid.*, N° 2231.

** — Le Vieux château ou la Rencontre, opéra en un acte, paroles du cit. DUVAL, musique de *Domenico* DELLA MARIA. (16 mars 1798).

  Paris. (1798.) Favrot. 1 vol. in-fol.   *Ibid.*, N° 2232.

** — Le Prisonnier ou la ressemblance, opéra en un acte, paroles de DUVAL, musique de *Domenico* DELLA MARIA. (2 février 1798).

  Paris. (1798.) Des Lauriers. 1 vol. in-fol.   *Ibid.*, N° 2233.

** — L'oncle valet, opéra en un acte, paroles du cit. DUVAL, musique du cit. DELLA MARIA. (9 décembre 1798).

  Paris. (1798.) Tomeoni. 1 vol. in-fol.   *Ibid.*, N° 2234.

** — Toberne ou le pêcheur Suédois, opéra en deux actes, paroles de M. PATRAT, musique de BRUNI. (11 frim. an IV).

  Paris. (1795.) Gaveaux frères. 1 vol. in-fol.   *Ibid.*, N° 2235.

** — Zoraïme et Zulnar, opéra en trois actes du cit. SAINT-JUST, musique de BOIELDIEU. (21 floréal an IV). 2ᵉ édit.

  Paris. (1797.) Le Duc. 1 vol. in-fol.   *Ibid.*, N° 2236.

** — Partition de l'Opéra-Comique, opéra-comique en un acte, paroles des cit. SÉGUR jeune et *Em.* DUPATY, musique del Signor *Domenico* DELLA MARIA. (21 messidor an VI).

  Paris. (1798.) Lemoine. 1 vol. in-fol.   *Ibid.*, N° 2237.

** — Il Matrimonio segreto, drama giocoso in due atti, ou le Mariage secret, opéra-comique en deux actes, musique de CIMAROSA, paroles françaises de MOLINE. (1801).

  Paris. (1801.) Imbault. 1 vol. in-fol.   *Ibid.*, N° 2238.

** — L'Irato ou l'emporté, opéra-bouffon en un acte, paroles de *B. J.* MARSOLLIER, musique de MÉHUL. (18 février 1801).

  Paris. (1801.) Pleyel. 1 vol. in-fol.   *Ibid.*, N° 2239.

** — Héléna, opéra en trois actes, paroles de *J. N.* BOUILLY, mis en musique par MÉHUL. (... 1803).

  Paris. (1803.) Leduc. 1 vol. in-fol.   *Ibid.*, N° 2240.

** — La Vestale, tragédie lyrique en trois actes, de M. Jouy, mise en musique par *Gaspar* Spontini. (15 décembre 1807).

Paris. (1807.) Mlles Erard. 1 vol. in-fol.   *Ibid.*, N° 2242.

** — Un jour à Paris ou la leçon singulière, opéra-comique en trois actes, paroles de M. Etienne, par Nicolo. (1808).

Paris. (1808.) Momigny. 1 vol. in-fol.   *Ibid.*, N° 2243.

** — Fernand Cortez ou la conquête du Mexique, tragédie lyrique en trois actes, de MM. de Jouy et Esménard, mise en musique par G. Spontini. (28 novembre 1809).

Paris. (1809.) Mlles Erard. 1 vol. in-fol.   *Ibid.*, N° 2244.

** — Le Diable à Quatre ou la femme accariâtre, opéra en trois actes, paroles de Sedaine, remis au théâtre avec des changements par M. Auguste, mis en musique par M. Solié. (30 novembre 1809).

Paris. 1809. Me Masson. 1 vol. in-fol.   *Ibid.*, N° 2245.

** — Roger de Sicile ou le roi troubadour, opéra en trois actes (par J. H. Guy), musique de *H. M.* Berton. (4 mars 1817).

Paris. (1817.) Me Benoist. 1 vol. in-fol.   *Ibid.*, N° 2246.

3491.—Annette et Lubin, comédie en un acte en vers, par Me Favart, mêlée d'ariettes et vaudevilles dont les accompagnements sont de M. Blaise.. (15 février 1762.)

Paris. (1762.) De la Chevardière. 1 vol. in-fol.

** — Théâtre de M. Favart, ou recueil des comédies, parodies et opéras comiques qu'il a donnés jusqu'à ce jour, avec les airs, rondes et vaudevilles notés dans chaque pièce.

Paris. 1763. Duchesne. 8 vol. in-8°.   Voyez : *Bell. lett.*, N° 2126.

3492.—Œuvres de théâtre de M. Le Sueur.

Paris. 1809. Frey, Imbault et Naderman. 5 v. in-f°.

Savoir :

1. — Adam, tragédie lyrique religieuse en 3 actes, suivie du Ciel. Paroles de feu Guillard, imitée du célèbre Klopstock. 17 mars 1809.

2. — La caverne, drame lyrique en trois actes. Paroles de Dercis. (16 février 1793.)

3 — Ossian ou les Bardes, opéra en cinq actes. Paroles de feu Dercis et M. Deschamps. (10 juillet 1804.)   *Bell. lett.*, N° 2241.

4. — Paul et Virginie ou le triomphe de la vertu, drame lyrique en

trois actes, paroles de l'auteur d'Iphigénie en Tauride de Picciuni (Ducongé-Dubreuil.) 1794.

5. — Télémaque dans l'isle de Calypso, ou le triomphe de la sagesse. Tragédie lyrique en 3 actes. Paroles de P. Dercy. (11 mai 1796.)

---

h. — *Musique instrumentale.* — *Concertos et symphonies.*

3493.— Le préparateur des doigts, ou première étude du matin, contenant toutes les gammes arpèges, et des exercices sur les principales difficultés du piano, suivis d'une étude en forme de caprice, et soigneusement doigté par *J. B.* Boulogne.
 Paris. S. d. Lévy. Pièce in-fol.

3494.— A Madame Cordelle. Grande valse artistique pour le piano composée par *J. B.* Boulogne.
 Paris. S. d. Lévy. Pièce in-fol.

3495.— Œuvres musicales de M. *Jules* Deneux. (1)
 Paris. Challiot et Troupenas. 1 v. in-f⁰., comprenant :

1. — Airs variés, fantaisies et caprices faciles pour flûte seule, sur des motifs français, allemands et italiens.
2. — Air varié pour la flûte, avec accompagnement de piano sur des motifs favoris de l'opéra d'Ad. Adam; Cagliostro.
3. — Cinquième air varié de Ch. de Beriot, arrangé pour la flûte avec accompagnement de piano.
4. — Septième air varié pour le violon de Ch. Beriot, arrangé pour la flûte avec accompagnement de piano.
5. — La Romanesca, air de danse du 16⁰ siècle arrangé pour flute avec accompagnement de piano.
6. — Fantaisie brillante sur Guillaume Tell de Rossini, composée par Ch. de Beriot et G. A. Osborne, arrangée pour piano et flûte.
7. — Duo dialogué pour piano et flute, sur la Part du Diable, opéra de D. F. E. Auber, par J. Klemczynski et J. Deneux. (1)
8. — Ballade et boléro pour piano et flûte concertants sur les Diamants

---

(1) Deneux (*Jules*), naquit à Amiens le 8 avril 1818.

de la Couronne, opéra de D. F. E. Auber, arrangés d'après J. Klemczynski.

9. — Duo brillant pour piano et flute sur des motifs de Haydée, opéra de D. F. E. Auber, par J. KLEMCZYNSKI et J. DENEUX.
10. — Divertissement concertant pour flute et piano sur les motifs de l'Ambassadrice, opéra de D. F. E. Auber.
11. — Duo brillant pour flute et piano sur les motifs du Domino noir de D. F. E. Auber, d'après Klemczynski.
12. — Otello, air varié pour flute, avec accompagnement de 2 violons, alto, basse et contre-basse, ou seulement de piano.
13. — Norma, air varié pour la flute, avec accompagnement de 2 violons, alto, basse et contre-basse, ou seulement de piano.
14. — L'Elisire d'amore, fantaisie brillante composé, pour la flute, avec accompagnement de 2 violons, alto, basse et contre-basse ou de piano seulement.

i. — *Musique de danse, pour orchestre.*

3496. — Quadrilles pour orchestre.

Paris. 1852. Colombier. Liasse gr. in-8°, contenant :

1. — Quadrille sur les Amours du Diable, opéra d'Albert Grisar, par H. MARX.
2. — Le Gagn'petit, quadrille pour orchestre, par MUSARD.
3. — Deux quadrilles sur l'opéra : Les Porcherons, d'Albert Grisar, pour grand orchestre ou septuor, par MUSARD.
4. — Les Sonneries, quadrille militaire, par *Ed.* VIÉNOT.
5. — Les Fleurs du Printemps, valse, par *Emile* ETTLING.
6. — Les Bords de la Sambre, suite de valses, par *J. B.* TOLBECQUE.
7. — Polka du Jardin d'hiver, composée pour piano par *Paul* HENRION, et orchestrée par MUSARD.
8. — Nitika, polka-mazurka par *V.* PARIZOT.
9. — Amélie, schottisch élégante par *Emile* ETTLING.
10. — Les schottisch de Hombourg, par *Emile* ETTLING.

(Ces quadrilles ont été joués au bal donné par la ville d'Amiens à LL. MM. II.. dans la Salle de Spectacle, le 28 septembre 1853.)

k. — *Plain-chant*.

3497.—Dissertation sur le chant Grégorien. Par le Sr NIVERS.
Paris. 1683. Ballard. 1 vol. in-8º.

3498.— Traité historique et pratique sur le chant ecclésiastique. Avec le directoire qui en contient les principes et les règles, suivant l'usage présent du diocèse de Paris, et autres. Précédé d'une nouvelle méthode, pour l'enseigner et l'apprendre facilement. Par M. l'*Abbé* LEBEUF.
Paris. 1741. Hérissant. 1 vol. in-8º

3499.—Esthétique, théorie et pratique du chant grégorien restauré d'après la doctrine des anciens et les sources primitives, par le R. P. *L.* LAMBILLOTTE. Ouvrage posthume, édité par les soins du P. *J.* DUFOUR.
Paris. 1855. Adrien Le Clere et Cº. 1 vol. in-8º. Port.

3500.—La science et la pratique du plain-chant, où tout ce qui appartient à la pratique est étably par les principes de la science, et confirmé par le témoignage des anciens Philosophes, des Pères de l'Église, et des plus illustres musiciens ; entr'autres de Guy Aretin et de Jean des Murs. Par un religieux bénédictin de la congrégation de S.-Maur. (*Benoît* DE JUMILHAC.)
Paris. 1673. Bilaine. 1 vol. in-4º.

3501.—Nouvelle méthode très-facile pour apprendre le plain-chant dans la perfection. Avec un traité des huit tons de l'église, des tons de l'orgue, de l'uni-son dans l'office, et du chant pour les heures canoniales et pour la messe, par un Ecclésiastique. 3e édit.
Rouen. 1684. Jean B. Besongne. 1 vol. in-4º.

3502.— Le maistre des novices dans l'art de chanter : ou règles générales, courtes, faciles et certaines, pour apprendre parfaitement le plain-chant ; etc. Par Frére *Remy* CARRÉ.
Paris. 1744. Le Breton. 1 vol. in-4º.

3503.—Méthode nouvelle pour apprendre parfaitement les

règles du plain-chant et de la psalmodie, etc. Par M. DE LA FEILLÉE. 2ᵉ édit.

Poitiers. Paris. 1754. Hérissant. 1 vol. in-12.

3504. — Même ouvrage. Dernière édition.

Amiens. 1806. Caron Berquier. 1 vol. in-12.

MÉLANGES.

a. — *Curiosités de la nature et de l'art.*

3505. — Essay des merveilles de nature, et des plus nobles artifices. Pièce trés-nécessaire à tous ceux qui font profession d'éloquence. Par *René* FRANÇOIS (*Etienne* BINET.)

Rouen. 1621. N. de Beauvais. 1 vol. in-4°.

3506. — Même ouvrage. 12ᵉ édit.

Paris. 1657. Pocquet. 1 vol. in-8°.

3507. — Les merveilles du monde, ou les plus beaux ouvrages de la nature et des hommes, répandus sur toute la surface de la terre. Par M. le Chev. DE PROPIAC. 7ᵉ édit.

Paris. 1829. d'Eymery. 2 vol. in-12. Fig.

3508. — Les curiosités universelles, faisant suite aux merveilles du monde, contenant les plus beaux ouvrages de la nature et des hommes, répandus sur toute la surface de la terre. Par M. le Chev. DE PROPIAC.

Paris. 1830. Eymery. 2 vol. in-12. Fig.

3509. — Les soirées d'hiver, ou entretiens d'un père avec ses enfans, sur le génie, les mœurs et l'industrie des divers peuples de la terre, par *G. B.* DEPPING. 3ᵉ édit.

Paris. 1833. Depelafol. 2 vol. in 12. Fig.

3510. — Merveilles de la nature et de l'art dans les cinq parties du monde. Par M. DE MARLES.

Paris. 1836. Fruger et Brunet. 3 vol. in-12. Fig.

b. — *Journaux et revues scientifiques.*

3511. — Journal œconomique, ou mémoires, notes et avis sur les arts, l'agriculture, le commerce, et tout ce qui peut y avoir rapport, ainsi qu'à la conservation et à l'augmentation des biens des familles, etc.

Paris. 1751-1756. Boudet. 18 vol. in-12.

3512. — Bibliothèque physico-économique, instructive et amusante : contenant des mémoires et observations sur l'économie rurale, — sur les nouvelles découvertes les plus intéressantes, — la description de nouvelles machines et instrumens inventés pour la perfection des arts utiles et agréables, etc.

Paris. 1782-1813. Buisson et A. Bertrand. 46 vol. in-8°.

La première partie, de 1782 à 1796, formant 24 vol., fut rédigée par Parmentier et Deyeux ; la seconde, reprise en Brumaire an XI (1802), le fut par Sonnini et Denys de Montfort, qui la continuèrent jusqu'en juin 1816.

3513. — Annales des arts et manufactures, ou mémoires technologiques sur les découvertes modernes concernant les arts, les manufactures, l'agriculture, le commerce, etc. Par *R.* O'Reilly et *J. N.* Barbier-Vémars.

Paris. An VIII-1815. Blaise Chaignieau. 56 v. in-8°. Pl.

3514. — Annales européennes de physique végétale et d'économie publique, ou Journal spécial de la Société de fructification générale, publié sous la direction de M. Rauch.

Paris. 1821-1826. Rauch. 12 vol. in-8°. Pl.

3515. — Annales de l'industrie nationale et étrangère, ou Mercure technologique. Par *L. S.* Le Normand et *J. G. V.* de Moléon.

Paris. 1820-1826. Bachelier. 28 vol. in-8°. Pl.

On y comprend 4 volumes ayant pour titre : *Exposition de* 1819.

3516. — Recueil de la Société polytechnique, ou Recueil industriel, manufacturier, agricole et commercial, de la salubrité publique et des beaux-arts, et des actes de l'administration propres à encourager les diverses branches de l'économie publique. Par *J. G. V.* DE MOLÉON.

Paris, 1827-1848. Bachelier. 88 en 84 vol. in-8°. Pl.

La première série avait paru sous le titre de : *Annales de l'industrie manufacturière, agricole et commerciale, de la salubrité publique et des beaux-arts.* A partir de la 2ᵉ série, 1834, le journal prit celui de : *Recueil de la Société polytechnique,* qu'il conserva jusqu'à la fin de la 5ᵉ et dernière série, en 1848.

3517. — L'Industriel, journal principalement destiné à répandre les connaissances utiles à l'industrie générale, ainsi que les découvertes et les perfectionnemens dont elle est journellement l'objet. Rédigé par M. CHRISTIAN.

Paris, 1827. Journ. du commerce. 4 v. in-8°. 1 manque.

3518. — Journal des connaissances nécessaires et indispensables aux industriels, aux manufacturiers, aux commerçants et aux gens du monde ; par une société de savants, d'industriels, de manufacturiers, d'agriculteurs et de commerçants ; publié sous la direction de M. *A*. CHEVALLIER.

Paris. 1839-1841. Béchet jeune. 3 vol. in-8°.

3519. — Journal des connaissances usuelles et pratiques, ou recueil de notions immédiatement utiles aux besoins et aux jouissances de toutes les classes de la société et mises à la portée de toutes les intelligences. Publié par M. GILLET DE GRANDMONT et *M. C.* DE LASTEYRIE.

Paris. 1825-1842. Bureau du journal. 34 vol. in-8°.

3520. — Notice sur les travaux de la Société d'encouragement pour l'industrie nationale, par *E. J.* GUILLARD-SENAINVILLE.

Paris. 1818. Mᵉ Huzard. 1 vol. in-4°.

3521. — Histoire de la fondation de la Société d'encouragement pour l'industrie nationale, ou recueil des procès-verbaux des séances de cette société, depuis l'époque de sa fondation, le 9 Brumaire an x (1 Nov. 1801,) jusqu'au 1er Vendémiaire an xi (22 Septembre 1802.)

Paris. 1850. Me Ve Bouchard-Huzard. 1 vol. in-4°.

3522.—Bulletin de la Société d'encouragement pour l'industrie nationale.

Paris. 1821-1858. Me Bouchard-Huzard. 37 v. in-4°.

3523.—Table générale analytique et raisonnée des matières contenues dans les 52 premières années du Bulletin de la Société d'encouragement pour l'industrie nationale, etc. Par M. *Ch.* DACLIN.

Paris. 1838-1854. Me Huzard. 1 vol. in-4°.

3524.—Cosmos, revue encyclopédique hebdomadaire des progrès des sciences et de leurs applications aux arts et à l'industrie. Fondée par *M. B. R.* DE MONFORT. Rédigée par M. l'*Abbé* MOIGNO.

Paris. 1852-1858. A. Tremblay. 13 vol. in-8°.

3525.—Annales des sciences physiques et naturelles, d'agriculture et d'industrie, publiées par la Société impériale d'agriculture, etc., de Lyon. 3e série. Tom. 1er.

Lyon. 1857. Barret. 1 vol. gr. in-8°. Pl.

TABLE ALPHABÉTIQUE

DES NOMS DES AUTEURS.

(Les chiffres indiquent les numéros d'ordre du Catalogue.)

A.

Abat, Bon., 1692.
Abbadie, J. 603.
Ablancourt, P. d', 694-695-2876.
Aboul Hassan Ali, 1963.
Abra de Raconis, c. F. d', 177-178.
Acanthius Georg., 172.
Accarias de Serione, 1314.
Accum, 2818.
Achilles Tatius, 1839.
Adam, 2781.
Adam, Jacques, 2897-2898.
Adam, V, 3178.
Adanson, 2334.
Addisson, 548-549-550.
Adhémar, J, 1446-1458-2847.
Adolphus a Glauburg, 3120.
Adrien, Emp., 466.
Ælien, 2872.

Agoty, G. d', 2397.
Agricola, Geo., 2141-2142-3327.
Agricola, Rod., 33-104-270-271-864.
Agrippa, Corn., 2411-2412-2413.
Aguilon, Fr., 1992.
Aigremont, J. d', 2956.
Aikin, J, 1238-1245.
Ailly, Pierre d', 1934-1936.
Alamani, Cosma, 185.
Albane, Fr., 3270.
Albano, Petrus de, 2412.
Albertus de Bandino, 2434.
Albertus de Saxonia, 56-107.
Albret, J.-B. d', 2731.
Alcan, M., 3055.
Alciat, And., 3213-3214-3215-3216.
Alcinous, 67-71-81.

Alcyonius, P, 523-524-2068-2271.
Aldegraver, 3287.
Aldini, J., 1643-3018.
Alcaume, J., 2524.
Alembert, L. d', 1809-1889.
Aletheus, Theoph, 826.
Alexander, J., 693-699.
Alexander, W., 1268.
Alexander de Angelis, 2519.
Alexandre, J., 1600.
Alexandre d'Aphodisée, 58-59-61.
Alexis, L. d', 2467.
Algarotti, 1650-3160.
Aliaco, Pet. de, 1934-1936.
Alissan de Chazet, 773.
Allamand, Séb, 2338.
Alleaume, 734.
Alletz, P. A, 2557.
Almain, J., 1341.
Almansor, 1838.
Alquié, Savinien d', 430.
Alstedius, H., 1777.
Althen, 2620.
Alyon, Mlle, 2279-2280.
Ambosius, Mar., 325.
Amécourt, de Ponton d', 1644.
Ameline, le P, 588-589.
Amelot de la Houssaie, 569-570-667-1069.
Amerbach, V., 484-489.
Ammonius, 257.
Amoreux, 2324.
Amoros, 2998.
Amouroux, 3173.
Ampère, J. J., 1634-3077.
Amy, 2834.

Amyot, J., 470-471-963.
Amyot, 2781.
Amyot, 2096.
Ancellin, C., 3058.
Ancillon, F., 1016.
Ancre, P. de l', 756-2455-2456.
André, le P., 436.
André, l'abbé, 876.
André de Crète, 1839.
André d'Evreux, 690.
Andria Nic., 1644.
Andrieu, Zéph., 2007.
Andrieux, E., 1644.
Androl, Ant, 2424.
Androuet du Cerceau, 3183-3347.
Andry, Ch.-L.-Fr., 2718.
Anfrye, 2165.
Angelis, Alex. de, 2519.
Angliviel de la Beaumelle, 102.
Anglus, Thomas, 145-354-410-1684-1685.
Ango, P, 2959.
Anisson-Dupéron, 1325.
Antoine, H., 2866.
Antonius à Burgundià, 3225.
Antonius, Neb., 1872.
Apian, P., 1870-1871.
Apono, Pet. de, 61.
Appert, 2829.
Appier, J., 2975-2979.
Appius, 120.
Aquæus, St., 2076.
Aquin, Thomas d', 45-46-47-48-49-50-500-501-502-503-504-505-506-1058.
Arago, Fr., 1916-1278-2061.

Aratus, 450-1840-1842.
Arcet, J. d', 1644-2165-3023-3043.
Archiac, le Vᵗᵉ d', 2112.
Archimède, 1342.
Arclais de Montamy, M. d', 3034.
Arcons, Cés. d', 1602.
Arconville, Mᵉ Th. d', 1720-1769.
Arcq, le chevalier d', 1283.
Ardene, J. P. de Rome d', 2739-2750.
Aretino, Ang. de, 2434.
Aretino, Leon., 444-447-448-449-967-968.
Argens, le marquis d', 158-3194.
Argenville, Dez. d', 2146-2330-2345-2715-2716-2719-2720.
Argoli, And., 1979-1980.
Argonne, B. d', 731.
Argyve, Isaac, 1839-1848.
Argyropilus, J., 45-46-48-57-446-447-448-449.
Aristote, 39-40-41-42-43-44-45-46-47-48-49-50-57-58-59-60-61-247-248-249-250-251-252-253-254-255-256-301-302-303-304-341-342-343-344-345-386-446-447-448-449-450-451-452-453-454-455-456-612-964-965-966-967-968-969-970-971-972-973-1341-1524-1525 à 1539-1655-1656-1657-1658-1659-2068-2271-2272-2273.
Aristarque, 1841.
Arlès Dufour, 3095.
Armengaud aîné, 3173-3193.

Armengaud, J. G. D., 3173 3284.
Armonville, J. R., 2554.
Arnauld, Ant., 295-416-417-418-419.
Arnigio, Bart., 560.
Arnisæus, H., 985.
Arnott Neil, 1816.
Arnoux, 3095.
Arrien, Fl., 462-464.
Arriaga, Rod. de, 179-180.
Arroy Besian, 238.
Arsault, Magd., 762-932.
Artabasda, 1372.
Artaud, le chev., 715-3379.
Artemidore, 2491.
Artigues, M. d', 1144.
Ascensius J. Bad., 500-506.
Astius Frid., 32.
Athanasius, P., 347.
Athenée, 694-695.
Aubert de la Chenaye des Bois, 377-378-2270-2869-2902.
Aubin, 2983.
Aubin, L. C. P., 2192.
Aubry, F., 3095.
Audinet Serville, 2096.
Audouin, J. V., 2059-2061-2283.
Auffenbach, le baron de, 2154.
Augustinus de Aretino, 2434.
Aumeur, 383.
Autun, Jacques d', 2422.
Auzout, l'abbé, 1919-1930-2048.
Averroes, 43-302-1536.
Aversa, Raph., 192.
Avicenne, 348.
Avrignac, M. d', 2955.

Ayloffe, J., 3404.
Azais, H., 164-754.

Azara, le chev., 3161.

B.

Babinet, 1634-2393.
Bachou, J., 1550.
Bacon, Fr., 117-118-119-543-1665-1666-2382.
Badius, Jod., 500-506.
Baillon, J.-F.-E., 2638-2639.
Bailly, C., 1581.
Bailly, L., 370.
Bailly de Merlieux, 2588.
Baird, R., 1254.
Baker, H., 2012.
Balard, 1273.
Balard, 3095.
Balbisky, 478.
Ballard, Ch., 3208-3209.
Baltard, L., P., 3272-3352.
Baltard, V., 3272.
Balzac, G. de, 1080-1081-1099.
Bandinelli, B., 3270.
Bandino, Alb. de, 2434.
Banières, J., 1649-1651.
Bannes, 1533.
Bar, Eug., 2366.
Baradère, 3368.
Barba, Alph., 2156-3046.
Barbaro, Fr., 823.
Barbarus Hermolaus, 55-2069.
Barbaut, 3374.
Barbay, Pierre, 54.
Barberius, Jos., 524.
Barbeyrac, J., 653-1054.
Barbier, J. B. G., 384.

Barbier-Vémars, 3513.
Barclay, J., 407-408-531-1010.
Bardin, 585.
Bareste, Eug., 2539.
Barincourt, L. de, 1008.
Barlaam, 272.
Barlandus, Had., 701.
Baron, J., 3418.
Barozzio de Vignole, 3340-3341-3342-3343-3344-3345.
Barral, l'abbé P., 1013-1091.
Barré, 3379.
Barrème, 1887-1473-1474.
Barrière, F., 888.
Barrow, Is., 1422.
Barruel, l'abbé A., 163.
Barruel Et., 1574-2782.
Barry, Et., 2833.
Bartoli, D., 565-1590.
Bary, René, 587.
Basan, F., 3238.
Basile, Emp., 784-785.
Basselin, 423.
Bassentin, J., 1958.
Basset, 904.
Basson, Séb., 1538.
Bastard, le comte A. de, 3146.
Bastien, J.-B., 2586.
Bataille, E. M., 1827.
Batteux, l'abbé, 318-3157.
Baucher, F., 3006.
Baude, J. J., 1327.

Baudeau, Nic., 1190-1192-1225.
Baudelot de Dairval, 3383.
Baudement, 2061.
Baudoin, ou Baudouin, Jean, 94-95-727-1666-3226-3227-3228.
Baudouin, P., 311.
Baudouin, l'abbé, 805.
Baudusson, 1467.
Baulgite, Al., 2524.
Baumé, 1722-1766.
Bayer, J., 1901.
Bayf, 2988-2989.
Bazin, G. A., 2360.
Bazin aîné, 3048.
Bazin, 2061.
Beardé de l'Abbaye, 1128.
Beaubourg, C., 1431.
Beaulieu, Théoph. de, 236.
Beaulieu, le sieur de, 1484.
Beaumont, André, 2811.
Beaumont, M. de, 1180.
Beaunier, St., 2691.
Beaupuits, W. de, 737.
Beaurieu, G. de, 2318.
Beausobre, L. de, 958.
Beausoleil, la baronne de, 2154.
Beauvais Raseau, 3063.
Beauvray, L. de, 953.
Bébian, A, 947-948-949.
Bèche, 3474.
Beker, Balth., 2458.
Becquerel, 1635-1636-2061.
Becquerel, Edm, 1636.
Becquey, 904.
Bède, 105-1372.
Bedos de Celles, 3063.

Beguin, J., 1707-1708-1709.
Belidor, 1821.
Belin, Alb., 1788.
Bellantius, L., 2513.
Belleforest, Fr. de, 2577-2896.
Bellegarde, l'abbé de, 655-738-801-802-803-1090.
Bellepierre de Neuve église, 2555.
Bellery, 1497-2173.
Bellet, L., 1217.
Belli, Silvio, 1481.
Bellier de la Chavignerie, 3242.
Bellin, Ant. G., 679.
Bellon, P., 2100.
Belluga, P., 1066.
Belmas, 2865.
Belot, J., 2483-2484.
Benard de Rezay, 2049.
Benevent, H. de, 453.
Benoist, 2755.
Benoiston de Chateauneuf, 1241.
Berain, J., 3243.
Béraud, Ant., 3444.
Bérenger, P.-L., 847.
Bergasse N., 1141.
Bergery, C.-L., 1445.
Bergmann, Tob., 1752-1795.
Bérigny, A., 1675.
Berlioz, H., 3095.
Bernard, J.-F., 740.
Bernard, P., 2092-2356.
Bernard, Th., 1238.
Bernard de Mandeville, 552.
Bernard, comte de Trèves, 1783.
Bernardus, J.-B., 4.
Bernardus Mirandulus, 659.

Bernegger, 1877-1878.
Bernier, Fr., 69-147.
Bernier, 3486.
Bernoville, 3095.
Beroalde, Ph., 491-2569.
Bertereau, Martine de, 2154.
Berthevin, 1397.
Berthod, F., 3230.
Berthollet, A.-B., 3025.
Berthollet, Cl.-L., 1764-2781-3025-3039.
Berthoud, Fr., 2034.
Bertin, T.-P., 2279-2280-3064-3112-3113.
Bertius, P., 507.
Berton, Ch., 406-1166.
Bertrand, Al., 2114.
Bertrand, E., 2106-2340.
Bertrand, J., 552-2602.
Bertrand, M. de, 1134.
Berulle, P. de, 2467.
Berville, S.-A., 3489.
Berzelius, J. J., 1744-1755.
Besse, Victor, 2781.
Bétancourt, Th. de, 1612.
Bethem, 1838.
Béthune, Ph. de, 994.
Betuleius, X., 484-2534.
Beudant, S.-F., 1578-2066-2149.
Beugnot., Am., 3333.
Bèze, Th. de, 3484.
Bezerta, Dom. de, 557.
Biard, P., 3287.
Bibron, G., 2061-2096.
Bielfeld, le baron de, 1000-1001.
Biesius, N., 976.

Biesta, H., 1334.
Biet, 3388.
Bigot, Fr., 1318.
Billaud de Varennes, 1043-1147.
Billecocq, 2755.
Billon, J. de, 2892.
Billy, J. de, 1972-1858.
Bineau, 1703.
Binet, B., 2459.
Binet, Et., 3505-3506.
Binsfeld, P., 2464.
Bion, Nic., 1502-1953-1960.
Biot, J.-B., 1579-1863-1916.
Bir, H., 2676.
Birette, S., 2466.
Bisagno, Fr., 3203.
Bitainvieu, S. de, 2957.
Bixio, Alex., 2358-2767.
Blaeu, G., 1950-1951-1952.
Blainville, Moitelet de, 1496.
Blaise, Ad., 1290.
Blaise, 3491.
Blanc, Ch., 3193-3275-3429.
Blancanus, Jos., 1341.
Blanchard, Em., 2061-2283-2294-2357.
Blanchard, l'abbé J.-B., 606.
Blanchet, l'abbé, 555.
Blanchetierre Bellevue, 1333.
Blanqui, Ad., 1148-1149-1284-1290.
Blasco de Garay, 711-712.
Blasius, Ger., 1707.
Blasius à Conceptione, 308-309.
Blavet, 1162.
Blavier, 1205.

Blervache, C. de, 1186-1187.
Block, M.-E., 2091.
Bloçk, M., 1226.
Blonde, 1318.
Blondel, J.-F., 3338-2835.
Blouet, G.-A., 1265-2839-3353.
Bo, F., 3245.
Bobierre, Ad., 2607.
Bobynet, P., 1962.
Boccalini, Tr., 1033.
Bodin, Fél., 1021.
Bodin, J., 987-988-2444-2445.
Boèce, 103-104-252-257-500-501-502-503-504-505-506-507-508-509-510-511-1344-1373-1935.
Boerhaave, H., 1717.
Boguet, H., 2454.
Boichoz, 1204.
Boismelé, T. de, 2984.
Boisse, Escodéca de, 3129.
Boissier, 2427.
Boissière, Cl. de, 3008.
Boissy, Clément de, 2087.
Boisteau, P., 535-1060.
Boitard, M.-P., 2061-2300.
Bompard, 646.
Bondie, Ch., 175.
Bonæ Spei, Fr., 53.
Bonafous, Mat., 2699.
Bonati, G., 2512.
Bonaventure, le P., 846.
Bondaroy, F. de, 3063.
Bonetus, Lat., 1935-1936.
Bonheur, R., 3286.
Bonneau, Et., 1476-1477.

Bonnefons, N. de, 2708-2709.
Bonnelle, Fr.-C., 2717.
Bonnet, Ch., 403-2361-2362.
Bonnet, Jac., 3452-3453.
Bonnet, P., 3452-3453.
Bonneville, Z.-P. de, 2906.
Bonnières, H. de, 1318.
Bonstetten, V. de, 771.
Bonus, Lat., 1935-1936.
Bonvalet, J.-A., 3077.
Bonvin, 3286.
Borda, Ch., 1466.
Bordelon, l'abbé, 799-2528.
Borel, P., 1772.
Borelli, Cam., 1066.
Borgnis, 1801-1811-1812.
Borrelly, 299.
Borrhaius, M., 973.
Bory de St.-Vincent, 2059.
Bosc, L.-A.-G., 2091-2781.
Bossange, 1333.
Bosse, A., 2845-3187-3239.
Bosseck, O., 2208.
Bosset, 392.
Bossuet, J.-B., 337-995-996-1006.
Botta, P.-E., 3360.
Bottin, Séb., 1330-1331.
Bouaistuau, P., 533-1060.
Boucher de Perthes, 168-623-624-675-676-677-1175.
Bouchet, J., 3354.
Bouchotte, 830.
Bouchu, 3063.
Bougeant, G.-H., 377-378-2394.
Bouguer, 1910-1914-1997-2993.
Bouillet, N., 117.

40*

Bouillon, P., 3296.
Bouillon-Lagrange, 1701-1734.
Bonju de Beaulieu, 236.
Boulay-Paty, 3285.
Boulenger, 1434-1946.
Boullanger, 1624.
Boullet, 2851.
Boulliau, Ism., 1343-1856.
Boulogne, J.-B., 3493-3494.
Bourdelot, l'abbé, 2384-3452-3453.
Bourdon, H., 3077.
Bourdon, Is., 2059.
Bourgelat, Cl., 2871.
Bourguet, L., 2341.
Bourguignat, J.-R., 2333.
Boussingault, J.-B., 2605.
Boutigny, P.-H., 1595.
Bouvet de Cressé, 2985.
Bouvier, J., 291.
Bovelles, Ch. de, 112-693-699-1344-1428.
Bowring, J., 1322-1323.
Boyle, 1757.
Boyvin, R., 3263.
Brachet, Ach., 1682-2010-2013-2014-3016.
Brancas-Villeneuve, F. de, 1888.
Brasle, 2617.
Bray, Eug. de, 1144.
Brébisson, M. de, 2061.
Bresson, St., 1334.
Bricot, Thom., 251-1528.
Bridelle de Neuillan, 2816.
Briencourt, M. de, 1114.
Brierre, 2195.
Brigg, H., 1463-1464.

Brillon, P.-J., 732-733-735.
Brion, L., 1516.
Briseux, C.-Et., 2836.
Brisseau-Mirbel, C.-F., 2091-2190-2191.
Brisson, M.-J., 1523-1573.
Britannus, Rob., 868.
Broedelet, G., 336.
Brongniart, Ad., 2059-2061.
Brongniart, Al., 2344-3030.
Brouaye, 3116.
Broussais, C., 2061.
Brulifer, Steph., 283.
Brullé, A., 2061-2096.
Brunsfelsius, O., 860-1838-2223.
Brunus, Ant., 352.
Bruys, Fr., 820.
Buckland, W., 2109.
Buc'hoz, 2118-2234-2245-2246-2263-2287-2363-2403.
Budée, 2872.
Budgel, 549-550.
Buffier, le P., 313.
Buffon, 2054-2089-2090-2091-2200.
Bujault, J., 2811.
Bullialdus, Ism., 1343-1856.
Bulliard, 2185.
Bulos, A., 2603-3053.
Bulteau, L., 526.
Burbach, G., 1503.
Buret, E., 1234.
Burgundià, Ant. à., 3225.
Buridan, Jo., 56-107-266-267-268.

Burigny, Levesque de, 9-77.
Burnand, 2132.
* Burnet, Th., 2103-2104.
Bussy, 1756.

Bussy Rabutin, 842.
Butel Dumont, 1173.
Buteux, 2121.
Byron, 549-550.

C.

Cabanis, P.-J.-G., 894.
Cacheleu, J. de, 1005.
Cadana, S., 1077.
Cadet, Ch.-L., 1700.
Cadet de Vaux, A.-A., 2302-2782-2811-2812-2813-2817-3023.
Cæsius, B., 2143.
Cæsalpinus, And., 113.
Cæsarius, Joh., 271-274-275-2073-2252.
Caffaro, 3474.
Caffiaux, 816.
Cagniard, 2690.
Caignet, D., 3482.
Cailleau, Ch., 1775.
Caillières, M. de, 1100-1111.
Caillot, Ant., 2067-2131.
Caimo, Pompeo, 432.
Cajetan, Thom., 45-46-47.
Calamatta, L., 3271.
Calame, 2037.
Calcagnini, Cœl, 484.
Callet, Fr., 1465.
Callistrate, 3268.
Cally, P., 222.
Calmet, Aug., 2460-2461-2462.
Calonne, Ad. de, 1019.
Calonne, Cl.-Fr. de, 1044-2641.

Calvel, Et., 2642-2643.
Cambacérès, J. de, 3015.
Cambessède, J., 2059-2249.
Cambry, 3201.
Camerarius, G., 121.
Camerarius, J., 491.
Camier, 232.
Campan, C.-A., 1146.
Campan, Mme, 888.
Campanella, Th., 183-307-2418-2523.
Campanus, Fab., 559.
Campanus, G., 1418.
Campe, 810-811-851-944.
Campensis, Cl., 386.
Campignoulles, Th. de, 664.
Camus, M. de, 1805.
Camus, Ch.-E.-L., 1365-2036.
Camus Mutel, 1219.
Canaye, Ph., 292.
Cancalon, V., 2559.
Candalla, Fl., 1419.
Candolle, A.-P. de, 2059-2237-2240.
Candolle, Alph. de, 2096-2237.
Caneparius, P.-M., 3044.
Canova, 3300.
Canterus, G., 472-682-693-699.

Cautillon, M. de , 1287.
Cantoclarus , Car. , 1105.
Cap, P.-A. , 2179.
Caprara , Alb. , 788.
Capreolus , J. , 1944-1945.
Caraccoli, Antoine de , 671-753-1147.
Caradeuc de la Chalotais , 890.
Caraman, le duc de , 20.
Carbon , Lud. , 629.
Cardan, J. , 528-529-530-1542-1543-2502-2503.
Cardozo de Sequeira , 2521.
Carellus , J. , 1978.
Carey , 3286.
Caristie , Aug. , 3385-3386-3394.
Carlier , Cl. , 2666-2667-2668.
Carlier , P. , 1260.
Carny , 3039.
Caron , N., 1398-1456.
Carpentier , Jacq. , 67.
Carra , 1695.
Carrard , B. , 2377.
Carré , J.-B.-L. , 2977.
Carré , R., 3502.
Carrion Nisas , 2870.
Casaubon , Isaac , 40-41-457-458-2877.
Casaubon , Meric , 477.
Casimir, le P. , 217.
Cassini , J.-Dom. , 1930-1990.
Cassini , Jacq. , 1859-1983.
Cassius , 1643.
Castel, le P. L.-B. , 1886-2016.
Castel , R.-R. , 2091.
Castera, Duperron de, 1650-2127.

Castilhon , L. , 957.
Castilionius , G. , 3327-3330.
Castillon, J. de , 770.
Castillonnois , B. , 1095.
Catel , 454.
Caton , D. , 473-499.
Caton , M.-P. , 2569-2570-2571-2572.
Cattois , F., 3357.
Caullet de Veaumorel , 1631.
Caumartin , 2782.
Caus , Salomon de , 3460.
Causeo de la Chausse , 3301.
Caussin, R. P. , 1134.
Cauvigny, F. de , 2518.
Cavaignac , E. , 1219.
Cavallo , Tib. , 1630.
Cavé, Mme , 3176-3177.
Cavellus , H. , 346.
Caylus, le Cte de , 3207-3237.
Cazèles, M. de , 1640.
Cebés , 462-463-473.
Cels , 2780.
Cerfvol, M. de , 828.
Ceriziers , R. de , 509-510.
Cerreti , 1243.
Chabert, J.-B. de , 1913.
Chabodie , Dav. , 581.
Chabot, J. de , 2695.
Chabot , 2782.
Chabouillet , 3304.
Chales, le P. M. de , 1803-1426.
Challine , Ch. , 952.
Chalvet, Mathieu de , 94-95.
Chambon de Montaux , 1017.
Chambray, Fréart de, 3182-3322.

Chambray, le marquis de , 2782.
Chameloc, Du Perier de , 1074.
Champagne, 971.
Champdoré, D. de , 1604.
Champollion le jeune , 3361-3362.
Chanin, P. , 2204.
Channevelle, Jac. , 209.
Chanorier , 2782.
Chansierges, 1087.
Chantelou, F. de, 3182.
Chanteresne, M. de, 791.
Chantriaux, 3418.
Chaplin , 3286.
Chapman, F. de , 3063.
Chappotin St.-Laurent , 2177.
Chappusius , Nic. , 387.
Chapsal , C. , 3077.
Chaptal , J.-A. , 1731-1732-2604.
Chapuis et Chappuis, Gab., 310-429-1095-1119.
Chapuy , 3333.
Charas, A.-H. , 2180.
Charas , M. , 2312.
Charlemagne , 2806.
Charles de St.-Paul , 583.
Charlet , 3259.
Charma , A. , 571.
Charrier, J. , 1113.
Charron , P., 577-578.
Chaslon , 1141.
Chasseneux, Bart., 520.
Chassepot, Léon de , 2778.
Chassiron , 2780.
Chastagnère, J. de , 2049.
Chastagnère, P. de , 2049.
Chastelet, Hay du, 1039.

Chateaubriand, le Vte, 3285.
Chateauneuf, B. de, 1241.
Chatel, Victor, 2782.
Chatillon, 3178.
Chauchon, l'Abbé, 625.
Chaudet , 3291.
Chaulnes, le duc de, 3063.
Chaumetz, M. de, 3234.
Chauvin, L. P. L., 3117.
Chavaille, S. de, 713.
Chavannes de la Giraudière, H. de, 1824.
Chavigny, J. A. de, 2540.
Chavvet, J., 1385.
Chazelles, L. M. de, 2703-2704.
Chegaray, 1208.
Chelard, 3475.
Chelidonius, 1060.
Chemin, J. B., 696.
Chenavard, A., 3247.
Chenest , 2327.
Chenier, 3054.
Chennevières, Ph. de, 3253.
Cherbuliez, Caroline, 1176.
Cherrier, Séb., 912.
Chérubin d'Orléans, le P., 2004-2005.
Cheseaux, L. de, 1989.
Chesneau, Aug., 3229.
Chesnel, A. de, 2746.
Chesterfield , 810.
Chevalier, 620.
Chevalier, Ch., 2015.
Chevalier, Mich., 1228-1275-1276.
Chevallier, A., 2832-3518.
Chevallier, G. A., 1679.

— 632 —

Chevallier, J. B. A., 1753-1754.
Chevigny, S. de, 925.
Chevreau, 611-758.
Chevremont, l'Abbé de, 1042.
Chevreul, E., 2017-3095.
Chevrolat, 2061.
Chicaneau de Neuville, 668.
Chiniac de la Bastide, 878.
Chobrzinski, 3017.
Choimet, N., 3057.
Choisy, l'Abbé de, 844.
Chomel, N., 2548-2549.
Chonski, H. de, 1212.
Chopin-Dallery, 3076.
Choppin, 529.
Christ, 3137.
Christian, 1814-3517.
Chuchalon, A., 2434.
Chytrée, Nat., 557.
Ciceri, Eug., 3180-3262.
Ciceron, M. T., 38-84-85-120-450-482-483-484-485-486-487-488 489-490-491-492-493-494-495 496-497-498-974.
Cinti-Damoreau, 3472.
Cirodde, P. L., 1395-1405-1447-1459.
Cirodde, Alf., 1395-1405.
Cirodde, Ern., 1395-1405.
Clair, Ern., 1334.
Clairaut, 1917.
Clarac, le Cte de, 3142-3295.
Claret de la Tourette, 2188-2189.
Clauberg., J., 331-1548.
Clausel de Coussergues, 1145.
Claville, Le Maitre de, 438-439-440.
Clavius, Christ., 1347-1378-1420-1462-1940-1941-2019.
Cleirac, Est., 1302.
Clément, F., 3479.
Clément de Boissy, 2087.
Clément Dumetz, 922.
Clemms, W., 1368.
Clérambault, 3487.
Clericus, Joan., 225.
Clerselier, Cl., 130-1356.
Clichtoveus, Jud., 280-447-448-449-1344.
Clicquot de Blervache, 1186-1187.
Clinchamps, V. de, 3192.
Clos, 1318.
Clusius, Car., 2100-2232.
Coakley Lettsom, J., 2349.
Cocherel, 1333.
Cochet, Jean, 314.
Cochin, 3211.
Cochius, 645.
Cocquelin, 465.
Coeffeteau, F. N., 635-636.
Cognatus, Gill., 693-699.
Cointeraux, 1611.
Colbert, 1042.
Coligny, M. de, 2687.
Collaert, H., 3287.
Collet, P., 1318.
Collet-Revoil, Me, 3285.
Collette, A., 3279.
Collimitius, G., 1854.
Colomb, 889.
Colomby, F. de, 2518.
Colonne, F. M. P., 156-2086.

Columelle, 2569-2570-2572-2574.
Combes, 3095.
Combles, de, 2734-2735-2738.
Combrune, 2814.
Commelin, J., 2252.
Commerel, l'Abbé de, 2782.
Commiers, 2541.
Commines de Marsilly, 3017.
Comparet, J. A., 883.
Compton Carleton, 191.
Comte, J. Ach., 2286.
Comte, Ch., 1160.
Comus, 1644.
Condillac, E. B. de, 3-396-1288.
Condorcet, 1693.
Constancio, 1149-1161.
Constant, B., 1142.
Contzen, Ad., 982.
Conventius, Steph., 323.
Copernic, Nic., 1874.
Coquelin, Ch., 3056.
Coquereau, J. B. L., 1197.
Coras, Jean de, 466.
Coray, 459.
Cordemoy, G. de, 364-365-1123.
Cordemoy, l'abbé de, 3337.
Cordier, F. S., 2266.
Cordier, P. L. A., 2061.
Cormeré, le Baron de, 1199-1333.
Cornarius, J., 2649.
Corneille, J. B., 3204.
Cornet d'Incourt, 1145-1201-1202.
Cornette, 3480.
Cornhertius, Th., 3222.
Corocotta, 693.
Corrège, 3270.

Cosmetos, Apost., 443.
Cosnier, 1644.
Cosseron-Villenoisy, 1203.
Cossigny, 1318.
Cottard, J. P., 827.
Costaz, L., 3080.
Coste, A. V., 2291-2793-2794.
Coste, J. F., 2364.
Coste, Pierre, 391-574-872-873-1996.
Coste, Pascal, 3367.
Costé, Seb. A., 1125-1185.
Cotereau, Cl., 2574.
Cottard, 3349.
Cotte, le P., 1663.
Couailhac, L., 2356.
Coulier, P., 1865-1866-1867.
Coupé, J. M. L., 721.
Courbet-Poulard, 1334.
Courbeville, J. de, 566-568.
Courcelles, A. Th. de, 804-815.
Courtilz, S. de, 1037-1042.
Courtin, Ant. de, 649-660-781-798-825.
Courtivron, G. de, 1998-3063.
Courtot, Fr., 591.
Cousin, Gilb., 693-699.
Cousin, J. A. J., 1572.
Cousin, Victor, 14-22-23-24-25-35-79-125-165-166-167.
Coussemaker, Ed. de, 3454.
Coussergues, Clausel de, 1145.
Coussin, 3329.
Coustel, P., 869-870.
Coutelle, 904.
Couture, 3286.

Coyer, l'Abbé G. F., 1127-1292.
Cramail, le Cte de, 707-736.
Cranston, Dav., 260.
Crapelet, G. A., 3126.
Crassot, J., 174.
Crémieux, 1208.
Cressé, Bouvet de, 2985.
Crévecœur, S. John., 2612.
Crévier, J. B. L., 889-890.
Croft, 1136.
Crollius, Osw., 1706.
Crosset de la Haumerie, 1791.
Crousaz, J. P., 296-297-411-425-435.

Crozat, J. A., 3397.
Curtinus, J., 347.
Cuinghien, M. de, 2681.
Cuniga, Ant. de, 1108.
Cureau de la Chambre, 360-361-374-634-1646-1647-1671-2136-2504-2505.
Curterius, Joh., 28.
Cusanus, Nic., 326.
Cuvier, G., 2053-2115-2281-2282-2283-2288-2289-2342.

D.

Dacier, André, 34-83.479-480.
Dacier, M^e, 479-480.
Daclin, Ch., 3523.
Dadolle, L., 3029.
Dagoumer, G., 223-224.
Dalechamps, J., 2075-2230-2231.
Dalibard, T., 1625.
Dallery, T.-Ch.-A., 3076.
Damas Hinard, 722.
Dambourney, L.-A., 3027.
Damiron, Ph., 245.
Damoreau, Est., 1303.
Danæus, L., 1117.
Dandinus, Hier., 344.
Dandré Bardon, 3206-3236.
Dangeul, P. de, 1309.
Dangis, 2428.
Danican, And., 3007-3009.
Daniel, G., 141-142.

Danjou, P., 2548.
Danzel d'Aumont, 2593-2637.
Darcet, 1644-2165-3023-3043.
Dardène, le P., 2379-2750.
Daren, L., 3287.
Dargens, le marquis, 158-3194.
Darigrand, 1318.
Dariotus, Cl., 2515.
Darquier de Pellepoix, 1862.
Dassié, 2994.
Dathus, Aug., 33.
Daret, P., 3339.
Daugis, 2428.
David (le psalmiste), 3482-3483-3484.
David, 3054.
David, Emeric, 3294.
David, J., 3293.
David, J.-P., 1591.

David, P., 2797.
Daviler, A.-C., 3336.
Davisson W. , 1713.
Davy, H., 2603.
Debarrett, 495.
Debonnaire, 597-598-599.
Debray, Eug., 1144.
Debray, H., 1768.
Debrie, Is., 1170.
Decaisne, 2061-2753.
De Caix, Osw., 1316.
Dechalles, le P., 1426-1803.
Dechales, C.-Fr.-M., 2958.
Decker, le chev., 1312.
Decremps, 2545.
Decretot, 1144.
Defer, N., 2973.
Defresne, 2576.
Dehen, A., 902.
Deidier, l'abbé, 1410-1594-2965.
Dejean, le comte, 2782.
Dejean-Hornot, 2827.
De La Chapelle, 1440.
Delacour, B., 169.
Delacour, Ch., 2325.
Delacour, 1147.
Delacroix, Eug., 3286.
Deladérière, 1200.
Delafosse, G., 2059-2061.
Delalande, J., 1335-1592-1829-1860-1861-1984-3063.
Delalauze, 2755.
Delambre, 1338-1342-1466-1833-1834-1835-1836-1843-1864-1915.
Delanoue, Cas., 1480.

Delaroche, F., 2261.
Delaroy, 1212.
Delaunay, A.-H., 3441.
Delaunay, Ch., 1820-1869.
Delaunay, 911.
Delaunay, 3052.
Delebecque, 1278.
Delessert, G., 1260.
Delestre, H., 1242.
Deleuze, 2355.
De Lisle, 2531.
De Lisle de Moncel, 2791.
De Lisle de Sales, 162.
Della Faille, 1086.
Della Rocca, 2682.
Della-Torre, J.-M., 2128.
Deloncle, 1206.
Delorme, Philibert, 1334-3335.
Delrius, Mart., 2416-2417.
Deluc, J.-A., 1674.
Demachy, J.-Fr., 1721-3063.
Demerlière, J., 1524.
Demerson, L., 1799.
Demesmay, 1208.
Demeste, 1723.
Demetz, 1265.
Demons, J., 2414.
Démosthène, 120-683.
Demours, P., 2398-3021.
Denesle, Ch., 369-657-658-765.
Deneux, Jules, 3495.
Denis, J., 3476.
Denis, J.-B., 2385.
Denis, P.-F.-X., 98.
Deniset, J., 351.
Denys de Montfort, 3512.

Depping, G. B., 3509.
Derheims, J.-L., 2335.
Derosne, Ch., 2781.
Deryaux, Ant., 1896.
Desargues, 2845-3187.
Desbans, J., 619.
Descamps, J.-B., 3197.
Descartes, René, 125-126-127-128-129-130-131-132-133-134-630-631-632-633-1645-2038-2039.
Descemet, J., 2257.
Deschamps, Em., 3077.
Des Charmes, P., 1610.
Des Coutures, J.-P., 461-729.
Descroisilles, 1144.
Desenne, 3290-3291.
Desessartz, 1644.
Des Essarts de la Faille, 2623.
Desfontaines, R., 2238.
Des Gabets, Robert, 414.
Des Garets, le comte, 2864.
Deshayes, 1508.
Deshayes, G.-P., 2059-2061-2283-2347.
Des Jaunaux, 1432.
Deslandes, A.-Fr.-B., 10-1171-1306-2395.
Deslongchamps, E., 2059.
Deslongrais, 1208.
Des Marais, Regnier, 493.
Desmarest, A.-G., 2061-2090-2094.
Desmarest de St-Sorlin, 476.
Desmartins, 2960.
Desmolets, le P., 2878.

Desmoulins, A., 2059.
Desmoulins. J., 2230-2231.
Desnoyers, J., 2061.
Desplaces, 1982.
Des Portes, Ph., 3482-3483.
Despréaux, 2753.
Des Rues, Fr., 666.
Dessaint, P., 2023-2024-2025.
Destutt de Tracy, 404.
Devéria, 3290-3292.
De Villiers, l'abbé, 663.
Dexippus, 1105.
Deyeux, 2782-3515.
Dezallier d'Argenville, 2146-2330-2345-2715-2716-2719-2720.
Diadocus, Proclus, 1844-1932.
Diaz, N., 3286.
Diaz, P., 709.
Dickenson, J., 837.
Diderot, 97-321-544-889.
Didier, Edme, 1555.
Didot, A.-F., 3095.
Didron, 3391.
Dien, Ch., 1965-1966-1967.
Dieudé, Armande, 3195.
Digbœus, K., 354.
Dilly, A., 376.
Diogène Laerte, 684-694-695.
Diogenianus, 692.
Docagne, 1144.
Dodonæus, R., 2229.
Dombasle, Mathieu de, 2595-2766-2780.
Dominicus de Flandrià, 48.
Dominique, L., 3212.
Dominiquin, 3270.

Donato, N., 1104.
Doniol, H., 2560.
Dorchamps, Cl., 1082.
Dorieux, G., 3481.
Dorn, Ger., 1784.
Dorp., Joh., 266-267-268.
Dortigue, P., 794.
Dottin, 2781.
Douat, Dom., 3174.
Doudeauville, le duc de, 904.
Doullens, Gabriel de, 1973.
Dounot, 1423.
Doyen, 1486.
Doyère, L., 2061-2109-2283.
Draakenstein, H. van, 2252.
Dransy, 2805.
Drapiez, 2059.
Draxe, Ph., 705.
Dray, W., 2626.
Drouot, 2169.
Druy, le comte de, 622.
Du Bellay, Joach., 37.
Dubois, Am., 1255-1334-2782.
Dubois, Amb., 3272.
Dubois, Fr., 496.
Du Bois, Louis, 2735.
Du Bois, 488.
Dubois Maisonneuve, 3308.
Du Bosc, le P., 813.
Du Bosroger, Esprit, 2471.
Dubourg, Ant., 2795.
Duboys, Pierre, 7.
Dubranfaut, 2820.
Du Buat Nancey, 1003.
Dubuc, 3061.
Ducarne Blangy, 2686.

Du Castel, Fréard, 2744.
Ducerceau Androuet, 3183-3347.
Duchartre, 2061.
Duchesne, H.-G., 2054.
Duchesne, Jean, 3305-3406.
Duchesne, J.-B., 2636.
Duchesne, Leg., 491.
Duclerc, 1208.
Duclos, 763.
Ducouédic, P., 2687-2688.
Dudin, 3063.
Dufau, P.-A., 945.
Dufaure, 1278.
Du Fay, l'abbé, 2962-2963.
Duflos, 3252.
Duflot, Ch., 2259.
Dufour, l'abbé, 366.
Dufour, Syl., 794.
Dufour, 1894.
Dufour, le P. J., 3499.
Dufour d'Astafort, 908.
Dufourny, 3039.
Dufrénoy, 2117.
Dugald Stewart, 542.
Dugés, 2283.
Duguet, l'abbé J.-J., 1088-1089.
Du Hamel, J., 557.
Du Hamel, J.-B., 153-220-221-1661-1857.
Du Hamel, V., 2781.
Duhamel de Monceau, 2596-2627-2633-2646-3063.
Duhan, Laure, 229.
Dujardin, F., 2061-2096-2319.
Duliris, L., 2997.
Dullaert, J., 1525.

Dumaitz de Goimpy, 2996.
Dumarsais, 339.
Du Martineau, Eyq., 1603.
Dumas, C.-G.-F., 1209-1703-1743-2059-2061.
Dumas, J.-Fr., 935.
Dumas, Louis, 910.
Duméril, A.-M.-C., 2064-2096-2285-2288-2309-2314-2323-2357-2370.
Duméril, Aug., 2096-2357.
Dumont, C.-H.-F., 1261.
Dumont-Carment, 2615.
Dumoulin, 2730.
Dumoulin, Ant., 2494.
Dumouriez, 1045-1046.
Duncombe, G.-F., 3093.
Dunn, S., 2855.
Dunoyer, Ch., 1168.
Duns Scot., 173-346.
Dupasquier, L., 3391.
Du Perier de Chameloc, 1074.
Duperray, Mich., 661-662.
Duperron de Castera, 1650-2127.
Dupiery, Mme, 1728-1729.
Dupin, le baron Ch., 1167-1815-3077-3087-3095.
Du Pinet, Ant., 2077-2078-2079-2227.
Dupleix, 1318.
Duponchel, 2061.
Dupont, J., 2243.
Dupont, P.-S., 906.
Dupont de Nemours, 1196.
Duport du Tertre, 422.
Du Praissac, 2891.

Duprat, F.-A., 3128.
Dupré, Ant., 184-1333.
Dupré, C., 1239.
Dupuis, Ch.-Fr., 1832.
Dupuis de la Serra, 1298.
Dupuy, l'abbé D., 2332.
Dupuy, Henry, 1928.
Du Puy, N., 628-807.
Dupuy-Demportes, 2584.
Duquesnoy, Ad., 1238.
Durand, C., 3384.
Durand, Fr., 3077.
Durand, J.-L.-N., 2837-3323.
Durand, Q., 2806.
Durant, S., 3384.
Durante, 3474.
Durante, C., 2238.
Du Refuge, 1097-1098.
Durer, Alb., 1851.
Durius, Firm., 254.
Durosoy, 600.
Durrett, N., 1981.
Dury de Champdoré, 1604.
Du Ryer, P., 85-96-487.
Dusaulx, 555.
Du Sommerard, Al., 3145.
Du Souich, A., 2167.
Du Tertre, le P., 377.
Du Tott ou Dutot, 1286.
Du Tremblay, J.-Fr., 654.
Dutrieu, Ph., 290.
Dutrochet, H., 3463
Du Vair, G., 120-618.
Duval, Amaury, 578.
Du Val, Ant., 1549.
Duval, Guill., 42.

Duval, H.-A., 2206-2243.
Duval, Raoul, 2635.
Du Verdus, 991.
Du Verger, G., 2828.

Duvernois, 2283-2288.
Duvernoy, 2061.
Du Viguier, R., 393-1558.
Duwicquet, Alex., 1240.

E.

Ebelmen, 3095.
Eborensis, Andreas, 690.
Edelink, 3252.
Edwards, Milne, 2059-2061-2066-2096-2283-2357-2768.
Ehrmann, F. L., 1683.
Eidous, 1158-2396.
Elichmann, J., 463.
Elie de Beaumont, J. B. J., 1318.
Elie de Beaumont, L., 2061-2116-2117.
Elien, 694-695-2872.
Ellis, J., 2338.
Elwart, 3480.
Embry, A. Thomas d', 3268.
Emery, l'Abbé, 1006.
Emmery, H. C., 1278.
Engramelle, 3477.
Epictète, 462-463-464-465-466-476.
Epinay, M^e d', 369.
Erasme, 100-484-491-525-685-686-693-698-699-701-702-703-704-863-867-1067.
Erastus, Th., 2443.
Eratosthène, 1840.
Ermel, 3480.

Errard, J., 2947.
Eschines, 120.
Escodeca de Boisse, 3129.
Esmont. Fr., 2049.
Espagnac, le baron d', 1318-2910-2911.
Espagnet, J, d', 1540.
Espiard, l'Abbé F. Ign. d', 956.
Espières, J. d', 3122.
Esslinger, 1744.
Estienne, H., 30-684-699.
Estienne, Ch., 2578-2705-2706-2707-2727-2988-2989.
Etex, A., 3278.
Etienne Jouy, 856.
Etienne, J. d', 2858.
Ettling, 3196.
Euclide, 1347-1414 à 1427-1935-1936-3182.
Euler, L., 1693.
Eunapius, 1105.
Eusèbe de Nuremberg, 409-2083.
Everat, 3019.
Eynatten, M. Ab, 2477.
Eyquem du Martineau, 1603.
Eyriès, J. B. B., 3260.

F.

Faber, Hon., 189-1553-2359.

Faber, Jac., 967-1344.

Faber, Stapul., 252-446-448-449.
Fabre, 2139.
Fabretti, Raph., 2849.
Fabricius, J. A., 2132.
Fabry, Hon., 189-1553-2359.
Fabulet, Ad., 1736-1737.
Fains, B., 2441.
Fajardo, A. G., 712.
Falconnet, C., 1887.
Falcot, P., 3060.
Fallavel, J. M., 3012.
Falloux, M. de, 1094.
Faraday, 1756.
Farcy, Ch., 3368.
Faret, 786-787-788.
Faudel, F. G., 2648.
Faujas de St.-Fond, 2129-2175-2178.
Faulcon, F., 778.
Fauler, 3095.
Favart, M⁰, 3491.
Faye, H., 2390.
Fayol, J. B., 2527.
Fedé, R., 134.
Fée, 2059.
Félibien, And., 3153-3154.
Fénelon, 930-931-1006.
Fenning, D., 1487.
Feoli, V., 3375.
Fer, N. de, 2973.
Ferapié-Dufeu, 1565.
Ferguson, S., 3026.
Fermin, Ph., 2101.
Ferrarius, J. B., 2737-2741.
Ferrerius, J., 700.
Ferrero, J.-B., 831.

Ferretti, Fr., 2889.
Ferrier, C., 2514.
Ferro, G. M., 2084.
Ferry de Saint-Constant, 2365.
Ferussac, D. de, 2059.
Feugré, Fromage de, 2650.
Feuillet, L. F., 3370.
Feuillée, L, 2400.
Feuquières, le Marquis de, 2903-2904.
Feuquières, le Cᵗᵉ de, 2903-2904.
Feutré, P. A., 1178.
Ficin, Marsile, 31-33-74-75-81-108-349.
Fiévée, J., 1147.
Figuier, L., 2391-2392-2405.
Fillassier, J. J., 672-673-926-927.
Fineus, Orontius, 1345-1417-2018.
Firmicus Maternus, 1838.
Fisher, A., 545.
Fitz Adam, 553.
Flachat, J. C., 1313-2621.
Flachat, Steph., 3088.
Flamand, Cl., 1482-2949.
Flamel, N., 1782.
Flandin, E., 3360.
Fleury, R., 3286.
Fleury de Frémicourt, 1498.
Flexier de Reval, 1895.
Florimandunus, Sig., 981.
Flourens, 2059-2061.
Flussas-Candalla, 1419.
Foache, le Bᵒⁿ, 2782.
Foe, Dan. de, 2433.
Fogerolles, F. de, 76.
Foliani, 3458.

Fonfrède, H., 1146.
Fonseca, Pet., 303.
Fontaine, P. F. L., 3246-3376-3377.
Fontaneilles, Ph,, 2645.
Fontanieu, 3033.
Fontenelle, 339-1887-1890-1891-1892-1893.
Fonteyraud, A., 1149.
Forbonnais, V. de, 1289-1293-1307-1315.
Forcadel, P., 1429.
Forest Duchesne, N., 1686.
Formey, 161-436-481-889.
Fornier, R., 356.
Fortia d'Urban, 1841.
Fortin, Fr., 2785.
Fortin de la Hoguette, P., 789-790-992.
Fortune, Rob., 2567.
Foucher, Simon, 413-415-442.
Fougeroux de Bondaroix, 3063.
Fould, Ach., 2671.
Fourcroy, A. F., 1702-1725-1726-1727-1728-1729-1764-3039.
Fourcroy de Ramecourt, 3063.
Fournel, H., 2122.
Fournier, A., 2868.
Fournier, G., 2992.
Fourier, Ch., 1027-1028.
Fragonard, 3394.

Fraissinet, le P. de, 921.
Francine, Al., 3348.
Franciscus Bonæ Spei, 53.
Franciscus de Oviedo, 187.
Francœur, L. B., 1371-1495-1868-3171.
François, le F., 2714.
François, R., 3505-3506.
François de Neufchateau, 2780.
Franklin, B., 1196-1259-1625.
Franzius, W., 2278.
Frappier, 889.
Frassen, Cl., 210.
Fréart de Chantelou, 3182-3322.
Fréard du Castel, 2744.
Freke, J., 1620.
Frenicle, 2048.
Frémicourt, Fl. de, 1498.
Fremy, E., 1747.
Fresne, M. de, 2576.
Fresnes, M. de, 1120.
Frey, J. Cæc., 123-186.
Frezier, A. Fr., 2846-2981.
Fricius Modrevius, 975.
Fromage de Feugré, 2650.
Fromond, Lib., 90.
Frontin, S.-J., 694-695-2848-2872-2873-2875-2876-3326.
Fuchsius, L., 2225-2226.
Fuertes, Ant. de, 1066.
Fulgosius, Bap., 836.

G.

Gabriel de Doullens, 1973.
Gadroys, C., 1882-2526.
Gaffarel, J., 2410-2530.

Gagliardelli, Dom., 428.
Gail, 474.
Gailbabaud, J., 3355-3356.

41.

Gaillard, J., 836.
Galanus, Dem., 443.
Gale, Thom., 80.
Galilée, 1802-1877-1878.
Galimard, 3351.
Gallæus, Ph., 3287.
Gallegaris, B, 2788.
Gallo, Aug., 2577.
Gallatius, Tarq., 452.
Galon, 3063.
Galtruchius, P., 218.
Galuski, Ch., 2390.
Gand, Ed., 1596-2329-3062-3076.
Gannal, 1208.
Gardeton, C., 853.
Garinet, J., 2432.
Garnaud, A., 3350.
Garnier, Ad., 126.
Garnier, F., 2120-2140.
Garnier, le marquis G., 1163.
Garnier, l'abbé J.-J., 1294.
Garnier, Jos., 1160-1290.
Garnier, J.-J.-A., 2782.
Garsault, Fr.-A., 3063.
Gaslonde, 1208.
Gasparin, le comte de, 2589.
Gassendi, P., 62-68-327.
Gatteaux, E., 3272-3273.
Gau, F.-C., 2781-3363-3379.
Gaudebout, 1380.
Gaudry, Alf., 2568.
Gaudry, J., 1828.
Gauger, Nic., 1606.
Gault de St-Germain, P., 3202.
Gaulthier, L. 3287.
Gaultier, l'abbé, 917.

Gaultruche, le P., 218.
Gauricus, Luc, 1850.
Gauss, Ch.-F., 1406.
Gausson, Max., 3095.
Gauteron Me., 929.
Gautherot, 1644.
Gauthey, 2853.
Gautier, 2961.
Gautier, H., 1653-3210.
Gautier d'Agoty, 2397.
Gavard, Ch., 3399-3400.
Gay Lussac, 2781.
Gaza, Th., 59-61-485-1839-2068-2221-2271.
Gazon Dourxigné, 656.
Geiger, F., 1644.
Gelée, A., 3273.
Gelenius, Sig., 2071-2072-2074.
Geminus, 1839-1845-1853.
Gemna, Corn., 2383.
Gemma Physius, 1870-1871.
Genesius Sepulveda, 58.
Genet, E.-J., 1040-1041.
Genet, J.-L.-H., 888.
Gennes, P. de, 1318.
Gentillet, In., 1073.
Gentius, G., 693-699.
Genty, F.-J.-H., 244.
Geoffroy, Et. F., 2162.
Geoffroy, Et.-L., 2320.
Geoffroy, 3286.
Geoffroy Saint-Hilaire, Et., 2059-2061-2304-2369.
Geoffroy Saint-Hilaire, Is., 2096-2357-4651.
Georgius, Bruxell., 250-251-1528.

Geraldinus, J., 1660.
Gérando, J.-M. de, 12-13-904-951-1237.
Gérard, l'abbé, 239-243-796.
Gérard, 2752.
Gerard, 3291.
Gerbe, 2061.
Gerbier, 1318.
Gerdil, H.-S., 877.
Gerhardt, Ch., 1750-1751.
Germanicus César, 1840.
Gerono, 1354.
Gersaint, E.-F., 2351-3424-3424.
Geruzez, 605.
Gervais, P., 2061-2096-2293-2356.
Gervasius, Tornacensis, 2465.
Gesner, Conr., 681-2276.
Gevry, J. de, 909.
Gheschier, P., 3225.
Giacomelli, S., 3276.
Gibelin, J., 1762.
Gigot, 232.
Gilbert, 2610.
Gilibert, J.-E., 2188.
Gilinus, Cam., 836.
Gillet, 669.
Gillet de Crandmont, 3519.
Gioja, G., 1211.
Girard, J., 197-2295.
Girard, Jos. de, 3077.
Girard, L.-D., 3077.
Girardin, J., 1745.
Giraudeau, le P., 846.
Girod-Chantrans, 2269.
Girodet, 3291.

Giselinus, Vict., 693-699.
Gisors, A.-M., 2580.
Gisors, M. de, 2946.
Gistl, J., 2303.
Givenchy, T. de, 1278.
Glareanus, H.-L., 103-104-1377.
Glaser, Chr., 1714.
Glauburg, Ad. à, 3120.
Gleditsch, G., 2212.
Gmelin, L., 1749.
Gobet, 2178.
Gobinet, Ch., 871.
Godart, P., 137-206-207.
Godefredus, P., 693-699.
Godin, 1984.
Godwin, W., 1161.
Goedart, J., 2316.
Goguillot, 1205.
Gohory, J., 1113-3263.
Goimpy, Du Maitz de, 2996.
Golbery, A. de, 1278.
Goldenberg, 3095.
Gomart, Ch., 2619-2782.
Gomberville, L. de, 3232.
Gomes, Is., 1396.
Gorin, J., 1493.
Gorini Corio, 315.
Gosford, 2156.
Gossé, l'abbé, 893.
Goudar, 2624.
Goudin, Ant., 215-216.
Goujet, l'abbé, 119-1089.
Goulart, Simon, 93.
Goulon, 2964.
Goulu, le P., 464.
Gouraud, Ch., 1337.

41*

Gourlay de Keralio, 2945.
Gourlier, 3095-3318-3388.
Goussault, l'abbé, 797.
Goussier, 1567.
Goyon de la Plombanie, H. de, 1223.
Gracian, B., 566-567-568-569-570.
Gracilis, St, 1415.
Graillard de Graville, 933.
Gramineus, I., 1849.
Grandamy, J., 1921-1930.
Grandmollet, J.-D., 810-811-851-944.
Grangent, 3384.
Grapaldus, F.-M., 3331.
Grar, Ed., 2168.
Grassi, C., 3020.
Grassi, H., 1924.
Grataroli, G., 2481.
Gratius, Sal., 428-2888.
Gravelot, 3211.
Graville, G. de, 933.
Greco, G., 3010.
Greff, M., 2614.
Grenaille, Fr. de, 389-516.
Grétry, 3456.
Grevin, J., 2442-2443.
Grevin, M., 2592.
Grew, 1757-2187.
Grillon, 3388.
Grimod de la Reynière, 752.
Grobert, 2852.
Gronovius, J.-F., 1054.
Grosius, H., 2446.
Grotius, H., 952.

Grou, 83.
Grouchius, N., 254-451-1655.
Grove, 549-550.
Grozelier, N., 2394.
Gruchius, Nic., 254-451-1655.
Gruget, Cl., 3007.
Gruget, Fr., 2485.
Gruter, J., 2382.
Grynæus, Sim., 1414.
Gua de Malves, P. de, 1312-1460.
Guarini, J.-B., 205-561.
Guattani, A.-J., 3299-3373.
Guazzo, St., 558.
Guenebault, L.J., 3136.
Guénifey-Savonnière, 1144.
Guenin, Ch., 2749.
Guénon, Fr., 2657.
Guer, A., 379-2134.
Guerard, Me, 2196.
Guericke, Otton de, 1593.
Guérin Méneville, F.-E., 2059-2060-2284.
Guerineau de Saint-Peravi, 1195.
Gueroult, P.-C.-B., 2274.
Guersent, L.-B., 2205.
Guest, B., 3059.
Guestard, J.-C., 2080.
Gueudeville, N. de, 774.
Guevarre, Ant. de, 1096.
Guibelet, J., 431.
Guichard, J.-M., 3151.
Guichardin, Fr., 1116.
Guide, 3270.
Guillard-Senainville, 3520.
Guillaume, Ch., 2625.
Guillaumin, U., 1282.

Guillard de Beaurieu, F., 2318.
Guillebert. 73.
Guillemin, 2059.
Guilleminot, Jo., 214.
Guillemot, J., 146.
Guillié, 946.
Guillier, G., 227-228.
Guilloud, J.-J.-V., 1582-2818.
Guislier du Verger, 2828.

Guizot, Fr., 755-1016-3169-3398.
Guizot, M^e, 608-887.
Gumpertz, H., 2970.
Guy, 1453.
Guyot, Edme, 2297.
Guyot, G., 2047.
Guyton de Morvau, 890-1764-3039.

H.

Hachette, 1813.
Haeghens, J., 1675.
Haen, Ant. de, 2429.
Haldat, Al., 3045.
Hales, E., 2125-2200-2584-3021.
Hallette, 1334.
Hallier, Fr., 287.
Halma, l'abbé, 1840-1843-1844-1845-1846-1847-1848-1991.
Hamet, H., 903.
Hancarville, H. d', 998.
Haniel, 952.
Hanzelet, 2975-2979.
Hardoin, 1318.
Hardy, J.-A., 2732.
Harman, F.-M., 3093.
Hartungus, J., 699.
Hartmann, Ev., 1705-1710.
Hartmann, J., 1705-1710.
Hartsoeker, N., 2006.
Hasse, 3474.
Hassenfratz, 3039.
Hastfer, W., 2666.
Hauchecorne, 234.

Haudicquer de Blancourt, 3031.
Hauréau, B., 18.
Hautin de Villars, 3046.
Hauy, l'abbé, 1577-1622-2151.
Hawenreuter, Lud., 255.
Hay, Paul, 1039.
Haye, 1032.
Hayer, H., 367.
Hecquet, R., 3241.
Hedouin, 3286.
Hegendorphinus, Christ., 275-278-861-865.
Heidel, W.-E., 3123.
Heinsius, Dan., 71-72-2220.
Helie, 2201.
Helvetius, J.-C., 159-397-398-399-402.
Hemeling, J., 1357.
Henckel, J.-F., 2180-3032.
Hennebert, J.-B.-Fr., 751.
Hennert, J.-Fr., 2507.
Hennet, A.-J.-N., 829.
Hénon, 2350.
Henrion, D., 1355-1425-1506-

1508-2043.
Henrion, P., 3496.
Henry, J.-M., 2986.
Herbert, Cl.-J., 1224.
Herbigny, M. d', 1049.
Héricart de Thury, 2174-3082-3083.
Héricourt, M. d', 2901-2902.
Hermès-Trismégiste, 26-27-81-82.
Hermès, 1838.
Herold, J., 832.
Héron de Villefosse, 2161.
Herpin, Ch., 1798-2819.
Herpin, René, 988.
Hervé, B., 2049.
Hervieux, 2308.
Hess, J.-G., 1252.
Heurtevyn, B., 1943-2520.
Heuzé, G., 2608-2611.
Heuzet, J., 839.
Hiéroclès, 28-83.
Hildericus, E., 1853.
Hipparque, 1839.
Hittorff, J.-J., 3381-3382.
Hobbes, Th., 990-991.
Hoffmann, F., 1794.
Hoffmans, M. de, 1112.
Holbach, le Bᵒⁿ d', 320-321-339-2144-2158-2180-3032.
Holland, Is., 322-1716.
Hollandre, J., 2703.
Hollard, 2061.
Holyhood, J., 1347-1933-1934-1935-1936-1937-1938-1939-1940-1941.

Hondius, J., 3186.
Honorius, Ph., 1031-1032.
Hornius, G., 6-1034.
Hornot, Ant., 2827.
Hortensius, M., 1951-1952.
Hotman de Villiers, 1068.
Houssaye, J.-G., 2264.
Howard, J., 1238.
Hoyer, F.-M., 838.
Hoyle, Ed., 3007.
Huarte, Jean, 426-427-428-429-430.
Huber, Fr., 2689.
Huber, Mich., 3140.
Hubin, 1676.
Hues, Rob., 1948.
Huet, Dan., 138-139-394.
Hugard, 2110.
Hugenius, Ch., 1902.
Hugens de Zulichem, 2048.
Hughens, 1894.
Hughes, 549-550.
Hugues, 2781.
Humblot-Conté, 2782.
Hulot père, 3063.
Humboldt, A. de, 2061-2210-2390.
Hume, 2022.
Hunauld, F.-J., 2387.
Hunnæus, Aug., 284.
Huot, 2096.
Hurtado de Mendoza, 176.
Huzard, J.-B., 2669-2781.
Huzard fils, 2337.
Hypsicles, 1418-1421-1423.

I.

Iamblique, 80-81-82-699.
Ideler, 1844-1845.
Imbotti, B., 2895.
Imperato, F., 2084.
Imsser, Ph., 1899.
Indagine, J., 2493-2494.
Ineichen, J., 1749.
Ingegneri, Giov., 2501.
Ingres, J.-A., 3277.

Ipsicles, 1418-1421-1423.
Irenæus à S.-Jacobo, 196.
Irson, C., 1472.
Isaac Argyre, 1839-1848.
Isabelle, E., 3358.
Isidorus, 1421.
Isnard, Chr., 2696.
Isnard, Max., 2782.
Izarn, J., 1642.

J.

Jacchæus, G., 1546.
Jacob, 1333.
Jacotot, J., 918.
Jacotot, P., 1575.
Jacques I, roi d'Angleterre, 1068.
Jacques d'Autun, 2422.
Jacquet de la Guerre, 3483.
Jacquier, Fr., 1350.
Jacquinot, D., 1958-1959.
Jacquot, E., 2171.
Jal, A., 2987.
Jallabert, 1623.
Jamin, Nic., 697.
Jan, Laurent, 3449.
Janiçon, 939.
Janin, J., 2300-3285.
Jansen, H., 3140-3161.
Janson ab Almeloveen, Th., 2252.
Jarava, J., 486.
Jars, G., 2160-3063.
Jaubert, l'Abbé P., 1157-2550.
Jaubert, le Cte, 2254.

Jaucourt, le Chev. de, 335.
Jauffret, L. F., 2354.
Jaume Saint-Hilaire, 2353.
Jaurat, 1984.
Javellus, Chrys., 114-455.
Jean de Laval, 700.
Jean de St.-François, 464.
Jean de Ste-Marie, 1074.
Jean de Séville, 2991.
Jeaurat, E. S., 3188.
Jeffries, D., 2177.
Jeney, M. de, 2914.
Joachimus, Nic., 1874.
Joannes, Nov., 1851.
Joannes à Jesu Maria, 1063.
Joannes de S.-Thomà, 181-182.
Joannes, Salisberiensis, 106.
Joannet, 381.
Joblot, 2317.
Johannot, T., 3293.
Johnson, Sam., 554.
Jolivot, Ch., 1272.

— 648 —

Jollivet, Ad., 1020.
Joly, Cl., 823-1067-1084.
Joly, J. P. de, 480.
Joly de Maizeroi, 2913.
Jolyclerc, 2184-2211-2217-2235.
Jomard, 904.
Jonston, J., 2082-2277.
Jordanus, Nemorarius, 1344.
Josseau, J. B., 1212.
Jouffroy, Th., 160-542.
Jourdain, J. L. M., 64.
Jourdain Lecocq, 2762.
Jourdain. 1144.
Jourdan, A. J. L., 1734.
Jousse. M., 2843.
Jouvenet, 3270,
Jouy, Etienne, 856.
Jove, Paul, 3212.

Jubinal, Ach., 3314-3419.
Julia Fontenelle, 2546-2547.
Julien, E., 1827.
Julien, Stan., 2698.
Jullien, M. A., 898.
Julliot, P.-F., 3426.
Jumel Riquier, 2842.
Jumilhac, B. de, 3500.
Junctinus, Fr. 1925.
Junius, Had., 693-699-3217.
Junius, M., 980.
Junker, G. A., 747.
Jurieu, P., 1053.
Jussieu, A. L. de, 2218.
Jussieu, Ad. de, 2059-2061-2066-2249.
Justus, Pasc., 651.
Juvigny, le S^r de, 1012.

K.

Kaemtz, L. F., 1664.
Kant, Em., 541.
Kauffmann, 1680-2003-2008.
Keill, J., 1351.
Kelly, Mal., 188.
Kenelmus, 354.
Kepler, J., 1903.
Keralio, G. de, 2945.
Keratry, 437.
Kiener, L. C., 2331.
Kiggelaer, Fr., 2233

King, Ch., 1315.
Kircher, Ath., 2102-3108.
Kirvan, 1764.
Klaproth, H., 1701.
Koebelius, J., 1956.
Kuchelbecker, 2207.
Kuhn, 2138.
Kunckel, 3032.
Kunth, 2059.
Kyriak Strosse., 964.

L.

La Balme, M. de, 3005.
Le Barre, P. de, 938.

Labarte, J., 3313-3427.
La Bastide, Ch. de, 878.

Labaume, 1238.
Labbé, F., 1334.
La Beaumelle, Angl. de, 102.
Labey, J. B., 1693.
La Bizardière, M. de, 2879.
La Borde, Al. de, 3095-3307.
Laborde, H. de, 3312.
Laborde, L. de, 3371.
Laboulaye, Ch.; 2552.
Labourt, L. A., 650-1255-1256.
La Brosse, G. de, 556.
La Brune, J. de, 441-442.
La Bruyère, 460-730.
La Caille, l'Abbé de, 1369-1370-2000-2001-2993.
La Case, J. de, 557.
Lacépède, le Cte de, 1628-2094.
La Chalotais, C. de, 890.
La Chambre, C. de, 360-361-374 634-1646-1647-1671-2136-2504-2505.
La Chapelle, Arm. de, 546.
La Chavignerie, B. de, 3242.
La Chenaye des Bois, 377-378-2270-2869-2902.
La Chesnée Monstereuil, Ch. de, 2747.
La Chetardye, M. de, 800.
La Colombière, V. de, 2492.
Lacombe, J., 3131-3132-3159-3396.
Lacombe de Prezel, 1280.
La Condamine, 1911-1912.
La Conterie, Le Verrier de, 2786.
Lacordaire, Th., 2096.
La Corgne, M. de, 3235.

Lacretelle, 1318.
Lacroix, S. F., 1390-1403-1411-1412-1412-1443-1449-1450-1489.
Lacroix, P. F., 602.
Lacrosse, Arn., 3271.
Lactance, 2534.
Lacuna Andreas à, 2649.
La Faye, M. de, 2856-2857.
La Fé, M. de, 2879.
La Feillée, 3503-3504.
L'Affillard, 3467-3468.
La Fontaine, le S. de, 1468.
Laforest, J., 2618.
La Forge, L. de, 131.
La Framboisière, A. de, 923.
La Fresnaye, V. de, 2061.
Lagache, C. D., 3115.
La Garaye, le Cte de, 1759.
Lagarde Montlezun, 2567.
La Gardette, l'Abbé de, 3063.
La Giraudière, H. de Ch. de, 1824.
Lagneau David, 1783.
Lagrange, 97-617.
Lagrange, J. L., 1413-1810.
La Grange, J. B. de, 1556.
Lagrenée, C., 2683.
La Guerinière, Rob. de, 3000-3001-3002.
La Harpe, J. F., 21-401-1147.
La Haumerie, Crosset de, 1791.
La Hire, 1451-1975-1976-1990-1994-2030-2843.
La Hoguette, F. de, 789-790-992.
La Houssaye, Amelot de, 569-570-

667-1069.
Lahure, 3189.
Lair, P. A., 2782-3105.
Laisné, A. M., 1353.
Lalande, J. de, 1335-1592-1829-1860-1861-1984-3063.
Lalanne, L., 1664.
Lalemandet, J., 198.
La Live d'Epinay, M° de, 936.
La Llana, M. de, 264-343-1527-1659.
Lallemant, 643.
La Madelaine, St. de, 3473.
La Malmaison, Mlle M. de, 896.
La Marche, C. F. de, 1955.
Lamarck, J. B., 1696-2091-2240-2368.
Lamarre, 2755.
La Marre, L. H. de, 3063.
Lambert, le M° de, 804-815.
Lambillotte, L., 3499.
Lambry, 2782.
Lamé, G., 1584.
La Menardaye, N. de, 2469.
La Mennais, F. de, 1057-1130-1131-1132.
La Métherie, 2402-2404.
Lamiraux, 1478.
Lamoignon de Basville, N., 2049.
La Montagne, 1880.
La Moricière, 2673.
La Mothe le Vayer, 357-614-725-726.
La Mothe, l'Abbé de, 882.
Lamouroux, J. V. F., 2059-2090-2782.

Lamy, le gén., 1278.
Lamy, le P. Bernard, 316-1359-1435-1804.
Lamy, D. Fr., 593-1668-1687.
Lamy, Guil., 317-363.
Lancelot, 1108.
Lancre, P. de, 756-2455-2456.
Landinius, 701.
Landinus, Christ., 521.
Landon, C. P., 3281-3370-3395-3443.
Langlès, L., 3359.
Langlois, C. H., 3309.
Langlois, Mlle Esp., 3309.
Laniolle, C. de, 294.
La Noue, de, 1120.
Lansac, J., 1454.
Lansberg, Ph., 1971.
Lanzi, l'Abbé, 3195.
Laon, Jean de, 2956.
La Perrière, F. de, 1566.
La Pierre, J. de, 757.
Laplace, 1352-1764.
La Plombanie, G. de, 1223.
La Popelinière, L. de, 2896.
La Porte, l'Abbé J. de, 720.
Laporterie, 2934.
Lapostolle, 1638-1639-2630.
La Primaudaye, P. de, 579-580.
La Prugne, J. B. de, 2892.
La Pylaie, le B^{on} de, 2250.
La Quintinye, 2710-2711.
La Ramée, P., 965.
L'Arbreaupré, L. de, 1333.
Larcher Daubancourt, 1643.
Lardemoy, A., 3484.

Larivey, P. de, 533-560.
La Rivière, Le Mercier de, 961.
La Rivière, M. de, 2730.
La Roche, l'Abbé de, 717-718.
La Rochefoucauld, le duc de, 716-717-718-719.
Larochefoucault-Liancourt, 1231-1238-1258-1266.
La Roche, Tiphaigne de, 368.
Laromiguière, 405.
Lartigue, J. de, 993.
Larue, J., 1300.
La Salle de l'Etang, 2585.
La Serra, D. de, 1298.
La Serre, Puget de, 101-647.
La Simonne, L. de, 2893.
Lasseré, Fr., 2004-2005.
Lasteyrie, F. de, 3310.
Lasteyrie, le comte de, 3519.
Latache, Reneaume de, 382.
La Taille, Des Essarts de, 2623.
Latomus, Bart., 279-484.
La Touche, H. de, 3300.
La Tour du Pin Chambly, le Vte de, 1051.
La Tour, Roussel de, 1194.
La Tourette, Claret de, 2188-2189.
Latreille, P. A., 2059-2091-2282-2311-2322.
Lattré, 2924.
La Tynna, J. de, 1330.
Laügier, G., 3233.
Laugier, le P., 3319-3320.
Launay, le C. de, 1885.
Launay, P., 535.

L'Aunay, M. de, 1333.
Launoy, J., 63.
Laurence, 1278.
Laurendière, Cl. de, 2501-2503.
Laurens, Jules, 3286.
Laurent, H., 3398.
Laurent, J. de Laon, 2729.
Laurent, J., 3178.
Laurent, J. A., 3178.
Laurent, P., 3178.
Laurent, P. M., 11.
Laurentianus, Fl., 253.
Laurillard, 2061-2283-2288-2289.
Laval, Jean de, 700.
Lavater, G., 2508-2509.
Lavatinne, 1386.
Lavau, M. de, 845.
Lavergne, L. de, 2564.
La Vie, Ch. de, 1002.
Lavoisier, 1730-1764.
Lavoisier, M^e, 1764.
Le Berriays, R., 2721.
Leberthais, C., 3315.
Lebeuf, l'abbé, 3498.
Le Blanc, Rich., 1542-1543.
Leblanc de l'Arbreaupré, 1333.
Le Blond, G., 1366-2966-2971.
Le Bossu, R., 1539.
Le Breton, Ch., 1790.
Lebreton, F., 1208.
Le Breton, Joach., 1055.
Le Brun, L. S. D., 2606.
Le Brun, le P. P., 2430-2431-2490.
Lebrun, P., 3285.
Lebrun, 2970.
Le Canu, L. R., 2111.

Le Clerc, Jean, 225.
Leclerc, O., 2597.
Leclerc, Seb., 1437-1883-3239.
Le Comte, Fl., 3155.
Lecomte, Em., 3247.
Le Conte, P., 1961.
Le Corgne de Launay, 1885.
Le Couteux, G., 2654.
Lecreu, 231.
Le Cuirot, Ad., 3107.
L'Ecuy, J. B., 1196.
Leczinski, Stan., 157.
Ledentu, A., 1147.
Ledru, 1644.
Le Duc, 708.
Lefebvre, Ad., 1305.
Lefebvre, C.-J.-V., 2830.
Lefebvre, J., 1984.
Le Febvre, 841.
Lefebvre Ste-Marie, 2658-4653-4654.
Le Fevre, 444.
Le Fevre ou Lefebvre, 1711-1712.
Le Fevre de Beauvray, 953.
Lefour, 4652.
Le Gallois, 2384.
Legendre, 2728.
Le Gendre, F., 1382-1383-1384-1471.
Legendre, A.-M., 1407-1408-1409-1444-1461.
Legentil, 3095.
Le Grand, Ant., 219-373-644-2085.
Le Grand, Aug., 3297.
Le Grand, J.-G., 3325.

Legrip, F., 3253.
Le Guay, 3286.
Le Hay, 3261.
Lehmann, J.-G., 2158.
Leibnitz, 334-335.
Lelarge de Lignac, 2093.
Lelevel, H., 241-312.
Lelieur, 2745.
Lelièvre, 3043.
Le Lorrain de Vallemont, 2488-2489-2712-2713.
Le Loyer, P., 2452-2453.
Lemaçon, J., 2049.
Lemaire, C., 2061-2752.
Le Maire, 3280.
Le Maître de Claville, 438-439-440.
Le Maistre de Sacy, 627-648.
Lemaout, E., 2356.
Le Mardelé, 1424.
Le Mascrier, l'abbé, 2134.
Le Mazurier, 2035.
Lemercier, 1208.
Le Mercier de la Rivière, 961.
Lemery, Nic., 1715.
Le Mesl, P.-M., 1208-2781.
Le Mire, N., 3289.
Lemne, Levin, 2380-2381.
Le Moine, P., 640-641.
Le Monnier, P.-Ch., 230-3063.
Le Monte Regal, 1469.
Lemoyne, P., 640-641.
Le Muet, 3341-3342.
Lenain, L.-R., 2419.
L'Enfant, Fréd., 1208-2782.
Lenglet du Fresnoy, 1773-1775-

2156-2462-2463.
Le Noble, 8-808.
Lenoir, Alex., 3147-3148-3149-3368.
Le Normand, L.-Séb., 3067-3515.
Lenormant, Ch., 3364.
Le Normant, R., 2894.
Leo, 3474.
Leo, Ambr., 109.
Léonard, 967-968.
Leonicus, Nic., 45.
Leontius, 1840.
Leovitius, Cyp., 1920-1977.
Lepeletier de St.-Fargeau, 2096.
Le Pelletier, J., 1789.
Lepère, Al., 2736.
Lépicié, 3405.
Le Play, F., 1235-3095.
Le Poivre, 1452.
Le Preux, 1644.
Le Prince, A., 1479-2306.
Leprince, H.-S., 1670.
Le Prince de Beaumont, M.ᵉ, 849-940-941-942.
Le Rées, Fr., 188.
Le Ridant, P., 231.
Le Roy, Ben., 2695.
Le Roy, l'abbé Ch., 891.
Le Roy, J.-B., 2315.
Le Roy, Louis, 36-37-340-964-970.
Leroy, Lucas, 1708.
Le Roy, J.-D., 3319-3369.
Le Roy de Barincourt, 1008.
Leroy-Léraillé, 1394.
Le Roy-Mabille, G., 1278.

Le Royer, J., 1599.
Lesbros, 1823.
L'Escalopier, Ch. de, 3151.
Leschener, H. de, 1930.
Leschevin, X., 1765-2183.
Lesclache, L. de, 235-814.
Le Seur, Th., 1350.
Le Seurre de Mussey, 962.
Le Soucy, 2991.
Lesson, R. P., 2059-2095-2096-2299.
Le Sueur, Eust., 3270.
Le Sueur, J.-F., 3465-3482-3472.
L'Étang, la Salle de, 2585.
Letarouilly, P., 3378.
Le Tellier, l'abbé, 1147.
Leurechon, J., 2041.
Leuwenhoeck, 1757.
Levasseur, A., 2413.
Le Vasseur, L., 2187.
Leveille, J.-H., 2061-2268.
Le Verrier de la Conterie, 2786.
Leveson, C. de, 880.
Levesque, 3474.
Levesque de Burigny, 9-77.
Levesque de Gravelle, 3302.
Levesque de Pouilly, 750.
Le Vieil, 3063.
Lewis, 1796.
Lezay-Marnésia, Ad. de, 1129-2349.
L'Héritier, 2781.
L'Hoste, J., 1483.
Lhuillier, Sim., 1402.
L'Huilier du Pont, 1381.
Libavius, And., 1785.

Libert, L., 3175.
Libert, 1208.
Libes, A., 1576.
Libri, G., 1339.
Liburnius, Nic., 445.
Licetus, F., 124-1929-1993.
Liébaut, J., 2578.
Liebig, J., 1750.
Lieutaud, 1984.
Liger, L., 2582-2583-2743.
Lignac, L. de, 2093.
Lignier, 1208.
Lilius, Ant., 351.
Lilius, Al., 351.
Limes, 1644.
Limiers, Ph. de, 925.
Lincolnensis, Robertus, 46.
Linguet, S.-N.-H., 768.
Linné, Ch., 2088-2201-2212-2213-2214-2215-2216-2217-2388.
Lion, 1639.
Liouville, 2051.
Lipse, Juste, 90-92-116-615-616-617-977-978-979-2074-2880-2881-2882.
Lipstorp, D., 1547-1879.
Lisle de Moncel, M. de, 2791.
Lloyd, 2915.
Lobel, M. de, 2228.
Lobineau, G.-A., 2878.
Locke, J., 151-152-390-391-392-872-873-955.
Loinus, J., 683.
Lokert, Georg., 56.
Lombard, C.-P., 2684-2685-2692.
Lopez de Mendoza, 709-710.

Lorinus, Joan., 265.
Lorraine, le duc de, 1042.
Loryot, Fr., 723-724.
Lostelneau, S. de, 2919.
Lottin, Pr., 1174.
Lottini, Fr., 1116.
Louis XVI, 1094.
Loureiro, J. de, 2253.
Louvois, 1042.
Loyseau de Mauléon, 1318.
Loysel, 3077.
Lubbæus, R., 3222.
Lubersac, l'abbé de, 3321.
Lubert, l'abbé de, 759.
Lubin, 3252.
Lucas, Ch., 1257.
Lucas, J.-A.-H., 2148.
Lucas, H., 2059-2061-2357.
Lucas de Leyde, 3287.
Lucien, 474-626.
Lucotte, 3063.
Lucy, Amb., 2598.
Lulle, R., 1777-1778-1779-1780-1781.
Lune, P. de, 2798.
Lupanus, V., 1026.
Lupi, Jac., 1009.
Luynes, le duc de, 3095.
Luzac, El., 601-879.
Lycosthènes, Conr., 689.
Lyell, Ch., 2110.
Lyser, J., 826.

M.

Mably, B. de, 963-1126.
Macaber, 519.
Macchiavel, Nic., 1069-1113-1114-1115.
Mac-Farland, J., 1238.
Mackenzie, C., 3053.
Macquart, J., 2096.
Macquart, L.-C.-H., 2181.
Macquer, P.-J., 1699-1718-1719-2054-3063.
Macquer, Ph., 2550.
Macrobe, 594-695.
Macy, 377.
Madru, J.-B., 914.
Maffei, N., 2435.
Magirus, Joan., 456.
Magius, Hier., 324.
Magnanne, le marquis de, 621.
Magnières, le comte de, 1194-1309.
Mahon, 1627.
Mahy, G.-F., 1199.
Maignan, Em., 194-195-2026.
Mailhat, Raym., 200-201.
Maillard, F., 2301-2310.
Maillard, Séb. de, 1825.
Maillet, B. de, 2134.
Maintenon, M^e de, 745.
Maiseau, 1756-3059.
Maizeroi, Joly de, 2913.
Majault, 3207.
Major, Joan., 268-269.
Malacre, A. de, 1253.
Malchus, Ph., 1105.

Malebranche, le P., 412-420-421-590.
Malepeyre, 2588.
Malherbe, Fr. de, 96.
Malleolus, P., 483.
Mallet, N., 1227-1334.
Mallet de Chilly, 1169-1208-2634-2782.
Maloet, 1644.
Malouin, 3063.
Malthé, G.-F., 2202.
Malthe, Fr. de, 2976-2980.
Malthus, Fr., 2976-2980.
Malthus, P.-R., 1149-1150-1160.
Malves, Gua de, 1312-1460.
Mancel, J., 1230.
Mandar, Th., 2279-2280.
Manderston, Guil., 276-522.
Mandeville, Bern. de, 552.
Mandirole, Fr., 2718.
Manès, 2170.
Manesson Mallet, 1436.
Manilius, M., 1838.
Manrrique, J., 710.
Mante, de, 2609.
Manutius, Paulus, 491-691.
Marafioti, 3106.
Maraldi, 1984.
Marat, 1607-1629-1644-1654-1694.
Maraudé, 237.
Maraviglia, J.-N., 538.
Marc Antonin, 477-478-479-480.
Marcellus, le comte de, 1145.

Marcet, Mᵉ, 1176.
Marckl, 3293.
Marcoz, 1837-1907-1918.
Marcus, J., 2027.
Mareuse, V., 2321.
Mariana, J., 1062.
Marie, le P. Fr., 1648.
Marie, l'abbé, 1369-1370.
Mariette, 1318.
Mariette, H., 3366.
Mariette, P.-J., 3397.
Marin, L.-F.-C., 757.
Marino, 3152.
Marinus, Neap., 78.
Mariotte, 1691-2048.
Marius, Did., 326.
Marivetz, le baron de, 1567.
Marnes, M. de, 3510.
Marnix, J. de, 989.
Marolle, Mich. de, 3267.
Marolois, Sam., 1430-2950-3184-3185.
Marot, Cl., 2284.
Marselaer, P. de, 1107.
Marsilius, 81-253.
Marsilli, le comte de, 2133.
Marsilly, C. de, 3017.
Marsus, Pet., 483-484-490-494.
Marsy, l'abbé Fr. de, 997.
Martely, P., 2273.
Martens, Ch. de, 1112.
Martin, 3052.
Martin, L.-Aimé, 943-2379.
Martin, Al., 2693-2740-3085.
Martin, L.-Aug., 678.
Martin, Jac., 1939.

Martin, J., 1374.
Martin, Jb., 2693.
Martin St-Ange, 2061.
Martins, Ch., 1664-1675-2260.
Marx, 3496.
Marzenardo, le marquis de, 2889-2900.
Masars de Cazeles, 1640.
Mascardi, Aug., 534.
Masius, Did., 60-263.
Masquelier, 3396.
Massac, P.-L. de, 2756.
Masson, J.-B., 1470.
Masson, P.-J., 1299.
Masson, 3286.
Masson de la Malmaison, 896.
Massuet, P., 1559.
Mastaing, Tav. de, 1490.
Mathieu, Cl.-L., 1836-3095.
Mathieu, 1278.
Mathieu de Dombasle, 2595-2766-2780.
Matis, C., 1278.
Matter, Jacques, 16.
Matthæus, Joan., 270.
Maturantius, 484.
Maubreuil, G. de, 1147.
Mauclerc, J., 3339.
Maucoix, F. de, 83.
Maugin, J., 1078.
Maugin de Richebourg, 1775.
Mauléon, L. de, 1318.
Mauméné, 1800.
Maunory, G. de, 567.
Maupertuis, M. de, 601-1908-1909-1931.

Maupou, P. de, 2049.
Maure, F., 1334.
Mauregard, J. de, 3263.
Maurer, Th., 3264.
Maurisse J., 1881.
Maury, Alf., 3295.
Maxime de Tyr, 70-71-72-73.
Maxime, 1839.
Mayniel, 2841.
Mazéas, G., 2125-2126.
Mazel, D., 955.
Mazois, F., 3379.
Mazure, P.-A., 3167.
Mazzoni, 3474.
Méchain, 1915-1984.
Meckel, J.-F., 2290.
Médine, Pierre de, 2990.
Méguin, A.-B., 3068.
Méhégan, G.-A., 3158.
Meixmoron - Dombasle, C. de, 2595.
Melampus, 2502-2503.
Melanchthon, Ph., 484-527-859-864.
Melles, Steph. de, 212-213.
Mellet, F.-N., 1826.
Mellin, 541.
Melon, J.-Fr., 1285.
Melzo, L,, 2930.
Menandre, Prot., 1105.
Menard, P., 1079.
Menckenius, B., 524.
Mendoza, B. di, 2888.
Mendoza, Hurt. de, 176.
Menestrier, Cl.-Fr., 2486.
Mengs, A.-R., 3161.

Mengus, Hier., 2473-2474-2475.
Menon, 2801-2802.
Menon de Turbilly, H. de, 2599-2600.
Menochius, St.-, 1065.
Mentelle, Ed., 669.
Mérat, F.-V., 2244.
Mercey, F.-B. de, 3143-3262.
Mercier, Ed., 1177.
Mercier, 2289.
Mercure - Trismégiste, 26-27-81-82.
Meré, la baronne de, 2196.
Mergoux, 2811.
Merret, 3032.
Mersenne, le P., 1802-3461.
Mery de la Corgne, 3235.
Mesange, Mat., 1499-2844.
Meslin, 2555.
Mesme, P. de, 1873.
Mesmont, H. de, 2915.
Messahalah, 1838.
Metelli, Scip., 1071.
Metius, Ad., 1949.
Meulan, Pauline de, 608-887.
Meuleméester, Ch. de, 3271.
Meung, Jean de, 2485.
Meurer, Chr., 1597.
Meurisse, J., 1881.
Meusnier de Querlon, 2080.
Meyssens, J., 3256.
Mialhe, L., 1767.
Michael, M.-N., 107.
Michaelis, J., 1705-1710.
Michaelis, Seb., 2468.
Michel-Ange, 3270.

Michiels, Alf., 3198.
Mieg, L., 2049.
Migneron, 3082-3083.
Milhet, Arn., 204.
Miller, Ph., 2703.
Milliet de Chales, 1426-1803-2958.
Millin, A.-L., 2052-2153-3134-3135.
Milliotti, A., 3426.
Millot, l'abbé, 1093.
Milly, le comte de, 3063.
Mimerel, 3095.
Minos, Cl., 700-3213-3214-3215-3216.
Mirabaud, 320-339.
Mirabeau, le marquis, 1155-1156-1194.
Mirabeau, le comte de, 1259.
Mirandole, Pic de, 78.
Mirbel, C.-F.-B., 2091-2190-2191.
Mirio, J.-B., 1326.
Mocenius, Ph., 113.
Model, 1797.
Modestus, 2872.
Modius, Fr., 2873.
Modrevrius, A.-F., 975.
Moheau, 1159.
Mohr, A., 3481-3490.
Mohr, D., 3490.
Moigno, l'abbé, 3095-3118-3524.
Moiteret de Blainville, 1496.
Moitte, 3291.
Molard, C.-P., 3077.
Moléon, L. de, 1318.
Moléon, J.-G.-V. de, 3515-3516.

Molières, Privat de, 1364-1438-1885.
Molinæus, J., 2230-2231.
Molineus, L., 540.
Molitor, V., 2439.
Moll, 3095.
Mollan, J., 2517.
Mollet, J., 1580.
Monbron, F. de, 767.
Moncade, M. de, 714.
Moncel de Lisle, de, 2791.
Moncrif, Paradis de, 806.
Mond, G.-J., 553.
Mondésir, Th. de, 2935.
Monfort, B.-R. de, 3524.
Monge, G., 1457-1764-2978-3039.
Mongez, J.-A., 2402-3396.
Monier, P., 3138.
Monjean, 1158.
Monnet, 2159.
Monniotte, J.-F., 3063.
Montagne, 2061.
Montaigne, Mich., 572-573-574-575-576-715.
Montalembert, M.-R. de, 744.
Montamy, A. de, 3034.
Montaux, Ch. de, 1017.
Montcornet, B., 3256.
Monteclair, 3466.
Mantecuccoli, C., 2501.
Montecuccoli, Fr., 2501.
Montecuculli, le comte R., 2897-2898.
Montfaucon de Villars, 2423.
Montfort, Denys de, 3512.
Montigny, Ch., 2002.

Montigny, M. de, 2036.
Montlosier, le comte de, 1056.
Montmorency, Mat. de, 904.
Montpetit, V. de, 2854.
Mont Royal, J. de, 1970.
Montucla, 1335-1336.
Moore, Th., 553.
Morand, 3063.
Moreau, Christophe, 1263-1264.
Moreau, J.-L., 2508-2509.
Moreau, J.-M., 3289.
Moreau de Beaumont, 1180.
Morel, A.-M.-Th., 2982.
Morel, Fed., 89-964-1372.
Morel, P., 2440.
Morel de Vindé, 2781.
Morelles, Cosme, 47-49-50.
Morellet, l'abbé, 154-1318.
Morestel, P., 1787-2409.
Morin, A., 1819-3095.
Morin, J., 2677.
Morin, J.-B., 1855-2525.
Morin, l'abbé J., 1621-1622.
Morin, P., 2742.
Morogues, le baron de, 1232.
Morren, Ch., 2313-2751.
Morrona, A. de, 3380.
Mortimer-Ternaux, 1208.
Morton-Eden, 1231.
Morus, Mich., 333.

Morus, Th., 1025-1026.
Morveau, G. de, 890-1764-3039.
Morzillus, Seb.-Fox., 65-66.
Mosnerius, Pet., 189.
Mosneron de l'Aunay, 1333.
Mosnier, P., 189.
Mottin de la Balme, 3005.
Moullet, Cl., 2695.
Mounier, 1147.
Mourgues, 706.
Mouton-Fontenille, 2350.
Mouzé, 2069.
Muller, J., 1970.
Muller, Ph., 1786.
Muller, 3286.
Munnicks, J., 2252.
Muntingius, Ab., 2233.
Murcia de la Llana, 264-343-1527-1659.
Muret, Ant., 693-699.
Murmelius, J., 104.
Murray, J.-A., 2216.
Musard, 3496.
Musschenbroeck, P. van, 1559-1560-1690.
Musset-Pathay, P., 2556.
Mussey, le Seurre de, 962.
Mustel, 2203.
Muys, G., 1557.
Mydorge, Cl., 2042-2043.

N.

Naigeon, 97-320.
Nancelius, Nic., 351-2296.
Nanton, Rob.. 1101.

Napoléon I, 722.
Napoléon, le prince J. C., 3101.
Nauche, J. L., 1641.

Naudé, G., 952-1124-2420-2421.
Naulot, Cl., 1298.
Natalis, Steph., 1588-1905.
Naveau, J. B., 1188.
Necker, Jacq., 1318.
Necker, N. Jos., 2364.
Needham, J., 1627.
Neil Arnott, 1816.
Neipus, Mel., 693-699.
Nemorarius, Jord., 1344.
Neomagus, Joa., 279.
Neper, J., 1463-1464.
Neri, 3032.
Neuillan, Bridelle de, 2816.
Neuveglise, Ch. de, 1360.
Neuve-église, L. J. B. de, 2555.
Neuvillé, Chicancau de, 668.
Neveu, J., 1304.
Nevhusius, Ed., 2482.
Newcastle, le duc de, 2999.
Newton, Is., 1350-1689-1996.
Niceron, Fr., 1994-1995-2105.
Nickolls, J., 1308.
Nicolai, N. de, 2990.
Nicole, P., 295-791.

Nicollet, J. N., 1218.
Niel, P. G. J., 3251.
Nigry, P. de, 2952.
Niphus, Aug., 302-341-385-434-1536-2272.
Nivers, 3497.
Noailles, le Duc de, 857.
Nobilibus, Petrus de, 3266.
Nobilius, Fl., 1531.
Noble, 2336.
Noguez, 2105.
Noisette, L., 2723.
Nolivos de Saint-Cyr, 766.
Nollet, l'abbé, 1562-1563-1614-1615-1616-1617-1618-1619-1698-3063.
Nonius, Pet., 1938-1939.
Nore, Alf. de, 2367.
Normand, Ch., 3324-3344.
Normanno Americanus, 2612.
Nostradamus Michel, 2536-2537-2538-2539.
Nouvion, V. de, 1052.
Nysten, P. H., 2700.

O.

Ockam, Guill., 267-273.
Odart, le Cte, 2647.
Odolant Desnos, 3104.
Odorici, L., 564.
Offusius, Iof., 2516.
O'Heguerty, 1194-1309.
Olivarius, J., 492.
Olivier, 2818.

Olivier de Serres, 2579-2580-2581.
Omalius d'Halloy, 2107-2108.
Omar, 1838.
Omnibonus, 484.
Omphalius, J., 1059.
Oranus, J., 1072.
Orbigny, Al. d', 2061-2283.

Orbigny, Ch. d', 2061.
O'Reilly, R., 3024-3513.
Oresme, Nic., 514-515.
Orfila, 1742.
Orloff, le Cte, 3196.
Oronce, 1429.
Orschall, 3032.

Osorius, H., 1064.
Oudin, C., 711-712.
Oviedo, Fr. de, 187.
Ozanam, 1340-1426-1434-1448-1485-2028-2045-2046.
Ozi, 3478.

P.

Paccius, Cosma, 70.
Paccius, J., 248-1656.
Pagan, le comte de, 1974-2953-2954.
Paillet, A.-J., 3426.
Pajot des Charmes, 1610-3042.
Palaiseau, J.-L.-G.-B., 3181-3390.
Palassou, 2097-2098.
Palatino, G.-B., 3110.
Palissy, B., 2178-2179.
Palladio, A., 3333.
Palladius, 2569-2570-2571-2572.
Pallas, P.-S., 2113.
Palomba, 1301.
Palteau, 2680.
Panckoucke, A.-J., 934.
Panis, E., 3096.
Pannier, Ed., 1509.
Panseron, 2863.
Paolo, Fra., 997.
Papillon, J.-M., 3240.
Papin, Nic., 1601.
Paquet, V., 2725.
Paracelse, 1784.
Paradin, Cl., 3218-3219.
Paradis de Moncrif, 806.
Para du Phanjas, 1367-1494-1571.

Pardies, le P., 136-375-1433.
Pardus, Hier., 269.
Paris, A.-Q., 2861-2862.
Paris, Ed., 915.
Paris, J.-A., 1738.
Paris, L., 3315.
Parisis, 232.
Parizot, V., 3496.
Parkes, Sam., 3052.
Parmentier, A.-H., 1760-1797-2613-2631-2632-2782-2805-2808-2811-2812-2821-2822-2823-2824-3512.
Parmesan, 2270.
Parrain, Jacq., 461-729.
Parseval-Grandmaison, 855.
Paruta, P., 556-1030.
Pascal, Adr., 3259.
Pascal, B., 1589.
Pascal, L., 1598.
Paschal, Ch., 610-1106.
Passemant, 1677-2009.
Passy, Ant., 2119.
Patin, Ch., 2172.
Patricius, Fr., 1061.
Patrin, L., 2091.
Patte, 1392.

Pattu, 2782.
Paul, 2399.
Paul-Jove, 3212.
Paulet, 1644-3063.
Paulian, A.-H., 1519-1520-1521.
Paulmier, L.-P., 950.
Paulmy, le marquis de, 777.
Pauquy, C.-H., 1704-2219-2247.
Payen, A., 1748-1753-1754-2769-2782-2831-3034.
Payen, Fr., 1923.
Payer, J., 2209.
Pearce, 549-550.
Peclet, E., 1586-1608.
Pecquet, A., 742.
Peigné-Delacourt, 3387.
Pelée de Saint-Maurice, 2644.
Peletarius, J., 1399.
Péligot, 3095.
Pelisseri, M. de, 586.
Pellepoix, D. de, 1862.
Pelletan, 2061.
Pelletier, B., 3043.
Pellicciari, B., 2931.
Pellico, S., 564.
Pelouze, E., 3017-3035.
Pelouze, J., 1747-2061.
Peltier, Ath., 1667.
Peltier, J.-C.-A., 2061.
Pena, Pet., 2228.
Pépin, 2616.
Pérau, l'abbé, 2907.
Percier, C., 3246-3272-3376-3377.
Pererius, Ben., 1537-2415.
Perez, D., 3474.
Perez de Vargas, 2155.

Peri, Dom., 1296-1297.
Perionius, Jac., 254-450-451-969-1655.
Pernetti, J., 2506.
Pernety, Ant.-J., 1793-3133.
Perrault, Cl., 3328-3329.
Perrault, P., 2137.
Perreaud, Fr., 2457.
Perret, Jaq., 2948.
Perret, J.-J., 3063.
Perrier, J.-M., 3039.
Perrier, 1147.
Perronet, 3063.
Perrot d'Ablancourt, 694-695-2876.
Persoon, C.-H., 2265.
Persoz, J., 3028-3095.
Perthes, J.-B. de, 3162.
Pesselier, Ch.-Et., 1185-1189.
Petau, Denys, 1839.
Péthion de Villeneuve, 824.
Petit, P., 362-1507-1605-1857-1926.
Petit, de Blois, 1688.
Péton, l'abbé, 2128.
Petrarque, 513-514-515-516-517.
Petri, H., 3265.
Petrus à S.-Joseph, 203.
Petrus de Albano, 2412.
Petrus de Alvernia, 45-48.
Petrus de Apono, 61.
Petrus de Nobilibus, 3266.
Petrus de Tussignano, 61.
Petrus, Patr., 1105.
Petrus Valentiæ, 433.
Peucer, G., 2480.

Peuchet, J., 1281.
Peyrard, F., 1342-1416-1427.
Peyrille, 2063.
Pezenas, le P., 2012.
Pfluguer, D., 2587.
Phelipeaux de Pontchatrain, 2049.
Philaltheus, L., 1535.
Philidor, 3007-3009.
Philieul, V., 3212.
Philip, 1644.
Philippe de Bergame, 499.
Philippus à Sanctissima Trinitate, 190.
Philostrate, 3268.
Phocion, 963.
Phocylide, 473.
Pic, Jean, 793.
Pic de la Mirandole, 78.
Picard, l'abbé J., 2048.
Picart, 1990.
Piccini, Al., 3480.
Piccolomini, Al., 1900-1942.
Piccolomini, Fr., 532-533.
Pichon, P., 2062.
Picot, Cl., 127-128-129.
Picot, 2782.
Picquet, Ch., 1112.
Pictet, F.-J., 2343.
Pierre d'Auvergne, 45-48.
Pierre de Médine, 2990.
Pierre de St-Joseph, 203.
Pierre de Ste-Marie-Magdelaine, 2023-2024-2025.
Pierre de Savonne, 1379.
Pierron, Alex., 301.
Pignol, l'abbé, 1250.

Pinæus, Ant., 2227.
Pingeron, 3160.
Pingré, G., 1927-1985.
Pinsard, Ch., 2867.
Pintianus, F., 2074.
Pinto, Is. de, 1209.
Pion, P., 233.
Piranesi, G. B., 3372-3373.
Piranesi, Fr., 3372-3373.
Pirolle, 2724.
Pirovani, G., 2513.
Pistollet de St.-Fergeux, 4655.
Pitard, El., 582.
Pitatus, P., 1968.
Pitton de Tournefort, 2211-2241.
Pizzurn, G., 2478.
Place, H., 1219.
Placet, Fr., 2532.
Plaigne, 2815.
Planazu, Rey de, 2757-3077.
Plane, J. M., 2510.
Planudes, Max., 473.
Platel, Ch., 559.
Platon, 29-30-31-32-33-34-35-36-37-38-83-340-435-445-450-474-681-682-964.
Plenck, 2204.
Plethon, Gem., 472.
Pline, C., 431-1854-2069 à 2081-2274-2412.
Plotin, 74-75.
Pluche, 928-1830-1831.
Plumard de Dangeul, 1308.
Plumier, Ch., 2248-2262-3065.
Plutarque, 36-61-467-468-469-470-471-474-476-684-694-695-

963.
Pluvinet, 3039.
Poholi, 2666.
Poilly, Fr. de, 3241.
Poinsinet de Sivry, 749-2080.
Poiret, J. L. M., 2194-2236.
Poiret, P., 328.
Polemone, 2501.
Polinière, P., 1697.
Pollet, F. C. H., 1393-1585.
Polydore, Val., 2473.
Polyen, 2877-2878.
Pomponatius, P., 350.
Poncelet, l'abbé, 1637.
Poncelet, J. V., 1807-1818-1823-3095.
Poncelet, Pol., 881.
Poncius, Jan., 202.
Pontanus, J., 1897.
Pontchartrain, Ph. de, 2049.
Pontedera, J., 2199.
Ponton d'Amécourt, C. de, 1644.
Pontus de Tyard, 115.
Poot, Ab. à, 2252.
Pope, 549-550.
Poppius Thallinus, A., 1710.
Porcheron, Cl., 785.
Porphyre, 76-77-80-81-82-247-248-261-262-263.
Porpora, 3474.
Porreta, Gilb., 104.
Porta, J. B., 2358-2497-2498-2499-2500-2501-2542-2543-2544.
Portalis, le Cte, 1147.
Portus, Aemil., 78.
Pottier, And., 3150.

Pottier, 2195.
Pouchet, F. A., 2292.
Pouillet, M. R., 1583-1587.
Poulain, J., 665.
Poulain de la Barre, 938.
Poullet Delisle, 1406.
Poullin de Vieville, 1180.
Pousse, Fr., 1774.
Poussin, N, 3270-3273.
Pradt, D. de, 1047-1143.
Prarond, E., 2792.
Prault, 720.
Prelle, le B^{on} de, 728.
Presle Duplessis, 2059.
Pressac, de, 99.
Prestet, J., 1358.
Prévost, C., 2059-2061.
Prevost, Fl., 2357.
Prevost, G., 1160.
Provost, P., 1160.
Prevost, 782.
Prevòt, 3480.
Prezel, Lacombe de, 1280.
Prichard, J. C., 2298.
Priestley, J., 1762.
Prieur, C. A., 1511.
Priezac, Sal. de, 2135.
Priezac, D. de, 1121.
Pringle, 2315.
Priscien, 81.
Priscus, 1105.
Prisse d'Avennes, 3365.
Privat de Molières, 1364-1438-1885.
Proclus-Diadochus, 78-79-81-82-1421-1844-1932.

Prony, G. R. de, 1822.
Prou, L., 1930.
Propiac, le chev. de, 3507-3508.
Pruckner, N., 1838.
Prunelle, 901.
Psellus, Mich., 81-2440.
Ptolémée, Cl., 1838-1839-1843-1844 - 1845 - 1846-1847 - 1849-1850-1851-1852-2512.
Pucheran, 2357.
Puget de la Serre, 101-647.
Puille, D., 1404-1492-3172.

Puisieux, J. B. de, 1441.
Puisieux, Ph. Fl. de, 1796.
Puisieux, Mᵉ de, 762-932.
Pulgar, H. de, 710.
Purbach, G., 1898.
Purchot, Ed., 226.
Puteanus, Eryc., 1928.
Puymaurin, 2622.
Puysègur, le M¹ de, 2909.
Puysegur, le Mˢ de, 2509.
Pythagore, 81-83-463-473.

Q.

Quatrefages, A. de, 2061.
Quatremère de Quincy, 3163 - 3164-3165-3166-3316-3379.
Querbeuf, l'Abbé, 1006.
Quercu, Leod. à, 491.
Querlon, M. de, 2080.

Quesnay, Fr., 1155-1156-2575.
Quetant, F. A., 1196.
Quevenne, T.-A., 1771.
Quillet, 2782.
Quintilien, 500-505.

R.

Rabiqueau, Ch., 1626.
Racine, J., 83.
Raconis, C.-F. d'Abra de, 177-178.
Radi, B., 3244.
Radouan, J., 2677.
Raffet, 3293.
Raimbault, 3111.
Rambur, P., 2096.
Ramée, Dan., 3317.
Rameau, 3462.
Rampalle, 2496.
Ramus, Pet., 282-965-1346.
Randoing, 3095.

Rantzeau, H., 2524.
Raphael, 3270-3271.
Rapine, Ch., 50.
Raspail, 1770.
Rassiels du Viguier, 393-1558.
Ratier, S., 821.
Rauch, 3514.
Raudi, 2718.
Raulin, 2606.
Rault, 1709.
Ravaisson, Fél., 300.
Ray, 336.
Raynal, Th., 1147.

Réal, G. de, 999.
Réaumur, 2675-3047-3063.
Recalde, l'abbé de, 1244.
Reclam, 645.
Regis, P.-Syl., 140-240.
Regius, Lud., 36-37-340-964-970.
Regnault, le P., 298-1363-1517-1564.
Regnault, V., 1746.
Regnault-Warin, 954.
Regnier, F.-N., 511.
Regnier des Marais, 493.
Reichebach, L., 2307.
Reid, Thom., 160.
Reiffenberg, le B^{on} de, 3271.
Reimar, H.-S., 382.
Reinhard, J.-F., 1147.
Reisch, Georg., 110-111.
Reister, 2290.
Rembrandt, 3275.
Rémusat, Ch. de, 19.
Remy, Fl., 1119.
Renard, F.-A., 3345.
Rencaume de Latache, 382.
Rendu, Amb., 900.
Renneville, M^e de, 850.
Renouard, A.-Ch., 607.
Rethel, A., 3279.
Rétif de la Bretonne, 819.
Reuchlin, J., 2408.
Réval, Fl. de, 1895.
Reveil, A^{le}, 3277-3282-3283-3300.
Revett, N., 3370.
Revulgo, M., 710.
Rey de Planazu, 2757-3077.
Reybaud, L., 1023.

Reynaud du Gard, 2701.
Reynaud, le baron, 1391.
Reyneau, Ch., 1401.
Reynier, J.-L.-A., 2566.
Reyre, l'abbé, 852-937.
Rezay, B. de, 2049.
Rhætus, Thom., 1374.
Rheede, H. van, 2252.
Rheinhold et Rheinolt, Er., 1849-1898.
Rho, J., 840.
Rhodoginus, Cœl., 699.
Riambourg, J.-B.-C., 15.
Ribadeneyra, P. de, 1070-1071-1072.
Ribeaucourt, P. de, 2164.
Ricardo, D., 1149.
Richard, Achille, 2059-2061-2197-2198.
Richard, A. (du Cantal), 2670-2781.
Richard, l'abbé Ch.-L., 1662.
Richard, Cl., 1421.
Richard, L.-Cl., 2185-2206.
Richard, T., 1816.
Richardson, 3156.
Richebourg, M. de, 1775.
Richelieu, le Card. de, 1042.
Richer, Adr., 848.
Richer, l'abbé Cl., 1990-2031.
Richou, 3726.
Ricius, P., 2407.
Riffault, J., 1739-1740.
Rigollot, M. J., 3199-3200.
Rio, A.-F., 3168.
Ripa, Cés., 3226-3227.

Ripalda, J.-M. de, 330.
Riquier, J.-B.-G., 2694-2697-2702.
Rivard, F.-D., 1361-1362-1439-1947.
Rivière, 2061.
Robert, 1144.
Robert, J., 3450.
Robert des Gabets, 414.
Robert de Lincoln, 46.
Robertinus, R., 1877-1878.
Roberval, G.-P. de, 2048.
Robinet, J.-B., 319-380-1104-2389.
Roccabella, Tom., 562.
Rochefort d'Ally, le c^{te}, 2782.
Rochette, R., 3141-3269.
Rochon, le P., 136.
Rocque, B., 2896.
Roderic de Zamora, 518-519.
Rodet, D.-L., 1317.
Roger Schabol, 2558-2719-2720.
Roger, P., 2549.
Roguet, 1354.
Rohan, H. de, 1035-1036-2885.
Rohault, J., 144-1356-1551-1552.
Roiffé, la P. de, 1566.
Roland de la Platière, 3063.
Rolle, 1400.
Rollet, Aug., 2807.
Romance de Mesmont, H. de, 2915.
Romanus, Bart., 1504.
Rome d'Ardène, J.-P. de, 2739-2750.
Romé Delisle, 2150-2152-2352.

Romer, 2048.
Romme, G., 2594-3063.
Rondelet, J., 2838-2848.
Rondot, Nat., 3095.
Ronphyle, 2496.
Roques, J., 2267.
Rorarius, H., 371.
Roscher, G., 1226.
Rossel, Ed. de, 1868.
Rossi, 1149-1160.
Rota, Mart., 103-104.
Rotmundus, Laur., 535.
Rou, J., 1076.
Roubaix, 1604.
Roubo, 3063.
Rougemont, B. de, 779.
Rouland, 1678.
Roulin, F., 2061-2283-2298.
Rousseau, J.-J., 720-874-875-959-3451.
Roussel de la Tour, 1194.
Rousselot de Surgy, 2555.
Roussier, l'abbé, 3464.
Roux, A., 2180.
Roux, H., 3358.
Roux, P.-J., 3095.
Roux, 3269.
Royer, Th., 2256.
Royer, 1213-2563.
Royer-Collard, 160.
Rozier, l'abbé Fr., 2188-2189-2401-2402.
Ruelle, J., 2224.
Ruffus Girardus, 448-1373.
Rumford, le c^{te} de, 1238-1609-2796.

Rutgers, 3156.   Ruuscher, M. de, 2328.

S.

Saavedra Faxardo, 1075-1076.
Sabellicus, M. A. C., 833-334-835.
Sacrobosco, J. de, 1347-1933-1934-1935-1936-1937-1938-1939-1940-1941.
Sacy, Le Maistre de, 627-648.
Sade, le Ch^r de, 1022.
Sadolet, J., 866.
Sage, B. G., 1724-2163-2859.
Sagredo, Diego de, 3332.
Saguens, Jo., 195.
Sahuguet d'Espagnac, 1318.
Saigey, 1513.
Saint-Amans, J. F., 2321.
Saint-André, M. de, 1758-2426.
Saint-Aubin, M. de, 3063.
Saint-Constant, Ferry de, 2365.
Saint-Fargeau, Lep. de, 2096.
Saint-Fergeux, Pistollet de, 4655.
Saint-Fond, Faujas de, 2129-2175-2178.
Saint-Georges, le B^{on} de, 8.
Saint Haippy, P. de, 1174.
Saint-Hilaire, Bart., 246-256-972.
Saint-Hilaire, Aug. de, 2249.
Saint-John-Crévecœur, 2612.
Saint-Joseph, Pierre de, 203.
Saint-Lambert, J. Fr. de, 1172.
Saint-Martin, J. A., 2781.
Saint-Martin, L. Cl. de, 338-424.

Saint-Maurice, A. de, 1083.
Saint-Maurice, Pelée de, 2644.
Saint-Maurice, Ch. de, 155.
Saint-Paul, Ch. de, 583.
Saint-Peravi, Guér. de, 1195.
Saint-Pierre, l'Abbé C. de, 1018-1042-1140.
Saint-Pierre, M. de, 960.
Saint-Priest, 3368.
Saint-Romain, B. de, 1554.
Saint-Simon, le Cte de, 1048.
Saint-Sorlin, Desm. de, 476.
Saint-Supplix, C. de, 1125-1185.
Saint-Victor, J. B. de, 3296.
Sainte-Fare Bontemps, 2782.
Sainte-Garde, M. de, 135.
Sainte-Marie-Magdeleine, P. de, 2023-2024-2025.
Saintot, 1643.
Salabert, J., 293.
Sales, Delisle de, 162.
Salinis, Ant. de, 1007.
Salleron, 1144.
Salmasius, Cl., 463-2884.
Salmon, Ch., 2656-2779.
Salmon, G., 1775.
Salmon (de Chartres), 3063.
Salnove, R. de, 2783-2784.
Salomon de Caus, 3460.
Salvetat, 3095.
Sambucus, J., 3217.
Sandras de Courtilz, 1037-1042.

Sanson, Alp., 2290.
Sansonetti, V., 3314.
Sansovini, Fr., 1029-1116.
Sanssovin, Fr., 1029-1116.
Santbech, B., 1988.
Sarasa, Ad. de, 539.
Sarazin, J., 2021.
Sarpi, P., 997.
Sarret, J. B., 1389.
Sarsius, Loth., 1924.
Sartorius, J.. 688.
Saulcy, F. de, 2333.
Saulnier, J., 1876.
Saumaise, Cl., 463-2884.
Saunier, G. de, 3003.
Sauri, 242.
Saussure, Bén. de, 1673.
Sauvage, Fr., 3076.
Savary, Jacq., 1279-1298.
Savary, L., 1279.
Savérien, 1518.
Savinien d'Alquié, 430.
Savoisy, J. B. V. de, 1147.
Savonne, Pierre de, 1379.
Savot, L., 2835.
Saxe, Maurice de, 2906 - 2907 - 2908.
Say, J. B., 1149-1150-1151-1152-1153.
Say, Hor, 1152-1153.
Scaliger, J., 2074.
Scamozzi, O., 3333.
Scarlatti, 3474.
Scepper, Corn., 2511.
Schegkius, J., 1526.
Scheidweiler, 2751.

Scheiner, Ch., 1904.
Schenkelius, 3107.
Scheurleer, 425.
Schindlers, 2162.
Schmid, G. A. R., 1761.
Schmiedel, 2145.
Schoner, J., 1969.
Schottus, And., 91-92-692.
Schottus, Gasp., 1348-1593.
Schreber, C. D., 2388.
Schreckenfuchsius, 1899.
Schuler, J., 143.
Schurer, L., 1763.
Schuster, Th., 2290.
Schuyl, Fl., 132.
Scoble, J., 1268.
Scotius, J.-Ant., 253.
Scotus, J., 173-346.
Scudo, P., 3457.
Scudery, G. de, 1122.
Sébastien de Senlis, 584.
Sédillot, J.-J., 1963.
Sédillot, L.-Am., 1963-1964.
Séguier, le baron, 3095.
Séguier de St.-Brisson, 809.
Ségur, Oct., 1735.
Ségur, J.-A. de, 821.
Ségur, L.-Ph. de, 772-812.
Seguy, Ant., 1561.
Selenus, G., 3125.
Sellius, God., 3137-3139.
Senac de Meilhan, 769.
Senault, Fr., 637-638-639-1085.
Senèque, L.-A., 86-87-88-89-90-91-92-93-94-95-96-97-98-99-100-101-102-116-476-497-613-

709.
Senèque, M.-A , 87-88-89-91-92-94-95.
Sepulveda, Genesius, 58.
Seran de la Tour, 743.
Seras, 1291.
Serdonati, Fr., 2890.
Sergent-Marceau, 3298-3299.
Serionne, A. de, 1314.
Seroux d'Agincourt, 3144.
Serranus, Joan., 30.
Serres, J. de, 355.
Serres, Olivier de, 2179-2580-2581.
Séville, J. de, 3991.
Seydoux, 3077.
Shabbear, 1840.
Shaftesbury, 544.
Shaw, P., 1720.
Sibbald, R., 2099.
Sieyes, l'abbé, 1014-1015-1147.
Sigaud de la Fons, 1522-1560-1569-1570-1613-1678.
Signac, 3483.
Sigorgne, 1884.
Silhon, 329-358-359-1102-1103.
Silvestre, l'abbé de, 1630.
Silvestre, A.-F., 2780-2781.
Simon, Ch., 839.
Simon, J.-B., 2679-2790.
Simonneau, 3252.
Simplicius, 462-463-1535.
Sirand, L., 1208.
Sirenius, Jul., 324.
Simond, Ant., 353.
Sismondi, S., 1149.

Sivry, P. de, 2080.
Smee, 3036-3037.
Smiglecius, Mart., 285.
Smith, Adam, 1162-1163.
Smith, David, 3026.
Smith, Th., 2279-2280.
Smyttère, J.-E. de, 2065.
Snell, F.-W., 541.
Soares, Fr., 193.
Socrate, 476.
Solleysel, J. de, 2999.
Soncinas, P., 305.
Sonnini, C.-S., 2091-3512.
Sorbière, S., 990.
Sorel, Ch., 148-149-150-2531.
Soret, J., 764.
Soto, Dom., 262.
Soubeyran de Scopon, 761.
Souciet, E., 2040.
Sourdat, 2011.
Spach, Ed., 2061-2254.
Sperelli, Al., 563.
Speusippe, 81.
Spigelius, Ad., 2186.
Spineux, 2590.
Sprenger, J., 2435-2436-2437-2438.
Spurzheim, G., 897.
Squire, Th., 1865-1866-1867.
Stahll, G.-E., 1716.
Stampa, P.-A., 2473.
Steebs, 962.
Steele, R., 546-547-548-549-550-939.
Stephanus, Car., 2578-2705-2706-2707-2727-2988-2989.

Stephanus, Henr., 30-684-693.
Steuchus, Aug., 170.
Stewechius, G., 2873.
Stobée, 472-680-681-682-694-695.
Stoefler, J., 1932.
Stoflerinus, J., 1597.
Straatman, 1042.
Stroza-Kyriac, 40-41.
Stuart, J., 3370.
Suard, 154.
Suarez, Fr., 306.
Suberville, Henry de, 1505.

Sue, P., 2508-2509.
Suidas, 692.
Surgy, R. de, 2555.
Sustris, F., 3264.
Swagers, E., 2306.
Swedemborg, 3063.
Swert, Em., 2251.
Syen, Arn., 2252.
Sylvius, Fr., 496.
Symeon, Gab., 3212-3218.
Synesius, 81.

T.

Tacquet, And., 1349.
Taffin, J., 2049.
Taille-fer, P., 1385.
Taillepied, 3023.
Taitbout, 2378.
Tarbé, 1512.
Tardieu, Amb., 3288-3445.
Tardieu, E., 3329-3388.
Tardif, 2840.
Tardivel, J., 260.
Tartalea, N., 2887.
Tastu, Mᵉ, 3285.
Tatius Achilles, 1839.
Taunay, 3291.
Taviel de Mastaing, 1490.
Taylor, Sam., 3112-3113.
Taylor, le baron, 3450.
Teissier, Rolland, 1215.
Telesius, Bern., 113.
Tellam, M. de, 1169.
Temminck, C. J., 2305.
Tenkate, L. H., 3156.

Tenint, W., 3450.
Tennemann, 14.
Ternaux, Louis, 1144-1208.
Tessier, l'Abbé H. A., 2629-2780-2782.
Texier, V., 3295.
Teyssèdre, 3013.
Thebault, 2758.
Themistius, 55-257.
Thenard, L. J., 2741-2781.
Thénot, J. P., 3172.
Theodidactus, Ch., 862-865.
Théodore, Cyr., 681-682.
Theodosius, 1347.
Théon d'Alexandrie, 1414-1418-1840-1845-1846-1847.
Théon de Smyrne, 1343.
Théophraste, 457-458-459-460-730-2068-2220-2221-2222.
Thésut de Vincy, 2157.
Theveneau, 1370.
Thevenet, E. H., 3311.

Thibeaudeau, A., 3429.
Thiébault, D., 892-895.
Thiébaut de Berneaud, 2059-2811.
Thierry, A., 1048.
Thierry, J., 2574.
Thiers, A., 1164-1165.
Thillaye, 1633-1644.
Thimon, 56.
Thiollet, 1491.
Thiroux d'Arconville, M⁰, 1720-1769.
Thiroux de Mondésir, 2935.
Thitchin, C., 886.
Thomas d'Aquin, 45-46-47-48-49-50-500-501-502-503-504-505-506-1058.
Thomas Artus, 3268.
Thomas, A. L., 817-818.
Thomassin, Louis, 2.
Thompson, B., 1238-2796.
Thompson, Th., 1739-1740.
Thorel de Campigneulles, 664.
Thouin, André, 2597.
Thuillier, J. L., 2242.
Thuilliez, L., 2782.
Thunen, H. de, 1236.
Thurot, 151.
Thury, Héricart de, 2174.
Thybourel, Fr., 2975.
Thyræus, P., 2447-2448-2449-2450-2451.
Tictell, 549-550.
Tignonville, G. de, 475.
Tigny, G. T. de, 2091.
Tillet, 2628-2781-2809-2811.
Timogue, le Sʳ de, 2297.

Tinctor, 258-259.
Tiphaigne de la Roche, 368.
Tissier, 1733.
Tissot, Claude J., 541.
Tissot, Clém. Jos., 2781.
Titelmann, Fr., 171-281-283.
Titi, F., 3401.
Titien, 3270.
Tolbecque, 3496.
Tolet, Fr., 51.
Tollard, Ch. E., 1639.
Tollius, Corn., 524.
Tonstallus, Eut., 1375.
Topham, J., 3404.
Torchet de Boismelé, 2984.
Tory, Geofroy, 3109.
Tournefort, Pitton de, 2211-2241.
Tournes, J. de, 535-1096.
Tournyer, 1455.
Tourret, 2781.
Toussaint, F. V., 594-595-596.
Trabaud, 1806-1807-1808-1999.
Tracy, Destutt de, 404.
Trapezuntius, G., 275-279-1850-1851-2512.
Travers, J., 1024.
Traverse, le Bᵒⁿ de, 2912.
Trebra, le baron de, 2130.
Tredgold, 1826.
Trembley, 2339.
Treuil, 1397.
Trèves, B., Cᵗᵉ de, 1783.
Trincano, 1388.
Trithème, J., 2412-3119-3120-3121-3122-3123.

Trombeta, Ant., 283.
Trommsdorff, 1765.
Troyon, 3286.
Trudon, 3063.
Turbilly, le Mᵈ de, 2599-2600.
Turgot, E. F., 2348.
Turnèbe, Adr., 693-699-2074.

Turpin de Crissé, 2874.
Tussignano, Pet. de, 61.
Tyard, Pontus de, 115.
Tycho Brahé, 1875.
Typallos, 443.
Typot, Jac., 3220-3221.
Tyri, Léon, 3263.

U.

Ufano, D., 2974.
Ulin, 3393.
Ulpius, Joan., 693-699.

Urban, Ed. d', 1133-1269.
Ustariz, G. de, 1307.
Uytwerf, 3156.

V.

Vacherot, E., 17.
Vadianus, J., 1854.
Vairus, Leon., 2406.
Valant, J.-H., 674.
Valart, l'abbé, 913.
Valenciennes, Ach., 2061-2283.
Valenciennes, P.-H., 3190.
Valentin, B., 1783.
Valerianus, Pier., 524-1938-1939.
Valerius de Valeriis, 1777.
Valicourt, E. de, 3036-3037-3038-3066-3069.
Valla, Georg., 277-446-448-449-1852.
Valadier, G., 3375.
Vallange, M. de, 924.
Vallée, L.-L., 1277-3191.
Vallemont, l'abbé de, 2488-2489-2712-2713.
Vallerius, J.-G., 2144.
Vallius, Pet., 286.
Vallius, Ren., 508.

Valmont de Bomare, 2055-2056-2147.
Valtrinus, J.-A., 2883.
Valturius, R., 2886.
Van der Wekene, J., 2695.
Van Effen, 548-775-776.
Van Houtte, L., 2753.
Van Hulle, Ans., 3249-3250.
Van Schuppen, 3252.
Vareilles, le comte de, 1092.
Varennes, J.-Ph. de, 741.
Vargas, P. de, 2155.
Varron, Ter., 2569-2570-2571-2572-2573.
Varroy, P., 2930.
Vassali Eandi, 1643.
Vasseur, U., 2733.
Vassy, M. de, 1781.
Vatable, Fr., 46-57-1529-1530.
Vattemare, Alex., 1334.
Vauban, le marquis de, 1181-1182-2967-2968.

43.

Vaudoyer, A.-L.-T., 3352.
Vaultier, 2905.
Vaulx, le sieur de, 736.
Vaumorière, P. de, 794.
Vauvenargues, 154-155-395.
Veauce, Eug. de, 1214.
Veaumorel, C. de, 1631.
Vegèce, F.-R., 2872-2873-2874.
Velcurion, J., 1526.
Vendelinus, G., 1669.
Ventenat, E.-P., 2255.
Vento des Peanes, 1295.
Vera, Ant. de, 1108.
Verdier, Aymar, 3357.
Veret, B., 609-899-2591.
Veret, Paul, 1178.
Vergelius, Polyd., 687-693-699.
Vergy, M. de, 2900.
♦Vernage, E.-F. de, 739.
Vernède de Corneillan, M⁰ de, 3077.
Vernet, Carle, 3179.
Vernier, H., 1392.
Vernouillet, A. de, 2565.
Vernulæus, N., 346-1118.
Véron de Forbonnais, 1289-1293-1307-1315.
Veronèse, P., 3270.
Verri, Ch., 2645.
Versor, Joan., 258-259.
Verulam, Sulp., 506.
Verzure, M⁰ de, 746.
Vicat, L.-J., 2860.
Vicecomes, Zach., 2473-2476.
Vicomercati, Fr., 1534-1658.
Victor, Amb., 208.

Victorius, P., 491-2573.
Vida, M.-J., 2699.
Viel Castel, H. de, 1004.
Vienot, Ed., 3496.
Viéville, P. de, 1180.
Vigenère, B. de, 3124-3268.
Vigneul-Marville, 731.
Vignole, B. de, 3340-3341-3342-3343-3344-3345.
Vignoli, 1128.
Vignon, Cl., 3442.
Vigreux, 2866.
Villain, B., 1614.
Villars, M. de, 2423.
Villars, Hautin de, 3046.
Ville, 2123-2124.
Ville, G., 2208.
Ville, Ant. de, 2940-2941-2951.
Ville, Nic. de, 2239.
Villefosse, Héron de, 2161.
Villemain, 974-3285.
Villeneuve, Péthion de, 824.
Villermé, 1233.
Villiers, H. de, 1068.
Villon, Ant. de, 2522.
Villot, F., 3414.
Vincent, J., 199.
Vincent de Beauvais, 512.
Vincentius, J., 826.
Vinci, Léonard de, 3202-3270.
Vincy, Thésut de, 2157.
Vindé, Morel de, 2781.
Vinet, El., 1938-1939.
Viols, M. de, 2908.
Vion, M, 3490.
Virey, J.-J., 896-1749.

Visconti, E.-Q., 3248-3298.
Visconti, P.-A., 3299-3375.
Visorius, Joa., 271.
Vitalis, J.-B., 2166.
Vitellinis, Bonif. de, 2434.
Vitruve, 3326-3327-3328-3329-3330.
Vives, Jo.-Lud., 526-822.
Vivien, A., 2781.
Vivien, L., 3285.
Voel, J., 2020.
Voesin de la Popelinière, 2896.

Vogel, H.-A., 1701.
Voght, le b^{on} de, 1252.
Voisin, F., 897.
Voltaire, 154-155-1689.
Volterre, Daniel de, 3270.
Volusænus, Fl., 536-537.
Vossius, J.-Ger., 1.
Voyer d'Argenson, L.-R., 777.
Vredeman, J., 3185.
Vulson de la Colombière, 2492.
Vulteius, J, 2877.

W.

Wænius, Otto, 3223-3224.
Waflart, Cl., 1906.
Wagner, J.-C., 1011.
Walckenaer, le b^{on}, 2096.
Wallace, 1158.
Wallon de Beaupuits, 737.
Walsingham, 1101.
Wamel, Eug., 3265.
Wandelaincourt, 1568.
Warburton, 2126.
Warden, 3368.
Waring Darwin, 1652.
Wartel, le P., 2346.
Watelet, Cl.-H., 3205.
Watelet, 3178.
Watson, G., 1620.
Watin, 3022.
Watteville, Ad. de, 1246-1247.
Welz, G. de, 1210.
Wendelinus, Fr., 986.
Werdenhagen, J.-A., 983-984.

Wertmuller, J.-J., 2954.
Wessel-Linden, 2157.
West, 3293.
Westen, Winant de, 2044.
Weyrother, A. de, 3004.
Whit, Thom., 145-354-410-1684-1685.
Wicar, 3396.
Wicquefort, Abr. de, 1109-1110.
Wier, J., 2442-2443.
Wildenow, C.-L., 2253.
Wilhem, B., 3469-3470.
Willard, 1208.
Willemin, N.-X., 3150.
Willis, Th., 372.
Wils, 3293.
Winant de Westen, 2044.
Winckler, F.-H., 1620.
Winckelmann, F., 3139-3140.
Winne, 392.
Wissocq, Em., 1334.

43*

Wlac, 1448.
Wlacq, Adr., 1464.
Wodward, 2105.
Wolff, F., 1701.

Wolfius, Hier., 462-463.
Wolkoff, M., 1236.
Wolowski, 3095.
Wotton, Ed., 2275.

X.

Xénocrate, 81.
Xénophon, 340-444-474-486.

Xylander, G., 468-469-477.

Y.

Young, Arthur, 2755.
Yvart, V., 2561-2781-2782.

Yvon, P., 122.

Z.

Zabarella, Jac., 255-342.
Zahel, 1838.
Zambert, Barth., 1417-1418.
Zampieri, D., 3270.
Zanard, Mich., 304-1544-1545.
Zanth, L., 3382-3383-3384.

Zarlino, 3459.
Zenobius, 692.
Zenodote, 692.
Zevort, Ch., 301.
Ziegler, J., 1854-3306.
Zimara, M.-Ant., 109.

TABLE DES MATIÈRES.

SCIENCES & ARTS.

PREMIÈRE CLASSE.

SCIENCES PHILOSOPHIQUES.

I. — PHILOSOPHIE.

I. — Introduction, dictionnaires, histoire. 1-25.

II. — Traités généraux et mélanges.

a. — *Philosophes anciens, grecs.* 26-83.
b. — *Philosophes anciens, latins.* 84-104.
c. — *Philosophes modernes.* 105-169.
d. — *Cours de philosophie.* 170-245.

III. — Logique. 246-299.

IV. — Métaphysique.

a. — *Traités généraux.* 300-316.
b. — *Des causes premières; de la nature, de l'être.* 317-339.
c. — *De l'âme, de sa nature, de son immortalité.* 340-370.
d. — *De l'âme des bêtes.* 371-384.
e. — *De l'intelligence et de ses opérations.* 385-432.
f. — *Esthétique.* 433-440.

v. — Morale.

a. — *Moralistes orientaux.* 441-443.
b. — *Moralistes grecs.* 444-480.
c. — *Moralistes latins anciens.* 481-511.
d. — *Moralistes latins modernes.* 512-540.
e. — *Moralistes allemands.* 541.
f. — *Moralistes anglais.* 542-555.
g. — *Moralistes italiens.* 556-565.
h. — *Moralistes espagnols.* 566-570.
i. — *Moralistes français.* 571-609.
k. — *Traités spéciaux.* — *Des vertus et des vices.* 610-611.
l. — *Des vertus.* 612-629.
m. — *Des passions.* 630-654.
n. — *Des vices et des ridicules.* 655-664.
o. — *Mélanges de philosophie morale.* — *Dictionnaires.* 665-679.
p. — *Sentences, maximes, proverbes et pensées diverses.* 680-722.
q. — *Mélanges de morale.* 723-755.
r. — *Critique des mœurs.* 756-779.
s. — *Application de la morale.* — *Règles de conduite.* 780-812.
t. — *Condition, caractère et influence des femmes.* 813-831.
u. — *Morale en action.* 832-857.

II. — PÉDAGOGIE.

a. — *Traités généraux.* 858-888.
b. — *De l'éducation publique.* 889-908.
c. — *Méthodes d'enseignement.* 909-919.
d. — *Cours d'études.* — *Ouvrages élémentaires.* 920-928.
e. — *Education des filles.* 929-944.
f. — *Education des aveugles.* 945-946.
g. — *Education des sourds-muets.* 947-951.

SECONDE CLASSE.

SCIENCES POLITIQUES ET SOCIALES.

I. — POLITIQUE.

a. — *Dictionnaires et introduction.* 952-963.
b. — *Traités généraux.* 964-1005.
c. — *Différentes formes de gouvernement.* 1006-1028.
d. — *Politique de divers états.* 1029-1052.
e. — *Du pouvoir politique à l'égard de la religion.* 1053-1057.
f. — *Devoirs des souverains.* 1058-1094.
g. — *De la cour.* 1095-1101.
h. — *Des ambassadeurs et des ministres.* 1102-1112.
i. — *Mélanges de politique.* 1113-1147.

II. — ÉCONOMIE POLITIQUE.

a. — *Histoire et traités généraux.* 1148-1154.
b. — *Traités particuliers.* 1155-1178.
c. — *Finances. — Impôts.* 1179-1208.
d. — *Banques. — Crédit.* 1209-1217.
e. — *Assurances. — Secours mutuels.* 1218-1222.
f. — *Subsistances.* 1223-1230.
g. — *Paupérisme. — Etablissements de charité. — Sociétés de tempérance.* 1231-1256.
h. — *Police. — Prisons.* 1257-1266.
i. — *Colonisation. — Esclavage.* 1267-1270.
k. — *Administration.* 1271-1273.
l. — *Voies de communication.* 1274-1278.

III. — COMMERCE.

a. — *Dictionnaires. — Histoire. — Traités généraux.* 1279-1295.
b. — *Etude et pratique du commerce.* 1296-1305.
c. — *Mélanges.* 1306-1334.

TROISIÈME CLASSE.

SCIENCES MATHÉMATIQUES, PHYSIQUES ET NATURELLES.

I. — MATHÉMATIQUES.

a. — *Histoire. — Dictionnaires.* 1335-1340.
b. — *Œuvres de mathématiciens anciens et modernes.* 1341-1352.
c. — *Cours ou traités élémentaires.* 1353-1371.
d. — *Arithmétique.* 1372-1398.
e. — *Algèbre.* 1399-1413.
f. — *Géométrie.* 1414-1461.
g. — *Logarithmes et tables.* 1462-1467.
h. — *Applications de l'arithmétique et de la géométrie.* 1468-1501.
i. — *Instruments de mathématiques.* 1502-1508.
k. — *Poids et mesures.* 1509-1516.

II. — PHYSIQUE.

a. — *Histoire.* 1517-1519.
b. — *Dictionnaires.* 1520-1523.
c. — *Traités généraux.* 1524-1587.
d. — *Traités spéciaux. — De la pesanteur et de l'attraction.* 1588-1604.
e. — *De la chaleur.* 1605-1612.
f. — *Du magnétisme et de l'électricité.* 1613-1644.
g. — *De la lumière.* 1645-1654.
h. — *Météorologie.* 1655-1675.
i. — *Instruments.* 1676-1683.
k. — *Mélanges.* 1684-1698.

III. — CHIMIE.

a. — *Dictionnaires et introduction.* 1699-1704.
b. — *Traités généraux.* 1705-1748.
c. — *Traités spéciaux.* 1749-1771.

d. — *Alchymie.* 1772-1793.
e. — *Mélanges de physique et de chimie.* 1794-1800.

IV. — MÉCANIQUE.

a. — *Dictionnaire et traités généraux.* 1801-1820.
b. — *Traités spéciaux.* 1821-1828.

V. — ASTRONOMIE.

a. — *Bibliographie et histoire.* 1829-1837.
b. — *Œuvres d'astronomes anciens.* 1838-1854.
c. — *Traités généraux.* 1855-1869.
d. — *Cosmographie ou système du monde.* 1870-1896.
e. — *Des étoiles, des planètes et des comètes.* 1897-1931.
f. — *Des sphères, des instruments et des cartes astronomiques.* 1932-1967.
g. — *Tables et éphémérides.* 1968-1987.
h. — *Mélanges.* 1988-1991.

VI. — SCIENCES PHYSICO-MATHÉMATIQUES.

a. — *Optique* 1992-2017.
b. — *Gnomonique et horlogerie.* 2018-2037.
c. — *Mélanges.* 2038-2051.

VII. — HISTOIRE NATURELLE.

a. — *Histoire et dictionnaires.* 2052-2061.
b. — *Traités élémentaires.* 2062-2067.
c. — *Ouvrages généraux de naturalistes anciens et modernes.* 2068-2096.
d. — *Histoire naturelle de divers pays.* 2097-2101.

§. I. — **Géologie et Minéralogie.**

e. — *Géologie.* 2102-2140.
f. — *Minéralogie.* 2141-2153.
g. — *Métallurgie.* 2154-2165.
h. — *Traités spéciaux.* 2166-2177.
i. — *Mélanges.* 2178-2183.

§. II. — Botanique.

k. — *Dictionnaires.* 2184-2185.
l. — *Traités élémentaires.* 2186-2198.
m.— *Physique, physiologie et géographie végétales.* 2199-2210.
n. — *Systèmes de botanique.* 2211-2219.
o. — *Histoire générale des plantes.* 2220-2237.
p. — *Flores et jardins botaniques.* 2238-2260.
q. — *Traités spéciaux.* 2261-2269.

§. III. — Zoologie.

r. — *Dictionnaires et traités généraux.* 2270-2287.
s. — *Anatomie comparée.* 2288-2295.
t. — *Mammologie.* 2296-2304.
u. — *Ornithologie.* 2305-2308.
v. — *Erpétologie.* 2309-2313.
x. — *Ichthyologie.* 2314-2315.
y. — *Entomologie.* 2316-2329.
z. — *Crustacés.* **
aa — *Mollusques.* 2330-2334.
bb.— *Annélides.* 2335-2337.
cc.— *Zoophytes.* 2338-2339.
dd.— *Paléontologie.* 2340-2347.
ee. — *Collections et cabinets.* 2348-2357.
ff. — *Mélanges d'histoire naturelle.* 2358-2376.

VIII. — SCIENCES MÉDICALES.

(Renvoi au Catalogue spécial.)

IX. — APPENDICE.

Mélanges et recueils relatifs aux sciences mathématiques, physiques et naturelles. 2377-2405.

X. — SCIENCES OCCULTES.

a. — *Magie et cabale.— Traités généraux.— Histoire.* 2406-2432.

— 683 —

b. — *Démonologie, ou apparitions des esprits et des démons.* 2433-2479.
c. — *Divination.* 2480-2487.
d. — *Rhabdomancie.* 2488-2490.
e. — *Onéiromancie.* 2491-2492.
f. — *Chiromancie.* 2493-2496.
g. — *Physionomie.* 2497-2510.
h. — *Astrologie.* 2511-2533.
i. — *Prédictions.* 2534-2541.
k. — *Magie naturelle. — Prestidigitation.* 2542-2547.

QUATRIÈME CLASSE.

ARTS ET MÉTIERS.

PREMIÈRE SECTION.

Arts et Métiers.

Dictionnaires et généralités. 2548-2555.

I. — AGRICULTURE.

a. — *Bibliographie. — Dictionnaires.* 2556-2558.
b. — *Histoire de l'agriculture. — Statistique.* 2559-2568.
c. — *Traités généraux, anciens et modernes.* 2569-2595.
d. — *Traités particuliers. — Cultures spéciales.* 2596-2623.
e. — *Instruments.* 2624-2626.
f. — *Conservation des grains.* 2627-2632.
g. — *Sylviculture et arboriculture.* 2633-2645.
h. — *Viticulture.* 2646-2648.
i. — *Zootechnie.* 2649-2702.
k. — *Horticulture.* 2703-2754.
l. — *Mélanges d'agriculture et d'économie rurale.* 2755-2782.

II. — CHASSE. 2783-2792.

III. — PÊCHE. 2793-2794.

IV. — ÉCONOMIE DOMESTIQUE. ARTS ALIMENTAIRES.

a. — *Généralités.* 2795-2796.
b. — *Art culinaire.* 2797-2804.
c. — *Meunerie et boulangerie.* 2805-2813.
d. — *Boissons. (Bierre, vin, cidre, etc.)* 2814-2819.
e. — *Sucre.* 2820-2824.
f. — *Confiserie. — Distillerie.* 2825-2828.
g. — *Mélanges.* 2829-2834.

V. — ART DES CONSTRUCTIONS.

a. — *Traités généraux.* 2835-2842.
b. — *Charpenterie.* 2843-2844.
c. — *Coupe des pierres et des bois.* 2845-2847.
d. — *Constructions diverses.* 2848-2855.
e. — *Matériaux. — Séries de prix.* 2856-2867.
f. — *Voies de communication. — Routes. — Chemins de fer. — Canaux.* 2868.

VI. — ART MILITAIRE.

a. — *Dictionnaires. — Histoire. — Généralités.* 2869-2871.
b. — *Art militaire chez les anciens.* 2872-2885.
c. — *Art militaire chez les modernes.* 2886-2916.
d. — *Organisation. — Manœuvres des troupes.* 2917-2946.
e. — *Fortification. — Attaque et défense des places.* 2947-2973.
f. — *Artillerie. — Armes offensives et défensives.* 2974-2978.
g. — *Pyrotechnie.* 2979-2982.

VII. — MARINE.

a. — *Dictionnaires et histoire.* 2983-2989.
b. — *Navigation.* 2990-2993.

c. — *Constructions navales.* 2994-2996.
d. — *Hydrographie et tables.* 2997.

VIII. — ARTS GYMNASTIQUES. — JEUX DIVERS.

a. — *Art gymnastique en général.* 2998.
b. — *Equitation.* 2999-3006.
c. — *Jeux divers.* 3007-3014.

IX. — ARTS PHYSICO-CHIMIQUES.

a. — *Eclairage.* 3015-3016.
b. — *Chauffage.* 3017-3019.
c. — *Aérage.* 3020-3021.
d. — *Peinture.* 3022-3023.
e. — *Blanchiment, teinture et impression.* 3024-3029.
f. — *Céramique. — Verrerie.* 3030-3035.
g. — *Galvanoplastie et photographie.* 3036-3038.
h. — *Fabrication de produits chimiques.* 3039-3045.
i. — *Métallurgie.* 3046-3050.
k. — *Mélanges.* 3051-3054.

X. — ARTS MÉCANIQUES.

a. — *Filature et tissage.* 3055-3062.
b. — *Arts divers.* 3063-3069.

XI. — MÉLANGES.

a. — *Recueils et descriptions de machines.* 3070-3077.
b. — *Expositions des produits de l'industrie.* 3078-3105.

DEUXIÈME SECTION.

Beaux-Arts.

I. — ARTS INTELLECTUELS.

a. — *Mnémotechnie.* 3106-3108.

b. — *Ecriture.* 3109-3111.
c. — *Sténographie.* 3112-3117.
d. — *Télégraphie.* 3118.
e. — *Stéganographie.* 3119-3125.
f. — *Typographie.* 3126-3129.
g. — *Lithographie.* 3130.

II. — ARTS PLASTIQUES.

a. — *Dictionnaires.* 3131-3137.
b. — *Histoire de l'art.* 6138-3150.
c. — *Généralités.* — *Esthétique.* 3151-3170.

§ I. — Art du dessin.

a. — *Traités généraux et cours.* 3171-3181.
b. — *Perspective.* 3182-3192.

§. II. — Peinture.

a. — *Histoire.* 3193-3201.
b. — *Traités généraux.* 3202-3206.
c. — *Traités spéciaux.* 3207-3210.
d. — *Iconologie.* — *Emblèmes.* — *Sujets de tableaux.* 3211-3237.

§ III. — Gravure.

Traités et histoire. 3238-3242.

§. IV. — Recueils d'estampes.

a. — *Décoration.* 3243-3247.
b. — *Portraits.* 3248-3258.
c. — *Costumes* 3259-3261.
d. — *Paysages.* 3262.
e. — *Livres en images.* 3263-3267.
f — *Recueils d'œuvres de divers maîtres.* 3268-3293

§ V. — Sculpture. 3294-3300.
§. VI. — Glyptographie. 3301-3304.

§. VII. — **Ciselure et nielle.**   3305.
§. VIII. — **Céramique.**   3306-3308.
§. IX. — **Peinture sur verre.**   3309-3311.
§. X. — **Peinture sur émail.**   3312-3313.
§. XI. — **Tapisseries.—Toiles peintes.** 3314-3315.

III. — ARCHITECTURE.

a. — *Dictionnaires. — Histoire. — Considérations générales.* 3316-3325.
b. — *Traités théoriques et pratiques.* 3326-3338.
c. — *Des ordres d'architecture.* 3339-3346.
d. — *Recueils de modèles.* 3347-3351.
e. — *Prix d'architecture.— Restitutions de monuments.* 3352-3354.

IV. — ARCHÉOGRAPHIE.

a. — *Monuments de divers pays.* 3355-3358.
b. — *Monuments d'Asie.* 3359-3360.
c. — *Monuments d'Afrique.* 3361-3367.
d. — *Monuments d'Amérique* 3368.
e. — *Monuments d'Europe.* 3369-3395.

V. — GALERIES ET MUSÉES.

a. — *Recueils figuratifs.* 3396-3400.
b. — *Notices de collections publiques.* 3401-3423.
c. — *Notices de collections particulières.* 3424-3429.
d. — *Livrets descriptifs d'expositions.* 3430-3439.
e. — *Critiques et albums des salons.* 3440-3450.

VI. — MUSIQUE.

a. — *Dictionnaires — Histoire. — Critique.* 3451-3457.
b. — *Traités généraux. — Harmonie et composition.* 3458-3465.
c. — *Méthodes de musique et de chant.* 3466-3475.

d. — *Méthodes et facture d'instruments.* 3476-3478.
e. — *Compositions musicales.* — *Musique d'église.* 3479-3484.
f. — *Musique de chambre.* 3485-3490.
g. — *Musique de théâtre.* — *Partitions d'opéras.* 3491-3492.
h. — *Musique instrumentale.* — *Concertos et symphonies.* 3493-3495.
i. — *Musique de danse, pour orchestre.* 3496.
k. — *Plain-chant.* 3497-3504.

MÉLANGES.

a. — *Curiosités de la nature et de l'art.* 3505-3510.
b. — *Journaux et revues scientifiques.* 3511-3525.

Table des noms des auteurs. Page 621.

FIN.

Amiens. — V° HERMENT, Imprimeur-Éditeur, place Périgord, 3.